國家出版基金資助項目

『十四五』時期國家重點出版物出版專項規劃項目

2021—2035年國家古籍工作規劃重點出版項目

国家出版基金项目
NATIONAL PUBLICATION FOUNDATION

明清才子傳箋證

——第一卷——

明代詩文編（洪武—永樂）（上）

主編　梅新林　丁小明

總主編——羅時進

鳳凰出版社

圖書在版編目（CIP）數據

明清才子傳箋證. 第一卷, 明代詩文編. 洪武—永樂 / 羅時進總主編 ; 梅新林, 丁小明主編. -- 南京 : 鳳凰出版社, 2025. 6. -- ISBN 978-7-5506-4137-2

Ⅰ. K825.6

中國國家版本館CIP數據核字第2024WN9571號

書　　名	明清才子傳箋證·第一卷·明代詩文編(洪武—永樂)
總 主 編	羅時進
主　　編	梅新林　丁小明
責任編輯	李相東
裝幀設計	姜　嵩
責任監製	程明嬌
出版發行	鳳凰出版社(原江蘇古籍出版社) 發行部電話025-83223462
出版社地址	江蘇省南京市中央路165號,郵編:210009
照　　排	南京凱建文化發展有限公司
印　　刷	徐州緒權印刷有限公司 江蘇省徐州市高新技術産業開發區第三工業園經緯路16號
開　　本	890毫米×1240毫米　1/32
印　　張	36.75
字　　數	990千字
版　　次	2025年6月第1版
印　　次	2025年6月第1次印刷
標準書號	ISBN 978-7-5506-4137-2
定　　價	280.00圓(全二册)

(本書凡印裝錯誤可向承印廠調换,電話:0516-83897699)

序

羅時進

明清兩代是中國文學發展史上的兩個重要階段,其作家衆多,創作繁富,特色鮮明,尤其“一代有一代之文學”的文體偏倚性狀況大幅降低,各體文學都得到發展,頗可媲美以往歷代。中國古代文學史從《詩經》産生時代至辛亥革命歷經了近三千年,明清兩代這五六百年可以説是一個全面成長期、發展期、總結期,理應引起充分的重視。但長期以來明清文學除一部分文體和作家外,總體上研究的深度與廣度都遜於前代。究其原因,在相當程度上與明清兩代文學文獻整理與研究不够有關,要真正推動明清文學研究,必須在基本文獻史料的整理上下極大的功夫,構建高水平的“明清文學史料學”,以夯實研究的根基。

作家生平行迹的資料發掘、考索,是文學文獻整理的最基礎性工作。在這方面唐代作家資料整理研究的成就最爲突出,代表性成果是傅璇琮先生主持編纂的《唐才子傳校箋》。這部著作對元人辛文房《唐才子傳》逐篇箋釋,爲唐代文學研究立下了堅實的柱礎,持續地推助唐代文學研究走向深入。在此基礎上傅璇琮先生又組織編纂了《宋才子傳箋證》,以新的“傳箋體”形式,爲宋代名家進行傳記撰寫和資料考證,不僅爲宋代文學家建立了一個翔實的譜系,也爲古籍整理,特别是古代作家生平史料的研究提供了一個新的成功範例。傅先生在1986年就曾提出過一個設想:“可以組織一套中國古典作家傳記叢書,凡在中國文學史上有過貢獻,有其特色的作家,從屈原開始,到清末,分別寫出傳記。”這“將是一項中國文學史研究的基本工程,在世界上也會產生影響”(《關於唐代文學研究的一些想法》,《文史知識》1986年第12期)。也許正是爲了完成這個宏觀的構想,在《宋才子傳箋證》出版不久,他便邀請另一位專家着手編纂《先唐才子傳箋證》,並來蘇州大學倡議編纂《明清才子傳箋證》。

本校由錢仲聯先生倡導明清詩文研究,有長期積累的學術基礎,但我個人這方面學養不足,很擔心難以完成這項繁重的、長綫的工作。傅先生倍加鼓勵,並提出具體的分卷方案,建議了分卷主編,對入選作家也明確了基本原則。於是,我承乏接受了任務,開始約請相關專家撰寫樣稿,送傅先生審閱,經他批點而定稿。接着,傅先生親自寫信給鳳凰出版社姜小青社長,商量出版事宜。姜社長和鳳凰出版社欣然同意,這對我們啓動編纂工作是一個巨大的推動。在此書出版之際,我們深切緬懷傅先生,他的提議、策劃和全局性的安排,一直是這一學術工程開展的動力。

明清兩代有作品存世的作家,其數之多,是以往任何一個朝代都遠遠不能相比的。根據李時人先生的統計,明代有詩文作品存世者至少有兩萬人(《中國文學家大辭典·明代卷前言》),而據我和相關學者研究,清代則又數倍於明代,幾達十萬人,那麽如何遴選作家?如何分卷?對此我們一方面參考《宋才子傳箋證》的經驗,一方面根據明清文學史的實際,在兼顧朝代、文體等方面相對平衡的前提下,以其在文學創作上具有代表性和才子特色爲主要入選標準。

何謂朝代相對平衡?以朝代來説,清代作家數量過於龐大,文獻存量也極爲可觀,如不嚴格揀擇,明代與清代卷册將明顯地前輕後重。如此雖不違文學史與文獻學之實際,但這項工作畢竟不是純粹構建文學史料庫,不應僅僅從數量上考慮,尤其不必形成明代與清代之間的明顯對照;再之,清代創作成果豐富的名家,選目易擬,但如果入選數量過多,工作量將極大地增加,使工程浩繁,實難以蕆事,故適當壓縮清代作家入選數量,是必要的。

何謂文體相對平衡?《宋才子傳箋證》將詞人專門析出,形成專卷,明清兩代詩人、詞家的融通度較高,似可不必單獨立卷;而小説、戲曲作家雖然一般都有詩文創作,但如不立專卷,則難以反映明清兩代文學史發展的特點,也不符合學界的基本共識。故凡在小説、戲曲方面有所成就的作家,從詩文作家中析出,使小説、戲曲專卷各成家數,充分體現中國文學史最後兩朝特有的光彩。另外,小説家與戲曲家,入選數量也力求大致持平。

何謂具有代表性和才子特色?這是兩個問題,其中代表性或許不難理解。有科名者(或館閣文人)入選會較多,這是因爲科舉本身就是一種"代表性"文人的選拔制度,而一些雖然没有科名而進入館閣者,也經過了一定的薦舉和特選過程,其基本要求仍然是"代表性"。他們也確實是在明清兩代文學生産中最具創作力和影響力的人物,尤其在詩文領域,即使明清戲曲、小説家,有科名者也不在少數。當然布衣文人明代如謝榛、徐霞客,清代如徐大椿、范當世等,也有其代表性和影響力,自當立傳。

若論才子特色,就比較複雜,見仁見智了。近四十年來,明清文學研究逐漸受到重視,研究面向和深度都顯示出全新氣度和格局,出現了諸多新的成果,這些無疑應該在本書中得到反映。故入傳選擇不應局限於在文學史上歷來占據主體位置的、取得共識的作家,也應注意新發現的具有才性和特點的文人。

舉例來説,嘉道時期一位幾乎被文學史家遺忘了的詩人唐金鑒(原名金釗),其"少讀書羅浮山寺,性耽山水,有烟霞泉石之癖。暇則縋幽鑿險,嘯傲其間,凡羅浮名勝皆有題咏。又翦荆斬棘,手辟羅漢洞,外列十景,自爲記序,並各紀以詩,一時名流和者甚衆"(何曰愈《退庵詩話》卷三)。所謂"一時名流和者甚衆",在今存唐金鑒輯《羅漢洞唱和詩册》中有充分證明。該《詩册》在輯存本人羅漢洞詩之後"附列詞人姓氏",將唱和者一一俱録,有一百二十六家之多,《詩册》在録各家詩作前,列其籍貫、姓氏、字號,是極爲珍貴的清詩研究基礎史料。唐金鑒道光十三年(1833)登進士第後,在四川任知縣,又調管西藏察木多拉里糧臺糧務,道光二十一年(1841)在布達拉宫舉行十一世達賴喇嘛金瓶掣簽認定時,他曾作長篇歌行紀事,今猶傳世。對於這樣一位出色的山水詩人和在民族文化交流上有所貢獻的作家,不妨入選。其目的在於提示,明清文學史料是一個富礦,只要做"有心人",定能有新的發現,呈現新的問題。明代一些浙東文學集團中卓有建樹者,清代一批滿族詩人頗具影響者,都鮮見或未見於現有明清文學史;近些年明清地域、社團、家族文學是取得突破、獲得成果較多的領域,適當選入其中一些"才子"可使本書的立傳選目得到豐富,也能在一定程度上提高本書的學術質量。

根據上述基本原則,本書起自明洪武初,迄於清宣統末,共分十卷,其中詩文方面明代與清代各爲四卷。明代四卷大致是:洪武至永樂(含洪熙)卷,宣德至弘治卷,正德至隆慶卷,萬曆至崇禎卷。清代四卷大致是:順治至康熙前期卷,康熙後期至乾隆卷,嘉慶至道光卷,咸豐至宣統卷。明清小説一卷,明清戲曲一卷。以上各卷所立傳在七十家至一百二十家之間,總一千餘家。每篇傳箋文的字數,一般要求六千至一萬五千字,實際上大部分傳箋文篇幅都在八千字以上。如此,全書規模已屬可觀。

關於本書的起訖,理論上當然應起自洪武元年(1368),迄於宣統三年(1911)。這意味着入選作家應是在這五百四十多年間有文學活動或影響者,而按照體例(見後),1949 年以後在世且有社會活動或創作活動者不在入選之列。但本書十卷從生卒年來看,以楊維楨首起,而結於陳景韓,則須略作説明。楊維楨生於元成宗元貞二年(1296),卒於明洪武三年(1370),入明後三年即謝世。錢仲聯、傅璇琮先生編《中國文學大辭典》將其編入元代作家部分,但其與宋濂等有交遊,入明後朱元璋厚幣安車宣至,時有詩歌創作(《老客婦謡》),《明史·文苑傳》有其傳,錢基博著《明代文學》,作家首列即楊維楨,本書亦收入。陶安的情況也很特殊,生年晚於楊氏,卒於洪武初年(1368)。歷來研究明代者,一般將他視爲"元末明初"詩人,主要着眼於其在"元末明初"的實際影響(參左東嶺《朝代轉折之際文學思想研究的價值與意義》,見《明代文學思想研究》,商務印書館 2013 年版),本書尊重學界的這一觀點,爲之立傳。至於陳景韓,生於光緒四年(1878),儘管享壽八十八歲(一説八十七歲),於 1965 年謝世,但其具有影響的小説創作皆在晚清與民國時期,是近代小説史上的重要作家,《中國文學家大辭典·近代卷》亦收録其人。爲了體現晚近小説史的完整性,我們也予以立傳。全書起訖作家選擇的一些特殊性,想必能够得到理解。另外各卷承啓結轉之際的作家歸屬,或也不同程度地存在前交後錯的情況,這種交錯有一定的複雜性、特殊性,主要尊重各卷主編根據對文學發展的認識所作的選取、裁量,統稿時做了適當調整。

在體例上,《明清才子傳箋證》主要以《宋才子傳箋證》爲式,但也做了一些調整。如《宋才子傳箋證》篇後不録"參考文獻",我們與鳳凰出版社一起商量,決定每篇傳箋文後列出主要參考文獻五至十五種。這樣更符合現代學術規範,特别可以使近些年明清文學作家生平研究的一些重要成果得以呈現,便於學者進一步深入研究;同時,也使每篇傳箋文稍具文獻學文章的基本格式。

"傳文"與"箋證"合璧,是本書作爲文獻史料學著作的特色,但本書與《宋才子傳箋證》也有所不同。後者的傳文是"自我作古"形成的,而由於明清文獻遺存極爲豐富,遠超宋代,故絶大部分入選立傳的作家,或在史書中有傳,或有碑傳、墓表、行狀、譜文傳世,至少在地方志中可以找到相關人物叙録,故從本質上來説,本書的傳文並非"自我作古",而是"自我述古"。問題是,明清人的記載有準確的,也有不準確的;有清晰的,也有模糊的;有一事可見多證的,也有僅存孤證的;有比照互證的,也有抵牾相歧的。這就需要通過箋證來覆考,以證實或辨僞,這項工作的難度是相當大的。

箋與證,原分屬於訓詁與考據兩個學術範疇,前者重訓釋,後者重究源。但"箋"之義後來逐漸從"箋注"走向與"箋證"的趨同。鄭玄《六藝論》:"注《詩》宗毛爲主,其義若隱略,則更表明;如有不同,即下己意,使可識别也。"這裏的"識别",即包含"證"之義了,孔穎達《毛詩正義》即言"記識其事,故特稱爲箋"。《明清才子傳箋證》之"箋證",即通過記識其事,以發覆考鏡,去僞存真,最大程度上還原本事。

傳主之生平,是由日常與事件構成的。這兩者有時很難區分,出生、死亡是人間之日常,但某些人物的生死之於文學史就是事件;寫作是文人之日常,但有些寫作的行爲與結果,都是文學史的事件。當然在現實生活和實際語境中,日常與事件還是相對可分,能夠默認心裁的;而文人在日常生活中易顯才情,在特殊事件中最見人格。故箋證既注意表現日常,包括傳主的生卒時間都力求究底考實;同時注重發現和究明其生平中的個人事件和歷史事件。

撰寫中儘量博徵廣引，既有内證也有外證；同時代人之記載具有優先地位，但也不忽視後人相關記載和研究的意義。

本書所引徵的文獻史料何止萬千，發覆需腹笥與精力，運用則需學養與裁斷。衆所周知，記録唐宋文人事迹的史料相對較少，箋證工作的難點是如何儘量發掘，增加佐證維度；而明清兩代涉及文人的史料極爲豐富而龐雜，除正史、傳記和文集、文論這些基本文獻外，尚有檔案、方志、碑傳、行狀、家集、社集、譜牒、學案、筆記、日記，以及科舉文獻、宗教文獻、出土文獻、海外文獻，更有報刊信息、野史小説等。有時某個作家的資料仍屬稀缺，有時某些作家資料繁夥混雜，不能不剪裁、甄辨。爲提高全書質量，在保證傳文句句有根的前提下，箋證務求實是：史料寧闕而毋濫，不獵奇而虚録；觀點寧折衷而可靠，不趨新而自神；對可備一説的史料，則適當載録，以便深入研究。

源遠流長的中國古代文學史發展到明清兩朝，已至“尾聲”。但這個“尾聲”無法用人們對斷代文學史常用的一個“晚”字來概括，在一定意義上，它是一個完整的文學史結構，自成起承轉合的大系統，自備歷代文學史的幾乎所有要素，而且越到後期越顯示出“承變共時”的特點。

這五六百年涵括了“元明之變”“明清之變”“清民之變”三次因易代引起的文壇激蕩，每次激蕩都引發了文學家的反思，演化爲文學史發展的動力。哪怕到晚清時代，古代文學史的全部演出即將落幕，文人所産生的思考、文學所表現出來的氣象、文壇所顯示出的願景，却是兩千多年所未有。衆多文人深思個人命運，悲慨亡國絶祀，奇异地交織着痛苦與理想之光。這五六百年的文學史，總體觀照都有某種復古回潮的趨勢，細部勘察則時見新變與展望的姿態；若論文學觀念、創作方法的矛盾糾葛，似乎比歷代更多，但相反相成、對跖融合往往是不期而至的結果。如何評價明清文人與文學,始終是個問題。明清小説、戲曲成就斐然,足稱文學藝術王國,這一點看法比較統一。那麽,文人投入心力最多的詩文呢?客觀來看,明清兩代能文者太多,他們的作品有比以往歷代文人之作更多存世的機會,平庸寫作也很容易被發現,這是不容否定的事實;然而另一個事實是,這兩代文人文化積累的深度和觀察世界的廣度是空前的,杰出或卓越作家的總量絶不會低於以往任何一個朝代,優秀詩文作品數量極爲可觀,同樣無愧爲輝煌的時代。

《明清才子傳箋證》編纂的目的正基於此:我們希望將重要而杰出的文人遴選出來,以之爲坐標,不是散點式的,而是脉絡性地勾勒出明清文學發展的狀態,顯現出明清各種文體創作出現的現象和達到的水平,揭示出明清文人在承變衝突中的突破,總結明清文學在中國古代文學史最後時期的成就。

從這個目的出發,本書力圖譜系式地反映明清文學發展的面貌。依照傳統譜牒學意義推之,家族譜、宗派譜、群體譜應分支分房或分派分門作全員性列叙,但"才子傳"的定位顯然不在於此,而在於立"主"。主與主之間可見輩分、位次;"主"有所承、所連、所傳,如此貫穿起來能够形成某種譜系作用。事實上,每篇傳箋文所涉人物少則十數人,多則數十人乃至更多。全書十卷,由上千名傳主所關聯的明清文人至少萬餘家,似可視作明清文壇主客圖或脉系譜。明清文學發展的特點是"人多勢衆",要將十數萬人的小傳整理出來,尚有待時日,從"家數"入手,不失爲現階段可行的方法,對推進方興未艾的明清文學研究應能産生一定作用。

本書在策劃之初擬出了建議立傳名單、凡例和主要參考文獻,工作開展後則實行分卷主編負責制。主編們根據各階段實際情況對立傳者進行適當增删,並組織學術力量開展編寫工作,並負責審稿。最初邀約的各卷主持者爲(以下均以姓氏筆畫爲序)杜桂萍、陳書録、梅新林、張劍、蔣寅、羅時進、譚帆、饒龍隼等先生;後因開展工作需要又邀請了丁小明、司馬周、何詩海、馬昕、凌郁之、湯志波、魏洪洲等擔任主編;王志剛、孫啓華、黄建林、張立敏擔任副主編。各位主編在實際操作中從提高專業水平、推進編著進程出發,聘請了一些具有專門學養和造詣者作具體執行人。各卷主持者和協同主編工作者在本身學術工作極爲繁重的情況下,高度負責,做了大量的作者隊伍組織和對稿件的學術把關工作,爲保證本書質量耗費了極大精力,克服了許多困難。此書克成厥功,憑賴諸君之力。

各卷參加撰寫工作的學者,都是由主編們邀約的在明清文學方面有長期研究積累和影響,或在某些明清文人研究中有專攻和成果的學者,總數達二百人以上。可以説,近二十多年來有志於明清文學的中青年學者中有相當多人都參加了這項工作。主編們作爲導師,也指導合作研究博士後和許多碩、博士研究生進行傳箋文撰寫。這是國内近年來參與者衆多的一項大型明清文學文獻研究項目,能够有這麼多學者熱情投入其中,在三十年前是不可想象的,這本身已經體現出明清文學研究的歷史性進步。值得提及的是,許多年輕學者,樂於利用休暇和各種機會,到圖書館查檢文獻,獲取第一手史料,尤爲可嘉。他們所展示的,是明清文學未來發展的力量和希望。

當然,"傳箋體"本身具有創新性,且這一項目工作量很大,前後歷時八九年,完成清樣校改,已經進入第十個年頭了,主編們不同程度地感受到推進工作之不易。客觀來看,由於種種原因,各期之間或有不平衡現象;傳箋文出於衆手,各篇之間水平也難以一致。我本人以及所組織的團隊,利用時間力所能及地做了一些拾遺補缺工作,同時對前期各卷未完全溝通協調、重複寫作的稿件進行了適當的合併。2021年暑假期間,克服疫情造成的困難,團隊駐校集體統齊稿件,彌補欠缺,蘇州大學諸位老師和博士生都付出了極大辛勞。但由於本人水平有限,見識淺淺,無論是傳文的準確性、箋注的可靠度、文獻的發掘面、體例的統一化,都仍然會存在不少問題,希望得到學界同仁和廣大讀者的指教諟正。

本書編著期間,鳳凰出版社姜小青先生、倪培翔先生、吳葆勤先生,作爲前後社長始終高度關切,傾力支持,曾多次約我在南京和蘇州商量如何進行高水平編著,如何推進工作開展;總編輯林日波先生、編輯部主任李相東先生也一直給予關心支持、精心策劃;鳳凰出版社相關編輯以專業精神認真負責編審,在此深表感謝。

這裏要特別説明,項目開展期間,人事頗有變化。沈松勤教授參與了最初的策劃工作,楊旭輝教授在前期協理清代第三卷工作中發揮了積極作用,感謝他們的貢獻。劉勇剛教授曾協助主持明代第二卷的工作,不幸英年早逝,對他付出的心力,深懷謝忱。

本書相繼列入"十三五"國家重點圖書出版規劃項目、"十四五"時期國家重點出版物出版專項規劃項目、2011—2020年國家古籍整理出版規劃項目、2021—2035年國家古籍工作規劃重點出版項目,并獲得2023年度國家出版基金資助。這是對我們工作的肯定和激勵,對相關部門和評審專家給予該項目的重視,一并表達由衷的感謝。

凡　例

一、《明清才子傳箋證》用考證的方法對明清兩代重要文學家的生平史料進行整理和研究。在時限上，上起明洪武初，下訖清宣統朝。凡由元入明和由清入民的跨代文學家，按照學術界一般共識確定入選與否；明清之際的文學家的歸屬問題，亦同樣尊重學界普遍認知而定。原則上，1949 年以後在世且有社會活動和創作者不入選立傳。

二、《明清才子傳箋證》凡十卷，其中明代詩文作家四卷，清代詩文作家四卷，明清小説家一卷，明清戲曲家一卷。每卷收入文學家人數，七十家至一百二十家不等，清代中晚期稍寬。某文學家擅長多種文體，其身份之確定，以其代表性作品和在文學史上的地位、影響而論。詞家，不列專卷，歸入詩文家。

三、《明清才子傳箋證》收録之人物，原則上人各一傳，單獨箋證；與傳主關係緊密者，爲作附傳。排列以時代先後爲序，其生年乃主要之依據，生年不詳者參照卒年，生卒年皆不詳者，參照科舉活動和交遊活動情況適當排序。

四、傳文内容主要包括傳主的姓名（字號）、籍貫（郡望）、出生、世系、生平經歷、文學活動、卒年、子嗣、著述等，其中生平主要經歷（如科舉、仕宦、退隱）和重要文學活動爲箋證重點。若傳主在歷史文獻和文學文獻中有較完整、準確的傳文，以之爲基礎，取其主要内容表述;若無成文,則在搜集可靠文獻史料的前提下撰寫新的傳文。

五、傳文采用淺近的文言文,敘述力求簡明扼要,行文不分段。對傳主的著述成果和文學成就一般不作主觀評價,適當引用古人之經典評述。隨文箋證,傳箋相合,每篇大體在六千至一萬五千字之間。

六、箋證考證傳主事迹、充實文獻史料,是對傳文的實證和展開。凡箋證之内容,必依前人文獻史料,做到言必有據,事必可信。并在堅實的史實基礎上,作必要的考據按斷。對於史料不足證之問題,則寧闕疑而不臆測。

七、傳文或箋證所徵引文獻,皆隨文注明,明顯訛誤徑改。常見正史類文獻,今已出版者采用通行本,並標明卷次;其他文獻標明卷次(或册次,用“卷×”表示,如“卷九”“卷十六”,一般不用“第×卷”格式)等信息。

八、紀年一般采用年號紀年法。凡明代(1368—1644)用明帝年號紀年,清代(1644—1911)用清帝年號紀年,民國(1912—1949)用民國紀年。朝代交替之年和某些特殊年份(如“泰昌”等),隨機行文。年號紀年後括注公元年份。

九、史料徵録,力求詳簡得當。一事多證者,取其較早出現且重要的史料;人物生卒年和事件發生的時間記載應詳實。在箋證中相隨較近的紀年,前注後省,無俟複贅。

十、新發現的文獻史料,包括别集、碑誌、行狀、家譜以及重要的輯佚成果,在傳箋中儘量吸收,相關文獻著録尤當詳實。凡一書多名、一文多題者,用括注方式標明异名。

十一、箋證對具有重要參考價值的今人研究成果,尤其是他人研究之重要發現,均注意吸取,并標明作者、著作(論文)名、出版社

(學術刊物)、出版(刊載)時間等要素。一般性研究成果,則不徵引。

十二、對古籍之誤,於箋證中作必要的辨正;對學界之不同意見,酌情客觀表述。文字力求簡潔,不鋪衍縷述。

十三、凡徵引古代文獻,因避諱產生的改字、空格等,一般徑改或補足;誤字者,或徑改,或於誤字後用方括號標注正字。

十四、凡引用今人著述,對其作者,臨文不諱,只表姓名,一律不加"先生"、"女士"(女史)、"教授"之類稱呼。

十五、對以往未曾發現或學界較少注意而特色顯著的作家,儘可能詳加箋證。

十六、傳箋之後,列"參考文獻"。主要標列該傳主生平研究的主要文獻史料(即使常見書目,亦標出版本、出版時間)。所列入者,當是與傳主生平有直接關係或有重要參考價值的古代文獻,民國早期文獻適當選列,今人著述精選考證傳主生平系統且可靠者。

十七、每篇傳箋文均署作者的姓名,署於"參考文獻"之後。

目　録

楊維楨傳

楊維楨，一作楊維禎，元成宗元貞二年(1296)生，字廉夫，初號梅花道人，又號鐵崖、鐵心道人、鐵崖仙人、鐵笛道人、鐵雅、老鐵、東維子、東維叟等，浙江諸暨人。

楊維楨《鐵崖文集》卷二有《鐵笛道人自傳》，宋濂《宋學士文集》卷十六有《元故奉訓大夫江西等處儒學提舉楊君墓誌銘》（以下稱《墓誌銘》），貝瓊《清江貝先生文集》卷二有《鐵崖先生傳》。後之撰楊氏生平者，大多本於此三傳。

宋濂《墓誌銘》云其卒年："時大明洪武庚戌夏五月癸丑也，年七十五。"洪武庚戌爲 1370 年，以此反推，則楊氏生年爲元貞二年(1296)。

維楨之"楨"，亦有"禎""貞"字寫法者，孫小力在《楊維禎年譜》中主用"禎"字，其云："《宋學士文集》卷十六《元故奉訓大夫江西等處儒學提舉楊君墓誌銘》（下稱《墓誌》）：'君姓楊氏，諱維禎，廉夫其字也。'按，'維禎'之'禎'，《鐵崖先生傳》《先考山陰公實録》及鳴野山房鈔本《東維子文集》各卷均作'楨'，明初黑口大字本《東維子文集》、明成化五年刊《鐵雅先生復古詩集》各卷則作'禎'。今考《梅花百咏》卷首廉夫手書序文及所鈐印章，皆作'禎'。《墓誌》不誤。"

而喬光輝主用"楨"字，他撰文《楊維楨之"楨"字考》（《文教資料》1999 年第 1 期）指出，楊維楨一生姓名所用"楨"與"禎"字不統一,但並非無迹可尋,他以楊氏存世的九件手迹爲例,證明楊維楨的“楨”與“禎”之别,當以至正十九年(1359)十月楊氏遷居松江爲界,遷居前多用“禎”字,遷居後則用“楨”“貞”多。喬光輝進一步指出此字的變化是楊氏不同人生階段的心態反映,“楨”字則反映了楊維楨後期矯激狂放、與正統相悖的人生態度。

喬光輝此論,孫小力後曾撰《楊維禎名字及生年考辨——從其傳世最晚墨迹論起》(《晉陽學刊》2014年第4期)一文予以争鳴,仍以爲“禎”字説爲是。今姑存兩説。

楊維楨别名甚多。楊維楨《鐵笛道人自傳》云:“鐵笛道人者……初號梅花道人。”“梅花道人”之號亦或由於其早年讀書鐵崖山書樓,書樓四周遍植梅花之故也。“鐵笛道人”之號,據《鐵笛道人自傳》云:“鐵笛得洞庭湖中,冶人緱氏子嘗掘地得古莫邪,無所用,鎔爲鐵葉。筒之長二尺有九寸,竅其九。進於道人,道人吹之,竅皆應律,奇聲絶人世。”

《鐵崖先生古樂府》後序載顧瑛至正八年題識云:“(楊維楨)將妻子游淮、吴間,過太湖,得莫邪鐵笛,自稱鐵笛道人。”

故宫博物院收藏楊維楨行書《沈生樂府序帖》款署:“至正庚子(1360)春三月既望,鐵笛道人楊維禎書於雲間之寄寄巢。”(《中國古代書畫圖目・十九》,文物出版社1999年版,第277頁)

遼寧博物館藏楊維楨行書《竹西志》款署:“鐵笛道人爲李黼榜第二甲進士會稽楊維楨也。”(《中國古代書畫圖目・十五》,文物出版社1997年版,第62頁)

《清江貝先生文集》卷七《鐵崖先生大全集序》:“(其父)爲築萬卷樓鐵崖山中,先生讀書樓上……遂以鐵崖自號。”

《鐵崖古樂府》卷三《登華頂峰》、卷七《鐵笛謡爲鐵崖仙賦》中自稱“鐵崖仙人”。

《東維子文集》卷七附釋安《鐵雅先生拗律序》稱維楨爲“鐵雅先生”“老鐵”。

《東維子文集》卷三十《杵歌七首》小序自稱“東維子”。

貝瓊《鐵崖先生傳》:“東維子,蓋晚年所號也。”

故宫博物院收藏楊維楨行書《城南唱和詩》款署:“時至正壬寅冬十二月東維叟楊楨謹拜書。”(《中國古代書畫圖目·十九》,第278—279頁)

少時,讀書鐵崖山書樓中,繞樓植梅百株,聚書數萬卷,因自號鐵崖。

《鐵笛道人自傳》云:“鐵笛道人者……初號梅花道人,會稽有鐵崖山,其高百丈,上有萼緑梅花數百植,層樓出梅花,積書數萬卷,是道人所居也。”

《東維子文集》卷二十四《亡兄雙溪書院山長墓誌銘》:“君與維楨攻學無寒暑,抵夜以漏分爲度,睡則以水沃面。”

宋濂《墓誌銘》:“稍長,從師授《春秋》説,講析辨刺,幾逾百十家。大夫公期以重器,至弱齡不爲授室。”

貝瓊《鐵崖先生傳》:“少穎悟好學,日記書數千言,父宏,爲築萬卷樓鐵崖山中,使讀書樓上,懼性弗顓易怠,去梯,轆轤傳食。積五年,貫穿經史百氏,雖老師弗及。因號鐵崖。”

元泰定四年(1327)中進士,居京,與同年黄子肅等論閩浙詩,黄以爲浙無詩,楊氏力争之。外放爲天台尹,途經吴下,與李孝光論古樂府。與天台地方豪梁不協,改紹興錢清場鹽司令,蹭蹬仕途,十年不調。至元五年(1339)丁父憂,補官不成,放浪錢塘。

《鐵笛道人自傳》:“泰定間,以《春秋》經學擢進士第。仕赤城令,轉錢清海鹽,皆不信其素志。”

宋濂《墓誌銘》:“泰定丁卯,用《春秋》擢進士第,署台之天台尹,階承事郎。天台多黠吏,憑陵氣勢,執官中短長。先以餌鈎其欲,然後扼吭,使不得吐一語,世號爲‘八雕’。君廉其奸,中以法,民方稱快。其黨頗蚓結蛇蟠,不可解。君卒用是免官。久之,改錢清場鹽司令。時鹽賦病民,君爲食不下咽,屢白其事于江浙行中書,弗聽。君乃頓首涕泣於庭,復不聽。至欲投印去,訖獲減引額三千。俄相繼丁外内外艱,結廬於桐原墓左。族屬有酹墓者,植竹筇於前,筇發孽芽,枝葉鬱如也。自是不調銓曹者十年。”

貝瓊《鐵崖先生傳》云:“登元泰定丁卯進士第,授承事郎、天台縣尹。未幾,丁父憂,服闋,改紹興錢清場鹽司令。坐損鹽,久不調。遂放浪錢唐,與道士張雨游西湖、南山,窮日夜爲樂。”

按,維楨初授天台尹,天台今爲浙江省台州市天台縣。天台境内多山,縣北赤城山名尤著,顧祖禹《讀史方輿紀要》卷九十二《天台縣》“天台山”條云:“縣北三里。一名桐柏山,亦名大小台山,以石橋大小得名。……今在縣北六里者曰赤城山,土皆赤色,狀似雲霞,儼如雉堞,孫綽所云‘赤城霞起而建標’者。”故天台别稱赤城,維楨《自傳》所云“仕赤城令”即由此。

又,貝瓊《鐵崖先生傳》所載此節時序與《自傳》及《墓誌銘》相牴牾,孫小力在《年譜》中辨之甚詳,當以《自傳》及《墓誌銘》中所載“丁父憂”在“改紹興錢清場鹽司令”任上爲是。

“浙無詩”之説,見《東維子文集》卷七《兩浙作者序》:“曩余在京師時,與同年黄子肅、俞原明、張志道論閩浙新詩。子肅數閩詩人凡若干輩,而深詆余兩浙無詩。余憤曰:‘言何誕也!詩出情性,豈閩有情性,浙皆木石肺肝乎?’余後歸浙,思雪子肅之言之冤,聞一名能詩者,未嘗不窮候其門,采其精工。”黄子肅、俞原明、張志道等皆爲泰定四年同年,楊維楨離京後此四人再無相聚機會,故此次論詩當在泰定四年。

與李孝光論詩見《東維子文集》卷十一《瀟湘集序》:"余在吴下時,與永嘉李孝光論古人意,余曰:'梅一於酸,鹽一於鹹,飲食鹽梅而味常得於酸鹹之外,此古詩人意也。後之得意者,惟古樂府而已耳。'孝光以余言爲韙,遂相與唱和古樂府辭。好事者傳於海内,館閣諸老以爲李、楊樂府出而後始補元詩之缺,泰定文風爲之一變。吁! 四十年矣。……至正丙午三月望日序。"此事時間據孫小力《年譜》考證,以《瀟湘集序》署年至正丙午年上推四十年,楊維楨惟有天曆間官天台之前道經吴下與李孝光相見論詩爲可能,此處取孫説。然楊氏序文所云"泰定文風爲之一變"之説,並不符合事實,實乃其托大自雄之詞。其時楊聲名不彰,影響亦微,尚無左右文壇風氣之能力。

至正四年(1344),元廷會修遼、金、宋三史,維楨著《正統辯》二千餘言,謂有元承宋之統而非繼遼、金,總裁官歐陽玄以爲公論。轉建德路總管府推官。擢江西儒學提舉,未上,會兵亂,避地富春山,徙錢塘。

陶宗儀《南村輟耕録》卷三:"至正二年壬午春三月十有四日,上御咸寧殿,中書右丞相脱脱等奏命史臣纂修宋、遼、金三史,制曰:'可。'越二年甲申,春三月,進《遼史本紀》三十卷、《志》三十一卷、《表》八卷、《列傳》四十六卷;冬十一月,進《金史本紀》一十九卷、《志》三十九卷、《表》四卷、《列傳》七十三卷;又明年乙酉,冬十一月,進《宋史本紀》四十七卷、《志》一百六十二卷、《表》三十二卷、《列傳》《世家》二百五十五卷。初,會稽楊維禎嘗進《正統辯》,可謂一洗天下紛紜之論,公萬世而爲心者也。惜三史已成,其言終不見用,後之秉史筆而續《通鑑綱目》者,必以是爲本矣。"

貝瓊《鐵崖先生傳》云:"至正初,詔徵天下儒臣,修遼、金、宋三史。先生不得預。史成,正統訖無定論,乃著《正統辯》……辯出,見者韙之,謂其正大光明,雖百世之下,無以易之者。”

宋濂《墓誌銘》:“會有詔修遼、金、宋三史,君作《正統辯》千言。大司徒歐陽文公玄讀之嘆曰:‘百年後,公論定於此矣。’”

楊維楨弟子殷奎《强齋集》卷五《祭先師鐵崖楊先生文》:“奎自幼歲,竊讀《三史正統之辯》,知千載之公是,定於先生之斯文。由是益求其書,手抄口誦,歆羨想見而不可得也。”又,《東維子集》卷十《毛隱上人序》載僧人毛隱能誦《三史正統之辯》。綜上可知,楊維楨振起文名實賴於《正統辯》一文爲多。

至正六年(1346),應巨室蔣氏之聘,授學蘇州。八年,得交顧瑛,顧瑛執禮甚恭。同年七月,顧瑛輯録楊氏五、七言詩及吴復所編古樂府三百餘首而成《鐵崖先生古樂府》,付之棗梨。是月,廉夫在玉山草堂輯成《西湖竹枝詞》。九年,玉山草堂建成,廉夫有文紀之。

鎦績《霏雪録》卷下:“蔣氏,姑蘇巨家也。有子甫八齡,欲爲求師。慕鄭明德先生,具禮延之。先生不屑往,蔣氏亦跌宕者,遂厚延鐵崖楊先生,具道鄭不就之意。時先生居吴淞,放情山水。日携賓客、妓女,以文酒爲樂。謂蔣曰:‘能從三事則可,幣不足計也。一無拘日課,二資行樂費,三須卜别墅以貯家人。’蔣欣然從之,鐵崖竟留三年。”

顧瑛與楊維楨相識於至正八年初,按孫小力《楊維禎年譜》所載“至正八年”條所載,交往之初,楊、顧之間就有着頻繁的雅集唱和活動,具體如下:

> (正月)二十二日,偕顧仲瑛、郯九成、徐師顔宴姑蘇路義道舍。與仲瑛以詩咏妓。
>
> (二月)十二日,顧仲瑛買船,邀廉夫、張渥、于立諸人游虎

丘。天氣驟變，未果此行。廉夫賦詩一首，邀諸公和之。

（二月）十九日，顧仲瑛書招廉夫諸人。次日，廉夫偕郯九成同舟赴婁。舟中聯句。仲瑛待廉夫以貴賓禮。

（二月）二十一日，偕顧瑛、姚文涣、張渥、郯韶、于立凡六人游山。首唱《玉峰詩》，餘者和之。相與聯句。

三月三日，與仲瑛飲於書畫舫，相與聯句。廉夫乘興奏笛，又有詩，曰："人生嘉會不有述，何异市中群聚蚊。"

（三月）十日，尋還姑蘇，偕顧瑛、張雨游石湖諸山，各以詩咏妓。……偕顧瑛、倪瓚、張簡游虎丘，各賦詩。

是月（按，五月）再次適婁。

六月一日，顧瑛詩招廉夫。時廉夫客寓婁江，用韵作答。

（六月）二十四日，偕高智、于立、張師賢、袁華、陸仁宴集顧瑛浣華館，聯句，廉夫序之。

七月一日，顧瑛輯録廉夫五、七言詩若干首及吴復所編古樂府詩三百餘首，刊板梓行，撰序稱美。……是月，顧瑛大興土木，築山穿池，修建園林亭館，撰文稱美。……輯數年來各地詩家唱和《竹枝》，凡百餘人。名爲《西湖竹枝詞》。撰序，書於玉山草堂。

按，據上可知，楊、顧兩人一見如故，相聚甚歡。除了頻繁的雅集唱和，至正八年楊、顧交往有三事值得關注：一是顧瑛編刊《鐵崖先生古樂府》行世，其《後序》論及楊氏以五、七言詩新體變革古體古樂府之創新；二是維楨在客居玉山草堂期間，選編了具有重要影響的樂府詩集《西湖竹枝詞》，這部集合了一百二十名詩人同題唱和的詩集，促進了其構建陣容廣大的"鐵崖詩派"；三是顧瑛大興土木，開始修建名聞於世的玉山草堂建築群，爲玉山雅集提供了絶佳之處。

至正九年(1349)春,以松江吕輔之招,赴璜溪義塾授學。楊氏居吴四載,主持風雅,先後主盟聚桂、應奎文會及玉山雅集,聲名益熾。

至正九年春,應松江吕輔之招,赴璜溪義塾授《春秋》學。是月得識袁凱,爲其作《改過齋記》,稱譽袁氏。是月又游松之張溪,楊謙招飲,撰文紀之。四月,與友集於華亭令張氏所。是月,顧瑛梓行《玉山草堂雅集》,楊爲之序。

至正十年春,嘉禾濮樂閑創聚桂文會,聘楊主持之。《東維子文集》卷六《聚桂文會序》曰:"嘉禾濮君樂閑,爲聚桂文會於家塾,東南之士以文卷赴其會者凡五百餘人。所取三十人,自魁名吴毅而下,其文皆足以壽諸梓而傳於世也。予與豫章李君一初,實主評裁,葛君藏之、鮑君仲孚又相討議於其後……嘉禾之賢守長實爲集賢淩公,顓務古文而崇化……斯文鋟梓,濮君又求一言以叙首,於是乎書。"

七月,吕輔之創應奎文會,聘廉夫主評,東南文士以文卷赴會者七百餘,中選四十卷梓行。《(嘉慶)松江府志》卷三十《學校志》載吕輔之《應奎文會自序》云:"良佐草澤人,出生文明時,竊慕鄉舉里選之盛,輒於大比之隙創立應奎……聘海内知名士主文評者會稽楊公廉夫……蓋楊公蚤登高科,其文脱略腐陋,力追西漢盛唐之作,而山林學者無不欲收名定價於其門,故視他會爲獨盛。"

至正十年(1350)十二月,復出仕爲杭州四務提舉,十三年,任杭州税課提舉司副提舉。

《元詩選》卷六十四顧瑛《芝雲堂分韵序》:"余與楊君鐵崖别兩年矣。庚寅嘉平之朔,君自淞泖過余溪上,適永嘉曹新民自武林至,相與飲酒芝雲堂。明日鐵崖將赴任,曹君亦有茂异之舉,同往武林。信歡會之甚難,而分攜之獨易,安可不痛飲盡興,以洗此憒憒之懷?”

《鐵崖漫稿》卷二《兩浙鹽使司同知木八剌沙侯善政碑》款署云:“李黼榜賜進士出身承務郎杭州税課提舉司副提舉楊記。”時爲至正十三年正月。

至正十八年(1358),張士誠聞名而招,不赴。士誠又遣其弟士信往訪楊維楨,因撰《五論》,具書復士誠,反復告以順逆成敗之説,士誠不能用也。至正十九年,應松江同知顧遜之招,赴淞學教授諸生,其後,居淞不遷。

楊維楨與張士誠之交往見於貝瓊《鐵崖先生傳》,其文曰:“十八年,太尉張士誠知其名,欲見之,不往。繼遣其弟來求言,因獻《五論》。”《五論》即《東維子文集》卷二十七所載《馭將論》《人心論》《總制論》《求才論》《守城論》。

復書則云張士誠有“兵不嗜殺”“聞善言則拜”“儉於自奉”“厚給吏禄而奸貪必誅”等“今日不可及之者四”,故“東南豪杰望閣下之可與有爲者也。閣下孜孜求治,上下决不使相徇也,直言决不使相遺棄也,毁譽决不使亂真也”。楊亦言及張“惟賢人失職、四民失業者尚不少也,吾惟閣下有可畏者又不止是”,“觀閣下左右參謀贊密者,未見其砭切政病,規進閣下於遠大之域者。使閣下有可爲之時,有可乘之勢,而迄無有成之效”,“狃於小安而無長慮”。

又,都穆《南濠詩話》云:“張士誠據有吴中,東南名士多往依之。不可致者,惟楊廉夫一人,士誠無以爲計。一日,聞其來吴,使人要於路,廉夫不得已,乃一至賓賢館中。時元主方以龍衣御酒賜士誠,士誠聞廉夫至,甚説,即命飲以御酒。酒未半,廉夫作詩云:‘江南歲歲烽烟起,海上年年御酒來。如此烽烟如此酒,老夫懷抱幾時開?’士誠得詩,知廉夫不可屈,不强留也。”

又《東維子文集》卷十三有《凝香閣記》記楊維楨與張士誠弟張

士信之交往,其云:"光禄大夫、平章政事張公,分治江浙之三年,築城堡,修倉庾,廣亭臺,闢田疇,休兵息民,於是詳延海内方聞之士,談仁義,講禮樂,收東南遺書於賓賢之館,而名燕之室曰'凝香',徵記於客鄉會稽楊維楨……今士有深山長谷而出者,咸曰:'吾聞光禄公善尊賢也,善養士也,善求善内諫也。'無不忻忻然相告曰:'南垣有賢相臣如此,民其瘳矣乎。'"

按,楊與張吴政權之交往既有時勢制約,也可見顯楊氏的智識及其複雜之處。張吴初起時,楊以草寇視之,至正十六年(1356),楊在與詩友張昱唱和中就期望張昱輔佐苗將楊完,驅逐張吴。至正十七年以後,張吴對外降元,對内修文,廣納江南人才,楊態度轉變,先進《五論》以答之,再撰《凝香閣記》美之,其弟子忻忭、何伯翰等亦中式張吴科舉,楊本人與張吴顯宦如嘉興太守何氏、杭州總管謝節、右轄李志學、松江同知顧逖等人交往頻繁。至正十九年,楊維楨受松江同知顧逖之聘而赴淞學教授諸生,其後一直居淞之草玄廬。至正二十三年,張吴左相王晟曾訪草玄廬,楊氏以"休説五湖天様闊,扁舟何處不容身""若問東吴上書者,五湖今把釣魚杆"等語明其志。蓋二十載仕途蹭蹬,他已然宦情淡薄,惟願詩酒逍遥以娱餘生。故《明史》卷二百八十五本傳有所謂"徙居松江之上,海内薦紳大夫與東南才俊之士,造門納履無虚日。酒酣以往,筆墨横飛。或戴華陽巾,披羽衣坐船屋上,吹鐵笛,作《梅花弄》。或呼侍兒歌《白雪》之辭,自倚鳳琶和之。賓客皆蹁躚起舞,以爲神仙中人"云云。而張吴政權覆滅後,楊氏復有詩作《銅將軍》《周鐵星》《蔡葉行》《金盤美人》等諷刺之,如《銅將軍》序云"刺僞相張士信也",《周鐵星》序云"斥毒斂臣周仁"。楊氏以爲張氏亡國,亡於其弟士信,亡於佞臣周、蔡、葉等人。楊氏如此批評張吴雖不無薄情之處,而自明及自保之意亦或有之。

洪武二年(1369),以維楨前朝老文學,召纂禮樂書。謝挽,賦《老客婦謡》。後至闕廷,略置叙例,乃乞骸骨還山。抵家卒,年七十五,時洪武三年夏五月。

洪武初詔修禮樂事,見《明太祖實録》卷四十四:"是月(按,即洪武二年八月),召儒臣纂修禮書,時上以國家創業初,禮制未備,敕中書省令天下郡縣舉素志高潔、博通古今、練達時宜之士,年四十以上者,禮送至京,參考古今制度,以定一代之典。其年過五十、未及四十,非深知經術者勿遣。"

《明史》卷二百八十五本傳:"洪武二年,太祖召諸儒纂禮樂書,以維楨前朝老文學,遣翰林詹同奉幣詣門。維楨謝曰:'豈有老婦將就木,而再理嫁者邪?'明年,復遣有司敦促,賦《老客婦謡》一章進御,曰:'皇帝竭吾之能,不强吾所不能則可,否則有蹈海死耳。'帝許之,賜安車詣闕廷,留百有一十日,所纂叙例略定,即乞骸骨。帝成其志,仍給安車還山。史館胄監之士祖帳西門外,宋濂贈之詩曰:'不受君王五色詔,白衣宣至白衣還。'蓋高之也。抵家卒,年七十五。"

《老客婦謡》及宋濂的贈詩皆失載於兩人詩文集,故學界對這兩首詩的真僞嚮有争議。如朱彝尊《曝書亭集》卷六十四《楊維禎傳》未録《老客婦謡》及進呈事,葛漱白編《鐵崖全集》則以"介在疑似,姑入收羅"的態度應之,孫小力在《楊維楨年譜》中獻疑而論《老客婦詞》與詹同之《老客婦傳》皆爲僞作。楚默在《楊維楨研究》中則從詹同與楊維楨的詩文交往、此作的明人著録及作品文本解讀的三重角度力證其真。其説可取。

楊氏卒年月,見宋濂撰《墓誌銘》:"君被命至京師,僅百日而肺疾作,乃還雲間九山行窩。疾且革,移拄頰樓中……乃自起,提筆撰《歸全堂記》,頃刻而就,擲筆曰:'九華伯潘君招我,我當往,車馬俟我且久。'遂泊然而逝……時大明洪武庚戌夏五月癸丑也,年七十五。”按,洪武庚戌即 1370 年。

維楨詩名擅一時,號鐵崖體,張雨稱其古樂府出入少陵、二李間,有曠世金石聲。詩震蕩陵厲,鬼設神施,尤號名家。其門庭廣大,其時號爲鐵崖派。

按,鐵崖體之説見於《東維子文集》卷十《冷齋詩集序》:“曩余在錢唐湖上,與句曲外史、五峰老人輩詩,推余詩爲鐵雅詩。”同書卷十一《瀟湘集序》:“余在吴下時,與永嘉李孝光論古人意……孝光以余言爲韙,遂相與唱和古樂府辭。好事者傳於海内,館閣諸老以爲李、楊樂府出而後始補元詩之缺,泰定文風爲之一變。”

錢謙益《列朝詩集》甲集前編卷七“鐵崖先生楊維楨”條云:“張伯雨序其樂府曰:《三百篇》而下,不失比興之旨,惟古樂府爲近。今代善用吴才老韵書,以古語駕御之,李季和、楊廉夫遂稱作者。廉夫又縱横其間,上法漢魏,而出入於少陵、二李之間。所作古樂府辭,隱然有曠世金石聲。又時出龍鬼蛇神,以眩蕩一世耳目,斯亦奇矣。”

又,歷來論者對楊維楨詩評價甚高。胡應麟《詩藪》論其《竹枝詞》“其婉麗夢得靡加”,“其瓌崛長吉莫過”。王漁洋《戲仿元遺山論詩絶句》評其樂府:“鐵崖樂府氣淋漓,淵穎歌行格盡奇。耳食紛紛説開寶,幾人眼前宋元詩。”翁方綱《石州詩話》:“廉夫自負五言小樂府在七言絶句之上。然七言《竹枝》諸篇,當與小樂府俱爲絶唱,劉夢得以後罕有倫比,而竹枝尤妙。”

“鐵崖派”或“鐵雅派”之説見於《鐵崖漫稿》卷四《玉笥集敘》,其云:“泰定、天曆來,予與睦州夏溥、金華陳樵、永嘉李孝光、方外張天雨爲古樂府,史官黄溍、陳繹曾遂選於禁林,以爲有古情性,梓行於南北,以補本朝詩人之缺。一時學者過爲推,名余以鐵雅宗派。派之有其人曰崑山顧瑛、郭翼,吴興郯韶,錢塘張暎,嘉禾葉廣居,桐廬章木,餘姚宋禧,天台陳基,繼起者曰會稽張憲也。……其樂府歌詩與夏、李、張、陳輩相頡頏,而頓挫警拔者過之。今年春,其友吴遠氏持其樂府及歌行謡引經余删選者三百餘首,將梓行於時。”

據此序所言,似可見鐵崖或鐵雅派成員及陣容之一斑。然孫小力《論鐵崖派以及元季東南文化思潮》(《上海大學學報(社會科學版)》1993 年第 5 期)云鐵崖派其實較鬆散,没有一定的文學主張,風格亦不盡相同,“唯求趣味相投而已”,“《四庫總目提要》説他們雖出於鐵崖之門,但學其所長,不學其所短。依我看來,實是學其所棄而不學其所好而已”。此論可備一説。

按,楊維楨之於明初詩壇已然“魯靈光殿”般“前朝老文學”,然《明史·文苑傳》爲其立傳,自有用心。郭紹虞認爲,楊詩主情性,“是明顯的提倡性靈的主張”,而楊所持“先情性後體格”之論,“很可以看出由性靈進爲格調的意義”,故云“前後七子與公安派都是‘鐵崖體’的變相”(郭紹虞《中國文學批評史》第 320 頁)。由此觀之,明清以降力主“性靈説”之殷殷聲光,楊氏實開其蒙。與楊氏交游或從學者,於明初文壇頗有影響,故雖爲“舊頭領”而棄之不可也。

參考文獻:

1. 楊維楨《東維子文集》,《四部叢刊》景清鳴野山房本,上海商務印書館 1919 年版

2. 楊維楨《鐵崖先生詩集三種》,清光緒崇德堂補刻本。

3. 楊維楨著、鄒志方點校《楊維楨集》,浙江古籍出版社 2017 年版。

4. 孫小力《楊維禎年譜》,復旦大學出版社 1997 年版。

5. 張廷玉等《明史》,中華書局 1974 年版。

6. 宋濂《宋學士文集》,《四部叢刊初編》景明正德本,上海書店 1989 年版。

7. 貝瓊《清江貝先生文集》,《四部叢刊初編》景明初刊本,上海書店 1989 年版。

8. 黄仁生《楊維禎與元末明初文學思潮》,東方出版中心 2005 年版。

9. 楚默《楚默文集續集・楊維楨研究》,上海三聯書店 2010 年版。

10. 趙春寧、師雅惠《明史文苑傳箋證》,鳳凰出版社 2012 年版。

11. 郭紹虞《中國文學批評史》,上海古籍出版社 1979 年版。

(丁小明)

張以寧傳

張以寧，字志道，號翠屏山人。福建福州府古田縣(今福建省古田縣)人。元大德五年辛丑(1301)四月十五日生。父一清，官中奉大夫，福建、江西行省參知政事。

楊榮《楊文敏公集》卷十九《故翰林侍讀學士朝列大夫張公墓碑》(以下稱《張公墓碑》)："公諱以寧，志道其字也。元贈禮部尚書諱留孫之孫。中奉大夫，福建、江西行省參知政事諱一清之子。其先有光禄大夫諱睦者，自光之固始從王審知入閩，始居古田之梅溪，至公曾大父世延再遷邑之雲津坊。一清先娶廖氏，生三子：頤、興、野，俱幼而瘳卒。繼娶陳氏，有賢德，訓育廖所生如己出。陳既有娠，一夕夢小兒擎荷葉向月而拜，覺而公生。……公生於元大德辛丑四月十有五日。"

按，元大德辛丑，即元大德五年(1301)。張以寧《翠屏集》卷首宋濂《張先生翠屏集序》云："先生諱以寧，字志道，姓張氏，福之古田人。"又云："先生長濂凡九歲。"張廷玉等撰《明史》卷一百二十八《宋濂傳》："(洪武)九年進學士承旨、知制誥，兼贊善如故。其明年致仕，賜《御製文集》及綺帛，問濂年幾何，曰：'六十有八。'……十三年，長孫慎坐胡惟庸黨，帝欲置濂死。皇后、太子力救，乃安置茂州。……其明年，卒於夔，年七十二。"宋濂於洪武十四年(1381)卒，年七十二，則其生於元武宗至大三年(1310)。亦可證張以寧生於元成宗大德五年(1301)。

張廷玉等撰《明史》卷二百八十五《張以寧傳》(以下稱《明史》本傳):"張以寧,字志道,古田人。父一清,元福建、江西行省參知政事。"

張以寧《翠屏集》卷首陳璉《翠屏張先生文集序》:"閩中近代諸儒多以文章知名,惟國子監丞陳公衆仲、翰林直學士林公清源與國子祭酒張先生志道,其尤著者。先生,福之古田人。"

又卷首陳南賓《翠屏張先生詩集序》:"福之張公學士,號翠屏先生。"

張以寧《翠屏集》卷一《題王伯純青雨亭》:"翠屏山人吟更狂,於此亭中幾回宿。"

又卷二《自挽》,題下注:"按先生生於元辛丑。"

又卷四末附石光霽《跋》:"先生上世汝寧之固始人,殆宋南渡,徙閩古田翠屏山下居之,因號翠屏山人。"

廖道南《殿閣詞林記》卷四《翰林院侍讀學士張以寧》(以下稱《學士張以寧》):"張以寧,字志道。其先河南固始人。厥祖光禄大夫從王審知入閩,遂居福建之古田。"

以寧賦質清粹,幼嗜詩書,六歲即日記千言,善屬對。八歲時,伯父繫獄,赴衙伸理,所言條理清晰,縣尹异之,命賦《琴堂詩》,立就,伯父得釋。

楊榮《張公墓碑》:"賦質清粹,神采煜煜。襁褓中即嗜讀誦。甫六歲,日記千言。嘗與群兒游寺中,僧人難之以對,公隨口酬應,意甚超卓,聞者歆羡。八歲時,人訟其伯父,逮於獄,公忿不能平,詣邑伸理,令异其言有條序,命賦《琴堂詩》,立就,且出語新奇。伯父由是得釋。"

《明史》本傳:"以寧年八歲,或訟其伯父於縣繫獄,以寧詣縣伸理，尹异之，命賦《琴堂詩》，立就，伯父得釋，以寧用是知名。”

延祐二年(1315)，年十五，往寧德從學於韓信同，五年乃歸，學業大進。泰定三年丙寅(1326)，赴杭州参加江浙鄉試，中式。同寧德人黄澤、韓瑕、林鶴山登武夷山幔亭峰。

楊榮《張公墓碑》：“年十五，承父命往寧德受學於韓古遺，越五年方歸，學業大進，鄉之學者莫不推許之。”

盧建其修《（乾隆）寧德縣志》卷七《韓信同傳》：“韓信同（《宏簡録》作“性同”），字伯循，號古遺，五都中村涵頭人。性穎异，日誦萬言，工文賦。及從學陳石堂，遂刊落華藻，究心濂洛關閩之説。石堂嘆曰：‘吾老矣，得斯人，復何憾！’……延祐四年，應江浙鄉舉，不合歸，即杜門不出，四方書幣日至。出其門者多知名士，如三山林文拱、張以寧，皆其高弟也。……祀鄉賢。”

張以寧《翠屏集》卷三《黄子肅詩集序》：“以寧與先生皆薦於杭，試於京師。”又卷二有《丙寅鄉貢同寧德黄君澤韓去瑕林鶴山登幔亭峰今十五年矣賦此並懷黄子肅同年》。

泰定四年丁卯(1327)，以寧以《春秋》登進士第。元文宗天曆元年戊辰(1328)，任黄岩州判官，其間，以計擒捕海寇，民賴以安。元統二年甲戌(1334)，因事獲罪。元惠宗至元二年(1336)，官六合縣尹，有惠政。

楊榮《張公墓碑》：“登元泰定丁卯進士第。初任黄岩州判官，不逾年，以計擒捕海寇殆盡，民賴以安。繼升真州六合縣尹，有惠政及民。”

張以寧《翠屏集》卷三《楊氏世譜序》：“黄岩爲台附庸，於浙水東，實今望郡，前代文獻之邦。予始登泰定丁卯第，佐是州。”

又卷二有《科舉以滯選法報罷士無有爲錢若水者何也予於膠

西張起原坐上聞此語悚然予獲戾甲戌冬而乙亥科舉罷徒抱耿耿進退跋疐此古昔有志之士所以仰天淚盡者也……》。甲戌,即元統二年(1334),乙亥,即元統三年(1335)。以寧於元統二年冬獲罪。

《明太祖實録》卷六十一:“翰林侍讀學士張以寧……登元泰定辛卯進士第。”

廖道南《學士張以寧》:“登元泰定辛卯進士。初授黄岩州判官,轉六合縣尹,坐事免。”按,泰定無辛卯年,“辛”應爲“丁”之誤。

陳道監修《(弘治)八閩通志》卷六十二《張以寧傳》:“授黄岩州判官。時海賊頻年爲州人害,意以寧儒者,必懦怯無備,以寧先募民兵,乘小舟潛布以俟賊至,一鼓悉擒之。升六合縣尹。”

按,黄岩州即今浙江省台州市黄岩區,元元貞元年(1295)黄岩縣升爲黄岩州,隸台州路。明洪武元年(1368),改台州路爲台州府,洪武三年,復黄岩州爲黄岩縣。

王咏霓纂《(光緒)黄岩縣志》卷十載,張以寧於元文宗天曆元年任黄岩州判官。

謝延庚等修《(光緒)六合縣志》卷四《張以寧傳》:“至元二年,以黄岩州判官升六合縣尹。”

後以丁内艱去官,服闋,將北上京師,爲戰亂所阻,留滯淮南十年,教授生徒,多所造就,王鈍、石光霽皆及門受教。

楊榮《張公墓碑》:“以丁内艱去官,服闋,將上京師,爲兵所阻,教授淮南者十年。王鈍、石光霽皆其門人也。”

張以寧《翠屏集》卷二末石光霽《跋》:“宦途中厄,留滯江淮。光霽獲從之游,昕夕聆誨,爲益不少。”

張廷玉等《明史》卷二百八十五《石光霽傳》:“門人石光霽,字仲濂,泰州人。讀書五行俱下。洪武十三年以明經舉,授國子學正,進博士,作《春秋鈎玄》,能傳以寧之學。”

《明史》本傳:“泰定中,以《春秋》舉進士。由黄岩判官進六合尹,坐事免官。滯留江、淮者十年。”

以寧在黄岩、六合居官以及留滯淮南期間多有所作。

官黄岩期間,爲好友朱昈(字伯良)《思存稿》作序。張以寧《翠屏集》卷三《思存稿序》:“台之黄岩,予始仕而獲友其士之賢者伯良,台秀也。故於予乎請,而予序之也,以志予喜。”

天曆二年己巳(1329)春,與胡允文、趙彦直、陶師川游紹興鑒湖、玉笥山及蘭亭,作有詩文。《翠屏集》卷一有《子懋王尹次予韵君越人嘗憶己巳春與胡允文趙彦直陶師川游鑒湖陟玉笥登山陰蘭亭……借韻一笑》。同卷《鑒清軒》:“幽居鑒湖上,湖水直到門。”

至元二年丙子(1336),與張所中飲於官舍。《翠屏集》卷四《書虚谷記後》:“其歲丙子,河中張君所中過予堂邑。班荆而飲,擊尊而歌,若有獲於予心者。”

古田增修城隍廟,作《古田縣增廣城隍廟記》。《翠屏集》卷四《古田縣增廣城隍廟記》:“邑之吏民念無以報侯惠,乃大德八年甲辰肇謀,即侯之祠增廣基地。……像設具新,黝堊交换,訖功於至元丙子。……請以寧記之。”

《翠屏集》卷三《送錢德元教諭盱眙序》:“至元己卯,予泝淮適汳,同年納君文璨時長泗之盱眙,握手道間闊,因獲覽觀都梁之勝,蘇子瞻、米南宫諸賢之大書深刻照映人耳目。”

至正九年己丑(1349)夏四月,將赴大都,玉清無外蘭尊師於富沙與以寧作别,以寧作《無外説》。秋,代淮東僉憲楊惠作《天長縣興修儒學記》。是年,結交楊子益。

張以寧《翠屏集》卷四《無外説》:“己丑夏四月,玉清無外蘭尊師别予富沙,徵予説以爲别。予交於無外餘二十年,知之深。”按,張以寧與無外結交應在元天曆二年己巳(1329)前。

又卷二有《予己丑夏辭家客燕二十年……》。又卷三《送鄭伯鈞序》:“予以歲己丑至京師。”

又卷四《天長縣興修儒學記代淮東僉憲楊惠子宣作》:“至正紀元之六年,實河間郝侯偁宰是邑之明年,政孚聲著,廢舉滯興。顧瞻邑黌獨圮弗治,大懼無以稱上旨意,亟圖新之。……始九年夏,迄秋落成……既事,分浙憲僉劉君遵道來請記。”

又卷三《楊氏世譜序》:“予始登泰定丁卯第……别二十餘年,其歲己丑,始見岩士楊子益於京師。”

至正中,在大都,復起爲國子助教,遷待制、侍講學士、知制誥,兼修國史。以寧有俊才,時人稱“小張學士”。至正十六年丙申(1356),在國子助教任,復校文遼陽。

楊榮《張公墓碑》:“後復徵至國子助教,累官至翰林侍講學士、中奉大夫、知制誥,兼修國史。”

廖道南《學士張以寧》:“至正中,復起爲國子助教,後遷待制、侍讀學士。以寧有俊才,元末遺老多物故,以寧獨擅名於時,人呼爲‘小張學士’。”

《明史》本傳:“順帝徵爲國子助教,累至翰林侍讀學士,知制誥。在朝宿儒虞集、歐陽玄、揭傒斯、黄溍之屬相繼物故,以寧有俊才,博學强記,擅名於時,人呼‘小張學士’。”按,廖道南和《明史》皆云張氏官至侍讀學士,但楊榮謂其官至侍講學士,元代侍講學士對應文散官階爲中奉大夫,兹以楊榮所記爲據。

張以寧《翠屏集》卷四《雜記》:“歲丙申,忝助教,復校文遼陽。”

洪武元年戊申(1368)八月,朱元璋詔元故官至南京。冬,至南京。次年正月三日,朱元璋召見,以寧以奏對稱旨,授翰林侍讀學

士、知制誥,階朝列大夫。嘗從太祖登擁翠亭,作《應制鍾山説》。同月作《送南海知縣吴允思序》。

楊榮《張公墓碑》:"既入國朝,拜翰林侍讀學士、朝列大夫、知制誥,兼修國史。每承顧問,多所裨益,賜誥褒諭,恩賚特厚焉。"

廖道南《學士張以寧》:"國初,王師入元都,以寧與危素等以故官來歸,奏對稱旨,仍以爲侍讀學士,階朝列大夫,知制誥,特被寵遇。"

夏燮《明通鑑》卷一:"(洪武元年)春,正月,壬申朔,四日,乙亥,太祖祀天地於南郊,即皇帝位。定有天下之號曰明,建元洪武。……八月庚午,徐達等兵至元都。……詔徵元故官至京師。"

又卷二:"(洪武二年)春,正月,庚子,上御奉天門,召元故臣至京師者入見。……時元故臣至京師者,惟金溪危素、古田張以寧名最重,素長於史,以寧長於《春秋》,上皆授爲翰林侍講學士。"

張以寧《翠屏集》卷二有《予己丑夏辭家客燕二十年江南風景往往畫中見之戊申冬來南京……》。

又卷四《應制鍾山説》:"洪武二年正月三日,伏蒙聖恩,賜見前殿。特承睿旨,命爲鍾山之説。"

《明史》本傳:"明師取元都,與危素等皆赴京,奏對稱旨,復授侍講學士,特被寵遇。帝嘗登鍾山,以寧與朱升、秦裕伯等扈從擁翠亭,給筆札賦詩。"按,《明史》和《明通鑑》謂入明後張以寧官翰林侍講學士,然楊榮、廖道南皆記爲侍讀學士,又本傳所引《明太祖實録》亦稱侍讀學士,當以侍讀學士爲是。

張以寧《翠屏集》卷三《送南海知縣吴允思序》:"洪武二年春正月,制以建安儒士吴生允思知廣州府屬縣之南海,謂予同其鄉且長也。將軷,請爲言。"

洪武二年己酉(1369)六月,應安南國王陳日煃之請,遣翰林侍讀學士張以寧、典簿牛諒賫敕書往安南封其國王。以寧從南京出發,途經江西泰和縣、萬安縣、南康縣、韶州、廣州、梧州、南寧、龍州等。沿途率有詩文。

《明太祖實録》卷四十三:"(洪武二年六月)壬午,安南國王陳日煃遣其少中大夫同時敏,正大夫段悌、黎安世等來朝,貢方物,因請封爵。詔遣翰林侍讀學士張以寧、典簿牛諒往使其國,封日煃爲安南國王。"

張以寧《翠屏集》卷二《南京早發》:"大隱金門三十載,壯懷中夜每聞雞。今朝一吐虹霓氣,萬里交州入馬蹄。"

又卷二有紀事詩《二十七日晚到萬安縣縣令馮仲文來問勞翌日登岸觀故宋賈相秋壑所居故址……悲夫因賦二絶如罪其羈留信使之類皆欲加之罪之辭也》。

又卷四《訥庵記》:"予奉旨使安南,道廣東,行省從事觀子毅以選爲輔行。……有讀書之室名以'訥庵'……予嘉其仕而不廢於學也。"

又卷四《廣州衛旗纛廟記》:"洪武紀元之四月,公總率大軍建牙於廣。……越明年三月,有旨大都督府即治後立旗纛廟……四月……涓吉落成。"按,此記當作於道經廣州時。

又卷四《知愚齋記》:"真定張君士進,來長邕幕之半載,府以治稱。予使安南,道是郡。君進見,以其講學之齋居名'知愚'者請予記之。"

又卷三《送南寧攝守焦侯序》:"於是史官晉安張以寧奉使道是邦,摭輿人之誦而敘之。洪武二年十月五日序。"按,十月五日,以寧在南寧,送別焦氏。

洪武二年十月，抵安南界，而日煃卒，安南人請封日熞爲王，以寧不許。日熞遣杜舜卿入朝告訃，太祖命翰林院編修王廉往祭，林弼（又名唐臣）持詔封陳日熞爲國王，以《太祖皇帝御賜詩序》並詩十首賜以寧。

楊榮《張公墓碑》："洪武己酉夏六月，奉命賫詔印使安南封其國王，未至而王卒。國人請授其世子，公不聽，遣人請命於朝，且教其世子服三年喪，並令其國人效中國行頓首、稽首禮。朝廷嘉之，賜以敕書，比之陸賈、馬援，並御製詩八篇以獎諭之。"

廖道南《學士張以寧》："洪武己酉，與典簿牛諒奉使安南，上親製詩送之。時安南王陳日煃偶卒，嗣君日熞遣其臣阮亮求詔璽，以寧不許，乃留居洱江，俾諒往其國，諭以朝廷威福。彼遂復遣陪臣杜舜卿來告訃，上親御翰墨爲祭文。命編修王廉、主事林唐臣往將命，事竣，上御製詩八章，暨錫以璽書褒之。"

何喬遠《閩書》卷七十六《張以寧傳》："至，則其國王陳日煃卒，其世子日熞遣陪臣阮亮求詔璽，以寧不許，曰：'此吉禮，非凶事也。且既易世矣，當以奏聞。'因留居洱江，俾諒往諭之。安南世子遂復遣陪臣杜順卿來告訃。太祖喜以寧稱任使，親爲祭文，遣吏部主事林唐臣、翰林編修王廉往祭安南王。復御製詩八章並璽書褒賜之，稱其'控忠貞之氣，奮守節之剛'。又，安南人以揖爲禮，以寧始教之稽首、長跽。璽書並以'用夏變夷'美之。"

陳道監修《（弘治）八閩通志》卷六十二《張以寧傳》："尋奉命使安南，未至，其王卒。國人請受印於世子，以寧不許，遣介使偕其國人馳奏。"

《明史》本傳："洪武二年秋，奉使安南，封其主陳日煃爲國王，御製詩一章遣之。甫抵境，而日煃卒，國人乞以印詔授其世子，以寧不聽，留居洱江上，諭世子告哀於朝，且請襲爵。既得命，俟後使者林唐臣至,然後入境將事。事竣,教世子服三年喪,令其國人效中國行頓首、稽首禮。”

王世貞《弇州史料》前集(《四庫禁毁書叢刊》本)卷十七:“三年四月,安南使杜舜卿等以王日熞卒來告哀請命,上素服御西華閣見,遣翰林院編修王廉往祭,尋遣吏部主事林唐臣持詔封日熞爲安南國王。四年二月,侍讀學士以寧、編修廉、吏部主事唐仁還自安南,王日熞遣阮汝亮表謝恩,獻方物。”

《明太祖實録》卷四十三:“(洪武二年)以寧等以十月至安南界,而日熞以夏五月先卒,其侄日熞嗣立。”

又卷六十一:“(洪武四年二月)翰林侍讀學士張以寧、吏部主事林唐臣、翰林編修王廉自安南使還,其王陳日熞遣其臣阮汝亮偕來,上表謝恩,貢方物。”

張以寧《翠屏集》卷二有紀事詩《予己丑夏辭家客燕二十年江南風景往往畫中見之戊申冬來南京今年六月二十九日奉旨使安南長途秋熱年衰神憊氣鬱不舒舟抵太和舟中睡起烟雨空濛秋意滿江宛然畫中所見埃壒爲之一空漫成二絶以志之時己酉七月二十四日也》。

張以寧《翠屏集》附張瑄編《至寶集》卷首載洪武三年四月《太祖皇帝御賜詩序》,包括八個詩題,十首詩。

洪武三年(1370)三月三日,以寧爲所著《春秋春王正月考》撰序。五月四日,臨終作《自挽》,遂卒於安南。享年七十。古田縣立玉堂金馬坊,以示紀念。

楊榮《張公墓碑》:“未幾得疾,卒,實庚戌五月四日也。公生於元大德辛丑四月十有五日,至是春秋七十。其在安南八閲月,著書不少倦。臨終,自爲挽詩,意豁然也。訃聞,敕禮部遣官歸其柩,所過有司設祭,仍給在任三歲禄,以贍其家。以某年某月某日葬邑之極樂山。”

張以寧《翠屏集》卷二《自挽》:"一世窮愁老翰林,南歸旅櫬越山岑。覆身粗有黔婁被,垂槖都無陸賈金。稚子啼飢憂未艾,慈親槀葬痛尤深。經過相識如相問,莫忘徐君挂劍心。"題下注"按,先生……終於安南,洪武三年五月四日也。臨終自作此詩,是日而逝。蓋享年七十矣。"

張以寧《春秋春王正月考序》:"竊嘗欲筆於書,而奪於世故,未遑也。玆因忝使安南,假館俟命之暇,始克會粹而成編也。……洪武三年春三月三日,晉安後學張以寧序。"

《春秋春王正月考》一卷,《辨疑》一卷,張以寧撰,有《通志堂經解》本,清康熙間刻本。

魯曾煜纂《(乾隆)福州府志》(清乾隆十九年刊本)卷二"玉堂金馬坊"條:"在一保,舊名雲津。洪武初,爲翰林學士張以寧建,弘治六年,知縣屠容重修。崇禎壬申復毁。庚辰年,知縣郭維藩重立。"

以寧娶太原宋氏,生四子:烜、燧、煒、煜。繼娶大名宋氏,生子炬。煜,字孟晦,官至湖廣蒲圻知縣。炬,歷任江西新淦知縣、刑部員外郎。孫男七人垣、圻、埴、坦、埏、塤、壇。埏更名隆,煜之子,官南雄保昌儒學訓導。曾孫淮,官德慶州儒學訓導。

楊榮《張公墓碑》:"公之孫隆以前刑部主事劉子欽所述行狀來請銘。……初娶太原宋氏,生子四人:烜、燧、煒、煜。繼娶大名宋氏,生子炬。烜、燧、煒早世。煜以明經舉湖廣蒲圻縣,炬以茂才薦任江西新淦知縣,官至刑部員外郎,並著政績。孫男七:垣、圻、埴、坦、埏、塤、壇。埏任南雄保昌儒學訓導,更名隆,煜之子也。"

顧際熙等修《(同治)蒲圻縣志》(清同治五年刻本)卷六:"張煜,字孟晦,古田人。翰林學士以寧之子。"

張以寧《翠屏集》附張瑄編《至寶集》卷首載楊澤《題張氏至寶集》:"今聖天子嗣大歷服,改元弘治,夏五月甲申,余以菲才奉敕督屯,莅福之古田。……翌日,德慶州儒學分教曾孫淮賫捧我太祖高皇帝賜其祖學士公奉使安南文一通、詩十首、中書省治喪咨文一道與當時挽詩一卷。”

以寧工於詩,七古雄健,出入元好問、虞集之間。本仕於元,入明爲翰林侍讀學士,出使安南,不辱使命。其仕於兩姓,爲人訾議。著有《翠屏稿》《淮南稿》《南歸紀行》《安南紀行集》《春秋春王正月考》,今存《翠屏集》四卷,《春秋春王正月考》一卷,《辨疑》一卷。

楊榮《張公墓碑》:“公所著文,有《翠屏稿》《淮南稿》《南歸紀行》《安南紀行集》《春秋春王正月考》。故翰林學士金華宋景濂、瀏陽劉三吾,皆稱公之文章瑰杰,迥出流輩,而非後學所及。其尊敬、仰慕於公者甚至。”

張以寧《翠屏集》卷首宋濂《張先生翠屏集序》:“先生之子孟晦乃持《翠屏稿》來,徵爲之序。”又劉三吾《翠屏張先生文集序》:“今年春,其子炬以歲貢上庠,携其詩若文全集過乃翁高第弟子《春秋》博士石仲濂所,仲濂一見,悲喜交集。”又陳璉《翠屏張先生文集序》:“先生平昔著述甚富,後多散佚。文則其子孟晦彙次,太史宋公景濂序之;詩則其門人國子博士石仲濂編次,學士劉公三吾、長史陳公南賓序之。今諸孫南雄教官隆復以《使安南稿》續板行世。”

錢謙益《列朝詩集》甲集卷十四“劉司業崧”條:“國初詩派,西江則劉泰和,閩中則張古田。泰和以雅正標宗,古田以雄麗樹幟。江西之派,中降而歸東里,步趨臺閣,其流也卑冗而不振;閩中之派,旁出而宗膳部,規摹唐音,其流也膚弱而無理。”

汪端《明三十家詩選·凡例》(清同治間刻本):“五言古……他如張志道之宏朗。……七言古……貝清江、張志道鮮明緊健,頗近元遺山、虞道園二家。……五言律……張志道以瑰麗勝。”

《明三十家詩選二集》卷一下載汪端論曰:“志道格兼唐宋,諸體皆清剛雋上，一洗元季纖縟之習，後來閩派如林子羽等，俱不逮也。……則其心迹較太樸爲可諒，亦猶國朝婁東之於虞山也。”按，太樸，指危素。婁東，指吴偉業。虞山，即錢謙益。

又卷一下《答豫章劉文若進士見贈並謝蘇昌齡徵君》末載澄懷曰：“志道七古骨力遒健，才氣排宕，發源杜陵，出入遺山、道園之間，可以獨張一軍。”

陳田《明詩紀事》甲籤卷三：“田按，志道八歲賦《琴堂詩》，釋伯父於獄。史稱其與朱升、秦裕伯等扈從擁翠亭，給筆札賦詩，可謂榮幸。《翠屏》一集，咀含英華，當爲閩詩一代開先，二藍、十子皆在下風。”

徐𤊹《筆精》(《文淵閣四庫全書》本)卷五“夏貴”條：“淮西閫帥夏貴以至元丙子附大元，授中書左丞，至已卯薨，有吊以詩曰：‘自古誰不死，惜公遲四年。問公今日死，何似四年前。’元學士古田張以寧以洪武二年徵爲原官，四年卒，與夏貴略相似。”

參考文獻：

1. 張以寧《翠屏集》四卷(附張瑄編《至寶集》一卷)，明成化十六年(1480)曾孫張淮刻本。

2. 張以寧著、游友基整理《翠屏集》，廣陵書社 2016 年版。

3.《明實録》，臺灣“中央研究院”歷史語言研究所 1962 年校印本。

4. 張廷玉等《明史》，中華書局 1974 年版。

5. 謝延庚等監修《(光緒)六合縣志》，《中國地方志集成》之《江蘇府縣志輯》本，江蘇古籍出版社 1991 年版。

6. 王咏霓總纂《(光緒)黄岩縣志》，《中國地方志集成》之

《浙江府縣志輯》本,上海書店出版社 1993 年版。

7. 廖道南《殿閣詞林記》,《叢書集成續編》本,上海書店出版社 1994 年版。

8. 何喬遠撰《閩書》,《四庫全書存目叢書》史部,齊魯書社 1996 年版。

9. 夏燮《明通鑑》,岳麓書社 1999 年版。

10. 陳道監修《(弘治)八閩通志》,《四庫全書存目叢書》史部,齊魯書社 1996 年版。

11. 盧建其修《(乾隆)寧德縣志》,《中國地方志集成》之《福建府縣志輯》本,上海書店出版社 2000 年版。

12. 楊榮《楊文敏公集》,《明別集叢刊》第 1 輯第 29 册,黄山書社 2013 年版。

13. 錢謙益編《列朝詩集》,中華書局 2007 年版。

14. 陳田輯撰《明詩紀事》,上海古籍出版社 1993 年版。

(張明强　辛瑋　王美雲)

錢宰傳

錢宰，字子予，又字伯均，會稽（今浙江紹興）人。吴越武肅王錢鏐十四世孫。元大德六年（1302）生。

黄佐《國子監博士錢宰傳》（《南雍志》卷二十三）、焦竑《國朝獻徵録》卷七十三、陸應陽《廣輿記》卷十一、張元忭《（萬曆）會稽縣志》卷十一、徐象梅《兩浙名賢録》卷十二、何喬遠《名山藏》卷三、張萱《西園聞見録》卷八、過庭訓《本朝分省人物考》卷四十九、朱彝尊《錢宰傳》（《曝書亭集》卷第六十三）、萬斯同《明史》卷一百七十八、張廷玉《明史》卷一百三十七、嵇曾筠等監修《（雍正）浙江通志》卷一百八十、盧上銘《辟雍紀事》紀事一、邵晉涵《南江詩文鈔》文鈔卷十二、永瑢等《四庫全書總目》卷一百六十九、丁丙《善本書室藏書志》卷三十五等，俱載有錢宰事迹。

黄佐《南雍志》卷二十三《國子監博士錢宰傳》："錢宰，字子予，紹興會稽人，吴越武肅王鏐之後。"徐象梅《兩浙名賢録》卷十二："錢宰，字子予，會稽人，吴越武肅王鏐之後。"朱彝尊《曝書亭集》卷六十三《錢宰傳》："錢宰字子予，又字伯均，會稽人，吴越王鏐十四世孫。"吴升《大觀録》卷十："公名宰，字子予，一字伯均。"

錢宰的字號，趙琦美《趙氏鐵網珊瑚》卷十三《田稷還金圖》後署名"錢宰伯均"。又程敏政《皇墩文集》卷三十七《題四明鮑原禮畫卷後》："右四明鮑原禮山水人物花鳥一卷，卷有國子博士臨安錢宰伯均之序……伯均在國初與宋景濂諸公俱以文顯。"

永瑢等《四庫全書總目》卷一百六十九《臨安集》提要云:"宰本浙東人,集以'臨安'名者,蓋自以爲吴越武肅王十四世孫,從其舊貫也。"

丁丙《善本書室藏書志》卷三十五:"宰字子予,一字伯均,會稽人吴越武肅王十四代孫,名臨安不忘所自,登元至正中甲科。"

按,關於錢宰生卒年,記録最早的當爲黄佐《南雍志》卷二十三中的《國子監博士錢宰傳》,其文云:"二十七年四月,上觀蔡氏《書傳》象緯運行與朱子《詩傳》相悖,其他注説與鄱陽鄒季友所論間有未安者,遂詔徵天下儒臣定正之,於是太子太保兵部尚書唐鐸等舉宰及致仕編修張美和、致仕助教靳觀等,並遣行人馳傳徵之,是年四月至京師入見。……九月己酉,書成,賜名《書傳會選》,命亨泰梓行之,賜宰等宴及鈔,令馳傳歸其鄉。又三年,宰乃卒,壽九十六。"説明洪武三十年(1397)錢宰九十六歲卒,由此可推算錢宰生於元大德六年(1302)。

幼好學,少穎悟,博學能文。

黄佐《南雍志》卷二十三《國子監博士錢宰傳》:"博學能文。"張元忭《(萬曆)紹興府志》卷四十三:"幼好學,淹貫墳典,弱冠有文名。"張元忭《(萬曆)會稽縣志》卷十一:"錢宰字子予,又字伯均,幼穎悟,於經史百家無所不窺。"

至正二十二年(1362)應浙江鄉試,得中正榜。

錢謙益《列朝詩集小傳》甲集卷十七記載錢宰"(元)至正間中甲科";朱彝尊《錢宰傳》中亦有言稱其"元至正間中甲科";《(乾隆)大清一統志》卷二百二十七:"錢宰,字子予,會稽人。元至正間中甲科,親老不仕。"李衛《(雍正)浙江通志》卷一百二十九"至正十一年辛卯文允中榜”下列“錢宰，會稽人”；李格《（民國）杭州府志》卷一百七“十一年辛卯蒙古色目人多喇圖榜，原作朵烈圖”列有“錢宰，臨安會稽貫，明舉耆儒”，且有按語云：“按：乾隆志據《明史》增錢宰以年次無考，附載於後。今據《紹興府志》列是科。”

按，貝瓊《清江貝先生文集》卷二十五《桃花流水記》：“桃花流水，非出武陵之桃源者，國子博士會稽錢公子予築室蟠龍山下，有水盤回曲折，遂以其地擬之桃源也。……初，子予在京師時，嘗屬余記之，余因告曰：‘公由布衣徵爲國子助教。……’”另據《元史》卷八十一《選舉志一》記載：“下第舉人，年七十以上者，與從七品流官致仕；六十以上者，與教授；元有出身者，於應得資品上稍優加之；無出身者，與山長、學正。”貝瓊言錢宰爲“布衣”，則至正二十二年(1362)前，錢宰當無舉人出身。陶宗儀《南村輟耕録》卷二十八記載至正二十二年浙江鄉試的一條四六體“彈文”曰：“白頭錢宰，感綈袍戀戀之情；碧眼倪中，發倉廩陳陳之粟。俞潛、徐鼎，三月初早買試官；丘民、韓明，五日前預知題目。”意指此年浙江鄉試有舞弊，而“白頭錢宰，感綈袍戀戀之情”，似指年事已高的錢宰靠故友人情中榜。

元末以教授鄉里爲務，韓宜可、唐之淳曾從其游。

朱彝尊《曝書亭集》卷六十三《錢宰傳》云“以親老教授鄉里”。丁丙《善本書室藏書志》卷三十五：“親老不赴公車，教授於鄉。”張元忭《（萬曆）會稽縣志》卷十一：“一時俊彦如唐之淳、鎦孟頣、韓宜可輩皆出其門。”永瑢等《四庫全書總目》卷一百六十九《臨安集》提要：“宰學有原本，在元末已稱宿儒，韓宜可、唐之淳皆其弟子。”

洪武二年(1369)，以儒士舉爲國子助教。

黄佐《國子監博士錢宰傳》：“洪武二年，以儒士舉爲國子助教。”朱彝尊《曝書亭集》卷六十三《錢宰傳》：“洪武初，徵修禮樂書，尋以病還。六年授國子監助教。”永瑢等《四庫全書總目》卷一百六十九《臨安集提要》:“明初,徵修禮樂書,尋以病去。洪武六年,授國子助教。”

太學初,教條苛諸生甚嚴,而宰莊重和易,爲諸生所喜,爲時之名師。

黄佐《國子監博士錢宰傳》:“時郡邑弟子員貢入太學者,設爲教條,限以歲月,責其成效,助教與博士程其課業而升降之,既升舍,乃得選登仕籍。然士方畏懼爲法所繩,惴惴莫有樂學者。宰爲人莊重和易,諸生每就之請益,輒戀戀不能舍,以是爲時明師。”盧上銘《辟雍紀事》卷一:“時縠法嚴密,太學生俱苦之,獨樂就宰,以其和易近人也。”萬斯同《明史》卷一百七十八:“太學初,設教條煩密,士憚其嚴,獨宰莊重和易,諸生樂就之。”

洪武六年(1373),爲歷代帝王廟撰樂章,率皆稱旨。

陳田《明詩紀事》甲籤卷一下:“六年,翰林承旨詹同學士樂韶鳳等上所製,釋奠先師孔子樂章。又歷代帝王廟成,命錢宰撰樂章,稱旨。”邵晉涵《南江詩文鈔》卷十二:“太祖嘗命撰帝王廟樂章。”

洪武十年(1377),授文林郎,國子博士致仕。

貝瓊《清江貝先生文集》卷二十九《送錢子予序》:“十年,子予亦授國子博士而老焉。”過庭訓《本朝分省人物考》卷四十九:“十年三月己卯朔,以年老陳情乞休。上許之,敕授文林郎國子博士致仕。”

黄佐《國子監博士錢宰傳》:“十年三月己卯朔,以年老陳情乞休。上許之,敕授文林郎國子博士致仕。敕曰:‘朕昔戡定四方,即開學校，延師儒，俾勛賢之子弟、凡民之俊秀，莫不從學。教之以經史六藝，明體適用，布列中外，以共保太平於無窮。國子學助教錢宰，學問老成，訓導有方，在學數年，綽有成效。朕方嘉諸生有所矜式，而年滿七十，懇辭還鄉，特授文林郎國子博士致仕。爾尚師表一鄉，訓誘後進，以裨治政，庶幾不愧鄉大夫之教，則朕猶有望焉。'宰既歸，精力猶壯，宣上德意，有從之游者，輒開迪不倦，遠近宗之。"

何喬遠《名山藏》卷三："十年三月……敕國子監助教錢宰曰：爾積學訓士，士方有矜式。引年而歸，朕甚念焉，特授文林郎國子博士致仕。"

按，明初葉盛《水東日記》卷四載："臨安錢宰子予，武肅王之裔，元末老儒也。高廟禮徵，同諸儒修纂《尚書會選》《孟子節文》。公退，微吟曰：'四鼓鼕鼕起著衣，午門朝見尚嫌遲。何時得遂田園樂，睡到人間飯熟時。'察者以聞。明日，文華燕畢，進諸儒而諭之曰：'昨日好詩，然曷嘗"嫌"？汝何不用"憂"字？'宰等悚愧謝罪。未幾，皆遣還。宰以國子博士致仕。"葉盛《水東日記》，《四庫全書》云其書"記明代制度及一時遺文逸事，多可與史傳相參"。明人郎瑛在《七修續稿》卷五《俗語本詩句》中亦有記載："'睡到人間飯熟時'，本朝錢宰詩。"李默《孤樹裒談》卷一、田汝成《西湖游覽志餘》卷二十三、趙吉士《寄園寄所寄》卷六引明人鄧球《泳化續編》均有《早朝詩》的記載，因而可確認《早朝詩》確實存在。但是關於《早朝詩》所作時間亦有争議。而史料中對於錢宰歸鄉僅有兩次，葉盛等認爲在洪武二十七年(1394)修訂《蔡氏書傳》成，作此"思歸"詩，但又與其他史料"宰年最高，請留，帝喜"，書成後"馳驛而歸"一條不符，故而判斷應在第一次"遣歸"之時。若宰尚有出仕之心，年九十六仍願參與《書傳》修訂，不致在洪武十年(1377)告歸。由於洪武九年已有同鄉趙俶年滿七十而獲致仕的前例，因此洪武十年錢宰以年滿七十爲由援例提出致仕請求,就在情理之中了。

洪武二十三年(1390),召爲會試考官。

朱彝尊《錢宰傳》:"二十三年,召爲會試考官。"

錢宰《臨安集》卷三《會試小録序》:"洪武二十三年冬,十二月初吉,皇帝御奉天殿,詔天下三年大比,賓興賢能。明年春,合天下士會試於春官,於以廣四海同文之治也。於是内而邦畿,外而藩屏侯甸,東極青、齊,西逾川、陜,南際荆、吴、閩、廣,北至於梁、晉、宋、衛、幽、燕,合十二道之士,凡六百五十人,來會於京師,欽明詔也。先是,命禮曹聘天下章逢、耆艾,俾司校藝。及期,又命翰林學士劉三吾俾典文衡,修撰任亨泰,同考試春官貳卿張智董行試事,而監察御史張存中、韓傑監臨焉。於是濟濟多士,峨冠垂紳,趨蹌後先,相與試藝於春闈。中選者得三十一人。既撤棘,禮曹議刊《小録》以紀盛典,内翰先生既序於首簡,復俾宰爲之後序。"

洪武二十七年(1394),四月受詔進京訂正蔡氏《書傳》,六月作《金陵形勝論》。

黄佐《國子監博士錢宰傳》:"二十七年四月,上觀蔡氏《書傳》象緯運行與朱子《詩傳》相悖,其他注説與鄱陽鄒季友所論,間有未安者,遂詔徵天下儒臣定正之,於是太子太保、兵部尚書唐鐸等舉宰及致仕編修張美和、致仕助教靳觀等,並遣行人馳傳徵之,是年四月至京師入見。上語以正定《書傳》之意,命翰林學士劉三吾總其事,禮遇甚厚。時建酒樓初成,賜宰等鈔宴其上,人各霑醉,獻詩以謝。上覽之大悦,復遣禮部尚書任亨泰諭旨諸儒,有年老願歸者先遣之。宰齒最高,與衆皆請留。亨泰以聞,上喜曰:'朕知諸耆宿終能成朕志,其善視之。'九月己酉書成,賜名《書傳會選》,命亨泰梓行之,賜宰等宴及鈔,令馳傳歸其鄉。"

朱彝尊《錢宰傳》:“二十七年有詔,徵儒臣定正《尚書》蔡氏傳。宰暨翰林編修張美和、儒士揭軌等二十六人皆被召。既至,帝語之曰:‘爾等亦知天象乎? 奎壁之次,黑氣凝焉久矣。奎壁,文章之府也,今年春氣始除,文運其當興乎?’命開局翰林院,賜宰等綺繒衣被入朝,班侍衛之首,宴坐殿中。時帝以海内太平,思與民偕樂,建酒樓十於城門外,繼又增建五樓,令民沽酒接四方賓旅。樓成,其一曰醉仙,命宰等飲其上,并給以鈔。宰等各獻詩稱謝。帝命禮部尚書任亨泰諭旨諸儒,有年耄思歸者,先遣之。僉對曰:‘願留。’帝大悦。書成,宰尋告歸。帝命馳傳還里,年九十六乃卒。”

錢宰《臨安集》卷六《金陵形勝論》:“皇帝神武定天下,德被萬方,威加四海,作都於金陵。臣竊以爲,土地之廣,人民之衆,草木鳥獸之咸若,際天所覆,極地所載,日月所照,雨露所及,罔不咸服,是皆威德之所致,不在夫地之形勝焉。臣二三老儒,校書翰林,早朝既退,皇帝御華蓋殿,詔臣宰等入侍殿廷。天顔穆如,睿旨肅若,賜之使坐,命之使言前席而問之,使論金陵之形勝焉。……洪武二十七年六月初吉,文林郎、國子博士致仕臣錢宰進。”

陳建《皇明通紀法傳全録》卷九:“命禮部試侍郎張智、翰林學士劉三吾同徵至耆儒臨安錢宰等修纂《書傳》。上以蔡氏《書傳》注説多有未妥者,命儒臣開局翰林院。凡其《傳》得者存,失者正,又集諸家之説,足其未備,書成,賜名《書傳會選》,命禮部刊行。”

洪武三十年(1397),卒,享年九十六歲。

黄佐《國子監博士錢宰傳》:“(二十七年)九月己酉書成,又三年,宰乃卒,壽九十六。”朱彝尊《曝書亭集》卷六十三《錢宰傳》:“年九十六乃卒。”過庭訓《本朝分省人物考》卷四十九:“又三年,宰乃卒,壽九十六。”

主張文以寓道,由深造於道而獲得中和之德。

錢宰《臨安集》卷首《臨安集自序》:“文者,道之寓也。文豈易言哉?風霆日星,天文也;海岳河江,地文也;六經之道著之書者,人文也。聖人以經天緯地、參贊化育建三極焉,夫豈易言哉?自吾聖人删定之後,惟孟軻氏得其宗,荀卿、董仲舒、揚子雲、王通、韓愈之數子,升其堂焉。彼楚騷泆蕩怪神過於中,蒙莊繆悠荒唐戾於道,固未暇論。若漢賈生、司馬相如、遷、固之於史,劉更生父子之於經,唐柳河東,宋歐陽廬陵、王臨川、曾南豐、蘇文安、東坡、潁濱,皆以文章大家名世,而舂陵、河南、横渠、新安五先生,又深造於道焉。後之作者,代非一人,猶不敢與漢唐以來諸名家並稱,後學乃欲以文鳴於時,何其不自量耶?雖然,道之著於外者謂之文,風霆日星之著於天,海岳河江之著於地,六學之著於經,固天地聖人之文之大全也,未聞著於事物之微者非文也……先世自文僖公與其從昆弟秘監昆、内翰易、侍讀藻,洎諸子若孫咸出入詞林,世以文承家,顧惟不肖,忘其固陋,勉焉置身文字間。近自成均致事而歸,間緝舊所著述,題曰《臨安集》,非所謂文也,或得以不墜前人之緒耳。尚庶幾知我者,黜其非,正其繆,俾進於道焉。洪武二十九年,歲次甲戌日長至,臨安錢宰叙。”

錢宰《臨安集》卷四《深造齋記》:“君子之學亦若是也。必也潛心乎性命道德之域,涵泳而弗忘,優游而弗迫,日從事乎進修而弗之止息,則所造者深而不知道之得於己,則所處者安,所資者深,而取之左右逢其原,蓋無往而不得其道矣。然則君子之自得,皆由深造之功有以致之也。他日孟子之言又曰:‘必有事焉而勿正,心勿忘,勿助長也。’蓋必有事而勿忘,則所造者深矣;勿正而勿助長,則所得者皆由於自得而無所庸其力矣。彼不知是道者,求深造而或失之正助,欲自得而不知必有事而勿忘,夫且孟軻氏所論造道進修之方乎？古之人觀解牛而得養生焉，觀斫論[輪]而知讀書焉，吾乃今觀於鸞鵠之飛、鯤之游、騏驥之馳，而得深造之道焉。”

錢宰《臨安集》卷四《聽陳氏松軒記》：“余惟聲音之接於耳也，於以蕩滌邪穢，流通精神，養其中和之德也，固非若口之於味，目之於色而已。然至味先太羹，正色尚純白。魚與熊掌非不足以悦天下之口，君子不尚焉；嬙與西施非不足以悦天下之目，君子不尚焉。而况耳之於聲，其感人深，又寧不慎所尚哉？秦箏、趙瑟、齊竽、燕筑，桑間、濮上之音，非不足以悦天下之耳，然而淫哇沉佚、嘽緩噍噭，聽之使人流沔以亂倫，慢易以凌節，寧可接於聰明以蕩其心邪？吾知謨之聽松，殆亦慨世俗之音不足聽於耳，而雅、頌之作所以形容盛德，歌詠至治之休者，又非山林之士所得聞也。於是燕處松下，境與趣適，高林風生，清聲落耳，因得以澡雪其情，疏瀹其氣，以涵養其德性，其有得於中者如此。”

刻意古調，不屑爲艷仄之體，主張至文無飾。

黄佐《國子監博士錢宰傳》：“初，宰嘗病近代新聲太繁，刻意古調，擬漢魏而下諸作及《古詩十九首》，且各補其未純者，詞林稱之。”張元忭《（萬曆）紹興府志》卷四十三：“宰嘗病近代新聲太繁，刻意古調，擬漢魏而下諸作及《古詩十九首》，且各補其未純者，詞林稱之。”《四庫全書總目》卷一百六十九《臨安集》提要：“其詩吐辭清拔，寓意高遠，刻意古調，不屑爲艷仄之體。”

錢宰《臨安集》卷四《白賁齋記》：“夫天下之至文無飾也。天道無爲，而日月星辰麗焉；地道無爲，而山川草木麗焉；聖道無爲，而禮樂典章麗焉。使天地聖人有所造爲而然，夫豈天下之至文哉！……是故聖人出而化天下，將以復其淳焉。大禮必簡，大樂必易，大圭不琢，大羹不和。尊之尚玄酒也，俎之尚生魚也，簋之告燔炙也，貴飲食之本也；樂之尚葦籥也，貴其質也；輅之尚越席也，尊其稱也;莞簟之尚藁秸也,羃之尚疏布也,器之尚陶匏也,莫不樸素純懿,渾然天成,不假琢飾,不藉塗塈,不事修爲。施之禮樂典章,誠敬是將,可以假於天地,可以交於神明,可以感於人民事物,非天下之至文,孰將與於此哉?”

其子尚絅,字允裳。文行皆善,承錢氏門楣。

錢謙益《列朝詩集》甲集卷十七:“子尚絅字允裳,舉洪武首科鄉試,主新城簿,以文行稱。”張元忭《(萬曆)紹興府志》卷四十三:“子尚絅,歷官都門令,學與政並有聞,祀鄉賢。”葉盛《水東日記》卷四:“家會稽,宦業至今不絶。”

有《臨安集》十卷,散佚,今存六卷。

《四庫全書總目》卷一百六十九《臨安集》提要云:“《臨安集》六卷,明錢宰撰。宰字子予,一字伯均,會稽人。元至正中中甲科,親老不赴公車,教授於鄉。明初徵修禮樂書,尋以病去。洪武六年,授國子助教,以賦《早朝詩》忤旨,遣歸。二十七年,又召修《書傳會選》,書成,優賚加博士致仕。事迹附見《明史・趙俶傳》。考集中《金陵形勝論》,末署‘洪武二十七年六月國子博士致仕錢宰進’,是致仕即在奉召之年,蓋留京師者不及一歲也。宰學有原本,在元末已稱宿儒,韓宜可、唐之淳皆其弟子。其詩吐辭清拔,寓意高遠,刻意古調,不屑爲艷仄之體。徐泰《詩談》譬以‘霜曉鯨音,自然洪亮’。古文雖非所擅長,而謹守法度,亦無卑冗之習。其集《明史・藝文志》、焦竑《國史經籍志》俱未著録,則在明代行世已稀,今從《永樂大典》中采掇編排,參以諸選本所録,釐爲六卷,以備明初之一家。宰本浙東人,集以‘臨安’名者,蓋自以爲吴越武肅王十四世孫,從其舊貫也。”

參考文獻:

1. 錢宰《臨安集》,《景印文淵閣四庫全書》本,臺灣商務印書館 1986 年版。

2. 黄佐《南雍志》,明嘉靖二十三年刻萬曆增修本。

3. 過庭訓《本朝分省人物考》,明天啓刻本。

4. 張廷玉等《明史》,中華書局 1974 年版。

5. 朱彝尊《曝書亭集》,《景印文淵閣四庫全書》本,臺灣商務印書館 1986 年版。

6. 葉盛《水東日記》,清康熙刻本。

7. 李修生主編《全元文》,第 48 册,鳳凰出版社 2004 年版。

(邱江寧　宋子喬)

危素傳

危素，字太樸，金溪人。元大德七年(1303)生。系出“臨川危氏”，唐撫州刺史全諷之後。

宋濂《宋學士文集》卷五十九《故翰林侍講學士中順大夫知制誥同修國史危公新墓碑銘》(以下稱《危公新墓碑銘》)：“危本姬姓，周武王庶子某，生而手中有文曰危，因賜姓危氏，封於新。其後居光州。晉永嘉中，建州刺史京遷建昌之南城。唐黄巢之亂，全諷與其弟仔倡，赤手起兵，擒巢黨柳彦章於象牙潭，擢撫州刺史，累官金紫光禄大夫、檢校太傅，封南庭郡王。”《明史》卷二百八十五本傳：“唐撫州刺史全諷之後。”全諷，危姓，字上練、忠練，官至撫州刺史。危仔倡，全諷弟，官至信州刺史。

按，危素《雲林集》卷上《種菜爲霜雪所殺嘆》有“雲林山人窮到骨，手種菘菜連中唐”云云，則“雲林山人”者，亦其别號也。

又按，廖道南《殿閣詞林記》稱“撫州金溪人”，王禕《説學齋記》則稱“臨川危太樸先生”。考元至正十三年(1353)改宋撫州軍爲撫州路，轄臨川、金溪、崇仁、宜黄、樂安五縣，治臨川；另據危素《危太樸文集》卷二《臨川危氏家譜叙》：“《臨川危氏家譜》一卷。居金溪縣者，由諱怦而下七世，列爲支三。居臨川縣者，由諱忱而下，列爲支三十有六，而以始遷江南之祖冠其端。”危氏遷江南，初居臨川，故有“臨川危氏”之稱。金溪，今屬江西省撫州市。

又按,《雲林集》卷上《東風行》一詩,乃作於“泰定二年(1325)三月”,中有“春風浩蕩吹江南,危子行年二十三”句。又《危公新墓碑銘》:“嗚呼,翰林侍講學士中順大夫知制誥同修國史危公,享年七十,以洪武五年(1372)春正月二十三日,卒於和州含山縣之寓舍。”以上逆推,素當於元大德七年(1303)生。

年十五,即通五經大旨,據座爲人師,與同郡諸友人更相砥勵,窮日夜不休。

《危公新墓碑銘》:“年十五,即通五經大旨,據座爲人師,與同郡葛君將、曾君堅、黄君尋、葛君元哲,更相策警,窮日夜不休。”

按,葛將,字子熙,金溪人。曾堅,字子白,自號“滄海逸夫”,金溪人,元末進士,累官翰林學士。黄尋,字殷士,金溪人。葛元哲,又稱元喆,金溪人,至正八年(1348)登進士第,門人私謚“文貞先生”。

年十六七,刻苦學詩,有茫乎如不見海之涯涘之嘆。

《危太樸文續集》卷一《劉彦昺詩集序》:“予年十六七,刻苦學詩,茫乎若望洋而不見其涯涘也。”

幾弱冠,游臨川吴文正公澄、清江范文白公梈之門,二公甚雅重之。

《危太樸文續集》卷一《臨川吴文正公年譜序》:“素幾弱冠,以親命執經座下。”吴文正公即吴澄,字幼清,晚字伯清,撫州崇仁人,學者稱“草廬先生”,以理學、經學名蒙元。

《危公新墓碑銘》:“復徒步走臨川吴文正公澄、清江范文白公梈之門,質而正之。二公皆折行輩,與之爲禮。吴公至恨相見之晚,凡所著書,多與公參訂之。”范梈,字亨父,一字德機,稱“文白先生”,清江(今屬江西樟樹)人,與虞集、楊載、揭傒斯並稱"元詩四大家"。

范梈《范德機詩集》卷四《望瀛海一首送危太樸之四明兼簡廉訪鄧使君翰林袁侍講》:"危君英妙年,獨往志千載。天馬出名駒,空行見風采。昨日銜書到空谷,甚欲留之不能得。九月開帆指四明,要逐高秋望瀛海。海水上接天漫漫,世人不知此别難。當君夷山碧嶼日,是我對月永夕猿狖啼青巒。江樹葉飛天雨霜,江上吴歈思斷腸。窈窕徐家兒與女,却望蓬萊如故鄉。君行却向三山望,雲霧軒窗六鰲上。東方雖樂不可以久留,歸獻仙公白雲唱。西過錢塘遇順風,爲拜湖南持斧翁。會稽學士卧雲島,朱弦流水鳴孤桐。道我寄語莫匆匆,送君有情亦如海,海水有盡别意無終窮。"

按,《臨川吴文正公年譜》"七年庚申"條:"留江州,七月湖廣省請考校鄉試,以疾辭,還家,比方學者皆從。"故素從游吴門,當在延祐七年(1320)或稍後。

泰定三年(1326),柳貫任江西儒學提舉,素以諸生謁其門,訓誘獎勵者,久而彌篤。

《危太樸文集》卷九《柳待制文集序》:"先生官豫章,素以諸生見焉,凡訓誘獎勵者,久而彌篤。知其得於天者不可謂薄,而阨於人者往往若是。"

柳貫《危太樸自金溪來訪留館兼旬因歸有贈》:"吾聞古作者,嚴嚴垂典式。履正有夷途,胡行猶墒埴。韓公起扶衰,文字欲適職。取新非厭常,通變由知易。衰遲豈復進,傒子堅吾壁。東風迫歸期,未了千日客。少留慰將遠,芳草萋以碧。諒哉君子心,永言若金錫。縣知筐筥赢,不廢秉穧積。勉勉他日思,爲寄東飛翼。"

按,王振生《柳貫年譜》(鄭州大學2008年學位論文)云,柳貫於泰定三年(1326)任江西儒學提舉。

元統元年(1333),蜀郡虞文靖公伯生南歸,得從容奉教其側,其遇之一如吴公,遂名震江右間。

《危太樸文續集》卷一《道園遺集序》:"素蚤事翰林學士吴先生於華蓋山中,至於論文,則必以公爲稱首。公之南歸,始獲從容奉教。觀其文,神奇變化,誠不可窺測以蠡管也。"按,羅鷺《虞集年譜》載虞集於是年秋,"以病謁告歸田里"(鳳凰出版社 2010 年版,第 149 頁),故素奉教虞集當在此年或稍後。虞集,字伯生,號道園,祖籍四川仁壽,徙臨川崇仁,遂爲江西人,世稱"邵庵先生",謚"文靖","元詩四大家"之一。

《危公新墓碑銘》:"虞文靖公集、孫先生轍,名德俱尊,其遇之一如吴公。由是公之名震動江右間。"孫轍,字履常,號淡軒,臨川人。

至元三年(1337),素有江海之行,虞文靖公以繼軌前哲相望。

《雲林集》卷首虞集《送危太樸序》:"臨川危太樸,釋書山房,將有觀乎江海之上,虞集酌酒送之,而爲之言曰……去臨川五百里而近,有一人焉,清文勵行,立志自信,曰范君德機者,太樸既得而從之;去臨川二百里而遠,又有一人焉,經明道立,爲人師表,曰子吴子者,太樸又得而師之矣。是豈非天下之士、一國之士之在夫一鄉者乎?而二子者歿世矣,宜乎吾子之彷徨適遠,而有所求也。……余老且病,不足以有所適,徒將頌詩、讀書,思古人之微以遲子之還,可乎?至元三年十月雍虞集序。"

游金陵,以文章見重張文穆公起岩,一時大官貴人更相論薦。

《危公新墓碑銘》:"出游金陵,或以其文示南臺中丞張文穆公起岩。張公以狀元爲顯官,少所稱許,獨推伏公曰:'危君爲狀元,庶幾相當,老夫有愧色矣。'張公入朝,遂挾公以行,達官貴人慕公聲華,争欲出其門下,更相論薦,唯恐失之。”

傅維鱗《明書》卷一百四十四本傳:“因受知於虞集、孫轍,間出游金陵,或所其文示南臺中丞張起岩。起岩以狀元爲顯官,少所稱許,獨推服之曰:‘危君爲狀元,庶幾相當,老夫有愧色矣。’起岩入朝,遂挾以行達官貴人,更相論薦。”張起岩,字夢臣,濟南人,元延祐二年(1314)首開科舉,以狀元及第。

至正元年(1341),用大臣交薦,入經筵爲檢討,累遷至翰林學士承旨。

《危公新墓碑銘》:“公自至正元年,用大臣交薦,入經筵爲檢討,公年已四十一矣。五年,改承事郎國子助教。七年,除應奉翰林文字同知制誥,兼國史院編修官,未上,轉宣文閣授經郎,兼經筵譯文官,階文林郎。明年,復入翰林爲應奉。十一年,遷儒林郎太常博士。十三年,轉奉訓大夫國子監丞,擢兵部員外郎。十五年,升奉議大夫禮部郎中,拜朝散大夫監察御史,遷工部侍郎。明年,轉朝請大夫大司農丞。又明年,升中奉大夫大司農少卿,復入禮部爲尚書。十八年,參議中書省事,兼經筵官。次年,進通奉大夫御史臺治書侍御史。二十年,拜通奉大夫、中書參知政事、同知經筵事,提調四方獻言詳定使司。後四年,階升資政大夫,俄除翰林學士承旨、榮禄大夫知制誥,兼修國史。博羅特穆爾入相,出爲嶺北等處行中書省左丞。”

按,素大德七年(1303)生,宋濂謂“公自至正元年,用大臣交薦,入經筵爲檢討,公年已四十一矣”,内中“年已四十一”當爲“年三十九”之誤。

至正三年,詔修宋、遼、金三史,預其事,用力甚勤,居功至偉。

《危太樸文集》卷八《史館購書目録序》:“至正三年,詔修遼、金、宋史，遣使旁午購求遺書，而書之送官者甚少。素以庸陋備數史官，中書復命往河南、江浙、江西。素承命恪共，不遑寧處，諭以皇上仁明，鋭志删述，於是藏書之家稍以其書來獻，驛送史館。"

《危公新墓碑銘》："公復移書執政，請修宋、遼、金三史，乘傳行宋兩都，訪摭闕遺。書成，公之力居多。"

《全元文》卷一五七八宋禧《代劉同知送危檢討還京師序》："至正三年，天子詔修近代史之未修者。而宋氏之事，竊紀於江南草野間者甚博，實采摭者之所資焉。明年，經筵檢討危君太樸奉使購求其書，周流楚吴越之疆，搜微抉幽，極其心力之所及而後去。宋之叔世，其人才出於四明者爲盛，至今文獻猶有足徵者。君至是留四十餘日，得書七千餘卷以還。"

至正十年(1350)，憶少時肄業雲林山中，友人慕其地之幽僻，數爲作《雲林圖》，虞文靖公亦嘗爲賦詩，屬而和者甚衆，乃以文記之。

《危太樸文集》卷三《雲林圖記》："雲林山，在金溪縣東。山由大庾嶺歷贛建昌之南境，至楙嶺，入邵武之光澤，有山高千二百丈。……余少肄業其間，有書若干卷，皆先世所藏。"按，《四庫全書總目》卷一百六十九《雲林集》提要："素家居臨川，相近有雲林山，嘗讀書其上。"館臣"居臨川"之謂，誤。

《雲林圖記》又云："蜀郡簡君天碧，與余客吴文正公所，爲作《雲林圖》。道士方壺子亦愛余山居幽僻，數爲之圖。張彦輔真人奉敕寫欽殿壁，余時在經筵，用米氏法爲余圖之。翰林侍講學士虞公嘗爲賦詩，海内之名勝相繼有作。於是，有聲之畫，無聲之詩，悉萃於几席，南金、大貝不足爲貴矣。……至正十年十有二月辛卯，寄居城南頭陀寺，雪下盈尺，道無行人，夜展圖玩之，忽憶去家十有四年。左親戚，棄墳墓，竟何爲哉？在令式，中歲之後，亦許致仕。

予明年四十有九,距納禄之年固非遠矣。”

按,自簡天碧、方方壺、張彦輔爲《雲林圖》後,名家題咏甚夥。若虞集《道園遺稿》卷一《雲林圖》:“雲林之高峰,可望日出海。君子居其間,旦夕餐沆瀣。三年毛骨换,九載神色改。翩然升雲去,鸞鳳翳五彩。山中有神藥,服食多所采。寄語學仙者,佇立以相待。”

成廷圭《居竹軒詩集》卷一《兵部危太樸郎中家於臨川雲林山上請方方壺作雲林圖太樸索詩賦此》:“宇宙有此雲林山,三十六峰如髻鬟。雲林先生讀書處,長松芝草非人間。白雲裁衣亦自足,青精製飯何曾慳。朝光空濛起舒眺,人迹迥絶窮躋攀。青天蕩蕩海月出,照見先生冰雪顔。惟有方壺契幽眇,貌得仿佛來塵寰。宫中聖人正問道,布衣召入蓬萊班。玉堂給札縱揮灑,金櫃啓鑰煩修删。於今聽履上霄漢,聖人未放先生還。山中喪亂復何有,飛瀑落澗空潺湲。青林鳥啼野花發,白晝虎嘯松風閑。朝廷宴坐見圖畫。亦應懷我雙珮環。方壺生,在何處?胡不同來玉京住。魚龍夜落河漢秋,却泛靈槎共歸去。”

丁復《檜亭集》續集《危太樸雲林圖》:“天台萬八千丈,雲林三十六峰。幾載山中獨憶,今朝江上相逢。”

至正二十五年(1365),以言事不報,棄官,居房山。纂《臨川吴文正公年譜》告竣。

《危公新墓碑銘》:“二十年,拜通奉大夫中書參知政事同知經筵事,提調四方獻言詳定使司。後四年,階升資政大夫,俄除翰林學士承旨、榮禄大夫知制誥,兼修國史。博羅特穆爾入相,出爲嶺北等處行中書省左丞。明年,棄官居房山。”按,“明年”乃至正二十五年(1365)。

《明史》卷二百八十五本傳:“二十年拜參知政事,俄除翰林學士承旨，出爲嶺北行省左丞。言事不報，棄官居房山。”

按，“言事不報”，即《危公新墓碑銘》所謂“埜速達兒爲胤平章，挾私憾，殺右丞答里麻巴，公曰：‘是尚可以仕邪？不去，禍且及。’即上章辯答里麻巴無罪”。

又按，《臨川吴文正公年譜》卷首“自序”首言“《臨川吴文正公年譜》二卷，門人危素所纂次”，末署“至正二十五年正月既望，門人榮禄大夫嶺北等處行中書省左丞臨川危素”。又，《四庫全書總目》卷六十《草廬年譜》提要：“初，吴澄孫當嘗編次其祖生平事迹爲年譜。素爲澄之門人，因重加訂正，刻於至正乙巳。至明嘉靖甲寅，澄裔孫朝禎復增入行狀、神道碑、列傳、祭文一卷，及歷代褒典、奏議、文移一卷，鄒守益爲之序，即此本也。”

至正二十八年(1368)，明兵將抵燕，復起爲翰林學士承旨。及明兵收大都，與編修黄𣆀相約誓死於難，有報國寺僧大梓與鄱陽徐彦禮力挽之，乃免。

《危公新墓碑銘》：“二十八年閏七月，元順帝北奔，淮王帖木兒不花監國承制，復起爲翰林學士承旨。……再入翰林，僅一日，而大兵入燕，公曰：‘國家遇我至矣，國亡，吾敢不死。’趨所居報恩寺，俯身入井，將就沉溺，寺僧大梓與鄱陽徐彦禮力挽起之，且謂曰：‘公毋死，公不禄食四年矣，非居任比。且國史非公莫知，公死是，死國之史也。’已而兵入府藏，垂及史册，公言於鎮撫吴勉，輦而出之，由是累朝實録無遺闕者，公之力也。”

薛應旂《憲章録》卷四：“及徐達收燕京，令故臣咸投告身，素與編修黄𣆀誓死節。𣆀竟死，而素爲報國寺僧沮之。”徐達，字天德，濠州(今安徽鳳陽)人，明開國元勛。

何喬遠《名山藏》卷六十一：“順帝北奔，淮王帖木兒不花監國承制，起翰林學士承旨。入朝信宿，而明兵入大都。素故與待制黄尋同邑,少同學,相約死。尋投死居賢坊井中,從人午出之曰:'公小臣,死社稷邪?'尋曰:'齊太史兄弟皆死,彼不小臣哉!'午終不解,負尋還舍,置酒肴,使家人守之。會大將軍下令,勝國臣皆輸告身,尋詒午取告身,若欲輸官者。午喜,出沽酒慰藉。及還,弗見,求之井,浮屍矣。素亦走所居報恩寺,脱帽井傍,兩手據井口,將下。寺僧大梓與番陽除彥禮大呼曰:'公毋死,公毋死!公不居位四年矣,信宿入都,且國史非公莫知。公死是,死國史也。'竟罷。明兵入府藏,垂及史庫。素言撫鎮吴勉,輦出之。"大梓,即釋大梓,又名大杍,號北山,廬陵(今江西吉安)人。

洪武二年(1369),授翰林侍講學士。頃之,坐失朝免,居一歲,復之,兼弘文館學士,備顧問,講論經史。朱元璋嘗訪以元興亡之故,甚見禮重。

《危公新墓碑銘》:"其入國朝也,皇上嘗訪以元興亡之故,甚見禮重,俾之侍講禁林。"

《明史》卷二百八十五本傳:"洪武二年,授翰林侍講學士,數訪以元興亡之故,且詔撰《皇陵碑》文,皆稱旨。頃之,坐失朝,被劾罷。居一歲,復故官,兼弘文館學士,賜小庫,免朝謁。"

黄佐《翰林記》卷五:"洪武二年,以危素爲侍講學士,尋兼文館學士,賜小車,免朝謁。"

廖道南《殿閣詞林記》卷六:"上雅聞素文學,仍命爲侍講學士。因進言宋朝諸陵爲元西僧所發,以理宗頂骨爲飲器。上聞之,惻然曰:'宋南渡諸君,無大失德,與元又非世讎,既乘其弱取之,何乃縱奸人肆酷如是耶?'即命守將吴勉訪索頂骨,得之僧廬,命有司厝於京城之南。紹興亦以永穆陵圖來獻,命掩瘞故處。時值甘露降,宋濂爲頌。上問素:'此何徵也?'素曰:'王者,愛養耆老則甘露降,而松柏受之;尊賢容衆,則竹葦受之。今甘露降於松,是陛下養老所致也,宜以製幣册告宗廟,頒於史館,以永休聞。’三年四月,命素及胡鉉、睢稼、王大中俱爲文館學士。鉉歸,素撰《皇陵碑》以獻。上念其老,賜小車免朝謁,時從論説經史,質證疑義。”

黄光昇《昭代典則》卷六:“上與侍講學士危素論宋元興替。素言元世祖至元間,胡僧嗣古妙高欲毁宋會稽諸陵,時夏人楊璉真加爲江南總攝,奏請如二僧言,遂發諸陵,取其金寶,以諸帝遺骨瘞於杭之故宫,築浮屠其上以厭之。又截理宗頂骨爲西僧飲器。天下聞之,莫不心酸。上聞,嘆息久之,謂素曰:‘宋南渡諸君無大失德,與元又非世仇,元既乘其弱并取之,何乃復縱奸人肆酷如是?’即命北平守將吴勉訪索頂骨所在,果得西僧廬中。既送至,命有司厝於京城之南。至是,紹興府以永穆陵圖來獻,遂敕葬於故陵。”

洪武三年(1370),監察御史王著等劾素亡國之臣,謫和州含山,守余闕祠。洪武五年春正月二十三日,卒於和州含山縣之寓舍。

《危公新墓碑銘》:“嗚呼,翰林侍講學士中順大夫知制誥同修國史危公,享年七十,以洪武五年春正月二十三日,卒於和州含山縣之寓舍。”“三年,兼弘文館學士。……詔出居和州,閲再歲而卒。”

《明史》二百八十五本傳:“御史王著等論素亡國之臣,不宜列侍從,詔謫居和州,守余闕廟,歲餘卒。”

王世貞《弇山堂别集》卷四十六:“危素,江西金溪人,故元學士承旨。洪武三年任,本年謫和州。”

李紹文《皇明世説新語》卷八:“危素仕元,爲學士承旨。高皇雅聞其名,仍爲弘文館學士。一日,上御東閣側室静坐,危素至,履聲徹内詔,問:‘爲誰?’對曰:‘老臣危素。’上曰:‘朕將謂是文天祥。’”遂謫居和州。

何喬遠《名山藏》卷六十一:“他日,上御東閣側室,素行簾外,橐橐聞履聲。上曰:'誰?'對曰:'老臣素。'上曰:'朕謂文天祥也,而乃爾。'監察御史著等劾素亡國之臣,謫和含山,爲余闕守廟。逾年憂恨死。"著,即王著,字知微,成都人。

按,危素去和州守余闕祠事,清人尚存歧議。若朱彝尊《曝書亭集》卷五十二云:"世傳明太祖聞學士履聲,出之守余闕祠。按吾鄉貝助教瓊有《送危於幰赴安慶教授序》,稱洪武三年識公於京師,未幾公卒,則學士未嘗銜命守祠。特其子於幰教授安慶,好事者遂傳會有是言也。"

素爲人侃直老成,數有建白,敢任事,有先憂之意。

吴伯宗《榮進集》卷三《送危太樸奉使南歸》:"傳經更憶危夫子,一代衣冠屬老成。"

何喬遠《名山藏》卷六十一:"上冬日御外朝,召素與翰林學士濂,侍讀學士同,直學士桱,待制褘,起居注觀、琳,列坐左右,賜酒饌,屢命盡觴,内官承旨,監勸甚力。酒終,上御製詩一章,繫序於首,命各以詩進。素成最後,上覽之曰:'危素老成,有先憂之意。'"

《明史》卷二百八十五本傳:"素爲人侃直,數有建白,敢任事。上都宫殿火,敕重建大安、睿思二閣,素諫止之。請親祀南郊,築北郊,以斥合祭之失。因進講陳民間疾苦,詔爲發錢粟振河南、永平民。淮南兵亂,素往廉問,假便宜發楮幣,振維揚、京口饑。"

嘗隨吴澄學禮,又從祝蕃遠杖履,治學圭臬宋儒,而無朱陸异學之趣。

全祖望《鮚埼亭集外編》卷三十一《再跋危學士雲林集》:"學士曾受業於草廬。及予讀胡仲子集,乃知其又爲祝先生蕃遠高弟。則學士之於槐堂,其統緒固不自一家也。仲子稱蕃遠遇事不顧利害,與人開心見誠,所至以講學爲己任,指授有師法,尤屬意學士,與之語,或終夕不寐,去輒目送之,以爲'興吾教者,必若人也'。"按,祝蕃,字蕃遠,又字直清,研習陸九淵,明本心之學,信州玉山(今屬江西)人。

《危太樸文集》卷七《夏小正經傳考序》:"素昔從翰林學士吴先生學《禮》,得所校《大戴禮》。"

《危太樸文集》卷二《樂平州慈湖書院贍學田記》:"惟楊氏之學得之陸文安公,其爲樂平也,實朱文公爲浙東常平使者之所薦也,而不知者紛紛然謂朱、陸异學,可勝嘆哉!"

《危公新墓碑銘》:"江南經略使普顏不花、李國鳳,請封徽國朱文公爲齊國,以龜山楊公、豫章羅公、延平李公、西山真公、九峰蔡公從祀於孔子廟廷;公爲御史時,亦請封謚劉蕡,事上中書,皆寢不報。"

薛應旂《憲章録》卷四:"按素之在元秉文衡,握樞要,不但以文藝名,且崇尚考亭、龜山、豫章、延平、九峰、西山之學,請諸儒從祀孔廟,其規爲氣志不凡矣。"

論詩每稱發乎情而止乎禮義,力去浮靡摹擬之習。

《危太樸文集》卷六《武伯威詩集序》:"詩之作,夫焉有格律之可言?發乎情,止乎禮義而已。王澤久熄,世教日卑。於是代變新聲,益趨於浮靡,何以有興起人之善心,懲創人之逸志也哉?故共城邵子曰:'删詩之後,世不復有詩矣。'余讀邵子自序其《擊壤集》,深有感於斯言也。蓋嘗欲效其體而爲之,又退而思邵子之爲邵子,其始學也,冬不爐、夏不扇、夜不就席者數年,將以去己之滓,久而玩心於高明,知天地之運化、陰陽之消長,至於安且成,必造乎此而後,邵子可幾也。區區模擬其文字語言之末,則豈希聖希賢之道乎?"

論文則以古爲範,重質尚用,以求有用於世,而不以末藝視之。

《危太樸文集》卷九《送鎦志伊采大元文乘序》:"文章之有功於

世,尚矣,烏可以爲儒者之末技而輕之哉！自宓犧氏之先,吾不知其幾世幾年,其間雖人事簡質,風氣未開,然載籍無所稽,而鴻荒莫可詰。由後世觀之,無乃失之於野,而非先王御天下之意也。彼《三墳》《五典》《八索》《九丘》,今不可得而見之矣。《詩》《書》《春秋》,具載四代之事,帝王之功業,於是乎可考其大凡。於後歷世有史,其文人有別集,固汗牛馬而充棟宇,游於書林藝圃,沛乎有餘哉!"

《危太樸文集》卷九《黎省之詩序》:"夫文章之傳,儒者視之以爲末藝,然實與天地之氣運相爲升降,君子於此觀世道焉。"

詩文醇雅有法度,頌之者,至比之"太音玄酒",允推大宗。

《危公新墓碑銘》:"公文之純,太音玄酒。道則在兹,爵禄何有。孰高爲山,孰深爲淵。文之有傳,終古昭宣。"

李昌祺《運甓漫稿》卷五《張舒州家觀元承旨危素畫像》:"虞揭凋零玉署空,堂堂至正獨推公。氣全河岳英靈秀,手抉雲霞制作工。江總歸陳翻恨老,賈生鳴漢早稱雄。丹青似有無窮意,却寫南冠入畫中。"

歸有光《震川先生集》卷二十七《奉托俞宜黄訪求危太樸集並屬蔣蕭二同年及長城吴博士》:"昔年宋學士,嘗稱太樸文。獨力撑頹宇,清響薄高雲。余少略見之,諷誦每忻忻。淡然玄酒味,曾不涉世芬。如欲復大雅,斯人真可群。苟非知音賞,宋公安肯云？嗟乎輕薄子,狂吠方狺狺。惜哉簡袠亡,家篋少所藴。徒爲嘗一臠,盈鼎未有分。四賢宦游地,博達多前聞。爲我一咨訪,庶以慰拳勤。"

陳田《明詩紀事》甲籤卷五引徐泰《皇明風雅·凡例》:"元詩人,入國朝年齒最高者,若危太樸,其詩刻元集已多,但録一二可證也。太樸之文,明初當無抗手,其詩亦可並立於作者之林。"

汪由敦《松泉集》卷十五《跋危太樸文集》:"危公以文名至正間,入明隱然爲耆宿。其文雄渾博大,前遜虞、歐,後劣王、宋,而醇雅清婉,高處亦諸公所少,南宋冗蔓之習,洗刷殆盡。"

《四庫全書總目》卷一百六十九《説學齋稿》提要:"素晚節不終,爲世僇笑,其人本不足稱,而文章則歐、虞、黄、柳之後,屹爲大宗。懋竑跋稱:其文演迤澄泓,視之若平易,而實不可幾及,非熙甫莫知其深。其珍重鈔傳,蓋非漫然矣。"

《四庫全書總目》卷一百六十九《雲林集》提要:"《説學齋集》僅存在元之文,而此集亦僅存在元之詩,不足盡素之著作。然氣格雄偉,風骨遒上,足以陵轢一時。就詩論詩,要不能不推爲元季一作者矣。"

陳田《明詩紀事》甲籤卷五:"金溪危素,入國朝老矣,蓋元季之虎也。"

學問淵奥,著述宏富。惟多有散佚,難求其全。

《危公新墓碑銘》:"公博學善文辭,至正中,獨以文鳴天下,凡朝廷制作,皆自公出,四方欲顯白先德者,皆造公門。尤精於書,得片楮隻字者,寶秘以爲榮。有《文集》五十卷、《奏議》二卷、《宋史稿》五十卷、《元史稿》若干篇藏於家。"

按,危素一生著述宏富,然據朱彝尊《跋危氏雲林集》,後世所録危素詩文均爲元時所作,入明後所作詩文已失傳。又《四庫全書總目》卷一百七十五《别集類存目二》著録"《危學士全集》十四卷",並云:"其原集本五十卷,世久無傳。明歸有光得其手稿,因編爲《説學齋稿》凡一百三十餘篇。又所作詩名《雲林集》,乃納新所編。此本文十三卷、詩一卷,乃其鄉人取二集彙輯而成,雖名全集,實非原本,故今仍録《説學齋稿》《雲林集》以存其舊,此本則附存目焉。"故四庫全書本《説學齋稿》四卷、《雲林集》二卷,及《四庫全書存目叢書》本《危學士全集》十四卷,遺闕猶多。“獨怪史館諸人得不全之本而著録之”(《危太樸集》卷末附劉承幹“跋語”)。民國三年(1914),吴興劉氏嘉業堂補輯校刊《危太樸集》凡三十六卷,其中文集十卷附録一卷、詩集二卷補遺一卷續補一卷、文續集十卷附録一卷,雖非全本,但較四庫本更顯完備。另據《明史》本傳,危素嘗纂“后妃等傳”,《明史·藝文志》載其著有《張文正公年譜》《臨川危氏家譜》《史館購書目録》《爾雅略義》等,《明書》則云其“校《君臣政要》”。又據《四庫全書總目》“史部傳記類存目”和“史部政書類存目”,其尚有《草廬年譜》(一名《臨川吴文正公年譜》)二卷附録二卷、《元海運志》一卷存於世。

參考文獻:

1. 危素《危太樸集》,民國三年吴興劉氏嘉業堂校刊本。

2. 廖道南《殿閣詞林記》,明嘉靖間刻本。

3. 張廷玉等《明史》,中華書局1974年版。

4. 何喬遠《名山藏》,福建人民出版社2010年版。

5. 薛應旂《憲章録》,《續修四庫全書》本,上海古籍出版社2002年版。

6. 李昌祺《運甓漫稿》,明天順三年刻本。

7. 朱彝尊《曝書亭集》,清康熙五十三年刻本。

8. 全祖望《鮚埼亭集外編》,清嘉慶十六年刻本。

9. 宋濂《宋學士文集》,清同治七年至光緒八年永康胡氏退補齋刻、民國補刻《金華叢書》本。

10. 范梈《范德機詩集》,《四部叢刊初編》本,上海書店1989年版。

11. 丁復《檜亭集》,《景印文淵閣四庫全書》本,臺灣商務印書館1986年版。

12. 陳田輯撰《明詩紀事》,上海古籍出版社1993年版。

13. 歸有光著、彭國忠等校點《震川先生集》,上海人民出版社2020年報。

14. 李修生主編《全元文》第51册,鳳凰出版社2004年版。

(温世亮)

陶凱傳

陶凱，字中立，號耐久，浙江臨海人，元大德八年(1304)生。

雷禮《國朝列卿紀》卷三十九、徐學聚《國朝典彙》卷一百十二、過庭訓《本朝分省人物考》卷五十四、徐象梅《兩浙名賢録》卷十二、王兆雲《皇明詞林人物考》卷一、查繼佐《罪惟録》列傳卷八中、張廷玉等《明史》卷一百三十六、陳田《明詩紀事》甲籤卷六、俞汝楫《禮部志稿》卷五十一等，俱載其事迹。

按，雷禮《國朝列卿紀》卷三十九："陶凱字中立，號耐久，浙江台州府臨海縣人。生時有大星墜檐前，光燁卧室。"

過庭訓《本朝分省人物考》卷五十四："陶凱字中立，號耐久，台州府臨海縣人。生時有大星墜檐前，光燁卧室。"

徐象梅《兩浙名賢録》卷十二："陶凱，字中立，台州臨海人，博學，善屬文。"

阮元《兩浙金石志》卷十八："洪筠軒云，陶凱字中立，臨海長潭人。"

讀書輒過目成誦，爲文下筆，動千百言，皆據理立論；博學强記，性遲重，不妄言笑，益重孝悌之道；儀容步履，有嚴有則，從學者甚衆。

雷禮《國朝列卿紀》卷三十九："比成童，讀書輒過目成誦，爲文下筆動千百言，皆據理立論。博學强記，性遲重，不妄言笑，益重孝悌之道。既冠，夜歸，限於大溪，不能渡。忽有人撑小舟艤岸，即攝衣登舟。既渡，回顧，舟人皆無見者，异之。一日，里人家大疫，凱探視病者，見妖神入瓮器中避之，奉紙筆與封識，命棄水中，疫即愈。又嘗入城，晚宿三江，病家夜禱，俟祝者過夜分，凱曰：'我代之。'乃朗誦《離騷經》，聲清越以長，病者驚，汗浹背而愈。儀容步履，有嚴有則，四方子弟慕其學，相從者甚衆。厥父敦孝友，苦於不給，以其束脩之入，佐父治喪葬，供祭祀如禮。上世墓域，有奪於勢家，咸贖而表之。且他無兄弟，惟一妹適仙居懷仁顧氏，早卒，其子及女，撫以成人，故鄉黨稱孝友者，莫不曰陶氏父子，而士大夫又皆爲詩以歌咏之。誠意伯青田劉氏爲之記。嘗游吴興，遇相者四明袁廷玉，謂之曰：'公，五岳朝挹而氣色未開，五星分明而光澤未見，宜藏器待時。後十年，爲异代臣子，顯名其在荆揚間也。'"

查繼佐《罪惟録·列傳》卷八中："比成童，讀書過目成誦。爲文千言，汩汩若瀉。遲重不妄言笑。常夜歸，限大溪，忽有艤舟，延凱渡。既渡，無所見，人皆奇之。里人疫，凱入其家，見有妖入瓮，便與封識，棄水中，疫愈。晚宿三江病家，凱誦《離騷經》，聲清越以長，病者驚汗而瘥。儀容步履，有嚴有則，從學者甚衆。相者袁廷玉一見，驚曰：'後十年，當爲名臣。'"

至正中，以明經擢科，除永豐學諭。不受職，隱居教授，主杭州施允弘家塾。

雷禮《國朝列卿紀》卷三十九："至元中，以明經擢科，除永豐學諭。内醜夷德，不受職，隱居教授，主杭州施允弘家塾。"按，"至元"當爲"至正"之誤。

過庭訓《本朝分省人物考》卷五十四："至元中，以禮經擢科，除永豐學諭。内醜夷德，不受職，隱居教授，主杭州施允弘家塾。"

張廷玉等《明史》卷一百三十六陶凱本傳:“領至正鄉薦,除永豐教諭,不就。”

按,嵇璜《續通志》卷一百五十九《藝文略》著録“《辜君政績書》二卷,元陶凱撰”。又按,《四庫全書總目》卷五十九載“《辜君政績書》二卷,《永樂大典》本,元陶凱撰。凱字中元,江都人,以至正七年丁亥鄉試榜授永豐教諭。適永豐令辜中受代去,縣之父老子弟順以中善政刻諸石,凱因序中政績爲此書,以《贈言》《學記》等篇附焉。”《總目》内容所記與陶凱名姓及生平,真假難辨。

元明之際,朱元璋初起兵,聞名訪凱,遂獻望空取天下之策。

雷禮《國朝列卿紀》卷三十九:“我太祖初起兵,聞名訪凱。延上座,不敢居。太祖曰:‘師座不可坐耶?’凱曰:‘將軍器宇軒昂,襟懷豁達,凱閲人,誠見所未見者。雖侍側且不可,矧師位耶?’相與極談。因進望空取天下之策。太祖曰:‘何謂也?’凱曰:‘群雄所據地是實地,兵强未可與敵。胡元雖有地,政衰民怨,是空地也,取之易也。’太祖大奇之。自後用其策,遂至地廣兵强而興焉。别間,凱囑曰:‘方今百姓愁苦,仰在明主,將軍請自愛民寶重。’太祖曰:‘會有重遇日,子尚未晚也。’”

過庭訓《本朝分省人物考》卷五十四:“及太祖初起兵,聞名訪凱。延上座,不敢居,太祖曰:‘師座不可坐耶?’凱曰:‘將軍器宇軒昂,襟懷豁達,凱閲人,誠見所未見者。雖侍側且不可,矧師位耶?’相與極談,因進取天下之策。太祖曰:‘何謂也?’凱曰:‘群雄所據地是實地,兵强未可與敵。胡元雖有地,政衰民怨,是空地也,取之易也。’太祖大奇之,自後用其策,遂至地廣兵强而興焉。别間,凱囑曰:‘方今百姓愁苦,仰在明主,將軍請自愛民寶重。’太祖曰:‘會有重遇日,子尚未晚也。’”

洪武元年(1368),朱元璋定鼎金陵,遣使奉書幣來徵。凱矢心不仕,游學湖海中,以族人之四遠求得,補翰林編修。

雷禮《國朝列卿紀》卷三十九:"戊申歲,太祖定鼎金陵,遂遣使奉書幣來徵。時凱矢心不仕,游學湖海中,不應詔。上求之懇切,諭來使曰:'陶凱不應詔,可取一族人首級回話。'由是族人之四遠求得。凱見上,上曰:'卿何棄遺乃爾? 曩日錢塘之會,已得卿之良策,兹劉基、宋濂累道卿名德宏材,不可煩引翼耶?'"

按,雷禮《皇明大政紀》卷二十二:"(嘉靖九年)夏四月集議郊祀典禮"條,有云:"洪武元年,命儒臣各具郊祀沿革,而丞相李善長、禮官陶凱皆謂宜如古制,分祀二郊。"則洪武元年,陶凱已被封爲禮官。

過庭訓《本朝分省人物考》卷五十四:"戊申歲,太祖定鼎金陵,遂遣使奉書幣來徵,時凱矢心不仕,游學湖海中,不應詔。上求之懇切,諭來使曰:'陶凱不應詔,可取一族人首級回話。'由是族人之四遠求得。凱見上,補翰林編修。"

洪武二年(1369),除翰林編修,與學士宋濂等修《元史》,又撰《洪武廣韻》若干卷以進,遂命教大本堂,授楚王經。

雷禮《國朝列卿紀》卷三十九:"二年,補翰林編修,與學士宋濂,待制王褘,儒士汪克寬、胡翰、陳基、曾魯、趙滂、張文海、徐尊生、王篪、傅恕、王綺、傅著、謝徽、高啓等分科修纂。所撰《元史》三十八卷、志五十三卷、傳六十二卷、目録二卷,繕寫成一百二十册。又撰《洪武廣韻》若干卷以進,上稱善,命教大本堂,授楚王經。"

宋濂《宋學士文集》卷一《進元史表》:"獨謂國可滅而史不當滅,特詔遺逸之士,欲求論議之公,文詞勿至於艱深,事迹務令於明白,苟善惡瞭然在目,庶勸懲有益於人,此皆天語之丁寧,愈見聖心之廣大。於是命翰林學士臣宋濂,待制臣王禕,儒士臣汪克寬、臣胡翰、臣宋禧、臣陶凱、臣陳基、臣趙壎、臣曾魯、臣趙汸、臣張文海、臣徐尊生、臣黄篪、臣傅恕、臣王錡、臣傅著、臣謝徽、臣高啓分科修纂。”

廖道南《楚紀》卷五十《登續内紀後篇》:“吴元年,同宋濂修《元史》,成,授翰林供奉。”

張廷玉等《明史》卷一百三十六本傳:“洪武初,以薦徵入,同修《元史》。書成,授翰林應奉,教習大本堂,授楚王經。”

洪武三年(1370),升禮部尚書,剖符封功臣,議五等封爵,宿大本堂,據歷代故實,討論詳定;定科舉式,凱獨任;百凡禮儀,區畫爲多。

雷禮《國朝列卿紀》卷三十九:“洪武三年,升禮部尚書。剖符封功臣,議五等封爵,宿大本堂,據歷代故實,討論詳定。四夷之未歸附,草璽書諭之,悉效順獻琛。於時法制未備,上命有司各行鄉飲,乃采《周官》《儀禮》及唐宋之制,參定其儀。又以兵亂之後,人才荒落,命定科舉式,行於天下,以取賢斂才焉……百凡禮儀,區畫爲多。”

郭正域《皇明典禮志》卷十七《公侯百官儀從》:“洪武三年十二月,詔定公侯儀從,禮部尚書陶凱等考定,以唐宋之制爲準,於是賜功臣魏國公徐達以下,儀從各有差。”

《皇明典禮志》卷二十《降王拜位》:“洪武三年十一月,詔禮部,考定元降臣高昌王、岐王陪祭。禮儀尚書陶凱等言,謹按唐諸蕃酋長在朝陪祭,班於蕃客位。宋降王李煜、劉鋹陪祭,各依所授官職立班。今岐王、高昌王既未授名爵,宜借三品法服隨班陪祭。從之。”

徐象梅《兩浙名賢録》卷十二:“三年,超升禮部尚書。”

尹守衡《皇明史竊》卷三十六:"三年,超升禮部尚書,考議禮制,每與藁城崔亮相可否。亮亦有學識,善論奏。"

張廷玉等《明史》卷一百三十六本傳:"三年七月,與崔亮並爲禮部尚書,各有敷奏。軍禮及品官、墳塋之制,凱議也。其年,亮卒。凱獨任,定科舉式。"

洪武四年(1371),初設進士,取中式進士吴伯宗等一百三十名,凱實提調之,明季得人之盛,始此。遂刻程文,而凱叙其首,遂爲定例。又奉命撰《大明樂章》。

雷禮《國朝列卿紀》卷三十九:"四年初設進士。二月九日,上命嘉議大夫、國子祭酒魏觀爲讀卷官,凱之弟陶誼爲彌封官,取中式進士吴伯宗等一百三十名,而凱實提調之,得人之盛,始此。遂刻程文,而凱叙其首。又命撰《大明樂章》九闋。其略曰:一曰本大初,二曰仰大明,三曰民初生,四曰品物亨,五曰御六龍,六曰太階平,七曰君德成,八曰聖道成,九曰樂清寧。九月,册河南王保保女爲秦王樉妃。時妃有外王父喪,上命廷臣議之。凱奏大功以下,雖凡人亦可成婚,况王妃無服。上命中使及女史往諭妃家,行納徵發册禮。"

徐學聚《國朝典彙》卷一百十二:"四年六月,命吏部尚書詹同、禮部尚書陶凱製宴享九奏,樂章成,上之。一曰本大初,二曰仰大明,三曰民初生,四曰品物亨,五曰御六龍,六曰泰階平,七曰君德成,八曰聖道成,九曰樂清寧。上命協音律者歌之,謂侍臣曰:'禮以道敬,樂以宣和,不敬不和,何以爲治?元時古樂俱廢,惟淫詞艷曲更倡迭和,又使胡虜之聲與正音相雜甚者,以古先帝王祀典神祇,飾爲舞隊諧戲殿庭,殊非所以道中和、崇治體也。今所製樂音,頗協音筆,有和平廣大之意,自今一切流俗誼譊、淫褻之樂,悉屏去之。'"

徐象梅《兩浙名賢録》卷十二:“四年,請建奉先殿乾清宫左上,日焚香,朔望薦新。及節序生辰,祭用常饌,行家人禮,上從之。凱每議禮,與藁城崔寬相可否。寬亦有學識,善論奏。是歲,請選人專任東宫。官罷,兼領職庶輔導,有所責成。上曰:‘古者不備官,惟賢能是用,朕以廷臣有才望勛德者,兼東宫官,非無意也。嘗患廷臣與東宫官有不相能,遂成嫌隙,或生奸謀,離間骨肉,其禍非細。朕今立法,令府省臺官兼東宫贊輔之職,父子一體,君臣一心,庶幾無相携之患。’”按,“崔寬”應爲“崔亮”之誤。

俞汝楫《禮部志稿》卷五十一《尚書楊訓文》:“四年,升禮部尚書,協陶凱理部事。是歲肇舉進士,命禮部尚書陶凱與前侍講學士潘廷堅爲會試主司,侍講學士詹同、國子司業宋濂、吏部員外郎原本、前貢士鮑恂爲同考。至廷試,又命訓文協陶凱提調,得進士吴伯宗等一百二十人。”

《明史》卷一百三十六本傳:“明年會試,以凱充主考官,取吴伯宗等百二十人程文進御,凱序其首簡,遂爲定例。帝嘗諭凱曰:‘事死如事生,朕養已不逮,宜盡追遠之道。’凱以太廟已有常祀,乃請於乾清宫左,别建奉先殿以奉神御。明奉先殿之制自此始。”

洪武五年(1372),爲禮部尚書,每伴御駕,奉和甚多。奏議仿漢、唐會要,凡諸司領録聖旨及奏事簿籍紀載時政,可以垂法後世者,依會要體,編類爲書,使後之議事者有所考焉。

宋濂《宋學士文集》卷十一《蔣山廣薦佛會記》:“五年春正月辛酉昧爽,上服皮弁服,臨奉天殿,群臣服朝衣左右侍。尚寶卿梁子忠啓御撰章疏,識以皇帝之寶。上再拜,燎香於爐,復再拜,躬視疏已,授禮部尚書陶凱。凱捧,從黄道出午門,置龍輿中,備法仗鼓吹,導至蔣山。”

雷禮《國朝列卿紀》卷三十九:“五年六月癸卯,句容縣民獻嘉瓜二,同蒂而生。中書省臣率百官以進,乃奏頌,且曰:‘陛下臨御,同蒂之瓜産於句容。句容,陛下祖鄉也,實爲禎祥。蓋由聖德和同,國家協慶,故雙瓜連蒂之瑞獨見於此,以彰陛下保民愛物之仁,非偶然者。’上曰:‘卿以此歸德於朕,朕無德,不敢當。’冬十一月辛酉長至日,上御奉天殿,集群工於庭,告以誓命。戊午,出宿齋居,……凱請曰:‘皇帝升中於天國之大典,幸際熙明,與於執事之列,不可無篇什以紀慶成,昭示萬世。’遂以唐詩‘星臨萬户動,月傍九霄多’爲韻,凱首之,有‘月朗送殘星’之句,上命翰林學士宋濂序諸首。十二月,凱言漢、唐、宋皆有會要,紀載時政,以資稽考。今起居注紀言紀事,藏之金櫃,已呈爲實録,凡諸司領録聖旨及奏事簿籍,紀載時政,可以垂法後世者,宜依會要,編類爲書,使後之議事者有所考焉。其臺、省、府宜各置銅櫃,藏領録簿,以備稽考。俱從之。車駕由宣城至金華,紀所歷奉制賦詩一十四首,有‘王師百萬過南州’之句以進。陪祀太廟,扈駕還朝,進賀以詩,有‘起看北斗正當天’之句,上稱善。”

徐象梅《兩浙名賢録》卷十二:“五年,凱言:‘漢、唐皆有會要,記載時政及起居注記言記事,宜令臺省府各置銅匱,簿録聖旨及時政,依會要類編爲書。’上從之。”

過庭訓《本朝分省人物考》卷五十四:“十二月,凱言漢、唐、宋時皆有要,紀載時政以資稽考。今起居注紀言紀事,藏之金櫃,已呈爲實録。凡諸司領録聖旨及奏事簿籍,紀載時政,可以垂法後世者,宜依會要編類爲書,使後之議事者有所考焉。其臺、省、府宜各置銅櫃藏領録簿,以備稽考,俱從之。”

廖道南《楚紀》卷五十:“五年十二月,凱上言漢、唐、宋皆有會要紀載時政。今起居注等官雖設,而言動弗紀,非所以崇國史爲後世法也。於是命凱及張籌等纂集。會湖廣參知政事缺,上特命凱往。七年五月,賜凱與吴雲公田米各百石,以養其廉。”

《明史》卷一百三十六本傳:“五年,凱言:‘漢、唐、宋時皆有會要,紀載時政。今起居注雖設,其諸司所領諭旨及奏事簿籍,宜依會要,編類爲書,庶可以垂法後世。下臺省府者,宜各置銅櫃藏之,以備稽考,俾無遺闕。’”從之。

洪武六年(1373),以朱元璋見疑,出爲湖廣參政。

雷禮《國朝列卿紀》卷三十九:“一日,上御五鳳樓,工部進吞船之伎,群臣觀侍。衆皆以見吞對,凱見獨不然。上問之,凱曰:‘臣惟見繞船走耳。’上遂疑之。先是,命凱與尚書開濟作《天下民籍易見圖》,乃定格眼以進,固嘗疑其志高矣,至此又疑。復夢龍繞於凱所居門,遂怏然不樂。尋出爲湖廣行省參政。”

過庭訓《本朝分省人物考》卷五十四:“一日,召對文華殿賜綉,頃間,上色愀然。凱請,乃得高后艱産之由,因進以方。晡時,喜捷迭至,上大悦,賜之金牌,篆云:‘免陶卿之罪。’又嘗陪視便殿,上從容問居地形勢,凱以象鼻岩對,且曰:‘臣鄉人張竹屋題曰:曾入蒼舒萬斛舟,至今壘對蘸清流。君王玉輅催行駕,安得身閑伴白鷗。’即令人歸,刻其詩於水中九靈岩壁,以實明問。一日,上御五鳳樓,工部進吞船之伎,群臣觀侍,衆皆以見吞對,凱見獨不然。上問之,凱曰:‘臣惟見繞船走耳。’上遂疑之,先是命凱與尚書開濟作《天下民籍易見圖》,乃定格眼以進,固嘗疑其志高矣。至此又疑。復夢龍繞於凱所居門,遂怏然不樂。尋出爲湖廣行省參政。”

徐象梅《兩浙名賢録》卷十二:“出爲湖廣參政,致仕。”

張廷玉等《明史》卷一百三十六本傳:“明年二月,出爲湖廣參政。致仕。”

洪武八年(1375),參與《洪武正韻》校對。任湖廣行省參政,自稱“耐久道人”,致上怒,以誤用符驗罪論死。卒於洪武九年。

宋濂《宋學士文集》卷二十二《洪武正韻序》:“恭惟皇上稽古右文,萬幾之暇,親閱韻書,見其比類失倫,聲音乖舛,召詞臣諭之曰:‘韵學起於江左,殊失正音。有獨用當并爲通用者,如東冬、清青之類;亦有一韵當析爲二韵,如虞模、麻遮之屬。如斯之類,不可枚舉。卿等當廣詢通音韻者,重刊定之。’於是翰林侍講學士臣樂韶鳳、臣宋濂,待制臣王僎,修撰臣李叔允,編修臣朱右、臣趙壎、臣朱廉,典簿臣瞿莊、臣鄒孟達,典籍臣臣答禄與權、孫蕡,欽遵明詔,研精覃思,壹以中原雅音爲定。復恐拘於方言,無以達於上下,質正於左御史大夫臣汪廣洋、右御史大夫臣陳寧、御史中丞臣劉基、湖廣行省參知政事臣陶凱。凡六謄稿,始克成編。其音諧韻協者并入之,否則析之,義同字同而兩見者合之,舊避宋諱而不收者補之。注釋則一依毛晃父子之舊,勒成一十六卷,計七十六韻,共七十萬言。書奏,賜名曰《洪武正韻》,敕臣爲之序。……洪武八年三月十八日,翰林侍講學士、中順大夫、知制誥、同修國史兼太子贊善大夫臣宋濂謹序。”

按,永瑢等《四庫全書總目》卷四十二:“《洪武正韻》十六卷,江蘇周厚堉家藏本,明洪武中奉敕撰。時預纂修者爲翰林侍講學士樂韶鳳、宋濂,待制王僎,修撰李淑允,編修朱右、趙壎、朱廉,典簿瞿莊、鄒孟達,典籍孫蕡、答禄與權,預評定者爲左御史大夫汪廣洋、右御史大夫陳寧、御史中丞劉基、湖廣行省參知政事陶凱,書成於洪武八年。濂奉敕爲之序,大旨斥沈約爲吴音,一以中原之韵,更正其失,并平上去三聲各爲二十二部,入聲爲十部。於是古來相傳之二百六部并爲七十有六。其注釋一以毛晃《增韵》爲稿本,而稍以他書損益之。蓋歷代韵書自是而一大變。”

雷禮《國朝列卿紀》卷三十九:“尋出爲湖廣行省參政。於時,凱從弟中吉走省告歸。凱曰:‘汝可俟明春二三月,數將至矣,我其如難何?’中吉曰:‘何不謝事南旋?’凱曰:‘宿緣在此,昔嘗避之而不得。我骨雖貴而汗不香,死於國事,亦不失爲忠義鬼,逃之奚免耶?’會使高麗,主客誤用符驗,上坐與知罪。遂曰:‘臣受知於陛下,官高二品,壽至七旬,死復何憾!’雖向有金牌免罪之旨,亦不自表也。翌日,上傷悼之。尋楚王求其師,弗得,憤入金水橋下,群臣解衣履下救者及法官以不復奏受死若干員隨。贈太子少保以旌其忠,洪武八年三月也。葬長潭山下。”

徐象梅《兩浙名賢録》卷十二:“八年召爲國子祭酒,尋老,復以參政致仕,自稱‘耐久道人’,上聞之,怒曰:‘何自賤也!’尋竟坐罪。”

王兆雲《皇明詞林人物考》卷一:“出爲湖廣參政,致仕。八年,召爲國子祭酒。尋老,復以參政致仕。自稱‘耐久道人’。上聞之,怒曰:‘何自賤也!’尋竟坐罪。初牛諒與公同爲禮部尚書,以怠職犧牲不中、廢功臣廟不葺,降主事,尋復尚書。未幾,坐不職罷。”

查繼佐《罪惟録·列傳》卷八中:“出爲湖廣參政,致仕。八年,召爲國子祭酒,請老。復以參政致仕。自稱‘耐久道人’,上聞之,怒曰:‘何自微也?’上又常夢龍繞凱門,益疑之。先是凱密爲弟中吉曰:‘汝可候我明年二三月,數將至矣。’至期,上遣高麗,誤用符驗,坐與知罪並死。凱有牌,可免一死,不以自表。上尋悔之。楚王求師不可得,憤投金水橋下,於是按法官前不覆奏及救王解衣履入水者,皆棄市,而贈凱太子少保。論曰:陶中立生應列星,足迹所至,便能已邪。其不受永豐之除,審於觀運而逃,不肯仕明,奈何時早已耐久矢田中矣。既受聘,議札正樂,設左右史,灼天下民籍,是其所學足以磨拭治平。若夫文多隱約,本於夫子、殷人之義,而故時論所不許已。修撰答禄與權著書稱河上翁,上亦爲著辯與凱大官卑職辯同,示不可。意國初防爲之嚴如此,凱可以免死而不請,自知數盡,不過二三月,其即初觀運之所審歟?"

陳田《明詩紀事》甲籤卷六:"召還爲國子祭酒,改晉王府右相,致仕……中立致仕後,號'耐久道人',帝聞而惡之。追論在禮部時,朝使往高麗,主客曹誤用符驗,論死。當時,士之以文字受禍者,高季迪以作《上梁文》,王常宗以作文,孫西庵以題藍玉畫,王叔明以往藍玉家觀畫,蘇平仲以表箋忤旨。"

《明史》卷一百三十六本傳:"八年起爲國子祭酒,明年改晉王府左相。……凱嘗自號'耐久道人'。帝聞而惡之,坐在禮部時,朝使往高麗,主客曹誤用符驗,論死。"

按,朱元璋曾專撰《設大官畢職館閣山林辯》《辯答禄异名洛上翁及謬贊》二文,痛斥"耐久道人"之號。朱元璋《明太祖文集》卷十六《辯答禄异名洛上翁及謬贊》:"今朕創業之初,首得儒者於才能,未見善於事,但以奇其名而以爲美者有二:一曰武昌參知政事陶凱,致仕歸來,自去禄爵之名,怪稱曰'耐久道人',是其自賤也。此無福之所催如是,不期年,罪犯不公。"

關於其卒年,雷禮《國朝列卿紀》卷三十九:"贈太子少保,以旌其忠,洪武八年三月也,葬長潭山下。"則凱當卒於洪武八年。然凱爲朱右作《故晉相府長史朱公行狀》時,其年爲"洪武九年丙辰夏四月甲辰",則洪武九年四月尚在,且是年曾任晉府左右相。張岱《石匱書》卷六十六:"八年,召爲國子祭酒。凱從弟中吉走省告歸,凱曰:'汝可俟之,明春吾且有難。'中吉曰:'何不謝事南旋?'凱曰:'數也,避將焉之?'明年,會使高麗,主客誤用符驗,竟坐罪死。"據此,則凱當卒於洪武九年。

工於詩文,屬對每合聖意。

雷禮《國朝列卿紀》卷三十九:"車駕由宣城至金華,紀所歷奉制賦詩一十四首,有'王師百萬過南州'之句以進。陪祀太廟,扈駕還朝,進賀以詩,有'起看北斗正當天'之句,上稱善。"

徐象梅《兩浙名賢録》卷十二:"凱資性過人,才高學博,識見卓遠,爲文千言立就。初游吴楚,文多激慨,中更亂離,去居深山中,授經養親,文多隱約。明興,應聘而起,凡稽古禮文事,多凱論定,又兼領翰林學士,詔令封册,歌頌碑碣,時時命凱,文章遂盛傳於世。"

《明史》卷一百三十六本傳:"凱博學,工詩文。帝嘗厭前代樂章多諛辭,或未雅馴,命凱與詹同更撰,甚稱旨。長至侍齋宫,言:宜有篇什以紀慶成。遂命凱首唱,諸臣俱和,而宋濂爲之序。其後扈行陪祀,有所獻,帝輒稱善。一時詔令、封册、歌頌、碑誌多出其手云。"

與劉基、郭葵、王褘、劉嵩、何慶宗、戴元禮等交往頗密。

與劉基。劉基《誠意伯文集》卷十一《寄陶中立郭秉心叙舊言懷》詩云:"爲别未五載,恍如生死隔。有時長想愁欲狂,中夜感嘆無羽翼。憶昔相逢俱壯年,錢唐柳緑花含烟。粉墻繚繞子雲宅,華燈照幕自草玄。春城飛雪滿一月,立馬敲門馬蹄没。銅壺驍箭三十六,易坐更投鏃相扢。仰天大笑催命觴,酒多雪急天茫茫。論文握手到爾汝,知有膠漆無參商。君行却向江東去,我亦栖遲廣文署。震澤風驚白雁秋,玉山露落青楓暮。井邑蕭條劫火餘,行人何處問緘書。傳聞那得辨真假,引領遥望空嗟吁。今年飄泊越城裏,重見手書悲且喜。舊游雖在舊人非,獨立看雲泪如水。羡君絳帳開海濱,彩衣堂上生陽春。……"

劉基《誠意伯文集》卷八《劉顯仁墓誌銘》:"至正八年,予初寓臨安,交友未盡織也。求士於天台陶中立,得四明劉顯仁焉。與之交,侃侃如也。""顯仁家甚貧,而性耿介,寡所與交。其平生之最相知者,陶凱中立、賈執中希賢及基,是爲銘。"

與郭葵。徐一夔《始豐稿》卷三《題永思亭卷後》:"亂離以來,平昔交游,或存或亡,或淪异地……兹游嘉禾郡齋,達實氏止善示以《永思亭記》並詩一卷,發而視之,乃同郡朱右伯言、陶凱中立、郭公葵秉心、陳秉彝性初、南陽堵簡無傲、金華王禕子充,會於錢唐宗陽宫,時止善請論著其永思之亭,而伯言實爲之記。"

與王禕。王禕《王忠文公集》卷一有《陳元禮太常以使事至錢唐三月十七日堵無傲陳君從朱伯言陶中立韓與玉諸公西湖同泛分韵得氣字》。

與劉嵩。朱存理《珊瑚木難》卷七陶凱《劉嵩高文稿序》:"君年二十即負文名,嘗一再至京師,受知名公卿。壯歲客武林,與予友凡十年。予見君所爲文甚富,今所存僅僅如是,則知其所遺亡者多矣。予續當搜訪,乃爲編輯,庶不負君之所托也。"

與何慶宗。王直《抑庵文後集》卷三十二《縣丞何先生墓碣銘》:"以元季隱居不出,國朝更化乃成名,當時賢達如翰林編修宋濂、典籍孫蕡、湖廣行省参知政事陶凱,皆推重之。"

與戴元禮。陳田《明詩紀事》甲籤卷六陶凱《送醫士戴元禮歸金華》:"昔游金華山,振衣上層雲。清風生兩腋,草木發奇芬。尋幽出澗阿,坐石散羊群。仙人渺何許,可望不可親。别來三十歲,滄海幾揚塵。翱翔清都上,喜見金華人。鈎深談玄理,稽古勘典墳。手持活人書,長揖動搢紳。歲暮歸故山,驅車出城闉。西風吹寒雁,送别滄江濆。初平儻相見,爲我道殷勤。聖主御六合,坐使風俗淳。從兹調玉燭,四海皆陽春。"

與修《昭鑒録》《大明集禮》諸書。

黄虞稷《千頃堂書目》卷十一:"《昭鑒録》五卷,太祖嘗命禮部尚書陶凱、主事張籌等采録漢唐以來藩王善惡,以爲鑒戒。後凱出参行省,編輯未成,於是詔秦王傅文原吉、翰林編修王僎、國子博士李叔元、助教朱復、録事蔣子杰等續修之,至六年三月書成。太子贊善宋濂爲序以進,頒賜諸臣。一作二卷。”

按,永瑢等《四庫全書總目》卷一百三十一:“《昭鑒録》十一卷,浙江范懋柱家天一閣藏本。明洪武初奉敕撰。案《千頃堂書目》曰:‘太祖嘗命禮部尚書陶凱等采録漢唐以下藩王善惡,以爲鑒戒。編輯未竟,復詔秦王傅文原吉、翰林編修王僎、國子博士李叔元、助教朱復、録事蔣子杰等續修之。洪武六年書成,太子贊善宋濂爲序。’即此編也。然虞稷稱其書五卷,又稱一作二卷。此本十一卷。而‘善可爲法’止於元,其後又有‘先善後惡’一門,而‘惡可爲戒’僅止於宋,似尚闕一卷,不知虞稷何以云然也。”

張居正《張太岳先生文集》卷七《重刊大明集禮序》:“於是陶安定郊社,詹同定宗廟,劉基定百官,魏觀定祝祭,陶凱定軍禮,而曾魯、徐一夔、董彝、梁寅又總其綱領,綜其條目,彙爲《大明集禮》一書,蓋編摩綴拾雖出於一時諸臣之手,而斟酌損益皆斷自聖衷。是以經紀無遺,巨細畢舉,夏商以後議禮之詳著,莫如成周。”

著有《陶尚書集》《九經類要》等。

黃虞稷《千頃堂書目》卷十七:“陶凱《陶尚書集》。”

陳田《明詩紀事》甲籤卷六:“田按,徐大章作《陶尚書集序》稱:‘中立才高學博,識見卓遠,又與王待制論,修元史。’書稱中立有史學,惜集今不傳。”

楊士奇《文淵閣書目》卷三:“陶凱《九經類要》一部一册。”

傅維鱗《明書》卷七十六:“陶凱《九經類要》。”

朱彝尊《經義考》卷二百四十七據《菉竹堂書目經義考》云:“陶氏凱《九經類要》一册,未見。”

爲文重教化之義,以政行爲先。

朱存理《珊瑚木難》卷七陶凱《劉嵩高文稿序》:“予每評君之

文，其大者若楩楠，其勁者若松竹，其艷者若桃李，其幽者若芝蘭，無不各極其至。而其立心悃悃然，專務以忠言善道告人，未嘗苟措一辭也，非古之立言者歟？嗚呼，今已矣，後之覽者庶有徵於予言哉！"

薛應旂《憲章録》卷三："上退朝御東閣，與群臣論禮樂之事曰：'世之治亂，本乎人情風俗，故忠信行則民俗淳樸，佻巧作則習尚詐僞。京師天下統會，四方所取則，率多奢侈相高，浮藻相誘，情日肆，俗日偷，非所以致理。'禮部尚書陶凱對曰：'仲尼云：道之以政，齊之以刑。今欲整齊風俗，使佻巧不作，必以政刑先之，然後教化可行。'上曰：'教化必本諸禮義，苟徒急於近效，而嚴其禁令，是欲澄波而反汩之也。'凱頓首稱善。"

姿性過人，其才甚高。早期爲文多激慨，中更亂離，文多隱約。長歌雄放可喜。

徐一夔《始豐稿》卷五《陶尚書文集序》："公姿性過人，其才甚高，其學甚博，其識見甚卓且遠，故其爲文多或千言，少或百字，下筆汩汩，不見有艱難意。嘗游吴楚會，時方擯棄南士，懷寶弗售，其爲文多激慨。中更亂離，自度無所於用，去居深山之中，授經以養其親，而其爲文多隱約。"

陶凱其詩罕傳，長於古體，朱彝尊《明詩綜》卷五評其詩云："祭酒長歌時雄放可喜。"現存《君道篇》《贈琴士施彦昭》《閨情》《送醫士戴元禮歸金華》等篇，其最著者爲《長平戈頭歌》："長平野人鑿地得古戈，上有款識字，歲久俱滅磨。惜不能如豐城古劍射牛斗，吁嗟戈乎奈爾何。但見青銅凝寒暮烟紫，月黑山深夜飛雨。恨血千年猶未消，荒郊夜夜啼冤鬼。當年趙括輕秦人，降卒秦坑化爲土。嗟哉趙亡秦亦亡，落日荒城自今古。摩挲爾戈一問之，令人爲爾生愁思。何不以爾爲鍾鐻，何不以爾爲鼎彝。吁嗟戈乎徒爾悲！爾今還當太平世，人間銷兵鑄農器。願壽吾皇千萬年，終古不用戈與鋋。"

參考文獻:

1. 廖道南《楚紀》,明嘉靖二十五年何城李桂刻本。

2. 薛應旂《憲章録》,明萬曆二年陸光宅刻本。

3. 張居正《張太岳先生文集》,明萬曆四十年唐國達刻本。

4. 郭正域《皇明典禮志》,明萬曆四十一年劉汝康刻本。

5. 雷禮《皇明大政紀》,明萬曆刻本。

6. 王兆雲《皇明詞林人物考》,明萬曆刻本。

7. 雷禮《國朝列卿紀》,明萬曆徐鑒刻本。

8. 徐學聚《國朝典彙》,明天啓四年徐與參刻本。

9. 過庭訓《本朝分省人物考》,明天啓刻本。

10. 徐象梅《兩浙名賢録》,明天啓刻本。

11. 尹守衡《皇明史竊》,明崇禎刻本。

12. 陳田輯撰《明詩紀事》,清陳氏聽詩齋刻本。

13. 朱存理《珊瑚木難》,民國《適園叢書》本。

14. 劉基《誠意伯文集》,《四部叢刊初編》景明本,上海書店 1989 年版。

15. 宋濂《宋學士文集》,《四部叢刊初編》景明正德本,上海書店 1989 年版。

(邱江寧　李國躍)

詹同傳

詹同，初名書，字同文，婺源廬源（今江西省婺源縣浙源鄉廬坑村）人。生於元成宗大德八年（1304）。

尹守衡《皇明史竊》卷七十六："上一日與同論方竹，灑翰墨爲記，賜同。同捧記忭躍，趨拜舟墀下謝，頗龍鍾。上笑曰：'卿頭童齒豁矣，何謝爲？'是時同年七十矣。上見同皓首蒼顔，與白面少年旅進旅退，惻然憐之，賜致仕。"

按，詹同洪武七年（1374）致仕，如時年七十，則其當生於大德八年。

元至正中舉茂才，除官郴州，授州學學正。尋避亂黃州，入陳友諒麾下，任翰林院學士承旨兼御史。

元至正二十四年（1364），朱元璋下武昌，召爲國子監博士，賜名"同"。未幾，遷考功郎中、起居注。

《明太祖實録》卷八十九："甲辰，王師下武昌，同見上，上厚待之。還京，授國子博士，遷考功郎中、起居注、翰林待制。"

雷禮《國朝列卿紀》卷十："高皇帝平陳，首召爲國子博士，易其名曰同。尋升考功郎中。未幾，以爲待制、起居注。"

至正二十五年(1365)三月,宋濂返金華養病,詹賦詩送之。

詹同《天衢舒嘯集》卷二《送宋景濂告病歸婺州》:"兩宋科名舊譜新,二疏歸去正殘春。浙東清氣魁多士,江左文章少一人。囊底賜金堪買藥,庭前戲彩足娱親。金華山水消人病,黄髮相期照角巾。"

至正二十六年(1366),朱元璋命考宗廟時享禮。

雷禮《國朝列卿紀》卷十:"丙午年四月,命有司求遺書,上謂同曰:'三皇五帝之書,不盡傳於世,故後世鮮知其行事。漢武帝購求遺書,六經始出,唐虞三代之治,始可得見,大有功於後世。吾每於宫中無事,輒取孔子之言觀之,如節用而愛人、使民以時,真治國之良規,誠萬世之師也。'遂命考宗廟時享禮。"

明洪武元年(1368),奉朱元璋之命尋訪四方,以求賢士。

《明太祖實録》卷三十二:"洪武元年十一月己亥……遣文原吉、詹同、魏觀、吴輔、趙壽等分行天下,訪求賢才。"

嵇璜《續文獻通考》卷三十七:"明太祖洪武元年九月,詔起懷才抱德隱於岩穴之士。初帝下金陵,辟儒士范祖幹、葉儀。克婺州,召儒士許元、胡翰等,日講經史治道。克處州,徵耆儒宋濂、劉基、章溢、葉琛至建康,創禮賢館處之。……甲辰三月敕中書省:'自今有能上書陳言、敷宣治道、武略出衆者,參軍及都督府具以名聞。……吴元年,遣起居注吴林、魏觀等以幣帛求遺賢於四方,至是復下詔曰……是年徵天下賢才至京,授以守令,至冬又遣文元吉、詹同、魏觀、吴輔、趙壽等分行天下訪求之。'"

鄭曉《吾學編餘》卷三:"國初科、貢、薦舉三途並用,然進士釋褐,僅得州縣冗職,薦舉者或驟至公卿。洪武元年八月,遂遣儒臣詹同文等十人分行海内,訪求賢哲。"

程敏政《皇明文衡》卷四十一劉夏《贈詹學士出使序》:“洪武元年八月,皇上臨天下,慨然謂丞相宣國公曰:‘治天下雖用匠手,有規矩繩墨,然後百度可貞也。’乃議建三省,立六部,拜諫議大夫,設登聞鼓院,罷逋租不徵。下詔責躬,求天下岩穴深藏不售之士。顧元臣秦裕伯曰:‘斗米三錢,外户不閉,朕力行三年可以臻兹。’至理望道之勤,沛然若決江河,莫能禦。於是儒臣十人受命分行十道,訪求賢哲,與之共理天下,而學士詹同文與焉。詹公恢疏倜儻,嘗爲考功郎。時余與儕輩三十餘人皆隸考,人心如深淵不測,公投長竿探知其尺寸之所底止,用此道以求天下士。設有奸邪小人飾詐釣名,安能誣我而冒進也邪?而余也,吏尚賓館,惟當飭墻壁、治几席,以爲天下大夫君子先容者焉。”

同年十一月,謁楊維楨,有酬唱之作。

詹同《天衢舒嘯集》卷二《松江與楊廉夫同飲有贈》:“天地文章元有數,江山風景豈無人。相逢席上笛横鐵,共對天邊月似銀。四海賢才當會合,九山光采頓精神。何人得似楊夫子,高卧白雲無限春。”《飲楊鐵崖拄頰樓》:“飛樓高出市塵表,萬丈文光射紫薇。洞仙曾與鐵爲笛,天女或裁霞作衣。酒酣尚欲招鶴舞,詩在未可騎鯨歸。休唤小紅歌白雪,自有紫簫送落暉。”

同年十二月爲直學士,次年(1369)二月升侍讀學士。

《明太祖實録》卷三十六:“(洪武二年正月)陳桱、詹同爲直學士。”卷三十八:“(洪武二年二月)壬辰,以翰林直學士詹同爲侍讀學士。”

雷禮《國朝列卿紀》卷十:“是年十二月以同爲直學士,二年三月升侍讀學士。”

洪武二年(1369)參與纂修禮書。奉命訪楊維楨。

錢謙益《列朝詩集》甲集前編卷七:"洪武二年召諸儒纂修禮樂書,上以前朝老文學,思一見之。遣翰林詹同文奉幣詣門,謝使者曰:'豈有八十歲老婦,就木不遠而再理嫁者耶?'明年,又遣松江別駕追趣,賦《老客婦詞》一首。"

《明史》卷四十七:"明太祖初定天下,他務未遑,首開禮、樂二局,廣徵耆儒,分曹究討。……二年,詔諸儒臣修禮書。明年告成,賜名《大明集禮》。其書準五禮而益以冠服、車輅、儀仗、鹵簿、字學、音樂,凡升降儀節,制度名數,纖悉畢具。又屢敕議禮臣李善長、傅瓛、宋濂、詹同、陶安、劉基、魏觀、崔亮、牛諒、陶凱、朱升、樂韶鳳、李原名等,編輯成集。且詔郡縣舉高潔博雅之士徐一夔、梁寅、周子諒、胡行簡、劉宗弼、董彝、蔡深、滕公琰至京,同修禮書。"

陳田《明詩紀事》甲籤卷五:"洪武初,召諸儒纂修禮樂書。帝以楊維楨前朝老文學,思一見之。特遣同文奉幣詣門,維楨謝使者曰:'豈有八十歲老婦,就木不遠而再理嫁者耶?'因作《老客婦謠》云。……又作《不赴召有述》云:'太守枉於堂下拜,使臣空向日邊回。'使臣即指同文也。"

同年三月,朱升上書致仕,詹作詩送別。

朱升《朱楓林集》卷十《諸名公贈新安詩》:"楚望先生在溢浦,纂注六經書滿樓。匡廬看雲我舒嘯,程門立雪君從游。龍虎榜中昔黄甲,鳳凰池上今白頭。誰知此日此相會,晨星落落令人愁。"

洪武三年(1370)八月,任京畿鄉闈同考官。洪武四年二月,任禮闈考官。同持衡平允,論判精嚴。

宋濂《宋學士文集》卷五《庚戌京畿鄉闈紀録序》:"洪武三年夏五月,以科目選士,詔内外之官胥此焉出。閲三月,畿甸之士將集試於京府。禮部以聞,皇帝御謹身殿,召前御史中丞臣基、今治書侍御史臣裕伯,俾司去留之任,而以翰林侍讀學士臣同、弘文館學士臣稼、起居注臣韶鳳、尚寶丞臣潜、國史臣濂佐其事,各賜幣帛而勞遣之。"

尹守衡卷七十六《皇明史竊》:"四年二月,與國子主考司業宋濂禮闈。濂所閱士顧多懸衡於同,濂出語人曰:'詹同文之校文,如老吏之斷獄。'"其推重若此。

宋濂《宋學士文集》卷七《詹學士文集序》:"去年之秋,京畿試鄉貢士,今年南宫試天下士,同文皆持文衡,區區亦與聞末議。見同文考《五經》卷,朗讀數行,輒操觚書云云,書已復讀,又書云云。予視之,析理精緻,如漢廷老吏議法,是非重輕不可掩。人以文辭稱同文,固未見其衡。"

洪武四年(1371)五月,升吏部尚書。

《明太祖實録》卷六十五:(洪武四年)五月丁巳,以李守道、詹同爲吏部尚書,諭之曰:"吏部者,衡鑒之司。鑒明,則物之妍媸無所遁。衡平,則物之輕重得其當。蓋政事之得失在庶官,任官之賢否由吏部。任得其人,則政理民安;任非其人,則瘝官曠職。卿等居持衡之任,宜在公平以辨賢否,毋但庸庸碌碌充位而已。"

洪武六年(1373)七月,兼學士承旨。

《明太祖實録》卷八十三:"(洪武六年七月)吏部尚書詹同爲翰林學士承旨,仍兼吏部尚書。"

尹守衡卷七十六《皇明史竊》:"六年遷翰林學士承旨兼吏部尚書。"

同年八月,上《釋奠先師孔子樂章》定爲制。

《明太祖實録》卷八十四:“(洪武六年八月)翰林承旨詹同、侍講學士樂韶鳳等上所制《釋奠先師孔子樂章》。”

嵇璜《續文獻通考》卷四十八:“翰林國史院學士承旨詹同、侍講學士樂韶鳳等上所制釋奠樂章。迎神曰《咸和》,奠帛初獻曰《寧和》,亞獻曰《安和》,終獻曰《景和》,徹饌及望瘞送神皆曰《咸和》。於是禮部尚書牛諒復以所定禮儀進,自遣官傳制以至行事,皆典儀唱禮迎神、三獻、徹饌,皆奏樂,樂用同等所定樂章。制曰可,遂定制。”卷一百三:“《經濟録》曰:‘高皇帝病音樂之未復古也,詔尚書詹同、陶凱與協律郎冷謙定雅樂,而學士宋濂爲樂章。’”“六年八月學士承旨詹同等上孔廟樂章。先是四年,禮部奏定儀物,樂生六十人、舞生四十八人、引舞二人,凡一百一十人。禮部請選京民之秀者充樂舞生,帝曰:‘樂舞乃學者事,況釋奠所以崇師,宜擇國子生及公卿子弟在學者,豫教肄之。’初,宋釋奠用大成登歌樂,元擬易之,未用,仍用舊樂。國初亦因之,本年六月始命更制樂章。至是,詹同、樂韶鳳等制成,上之。”卷一百十五:“《明史·樂志》曰:‘釋奠孔子,初用大成登歌舊樂,洪武六年始命詹同樂韶鳳等更制樂章。’”

同月,上疏乞編載太祖文治武功之《日曆》,太祖命其與宋濂任總裁,即《大明日曆》。七年五月,書成。又據《貞觀政要》之體例,精而簡之,成五卷,名《皇明寶訓》,以便鑒覽。

《明太祖實録》卷八十五:“(洪武六年)九月壬寅,翰林學士承旨兼吏部尚書詹同等言,自上起兵渡江以來,征討平定之迹,禮樂治道之詳,雖有紀載,而未成書,乞編《日曆》,藏之金櫃,傳與後世。上從其請,同與侍講學士宋濂爲總裁官,侍講學士樂韶鳳爲催纂官,禮部員外郎吴伯宗,儒士朱右、趙壎、朱庶、徐一夔、孫作、徐尊生同纂修,鄉貢巡士黄昶、國子生陳益暘等謄寫。”

宋濂《宋學士文集》卷十九《恭題御和詩後》:“洪武六年八月十六日,皇上特詔臣及翰林學士承旨詹同編修《日曆》,既而中書亦奏旨,徵浙東西及江右之士七人分年纂輯,而臣與同爲總裁。九月四日開史館禁中,日輪寺人守閽,太官進饍羞,其事甚嚴且秘。臣等昧爽而入,至日曛始出,復會宿於詞林,虞有宣泄,蓋不敢不慎也。即成稿,思得俊秀有文者通考義例而繕書之,於是遴選二生,具名氏以聞,上可其奏。”

宋濂《宋學士文集》卷五《皇明寶訓序》:“皇帝繼天出治,御大曆服,七緯順度,九圍敉寧。爰自龍飛之初以迄今兹,金匱之藏,歲益月增,乃徇翰林詞臣之請,纂修《日曆》,以成昭代之大典。粤洪武癸丑之秋八月甲午,帝御東黄閣,召臣詹同、臣樂韶鳳、臣宋濂,俾選海内文學之士,開局西華門内,相與編摩成書,而命臣同、臣濂爲之總裁。九月壬寅,臣等既莅事,發所藏而翻閲之,仰窺神機睿斷,遠猶告辰,足以明征定保,嘉惠邦家者,充牣乎其間。臣等因相與言曰:‘《日曆》之成,藏諸天府,人有欲見之有不可得者,盍如太宗《貞觀政要》之書,編集以傳?’詢謀既同,玉石輯成四十類,自敬天至制蠻夷,釐爲五卷,總四萬五千五百餘言,皆從記注之真,不敢以已意輕爲損益云。”

《明孝宗實録》卷六十三:“……請如洪武六年翰林學士詹同、宋濂等纂集《日曆》,以爲寶訓事例,仿唐人《貞觀政要》體制,將前項書籍撮其旨要,舉其宏綱,分門别類,以成一書。命工刻梓,頒布天下,垂憲後世,俾學校用以教人,科舉用以取士,朝廷用以資治,則聖祖之聖德神功,與六經而並行,同天地而長久矣。”

彭孫貽《明朝紀事本末補編》卷一:“洪武七年五月纂修《大明日曆》,成自上起兵臨濠,踐天位,以至六年冬十二月,凡征伐次第,禮樂沿革,刑政施設,群臣功過,四方朝貢之類,莫不具載,合一百卷。詹同、宋濂率諸儒上進。命藏之金匱,其副藏於秘書監。濂等又請如唐太宗《貞觀政要》分類更輯聖政爲書,自敬天至制蠻夷,釐爲五卷,名曰《皇明寶訓》。"

洪武七年(1374)五月,急流勇退,上疏乞致仕。六月復起爲承旨,參議祀典之禮。事畢歸老,卒於家。南明時贈禮部侍郎,謚文憲。

《明太祖實録》卷八十九:"(洪武七年五月)六年七月爲學士承旨兼吏部尚書。至是命致仕。"

雷禮《國朝列卿紀》卷十:"七年五月丙寅,《皇明寶訓》垂成,同以老乞歸。上賜敕曰:'朕起布衣,持三尺劍,總率六師,以拯民艱,延攬英雄,以圖至治,凡二紀於兹。向者親征武昌,下城之日,爾同以文學之美從朕同游。厥後任博士、起居注、學士,皆舉其職。又長吏部,辨人才之賢否,審職任之輕重,咸得其宜。今年雖邁,猶輸誠效謀,迄無少怠,可謂賢也已。朕不忍以爾老年,復役奔走,特命以翰林學士致仕,爾惟欽哉。'未幾,復起爲學士承旨。六月,上謂同曰:'大祀既終獻,方行分獻禮,於禮未當,卿等具議之。'於是同與學士宋濂議:'以上行初獻禮,奠玉帛,將畢,即分獻官行禮初獻,亞獻、終獻皆如之。'上從其議,又謂:'古人祭用香燭,皆所以道達陰陽,以接神明。'初無上香之禮,遂定凡祭祀罷上香。復以老乞休,卒於家。"

貝瓊《清江詩集》卷八《送詹同文承旨還鄉》:"奉天殿下親承詔,老著黄冠出紫薇。萬里雪霄雙鶴去,九江風浪一帆歸。春前載酒黄泥坂,月下吹簫赤壁磯。文采昭回看帝制,山中草木盡光輝。"

劉承幹《明史例案》卷三:"論者又謂三吾文章不如宋濂,而渾厚過之;先見不如劉基,而質直過之;勇退不如詹同,而事功過之。"

《明太祖實録》卷九十:“(洪武七年六月)癸卯,復以詹同爲翰林學士承旨,罷兼吏部尚書。”

子徽,字資善,性嚴苛。官至左都御史兼太子少保、吏部尚書。洪武二十六年(1393),以藍玉事坐誅。

過庭訓《本朝分省人物考》卷三十六:“徽有才智,見事敏決。洪武十三年以薦舉擢監察御史。性嚴厲,不以色假人,善持風紀。上嘉之,十七年升都察院,爲正二品。設左右都御史並左右副僉都御史及十三道御史,專糾劾有司,辨明冤枉,提督各道,一應不法事務。特升徽爲左都御史。徽持憲多務嚴苛,諸司凜凜不敢犯。十八年,吏部尚書趙瑁伏誅,命徽兼吏部。上以徽在職公勤,詔有司復其家,又以北方學校無名師生徒廢學,命徽於南方學官選有學行者教之。後凉國公藍玉以反謀下獄,上集群臣廷鞫未服,徽叱令何不具實,玉反誣徽爲黨,竟及於禍。”

禮樂之臣,崇儒重道。法先王,善音律。

《明史》卷九十五《刑法三》:“刑法有創之自明,不衷古制者,廷杖、東西廠、錦衣衛、鎮撫司獄是已。是數者,殺人至慘,而不麗於法。踵而行之,至末造而極。舉朝野命,一聽之武夫、宦豎之手,良可嘆也。太祖常與侍臣論待大臣禮。太史令劉基曰:‘古者公卿有罪,盤水加劍,詣請室自裁,未嘗輕折辱之,所以存大臣之體。’侍讀學士詹同因取《大戴禮》及賈誼疏以進,且曰:‘古者刑不上大夫,以勵廉耻也。必如是,君臣恩禮始兩盡。’帝深然之。”卷六十五:“明初大朝會,則拱衛司設五輅於奉天門,玉居中,左金,次革,右象,次木。駕出,則乘玉輅,後有腰輿,以八人載之。其後太祖考周禮輅,以詢儒臣,曰:‘玉輅太侈,何若只用木輅?’博士詹同對曰:‘孔子云“乘殷之輅”,即木輅也。’太祖曰:‘以玉飾車,古惟祀天用之,常乘宜用殷輅。然祀天之際,玉輅未備,木輅亦未爲不可。'"卷六十一:"明興,太祖鋭志雅樂。是時,儒臣冷謙、陶凱、詹同、宋濂、樂韶鳳輩皆知聲律,相與究切釐定。而掌故闊略,欲還古音,其道無由。"

雷禮《國朝列卿紀》卷十:"上御奉天門謂同曰:'論行事於目前,不若鑒之於往古卿儒者,試言古先帝王爲治之道。'同對曰:'帝王之治莫善於唐虞三代,可爲萬世法。'上曰:'三代而上治本於心,三代而下治由乎法。本於心者,道德仁義,其用爲無窮;由乎法者,權謀術數,其用有時而窮。然爲治者,違乎道德仁義,必入於權謀術數。甚矣,擇術不可不慎也。'"

《明太祖實録》卷六十六:"(洪武四年六月)戊申,吏部尚書詹同、禮部尚書陶凱制宴享九奏樂章成,上之。其曲一曰本太初,二曰仰大明,三曰民初生,四曰品物亨,五曰御六龍,六曰泰階平,七曰君德成,八曰聖道成,九曰樂清寧。先是,上厭前代樂章率用詞,以爲容悦,甚者鄙陋不稱,乃命凱等更制其詞。既成,上命協音律者歌之,謂侍臣曰:'禮以道敬,樂以宣和,不敬不和,何以爲治?元時古樂具廢,惟淫詞艷曲,更唱迭和。又使胡虜之聲,與正音相雜,甚者以古先帝王祀典神祇飾爲舞隊,諧戲殿廷,殊非所以道中和崇治體也。今所制樂章,頗協音律,有和平廣大之意,自今一切流俗諠譊淫褻之樂,悉屏去之。'"

嵇璜《續文獻通考》卷一百三:"《樂志》云,'宴享之曲,後凡再更,四年所定曰本太初云云,詹同陶凱所製。"

詩文冠絶一時,與宋濂、樂韶鳳、吴沉齊名,被譽爲"中朝四學士"。尤善韵語。别集今存《天衢吟嘯集》清鈔本二卷,《海涓集》(又名《海岳涓埃集》)已佚。

宋濂《宋學士文集》卷七《詹學士文集序》:"往時湖湘間,材士大夫多以詞賦稱,若江夏詹先生同文,其一也。蓋同文襟韵瀟灑,濟以雄博之學，故體物瀏滾，鏗鏗作金石聲。及歸我熙朝，遂以文鳴一時，當勝友如云。”

雷禮《國朝列卿紀》卷八：“愚嘗聞吕東萊有云：‘翰林之設，其任重矣，雍容金鑾，優游鳳閣，密勿議論，取重當時，豈特取其詞藝而已哉？’故張、杜、韓非無文也，宋人以其行不足而棄之。郭贊可以掌制誥矣，以其乏時望，而不可以入翰林，則學士之職，其選當何如也？我明起運，文治勃興，一時帷幄近臣，如陶主敬之力拒邪説，宋景濂之總裁大興，與夫詹同文、樂舜儀、劉昆孫輩，稽古右文，厥亦不爲無助，非天啓之以翊初運者乎？然陶、宋當元季鼎沸，晦迹林岩，及出，而以所學事聖祖，凡發號令，預謀議，遂爲我朝不刊之典。及永樂以後，皆儲育詞林，而寵遇之殊，絶非他官。比求其學綜該明如陶、宋輩，不可概數，矧求册後之舉，丁謂之留，有不奉詔如楊億、劉筠者耶？君子因是爲之三嘆。”

陳田《明詩紀事》甲籤卷五：“同文早歲，虞伯生呼爲才子。及遭遇明主，賜方竹之記，和贈人之詩，談者詫爲盛事，要其天才俊發、咳唾琳琅不虚也。當時與吴濬仲、樂致和、宋景濂號中朝四學士，魏杞山詩所謂‘詹吴宋樂皆時彦，撰述承恩晝夜同’也。景濂之文，同文之詩，良足媲美。”

潘耒《遂初堂集》卷十一：“太祖起細微，無學術。既登大位，通貫書史，明於古今，此非獨天資聰睿，亦親禮儒臣之效爲多焉。陶安諸人（按，即陶安、詹同、朱升、樂韶鳳、劉三吾），當元之季，抱遺經潜草澤，無所知名，一旦際會昌朝，發抒夙學，參贊製作，黼黻太平，俾有明禮樂文章，麟麟炳炳，方駕漢唐。世謂儒者迂疏寡效，然乎哉？”

朱彝尊《明詩綜》卷三：“宋景濂云：‘同文襟期瀟灑，濟以雄博之學，故體物瀏亮，鏗鏗作金石聲。’徐子元云：‘同文赤色精金，與鍮鉐自别。'《詩話》:同文與吴濬仲、樂致和、宋景濂齊名,號中朝四學士。吴、樂韵語寥寥,宋亦非其本色,於四子中遂爲翹楚。"

沈德潛《歸愚文鈔餘集》卷一《重刻黄陶庵先生全集序》:"使生當開國之初,自能以文章黼黻皇猷,與詹同文、宋景濂諸公爲一代典型。"

史簡《鄱陽五家集》卷十五《詹同文諱同,江夏人。多材茂學,雅度灑然,乘運高騫,名登翰苑。官翰林》:"神龍戰大野,天地生殺機。風雲濟玄運,志士多乘時。翩翩富文學,薇垣聲譽馳。歸來卧烟島,清風吹布衣。"

博通群書,尤擅《易》《春秋》。文思敏捷,下筆立就。詩法漢魏,氣骨清健,一掃元末柔靡之風。

《明史》卷一百三十六《詹同傳》:"太祖下武昌,召爲國子博士,賜名同。時功臣子弟教習内府,諸博士治一經,不盡通貫。同學識淹博,講《易》《春秋》最善。應教爲文,才思泉涌,一時莫與並。"

焦竑《玉堂叢語》卷一《文學》:"詹同文淹貫群籍,隨叩而鳴。每講《易》與《春秋》,尤獨超詣,聽者豁然。賦性爽敏,涵揉濬發。爲文操筆立就,水涌山立,可喜可愕。時與上同游,每應制有作,上未嘗不稱善也。"

宋濂《宋學士文集》卷七《詹學士文集序》:"酒酣耳熱,有執卷來求者,同文振衣而起,捉筆四顧,文氣絪緼,從口鼻間流出,頃刻盈紙,爛爛皆成五采。觀者從傍鼓噪,且謂萬言倚馬可待者,將無大相遠。自是,有問奇俊士,僉曰:'同文同文云。'予與同文交且久,而同官翰林,初見之,甚驚,後屢見之,竊自嘆賦才闇劣,規規方圓中,日蹈古人軌轍,不敢奮迅吐一奇崛語。雖見諸簡牘者,近一二千篇,奄奄如無氣人,作文固當如是邪?……氣機如同文者,其何可及邪?其何可及邪?韓退之推李杜文章,光焰萬丈。少陵之作，頓挫沉鬱，高不可攀，深不可探。謫仙之辭，飄飄然游戲，璇霄丹臺，吹鸞笙而食紫霞，絶去人間塵土。思此無他，精華爲光耀，縱横交貫，不自知其所止。退之言當不誣，同文之能致是者，豈無其故哉？然予聞太史公周覽名山川，故作《史記》，燁燁有奇氣。同文他日西還，予將相隨泛洞庭，浮沅湘，登大别九疑之山，吸風吐雲，一洗胸中穢濁，使虚極生明，明極光發，然後揮毫，以尾同文之後，萃靈鳳之彩毛，擷天葩之奇馨，或者當有可觀，同文果以爲何如邪？同文以天集授予序，神思摇盪，急展牘書之，懼其凌空飛去，是爲序。”

黄佐《翰林記》卷六：“洪武六年，開局修《大明日曆》。十一月十五日，前御史中丞、誠意伯劉基偕學士宋濂、詹同侍上燕乾清宫之便閣，同被酒而還。時繕書監生黄昶在館，同愛其有俊才，賦詩贈之，字大如斝。少選，奉御傳宣，召濂等赴右順門。會上適乘步輦而至，同餘酲猶未解，上謂之曰：‘卿醉猶未醒耶？’同對曰：‘臣雖醉，猶能賦詩贈黄秀才。’謂昶也。上曰：‘詩何在？’同對曰：‘在史館中。’上顧濂亟取之。既上奏，上笑謂濂曰：‘朕即和同詩，卿當爲朕書之。’濂於是受命書焉。濂歸，與昶言之，以爲詞壇盛事。”

參考文獻：

1. 詹同《天衢舒嘯集》，明抄本。
2. 姚廣孝纂修《明太祖高皇帝實録》，明抄本。
3. 張懋纂修《明孝宗敬皇帝實録》，明抄本。
4. 鄭曉《吾學編餘》，明抄本。
5. 王兆雲《皇明詞林人物考》，明萬曆刻本。
6. 焦竑《國朝獻徵録》，明萬曆刻本。

7. 雷禮《國朝列卿紀》,明萬曆徐鑒刻本。
8. 過庭訓《本朝分省人物考》,明天啓刻本。
9. 尹守衡《皇明史竊》,明崇禎刻本。
10. 宋濂《宋學士文集》,明正德刊本。
11. 程敏政《皇明文衡》,明嘉靖刊本。
12. 朱升《朱楓林集》,明萬曆刻本。
13. 錢謙益《列朝詩集》,清順治九年毛氏汲古閣刻本。
14. 沈德潛《歸愚文鈔餘集》,清乾隆教忠堂刻本。
15. 陳田《明詩紀事》,清貴陽陳氏聽詩齋刻本。

(朱麗霞)

魏觀傳

魏觀,初名巳孫,字杞山,號梅初,武昌蒲圻(今湖北省赤壁市)人。元大德九年(1305)生。

《明史》卷一百四十有傳。廖道南《殿閣詞林記》卷六、朱國楨《皇明開國功臣傳》卷三、雷禮《國朝列卿紀》卷十九、劉孟雷《聖朝名世考》卷九、徐開任《明名臣言行録》卷六、何喬遠《名山藏》卷六十一《臣林記》、尹守衡《明史竊》卷三十五、查繼佐《罪惟録·列傳》卷十七、傅維鱗《明書》卷一百三十八、徐乾學《明史》卷十一、焦竑《國朝獻徵録》卷八十三、唐樞《國琛集》上卷、過庭訓《本朝分省人物考》卷七十六、錢謙益《列朝詩集小傳》甲集、朱彝尊《静志居詩話》卷二等亦皆有傳。

觀之生年,據錢謙益《列朝詩集》甲集卷十四"魏蘇州觀"條:"遷國子祭酒,年六十有六矣。"觀遷國子監祭酒在洪武三年(1370),則上推生年在元成宗大德九年(1305)。

觀之字號,陳田《明詩紀事》甲籤卷五:"觀初名巳孫,字杞山。"高啓《凫藻集》卷五《魏夫人宋氏墓誌銘》:"蘇州守江夏魏公,以其先太夫人行述授渤海高啓……按夫人姓宋氏……有子三人,法孫、巳孫、虎孫……巳孫,今名觀,即公也。"彭時《蒲山牧唱集序》云:"公名觀,字杞山,號梅初,生丁元衰,晦迹蒲圻山中,吟咏以自樂。"(《蒲山牧唱》卷首)按,"梅初"之由來,廖道南《殿閣詞林記》卷六

《侍讀學士拜祭酒魏觀》:"性喜吟咏,觸物感興,陶寫自如,乃構亭曰梅初,以寄志焉。"

觀之籍貫,雷禮《國朝列卿紀》卷十九:"湖廣武昌府蒲圻人。"劉孟雷《聖朝名世考》卷九:"湖廣江夏人。"

按,江夏,乃古郡名,轄蒲圻縣。顧祖禹《讀史方輿紀要》卷七十六:"蒲圻縣,府東南三百里,西至岳州府臨湘縣百七十里,東至咸寧縣百四十里。漢沙羡縣地,孫吴赤烏九年分武昌爲兩部,自武昌至蒲圻爲右部,始置蒲圻縣,以湖畔多蒲,故名也。晉屬長沙郡,劉宋元嘉中改屬巴陵郡,孝建初改屬江夏郡。"

讀書蒲首山中,勤苦弗輟,志有所待。

顧祖禹《讀史方輿紀要》卷七十六:"蒲首山,在縣西三十里。志曰:蒲圻之首山也。"《(嘉慶)大清一統志》卷三百三十五:"蒲首山,縣西四十里,明祭酒魏觀讀書處。"

《宋濂全集》卷八十六《碧崖亭辭》:"濂與太常卿魏觀先生游甚久,知其爲孝敬之人也。先生間嘗來謂濂曰:'予家鄂之蒲圻,蒲圻有山曰蒲首焉,巉然而起,如雲旓翠蕤,蕩摩空濛間。對峙雙石楹,直上如笋,中敞碧崖千尋,嘉卉靈草雜被之,紛紅駭緑,儼如圖畫中。"

王彝《王徵士集》卷二《蒲山牧唱序》:"蓋蒲首,蒲圻之名山也。蒲圻,武昌之望縣也。蒲圻爲縣,廬阜峙其東,洞庭匯其西,衡岳蟠其南,岷山江流其北,而蒲首寔屹立乎其中,自昔號楚南勝處,而公之生實得其山川之秀。"

《高青丘集》卷四《魏使君見示吕忠肅公歸贈舊詩因賦》:"公昔隱江夏,岩棲避兵革。遠挹戴叔鸞,清風灑泉石。有時歌《梁甫》,慷慨人未識。"

王彝《蒲山牧唱序》:"公以元至正間韞經濟之業,居蒲首山中,而志有所待。"

又見廖道南《殿閣詞林記》卷六《侍讀學士拜祭酒魏觀》。

至正九年(1349)九月,定位、李從義邀登滕王閣,飲酒賦詩。

魏觀《滕王閣序》:"至正己丑九月,定子静、李從義諸公邀予登閣飲酒,各賦一詩。"詩有"平生見説滕王閣,今日登臨慰所思"之句。

按,定子静,即定位,字子静,西域色目人,歷官臨江鎮帥。戰歿,詩文散佚。李從義,字守信,歸德人。洪武年間任監察御史。過庭訓《本朝分省人物考》卷八十八有傳。

十四年(1355),與吕思誠酬贈唱和,被薦於朝,辭不就。

高啓《槎軒集》卷三《魏使君見示吕忠肅公舊贈詩因賦》:"左丞中朝彦,仗節任方伯。北還駐嚴程,造廬問籌策。知非山澤儒,期是廊廟客。磯石繫官舫,猿叫月初夕。秉燭題贈詩,蒲圻掩孤驛。欣欣得賢喜,耿耿憂國戚。短章寄深情,相投重珪璧。"

《殿閣詞林記》卷六《侍讀學士拜祭酒魏觀》云:"元吕忠肅公讀其詩,嘆賞薦於朝,辭弗就。"按,吕忠肅公,即吕思誠,字仲實,平定人。泰定元年(1324)進士,死謚"忠肅",《元史》卷一百八十五有傳。

《宋濂全集》卷四十一《題吕仲實詩後》云:"右吕忠肅公詩一章,爲蒲圻魏君觀作。初,公爲集賢大學士,因爲議錢幣事,與丞相脱脱不合,翩然東歸,蓋至正庚寅十月二十日也。後四年甲午二月,起公爲湖廣行省左丞,會天下兵亂,道澀不能前,至十二月八日始抵治所。是時,已有中書左丞之命。明年乙未正月二十九日使者至,閏月十三日即上道,故詩中有'左丞兩月餘',及'今又入中書'之句。又二年,丁酉三月十一日,而公薨矣。"知吕思誠實際任湖廣行省左丞,起自至正甲午年(1354)十二月,終於至正乙未年(1355)閏正月,確實是"兩月餘"。吕氏認識魏觀並題贈詩作在離職北上之時。魏觀亦有酬和之作,集中有《送吕左丞還中書二首》,有"梁公引士賢才出,韋相傳經弟子留"之句。

高啓《鳧藻集》卷四《跋吕忠肅與魏太常唱和詩後》亦云:"右二詩,江夏魏公在元至正間贈吕忠肅公而作,忠肅答章所謂'誦君與我詩'者是也。方先生以愚嘗爲録忠肅之詩於卷,而公詩則未見焉,覽者或未知所自。公間以示啓,遂請書附於左,以見有唱斯和之義。"吕氏讀其詩,嘆賞薦於朝,恐在至正十四年(1355)。

二十四年(1364),聘授平江州學正,遷國子監助教,升浙江按察司簽事。

《明史》卷一百四十魏觀本傳:"太祖下武昌,聘授國子助教,再遷浙江按察司僉事。"

《殿閣詞林記》卷六《侍讀學士拜祭酒魏觀》:"江漢既平,觀被徵,與青田劉基、金華宋濂諸儒同謁,上與語,大奇之,授平江州學正,遷國子監助教、浙江提刑簽事。"

按,《明通鑑》前編卷三"元至正二十四年":"二月,乙未朔,太祖以武昌圍久不下,復親往視師。辛亥,至武昌,趣攻城。……師圍武昌凡六閲月而降。……于是漢、沔、荆、岳郡縣皆相繼降。"

吴元年(1367)正月,遷兩淮都轉運使,入爲起居注。

《明史》卷一百四十魏觀本傳:"吴元年,遷兩淮都轉運使,入爲起居注。奉命偕吴琳以幣帛求遺賢於四方。"魏觀《兩浙寄子栗家書》:"元年正月初,運使莅江浙。二月開衙門,上下總怡悦。明恩隆委任,疏鈍愧忝竊。"

洪武元年(1368),定祀祭禮。

朱升《朱楓林集》卷九《翼運績略》:"洪武初,上稽古禮文,法周爲治，宏綱大要，舉之於上，以正百官者，蓋取諸《周禮》；繁文縟節，頒之於下，以正萬民者，蓋取諸《儀禮》。命儒臣陶安定郊社群祀禮，詹同定四廟祫祭禮，李善長定官民喪禮，朱升定祭祀齋戒禮，崔亮定五祀禮，劉基定百官朝會禮，魏觀定祀祭禮，陶凱定軍禮。"

建大本堂，命侍太子説書，及授諸王經，有詩紀之。

《明史》卷一百四十本傳："洪武元年，建大本堂，命侍太子説書，及授諸王經。未幾，又命偕文原吉、詹同、吴輔、趙壽等分行天下，訪求遺才，多所擢用。"

按，大本堂，乃明初宫廷藏書處所之一。《明太祖實録》卷三十六上載："（洪武元年十一月）辛丑，宴集東宫官及儒士，各賜冠服。先是，上建大本堂，取古今圖書充其中，延四方名儒教太子、諸王，分番夜直，選才俊之士充伴讀。上時時賜宴賦詩，商榷古今，評論文字無虚日。"

《陳去病詩文集》下編卷六《大本堂》："明太祖既定天下，元年二月丁未，即親祀孔子於國學。庚午，詔選國子監生，傳太子標讀書。十一月辛丑，又建大本堂於禁中，以教太子諸王，蓋猶清之有上書房也。"

魏觀《舊大本堂》："玉署儲書紫禁東，宛然麟鳳穆清風。雲開奎壁天光合，日射蓬萊御氣通。炬炳蓮花歸學士，燈然藜杖致仙翁。詹吴宋樂皆時彦，撰述承恩晝夜同。"按，"詹吴宋樂"分别指詹同、吴琳、宋濂、樂韶鳳。集中又有《大本堂二首》《大本堂次典籍段公讓兼字韵》《鄭國公常茂等授經大本堂》等詩。

二年(1369)，應詔撰修禮書。

夏燮《明通鑑》卷二："庚寅（二十八日），詔儒臣撰修《禮書》。先是上即位，屢敕儒臣編集郊廟、山川等儀及古帝王祭祀感格可垂鑒戒者,名曰《存心録》。尋又詔郡縣舉高潔博雅之士年四十以上者,禮送京師。”

《明史》卷四十七《禮志一》:“二年,詔諸儒臣修禮書。明年告成,賜名《大明集禮》。其書準五禮而益以冠服、車輅、儀仗、鹵簿、字學、音樂,凡升降儀節,制度名數,纖悉畢具。又屢敕議禮臣李善長傅瓛、宋濂、詹同、陶安、劉基、魏觀、崔亮、牛諒、陶凱、朱升、樂韶鳳、李原名等,編輯成集。且詔郡縣舉高潔博雅之士徐一夔、梁寅、周子諒、胡行簡、劉宗弼、董彝、蔡深、滕公琰至京,同修禮書。”

十一月,侍宴奉天門東紫閣,應制賦詩紀樂。

《宋濂全集》卷二十三《應制冬日詩序》云:“洪武二年冬十一月二十有一日,上御外朝,遣中貴人召翰林學士濂,侍講學士臣素,侍讀學士臣同,直學士臣經,待制臣褘,起居注臣觀、臣琳,列坐左右。既而,命太官進饌,賜黄封酒飲之,上屢命盡觴。内官承上旨,監勸甚力。臣濂數以弗勝杯杓固辭。上笑曰:‘卿但飲,雖醉,無傷也。’酒終,上親御翰墨賦詩一章,復繫小序於首,命各以詩進。臣濂最先,臣褘次之,臣觀、臣琳、臣經、臣同又次之,上覽之大悦。臣素最後,詩以民瘼爲言。”

魏觀《紫閣侍宴詩》序云:“二年十一月,和暖如春,上游觀上苑,召侍臣危素、宋濂、詹同、吴琳及觀等賜宴於奉天門東紫閣,蒙御制一序賜之,曰:‘卿等各賦一詩,以述今日之樂。’觀詩曰:深冬晴暖動逾旬,内苑游觀詔侍臣。五色慶雲開鳳尾,九重麗日繞龍鱗。和鸞喜奉彤車御,式燕慚叨紫閣賓。淑氣已從天上轉,人間無地不陽春。”

三年(1370)正月,轉太常卿,改侍讀學士,尋遷國子監祭酒。

《明史》卷一百四十本傳:“三年,轉太常卿,考訂諸祀典。稱旨,改侍讀學士,尋遷祭酒。”

《明太祖實録》卷五十四:“(洪武三年秋七月)丙申,以太常卿魏觀爲翰林學士。”卷五十九:“(洪武三年十二月)甲子……以翰林侍讀學士魏觀爲國子祭酒,編修宋濂爲國子司業。”

《殿閣詞林記》卷六《侍讀學士拜祭酒魏觀》:“三年正月,轉太常卿,賜之制曰:‘太常之職,掌郊廟社稷,山川群神之祀,厥任重矣。爾觀學行方正,事朕有年,屢持憲節,振揚風紀。及領鹽運,勞績茂彰。頃居翰院,日記言動,朝夕之間,屢進讜論,尤簡朕心。兹用長于太常,益恭乃職。’七月命觀改定太廟祝文,稱孝子皇帝臣,凡遣太子行禮稱長子某,著爲令。是月,陟爲侍讀學士。”

四年(1371),廷試進士,爲讀卷官。

《殿閣詞林記》卷六《侍讀學士拜祭酒魏觀》:“(洪武)四年,廷試進士,觀與博士孫吾與、修撰王僎爲讀卷官,乃得吴伯宗等一百二十人,時開科之始,得人最盛,而伯宗卒爲名臣,人以此多觀之識。”

八月,謫知龍南縣,旋召爲禮部主事。帝賜宴奉天門,命賦詩紀之。

《明史》卷一百四十本傳:“坐考祀孔子禮不以時奏,謫知龍南縣,旋召爲禮部主事。”

《明太祖實録》卷六十七“洪武四年八月己亥”條:“降國子祭酒魏觀爲江西龍南縣知縣,司業宋濂爲安遠縣知縣。坐考祭孔子禮稽緩故也。”卷六十九“洪武四年十一月己未”條:“召龍南知縣魏觀、安遠知縣宋濂還京師,以爲禮部主事。”

《殿閣詞林記》卷六《侍讀學士拜祭酒魏觀》云:“九月,坐考祀孔子禮不以時奏,乃謫觀知龍南縣,濂知安遠縣。行未至任,即召還,以爲禮部主事。上賜燕奉天門,喜曰:‘前日逐卿去,今日與卿飲,何其樂哉?'仍命各賦一詩。"

按,"九月"當誤。據魏觀集中《破石埠上馬往龍南》《寓龍南道觀主觀白雲師遠出山溪捕魚題詩以諷其歸》《正月八日出龍南瀧下寄辛知縣時有士人鐘以行同舟》諸詩,魏氏似已至龍南,且離職在正月。又集中有《九月五日奉命偕詹同宋濂賜歸田里垂十日啓行出水西門走使召還賜燕奉天門上喜諭觀等曰前日逐卿去今日與卿飲亦可樂也已而各賦一詩以紀其事》,與《侍讀學士拜祭酒魏觀》所記有不同,姑且存疑。

五年(1372),任蘇州知府,以明教化、正風俗爲治。次年,重修府學,舉鄉飲酒禮,與高啓、王彝、張羽訂經史。政化大行,課績爲天下最。

《明史》卷一百四十本傳:"五年,廷臣薦觀才,出知蘇州府,前守陳寧苛刻,人呼陳烙鐵。觀盡改寧所爲,以明教化、正風俗爲治。建黌舍,聘周南老、王行、徐用誠,與教授貢穎之定學儀,王彝、高啓、張羽訂經史,耆民周壽誼、楊茂、林文友行鄉飲酒禮政化大行,課績爲天下最。"

《明太祖實録》卷七十三"洪武五年三月庚申"條:"以禮部主事魏觀爲蘇州府知府。"

。《殿閣詞林記》卷六《侍讀學士拜祭酒魏觀》:"五年三月,上念姑蘇爲京輔重地,經張士誠之亂,荼毒罔有寧宇。廷臣咸薦觀有治才,乃出知蘇州府。既莅事,懲陳寧苛政,鋤暴樹良,寬而且肅,敬老恤民,大建學舍,乃辟宣聖廟庭,舉鄉飲酒禮,聘郡賢士周南老、王行、徐用誠與教授貢穎之定儀節,高啓、王彝、張羽闡文學,郡多耆耋,崑山周壽誼年百有十歲,吴縣楊茂年九十三,林文友年九十二,皆延至之。禮成,彬彬可觀。……課績爲天下最。"

王彝《王徵士集》卷三《蘇州重修孔子廟學碑》:"蒲圻魏公守姑

蘇之明年,鋤暴樹良,無令弗肅,上下洽和,百廢具興。惟孔子廟學弗治,棟楹傾欹,丹堊翳昧,若不支旦暮者。……事於洪武六年二月戊辰,而訖功十一月,如翬斯飛,如雲斯凝,如濤斯涌,深沉而潔清,宏麗而靚密,一還承平舊觀。"《王徵士集》卷一《蘇州府孔子廟南門記》:"洪武五年,國子祭酒江夏魏公,以正學碩德出守兹土,政修令行,人敬以愛。明年,又修廟學,而宏博壯麗,實逾舊貫。"

《明通鑑》卷四:"(四月)戊戌(二十一日),詔禮部:'奏定鄉飲酒禮儀,命天下有司學官率其鄉士大夫之老者行之學校。著爲令。'"

王彝《王徵士集》卷三《鄉飲酒碑銘》:"皇明既一四海,乃大興禮樂,以新令俗還古道,爲千萬世計。惟鄉飲酒,由近代以還,蔑之有講。洪武五年,始詔郡國,以孟春、孟冬舉行斯禮而讀律焉。其時,江夏魏公實守蘇州,奉詔惟謹,既一再行之,然尚恐未能宣上德意。是以明年復參考《儀禮》,以授經歷李亨、教授貢穎之,使與郡士周南老、王行、徐用誠共商校之,且使張端及諸生相與習焉。"按,舉鄉飲酒禮在洪武六年(1373)。

七年(1374),升四川行省參政,未行,仍知蘇州。因修府浚河,受誣而死,高啓、王彝亦牽連被殺。

《明史》卷一百四十本傳:"初,張士誠以蘇州舊治爲宫,遷府治於都水行司。觀以其地湫隘,還治舊基。又浚錦帆涇,興水利。或譖觀興既滅之基。帝使御史張度廉其事,遂被誅。"

《殿閣詞林記》卷六《侍讀學士拜祭酒魏觀》:"陟爲四川行省參知政事,蘇父老上疏願留,仍命觀還郡。七年,觀以舊治爲士誠竊據,且郡多水患,乃修府浚河,以壯士觀,以資民利。御史張度誣其興既滅之基,遂與高啓等俱獲罪。上悔之,命所在致祭,皇太子諸王哀賻有加,乃歸瘞於蒲圻燈窩山。"

高啓門人呂勉《槎軒集本傳》:"蓋觀爲勝國遺才,頗自矜詡,矧解《青烏經》術。到任,第欲更張,以吴城無蛇門,則自東南水陸來之生氣間沮,故百年之富,極品之貴,甚有所妨,圖欲辟之。先是,在城諸委港久淤,舟艇往來不便,役民挑浚甚急,已多歛怨;又以府治乃前元都水屯田司,偏於西,則出武衛之下,即城中共舊治而新之。吴帥慮其居左,且觀由内出,諸帥俯見,弗爲禮,銜而密疏之。尋有張度御史來,微行廉其迹,以先生(按,即高啓)嘗爲撰《上梁文》;王彝因浚河獲佳硯,爲作頌,並目爲黨,俱繫赴京。”

《高青丘集》附録楊循吉《吴中故語》之《魏守改郡治》:“蘇州郡衙,自來本在城中心,僭周稱國,遂以爲宫,頗爲壯麗。元有都水行司,在胥門内,乃遷衙居焉。及士誠被俘,悉縱煨焰爲瓦礫荒墟。方版圖始收兹地,高皇擇一守未愜。蒲圻魏公觀,方以國子祭酒致仕將歸。上親宴餞於便殿,得平蘇之報,因酌酒留之曰:‘蘇州新定,煩卿往治。’蒲圻遂領蘇州。時高太史季迪方以侍郎引歸,夜宿龍灣,夢其父來,書其掌作一‘魏’字云:‘此人慎勿與相見。’太史由是避匿甫里,絶不入城。然蒲圻敬被殷勤,竟遂棄寐告,爲忘形之交,然未有驗。蒲圻碩學夙充,性尤仁厚,賁臨之久,大得民和。因郡衙之隘,乃按舊地而徙之,正當僞宫之基。初城中有一港,曰錦帆涇,云闔閭所鑿以游賞者,久已堙塞,蒲圻亦通之。時右列方張,乃爲飛言上聞,云:‘蒲圻復宫開涇,心有异圖也。’時四海初定,不能不關聖慮,乃使一御史張度覘焉。御史至郡,則僞爲役人,執搬運之勞,雜事其中。斧斤工畢,擇吉搆架,蒲圻以酒親勞其下,人予一杯,御史獨謝不飲。是日高太史爲《上梁文》。御史還奏,蒲圻與太史並死都市,前工遂輟。至今郡治猶仍都水之舊,僻在西隅,堂宇逼側,不稱前代。儀門下一碑,猶是都水司記,可徵也。而僞吴故基,獨爲耕牧之場,雖小民之家,無敢築室其上者。惟宫門巍然尚存,蒿艾滿目,一望平原而已。然數年之前,猶有拾得箭鏃與金物者，近亦無矣。"

按，魏觀與高啓相交甚早，雅相知契。高啓《魏夫人宋氏墓誌銘》："蘇州守江夏魏公，以其先太夫人行述授渤海高啓，曰：'吾妣棄吾二十有二年矣……子爲我志而銘之。'公昔掌國史，啓嘗爲其屬，今又居公之野，辱以先銘是屬，不敢當，當亦不敢辭也。"

吕勉《槎軒集本傳》云："歲壬子，國子祭酒江夏魏觀來知府事，與先生嘗會于京，敦舊好，爲徙居城中夏侯橋，以便朝夕親與。"

錢謙益《列朝詩集》甲集卷四"高太史啓"條云："先是，季迪以史事爲祭酒魏觀屬官，雅相知契。觀奉命守蘇，爲季迪徙居城中夏侯里，接見甚密。"

趙翼《甌北詩話》卷八云："謝事歸里，適魏觀守蘇，甚禮遇啓，啓不得已，爲其上客，遂連蹇以死，則青邱似專爲魏觀所累。"

高啓所作《上梁文》已佚，其《郡治上梁》詩云："郡治新還舊觀雄，文梁高舉跨晴空。南山久養干雲器，東海初生貫日虹。欲與龍庭宣化遠，還開燕寢賦詩工。大材今作黄堂用，民庶多歸廣庇中。"

黄暐《蓬窗類紀》卷三："魏觀守郡，浚河得佳硯，常宗爲作頌。觀被誅，坐觀黨以死。"《萬姓統譜》卷四十五云："時江夏魏觀守郡，賓禮賢士，未幾，以事被逮。彝與啓嘗爲觀作文，竟連坐，死於京市。"按，王彝《佳硯頌》，今已佚。

觀披禍之由，史家所論不一，然明太祖朱元璋刻薄寡恩、猜忌多疑，不容忽視。可參見房鋭《明初魏觀之獄試探》(《社會科學家》2004 年第 2 期)、吴士勇《"魏觀案"探析——兼論詩人高啓》(《蘇州大學學報(哲學社會科學版)》2005 年第 4 期)、劉民紅《明初"魏觀案"新論》(《江南大學學報(人文社會科學版)》2006 年第 5 期)，等等。

觀之被誣，不久得以昭雪。《明史》本傳云："帝亦尋悔，命歸葬。”金檀《高季迪先生年譜》:“顧黔國沐公、楊璽卿、彭少保、廖春坊序觀遺集曰《蒲山牧唱》,俱言觀陷於誣,詔以禮葬祭,諸王爲哀賻,是觀冤旋雪。”

著有《蒲山牧唱》《郡齋集》。其詩意蘊深婉而格調高古,五古念切民瘼,纏綿悱惻,不減元結,近體亦清脱可誦。其詞雖不工,然以蒼莽之調,而用清遠之筆,亦可玩味。

《蒲山牧唱》卷數,黄虞稷《千頃堂書目》卷十七、高儒《百川書志》卷十六、陳田《明詩紀事》甲籤卷五等皆載“四卷”。現存《蒲山牧唱》不分卷,成化四年(1468)其曾孫魏銘爲之刊刻。卷端題:“進士揚州府通判前户部主事曾孫銘謹編,經筵官翰林院侍讀泰和尹直同校,奉議大夫尚寶司卿泰和楊導校正。”有成化元年李賢序、楊導序,成化三年彭時序,成化四年魏銘後序。後序曰:“梅初先生於銘爲曾祖,去今已久矣。銘猶守其書香,襲世澤,始克奉遺墨二百餘篇,綉梓以傳,以卒先志。”據《天一閣書目》,該書又名《梅初詩集》,卷首載洪武三年誥命,古濠沐琳撰像贊,成化四年南陽李賢序,又有金華蘇伯衡《梅初亭記》,安成彭時《蒲山牧唱序》,泰和楊導《梅初詩集序》,卷末有成化元年曾孫銘後識。

據陽海清《中南、西南地區省、市圖書館館藏古籍稿本提要》(華中理工大學出版社1998年版)記載,魏觀另有《郡齋集》二卷,民國鈔本,雷大同、甘鵬雲、王葆心題識。一册。是書爲魏觀駐守蘇州時作。魏氏於卷端題識曰:“海宇既定,法度咸備,余守蘇州,務爲簡易,與民休息。舊治故宏麗,東齋閒勝,百里雲物在望,暇則倚卧其中,偶有記録,府史識之,久而成帙,因次爲《郡齋集》二卷。”民國三年(1914)雷大同題識,謂:“此集《江蘇通志》、《蘇州府志》、《湖北通志》、《蒲圻縣志》及《四庫提要》、私家收藏書目,悉未著録,大同家世所藏閲。五百年迭經滄桑而幸存,其人間第一孤本歟?”

彭時《蒲山牧唱集序》:“《蒲山牧唱》者,蒲圻魏公自名其詩集之辭也。……故其發於詩也,用事工,體物切,意思深婉而格調高古,足以儷盛唐而追風雅。至於應制諸作,壯麗和平,尤足以鳴國家之盛,其可必傳於世無疑矣。”

朱彝尊《静志居詩話》卷二:“其五言古詩,念切民瘼,纏綿悱惻,不減元道州,近體亦清脱可誦。”

陳田《明詩紀事》甲籤卷五云:“杞山五言,質慤有味,近體亦多佳聯。如‘青蟲懸絲不到地,黄鳥蹴花時近人’,‘一葦載雲歸溪溆,百花吹雨入春流’,‘竹樹晴烟浮楚甸,柳花春雨隔樊城’,‘窗前峭壁懸青雨,屋上流泉繞白雲’,‘松窗近挹橋邊翠,花島平分水上雲’,‘鳥度春陽歸漢甸,江含雲影護襄城’,皆可誦也。”

傅維鱗《明書》卷一百三十八本傳:“觀高明端重,學博詞贍,與宋景濂、蘇伯衡相上下。”

《續修四庫全書總目提要》:“僅〔水調歌頭〕三闋而已,其詞雖不工,然以蒼莽之調,而用清遠之筆,亦可玩味者也。”

參考文獻:

1. 魏觀《蒲山牧唱》,明成化四年魏銘刻本。

2. 廖道南《殿閣詞林記》,明嘉靖刻本。

3.《明太祖實録》,“中央研究院”歷史語言研究所校印1962年版。

4. 張廷玉等《明史》,中華書局1974年版。

5. 顧祖禹撰,賀次君、施和金點校《讀史方輿紀要》,中華書局2004年版。

6. 夏燮撰、沈仲九標點《明通鑑》,中華書局2014年版。

7. 王彝《王徵士集》,《明別集叢刊》影印清康熙三十九年嘉定陸廷燦刻本。

8. 高啓著,金檀輯注,金澄宇、沈北宗校點《高青丘集》,上海古籍出版社 1985 年版。

9. 朱升撰、劉尚恒校注《朱楓林集》,黄山書社 1992 年版。

10. 楊循吉《吴中故語》,王稼句編纂點校《蘇州文獻叢鈔初編》本,古吴軒出版社 2005 年版。

11. 殷安如等編《陳去病詩文集》,社會科學文獻出版社 2009 年版。

12. 宋濂著、黄靈庚點校《宋濂全集》,人民文學出版社 2014 年版。

13. 中國社會科學院圖書館編《續修四庫全書總目提要》(稿本),齊魯書社 1996 年版。

14. 陳田輯撰《明詩紀事》,上海古籍出版社 1993 年版。

15. 朱彝尊著、黄君坦校點《静志居詩話》,人民文學出版社 1990 年版。

(汪孔豐)

胡翰傳

胡翰，字仲申，金華人，元大德十一年(1307)生。

《明文衡》卷八十四《長山先生胡公墓銘》："先生諱翰，字仲申，世金華人。在宋有諱漢者，以學行聞於鄉，號南岡處士。……先生生元丁未十一月初三日。"焦竑《國朝獻徵録》卷八十五《衢州府學教授胡公翰墓誌銘》："先生生元丁未十一月。"

按，胡翰墓誌係其師吴師道之子吴沉所作，該墓誌分别見於程敏政《明文衡》和焦竑《國朝獻徵録》，但兩者在内容上詳略不同，在有關胡翰出生時間的記載上有詳略之差。據兩處文獻記載，胡翰生於元成宗大德十一年(1307)十一月當屬無疑。

幼時聰睿，异於常兒。嘗道拾遺金，坐守待其人還之。

吴沉《長山先生胡公墓銘》："先生幼聰睿，甫七歲，志氣即與群兒异。一日，於道中拾鏹若干緡，不敢去，坐候遺者至而還之。歸，告母夫人何氏，夫人奇之，益督以學。"

張廷玉《明史》卷二百八十五《文苑一》："胡翰，字仲申，金華人。幼聰穎异常兒。七歲時，道拾遺金，坐守待其人還之。"

鄧元錫《皇明書》卷三十八："胡翰，字仲申，世金華人，幼聰睿，甫七歲，志氣即與凡子异。一日於道中得遺金，守不去，坐候遺者至而還之。"

少而好學,拜師四方窮學理。先後師蘭溪吴師道、浦陽吴萊、金華許謙。

嵇曾筠等監修、沈翼機等編纂《(雍正)浙江通志》卷一百七十六:"(胡翰)初受業於吴師道,繼學文於吴萊,執經於許謙。"

吴沉《長山先生胡公墓銘》:"既長,侍架閣君宦游蘭溪,從禮部吴公學(按,即吴師道)。公一見,即期以遠器。繼從吴先生於浦陽,博覽經史,靡所不究。又登文懿許公門,南北士在講下者,皆願與交。復以所著文進之文獻黄公、待制柳公,二公稱贊不容口。翰撰張公於文最少所許可,見先生之文,無异辭也。"

萬斯同《明史》卷三百八十六:"長從蘭溪吴師道游,傳習經史。"

延祐至泰定年間(1314—1327)師從吴師道。沈佳《明儒言行録續編》卷一《胡翰》:"游蘭溪,從吴貞文公學,博覽經史。"張廷玉《明史》卷二百八十五本傳:"長從蘭溪吴師道、浦江吴萊學古文。"張荅、沈麟趾《(康熙)金華府志》卷十七:"(胡翰)長從吴師道授經,從吴萊學古文詞,又登許謙之門,獲聞考亭,相傳的緒。持其所業就正於柳貫、黄溍、張樞,咸以致遠器之。"

胡翰師從吴萊的時間,可以通過考證宋濂師從吴萊的時間分析。《潛溪録》卷二鄭濤《宋潛溪先生小傳》詳細記載了宋濂同胡翰師從吴萊的經過:"同里胡君仲申(胡翰),時受學浦江吴公立夫,吴公亦鄉貢進士,以文章名家。仲申從之游,深得其學。"後胡翰與宋濂會面,就曾勸説宋濂:"舉子業不足煩景濂,曷學古文辭乎?"其後宋濂亦學於吴萊,故胡翰在宋濂之前學於吴萊。

又據宋濂《玉龍千户所管民司官樓君墓誌銘》載:"初,余年十九,負極入婺城之南,受經説於聞人先生。"宋濂生於元至大三年(1310),十九歲時,即致和元年(1328)學經於聞人先生。"居三年,聞浦陽淵穎吴公闡教諸暨之白門，余復裹糧相從”。居三年，即至順二年（1331），宋濂從學於吴萊。又胡翰在宋濂之前學於吴萊，故胡翰當在至順二年前師從吴萊。

至順三年至至元三年（1332—1337）間師事許謙。吴沉《長山先生胡公墓銘》：“又登文懿許公門，南北士在講下者，皆願與交。”鄧鍾玉《（光緒）金華縣志》：“復登同邑許謙門，獲聞考亭，相傳的緒。”

學成後北游元都，與黄溍、余闕、貢師泰等名公交往。

吴沉《長山先生胡公墓銘》：“時文治方興，輦轂之下，英俊雲集，先生游焉，見其人而誦其文者，莫不稱嘆，有勸之仕，輒謝之。遂過廣川吊董生，謁曲阜拜孔子墓而歸。先生於當世名公卿多所交接，惟武威余公闕、宣城貢公師泰號知己。”

鄧元錫《皇明書》卷三十八：“時黄文獻公溍以文章名天下，天下師尊之。見翰文大驚，稱贊之不容口。而翰謇然不爲之屈也。游京師，群公交譽之。或勸之仕，不應還。”

過庭訓《本朝分省人物考》卷五十二：“過廣川吊董生，謁曲阜拜孔子墓而歸，當世名公多所交接，惟武威余公闕、宣城貢公師泰號知己。”

至正十一年至十八年（1351—1358），避亂南華山，著書自樂。

宋濂等《元史》卷四十二《順帝本紀五》：“（至正十一年）五月……辛亥，潁州妖人劉福通爲亂，以紅巾爲號，陷潁州。初，欒城人韓山童祖父，以白蓮會燒香惑衆……至山童，倡言天下大亂，彌勒佛下生，河南及江淮愚民皆翕然信之。福通與杜遵道、羅文素、盛文郁、王顯忠、韓咬兒復鼓妖言，謂山童實宋徽宗八世孫，當爲中國主。福通等殺白馬、黑牛，誓告天地，欲同起兵爲亂。事覺，縣官捕之急，福通遂反。”

吴沉《長山先生胡公墓銘》：“遭時多虞，四方兵起，避地南華山中，著書自樂。”

徐象梅《兩浙名賢録》卷十二：“遭時不靖，避地南華山中著書。”

胡翰《胡仲子集》卷十《雜興》：“至正壬辰之春，余卧病始起，遭時多故，奔走山谷間，觸物興懷。……蚤歲苦憂患，況兹抱沉痾。展轉不能寐，夙夜如枕戈。骨肉相交持，朋友亦屢過。”

《胡仲子集》卷五《送周善長歸省括蒼序》一文有云：“至正乙未之夏，宣城貢公泰甫以侍從之臣，除閩海廉訪使者，道經婺之蘭溪，天盛暑，人多患暍，遂假溪上民家居之。善長侍其嚴君濟川先生，走數百里，自松陽山中來見公，歡甚。叙故舊之好，形之咏言，復手書《玩齋集》中諸詩，遺之以歸。濟川至婺，俾持示余，且徵會焉。余於公無能爲役，其見察殆若神交，人不知之，濟川知之也，因識公之末簡。後四年，余辟亂山中，見濟川於松陽。”

至正十八年(1358)，應召入省，講進經史，敷陳治道。

吴沉《長山先生胡公墓銘》：“大明開天，皇上駐兵金陵，招羅賢才，遣使聘先生。”

鄧元錫《皇明書》卷一：“改婺州路爲寧越府，置分中書省，召儒士許元、葉瓚玉、胡翰、汪仲山等十餘人，日會食省中，進講經史，陳治道。”

何喬遠《名山藏》卷一：“金華翼元帥府改曰‘寧越府’，以王宗顯知府事。賑貧民禁酒，辟儒士范祖幹、葉儀，召儒士許元、葉瓚玉、胡翰、吴沉、汪仲山、李公常、金信、徐孳、童冀、戴良、吴履、張起敬、孫履等十餘人會食省中，日令二人進講。”

廖道南《殿閣詞林記》卷二十一：“聖祖之靖元亂也，干戈未定，即大召四方名儒，隨所在館穀之使各以其所知薦。戊戌十二月，辟儒士范祖幹、葉儀爲諮議。己亥正月克婺州，初置中書省，召儒士許元、胡翰十餘人，會食省中，日令二人進講經史，敷陳治道。”

至正二十一年(1361)，以薦至應天，授衢州府學教授。

吴沉《長山先生胡公墓銘》：“會有以金華民籍田出兵者，先生從容進曰：‘金華民素儒，不習軍旅，籍以爲兵，徒費廪粟耳。’上可其奏，即罷之，授衢州教授。”

方孝孺《遜志齋集》卷十八：“金華胡翰先生昇時嘗以一布衣入史館，出爲衢府教授，退處田里以終。”

佚名《秘閣元龜政要》卷三：“友諒自至，伏發，俘殺二萬，生擒二千人。以胡翰爲衢州教授。翰字仲由，金華人。聘至金陵，會有欲以金華民籍田出兵者。翰從容進言曰：‘金華民素儒，不習軍旅，籍以爲兵，徒費廪粟。’太祖是其言，即罷之，授翰衢州教授。”

洪武二年(1369)，奉詔參修《元史》。

吴沉《長山先生胡公墓銘》：“洪武乙酉，奉旨纂修《元史》。入局，撰英宗、睿宗《實録》，及拜住丞相等傳，凡若干卷，賜白金文幣以歸。”

陳建《皇明通紀法傳全録》卷五：“詔諸儒修《大明集禮》，上以創業之，禮制未修，敕中書令天下郡縣舉素志高潔、博通今古、練達時務之士禮送京師纂修。於是各該有司舉儒士徐一夔、梁寅、周子亮等十餘人，命與修《元史》，與曾魯、汪克寬、胡翰、陶凱等同纂修其書。”

張藎、沈麟趾《(康熙)金華府志》卷十七：“與修《元史》，分撰英宗、睿宗本紀及丞相拜住等傳。”

《明太祖實録》卷四十三：“洪武二年丙寅朔，詔修《元史》……

乃詔中書左丞相宣國公李善長爲監修,前起居注宋濂、漳州府通判王禕爲總裁。徵山林遺老之士汪克寬、胡翰、宋禧、陶凱、陳基、趙壎、曾魯、高啓、趙汸、張文海、徐尊生、黄篪、傅恕、王錡、傅著、謝徽等十六人同爲纂修官。開局於天界寺,取《元經世大典》諸書以資參考。"

《明太祖實録》卷四十四:"(洪武二年八月)癸酉,《元史》成,中書左丞相宣國公李善長等奉表以進……所撰《元史》本紀三十七卷,志五十三卷,表六卷,傳六十三卷,通一百五十九卷,謹繕寫裝潢,成一百二十册,隨表以進。上覽之,詔謄寫刊行,賞汪克寬等十六人白金各三十二兩,文綺帛各四匹,總裁官宋濂等倍之。"

蘇伯衡《蘇平仲集》卷五《送胡先生還金華序》:"前年秋,伯衡以非材忝教成均,會許先生(元)爲大司成,相與甚親且樂也。未數月,張君孟兼亦來,爲學録。吾三人者,婺人也,人已愛慕婺多士友矣。及詔書招延儒臣纂修《元史》,而宋先生(濂)以前起居注來,胡先生(翰)以前郡博士繼來,王先生(禕)以漳州通守又繼來,相見益親且樂。三人者,亦婺人也。人皆謂婺信多士友,而伯衡與諸先生亦自慶夫會合之盛焉。夫士君子出而宦游,其所至之處,一旦遇夫同郡邑井里之人,爲樂固無以加也,而况於其所遇者有親戚之好、有同門之雅,又皆以文字爲職業,議論霑濡,翰墨輝映,有相觀相長之道,其樂何可量哉!"

過庭訓《本朝分省人物考》卷五十二:"洪武二年召修《元史》,爲總裁官徵逸士,汪克寬、胡翰、宋僖、陶凱等十六人爲纂修官。"

黄佐《翰林記》卷十三:"洪武二年二月丙寅朔,詔修《元史》,以中書左丞相宣國公李善長爲監修,前起居注宋濂,漳州府通判王禕爲總裁,徵山林遺逸之士,汪克寬、胡翰、宋禧、陶凱、陳基、趙壎、曾魯、高啓、趙汸、張文海、徐尊生、黄篪、傅恕、王锜、傅著、謝徽十六人同爲纂修。”

沈國元《皇明從信録》卷五:“於是各該有司舉到儒士徐一夔、梁寅、周子諒等十餘人命與修《元史》,諸儒曾魯、王克寬、胡翰、陶凱等同纂修其書。”

涂山《明政統宗》卷二:“詔修《元史》,上既平燕,盡輦勝國典籍,歸京得所爲十三朝實録者,召前起居注宋濂、漳州府通判禕爲總裁,徵山林遺逸之士汪克寬、胡翰、趙芳、陶凱、高啓、宋禧、陳基、趙壎、曾魯、張文海、徐尊生、黄莞、傅恕、王綺、傅著、謝徽同修纂。”

其後因患熱疾,且年事已高,於洪武七年(1374)辭衢州教授,歸金華,隱居長山。

胡翰《胡仲子集》卷三《與孔夫元按察書》:“顧惟孱弱多病,中年屢更憂患。頤頷發一癰,出膿血數斗,卧而呻吟者數月。親友不忍其即死,力治之始愈。支綴視息,已近廢人。口輔偏哆,齒牙摇落,筋脉如中風狀,出言蹇澀,舉食久乃下咽,如是者十餘年矣。比罹兵變,竄身山谷,憂懼迫於内,淫邪襲於外,自腰及髀,遂成重腿,倉卒弗治,馴至足疾。幸其不發,則周旋進退,接武少壯間,若無异然。或發而不制,則痛楚通夕,莫識有生之樂。如是者又數年矣。”

蘇伯衡《蘇平仲文集》卷五《送胡先生還金華序》:“今史書告成,胡先生復引年固辭而歸,則於伯衡私心如之何其不慊然也。”

沈周《客座新聞》卷十一:“胡仲子,名翰,字仲申,金華人。任衢州府教授,宋景濂薦修《元史》。其形侏儒,面麻黑,跛一足,陋甚。高皇厭之,史院各執事皆升,惟胡止行賞而已。有言其學問精博、文章超絶者,上曰:‘胡翰總便是班、馬,朕亦不喜。’因得令終教職。”

徐象梅《兩浙名賢録》卷十二:“洪武乙酉奉旨纂修《元史》,書成賜白金文綺,辭歸,卜居長山之陽。學者稱曰‘長山先生’。卒年七十五,所著有《春秋集》行於世。”

洪武十四年(1381)正月卒。

吴沉《長山先生胡公墓銘》:“卒於洪武十四年正月十日,年七十有五。”焦竑《衢州府學教授胡公翰墓誌銘》:“卒洪武十四年正月,年七十有五。”

《胡仲子集》卷末劉剛《胡仲子集後序》:“不幸先生以今年春正月九日卒於家……洪武辛酉冬十一月望日,門人同郡劉剛謹序。”

錢謙益《列朝詩集》甲集卷十五《胡翰傳》載:“(胡翰)洪武辛酉四月卒。”

按,吴沉、劉剛與胡翰處同時代,且二人與胡翰都有所交往,吴沉爲胡翰老師吴師道之子,劉剛則與胡翰亦有交情。而錢謙益編纂《列朝詩集》之時,距胡翰年代已久,難免失考。因此,胡翰卒於洪武十四年(1381)正月的記載更真實可靠,錢謙益的“四月卒”當誤。

素嗜山水,交游當世賢達,尤與婺州賢士如宋濂輩交游甚契。

吴沉《長山先生胡公墓銘》:“素嗜山水,晚歲愛北山泉石佳勝,卜居三洞之上,竹林之源,幅巾短杖,徜徉終日。或乘輿入城府訪故舊,則留連數日。”

過庭訓《本朝分省人物考》卷五十二:“素嗜山水泉石,晚歲卜居三洞之上,幅巾短杖,徜徉終日焉。所著有《春秋集義》《胡仲子集》《長山先生集》。吴沉稱其文簡潔清峻,高出於人。暮年請文者踵門,不苟隨也。”

錢謙益《列朝詩集》甲集卷十五:“(翰)與潛溪(宋濂)、華川(王禕)爲友,既而黄、柳凋謝,而仲申繼之,一時文譽大著,與宋、王不相上下”。

宋濂《芝園續集》卷二《胡仲子文集序》:"濂與先生(胡翰)同師於吴公(萊),相友五十餘年,髮秃齒豁矣,見世之士多矣,心之所仰而服者,惟在先生。"

胡翰《胡仲子集》卷七《爲善堂記》:"宋先生景濂,既辭翰林之職,今年(按,1377 年)朝於京師而歸,余過潛溪見之,相與道舊故者累日……方少壯時,先生與余自城府抵其舍,於是獲拜先生之大父、贈太常少卿者,暨其先君、贈禮部尚書者,欣然而偉,樸然而古。終日侍坐,不妄交一語,語即其平生所歷,不及他事。舉酒共酌,歡然就醉,人不見其惰容,莫不以長者目之。與其族人居,族有犯之者,不較也;與其鄉人處,鄉有犯之者,不較也,恬然無幾微眦睚意。鄉人藉其貲力,自視以爲得志,不知公固長者也。先生時在家庭,方業儒,出宣學,奮不顧人之是非,人益以爲迂闊,余雖戇,雅尊事之,敬禮之。天不與善人則已,苟與之,其必有達者歟!"

宋濂《文憲集》卷六《鄭氏喜友堂宴集詩序》:"余自禁林致政而歸,久不與諸友胥會,悵然而興遐思。洪武己未(按,1379 年)秋八月壬辰,胡教授仲申、朱長史伯清、蘇編修平仲及金徵君元鼎,咸集於麟溪鄭氏,余同劉繼至。鄭氏之賢太常博士仲舒置酒宴客於喜友堂,籩豆孔秩,冠裳有儀,揖讓興俯,翼翼如也。蓋余與胡、鄭、朱三君自弱冠爲同門友,今皆頽然老矣,蘇君生雖稍後,亦嘗爲同朝。追計昔日各縻禄仕,不獲卮酒爲歡凡二十餘年。今者幸遂家食,或居异邑,或相遠二百里,皆得與之周旋於尊俎間,則夫斯會之同,豈易致哉!於是獻酬樂甚,酒酣,鄭君爲詩十四韻以慶會合之情,出示坐客,坐客先後倚韵而和之,遂聯爲卷,俾能詩者續焉。"

洪武十四年(1381),《胡仲子集》成書並刊行。

《胡仲子集》卷末劉剛《胡仲子集後序》:"不幸先生以今年春正月九日卒於家,於是慕先生之德,思誦其言有未得者,咸相與歛獻太息。剛也不敏,安敢秘先生之言而靳其德!敬仿荀卿、賈誼諸書,文居詩賦之首,編次成帙,號《胡仲子集》,通若干篇。既請太史公(宋濂)序其端,將與願學先生者同以爲法。而浦陽義門王氏復之父子德先生之教言,遂謀刊梓以傳。……洪武辛酉冬十一月望日,門人同郡劉剛謹序。"

《四庫全書總目》卷一百六十九《胡仲子集》提要:"是集乃其門人劉剛及浦陽王懋温所編,以洪武十四年刊版,今印本罕傳,惟寫本猶存於世。凡文九卷,詩一卷。"

主"詩之用猶史"説,以爲作詩當取《風》《雅》之質。

胡翰《胡仲子集》卷四《古樂府詩類編序》:"若聲詩者,古之樂章也,雅鄭得失,存乎其辭,辨其辭而意可見,非若聲音度數之難知。而國家之制作,風俗之歌謡,詩人之諷咏,至於後世,遂無復雅頌之音,雖用之郊廟朝廷,被之鄉人邦國者,猶世俗之樂耳,獨何歟?蓋詩之爲用,猶史也,史言一代之事,直而無隱;詩繫一代之政,婉而微章,辭義不同,由世而异。中古之盛政善民,安化成俗,美人情舒而不迫,風氣淳而不散,其言莊以簡、和以平,用而不匱,廣而不宣,直而有曲,體順成而和動,是謂德音。及其衰也,列國之言各殊,儉者多嗇,强者多悍,淫亂者忘反,憂深者思蹙,其或好樂而無主,困敝而思治,亦隨其俗之所尚、政之所本、人情風氣之所感。"

《胡仲子集》卷四《缶鳴集序》:"物生而形具矣,形具而聲發矣,因其聲而名之,則有言矣,因其言而名之,則有文矣。故文者,言之精也;而詩,又文之精者,以其取聲之韵、合言之文而爲之也,豈易也哉!近之於身,遠之於物,大之於天地,變之爲鬼神,與凡古今政治民俗之不同。史氏之不及具載者,取而永歌之,載賡之,不費辭而極乎形容之妙,比興之微。若是者,豈非《風》《雅》之遺意哉?宜君子有以取之。吴郡高季迪少有俊才,始余得其詩於金華,見之未嘗不愛。及來京師,同在史局,又得其所謂《缶鳴集》者,閲之累日不已。合古今體數百首,其事雖微,可以備史氏之懲勸,其辭則余之所欲模擬而莫之工者,鏗鏘振發而曲折窅如也。"

爲文主"德爲言本,文以載道"。

《胡仲子集》卷六《芳潤齋記》:"文者,載道之器也。德修則道凝,道凝則言立,有本者如是。捨本而求末,得其言不得其所以言,雖兩漢唐宋,魁人杰士,才驅氣駕,悉其平生之力,未能極其淵源之所。如往昔者,聖人建極以身,爲法於天下,患無以周天下之衆,及後世之遠,於是著之爲經。學者生乎聖人之後,誦其詩,讀其書,亦將以身體之,以心會之,則聖人之道不在於書,而在吾身、吾心矣。"

《胡仲子集》卷四《鄭氏義門詩序》:"國朝旌表孝義,著爲甲令,以風示海内……惟所以道上德而贊風美者,莫如詩歌,賢大夫士既倡爲之,烏可廢諸生之義?徵諸隋唐以來,孝友之家,如張公藝、宋興、王丕、李自倫之流,庶幾三代之民,故世咸義之,所以彰善癉惡,樹之風聲者至矣。然郡邑齊民,猶以財力相長,豈不遠夫?予故論次其所知者,以明國家之恩,大夫士之言,於兹爲稱,其亦風示之意云爾。"

作詩立意高遠雋拔,獨樹一幟,尤工於五言。

胡應麟《詩藪·續編》卷一:"金華胡仲申之雄壯。"

朱彝尊《静志居詩話》卷二:"明初浙東睦有徐舫詩派,甌有趙次誠《詩選》,越有求漁《鍾秀集》,而金華承黄文獻溍、柳文肅貫、吴貞文萊諸公之後,多以古文辭鳴,顧詩非所好。以詩論,吾必以仲申爲巨擘焉。獨孤及之論曰:'五言之源,生於《國風》,廣於《離騷》,著於蘇、李,盛於曹、劉。漢魏作者,質有餘而文不足。以今揆昔,則有朱弦疏越、太羹遺味之嘆。'誦仲申五言,正猶路鼗出於土鼓,篆籀生於鳥迹,庶幾哉升堂之彦乎!宜潛溪有'學林老虎文淵鯨'之目也。"

《四庫全書總目》卷一百六十九《胡仲子集》提要云:"詩不多作,故卷帙寥寥,而格意特爲高秀。朱彝尊《静志居詩話》曰:'金華承黄文獻溍、柳文肅貫、吴貞文萊之後,多以古文詞鳴,詩非所好。以詩論,吾必以仲申爲巨擘焉。獨孤及之論曰:五言之源,生於《國風》,廣於《離騷》,著於蘇、李,盛於曹、劉,漢魏作者,質有餘而文不足。以今揆昔,則有朱弦疏越、太羹遺味之嘆。誦仲申五言,正猶路鼗出於土鼓,篆籀生於鳥迹,庶幾哉升堂之彦乎!宜潛溪有"學林老虎文淵鯨"之目也。'斯言允矣。"

胡鳳丹《胡仲子集序》:"其爲詩雖不多見,然體格超卓,迥出一時。故朱竹垞作《静志居詩話》,論金華詩人,獨以先生(胡翰)爲巨擘。"

爲文簡潔清峻,多切實用,高出於人。

《胡仲子集》卷末劉剛《胡仲子集後序》:"元氏有天下,光岳之氣未分,有德有言者迭起其間,亦一時文獻之美。剛生也後,不得聆諸老之謦欬,而窺其德之淺深,嘗私竊爲憾。幸灑掃潛溪宋太史公及長山胡先生之門,俱獲受其德教。太史公所得也深,先生所得也精。其言之皆確而弘者,剛日諦玩之,味於口飫於心而不敢釋諸身也。""先生蓄德而著言,本乎六經,參乎史漢以及諸子,訇乎其有聲,炳乎其有光。若明堂之朝,嚴階陛,盛冠裳,而侯伯華戎之分截如也;若泰壇之祀,列陶匏,燔牲玉,而龍衮璪冕之容恪如也。先生恒不以爲足,逮老而志不少衰,每片言之出,士林傳誦,王公大臣争虚左延譽,以不得見爲恨,而天下學士仰之如景星卿雲,將謂再起蒲車,置於玉堂之署,黼黻皇猷,彌綸文化,而整飭一代之言。"

過庭訓《本朝分省人物考》卷五十二:"所著有《春秋集義》《胡仲子集》《長山先生集》。吴沉稱其文簡潔清峻,高出於人。暮年請文者踵門,不苟隨也。"

錢謙益《列朝詩集》甲集卷十五:"集中《皇初》《井牧》諸文,造詣淵源,踔厲風發,視諸公殆有過之無不及焉。"

《明史》卷二百八十五本傳:"文章與宋濂、王禕相上下。"

《四庫全書總目》卷一百六十九《胡仲子集》提要:"今觀其文章,多得二吴遺法,而持論多切世用,與謙之坐談誠敬小殊。然嘗與修《元史》,《五行志序論》即其所撰,今見集中,於天人和同之際,剖析頗微。《犧尊辨》《宗法論》諸篇,亦湛深經術,則又未嘗不精究儒理也。"

參考文獻:

1. 胡翰《胡仲子集》,清《金華叢書》本。

2. 焦竑《國朝獻徵録》,明萬曆四十四年徐象橒曼山館刻本。

3. 過庭訓《本朝分省人物考》,明天啓刻本。

4. 張廷玉等《明史》,中華書局 1974 年版。

5. 程敏政《皇明文衡》,《四部叢刊初編》本,上海書店 1989 年版。

6. 錢謙益《列朝詩集》,清順治九年毛氏汲古閣刻本。

(邱江寧　宋子喬)

唐桂芳傳

唐桂芳,一名仲,字仲實,一作仲寔,以字行,號白雲,又號三峰,又號酒狂先生,徽州歙縣(今安徽省黄山市歙縣)人。生於元至大元年(1308)正月。

《明史》無傳。生平事迹見傅維鱗《明書》卷一百四十二、施璜《紫陽書院志》卷九、過庭訓《明分省人物考》卷三十七、朱國楨輯《皇明開國功臣傳》卷九、譚大初《(嘉靖)南雄府志》上卷、《明詩紀事》甲籤卷二十三、《列朝詩集小傳》甲集等。鍾亮撰有《明故南雄路儒學正白雲先生唐公行狀》(以下稱《行狀》),吕旭撰有《酒狂先生傳》,兩文均見於《唐氏三先生集》附録二。

其生年,《行狀》云:"先生生於戊申正月三十日。"《新安唐氏宗譜》卷下"仲實":云"生元至大元年戊申正月三十日。"

按,唐桂芳生於元武宗至大元年正月三十日,爲公曆1308年2月22日。

唐桂芳號三峰,《唐氏三先生集》卷十九《白雲文稿·三峰精舍記》:"仲遭亂以來,每過城南舊居,炎埃瓦礫,未嘗不佩服遺訓,潸然涕泣。客授槐塘十數年,凡三遷,晚始得心園之地,前列三峰,岈互起伏,故榜曰'三峰精舍',用懷吾先父兄焉。……山巍然高以大,剜奇削巧,晴烟曖翠。千態萬狀,朝而拱挹,暮而儀刑,千載一日,如見吾父兄也。眉山蘇氏,抱特立之資,藴超卓之學,假木山以文字自娱，豈真泥於物哉？嗚呼！吾祖待補公與先君、先仲父侈以三峰自況，彼一時也；吾父子兄弟再以三峰自僭，此一時也。”

又號酒狂先生。吕旭《酒狂先生傳》：“公名桂芳，字仲寔，姓唐氏……閑居無事，繪陶淵明、王無功像，以公畫像侑食，時節設酒漿，或爛醉散髪，歌笑哭以自放。乃私謚曰：酒聖，陶先生；酒賢，王先生；自號曰酒狂，唐先生。聞者以公懷才晦道，佯狂避世，亦未害其爲高也。”

父元，博學工文，名重於時，徽州路儒學教授致仕。

《行狀》：“其先始祖諱承昈，京兆人，從宋高宗南渡，爲新安太守，子孫因家焉。曾祖諱廷雋，宋登仕郎。祖諱虞，治《周禮》，以待補出身，由婺源嚴田李氏繼，登仕後，配程氏，無子。側室有子二人，長諱元，字長孺，號筠軒，即先生考也。博學工古文，名重於時，徽州路學教授致仕。妣徐氏，端重柔淑，爲閨門楷範。”

《酒狂先生傳》：“世爲新安著姓。曾祖諱廷雋，宋登仕郎。祖諱虞，字常道，《周禮》試以待補出身。考諱元，字長孺，博學有大名。三爲諭録山長，以徽州路儒學教授致仕。”

戴廷明、程尚寬《新安名族志卷後・唐》：“唐本李姓，出婺源嚴田派，唐散騎常侍德鸞季子曰海之後。海傳七世曰玘，紹定二年進士，生三子：曰洪，曰源，曰虞。虞號梅癯，邃《周禮》，中亞元，以待補出身，依父執登仕郎唐廷雋公居歙之表城門。時值元兵下江南，議殲五大姓，遂從國姓爲唐以自别，講學紫陽書院。虞傳一世，長子曰元，號筠軒，仕元徽州路教授，著有《易傳義大意》十卷、《見聞録》二十帙、詩文五十卷；次曰輝，號雙清，歷兩廣憲史。二世元長子曰徐卿，號見梅，授紫陽書院山長，著有《見梅集》，女貞一，刲股療祖鼻衄，有《孝女集》；五曰桂芳，號白雲，薦授崇安教諭，銓南雄學正。”

《唐氏三先生集》卷二十《白雲文稿・先兄敏仲訓導墓表》：“桂

芳當承平時,譜諜尚可考也。唐之高祖諱大有,隱德弗耀。高祖妣,用子恩封孺人。曾祖諱廷雋,階登仕郎。曾祖妣祝氏,無子。祖諱虞,字常道,本婺源李姓出,後於唐。李之高祖諱尚禮,字士敬,迪功郎,高祖妣詹氏。曾祖諱玘,字子器,以《書》魁與鄉相程元鳳聯榜,曾祖妣張氏。先公諱元,字長孺,以徽州路儒學教授請老,妣徐氏。"

按,唐元,據杜本《徽州路儒學教授唐公元墓誌銘》,生於南宋咸淳五年(1269),卒於元至正九年(1349),享年八十一。《墓誌銘》云:"公狀貌魁梧,德量軒豁,與人無疑,咳其於天,叙孝友最隆者也。初貧,屢厄於衣食;既長,方奮迅劘切,以詩自鳴。中值朝廷以巍科收多士,浸灌經術,探賾史籍,挾其所有,四戰輒北,遂屢以明經試有司,又不第。乃棄舉子業,以古文鳴於世,此學業之可表者也。筮仕吴庠,髮已紛白。五十八,省授平江路儒學録,再調分水縣儒學教諭,升南軒書院山長,以徽州路儒學教授致仕。……公之詩文,霶霈敷腴,不事險澀。詩慕陶、杜、黄、陳,文入歐、曾,而卒於臨邛有得也。詩文五十卷,藏於家。"(《新安文獻志》卷九十五下)

甫十歲,授業於鄉先達洪焱祖,日記經史,穎悟絶人。

按,唐桂芳師從洪焱祖在元仁宗延祐四年(1317)。洪焱祖(1267—1329),字潛夫,號杏庭,歙縣人。危素《危太僕集・文續集》卷一《洪杏庭集序》:"先生諱焱祖,字潛夫,年二十有六。爲平江路儒學録、浮梁州長薌書院山長、紹興路儒學正,調衢州路儒學教授,擢處州路遂昌縣主簿。天曆元年,年六十有二,致其事去。明年,卒於家。此先生之履歷也。"桂芳之父唐元與洪焱祖交相善。

《唐氏三先生集》卷九《筠軒文稿・梅庭弊帚詩序》:"吾友潛夫洪公,自總角時訂筆硯交。居則磨切,以近於道;出則肆情山水間,雖酬酢於杯觴,而口未嘗一出傲慢語,真樂益友也。以故余得自力於困窮而氣不衰者,賴公居多。"

桂芳在鄉里還曾師從陳櫟、胡炳文。《唐氏三先生集》卷首《白雲集自序》:"予幼承過庭之訓,其未出鄉里,師授洪杏庭先生、陳定宇先生、胡雲峰先生。"陳定宇先生即陳櫟(1252—1334),字壽翁,因所居堂名定宇,學者稱定宇先生,晚號東阜老人,徽州休寧人。著有《定宇集》。生平事迹參見集中卷十七汪炎昶《定宇先生行狀》、揭傒斯《定宇先生墓誌銘》。胡雲峰先生即胡炳文(1250—1333),字仲虎,號雲峰,婺源人。著有《雲峰集》。生平事迹參見《元史》卷一百八十九附胡一桂傳、《雲峰文集》卷九汪幼鳳《雲峰胡先生行狀》、《新安文獻志》卷七十一汪幼鳳《胡雲峰傳》。

桂芳在童冠之年亦得黄與幾教誨。《唐氏三先生集》卷十四《白雲詩稿·哭黄與幾先生三十五韻》:"慟哭宇宙間,奇才日淪落。伊予童冠年,用意臻杰作。於時覿黄君,層空横俊鶚。明理識源流,談經耻糟粕。聖賢未死心,夢寐遞酬酢。韓柳布骨筋,黄陳遵矩矱。嗟彼昧學徒,奚翅隔一膜。"按,黄與幾,生平事迹不詳。

年十五,隨父游吴庠,受《毛詩》於錢水村、龔子敬,卒業而歸。

見《行狀》。《唐氏三先生集》卷首陳浩《白雲集略序》:"弱冠,游吴,師授錢公水村、龔公子敬。而鄭君明德、陳君子貞、蔣君子中,皆折輩行與之交。"《宋元學案》卷九十四《師山學案》:"生有夙慧,年十五,受《詩》錢水村,盡得其學。"唐桂芳《白雲集序》:"既游江湖,請業錢水村先生、龔子敬先生,方攻舉子聲律之學,而未暇慕於古文也。"

按,錢水村即錢仲鼎,字德鈞,號水村居士。通州人,徙蘇州居百花洲之蒲帆巷。生平事迹參見《元詩選》癸集、張昶《吴中人物志》卷九。龔璛(1266—1331),字子敬,原籍高郵,徙居平江。"蓋子敬之學,淹通而縝密,多據古而少尤今。"(《戴表元集·剡源集》

卷十四《送龔子敬序》,陸曉冬、黄天美點校,浙江古籍出版社2014年版)與袁易、郭麟孫齊名,被稱爲“吴中三君子”。著有《存悔齋稿》。生平事迹參見《新元史》卷一百三十四。

至元元年(1335),赴鄉試,鄭玉作序送之。

鄭玉《師山先生文集》卷三《送唐仲實赴鄉試序》:“唐仲實將隨舉試藝於有司,以其尊府君之領教分水也,先期而行,枉道省覲。臨行,從予徵言爲别。予謂科舉之設久矣,唐宋之盛,名公鉅卿,胥此焉出。我國家延祐初詔行科舉,今二十年。”

按,元仁宗在延祐二年(1315)重開科舉,“今二十年”即元順帝至元元年(1335)。

《行狀》云:“至弱冠,貢於有司,不利。”

至元三年(1337),與黄季倫、程一中舟中吟詩。

《唐氏三先生集》卷二十《白雲文稿·黄季倫詩跋》:“歲在丁丑秋,予坐梅口舟中,夜將半,月色爛然。黄季倫與程一中吟詩,唱出十數字,初未知予之能否也。予技癢,亦唱出數十字,恨相遇之晚。由是下嚴瀨,抵錢塘,逗遛久之。後三年,予設教金陵,季倫笑談娓娓,得故舊甚,且束裝上京師。又數年,入史館,編遼、金、宋三史,銓長洲教。予方游閩南,未幾,君署紫陽精舍。”

按,“丁丑”即至元三年(1337)。黄季倫,以字行,鄱陽人。《元詩紀事》卷二十四載《西湖竹枝集》:“(季倫)與危太樸爲唱和友。嘗游京師,從翰林學士揭公游,充三史書寫,工舉,奉命覲上,中書授以長洲縣教諭。”程一中,其人未詳。

至正元年(1341),聘明道書院司訓,再聘司訓於昇庠,一時名公碩儒,接識之頃,莫不器重之,而商榷詩文,咸加推讓。後主句容杜叔良家塾。

《唐氏三先生集》卷二十《白雲文稿·上御史書》:"某庚辰秋來南臺,當時群御史中,惟復禮董御史、公平李御史、弘正楊御史、德昭曹御史、光復王御史、元用潘御史最爲知己。由是出入門下,每見諸公慷慨議論,果有澄清四海之志,退而嘆曰:産琪園者非凡草,登瀛洲者皆偉人。未嘗不竊服一時人才之盛。越明年,辱聘爲明道書院訓導,又聘爲集慶路學訓導,又列舉爲教官。今年來崇安,遐陬僻壤,舉目凄愴。返思南臺,一時人才之盛、知己之樂,邈若天上,何可得哉?"庚辰年即至元六年(1340)。"越明年"即辛巳,至正元年(1341)。

《唐氏三先生集》卷二十《白雲文稿·吕君景武哀辭》:"辛巳春,予游金陵,辱南臺御史聘爲昇庠訓導。""辛巳"即至正元年(1341)。

明道書院,在建康路(今江蘇南京)。南宋淳祐元年(1241)正式創建,奉祀明道先生程顥,故名。淳熙二年,知府劉珙以程顥曾攝邑事,乃設祠祀於學宫。嘉定八年(1215),改築新祠,置堂長及職事生員,延致學者,時稱明道先生學堂。寶祐元年(1253),知府吴淵即地構屋建院,理宗賜"明道書院"額,規制始備。參見周應合《景定建康志》卷二十九等。"昇庠"即昇州學宫,昇州,《元史》卷六十二《地理志》第十四:"唐武德初,置揚州東南道行臺尚書省。後復爲蔣州,罷行臺,移揚州江都,改金陵曰白下,以其地隸潤州。貞觀中,更白下曰江寧。至德中,置江寧郡。乾元中,改昇州。其後楊氏有其地,改爲金陵府。南唐李氏又改爲江寧府。宋平南唐,復爲昇州。仁宗以昇王建國,升建康軍。高宗改建康府,建行都,又爲沿江制置司治所。元至元十二年歸附。十四年,升建康路。初立行御史臺於揚州,既而徙杭州,又徙江州,又還杭州;二十三年,自杭州徙治建康。天曆二年,以文宗潛邸,改建康路爲集慶路。"

《行狀》云:"一時名公碩儒,若李公青山其二子伯羽、仲羽,楊公志行,丁公仲容,李公晉仲,陶公主敬,接識之頃,莫不器重之。"按,李伯羽即李習,字伯羽,太平當涂人。幼莊重,治《尚書》,旁通諸經。領元鄉薦,元末授書院山長,明初任太平知府。有《峨漁小稿》《沙樵雜鈔》,不存,惟《橄欖集》五卷存世。

《(乾隆)太平府志》卷二十六《人物志》云:"習與弟翼齊名,江左稱爲'二李'。"

李仲羽即李翼,字仲羽,太平當涂人。幼與兄習師事舅氏姚和中,中延祐七年浙江鄉試,以教授卒。著有生平事迹見《(乾隆)太平府志》卷二十六《人物志》。

楊公志行即楊剛中,字志行,上元人。仕至翰林待制而卒。著有《霜月齋集》,其爲文,奇奥簡澀,動法古人,而不屑爲世俗平凡語。《元史》卷一百九十有傳。

丁仲容即丁復,字仲容,號檜亭,天台人。元仁宗延祐初,游京師,公卿奇其才,與楊載、范梈同薦入館閣,辭不就任。後僑寓金陵,放情詩酒。爲詩不事雕琢,而自然超逸,時人比作李太白。著有《檜亭集》。生平事迹見於《草堂雅集》卷八、《元詩選二集》小傳、《元詩紀事》卷十四。

李晉仲即李桓,以字行,上元人。楊剛中之甥。由鄉貢進士,累遷江浙儒學副提舉。亦以文鳴江東,紆餘豐潤,學者多傳之。《元史》卷一百九十有傳。

陶主敬即陶安,字主敬,太平當涂人。早年師事李習,元至正四年舉鄉試,授明道書院山長。朱元璋取太平,率父老出迎。留參幕府。官至江西行省參政。卒贈姑孰郡公。有《陶學士集》。

至正四年(1344),任閩南教職,旋擢爲建寧路崇安縣教諭。

《行狀》云:"監察御史楊公弘正以文行薦閩南教職,御史曹德昭復推舉,遂擢建寧路崇安縣教諭……始至,生徒星散,學宇傾圮,於是重修孔子廟庭,建齋舍,秘書彭公炳元亮爲紀其績;築杏壇,先生自爲文以碑之。時右丞烏古孫公良貞幹卿僑寓崇安,一見先生遇以常禮。久之,密察先生爲人,深加器重,情孚意合,道尊禮峻,乃開東閣以延之。而右丞子燁、平章吴公可堂侄琰、御史王公德美子通、御史朝用子伯顔,不遠千里從游。講下師道嚴肅,諸生雲集,翰林待制杜公清碧擅知人鑒,嘗曰:'内附以來,崇安教官當以唐公清才懿德爲第一人。'以滿代去。"

《唐氏三先生文集》卷二十六《梧岡文稿·文會堂記》:"先考白雲翁掌教崇安,當時寓公諸老,若左丞烏古孫良禎幹卿、侍講杜本清碧、秘書彭炳元亮,朝夕游從,相與議論古今盛衰、人物賢否、政治得失,清流之士咸歸譽之。"

陳浩《白雲集略序》:"三十有七,任閩南教官,尋聘烏克遜平章家塾。"按,是年即至正四年(1344),唐桂芳任閩南教官。烏克遜平章即"烏古孫良禎",字幹卿,號約齋,臨潢人。曾任中書左丞、右丞,兼除大司農。《元史》卷一百八十七有傳。

後銓南雄路儒學正。未赴,丁内艱。

《行狀》云:"先生居二喪,哀感號泣毁瘠,若不能爲生,嘗以報親未足,買田附祀於西山庵,又買田構祠於藤源,以奉祀事。未幾,壬辰淆亂,蘄黄盜起,挈家奔竄,老幼匍匐,僅全性命而已。"

按,《唐氏三先生文集》卷二十《白雲文稿·延薰軒記》:"己丑春,予歸自南閩。"唐桂芳《三峰精舍記》:"己丑夏,先君棄背。"乙丑即至正九年(1349)。

至正十八年(1358),朱元璋定徽州,延訪儒碩,召對稱旨,賜尊酒束帛。

見《行狀》。《皇明開國臣傳》卷九:"戊戌,太祖下歙,訪問耆儒,僉院鄧愈以朱升、姚璉及公薦召見,上問曰:'喪亂以來,民心望治,吾深知。'對曰:'自大軍去後,民獲所歸。'又問曰:'鄧愈築城,百姓怨乎?'曰:'頗怨。'上曰:'必愈所爲迫促以失人心。'即命罷之。又問:'爾能博通今古,必諳成敗之迹,若漢高祖、唐太宗、宋太祖、元世祖,此數君者一天下,其道何如?'對曰:'此數君者,皆以不嗜殺人,故能定天下于一。主公聖明神武,兼數君之長,驅除禍亂,未嘗妄殺。出民膏火措於衽席之上,開創之功超於前代。然以今日觀之,民雖得所歸,而未遂生息。'上曰:'此言是也。我積少而費多,所給於民,甚非得已,然皆爲軍需所用,未嘗以一毫奉己,民之勞苦,恒思所以休養之,曷嘗忘也!'皆頓首曰:'誠如是,民之生息可立待矣。'上曰:'有不便者,盍盡言之。'皆拜謝賜布帛。"

《列朝詩集小傳》甲集"唐山長仲實"條:"戊戌歲,太祖駐蹕徽州,延訪儒碩,召對稱旨,賜尊酒束帛,事載《五倫書》。命之仕,以瞽廢辭。"戊戌,至正十八年(1358)。"命之仕,以瞽廢辭",恐誤。《行狀》云:"甲寅夏……是年秋七月,忽嬰卜子夏、左丘明之疾,然而雄篇巨帙,論議英發,氣不少衰,志不少挫,毅然以道自任,而不以盲疾廢。"知唐桂芳失明在洪武七年(1374)。

二十年(1360),參與重修紫陽書院。

《行狀》:"居無何,駙馬都尉王公克恭子敬、太守魏公均祥,俾攝紫陽書院山長。先是書院在南門外,毀於兵燹,先生謀度地移建於東關縣學旁。凡士林中,勸相木植瓦石之資,構正祠三楹,兩廡十楹,門屋三楹,中肖文公像,傍肖西山、勉齋以配享焉。宋理宗朝賜'紫陽書院'四大字,其二穹碑龜趺墮城濠中,雖經兵革,甃城垣而二碑巋然不毀,衆以爲復興之兆也。至是,先生興創畢功,果驗矣。"

《唐氏三先生集》卷二十九《白雲文稿・重修紫陽書院記》:"庚

子,部使者黄公庭桂契卜東關,鳩材僦工,閱六月成。恊謀知府魏珍、歙縣丞胡拱辰,董役則張珽、唐仲也。後八年,仲已退於郊,侯念之不肯,置命耆老仇榮輔賫府檄,就隱所委職祠吏。明日躬詣黄堂,辭謝不報。時縣丞趙普覺孳孳以重建爲己任,祁門縣丞吴子固適來攝邑事,贊襄弘多。……是年丁未十月唐仲記。"

《唐氏三先生集》卷十四《白雲詩稿·題胡子微重建紫陽書院詩卷》:"庚子冬十月,部使涪翁孫。興創顓己任,嘖嘖極口論。仲也罔報效,三謁候晨昏。公騎青驄馬,從吏相駿奔。東關古郡學,彼此貽後昆。疆界勿楚越,大家剖籬藩。胡君貳岩邑,奉母勤清温。堂前自茁笋,堂北更樹萱。妻兒常凍餒,憔悴未忍言。奇勛著精舍,兩廡翼高垣。祠中師弟子,嚮坐道益尊。之僑始未信,衆議何喧喧。而今幸竣事,碑刻龜趺蹲。諸生盡稽首,敢忘再造恩。我老功不與,長揖三槐村。"

程浩《重興紫陽書院記》卷十八:"於是徽士唐桂芳請於部使者黄公庭桂,卜地東門,鳩材僦工,凡六閱月而成。殿三楹,兩廡三門,衣冠肖像,焕然可觀。主者,郡守魏珍;董其役者,縣丞胡拱辰;贊助者,則前山長張珽也。"按,庚子,至正二十年(1360)。紫陽書院後又在至正二十七年(1367)重建。

二十一年(1361),聘吕德昭家塾,有文會之樂。

《唐氏三先生集》卷十九《白雲文稿·文會堂記》:"丁酉冬,予辟地坑上,旅瑣甚鬱,無知己。程伯祥别墅可二里外,間睹顔面,作長揖退,未嘗道文字事。辛丑春,聘吕德昭家塾。德昭學於予,能古今詩,聲號於人人,以故鄭子明、王元昭咸來會,文字之樂殆勃然矣。伯祥有子名元,從旁諦聽,以仰講貫之益,署其堂曰文會。"辛丑即至正二十一年(1361)。

洪武元年(1368),禮延於紫陽書舍開講。

《行狀》:"戊申,太守胡公善暨同知何公翔卿,禮延於紫陽書舍開講。壬子,千户唐震、朱興卜築於登瀛坊,尊以師席,訓其諸子。"戊申,明洪武元年(1368);壬子,洪武五年(1372)。

七年(1374),築室文壽堂,游心經史,當時士大夫學者翕然宗之。七月,失明。

《行狀》:"甲寅夏,復築室於烏聊山麓故居舊址,扁曰'文壽堂'。日以訓子授徒爲念,雖蒼顔白髮,而游心經史以自娱樂。是年秋七月,忽嬰卜子夏、左丘明之疾,然而雄篇巨帙,論議英發,氣不少衰,志不少挫,毅然以道自任,而不以盲疾廢。當時士大夫學者翕然宗之。"

洪武十四年(1381),因病而卒。子文虎、文鳳、文奎並以文學稱。

《行狀》:"辛亥夏五月,患腹疽之症,伏枕幾七十日,疾已小愈,七月廿又一日申時,子孫環侍。作贊曰:'兩袖清風,千里白雲。'蕭然而逝,享年七十有三。"《新安唐氏宗譜》卷下"仲實":"卒明洪武庚申七月二十一日。"按,辛亥年爲洪武四年(1371),與享年七十三不吻合,當誤。司馬周《唐桂芳生卒年補證》(《江海學刊》2002年第4期)則認爲《行狀》中"辛亥"爲"辛酉"(1381)之誤,"辛酉"年爲洪武十四年(1381),比洪武庚申(1380)晚一年。

《行狀》:"配江氏,先卒三十年,有男一人,曰文虎,以明經舉,任四川瀘州江安縣丞。秩滿調廣西鬱林州北流縣丞,以疾卒於官。女二人,長順德,適鮑添寧;次愛德,適張仲啓。繼室全氏,有男四人,曰文鳳,歙庠司訓,以文學舉除江西興國縣知縣,改任趙府紀善;曰文麟;曰文奎,以能書,徵纂修文淵閣送吏部;曰文楷。"

桂芳氣豪邁，老而彌壯，雖遭困躓，浩如也。性嗜酒，嘗私謚晉陶淵明爲酒聖，唐王無功爲酒賢，自稱酒狂唐先生。

《行狀》："先生身長六尺二寸，美髭髯，雙瞳如點漆，面如紅玉，氣豪邁，老而彌壯，雖遭困躓，浩如也。每當貴客廣會，酒未酣，清談娓娓，議論風生，座客傾聽，不敢忤視，人人畏服而尊敬之。"

張萱《西園聞見録》卷二十二："唐學正桂芳，性嗜酒，既致仕歸，私謚晉淵明爲酒聖陶先生，唐無功爲酒賢王先生，自稱酒狂唐先生。凡歲時令節，陳兩先生圖祭享，設酒漿、陳俎豆，舉觴浮之，不至沉醉不止。或披衣哭泣，歌笑以自放，識之者以先生有托而逃之，蓋佯狂云。門人吕旭特著以傳於時。"

論文以氣爲主，重奇而法；言詩尊古，標舉格調。

《白雲集自序》："夫六經皆文也，獨《進學解》曰：《春秋》謹嚴，《易》奇而法，謹嚴尚能知之，奇而法非知道者，孰能言之？《易》曰：'日中見斗，有其象而無其理也；載鬼一車，無其象而有其理也。'《易》雖奇而貴於有法，所以爲經。三代而降，《莊》《騷》非不奇也，而昧於有法。《荀》《揚》非不謹也，而失於有嚴。唐推韓退之，奇而且法，柳子厚謹而且嚴。宋歐陽永叔正則正矣，而近於奇。曾子固謹則謹矣，而近於嚴，陳腐則不奇，詭怪則不法，放恣則不謹，齷齪則不嚴，戛戛乎其難矣！所以詖辭、淫辭、邪辭、遁辭而知其所蔽、所陷、所離、所窮，豈特言哉？言之精者爲文，文之精者爲詩，初無异理也。"

《唐氏三先生集》卷十五《白雲詩稿·贈陳養吾》："吾觀古人詩，瑰怪無不有。譬如嘗穀粟，饜飫滿腹口。千載錦袍仙，陳言付敝帚。自嫌隘九州，英氣蕩牛斗。往往説神仙，更嗜杯中酒。至今語鏗鏘，端的傳不朽。每笑昧學徒，效颦益增醜。"

《唐氏三先生集》卷二十《白雲文稿·黄季倫詩跋》:"《三百篇》經聖人删定,不敢以格律之。漢魏晉宋不得爲商周,唐宋不得爲漢魏晉宋,亦時使之然也。"

其爲文一以氣爲主,辭嚴理正;爲詩清新流麗,格律高古。著有《武夷小稿》《白雲集》。

《明詩紀事》甲籤卷二十三:"仲實《武夷小稿》《白雲集略》四十卷,今罕見傳本。四庫著録《白雲集》七卷,蓋自程克勤所編《唐氏三先生集》録出。"

《行狀》:"其爲文,一以氣爲主,辭嚴而理正。及其成也,神驚鬼愕,意態横出,勃勃如春濤起涌,令人嘆賞。其爲詩清新流麗,出語驚人,而聲調格律,鏗鏘瀏亮,讀之琅然愜聽,有《武夷稿》《白雲集略》四十卷藏於家。"

《四庫全書總目》卷一百六十九《白云集》提要:"此集在程敏政所編《唐氏三先生集》中。廬陵鍾晦撰桂芳行狀,稱其文一以氣爲主。今觀集中有《與陳浩書》,稱嘗慕蘇老泉閉户探賾,古今上下,融液胸臆,故下筆源源,而無艱險窘迫態。輒謂文不可學而能,氣可以養而致,此蘇老家傳法也。蓋其平生宗旨如此。故所作容與逶迤,絶無聱牙晦澀之習。詩亦清諧婉麗,頗合雅音。"

傅維鱗《明書》卷一百四十二:"文章以氣爲主,辭嚴理正;詩清新流麗,而聲調格律,鏗鏘瀏亮。有《武彝稿》《白雲集》四十卷。"

參考文獻:

1. 唐元、唐桂芳、唐文鳳《唐氏三先生集》,《明别集叢刊》第一輯影印明正德十三年張芹刻本,黄山書社 2013 年版。

2. 朱國楨《皇明開國功臣傳》，明崇禎刻本。

3. 傅維鱗《明書》，清康熙三十四年刻本。

4. 宋濂等撰《元史》，中華書局 1976 年版。

5. 唐仕《新安唐氏宗譜》，明嘉靖十八年家刻本。

6. 程敏政輯，何善、于石點校《新安文獻志》，黄山書社 2004 年版。

7. 戴廷明、程尚寬等撰，朱萬曙等校點《新安名族志》，黄山書社 2007 年版。

8. 鄭玉《師山先生文集》，明嘉靖十四年鄭氏家塾刻本。

9. 張萱《西園聞見録》，上海圖書館藏民國二十九年哈佛燕京學社本。

10. 危素《危太樸集》，《元人文集珍本叢刊》影印劉氏嘉業堂刻本，新文豐出版公司 1985 年版。

11. 錢謙益《列朝詩集小傳》，上海古籍出版社 1983 年版。

12. 黄宗羲著，陳金生、梁運華點校《宋元學案》，中華書局 1986 年版。

13. 陳衍輯撰、李夢生校點《元詩紀事》，上海古籍出版社 1987 年版。

14. 陳田《明詩紀事》，上海古籍出版社 1993 年版。

15. 施璜編，陳聯、胡中生點校《紫陽書院志》，黄山書社 2010 年版。

（汪孔豐）

顧瑛傳

顧瑛，一名阿瑛，別名德輝，字仲瑛，號片玉山人、玉山樵者，晚號金粟道人，世居崑山（今屬江蘇），元至大三年（1310）生。

顧瑛《金粟道人顧君墓誌銘》（以下稱《自銘》）："金粟道人姓顧名德輝，一名阿瑛，字仲瑛，世居吴。"

殷奎《强齋集》卷四《故武略將軍錢唐縣男顧府君墓誌銘》（以下稱《殷銘》）："君諱德輝，字仲瑛，别名阿瑛，姓顧氏，世爲蘇之崑山人，寔四姓之舊也。……歲戊申，從其子元臣遷臨濠而卒，實洪武己酉三月十四日也。距其生之歲至大庚戌，得年六十。"

楊維楨《西湖竹枝詞》："（瑛）才性高曠，尤善小李詩及今樂府。海内文士樂與之交，推爲片玉山人云。"

徐伯齡《蟫精雋》卷八《唐宫詞》："國初顧仲瑛，號玉山樵者，江南巨室也。"

邵遠平《元史類編》卷三十六："母喪歸，張氏再辟，辭不獲，乃髡髮廬墓，號金粟道人。"

顧氏爲江南巨族，家素豐。曾祖宗愷，大父聞傳。父柏壽，號玉山處士，好道家清净之説，母陶氏。兄顧仁，弟顧晉道，侄顧佐，亦有文名。

《殷銘》："曾大父宗愷，宋武翼郎；大父聞傳，元衛輝懷孟路總管;父伯壽,晦德弗炫,號玉山處士。母陶氏。”

陳基《夷白齋稿外集》卷下《尊賢堂分韻賦詩序》:“玉山高士世爲中吴鉅族,居崑山界溪之陽,其先君子好道家清净之説,嘗以所居爲真館,高士嗣葺之。年未及老,輒委家事於其子,退治一室,環以水竹,中蓄琴、書、圖畫、古玩器之屬,而扁曰‘尊賢堂’,逍遥宴處,意泊如也。高士少負奇才,既不屑於用世,及耴黄帝、老子之書讀之,而奉釋氏不殺生之戒惟謹。……子仲瑛、晋道皆能文而好禮。”

陸容《菽園雜記》卷十三:“顧佐,字翼之,仲瑛兄仁之子。好吟詩,時有驚人句。蓋亦漸染玉山之習云。”

少佐父理家事,喜結客。年三十,折節讀書,崇禮文儒,不樂仕進,廣集珍品秘玩,建園池亭榭,詩酒待客,文藻風流,掩映一時。

《殷銘》:“年十六,佐父理家事,布粟出内,家衆不能欺。然輕財喜事,以意氣自豪,貴卿大夫多與之接,鄉曲譽望逾其諸父矣。年三十,乃刮摩舊習,更折節讀書,崇禮文儒,師友其賢者。喜購古書名畫,三代以來彝鼎秘玩,集録鑒賞無虚日。甫逾四十,悉以田業付子若婿,改築園池舊宅西偏,名曰‘玉山佳處’。日夜與客置酒賦詩爲樂。而君才贍思捷,語笑之頃,章篇輒就,恒屈服其坐人。”

郑元祐《侨吴集》卷十《芝云堂记》:“顧於吴爲著姓,自吴丞相雍以下,代有其人。仲瑛家界溪,溪望崑山裁十里許。其出雲雨,蒸烟嵐,近在目睫間。仲瑛家於是蓋累世矣。内附後,倜儻非常之人,往往自致青雲之上。於是仲瑛之大父及其諸從父皆紆金曳紫,貴顯赫赫。使仲瑛少發其所藴,出爲時用,高可爲名卿,次不失齒諸父。顧方讀書積學,臨帖賦詩,堂序几案列三代彝鼎、唐宋人書畫,觴酒爲壽,以養其親。”

劉鳳《續吴先賢贊》卷之九《文學》:“袁華,字子英,少好讀書,尤工爲詩。顧瑛家多名畫法書,日與共閲。”

《玉山名勝集》卷首李祁《草堂名勝集序》:“仲瑛即所居之偏闢地以爲園池,園之中,爲堂、爲舍、爲樓、爲齋、爲舫。敞之而爲軒,結之而爲巢,葺之而爲亭。植以嘉木善草,被之芙蕖菱芡,鬱焉而陰,焕焉而明,閴焉而深,一日之間不可以遍賞。而所謂‘玉山草堂’,又其勝處也。良辰美景,士友群集,四方之來,與朝士之能爲文辭者,凡過蘇必之焉,之則歡意濃浹。隨興所至,羅樽俎,陳硯席,列坐而賦,分題布韻,無問賓主。仙翁釋子亦往往而在。……蓋仲瑛以衣冠詩禮之胄,好尚清雅,識度宕達,所交多一時名勝,故其盛如此。”

吴寬《匏翁家藏集》卷五十一《跋桃源雅集記》:“元之季,吴中多富室,争以奢侈相高;然好文而喜客者,皆莫若顧玉山。百餘年來,吴人尚能道其盛。”

《明史》卷二百八十五《文苑傳一》:“顧德輝,字仲瑛,崑山人。家世素封,輕財結客,豪宕自喜。……築别業於茜涇西,曰‘玉山佳處’,晨夕與客置酒賦詩其中。四方文學士,河東張翥,會稽楊維楨,天台柯九思,永嘉李孝光,方外士張雨、于彦、成琦、元璞輩,咸主其家。園池亭榭之盛,圖史之富,暨餼館聲伎,並冠絶一時。而德輝才情妙麗,與諸名士亦略相當。”

鄭元祐《僑吴集》卷十《玉山草堂記》:“昔王摩詰置莊輞川,有藍田玉山之勝,其竹里館皆編茅覆瓦,相參以爲室。於是杜少陵爲之賦詩,有曰‘玉山草堂’云者。景既偏勝,詩尤絶倫。後六百餘年,吴人顧仲瑛氏家界溪,溪瀕崑山。仲瑛工於爲詩,而心竊慕二子也,亦於其堂廡之西,茅茨雜瓦爲屋若干楹,用少陵詩語,扁曰‘玉山草堂’。”

至正三年(1343),薩都剌過訪。至正四年,顧瑛會倪瓚於天平山龍門寺。

薩都剌《雁門集》卷十二《席上次顧玉山韵》:"粉墻斑鳩啼緑樹,白日紫燕穿珠簾。晝長深院弄瑶瑟,艷姬十指行春纖。"

顧瑛《玉山璞稿》卷上《倪元鎮畫〈梧竹圖〉附章心遠玄士見寄,琦龍門爲題長詩於上,瑛次韵以識》:"山人自愛山中宅,繞屋長溪深百尺。……龍門一别垂十年,客中又見秋風顛。"

按,顧瑛次韻詩,作於至正甲午年,即至正十四年。"一别垂十年",即分别於至正四年。倪瓚,字符鎮,又字玄瑛,號雲林、雲林子、雲林生,别號朱陽館主、蕭閑仙卿等,無錫人。家素豐,愛才好士,與顧瑛並稱於時。何良俊《四友齋叢説》卷十六:"唯松江曹雲西、無錫倪雲林、崑山顧玉山聲華文物可以並稱,餘不得與其列者是也。"善畫工詩,張端《清閟閣集》卷十一《雲林倪先生墓表》:"所作詩話,自成一家,瀟灑穎脱,若非出於人爲者。"

至正八年(1348),楊維楨、姚文奂、郯韶、張渥、于立、陸仁諸人集於玉山,游賞宴飲,淮海張渥作《玉山雅集圖》,諸人賦詩題咏。

《玉山名勝集》卷上楊維楨《雅集志》:"右《玉山雅集圖》一卷,淮海張渥用李龍眠白描體之所作也。玉山主者爲崑山顧瑛氏,其人青年好學,通文史,及音律、鐘鼎、古器、法書、名畫品格之辨。性尤輕財喜客,海内文士未嘗不造玉山所。其風流文采出乎輩流者,尤爲傾倒。故至正戊子二月十有九日之會,爲諸集之冠。冠鹿皮、衣紫綺、坐案而伸卷者,鐵笛道人會稽楊維楨也。執笛而侍者姬,爲翡翠屏也。岸香几而雄辯者,野航道人姚文奂也。沉吟而痴坐、搜句於景象之外者,苕溪漁者郯韶也。琴書左右、捉玉麈從容而色笑者,即玉山主者也。姬之侍爲天香秀也。展卷而作畫者,爲吴門李立。旁視而指畫,即張渥也。席皋比、曲肱而枕石者,玉山之仲晉也。冠黄冠、坐蟠根之上者,匡廬山人于立也。美衣巾、束帶而立,頤指僕從治酒者,玉山之子元臣也。奉肴核者,丁香秀也。持觴而聽令者,小瓊英也。一時人品,疏通俊朗。侍姝執伎皆妍整,奔走童隸亦皆馴雅。安於矩鑊之内,觴政流行,樂部皆暢。碧梧翠竹與清揚争秀,落花芳草與才情俱飛。矢口成句,落毫成文,花月不妖,湖山有發。是宜斯圖一出,爲一時名流所慕用也。"

《玉山紀游》楊維楨《游崑山聯句詩並序》:"至正八年春二月十有九日,崑山顧君仲瑛以書來招致,予明日即顧君所。又明日,命百華舫集賓客,自予而次凡六人。朝發自界溪,出津義浦,過九里庵,轉金溪,午泊舟駟馬橋下。换輿騎,入慧聚寺,寺主僧然叟出肅客。上神運殿,見石甃壁,其工出天然。"

《玉山名勝集》卷上釋良琦詩序:"至正戊子二月十九日,楊侯鐵崖宴於顧君玉山。賦咏叠箠,淮海張渥爲圖,傳者無不嘆羡。余後半月與吴興郯九成至玉山,顧君張樂置酒,清歌雅論,人言不减楊侯雅集時。既醉酣暢,顧君徵予賦詩,然予於聲樂詩咏何有哉?適其所寓而不違者。烏乎寓?烏乎非寓?故作詩以道其事,卒反乎正云耳。"

《玉山名勝集》卷上楊維楨《聯句詩序》:"至正戊子六月廿四日,維楨與衛輝高智、匡廬于立、清河張師賢、汝南袁華、河南陸仁燕於浣花館。酒闌,主客聯句,凡廿四韵。主爲玉山顧瑛,客預聯者,維禎、立、師賢、華、仁也。"

至正九年(1349),吴克恭、于立、郯韶、鄭元祐、高明諸人至崑山過訪,飲酒賦詩,各得其樂。倪雲林聞顧仲瑛玉山隱居之勝,輒想象賦長句以寄。

《玉山名勝集》卷下《碧梧翠竹堂》吴克恭《分題詩序》:"己丑之歲,六月徂暑,余問津桃源,泝流玉山之下。玉山主人館余於草堂芝雲之間,日飲無不佳。適有客自郡城至者,移於碧梧翠竹之陰,蓋堂構之清美,玉山之最佳處也。集者會稽外史于立、吴龍門僧琦、瘍醫劉起、吴郡張雲、畫史從序。後至之客,則聊城高晉、吴興郯韶、玉山人及其子衡，暨余凡十人。以杜甫氏'暗水流花徑，春星帶草堂'詩爲韻，各詠言紀實。不能詩者，罰酒二兕觥。罰者二人。明日其一人逸去，雖敗，乃公事，亦蘭亭之遺意也。從序以畫事，免詩而爲圖。時炎雨既霽，凉陰如秋。

倪瓚《清閟閣遺稿》卷七《至正九年八月十六日計籌山吕尊師訪予蕭閑館爲予言顧仲瑛徵君玉山隱居之勝輒想象賦長句以寄他日尚同袁南宫携琴嘯咏竹間也》："解道玉山佳絶處，山中惟有吕尊師。已招一鶴來庭樹，更養群鵝戲墨池。松風自奏無弦曲，桐葉新題寄遠詩，若許王猷性狂癖，徑來看竹到階墀。"

《玉山名勝集》卷下高明《後記》："今年八月，余至崑山，過顧仲瑛所居，仲瑛延客入堂。時日已暮，餘暑尚酷，及既坐，蕭爽闃寂，清氣可沐。…… 仲瑛出酒觴客，客數人皆能詩，歌談辨飲甚樂。……比至城郭，車馬雜沓，塵坋滃起，慨想昨昔所游，則已疑爲夢中所見矣。適袁君子英來自崑山，乃記其事以示子英，俾以遺仲瑛，且語之曰：'爲我語仲瑛，君碧山梧翠竹之樂不易得也，第安知他日毋或汩於禄仕，而若予之不能久留也。'"

至正十年(1350)，屢宴客於玉山佳處，往游天平、靈岩諸勝，皆賦詩以紀。是年，吴國良持倪雲林詩至，相與徜徉數日。越明年，游虎丘、西湖諸地，訪倪瓚，不遇。當是時，盗寇迭起，已有行路難之歎矣，然瑛置酒張樂，宴飲如常，賓客往來，無不愜其意而去。

《玉山名胜集》卷下蕭景微《序》云："至正辛卯，余自勾吴還會稽，飲酒玉山而别。當是時，已有路行難之嘆矣。繼而荆蠻、淮夷、山戎、海寇，嚽呼並起，赤白囊旁午道路，驅馳鋒鏑間。又復相見，因相與道寒温，慰勞良苦，玉山爲設宴高會梧竹堂上。在座皆俊彦，能文章，歌舞盡妙選。客有置酒而歎者，予笑曰：'子何爲是拘拘也？夫天下之理，未有往而不復。器之久不用者朽，人之久不用者怠。國家至隆極治,幾及百年,當聖明之世,而不靖於四方,或者天將以武德訓定禍亂,大啓有元無疆之休。諸君有文武才,將乘風雲之會,依日月之光,且有日。子老矣,尚拭目以觀太平之盛,何暇作悉嘆語耶?'玉山揚觶而起曰:'子誠知言哉。'於是飲酒樂甚。明當重九,遂以'滿城風雨近重陽'爲韻,分賦如左。壬辰九月八日。番陽蕭景微序。"

《玉山紀游》不分卷于立《與客游靈岩山中雜詠詩并小序》序云:"至正庚寅八月廿二日,余與顧君仲瑛訪龍門琦元璞於天平。翌日,蕭君元泰、鄭君明德、郯君九成復至,三君分岐往觀天池,余獨與仲瑛登靈岩,因得《山中雜詠》,書之左方,以紀歲月云。"

《玉山紀游》不分卷顧瑛《游虎丘雜詠詩并序》序云:"至正十一年春正月七日,余與吴興郯九成、龍門琦元美、匡廬陳惟允泛舟過虎丘。時積雪彌旬,旭日始出,乃登小吴軒。憑高眺遠,儼然白銀宫闕在三山玉樹間。興不可已,遂留宿賢上人松雨軒數日,由是得歷覽山中清勝,乃賦小詩十首,以紀斯游,陳匡廬且能一一寫圖,求諸作者題識。余先書諸詩云。"

《玉山紀游》不分卷釋良琦《游西湖分韻賦詩并序》序云:"至正辛卯夏五月,余與顧君仲瑛留錢塘。廿八日,仲瑛具牲酒,要會稽楊廉夫、臨川葛元哲諸公,致祭於故張貞君外史墓下。越明日,泛舟湖上,置酒張樂,以娱山水之勝。"

《玉山紀游》不分卷顧瑛《游錫山紀行詩并序》序云:"至正辛卯八月二十有四日,余避冗往游錫山謁倪徵君。時徵君留毗陵,遂與客登惠麓。適蒙泉鄭高士將過金陵,邂逅泉上,飲茗贈詩而别。凡三宿回復,纜舟閶闔門外。"

至正十二年(1352),會客於柳塘春、金粟影諸處,感嘉會之不易,分韻賦詩,以此遣懷。季秋,侄佐以武功平賊歸來,鄉閭宗黨莫

不誇詡顧氏之盛焉。

《玉山名勝集》卷下熊夢祥《分題詩序》:"至正壬辰七月廿六日,予自淮楚來。……越數日,即謁玉山主人於草堂中。而匡廬山人在焉。……時適當中秋之夕,天宇清霽,月色滿地,樓臺華木,隱暎高下……乃張筵設席,女樂雜沓,縱酒盡歡。同飲者匡廬仙于立彦成、袁華子英、張守中大本。……酒既醉,玉山乃以"攀桂仰天高"爲韻,分以賦詩,詩成者有興趣模寫,一時之景,無不備矣。"

《玉山名勝集》卷下于立《口占詩序》:"至正十二年正月下澣,春雪方霽,飲酒柳塘上。水光與春色相動蕩,因詠王臨川鴨緑鵝黄之句,各口占四絶,以紀時序。嗟乎!世故之艱難,人事之不齊,得一適之樂如此者,可不載諸翰墨,以識當時之所寓。况南北東西,理無定止,焉知後之會者誰歟?席上賦詩者三人,主則玉山顧君,客子英袁君,予匡廬于立彦成也。"

《玉山名勝集》卷下袁華《天香詞序》:"至正龍集壬辰之九日,玉山主人宴客於金粟影亭。時天宇澂穆,丹桂再花。水光與月色相蕩,芳香共逸思俱飄。"

《玉山名勝集》卷上秦約《嘉宴序》:"至正龍集壬辰季秋二十有二日,玉山顧君仲瑛張筵合樂於芝雲堂上。時從子元佐以武功平賊,由崑山節判而歸。良用亦由京師漕運千户而至。蟬聯簪組,交輝迭映,鄉閭宗黨莫不誇詡顧氏之盛焉。"

至正十四年(1354),顧瑛應參政領水軍都萬户開水軍府事董摶霄之請,佐軍海上。

顧瑛《玉山璞稿》卷上《董孟起參政領水軍副都萬户開水軍府事二月二十三日以瑛佐治軍務留海上索詩口占奉呈》:"燕頷將軍虎豹顔,去年殺賊下三關。筆端草檄千鈞力,馬上開弓一石彎。定賞名標丹鳳扆,論功身在紫薇班。今看耀武回滄海,日日從軍奏樂還。”

顧瑛《玉山璞稿》卷上《三月二十三日侍董大參巡海早發路漕》:“檄下遲明發,樓船似馬來。海空初日出,風急大旗開。武士森前列,儒生忝後陪。玆游絶奇壯,直欲到蓬萊。”

顧瑛《玉山璞稿》卷上《是夜回宿海口舟中董參命賦口號》:“夜半分弓哨海頭,千艘耀武發貔貅。旌旗影拂三沙曉,炮石聲懸萬島秋。六帥移文驅巨鱷,諸軍擊楫誓中流。回頭坐見辰星近,十日糧船達帝州。”

顧瑛《玉山璞稿》卷下《和郯九成從軍詩時二月予以守關婁上》:“洗甲東海水,飲馬西江潮。大風吹旗脚,軍容愈飄姚。戈船踏櫓回,月中横短簫。青袍富家兒,髀裏肌肉消。囚俘獻六府,以用抱明朝。”

至正十六年(1356)正月,張士誠陷平江路,顧瑛隱居商溪。二月母喪,歸葬綽墩。三月,歸玉山。避召,移居母墓側,讀佛經自守。雖經家國巨變,雅集不廢,與繆侃、袁華、范基諸人會於可詩齋,賦詩記之。

顧瑛《玉山名勝集》卷上顧瑛《補釋典》:“至正丙申春正月,兵入玉山中,予倉卒奉母避地於湖州之商溪。母以二月疾殂,火化於其地,遵母命也。即地爲墟葬,名其村爲桑柘。村在大慈寺東三里。三月,函骨歸瘞綽墩墳隴東偏,白雲垠是也。……而予在隱,間爲當道交辟不已。遂祝髮,廬草屋三間於葬側,扁曰‘北山蘭若’,披閲釋氏大藏經典,手書補其闕漏者三百若干卷,皆裝潢歸景德寺莊中。以全忠孝也。”

《玉山名勝集》卷下盧昭《來龜軒記》:“至正十六年三月廿日,玉山顧君仲瑛自吴興避地復歸故第。”

顧瑛《玉山璞稿·顧瑛詩文輯存》卷二《可詩齋口占詩序》:“海虞山人繆叔正扁舟相過,以慰别後之思。予謂兵後朋舊星散,得一頃相見,曠如隔世。遂邀汝陽袁子英、天平范君本、彭城錢好學、營城趙善長、扶風馬孟昭,聚首可詩齋内。諸公亦樂就飲,或携肴,或挈果,共成真率之會。……緬思烽火隔江,近在百里,今夕之會,誠不易得,况期後無會乎?吴宫花草,婁江風月,今皆走麋鹿於瓦礫場矣,獨吾草堂宛在溪上。予雖祝髮,尚能與諸公觴咏其下,共忘此身於干戈之世,豈非夢游於己公之茅屋乎!”

至正十七年(1357),張士誠請降,封太尉,立參軍府及江浙、淮南二省。

《元史》卷四十五:“平江路張士誠,俾前江南行臺御史中承蠻子海牙爲書請降,江浙左丞相達識帖睦邇承制令參知政事周伯琦等至平江撫諭之,詔以士誠爲太尉,士德爲淮南行省平章政事。”

至正十八年(1358),作《金粟道人顧君(瑛)墓誌銘》。同年,與謝節、袁華諸人會。子顧元臣,升任水軍都府副都萬户。

《自銘》:“自題春帖云:‘三生已惰身如寄,一死須教子便埋。’蓋人傳前身是慧聚寺沙丘延福。又夢中知向一世爲黄冠師姚興孫者是也。金粟道人由是而名。”

顧瑛《玉山遺什》卷上徐一夔《壽藏圖贊》:“崑山顧仲英甫,簡曠不羈,年五十豫營壽藏,並自誌平生之立藏旁。遇勝日,率親戚故舊至其處,飲酒賦詩爲嬉。非一死生解外膠者乎?君游他郡,圖壽藏規製,並録誌文以自隨。”

顧瑛《玉山遺什》卷下釋自恢《水西清興序》:“予中秋前八日訪謝侯雪坡于吴江之松陵驛,時起潛震禪師在座,侯作詩招金粟道人過江上相見,詩成,命予作楷書以寄往。命龍門琦禪師灑掃西寺,爲道人栖息之所。道人既至,侯喜而賦一律以美其來會,龍門遂裝册,標其籤曰《水西清興》,凡高僧逸士,咸爲留題于左。”

《玉山名勝集》卷上袁華《嘉會序》:“至正乙未秋九月,平江等處水軍都萬户納麟哈剌公拜江浙行省参知政事,奉旨統兵常鎮。時寧海所正千户顧元臣在行間。越明年二月,寧海君由無錫道太湖入杭。維時姑蘇、槜李之壤,杳如吳越,音問不相知者二載。今年春二月,寧海君以功升水軍都府副都萬户,奉省檄道天台杭海而歸。時秋閏九月也。玉山翁嘉子之歸,乃置酒會友朋於可詩齋。寧海君綵衣金符,照暎左右,奉觴行酒,侃侃愉愉。嗚呼!父子之親,君臣之義,鮮有能兩全者,今寧海君能攄誠致義,升秩三品,居重慶之下,奉温清之養,可謂上不負聖天子,下不負所學矣。座客皆能賦者,遂以‘客從遠方來,遺我雙鯉魚’以平聲字循次分韵。予得‘從’字,敬序其端。”

至正十九年(1359),平生藏書幾兩萬卷皆爲灰燼。應謝節之邀,赴西湖觀梅。至錢塘,會浙省丞相達識帖穆爾於西天寺,適逢兵亂,游西湖不果。

顧瑛《玉山名勝集》卷下謝節《西湖梅約》:“予邀玉山隱君西湖觀梅,適烽火卒至,有敗清興,因而玉山告歸,遂餞浙江亭,賦此爲别。就問山居、鐵崖二太史訊云。至正己亥冬十二月二十有二日。謝節頓首。”

顧瑛《玉山名勝集》卷下袁華《次韻就題西湖梅約》:“越三宿至錢唐,見侯於圍棋野舍,館吴山之陽。而浙省丞相達識帖穆爾素聞君名,命儒學副提舉洪欽請見於西天寺。及夫臺閣之英髦、山林之隱逸、仙翁釋子之儔,咸求識面者肩摩踵接,或詩或畫,争角其所長,以爲贄。遂裝潢成册,題之曰《西湖梅約》者,蓋本謝侯所招書之本意也。”

顧瑛《玉山名勝集》卷上《寫道經詩序》:"予去年春正寓吴江法喜寺,是月四日夜,玉山中芝雲堂、讀書舍、可詩齋,有鬱攸畢方之灾,平日所藏書幾二萬卷皆爲煨燼,獨《雲笈七籤》不毁。"

按,顧氏湖光山色樓亦有藏書。張天英《玉山名勝集》卷下張天英《記》云:"於是外史進客樓上,見所居三代漢唐禮樂之器,典墳、經史、諸子百氏之書,有古人氣象。"

至正二十年(1360)秋,邀客集於金粟冢,以慰契闊之思。

顧瑛著、鮑廷博輯《玉山逸稿》卷四于立《金粟冢中秋日燕集後序》:"時八月既望,顧君以書約游兹山,予乃欣然就往,而平昔交舊咸集焉。慰勞之頃,仲瑛肅客登隴,藉以茵蓐,環坐冢上,前列短几,陳列觴豆,各置筆札於左方,興至而咏,情暢而飲,不以禮法束也。于是顧君揚觶而言曰:'齊物我,一死生,先生玄門之道也。予雖不敏,豈以死生動其心哉! 以其没而吾故人哭于斯,祭享于斯,曷若先而與吾故人飲于斯、賦咏於斯也? 昔之遭值兵革顛沛,吾故人皆得以無恙,而先生之疾適以瘳,亦必有以相者矣。今而喪亂未平,今日之集,又安知明日爲何如也。願諸君各盡歡。'予亦作而告曰:'吾有大患,爲吾有身,及吾無身,何患之有? ……'至正紀元歲在庚子,是月日匡廬于立序。"

《玉山名勝集》卷上殷奎《顧玉山金粟冢秋宴集》:"艱時阻良覯,故人成遠别。始登金粟冢,仰見端正月。舊游獨裵徊,桂枝重攀折。玉杯承夕露,翠竹落蒼雪。賓筵列才彦,來至慚獨劣。賦詩詎云工,庶以慰契闊。"

至正二十三年(1363),玉山亭館拆毁殆盡,隱居嘉興合溪。

顧瑛著、鮑廷博輯《玉山逸稿》卷四《玉山中亭館拆毁殆盡僅留一草堂耳今於嘉興合溪營一别業頗幽絶因賦五言一首》:"我愛新居好,蕭然絶世氛。路回青草岸,水合白鵝群。野色排檐入,書聲隔竹聞。是中多野趣,難許俗人分。”

龔詡《野古集》卷下《過顧玉山舊宅二首》其一:“阿瑛舊宅綽山前,父老猶能話昔年。樓閣儼如真洞府,主賓渾似小神仙。花時不絶笙歌宴,門柳常維書畫船。肯信只今無片瓦,平蕪漠漠鎖寒烟。”

按,上文引鮑廷博輯詩,今人楊鐮等整理《玉山名勝集》卷上題作《合溪焚誦》,原序云:“予得合溪,地幽水秀,風俗朴儉,遂營别業,爲焚誦計。可觀見過,援筆寫圖,且索予自題云。”附跋云:“至正癸卯三月十有九日金粟道人顧阿瑛書於金粟堂。”

按,柯九思《魚莊記》云:“玉山隱君顧仲瑛氏,治其第之西偏稍爲臺池之勝,號玉山佳處。”九思卒於至正三年(1343)。因而,顧瑛經營玉山佳處至少達二十年。

洪武元年(1368),隨子徙臨濠。二年卒,歸葬崑山。有子五人。

《明史》卷二百八十五本傳:“及吴平,父子並徙濠梁。洪武二年卒。”

曾廉《元書》:“明初以元臣爲元官,例徙臨濠,俄而卒,年六十。”

《崑山新陽合志》卷二《冢墓誌》:“金粟道人顧仲瑛墓,在縣西北綽墩山陽,仲瑛生前鑿壙,環植叢桂,題曰金粟堆,自爲誌。洪武二年卒於鳳陽,返葬於此。”

《殷銘》:“子男五人。元臣,前水軍副都萬户,改奉議大夫,湖廣行省理問。次元禮、元弼、元憲、元肅。”

陸容《菽園雜記》卷十三:“顧晉,字進道,仲瑛次子。好讀書,性不愛浮靡,見趨競者不與交,貞素自守,淡如也。字法古甚,其詩法有玉山之風雲。……顧元臣,字國衡,仲瑛之子。年少能讀書,作詩俊爽,世其家者也。”

當是時,天下已亂,吴中尚安。顧瑛既饒於財,更以風流相尚,引接賓客無倦,四方文人雅士皆從之游。善詩者如虞集、楊維楨、陳基,善畫者如倪瓚、黄公望、張渥、周磁,善音者如顧堅、張猩猩、熊夢祥,方外如于立、釋良琦等,先後到訪,各馳其才,文藝兼善。

《玉山名勝集》卷上吴克恭《玉山草堂序》:“仲瑛好古博學,今之名卿大夫、高人韵士,與夫仙翁釋氏之流盡一時之選者,莫不與之游從,雅歌投壺、觴酒賦詩,殆無虚日,由是仲瑛名聞江湖間。……仲瑛益撝謙自牧,無矜色,無怠容,日以賓客從事,而惟詩是求,咏歌之不足者,來其將無窮哉?”

《玉山名勝集》卷上楊維楨《玉山佳處記》:“若仲瑛氏之有仕才而素無仕志,幸有先人世禄生産,又幸遭逢盛時,得與名人韵士日相優游於山西之墅,以樽酒文賦爲吾弗遷之樂,則玉山之佳,非仲瑛氏弗能領而有之。”

杭世駿《道古堂全集》文集卷八《影園瑶華集序》:“有元至正末年,崑山顧阿瑛家饒於財,築草堂於玉山,四海名流以詩爲幽贄者,咸申縞紵。楊廉夫方居吴中,及諸弟子皆主其家,開設壇坫,標映一時。”

查繼佐《罪罹録》列傳卷之二十二:“顧仲英,崑山人。……嘗築館茜溼,狎賓客日夜。其所交若張翥、楊維楨、柯九思、李孝先、張雨、于彦成、琦璞等,咸擅名一時。庭宇藻麗,供張華侈,聲樂盡妙。選長袂纖履,招摇若狂。詩歌間作,才藝相若,遠近傾企。”

元末文酒之會盛行,倪瓚雖與顧瑛並稱,然家道中落,流寓四方,無力操持。顧瑛薈萃時賢精英,主持風雅幾十餘年,詩文書畫皆有可觀,故而玉山雅集最爲後世稱頌。

何良俊《何翰林集》卷十二:“勝國末與仲瑛同時者,在姑蘇稱陳氏緑水園,在松江稱瞿氏園,苑之盛爲浙西之最。嘉興有陳愛山園,此亦較著者。然不過散見於郡志諸書,特其名僅存耳。求如玉山名勝,其地雖黍離已久,而名篇雅咏流布於世。”

郎瑛《七修類稿》卷四十事物類:“元末,吴人顧阿瑛、陸德原、李鳴鳳皆富而好古,亦能詩文,至今有膾炙人口者,一時名士咸與之游,名振東南。”

龔煒《巢林筆談》卷三:“元末雲林、金粟家並豐贍,都以詩文書畫領袖風雅。”

瞿鏞《鐵琴銅劍樓藏書目録》卷二十三:“仲瑛一時風流文雅之盛,雖去之百年猶可想見。視今世富家皆多粟農夫耳,即與仲瑛充糞除之役,固知亦不納也。”

陳田《明詩紀事》甲籤卷二十五陳田按語云:“元季吴中好客者,稱崑山顧仲瑛、無錫倪元鎮、吴縣徐良夫,鼎峙二百里間。……高人勝流、佚民遺老、遷客寓公、緇衣黄冠與於斯文者,靡不望三家以爲歸。”

瑛學詩嗜古,不主一家,出入温、李之間,自具清奇之气,於楊維楨之外别開一派。著有《玉山璞稿》,編有《草堂雅集》《玉山名勝集》。

《玉山名勝集》卷上鄭元祐《可詩齋銘》:“顧仲瑛甫,學詩嗜古。”

《玉山名勝集》卷上周砥《後序》:“玉山顧君仲瑛,慕靖節之爲人,居處好修,行義好潔,故其詩清絶冲澹,得之靖節者爲多。”

謝應芳《龜巢稿》卷三《和玉山排悶》:“寒窗誦君詩,字字黄娟婦。嗟君遭迍邅,蛇虎嚇前後。”

《殷誌》:“所爲詩,有《玉山璞稿》二十卷,幽情遐致,一寄於斯。”

楊循吉《蘇談》:“阿瑛好事而能文,其所作雖不在諸客上,而辭語流麗,亦能動人。故在當時,得以周旋騷壇之上者,則亦非獨以財故也。”

《四庫全書總目》卷一百六十八《玉山璞稿》提要：“今觀所作，雖生當元季，正詩格綺靡之時，未能自拔於流俗，而清麗芊綿，出入於温岐、李賀間，亦復自饒高韵，未可概以詩餘斥之。”

徐伯齡《蟫精雋》卷八《唐宫詞》：“其學也贍，而氣也充，其聞也博，而詞也當。嘗和鐵崖《唐宫詞》十首，次韵雄渾沉著，不減玉溪生。”

王鏊《(正德)姑蘇志》卷五十四：“所著詩曰《玉山璞稿》。萃亭館篇咏刻梓，曰《草堂名勝集》。又刻交游諸公詩，自楊維楨而下四十餘家，曰《草堂雅集》。”

《四庫全書總目》卷一百八十八《草堂雅集》提要：“元顧瑛編。瑛早擅文章，又愛通賓客，四方名士無不延致於玉山草堂者。因仿段成式《漢上題襟集》例，編唱和之作爲此集。自陳基至釋自恢，凡七十人。又仿元好問《中州集》例，各爲小傳，亦有僅載字號、里居，不及文章、行誼者。蓋各據其實，不虚標榜，猶前輩篤實之遺也。其與瑛贈答者，即附録己作於後。其與他人贈答而其人非與瑛游者，所作可取，亦附録焉……蓋雖以《草堂雅集》爲名，實簡録其人平生之作。元季詩家，此數十人括其大凡。數十人之詩，此十餘卷具其梗概。一代精華，略備於是。視月泉吟社惟《賦田園雜興》一題、惟限五七言律一體者，賅備多矣。是書世罕傳本，王士禎《居易録》記朱彝尊於吴門醫士陸其清家僅一見之。此本紙墨猶爲舊鈔，疑或即陸氏本歟？”

《四庫全書總目》卷一百八十八《玉山名勝集》提要：“元顧瑛編。瑛有《玉山璞稿》已著録。其所居池館之盛，甲於東南，一時勝流，多從之游宴。因裒其詩文爲此集，各以地名爲綱。曰玉山堂、曰玉山佳處、曰種玉亭、曰小蓬萊、曰碧梧翠竹堂、曰湖光山色樓、曰讀書舍、曰可詩齋、曰聽雪齋、曰白雲海、曰來龜軒、曰雪巢、曰春草池、曰緑波亭、曰絳雪亭、曰浣華館、曰柳塘春、曰漁莊、曰書畫舫、曰春暉樓、曰秋華亭、曰淡香亭、曰君子亭、曰釣月軒、曰拜石壇、曰寒翠所、曰芝雲堂、曰金粟影。每一地,各先載其題額之人,次載瑛所自作春題,而以序記詩詞之類各分繫其後。元季知名之士,列其間者十之八九。考宴集唱和之盛,始於金谷、蘭亭;園林題咏之多,肇於輞川、雲溪;其賓客之佳,文詞之富,則未有過於是集者。雖遭逢衰世,有托而逃,而文采風流,照映一世,數百年後,猶想見之。録存其書,亦千載藝林之佳話也。"

翁方綱《石洲詩話》卷五:"顧仲瑛《玉山璞稿》,雖皆一時飛觴按拍,豪興吐屬,然自具清奇之氣。其一段遐情逸韵,飄飄欲仙,乃有楊鐵崖所不能到者。"

繆荃孫《藝風堂文續集》卷七《〈草堂雅集〉跋》:"元季詩家此數十人,括其大凡。數十人之詩,此十餘卷具其梗概。顧嗣立《元詩選》,元末諸人大半取材於是,亦足見采輯之富矣。"

按,顧瑛《玉山璞稿》久已散佚,僅存二卷,後經毛晉、馮武、鮑廷博、阮元諸人收輯整理,今人楊鐮在前人基礎上,標校整理爲《玉山璞稿》(含《玉山璞稿》《顧瑛詩文輯存》)一書,最爲完備。《草堂雅集》有楊鐮、祁學明、張頤青點校本。《玉山名勝集》(含《玉山名勝集》《玉山名勝外集》《玉山紀游》《玉山倡和》《玉山遺什》)有楊鐮、葉愛欣點校本,上述三書已於2008年由中華書局出版。關於顧瑛行實、交游及其文學意義,可參閲曾瑩《文人雅集與詩歌風尚研究初探——從玉山雅集看元末詩風的衍變》(廣東高等教育出版社2011年版),牛貴琥《玉山雅集與文士獨立品格之形成——金元文士雅集的典型解析》(人民出版社2014年版)。

參考文獻:

1. 顧瑛著、楊鐮整理《玉山璞稿》,中華書局 2008 年版。

2. 顧瑛輯、楊鐮等整理《草堂雅集》,中華書局 2008 年版。

3. 顧瑛輯、楊鐮等整理《玉山名勝集》,中華書局 2008 年版。

4. 曾廉《元書》,清宣統三年層漪堂刻本。

5. 張廷玉等《明史》,中華書局 1974 年版。

6. 王鏊纂《(正德)姑蘇志》,《北京圖書館藏古籍珍本叢刊》本,書目文獻出版社 1998 年版。

7. 楊維楨《東維子文集》,《四部叢刊初編》本,上海書店 1989 年版。

8. 龔煒《巢林筆談》,中華書局 1981 年版。

9. 陸容《菽園雜記》,中華書局 1985 年版。

10. 殷奎《强齋集》,《文淵閣四庫全書》本,上海古籍出版社 1987 年版。

(袁麟)

宋濂傳

宋濂，字景濂，金華人，元至大三年(1310)生。

鄭濤《宋潛溪先生小傳》、王禕《宋太史傳》、鄭楷《翰林學士承旨嘉議大夫知制誥兼修國史兼太子贊善大夫致仕潛溪先生宋公行狀》、鄭柏《金華賢達傳》、吴之器《婺書》、徐象梅《兩浙名賢録》、王兆雲《詞林人物考》、應廷育《金華先民傳》、王崇炳《金華徵獻略》、錢謙益《列朝詩集小傳》、黄宗羲《宋元學案》、《(康熙)浙江通志》、《(雍正)浙江通志》、《(嘉慶)四川通志》、《(康熙)金華府志》、《(康熙)金華縣志》、《(道光)金華縣志》、《(乾隆)浦江縣志》、《舊本四川通志·流寓傳》、《(乾隆)茂州志》、《(嘉慶)華陽縣志》、《(道光)夔州府志》等，俱載其事迹。

宋濂《潛溪録》卷二鄭濤《宋潛溪先生小傳》："景濂，姓宋氏，景濂，字也。其先家金華之潛溪，至景濂始自潛溪遷浦江，今爲浦江青蘿山人。"

《潛溪録》卷二鄭楷《翰林學士承旨嘉議大夫知制誥兼修國史兼太子贊善大夫致仕潛溪先生宋公行狀》(以下稱《宋公行狀》)："先生諱濂，字景濂，世爲婺之金華人也。其先有諱憲者，官大理丞，爲《易》講師，弟子衆至數千人。唐武德間，自京兆尹遷吴興。更十四世，有諱榮者，私謚文通先生，通《尚書》《春秋》，周廣順中，徙於義烏，隱居覆釜山。又七世，至宋嘉定初有諱柏者，復遷金華，其地曰潛溪。又五世,乃至先生,始遷浦江仁義里之青蘿山,仍以'潛溪'扁其所居,示不忘本也。"

少年早慧,善屬詩文,嘗操觚賦詩,動則十餘首。

《潛溪録》卷二鄭濤《宋潛溪先生小傳》:"年六歲,入小學,其師包文叔(按,包廷藻,字文叔,號南澗子)授以李瀚《蒙求》,一日而盡,自後日記二千餘言。諸生同肄學者,日暮罷歸,其所讀書,景濂皆成誦。"

宋濂《蘿山集》卷首鄭濤《宋太史詩序》:"惟先生七歲而善屬文。"

鄭濤《宋潛溪先生小傳》:"九歲頗學爲詩,有道士樓節翁至,或命賦詩爲贈,景濂操筆輒成四韻,有'步罡隨踢脚頭斗,噀水能轟掌上雷'之句,衆因目爲神童。烏傷賈伯達,豪俊之士也,亟許以女歸焉。"

宋濂《芝園前集》卷三《南澗子包公碣》:"濂之祖太常府君與南澗子相友善,嘗延於家塾,俾諸孫師事之,而濂甫十二齡,亦預其列,操觚賦詩,動則十餘首,南澗子酷愛之。既而濂以家單,稍不事觚翰,南澗子移書於先君尚書公曰:'公之子終成偉器,豈可使嬰世利而志不專耶?外物去來,猶春花之開落,唯問學乃身中之至寶耳。'先君深悟其言,命擔簦遠游,至今幸忝簪纓之末,皆助導之功也。"

泰定二年至天曆二年(1325—1329),接見高明,接觸方外,結交同道。

鄭濤《宋潛溪先生小傳》:"景濂家素貧,力不能致名師儒,而鄉中授徒者皆畏景濂,又莫敢爲之師。自是或作或輟者十年。"

鄭楷《宋公行狀》:"年十五六,里人張繼之,長者也。聞先生善記誦,邀至別墅所,問以四書經傳若干日可通倍,先生以一月爲答。初,繼之不之信,抽架上雜書,俾即記五百言。先生以指爪逐行按之,按畢輒倍,一字不遺。繼之告先生之父尚書公曰:'是子天分非凡,當令從名師,即有成爾。'乃携入府城,受業於聞人夢吉先生。授以《春秋》三《傳》之學。凡學《春秋》者,皆苦其歲月先後難記。先生即並列國紀年,能悉記之,但舉經中一事,即知爲魯公幾年幾月,是年實當列國某君幾年幾月。或俾書而覆之,無少异者。且兼通《易》《書》《詩》及《周禮》諸經。"

王禕《王忠文公文集》卷二十一《宋太史傳》:"年十五六,里人有張繼之,長者也,告其父曰:'是子天分非凡,當令從名師,即有成爾。'乃携之入府城,裨受業聞人夢吉先生。習《易》《詩》《書》《春秋》,通焉。爲舉子業,課試每居諸生右。"

宋濂《芝園續集》卷一《天龍禪師無用貴公塔銘》:"丁卯春正月,笑隱訢公言千岩行業於行宣政院,將俾出世住大禪坊,千岩竟遁逃不見使者。久之,夜渡濤江,東走烏傷伏龍山,師復與之俱。"

宋濂《潛溪後集》卷八《佛慧圓照廣無邊普利大禪師塔銘》:"濂初往伏龍山見師,師吐言如奔雷。時濂方尚氣,頗欲屈之,相與詰難數千言,不契而退……因締爲方外之交垂三十年。"

宋濂《鑾坡後集》卷七《千岩禪師語録序》:"往予家居時,常謁千岩禪師於烏傷伏龍山,當時是,遐邇學子望風奔凑。"

宋濂《文憲集》卷二十二《玉龍千户所管民司長官樓君墓誌銘》:"初,余年十九,負笈入婺城之南,受經説於聞人先生,會彦珍亦從烏傷來卒業。余家抵彦珍所居僅半舍,不能一識,至是始及見之,歡如平生。彦珍少余四歲,肌膚若玉雪,服飾鮮潔,容止閑雅,一何介貴公子也。"

至順元年至至元元年(1330—1335),遇見名師,學有指授。

鄭濤《宋潛溪先生小傳》:"同里胡君仲申,時受學浦江吴公立夫,吴公亦鄉貢進士,以文章名家。仲申從之游,深得其學。每見景濂,輒加獎譽,且謂曰:'舉子業不足煩景濂,曷學古文辭乎?'仲申,景濂所畏者,聞其言甚喜。於是復從吴公游,益取經史及諸子百家之書而晝夜研窮之。凡三代以來古今文章之洪纖高下,音節之緩促,氣焰之長短,脉絡之流通,首尾之開闔變化,吴公所受於前人者,景濂莫不悉聞之,於是其學大進。繼登待制柳公道傳、侍講黄公晉卿之門,益講求其未至。"

王禕《宋太史傳》:"其友胡君翰曰:'舉子業不足爲,景濂盍爲古文辭乎?'遂與俱往浦陽,從吴萊先生學。吴先生博極經史,善爲古章句。景濂學之,悉得其藴奥。久之,文章之名藉然著聞矣。……當是時,鄉先生翰林待制柳公貫、翰林侍講學士黄公溍,皆大儒,天下所師仰,景濂又各及其門,執弟子禮。而此兩公者,則皆禮之如朋友。柳公曰:'吾邦文獻,浙水東號爲極盛。吾老矣,不足負荷此事。後來繼者,所望惟景濂。以絶倫之識,而濟以精博之學,進之以不止,如駕風帆於大江中,其孰能御之?'黄公曰:'吾鄉得景濂,斯文不乏人矣!'景濂所爲文,多經二公所指授。"

鄭濤《宋太史詩序》:"當是時,浦陽深褭吴公萊以能詩聞,蓋吴公受詩於同里仙華山人方公鳳。方公與粤謝君翱、括吴君思齊游。三君子皆以風雅相高,名重一時。若鄉先達内翰柳公貫、侍講黄公溍咸就學焉。吴公,方公孫婿也。從幼隨杖屨,而其所得於三君子者最深。先生年二十時,橐其所爲詩往見之。吴公讀已,謂先生:'子欲應世用邪?則諸詩誠過人矣!若曰追轍古作,則未能窺其藩翰,况閫奥乎!"

至元元年至至正九年(1335—1349),執教麟溪,文名遠播。

宋濂《宋學士文集》卷二十六《蘿山遷居志》:"元重紀至元元年乙亥正月十五日,授經浦江義門鄭氏。久之,以其家九葉同居,乃願卜鄰焉。相地於仁義里孝門橋之上。其地直縣東三十里,有山曰青蘿。"

《潛溪録》卷三鄭楷《翰林學士承旨宋公墓誌》:"年二十五,授徒於義門鄭氏。是時義門六世家長大和,方著《規範》示子孫,公爲參定之。"

至正元年(1340),始撰《浦陽人物記》,至正十年刊成。

戴良《九靈山房集》卷六至正十年《浦陽人物記序》:"《浦陽人物記》一書,監縣廉侯(按,名阿年八哈)到官之初年,始請縣人宋景濂氏撰成之。記凡二卷,分爲五類,合二十有九人。廉侯將刻梓以傳,而俾良爲之序。……使夫一縣之内,數百年之間,忠君孝父之則,施政爲學之方,以及女婦之範模,莫不粲然具備,交見乎吾前。"

《潛溪録》卷四鄭濤至正十年《浦陽人物記序》:"浦陽人物載於鄱陽洪氏《郡志》者,不過蔣邵、張敦、傅柔、楊扶、陳太竭、何千齡六人而已。邑之儒先朱氏,因之以撰縣志,别出新意,析爲四門。……三山謝氏最後出,獨取執禮及萬,益以梅溶、倪朴,作《浦汭先民傳》。金華宋景濂氏讀而非之,謂洪氏紀載既甚簡略,又不宜失時代後先;朱氏亦不宜以會稽之人參於浦陽,善附之臣入於名節,庬辭幻學之流儕於士類;謝氏取捨謹嚴,雖或差强人意,亦不宜引枝蔓浮辭,而於事實反多遺闕。於是潛精積思,稽采史傳,旁求諸儒之所記録,上下數百年間,一善不遺。先之以忠義、孝友,次之以政事、文學、貞節,合二十九人,區分類聚,勒成一家之言,號之曰《人物記》。其文奮迅而感慨,微婉而精深,有類歐陽文忠公《五代史記》之作,非抱良史材者能之乎?"

《潛溪録》卷四歐陽玄至正十年《浦陽人物記序》:"浦陽爲婺屬邑,异時人物彬彬輩出。陳孝子以卓行聞,梅節愍以忠義顯,王忠惠以政事著,倪石陵以文學稱,與夫制行衡門,流聲天闕,其事可紀者尚多。考之信史,或載與否。金華宋景濂有感於斯,亦以所聞述《浦陽人物記》二卷。上而忠君事親,治政講學,下暨女婦之節,可以爲世鑒者，悉按其實而列著之，不以一毫喜愠之私而爲予奪，何其至公而甚當也！噫！立言之法，惟其公而已。惟其公也，非惟不因喜愠論人，亦不以窮達觀人，但察其賢否爲何如耳。……景濂爲文，序事極有法，議論則開闔，精神氣昌不少餒，復深惜其沉困在下而未能遇也。"

《潛溪録》卷四戴殿泗《浦陽人物記序》："元至正元年監縣廉侯阿年八哈來莅浦陽，興廢舉墜，有古循吏風。到縣未幾，即奉幣請縣人宋公景濂氏撰《浦陽人物記》二卷，鋟梓行世，以訓厲邑之人。於時公始自金華來遷縣之青蘿山，與麟溪鄭氏比鄰，講道蓄德，却翰林之聘，隱然聲望動海内。其爲記也，本《春秋》褒貶之旨，暢馬、班雄瑋之辭，上稽正史，旁采縣經，下搜各家譜乘誌銘之作，並其當身游歷所稔聞確見者，去取嚴而論斷核，其志將以廉頑立懦、寬鄙敦薄，使讀是書者，百世之下猶將油然興起也。"

至正三年(1343)，築青蘿山房，著《青蘿山雜言》。

《(萬曆)金華府志》卷三："青蘿山：縣東三十里，元至正三年，宋濂築青蘿山房，自金華徙家於此，所著有《青蘿山雜言》。"

至正九年(1349)，薦授將仕郎、翰林國史院編修官，固辭，入山著《龍門子凝道記》等書。

宋濂《宋學士文集》卷十八《故翰林侍講學士中順大夫知制誥同修國史危公新墓碑銘》："私念公相知特深，在前朝時欲引薦入史館。"

鄭楷《宋公行狀》："至正己丑，用大臣薦，擢先生將仕佐郎、翰林國史院編修官。自布衣入史館爲太史氏，儒者之特選。先生以親老，不敢遠違，固辭。會世亂，益韜閉不事表顯，乃與弟子入龍門山，著書二十四篇，曰《龍門凝道記》，及著《孝經新説》《周禮集注》等書。"

王禕《宋太史傳》："至正中，用大臣薦，擢將仕佐郎、翰林國史院編修官。自布衣入史館爲太史氏,此儒者之特選,而景濂素不嗜仕進,固辭,避不肯就。會世亂,益韜閟,不欲事表顯,乃入小龍門山著書。書成二十四篇,曰《龍門子凝道記》。又著《孝經新説》《周禮集注》等書,皆傳於學者。”

《潛溪録》卷四李濂《龍門子凝道記後》:“《龍門子凝道記》三卷,景濂在至正間屏居小龍門山中所著。方是時,元政不綱,乃隱而不見,操觚撰述以待天下之清。……是編尤其精藴,所寓宜與《郁離子》並觀。傳曰:‘笙磬同音,惟房與杜。’愚亦曰:‘斧藻同文,惟劉與宋。’”

《潛溪録》卷四徐禮《龍門子凝道記序》:“觀其在龍門之日,著書立言,有及乎此,雖若不敢以斯道自任,亦見其有不得而辭者矣。……昔程正叔序明道文曰:‘孟子之後,一人而已。’予亦曰:‘晦庵之後,一人而已。’歸即壽諸梓,以廣人之所秘,庶吾浙之學者,知吾浙爲有人,起其景慕之心,而繼其志,則先生之道傳諸千載而無所愧云。”

至正十年(1350),與戴良編輯《柳待制文集》成,付梓。

《柳待制文集》卷首余闕《柳待制文集叙》:“余在秋官時,始識先生,嘗一再與之論文,甚歡。比以公事過其家,問其子孫,得其遺文凡若干篇。因使先生弟子宋濂、戴良彙次之,將畀監縣廉君刻之浦江學官。世有欲徵我朝方新之文者,此其一家之言也,必有取焉,因題其卷首以俟。至正十年八月丁祀日,武威余闕序。”

《柳待制文集》卷首危素《金華柳先生文集序》:“先生既没,門人戴良、宋濂類輯爲二十卷,而屬素序之。”

《柳待制文集》卷首蘇天爵《柳待制文集叙》:“文集二十卷,別集又二十卷,皆公門生宋濂、戴良所彙次云。”

至正十五年(1355),與王褘編輯《金華黄先生文集續稿》成。

貢師泰《貢禮部玩齋集》卷六《黄學士文集序》:"翰林侍講學士金華黄先生文集,總四十三卷。其《初稿》三卷,則未第時作,監察御史臨川危素所編次。《續稿》四十卷,則皆登第後作,門人王褘、宋濂所編次也。"

至正十九年(1359),應朱元璋聘爲婺州郡學《五經》師。

《明太祖實録》卷七:"(己亥正月)庚申,命寧越知府王宗顯開郡學,延儒士葉儀、宋濂爲《五經》師。"

《明史》卷一百二十八《宋濂傳》:"逾十餘年,太祖取婺州,召見濂。時已改寧越府,命知府王宗顯開郡學,因以濂及葉儀爲《五經》師。"

洪武二年至三年(1369—1370),任《元史》總裁官,爲《元史》修撰訂立體例,書成,除翰林學士、亞中大夫、知制誥、兼修國史。

鄭楷《宋公行狀》:"洪武二年,詔徵先生總修《元史》。六月,除翰林學士、亞中大夫、知制誥,兼修國史。時編摩之士皆山林布衣,發凡舉例,一俾於先生。先生通練故事,筆其綱領及紀傳之大者,同列斂手承命而已。逾年書成,先生之功居多。"

《明史》卷一百二十八《宋濂傳》:"洪武二年,詔修《元史》,命充總裁官。是年八月史成,除翰林院學士。明年二月,儒士歐陽佑等采故元元統以後事迹還朝,仍命濂等續修,六越月再成,賜金帛。"

宋濂《宋學士文集・鑾坡前集》卷一《元史目録後記》:"洪武元年秋八月,上既平定朔方,九州攸同,而金匱之書悉輸於秘府。冬十有二月,乃詔儒臣發其所藏,纂修《元史》,以成一代之典。而臣濂、臣褘實爲之總裁。明年春二月丙寅開局,至秋八月癸酉書成,紀凡三十有七卷,志五十有三卷,表六卷,傳六十有三卷。丞相宣國公臣善長率同列表上,已經御覽。至若順帝之時,史官職廢,皆無實録可徵,因未得爲完書。上復詔儀曹遣使行天下,其涉於史事者,令郡國上之。又明年春二月乙丑開局,至秋七月丁亥書成,又復上。進以卷計者,紀十、表二、傳三十又六,凡前書有所未備,頗補完之。"

洪武初,多次任會試考試官,衡裁天下士子。

鄭楷《翰林學士承旨宋公墓誌》:"(洪武)三年庚戌,考京畿鄉試,遷奉議大夫、國子司業。四年辛亥,考試天下士。"

談遷《國榷》卷四:"(洪武四年二月)壬申,始會試,命耆儒鮑恂、翰林學士宋濂主禮闈。"

《明史》卷七十《選舉志二》:"時以天下初定,令各行省連試三年,且以官多缺員,舉人俱免會試,赴京聽選。又擢其年少俊异者張唯、王輝等爲翰林院編修,蕭韶爲秘書監直長,令入禁中文華堂肄業,太子贊善大夫宋濂等爲之師。"

洪武六年(1373),升翰林侍講學士,纂修《大明日曆》。

鄭楷《翰林學士承旨宋公墓誌》:"六年癸丑,升翰林侍講學士、中順大夫、知制誥,同修國史,仍兼太子贊善大夫。奉旨纂修《大明日曆》一百卷。"

洪武十年(1377),致仕歸浦江。

《(雍正)浙江通志》卷二百八十:"宋太史濂乞歸時,御製詩二句餞之云:'白下開尊話别離,知君此後迹應稀。'濂續云:'臣身願作衡陽雁,一度秋風一度歸。'上悦,賜白金緡幣文綺,曰:'與汝作百歲衣也。'自是歲一朝焉。"

洪武十三年(1380),以未至京師朝覲惹殺身之禍,又以孫宋慎涉胡惟庸案而舉家連坐,宋濂以馬皇后等力救而徙四川茂州。

按，野史載，宋濂致仕之際，與朱元璋約定每歲一朝，是年未至，朱元璋欲殺之，以馬皇后勸阻而赦免。此事王鏊《震澤紀聞》、徐禎卿《剪勝野聞》有記，正史未載。

鄭楷《宋公行狀》："十三年冬，先生孫慎以罪被刑，舉家當寘重辟，上念先生，特降赦，安置茂州。"

《明史》卷一百一十三《太祖孝慈高皇后傳》："學士宋濂坐孫慎罪，逮至，論死。后諫曰：'民家爲子弟延師，尚以禮全終始，況天子乎？且濂家居，必不知情。'帝不聽。會后侍帝食，不御酒肉。帝問故，對曰：'妾爲宋先生作福事也。'帝惻然，投箸起。明日赦濂，安置茂州。"

洪武十四年(1381)，宋濂卒於夔州。

鄭楷《宋公行狀》："十四年五月二十日，先生以疾卒於夔府，臨歿端坐，斂手而逝。當是時，夔州府守官吏皆來賻贈哭奠，遂葬於夔府之西蓮華池山下。"

鄭楷《翰林學士承旨宋公墓誌》："公歸青蘿山三年，以慎坐法，舉家謫居灌陽。公至夔門卧病，不食者二十日。晨起索紙筆書《觀化帖》，端坐而逝。十四年辛酉五月二十日也。"

按，明末關於宋濂之死，逐漸有"自經"說法。

談遷《國榷》卷七："至夔州，宿僧舍，嘆曰：'佛書報應以類，何爽也！'夕自經。年七十三。"

王鏊《震澤紀聞》卷上："憩某寺，有老衲。濂與之語曰：'吾聞内典，善惡必以類報，吾平生所爲，自以爲無愧，何至是乎？'僧良久曰：'先生於勝國嘗受官耶？'曰：'編修。'僧默然。濂是夜自經死。此説未識然否，漫識之。"

按，王崇炳《金華徵獻略》卷十二《文學傳》："論曰：明初金華有魁儒者五人：曰宋景濂、王子充、胡仲申、蘇平仲、吴濬仲。惟仲申以不仕獲全。子充殺身成仁,可謂克終,餘則皆死於罪。拔茅彙征,駢首受戮,群儒之劫。適丁泰運,千古而下爲之吁嘆。"

明初國家著述,多任總裁,主持纂修。

鄭楷《宋公行狀》:"先生在朝日久,若郊社、宗廟、山川、百神之典,朝享、宴慶、禮樂、律曆、衣冠之制,四夷朝貢賞賚之儀,及勛臣名卿焯德耀功之文,承上旨意,論次紀述,咸可傳於後世。"

洪武七年(1374),總裁纂修《大明日曆》成,又爲《皇明寶訓》。

鄭楷《宋公行狀》:"(洪武六年)八月,奉旨纂修《大明日曆》一百卷,擇言行之大者爲《寶訓》五卷。先生總裁其事,朝夕禁中,至七年五月乃成。"

《潛溪録》卷二應廷育《金華先民傳》:"又奉詔總裁纂修《大明日曆》一百卷,擇言行之大者爲《寶訓》五卷。"

同年,考定喪禮服制,纂成《孝慈録》。

《明史》卷六十《禮志十四》:"明初頒大明令,凡喪服等差,多因前代之舊。洪武七年,《孝慈録》成,復圖列於《大明令》,刊示中外。……乃敕翰林院學士宋濂等……考定喪禮……於是濂等考得古人論服母喪者凡四十二人,願服三年者二十八人,服期年者十四人。"

同年,編成《明太祖文集》(五卷)。

宋濂《宋學士文集·翰苑續集》卷四《恭題御製文集後》:"於是敬録如上文與詩凡五卷,續有制作,復編類爲後集云。翰林侍講學士、中順大夫、知制誥、同修國史兼太子贊善大夫臣宋濂拜手稽首謹書。"

洪武八年(1375),編成《洪武聖政記》二卷、《洪武正韻》十六卷。

宋濂《宋學士文集·翰苑續集》卷十《洪武聖政記序》:“臣備位詞林,以文字爲職業,親見盛德大業日新月著,於是與僚屬謀取其有關政要者,編集成書,列爲上下卷,凡七類,合若干條,名曰《洪武聖政記》。”

宋濂《宋學士文集·翰苑續集》卷二《洪武正韻序》:“翰林侍講學士臣樂韶鳳、臣宋濂……欽遵明詔,研精覃思,壹以中原雅音爲定,復恐拘於方言,無以達於上下,質正於左御史大夫臣汪廣洋、右御史大夫臣陳寧、御史中丞臣劉基、湖廣行省參知政事臣陶凱,凡六謄稿,始克成編。其音諧韻協者并之,否則析之。義同字同而兩見者合之,舊避宋諱而不收者補之,注釋則一依毛晃父子之舊,勒成一十六卷,計七十六韵,共七十萬言。書奏,賜名曰《洪武正韻》,敕臣爲之序。”

平生著述豐富,尤以《潛溪集》卷帙浩繁。

鄭楷《宋公行狀》:“先生所著文有《潛溪集》四十卷,《蘿山集》五卷,《龍門子》三卷,《浦陽人物記》二卷,已傳於學者,《翰苑集》四十卷,《芝園集》歸田已後所著,計四十卷。”

按,宋濂《潛溪集》前後編刊有幾次,至正十五年(1355)完成的《潛溪集》,有十卷約六萬字,又被稱作《潛溪前集》,有陳旅、歐陽玄、王禕等爲序。至正十六年(1356),鄭泳又增刻是集,楊維楨有序,以序言後於集子刊出時間,未收入集中,楊維楨稱《潛溪後集》,實際爲《潛溪集》。至正十七年(1357)完成的《潛溪集》又稱《潛溪後集》,十卷,有趙汸、張以寧、劉基、孔克仁、張兑、李岦序,鄭淵跋;《潛溪集》又增加續集内容,亦十卷,有王晉、陳秉夷、陳綱序。另又有《潛溪别集》十卷,鄭泳有序。洪武三年(1370),又刻《潛溪新集》,又稱《翰苑集》《鑾坡集》,楊維楨、揭泫有序。洪武八年(1375),潛溪前、後、續、别彙總刊刻,被稱作《潛溪大全集》,朱右、貝瓊等有序。再刻《潛溪文粹》十卷補遺一卷,劉基、鄭濟、樓璉有序。建文時期,又刻《潛溪續文粹》,林佶有跋。

主張爲文經史合流,會通百家。

王禕《宋太史傳》載:"景濂於天下之書無不讀,而析理精微,百氏之説,悉得其指要。至於佛、老氏之學,尤所研究,用其義趣,製爲經論,絶類其語言,置諸其書中,無辨也。青田劉君基謂其'主聖經而奴百氏,馳騁之餘,取老、佛語以資嬉劇,譬猶飫粱肉而茹苦荼、飲茗汁耳'。"

宋濂《元史》卷一百八十九《儒學傳》:"前代史傳,皆以儒學之士,分而爲二,以經藝顓門者爲儒林,以文章名家者爲文苑。然儒之爲學一也,《六經》者斯道之所在,而文則所以載夫道者也。故經非文則無以發明其旨趣,而文不本於六藝,又烏足謂之文哉?由是而言,經藝文章,不可分而爲二也明矣。"

文章轉益多師,博通經史子集,時取老、佛語以資嬉戲。

王禕《王忠文公文集》卷五《宋景濂文集序》:"吾友宋君景濂,早受業立夫氏,而私淑於吴氏、張氏,且久游柳、黄二公之門,間又因許氏門人,以究夫道學之旨。其學淵源深,而培植厚,故其爲文富而不侈,核而不鑿,衡縱上下,靡不如意。其所推述,無非以明夫理,而未嘗爲無補之空言。苟即其文以觀其學術,則知其足以繼鄉邦之諸賢,而自立於不朽者遠矣。"

歐陽玄《圭齋文集》卷七《潛溪後集序》:"宋君雖近出,其天分至高,極天下之書無不盡讀。大江以南,最號博學者也。以其所藴,大肆厥辭,其氣韻沉雄,如淮陰出師,百戰百勝,志不少慑;其神思飄逸,如列子御風,翩然褰舉,不沾塵土;其辭調爾雅,如殷鼎周彝,龍紋漫滅,古意獨存;其態度多變,如晴躋終南,衆皺前陳,應接不暇。非才具衆長，識邁千古，安能與於斯？雜於古人篇章中，蓋甚難辨。唯真知文者，始信予言之弗謬。予在翰林也久，海内之文無不得寓目焉，求如宋君，何其鮮也！苟置之承明、奉常之署，使掌製作，豈不能黼黻一代乎？”

《潛溪録》卷四劉基《潛溪後集序》：“景濂舊居金華，從故待制柳先生、侍講黄先生游，二先生皆以文章鳴於世。景濂合二先生之長，上究六經之源，下究子史之奥，以至釋、老之書，莫不升其堂而入其室。其爲文則主聖經而奴百氏，故理明辭腴，道得於中，故氣充而出不竭。至其馳騁之餘，時取老、佛語以資嬉戲，則猶飫粱肉而茹苦荼、飲茗汁也。”

《潛溪録》卷四孔克仁《潛溪後集序》：“金華宋景濂先生，醇乎儒者也，經、史、子、集，無不通貫，舉其辭義，如河流滂沛，不待疏決，自無壅窒。如庖丁解牛，不待鼓刀，自得肯綮之妙。”

《潛溪録》卷四李耑《潛溪後集序》：“先生根於天者，純明温厚；得於學者，裔弘通溥。故其事於文也，浩然不知其津涯，渾渾乎深而有歸。本之六經以求其源委，參之群史以廣其波瀾。存神足以發其智，養氣足以昌其辭。氣充而神完，神完則其言之變化出入不可測，心之運用不可知，而行以之著，道以之顯，其人文之所崇歟？”

其文風格雄麗温雅，語高而旨深，踵武黄溍、柳貫，聲聞海内。

王禕《宋太史傳》：“景濂爲文，初若不經思，而用意極精密，浩浩乎莫窺其際，源源乎不知其所窮，洋洋乎不見其有所不足也。……柳公謂其渾雄可喜，黄公謂其雄麗而温雅。莆田陳君旅，知言士也，爲之序曰：‘柳公之文，龐鬱隆凝，如泰山之雲，層鋪叠涌，杳莫窮其端倪；黄公之文，清圓密切，動中法度，如孫吴用兵，神出鬼没，而部伍不亂。景濂之文，其辭韵沉鬱類柳公，體裁簡嚴類黄公。大哉文乎，其不可無淵源乎！’蓋以景濂爲能兼二公之所長矣。翰林學士承旨廬陵歐陽公玄,於二公爲行輩,嘗評景濂文:'氣韻沉雄如淮陰出師,百戰百勝,志不少懾;神思飄逸如列子御風,翩然騫舉,不沾塵土;辭調爾雅如殷卣周彝,龍紋漫滅,古意獨存;態度多變如晴霽終南,衆皺前陳,應接不暇。非才具衆長,識邁千古,安能與於斯?'其爲當世所稱許如此。於是二公相繼即世,而景濂踵武而起,遂以文章家名海内。"

陳旅《安雅堂集》卷五《宋景濂文集序》:"天曆以來,海内之所宗者,唯雍虞公伯生、豫章揭公曼碩二公而已。二公之所指授,其必有异於庸常哉。設以韓愈氏方之二公,則濂當在李翺、皇甫湜之列也。"

《潛溪録》卷四趙汸《潛溪後集序》:"其於爲文,直以才高思敏,舒之斂之,無適不宜,而未嘗有意於作焉。當其發憤擇術,直詆辭章爲淫言,葩藻爲宿穢,期於剗削刊落,以徑趨乎道德之途,而於吕公猶惓惓咏思嘆慕,若不能自已於言者。則其於輕重之類,得失之幾,察之明矣!"

《潛溪録》卷四張以寧《潛溪後集序》:"先生之文,其進於韓氏之爲乎?其言理直而不枝,其叙事贍而不蕪。鹵疏而極嚴縝,恣縱而甚精深,簡質而自弘麗,敷腴而復頓挫,非有意於爲艱,亦奚心於徇易?所向而合,靡事鑱削,旁通釋老,咸得其髓。蓋夫韓之於文,始乎戛戛陳言之務去,成於渾渾然覺其來之易。先生之進於韓,其有悟於是乎?"

《潛溪録》卷四張兑《潛溪後集序》:"景濂之文,余得而讀之。其折衷諸子,問答衆理,與凡肆筆之作,皆語高而旨深。蔚如也若虎鳳,鏘如也若韶英,浩如也若江河之流轉,炳如也若日星之宣朗。其理明而文成,承旨歐陽公之序之悉也,予無以加之也,而何以言爲哉?嘗竊稽之歷古之文多矣,余不欲僭陳之矣。若今之文,則以雄健之作而倡之者,姚文公也,蓋今之韓、歐氏也。追而和之者,有虞文靖焉,其文清以贍;有宋正獻焉,其文雅以奥;有謝文安焉,其文嚴以重;有承旨歐陽公焉,其文弘以暢。若侍講黄先生之文,則典以則焉者也。於其典以則也,而又能擴充之,與數公並驅者,則景濂其人焉。”

《潛溪録》卷四孔克仁《潛溪後集序》:“其作爲文章,法度森嚴,無冗長語,温潤者又如玉産藍田,粹然不見其瑕疵也。瑩潔者又如珠孕合浦,粲然不睹其橢窪也。舂容典重者又如金鐘大鏞,動中律吕,皦然不聞其亂雜之聲也。”

爲人端謹,德尊而不居,位顯而彌恭。

鄭楷《宋公行狀》:“先生德尊而不居,位顯而彌恭,既司制作之柄,造門求文之士先後相繼,蠻夷朝貢者數問先生安否。日本得《潛溪集》,刻板國中。高句麗、安南使者至,購先生文集,不啻拱璧。而先生躬然自持,似不能言者。遇人拜,雖三尺童子必詘膝而首下焉。至於公侯貴人,則未嘗降下,曾不識其門何向。朝廷有大議,闇闇引古今,辯説不少有所回。性命之理,晚而益究其極,外物之往來,視之若不相干。嘗曰:‘古人之爲學,使心正身修,措之行事,俯仰無愧而已。繁辭複説,道之蔽也。’……日本使奉敕請文以百金爲獻,先生却不受。上以問先生,先生對曰:‘天朝侍從之官而受小夷金,非所以崇國體也。’上深然之。貧賤人情有可哀,欲發潛振幽,即欣然爲之。先生四持文衡,試天下士,得人爲多。接引後學,惟恐弗及,遠方來者,授館而飲食之,雖久不衰。有小善必衆譽之,色温氣和,近其側者如大寒之加重裘,盛暑之濯清風也。天下之能文者,多經先生指授,朝廷英俊,皆以先生爲法。”

澤被一代,榮名及於身後。

《明史》卷一百二十八《宋濂傳》:“濂狀貌豐偉,美鬚髯,視近而明,一黍上能作數字。自少至老,未嘗一日去書卷,於學無所不通。爲文醇深演迤,與古作者並。在朝,郊社宗廟、山川百神之典,朝會宴享、律曆衣冠之制,四裔貢賦賞勞之儀,旁及元勛巨卿碑記刻石之辭,咸以委濂,屢推爲開國文臣之首。士大夫造門乞文者,後先相踵。外國貢使亦知其名,數問宋先生起居無恙否。高麗、安南、日本至出兼金購文集。四方學者悉稱爲'太史公',不以姓氏。雖白首侍從,其勛業爵位不逮基,而一代禮樂制作,濂所裁定者居多。"

《四庫全書》卷一百一《文憲集》提要:"《劉基傳》中又稱:'所爲文章,氣昌而奇,與濂並爲一代之宗。'今觀二家集,濂文雍容渾穆,如天閑良驥,魚魚雅雅,自中節度;基文神鋒四出,如千金駿足,飛騰飄瞥,驀澗注波。雖皆極天下之選,而以德以力,略有間矣。方孝孺受業於濂,努力繼之,然較其品格,亦終如蘇之與歐。蓋基講經世之略,所學不及濂之醇。孝孺自命太高,意氣太盛,所養不及濂之粹矣。"

《潛溪録》卷三戚雄《金華宋公祠記》:"先生,天下士也。其事業在朝廷,行義在國史,學術在論著,進以羽儀天下,退以淑其鄉人。"

《潛溪録》卷三薛應旂《浦江宋先生祠堂碑》:"金華之學,自東萊吕成公倡之,而何、王、金、許四賢相繼而出。説者謂爲朱學世適,今其立言著論,昭然具在,固非後人之所敢擬議者。然要皆聖門之羽翼也。先生繼起是邦,遭逢聖主,文章事業掀揭宇宙,士人籍籍,咸稱名臣,已極誇夸詡,至其所深造自得者,上躋聖真,直達本體,則反爲文章事業所掩,而不得明預於理學之列。"

《潛溪録》卷三安洪德《復潛溪祠爲書院碑記》:"公爲開明人文之冠,其學本於黄晉卿,再傳爲方正學,迹其承備顧問,輔導青宫,皆粹然純儒之論。"

參考文獻:

1. 宋濂《宋學士文集》,明正德刊本。

2. 王褘《王忠文公文集》,明嘉靖刻本。

3.《宋濂全集》新編本,浙江古籍出版社 2014 年版。

4. 王崇炳《金華徵獻略》,清雍正十一年刻本。

5. 談遷《國榷》,中華書局 1958 年版。

6. 宋濂等《元史》,中華書局 1976 年版。

7. 張廷玉等《明史》,中華書局 1965 年版。

8. 貢師泰《貢禮部玩齋集》,明嘉靖刻本。

9. 王鏊《震澤紀聞》,清嘉慶十一至十七年虞山張氏刻借月山房彙鈔增修本。

10. 陳旅《安雅堂集》,清鈔本。

11. 柳貫《柳待制文集》,《四部叢刊初編》景元至正本,上海書店 1989 年版。

12. 戴良《九靈山房集》,《四部叢刊初編》景明正統本,上海書店 1989 年版。

13. 歐陽玄《圭齋文集》,《四部叢刊初編》景明成化本,上海書店 1989 年版。

14. 危素《説學齋稿》,《文淵閣四庫全書》本,上海古籍出版社 1987 年版。

15. 宋濂著、黄靈庚校點《宋濂全集》,人民文學出版社 2014 年版。

（邱江寧）

袁凱傳

袁凱,字景文,號海叟。其先蜀人,占籍松江華亭。約生於元武宗至大三年(1310)。

張廷玉等《明史》卷二百八十五:"袁凱字景文,松江華亭人。……凱工詩,有盛名。性詼諧,自號海叟。"

陳威《(正德)松江府志》卷三十:"袁凱字景文,其先蜀人,占籍華亭。父介,字可潛,元末爲府掾,以詩名吴中。"

楊維楨《東維子文集》卷十九《改過齋記》載"凱先世由錦城僑兹之",亦可知其先爲蜀人。

按,楊維楨《改過齋記》載至正九年(1349)與晤袁凱,凱自稱"今年歲已强矣",古者"四十曰强",故推之凱當生於至大三年(1310)或稍前。可參見賀聖遂點校《袁凱詩集》(《全明詩》第二册,上海古籍出版社1993年版)前言。

幼孤力學,十五學經,二十學史。

楊維楨《改過齋記》載袁凱自述曰:"先子蚤世,而凱尚幼,力自樹立,頗知讀書屬文。既長,益有志於學。"

錢謙益《列朝詩集》甲集卷二"袁御史凱":"凱字景文,華亭人。自號海叟。父可潛,以詩鳴淞中。凱幼孤,力學。"

袁凱《海叟集》卷二《大醉後率爾三首》之二:"身是江南儒家

子,十五學經二十史。低回欲得聖賢心,浩蕩更覓先儒旨。……”《古意》:“十五志爲學,四海訪巨儒。”

楊維楨游松江,爲之作《改過齋記》。席上凱賦《白燕》詩,名動一時。

楊維楨《改過齋記》:“至正九年春,予游淞之明日,邢臺張叔温携數客來見。中一人,昂然長,癯然清,言議風發可畏。問爲誰,則曰:‘袁景文氏也。’明日,景文來請曰:‘……今年歲已强矣,欲改是過,故自顔其燕居之所曰“改過”,而日自省焉。敢求先生一言,以戒吾過,引吾不及以底於聖人之道。’予駭然异之,曰……景文起謝曰:‘疢疾者多矣,藥石我者,惟先生一人,敢不再拜,如先生教。’遂書諸齋爲記。”

《明史》卷二百八十五袁凱本傳:“初,在楊維楨座,客出所賦《白燕詩》。凱微笑,别作一篇以獻。維楨大驚賞,遍示座客,人遂呼‘袁白燕’云。”

袁凱《海叟集》卷三《白燕》:“故國飄零事已非,舊時王謝見應稀。月明漢水初無影,雪滿梁園尚未歸。柳絮池塘香入夢,梨花庭院冷侵衣。趙家姊妹多相忌,莫向昭陽殿裏飛。”

楊儀《驪珠雜録》:“常熟時大本賦《白燕詩》云:‘春社年年帶雪歸,海棠庭院月争輝。珠簾十二中間捲,玉剪一雙高下飛。天下公侯夸紫頷,國中儔侶尚烏衣。江湖多少閑鷗鷺,宜與同盟伴釣磯。’録呈楊鐵崖,鐵崖亟稱‘珠簾’‘玉剪’之句。袁景文在坐曰:‘詩雖佳,未盡體物之妙。’廉夫不以爲然。景文歸作詩,翌日呈之。鐵崖擊節嘆賞,連書數紙,盡散坐客。一時呼爲‘袁白燕’,以此得名。”

元末爲府吏,博學有才辯。張士誠據吴,松江頻遭戰亂,袁凱有詩記其事。

《明史》袁凱本傳:“元末爲府吏,博學有才辨,議論飆發,往往屈座人。”袁凱《海叟集》卷三《壬寅九日》:“野老園籬江水東,洋洋夕露滿幽叢。已教短髮從天白,未厭秋花特地紅。身世只今惟仗酒,安危從此不關儂。神交賴有陶徵士,避地休官意頗同。”

按,“壬寅”爲至正二十二年(1362),其云“避地休官”,當已致仕,爲府吏應在此之前。

《海叟集》卷三《北山雨望丙申三月一日時張士誠據吴》:“涷雨蕭條江上來,隨風霑灑氣幽哉。陸機茅屋終難住,伍相祠堂亦可哀。獨客飄飄何處去,孤帆寂寂幾時回。竹枝聲斷滄江暮,短髮無辜獨受催。”同卷《兵後大醉陶與權宅丙申九日》:“酒到愁腸味頗醇,花因白髮更精神。兒童休笑燈前舞,老子今存死後身。何處江湖爲樂土,誰家門户有閑人。多情獨有陶徵士,醉過清秋不厭頻。”

至正二十五年(1365)三月,王蒙來訪,爲袁凱作《雲山圖》。

《海叟集》卷二《王叔明畫雲山圖歌》:“有客來自高句麗,遺我一幅丈二紙。纖白只如松頂雲,光明不減吴江水。藏之篋笥今七年,妻孥愛惜如紈綺。至正乙巳三月初,王郎遠來訪老夫。升堂飲茶禮未畢,索紙爲畫雲山圖。初爲亂石勢已大,槖駝連拳馬牛卧。忽焉拔地高入天,欲墮不墮令人怕。其陽倒挂扶桑日,其陰積雪深千尺。日射陰崖雪欲消,百谷春濤怒相激。林下丈人心自閑,被服如在商周間。問之不言唤不返,源花漠漠愁人顔。老夫見之空嘆息,何由致我共絶壁。王郎王郎不愛惜,我買私酒潤君筆。”

又卷三《浦上木芙蓉盛開約黄鶴山人共觀》:“江浦芙蓉色正深,清霜點染更沉沉。孤舟曏日曾親見,短褐於今欲遠尋。已擬携樽同野客,不妨展席對沙禽。明年臂痛應全愈,移遍東園野木陰。”或是同年所作。

按,王蒙(1301—1385)字叔明,號香光居士、黄鶴山樵,吴興人，元末官理問，洪武初涉胡惟庸案，死於獄中。與黄公望、吴鎮、倪瓚並稱“元四家”。

洪武三年(1370)十月，授監察御史，頗有建言。

《明史》本傳：“洪武三年，薦授御史。”

《明太祖實録》卷五十七：“洪武三年冬十月丙辰朔，監察御史袁凱言：‘國家蕩平四方，固資將帥之力。然今天下已定，將帥多在京師，其精悍雄傑之士，智雖有餘，而於君臣之禮，恐未悉究。臣願於都督府延致通經學古之士，或五人，或三人，每於諸將朔望早朝後，俱赴都堂聽講經史。庶幾忠君愛國之心、全身保家之道，油然日生，而不自知也。天生人材，無非爲天下國家計，其群小無廉耻之人，有犯固不在赦，至於老成長者，或有過誤，宜加矜恕，養其廉耻，以收他日之功，則人材輩出矣。’上嘉納之，遂敕省臺延聘儒士於午門外番直，與諸將説書。”

《海叟集》卷二《新除監察御史辭貫涇别業》：“側席念賢俊，旁求逮凡鄙。謬當南宫薦，重此柏臺委。命嚴孰敢後，中夜去田里。鄰友贈予邁，切切語未已。妻孥獨無言，揮泪但相視。於時十月交，悲風日夜起。輕舟溯極浦，瑟瑟響枯葦。驚鳧亂沙曲，孤獸嗥荒市。回首望舊廬，烟霧空迤邐。撫膺獨長嘆，胡爲乃至此。顧予久縱誕，遠迹隨鹿豕。乃兹年已邁，精氣固銷毁。趨事深爲難，速戾將在是。皇恩倘嘉惠，還歸卧江水。”

洪武十五年(1382)，忤太祖，遂佯狂告歸。

夏燮《明通鑑》卷七：“洪武十五年……丙申，録囚，上命御史袁凱送皇太子覆訊，多所矜減。凱還，報，上問：‘朕與太子孰是？’凱頓首言：‘陛下法之正，東宫心之慈。’上以凱老猾持兩端惡之。凱懼，佯狂，免告歸。”

查繼佐《罪惟録·列傳》卷二十二:"袁凱字景文,别號海叟,松江人。負詩名,有《海叟集》行世。洪武中,以御史奉命同皇太子録囚,太子有所失,出,凱有'陛下法正,太子心慈'之奏。上以其持兩端,下獄。凱不飲食三日,上以太子故,遣人諭之食,尋釋之。凱懼禍,偶過金水橋,詭作風疾,仆不起。或云上疑其僞,以木鑽觸其膚,忍痛不爲動,放歸。凱毀形,嘗自縶行市。上使之者伺之,向使者唱《月兒高》,還報凱果風,得免。"

《海叟集》卷二《京師歸别業》:"郊園草已遍,雜卉駐餘春。游絲牽木杪,孤鶯鳴水濱。羈人懷舊居,日夕自傷神。遥遥千里途,豈復念苦辛。欣然入場圃,兒女各來親。當軒釋負擔,拂去衣上塵。老夫行役久,歸來志復伸。陶潛愛清風,張生思故蒓。援筆爲此詩,示我鄰里人。"

《海叟集》卷三《春日偶書》:"罷官御史府,屏迹五湖東。江水供漁釣,山花費酒筒。野情方浩蕩,高咏極春容。猶有春田事,還尋荷蓧翁。"當是告歸後所作。

隱居山水之間,倏然有出塵之趣。洪武十八年(1385)後卒。

錢謙益《列朝詩集》甲集卷二"袁御史凱":"生平負權譎,有才辨,雅善戲謔,卒以自免於難。歸田後,每背戴方巾,倒騎烏犍,往來峰泖間,好事者圖以入畫。……王叔明《秋山讀書圖》題云:'景文袁先生以布衣拜御史,數月,謝政歸。讀書淞水之陽九峰山中,倏然有出塵之趣,黄鶴山人王蒙爲寫其逸態云。'"

《海叟集》卷四《偕黄叔明、王元吉、錢伯雲、張夢辰、金彦振元夕觀燈會於蕭塘吴隱居景元家,舉酒屬客曰:"七人四百九十歲"爲首句,燈字爲韵,予賦此。時洪武乙丑也》:"七人四百九十歲,吴家堂上看花燈。皓首龐眉方滿座,金杯玉碗出清冰。三寸黄柑渾似蜜,百壺春酒況如澠。今日相逢總知己,老夫歡喜欲飛騰。"按,洪武乙丑爲洪武十八年(1385),爲袁凱目前詩中最晚明確繫年者。學界歷來多認爲袁凱卒永樂間,依據爲康熙本《海叟詩集外集》中袁凱在永樂甲申(1404)年與夏原吉唱和《一覽樓詩》,誤。該詩係輯自《(正德)松江府志》。

永樂二年(1404)夏原吉出賑華亭,登一覽樓有詩,其後録知府黄子威、錢溥、夏寅、袁凱等人所作和詩。其中黄子威所作和詩,當是和夏原吉之作,而錢溥、夏寅、袁凱等人和詩,則是其後追和。錢溥(1408—1488)字原溥,號九峰,松江華亭人,正統四年(1439)進士。夏寅(生卒年不詳),字時正,改字正夫,松江華亭人。正統十三年(1448)進士,曾任南京吏部主事進郎中,督江西學政。弘治初年,致仕歸。可知夏原吉作此詩時,錢溥、夏寅尚未出生,是追和無疑。而袁凱若在永樂二年尚存,已是九十五歲高齡,其所作和詩,排在錢溥、夏寅和詩之後,於理無據。《(正德)松江府志》中所録袁凱之詩,或是景泰二年(1451)進士袁凱(字舜臣),而非袁景文。

凱生性疏放,言行詼諧。

陶宗儀《南村輟耕録》卷二十八:"至正丙申春,張士誠僭號誠王,據有平江日,又以賄通松江僞尹鄭焕,署宰華亭。用酷刑朘剥,邑民恨入骨髓。郡士袁海叟有詩曰:'四海清寧未有期,諸公袞袞正當時。忽然一日天兵至,打破王婆醋鉢兒。'或者不知醋鉢之義,以問叟。叟曰:'昔有不軌伏誅,暴屍於竿。王婆買醋,經過其下,適索朽屍墜,醋鉢爲其所壓,着地而碎。王婆年老無知,將謂死者所致,顧謂之曰:'汝只是未曾吃惡官司來。'聞者皆絶倒。"

蔣一葵《堯山堂外紀》卷七十六:"袁景文初甚貧,嘗館授一富家。景文性疏放,師道頗不立。未幾,辭歸。其家别延陳文東壁。文東懲景文故,待弟子甚嚴。一日,景文來訪,文東適出,因大書其案云:'去年先生靡恃己,今年先生罔談彼。若無幾個始制文,如何教得猶子比。'文東善書,故云然。"

都穆《都公談纂》卷上:"袁景文善謔,洪武中雷擊邑中崔氏亭柱,景文撰俚詞,末云:'電光明滅處,争不把、衆人嫌的先下手。'或訐其指斥,祈之而免,後佯狂家居。故人朱慶餘乘長耳過其門,景文趨而揖之曰:'朱慶餘驢。'朱應聲曰:'此畜生非驢,乃獬廌截去角爾。'"

戴冠《濯纓亭筆記》卷六:"凱喜嘲謔,嘗賦虎詩及雷擊枯槐詞,其指皆有所諷刺,鄉人至今傳之,以辭俚不録。"

書學蘇軾,棱棱剛勁。詩古體學《文選》,近體學杜甫,含蓄渾厚,直逼盛唐,後人以不入"吴中四杰"爲憾。

吴升《大觀録》明賢詩翰姓氏卷十:"公書棱棱剛勁,時帶坡公體勢。余見大書三札,甚可愛。"

錢謙益《列朝詩集》甲集卷二載諸家評論云:"李獻吉曰:'海叟師法子美,集中詩《白燕》最下最傳,諸高者顧不傳。'何仲默曰:'我朝諸名家集,多不稱鄙意,獨海叟較長。叟歌行法杜,古作不盡是,要其取法,必自漢魏以來。'程孟陽曰:'海叟詩氣骨高妙,天然去雕飾,天容道貌,即之泠然。《古意》二十首,高古激越,雄視一代。七言古詩,筆力豪宕,鮮不如意。七言律詩,自宋元來學杜,未有如叟之自然者。野逸玄淡,疏蕩傲兀,往往得老杜興會。空同諸公,全不悟此。七言絶句,似乎率易,似古樂府,亦是老杜法脉。'"

朱彝尊《明詩綜》卷十八載諸家評論云:"張汝弼云:'景文渾厚含蓄,遠逼盛唐。'李賓之云:'凱詩專學杜。'……徐子元云:'景文師法少陵,格調高雅,奚止《白燕》!'莫子良云:'景文志窮騷雅,力挽頹靡,詩非少陵不道。是乃得其髓,不獨咀其華;領其神,不獨標其格。讀《在野集》寥寥數簡,令人有一唱三嘆之思焉。'王元美云:'袁景文如師手鳴琴,流麗有情,高山尚遠。'胡元瑞云:'仲默於國初詩，特推海叟，其詩氣骨出高、楊上，才情弗如也。'何元朗云：'袁景文古詩學《選》，近體字杜，格調最正。'顧玄言云：'景文才情遒拔，往往有奇語。'俞汝成云：'誦海叟詩，知爲恬澹先幾之士。'"

《（正德）松江府志》卷三十："凱長身古貌，言議英發，尤長於詩，專學杜工部，如《客中除夕》《江上早秋》等作，雜之杜集中，殆不能辨。"

李夢陽《海叟集序》："叟詩法子美，雖時有出入，而氣格韵致，不在楊（維楨）下，其耿耿於叟者，要非一日矣。按集中詩《白燕》最下最傳，諸高者顧不傳。雲間故吴地，叟亦不與四杰列，皆不可曉者，夫毁譽可盡信哉！"

何景明《海叟集序》："又取我朝諸名家集欲讀之，然弗多得。其得而讀之者，又皆不稱鄙意，獨海叟詩爲長。叟歌行、近體法杜，古作不盡是，要其取法，亦必自漢魏以來者。……海叟爲國初詩人之冠，人悉無有知之。"

陸深《海叟集序》："顧其詩，乃雅重悲壯，渾雄沉鬱。"

李濂《嵩渚文集》卷三十三《與客論文客退叙次其語漫成十六首》之十四："洪武詩人稱數子，高楊袁凱及張徐。後來英俊峥嶸甚，興趣温平似弗如。"自注曰："高啓、楊基、袁凱、張羽、徐賁，國朝詩人也。"

王士禛《漁洋詩話》題袁凱詩集云："鼎足高楊爾不慚，百年遺迹改名藍。烏衣王謝俱零落，七字風流白燕庵。"

何三畏《雲間志略》卷七："在勝國後，當革除之初，其以詩著聞者，有高、徐、楊、張四杰。而叟以詩道先登雲間，且與鐵崖、志和諸君子日相唱和，語不驚人不休，寧肯爲之下者？而論者謂叟之詩貞不徇俗，其思清，誼不阿時，其骨勁；而悲不牢騷忳悒，其氣和。此北地、信陽兩先生稱叟爲國初詩人之冠，而又謂《白燕詩》最下最傳,諸高者顧不傳也,然乎否耶?有謂叟所精者,五七言古稱爲上襄,而諸律絶猶不失中駟也,然乎否耶?總之,叟爲人磊落多奇,倏然風塵之外,而其詩亦復如之。北地、信陽之評,良非欺我。"

有《海叟集》《在野集》傳世。

曹炳曾《海叟集序》云:"前此陸文裕公刻《瓦否集》《既晦集》,又前此朱氏刻《在野集》,今皆罕傳。"

《四庫全書總目》卷一百六十九《海叟集》提要:"弘治間,陸深得舊刻不全本,與何景明、李夢陽更相删定,即所刊《瓦缶集》《既悔集》是也。"

據此可知,袁凱似有《瓦缶集》《既悔集》。然是兩書當是後人誤解。傅增湘曾在《藏園群書題記》中辯證:"曹炳曾序稱公集有《在野集》《瓦缶集》《既晦集》諸名,《四庫提要》因之。然余考《在野集》,今尚有傳鈔之本,《瓦缶集》見於萬曆本林有麟序,即董宜陽所言陸儼山急於流布,因編爲别本者是也。惟《既晦集》羌無故實,頗用爲疑,及詳檢之,乃知實由讀李獻吉序文斷句偶誤,以致此失耳。序云:'叟名行既晦,集亦罕存。'蓋隱指公佯狂自晦而言,曹氏句讀未審,遂有'前此陸文裕刻《瓦缶集》《既晦集》'之言,館臣沿訛踵謬,復誤'晦'爲'悔',又有'何、李更爲删定,刊《瓦缶集》《既悔集》'之説,寧非笑端。兹考而正之,俾誦公詩者知惟《海叟集》特爲全帙,其他《在野》《瓦缶》兩集皆屬選輯之本,此外更無《既悔集》之名也。"

參考文獻:

1. 袁凱《在野集》二卷,明正德元年鄢陵劉氏山東刻本。

2. 袁凱《海叟集》三卷,明正德刻本。

3. 袁凱《海叟集》四卷，明隆慶四年何玄之木活字印本。

4. 袁凱《海叟集》四卷，明萬曆三十七年張所望刻本。

5. 袁凱《海叟詩集》四卷《集外詩》一卷《附録》一卷，清康熙六十一年曹炳曾城書室刻本。

6. 賀聖遂點校《海叟集》，《全明詩》第二册，上海古籍出版社 1993 年版。

7. 萬德敬《袁凱詩集編年校注》，上海古籍出版社 2015 年版。

8. 孫曉飛《袁凱海叟集校注》，廣西大學 2008 年學位論文。

9. 萬德敬《袁凱年譜》，河北大學 2005 年學位論文。

10. 趙同增《袁凱詩歌研究》，廣西師範大學 2010 年學位論文。

11. 鄒志方點校《東維子文集》，浙江古籍出版社 2017 年版。

12. 湯志波《明初袁凱詩集考辨——兼論其卒年》，《歷史文獻》第 20 輯，上海古籍出版社 2017 年版。

（湯志波）

劉基傳

劉基，字伯温，浙江青田人，元至大四年(1311)生。

黄紀善《誠意伯劉公行狀》、蘇伯衡《参政劉公墓碑銘》、《明史》俱載其事迹。相關年譜有王馨一《劉伯温年譜》(商務印書館1936年版)、劉耀東《劉文成公年譜稿》(民國二十八年鉛印本)、郝兆矩《增訂劉伯温年譜》(中州古籍出版社1990年版)。

按，黄紀善《誠意伯劉公行狀》見於徐紘《明名臣琬琰録》卷七，《誠意伯文集》卷首有《誠意伯劉公行狀》。

黄紀善《誠意伯劉公行狀》:"公諱基，字伯温，世爲括蒼人。"《誠意伯文集》卷首《誠意伯劉公行狀》:"公諱基，字伯温，世爲處州青田人。"

《明史》卷一百二十八《劉基傳》:"劉基，字伯温，青田人。"

少穎异，習《春秋經》，通天文、兵法。

黄紀善《誠意伯劉公行狀》:"年十四，入郡庠，從師受《春秋經》，人未嘗見其執經讀誦，而默識無遺。習舉業，爲文有奇氣，决疑義，皆出人意表。凡天文、兵法諸書，過目洞識其要。講性理於復初鄭先生，聞濂洛心法，即得其旨歸，先生大器之，乃謂公父曰：'吾將以天道無報於善人，此子必高公之門矣。'"

李時勉《犁眉公集序》:"先生自少穎敏。既長，於書無所不讀，凡天文地理、陰陽卜筮、諸子百家之言,莫不涉獵。”

元統元年至至元六年(1333—1340),舉進士後,任職地方,以廉節、讜直聞。

按,至元二年(1336),任江西高安縣丞,至元六年被免去高安縣丞之職,辟爲江西行省職官掾史。

黄紀善《誠意伯劉公行狀》:“後應進士舉,授江西瑞州府(按,文集本《誠意伯劉公行狀》無“瑞州府”三字)高安縣丞。揭文安公曼碩見公,謂人曰:‘此魏徵之流,而英特過之,將來濟時器也。’公在燕京時,間閱書肆有天文書一帙,因閱之,翊日,即背誦如流。其人大驚,欲以書授公,公曰:‘已在吾胸中矣,無事於書也。’之官,以廉節著名。發奸擿伏,不避强禦,爲政嚴而有惠愛,小民自以爲比(按,文集本《誠意伯劉公行狀》作“得”)慈父,而豪右數欲陷之。時上下咸知其廉平,卒莫能害也。新昌州有人命獄,府委公覆檢,案覈得其故殺狀。初檢官得罷職罪,其家衆倚蒙古根脚,欲害公以復仇。江西行省大臣素知公,遂辟爲職官掾史,以讜直聞。”

至正二年(1342),辭去江西行省職官掾史。至至正八年間,潛心研讀。

黄紀善《誠意伯劉公行狀》:“後與幕官議事不合,遂投劾去。隱居力學,至是而道益明。”

至正八年至九年(1348—1349),任職江浙儒學副提舉、行省考試官,不久即辭去。

黄紀善《誠意伯劉公行狀》:“頃之,建言監察御史失職事,爲臺憲所沮,遂移文决去。”

朱存理《珊瑚木難》卷五劉基《句曲外史張伯雨墓誌銘》:“至正

乙丑,基以提舉儒學備員江浙,始獲識外史,一見即如平生歡。明年七月,而外史卒。”

至正十二年至十三年(1352—1353),任浙東元帥府都事。

黄紀善《誠意伯劉公行狀》:“方國珍反海上,省憲復舉公爲浙東元帥府都事,公即與元帥納鄰哈剌謀築慶元等城,賊不敢犯。及帖里帖木耳左丞招諭方寇,復辟公爲行省都事,議收復。公建議招捕,以爲方氏首亂,掠平民,殺官吏,是兄弟宜捕而斬之,餘黨協從詿誤,宜從招安議。方氏兄弟聞之懼,請重賂公,公悉却不受,執前議益堅。帖里帖木耳左丞使其兄省都鎮撫以公所議請於朝,方氏乃悉其賄,使人浮海至燕京。省院臺俱納之,準招安,授國珍以官,乃駁公所議,以爲傷朝廷好生之仁,且擅作威福,罷帖里帖木耳左丞輩,羈管公於紹興。公發忿慟哭,嘔血數升,欲自殺。家人葉性等力沮之。門人穆爾薩曰:‘今是非混淆,豈公自經於溝瀆之時耶?且太夫人在堂,將何依乎?’遂抱持。公得不死。因有痰氣疾。是後方氏遂横,莫能制,山穴皆從亂如歸。”

至正十四年至十六年(1354—1356),羈管於紹興,以詩文自娱。

黄紀善《誠意伯劉公行狀》:“公在紹興,放浪山水,以詩文自娱。時與好事者游雲門諸山,皆有記。”

劉基《誠意伯文集》卷五《送道士張玄中歸桐柏觀詩序並詩》序云:“至正甲午,予來會稽,因得與群士大夫爲竇林之游,而賦詩倡和無虚日焉。”

劉基《誠意伯文集》卷五《牡丹會詩序》:“甲午之春,予避地會稽,始識祝茂卿於吴君以時之所。三月既暮,茂卿之牡丹大開,因得與寓官郡士往觀焉。主人崇酒肴,登客而侑之。既洽,主人奉花以請曰:‘兹花之植,於某有年矣,雖玩賞日至,而未嘗有闔坐皆文章大夫士如今日之集者,盍各爲歌詩,以爲他日之雅談乎?’客曰:‘唯唯。’乃取唐人羅鄴詩二句十四字爲韵,命探丸信所得爲詩,不限以體制。詩成,屬余序。”

至正十六年至十八年(1356—1358),與石抹宜孫共謀括寇。

黄紀善《誠意伯劉公行狀》:“行省復以都事起公,招安山寇吴成七等,使自募義兵。賊拒命不服者,輒擒誅之,略定其地。復以爲行樞密院經歷,與行院判石末宜孫守處州,安集本郡。後授行省郎中。經略使李國鳳巡撫江南諸道,采守臣功績奏於朝。時執政者皆右方氏,遂置公軍功不録。由儒學副提舉格授公處州路總管府判。諸將聞是命下,率皆解體。敕書至,公於中庭設香案,拜曰:‘我不敢負世祖皇帝,今朝廷以此見授,無所宣力矣。’乃棄官歸田里。”

劉基《誠意伯文集》卷五《唱和集序》:“予至正十六年以承省檄,與元帥石末公謀括寇,因爲詩相往來,凡有所感,輒形諸篇,雖不得達諸大廷以訛君子之心,而亦豈敢以疏遠自外而忘君臣之情義也哉?昔者屈原去楚,《離騷》乃作,千載之下,誦其辭而不惻然者,人不知其忠也。覽者幸無誚焉。萬一得附瞽師之口,以感上聽,則亦豈爲無補哉!”

至正十九年(1359),棄官去,隱居青田,著《郁離子》。

黄紀善《誠意伯劉公行狀》:“居青田山中乃,著《郁離子》”。

《明文海》卷二百一十徐一夔《郁離子序》:“《郁離子》者,誠意伯劉公在元季時所著之書也。……年二十,已登進士第,有志於尊主庇民。當是時,其君不以天下繫念慮,官不擇人,例以常格處之,噤不能有爲。已而南北繹騷,公慨然有澄清之志。藩閫方務治兵,辟公參贊,而公鋭欲以功業自見,累建大議,皆匡時之長策。而當國者樂因循而悦苟且,抑而不行。公遂棄官去,屏居青田山中,發憤著書。此《郁離子》之所以作也。郁離者何?離爲火,文明之象,用之,其文郁郁然,爲盛世文明之治,故曰郁離子。其書總爲十卷,分爲十八章,散爲一百九十五條,多或千言,少或百字。其言詳於正己,慎微修紀,遠利尚誠,量敵審勢。用賢治民,本乎仁義道德之懿,明乎吉凶禍福之幾,審乎古今成敗得失之迹。大概矯元室之弊,有激而言也。牢籠萬彙,洞釋群疑,辯博奇瑰,巧於比喻,而不失乎正。……見是書者,皆以公不大用爲憾,詎知天意有在,挈而畀之維新之朝乎?"

至正二十年(1360),入朱元璋麾下,開啓朱明王朝大業。

黄紀善《誠意伯劉公行狀》:"總制官孫炎以上命遣使來聘公,遂由間道詣金陵,陳時務一十八款,上從之。"陳氏入寇,朱元璋問計,"公曰:'如臣之計,莫若傾府庫、開至誠以固士心。且天道後舉者勝,宜伏兵伺隙擊之,取威制敵、以成王業者,在此時也。'上遂用公策,乘東風,發伏擊之,斬獲凡若干萬"。

《明史》卷一百二十八《劉基傳》:"及太祖下金華,定括蒼,聞基及宋濂等名,以幣聘。基未應,總制孫炎再致書,固邀之,基始出。既至,陳時務十八策。太祖大喜,築禮賢館以處基等,寵禮甚至。""其後太祖取士誠,北伐中原,遂成帝業,略如基謀。""帝察其至誠,任以心膂。每召基,輒屏人密語移時。基亦自謂不世遇,知無不言。遇急難,勇氣奮發,計畫立定,人莫能測。暇則敷陳王道。帝每恭己以聽,常呼爲老先生而不名,曰:'吾子房也。'又曰:'數以孔子之言導予。'顧帷幄語秘莫能詳,而世所傳爲神奇,多陰陽風角之説,非其至也。"

吴元年(1367),編成《戊申大統曆》。

《明史》卷一百二十八《劉基傳》:"吴元年,以基爲太史令,上《戊申大統曆》。"

洪武元年(1368),任太史院使、御史中丞,惠及鄉里。

黄紀善《誠意伯劉公行狀》:"洪武元年正月,上登大寶於南郊,公密奏立軍衛法,外人無知者。拜御史臺中丞。適中丞章公溢奏定處州七縣税糧比宋制,畝悉加五合,上特命青田縣糧止作五合起科,餘準所擬,且曰:'使劉伯温鄉里子孫世世爲美談也。'"

《明史》卷一百二十八《劉基傳》:"太祖即皇帝位,基奏立軍衛法。初定處州税糧,視宋制畝加五合,惟青田命毋加,曰:'令伯温鄉里世世爲美談也。'"

洪武三年(1370),封誠意伯。

黄紀善《誠意伯劉公行狀》:"三年七月,授弘文館學士。十一月,進封誠意伯。"

《明史》卷一百二十八《劉基傳》:"三年,授弘文館學士。十一月,大封功臣,授基開國翊運守正文臣、資善大夫、上護軍,封誠意伯,禄二百四十石。"

《誠意伯文集》卷二十《誠意伯誥》:"奉天承運皇帝制曰:咨爾前資善大夫、御史中丞、兼太子贊善大夫劉基,朕觀往古俊杰之士,能識主於未發之先,願效勞於多難之際,終於成功,可謂賢智者也,如諸葛亮、王猛獨能當之。朕提師江左,兵至括蒼,爾基挺身來謁於金陵,歸謂人曰:'天星數驗,真可附也,願委身事之。'於是鄉里順化。基累從征伐,睹列曜垂象,每言有準,多效勞力,人稱忠潔,朕資廣聞。今天下已定,爾應有封爵,特加爾爲開國翊運守正文臣、資善大夫、護軍、誠意伯,食禄二百四十石,以給終身,子孫不世襲。於戲！爾能識朕於初年，秉心堅貞，懷才助朕，屢獻忠謀，驅馳多難，其先見之明，比之古人，不過如此。尚其敷爾勤勞忠志，訓爾子孫，以光永世。宜令劉基准此。洪武三年十一月日。”

洪武四年(1371)，致仕歸隱。

《明史》卷一百二十八《劉基傳》：“明年賜歸老於鄉。……至是還隱山中，惟飲酒弈棋，口不言功。邑令求見不得，微服爲野人謁基。基方濯足，令從子引入茆舍，炊黍飯令。令告曰：‘某青田知縣也。’基驚起稱民，謝去，終不復見。”

洪武七年(1374)，遭陷被奪禄。

文集本《誠意伯劉公行狀》：“初，公言於上，甌、括間有隙地，曰談洋，及抵福建界，曰三魁，元末頑民負販私鹽，因挾方寇以致亂，累年民受其害，遺俗猶未革，宜設巡檢司守之。上從之。及設司，頑民以其地係私産，且屬温州界，抗拒不服。適茗洋逃軍周廣三反，温、處舊吏持府縣事，匿不以聞。公令長子璉赴京奏其事，徑詣上前，而不先白中書省。時胡惟庸爲左丞，掌省事，因挾舊忿，欲構陷公，乃使刑部尚書吴雲訹老吏訐公。乃謀以公欲求談洋爲墓地，民弗與，則建立司之策，以逐其家，庶幾可動上聽，遂爲成案以奏。賴上素知公，置不問。省部又欲逮公長子獄，上時已敕璉歸，及奏，上曰：‘既歸矣，免之。’公入朝，惟引咎自責而已。先是，楊憲敗。後汪廣洋爲丞相，未幾而貶廣東，乃相惟庸。公乃大戚，嘗謂人曰：‘使吾言不驗，蒼生之福也；言而驗者，其如蒼生何！’遂憂憤而舊疾愈增。”

《明史》卷一百二十八《劉基傳》：“其韜迹如此，然究爲惟庸所中。初，基言甌、括間有隙地曰談洋，南抵閩界，爲鹽盗藪，方氏所由亂，請設巡檢司守之。奸民弗便也。會茗洋逃軍反，吏匿不以聞。基令長子璉奏其事,不先白中書省。胡惟庸方以左丞掌省事,挾前憾,使吏訐基,謂談洋地有王氣,基圖爲墓,民弗與,則請立巡檢逐民。帝雖不罪基,然頗爲所動,遂奪基禄。基懼入謝,乃留京,不敢歸。”

洪武八年(1375),有疾,以服胡惟庸藥而病卒。

黄紀善《誠意伯劉公行狀》:“洪武八年正月,胡丞相以醫來視疾,飲其藥二服,有物積腹中如卷石。公遂白於上,上亦未之省也。自是疾遂篤。三月,上以公久不出,遣使問之,知其不能起也。特御製爲文一通,遣使馳驛送公還鄉里。居家一月而薨。公生於至大辛亥六月十五日,薨於洪武乙卯四月十六日,享年六十五歲。”

《明史》卷一百二十八《劉基傳》:“八年三月,帝親製文賜之,遣使護歸。抵家,疾篤,以《天文書》授子璉曰:‘亟上之,毋令後人習也。’又謂次子璟曰:‘夫爲政,寬猛如循環。當今之務在修德省刑,祈天永命。諸形勝要害之地,宜與京師聲勢連絡。我欲爲遺表,惟庸在,無益也。惟庸敗後,上必思我,有所問,以是密奏之。’居一月而卒,年六十五。基在京病時,惟庸以醫來,飲其藥,有物積腹中如拳石。其後中丞涂節首惟庸逆謀,並謂其毒基致死云。”

交往豪賢之士,英氣磊落。

按,《明史》本傳稱劉基“慷慨有大節,論天下安危,義形於色”,故其敬重者或深交者往往磊落英豪,賢出同儕,諸如蘇天爵、葛元哲、宋濂、張雨、張質夫、黄伯善、陶凱、朱右、冷謙等。

與蘇天爵。劉基非常敬重蘇天爵,《誠意伯文集》卷七《書蘇伯修御史斷獄記後》云:“夫以一湖北之地,公一巡歷,而所平反者八事,所擿豪右之持吏而尼法者又數事,豈他道之無冤民耶?無蘇公而已矣!”

與宋濂。劉基《誠意伯文集》卷十五《送宋仲珩還金華序》:“庚子之歲，予與金華宋先生俱來京師，時上渡江未久，浙東方歸附。先生與予及予同鄉葉景淵、章三益同居孔子廟學，惟日相與談笑，雖俱不念家，而予三人者亦皆不能無芥於心。惟先生泰然耳，日與文彥士相從游不倦，人咸异焉。”

與張雨。朱存理《珊瑚木難》卷五劉基《張雨墓誌銘》:“始獲識外史，一見即如平生歡。……嗚乎，世之拔流俗而獨行者鮮矣！得斯人焉而弗獲久與之游，寧不深可惜哉!”

與葛元哲。劉基《誠意伯文集》卷十一《送葛元哲歸江西》:“豫章江上一逢君，矯矯雞群一孤鳳。……文章綉衣郎，談屑天葩飛。得句即高歌，驚起鳥鵲穿林霏。……江南二月草未秀，雪陣如濤衮清晝。投壺命觴盡文友，此樂百年何日又。……栝蒼山，臨川水，相思迢迢一千里。山高高兮水深深，極望不見愁人心。應將旅魂夢化鶴，永夜月明懷好音。”按，葛元哲，博學工文，有英氣，居官以善績稱，崔亮、蘇伯衡都曾拜他爲師，門人私謚之曰“文貞先生”，有《葛元哲遺稿十卷》行世。

與張質夫。劉基《誠意伯文集》卷十六《寄臺郎張質夫》:“春愁忽得故人書，喜極成悲泪滿裾。冀野駑駘虚伯樂，魯門鐘鼓駭爰居。全家蕩析飢寒切，病骨支離志慮疏。敢以浮名誤知己，緘辭寫意愧何如!”

與高明。劉基《誠意伯文集》卷十三《從軍詩五首送高則誠南征》其二:“江鄉積陰氣，二月春風寒。壯士縵胡纓，伐鼓開洪瀾。長風翼萬軸，撇若横海翰。馬銜伏轅門，翊衛森牙官。仗鉞指天狼，怒髮衝危冠。”

與月忽難。劉基《誠意伯文集》卷五《送月忽難明德江浙府總管謝病去官序》:“至正己丑，公爲江浙財賦副總管，因得相與爲文字交。……爲臨江路經歷。下車訪民瘼、按宿獄。凡壅滯不决者，皆笳鼓之徒爲之。督所屬逮捕，窮其奸狀，而上下夾爲覆冒。公執正議愈奮，曰：'吾誓不與鼠子俱立於此。'衆不能沮，於是事露者伏其辜，餘黨悉斂迹退散。農民入城市，相謂曰：'微經歷，我與爾敢來此乎！'"

與朱右。劉基與朱右、郭公葵約於1349年同游浙西淳安，作《茶園别朱伯言郭公葵》一詩："細水吹烟送客舟，離情恰似水東流。此時對酒難爲樂，何處尋春可縱游。去雨來雲天渺渺，輕蜂亂蝶日悠悠。絶憐短髮無聊賴，一夜如絲白滿頭。"後收入《誠意伯文集》卷十六。按，朱右，字伯賢，臨海人，自號鄒陽子。少爲學甚力，讀書無所不究，博通群書，應進士舉不第，遂刻意爲詩歌、文詞，動以古人爲法。著有《白雲稿》五卷，曾選韓、柳、歐、曾、王、三蘇爲"八家文選"，八家之目，實權輿於此。

與冷謙。劉基《誠意伯文集》卷十一有詩《舊在杭時爲冷起敬賦泉石歌亂後失之今起敬爲協律郎邀予寫舊作已忘而記其起三句因更足之》云："憶昔識子時，西州正繁華。筝笛沸晨暮，兜離傑佅争矜夸。子獨徜徉泉石裏，長日松陰净書几。取琴爲我彈一曲，似掬滄浪洗塵耳。否往泰來逢聖明，有虞製作超莖英。和聲協律子能事，罔俾夔摯專其名。"

無書不讀，尤通象緯之學。

黄紀善《誠意伯劉公行狀》："嘗游西湖，有异雲起西北，光映湖水中。時魯道原、宇文公諒諸同游者，皆以爲慶雲，將分韻賦詩，公獨縱飲不顧，乃大言曰：'此天子氣也，應在金陵，十年後，有王者起其下，我當輔之。'時杭城猶全盛，諸老大駭，以爲狂，且曰：'欲累我族滅乎？'悉去之，公獨呼門人沈與京置酒亭上，放歌極醉而罷。時無能知者，惟西蜀趙天澤知公才器，以爲諸葛孔明之流，嘗作文以期之。"

《明史》卷一百二十八《劉基傳》："基博通經史，於書無不窺，尤精象緯之學。西蜀趙天澤論江左人物,首稱基,以爲諸葛孔明儔也。"

《誠意伯文集》卷二十趙天澤《送儒學副提舉劉公序》:"余遁迹林下,無用於世,公不以卑鄙,愛之重之。每頌少陵之詩謂余曰:'用爲羲和天道平,用爲水土地爲厚。孰能當之?'正夫子自道也。間嘗侍行省大臣,左右僚屬咸在,因論江左人物,余正色,首以公對,衆愕然,既信且疑。"

著有《誠意伯文集》等。

黄紀善《誠意伯劉公行狀》:"遺文《郁離子》十卷,《覆瓿集》二十四卷,《寫情集》四卷。長子璉又集所遺文稿五卷,名曰《犁眉公集》。"

《明史》卷一百二十八《劉基傳》:"所著有《覆瓿集》《犁眉公集》傳於世。"

《誠意伯文集》卷首楊守陳《重鋟誠意伯文集序》:"國初誠意伯劉公伯温嘗著《郁離子》五卷、《覆瓿集》並《拾遺》二十卷、《犁眉公集》五卷、《寫情集》暨《春秋明經》各四卷,其孫廌集御書及狀、序諸作,曰《翊運録》,皆鋟梓行世。然諸集涣而無統,板畫久而寖堙,學者病之。巡浙御史戴君用與其采薛君謙、楊君琅謀重鋟,乃録善本,次第諸集,而冠以《翊運録》,俾杭郡守張君僖成之,屬守陳序。"

謝廷傑《誠意伯劉文成公文集序》:"夫其玄機洞鑒,神啓於中,天之所授,以輔開天之聖,妙算所紆,乘時鶩發,載在國史者,既與雲漢同其昭回。其諸喻志之説,觀物之篇,憤世之詞,羈旅之幽思,薄游之清况,與夫廟堂之所述作,士大夫之所應酬,又澔澔如江河,嶔嶔如山嶽,醺如惠風,朗如景星,麗如卿雲,無意擬古,而神情悠邈,才氣雄豪,體裁音節,如庖丁解牛,靡不中於自然者。公之文章,與其功業並傳無斁。……隆慶壬申仲春望日,巡按浙江監察御史後學豫章謝廷傑頓首拜書。"

葉蕃《寫情集序》:"《寫情集》者,誠意伯括蒼劉先生六引三調之清唱、四上九成之至音也。先生生於元季,早藴伊、吕之志。遭時變更,命世之才,沉於下僚;浩然之氣,厄於不用。因著書立言,以俟知者。其經濟之大,則垂諸《郁離子》;其詩文之盛,則播爲《覆瓿集》。風流文采英餘,陽春白雪雅調,則發泄於長短句也。或憤其言之不聽,或鬱乎志之弗舒,感四時景物,托風月情懷,皆所以寫其憂世拯民之心,故名之曰《寫情集》,釐爲四卷。其詞藻絢爛,慷慨激烈,盎然而春温,肅然而秋清,靡不得其性情之正焉。……時洪武十三年,歲在庚申,春正月上澣,永嘉儒學訓導安固紫華山葉蕃叔昌序。"

羅汝敬《覆瓿集序》:"先生之作,有《郁離子》,有《春秋明經》,有《犁眉》《覆瓿》諸集,壽諸梓者久矣,惟《覆瓿》一編,未有序之者。其孫刑部照磨貊間以囑余。嗟夫,先生之心,志於道;先生之道,著於文。人皆知先生見知當時者以其文,而不知太祖高皇帝知先生於儔人中者以其心。人皆知先生之事高皇帝能盡其心,又不知天以先生輔佐聖神、肇建鴻圖者,唯在於道。然則是編也,將以五味之藏,飫斯民於饑頓顛踣者也。覆瓿云乎哉?……宣德五年冬十月,嘉議大夫、工部右侍郎、前翰林侍講,兼修國史吉水羅汝敬書。"

王景《翊運録序》:"先生括蒼之青田人。予忝爲同郡,今年守職翰林,其孫廌等集其御書詔誥、行狀事實等文,名之曰《翊運録》,蓋取誥文'開國翊運'之語也,請予序其首簡。……是録也,企太祖之知人善用賢也,企太祖之聖神文武同符於湯、文也,見先生之真識也,見先生之宏謀也,見先生之勛業也。聖明會遇,自古爲難,乃獨於今見之。"

李時勉《犁眉公集序》:"《犁眉公集》者,開國功臣誠意伯劉先生既老所著之作,故取此以爲號云。……予嘗觀於先生,非惟其勛業冠絶前古,而文章亦足以垂世,而莫之與並也。是故其仁義積中,發而爲言可以方駕古人者,則於《郁離子》見之。傷今悼古,牢籠百態,可以超邁當世者,則於《覆瓿集》見之。若夫優游閑雅,托興微婉,而有以盡其自得之趣旨,則於是編見之。其氣壯,故其辭雄渾而敦厚;其學博,故其辭深宏而奧密;其志忠,故其辭感激而切直;其行廉,故其辭蠲潔而清勁。”

詩文創作主尊復古一脉,主張詩風平實而具美刺之意,以便用以觀風;文風樸實有物,以理爲主,以氣攄之,與時進退。

《誠意伯文集》卷五《王原章詩集序》:“詩果何爲而作耶?周天子五年一巡守,命太師陳詩,以觀國風。使爲詩者俱爲清虚浮靡,以吟鶯花咏月露而無關於世事,王者當何所取以觀之哉?曰:‘聖人惡居下而訕上者。今王子在下位,而挾其詩以弄是非之權,不幾於訕乎?’曰:‘吁!是何言哉?《詩》三百篇,惟《頌》爲宗廟樂章,故有美而無刺。二《雅》爲公卿大夫之言,而《國風》多出於草茅閭巷賤夫怨女之口,咸采録而不遺也。變風、變雅,大抵多於論刺,至有直指其事、斥其人而明言之者,《節南山》《十月之交》之類是也。使其有訕上之嫌,仲尼不當存之以爲訓。後世之論去取,乃不以聖人爲軌範,而自私以爲好惡,難可與言詩矣。’曰:‘《書》曰:“惟口起羞。”昔蘇公以謗詩速獄,播斥海外,不可以不戒也。’曰:‘孔子曰:“邦有道,危言危行;邦無道,危行言孫。”故堯有誹謗之木,而秦有偶語之僇。亂世之計,治世之所與也。得言而不言,是土瓦木石之徒也。王子生聖明之時,而敢違孔子之訓而自比於土瓦木石也耶?’”

《誠意伯文集》卷五《項伯高詩序》:“言生於心而發爲聲,詩則其聲之成章者也。故世有治亂,而聲有哀樂,相隨以變,皆出乎自然,非有能强之者。是故春禽之音悦以豫,秋蟲之音凄以切。物之無情者然也,而況於人乎! 予少時讀杜少陵詩,頗怪其多憂愁怨抑之氣,而説者謂其遭時之亂,而以其怨恨悲愁發爲言辭,烏得而和且樂也? 然而聞見异情,猶未能盡喻焉。比五六年來,兵戈迭起,民物凋耗,傷心滿目,每一形言,則不自覺其凄愴憤惋,雖欲止之而不可,然後知少陵之發於性情,真不得已。而予所怪者,不异夏蟲之疑冰矣。"

《誠意伯文集》卷六《王師魯尚書文集序》:"三代而降,君天下之久者莫如漢。……漢之後,惟唐爲仿佛,則亦以其正朔之所及者廣也。宋之文,盛於元豐、元祐,時天下猶未分也。南渡以來,朱、胡數公以理學倡群士,其氣之所鍾,乃在草野,而不能不見排於朝廷,其他萎弱纖靡,與晉、宋、齊、梁無大相遠,觀其文,可以知其氣之衰矣。有元世祖皇帝至元之初,天下猶未一也,時則有許、劉諸公以黄鐘大吕之音振而起之。天將昌其運,其氣必先至焉,理固然矣。混一以來,七十餘年,際天所覆,罔不同風,中和之氣,流動無間,得之而發爲言,安得而不雄且偉哉? 公生至元間,自幼好學爲文。仁宗皇帝首開科舉,公即以其年登第。其涵濡漸漬,非一日矣,故其爲文有中和正大之音,無纖巧萎靡之習。舂容而紆餘,衍迤而宏肆,不極於理不止,粹乎其爲言也!"

《誠意伯文集》卷五《蘇平仲文集序》:"文以理爲主,而氣以攄之。理不明,爲虚文;氣不足,則理無所駕。文之盛衰,實關時之泰否。是故先王以詩觀民風,而知其國之興廢,豈苟然哉! ……唐虞三代之文,誠於中而形爲言,不矯揉以爲工,不虚聲而强聒也,故理明而氣昌。……漢興,一掃衰周之文敝而返諸樸。豐沛之歌,雄偉不飾,移風易尚之機,實肇於此。而高祖、文帝制詔天下,咸用簡直。於是儀、秦、鞅、斯縣河之口,至此幾杜。是故賈疏、董策、韋傳之詩,皆妥帖不詭,語不驚人,而意自至。由其理明而氣足以攄之也。……繼漢而有九有,享國延祚最久者,唐也。故其詩文有陳子昂,而繼以李、杜;有韓退之,而和以柳。於是唐不讓漢,則此數公之力也。繼唐者宋,而有歐、蘇、曾、王出焉,其文與詩追漢、唐矣,而周、程、張氏之徒,又大闡明道理,於是高者上窺三代,而漢、唐若有歉焉。故以宋之威武,較之漢、唐弗侔也,而七帝相承,治化不減漢、唐者,抑亦天運之使然與?是故氣昌而國昌,由文以見之也。元承宋統,子孫相傳,僅逾百載,而有劉、許、姚、吴、虞、黄、范、揭之儔,有詩有文,皆可垂後者,由其土宇之最廣也。今我國家之興,土宇之大,上軼漢、唐與宋,而盡有元之幅員,夫何高文宏辭未之多見?良由混一之未遠也。"

詩歌文章、學問智略皆冠絶一代,可謂千古文豪。

《誠意伯文集》卷一《御史中丞誥》:"劉基學貫天人,資兼文武,其氣剛正,其才宏博。議論之頃,馳騁乎千古;擾攘之際,控馭乎一方。慷慨見予,首陳遠略;經邦綱目,用兵後先。卿能言之,朕能審而用之,式克至於今日。凡所建明,悉有成效。"

《明史》劉基本傳:"所爲文章,氣昌而奇,與宋濂並爲一代之宗。所著有《覆瓿集》《犁眉公集》傳於世。"

沈德潛《明詩别裁》卷一:"元季詩都尚辭華,文成獨標高格,時欲追逐杜、韓,故超然獨勝,允爲一代之冠。"

《誠意伯文集》卷首楊守陳《重鋟誠意伯文集序》:"自昔夷主華夏,不過擅一隅、腥數載耳,惟元奄四海而垂八紀,極弊大亂,開闢以來未有也。公以命世豪杰之才,出佐我高皇,剪群雄,混六合,掃百年之胡俗,復三代之華風,其讜言厷議,牖道天衷,偉略奇謀,指授群帥者,鼎彝勒之,汗青書之,四方尚能道之。……然皆載道之航輪、濟世之粱帛,時已傳誦之。及達而施之朝廟,播之華夷,垂之百世之下,焯乎不可朽也。三代之英卓矣。漢以降,佐命元勛,多崛起草莽甲兵間,諳文墨者殊鮮,子房之策,不見辭章;玄齡之文,僅辦符檄。未見樹開國之勛業而兼傳世之文章如公者,公可謂千古之人豪矣。……

《四庫全書總目》卷一百六十九《誠意伯文集》提要:"其詩沉鬱頓挫,自成一家,足與高啓相抗;其文閎深肅括,亦宋濂、王褘之亞。楊守陳序謂:'子房之策,不見詞章;元齡之文,僅辦符檄,未見樹開國之勛業而兼傳世之文章,可謂千古文豪。'斯言允矣。大抵其學問智略如耶律楚材、劉秉忠,而文章則非二人所及也。"

參考文獻:

1. 劉基《太師誠意伯劉文成公集》,《四部叢刊初編》景明本,上海書店 1989 年版。

2. 劉基《誠意伯文集》,《景印文淵閣四庫全書》本,臺灣商務印書館 1986 年版。

3. 劉基著、林家驪點校《劉基集》,浙江古籍出版社 2011 年版。

4. 張廷玉等《明史》,中華書局 1976 年版。

5. 徐紘等《明名臣琬琰録》,清《常州先哲遺書》本。

6. 朱存理《珊瑚木難》,《適園叢書》本。

7. 黄宗羲《明文海》,清涵芬樓鈔本。

8. 沈德潛《明詩别裁》,清乾隆刻本。

(邱江寧)

陶安傳

陶安,字主敬,太平當涂(今屬安徽)人。元仁宗皇慶元年(1312),生於太平府郡城東南隅昭文坊之西。

《明史》卷一百三十六有傳。另廖道南《殿閣詞林記》卷四、黄金《皇明開國功臣録》卷三、朱國禎《皇明開國功臣傳》卷三、楊廉《新刊皇明名臣言行録》卷一、徐國楠《皇明名臣言行録新編》卷二、鄧元錫《皇明書》卷十九、袁袠《皇明獻實》卷二、王兆雲《皇明詞林人物考》卷一、唐樞《國琛集》上卷、林芝盛《皇明應謚名臣備考録》卷一、雷禮《國朝列卿紀》卷十九、徐紘《明名臣琬琰録》卷九、項篤壽《今獻備遺》卷二、劉孟雷《聖朝名世考》卷一、焦竑《國朝獻徵録》卷六、沈士謙《明良録略》、錢謙益《列朝詩集小傳》、過庭訓《本朝分省人物考》卷四十、徐開任《明名臣言行録》卷三、查繼佐《罪惟録·列傳》卷八中、尹守衡《明史竊》卷三十三、傅維鱗《明書》卷一百十六、徐乾學《明史》卷十一、王鴻緒《明史稿》卷一百二十四、陳田《明詩紀事》甲籤卷三等亦皆有傳。同里夏炘編有《明翰林學士當涂陶主敬先生年譜》(以下稱《年譜》)。

按,《國朝列卿紀》卷十九云"直隸太平府當涂縣人",《皇明名臣琬琰録》卷九《行省參政陶安傳》稱"姑孰人",《皇明名臣言行録新編》卷二《陶安》載"直隸當涂人"。考太平府當涂縣舊屬江南省所轄府縣,直隸於南京。姑孰,乃當涂之古稱,因臨姑孰溪而得名。

按,關於生年,《年譜》有細致考證,稱"是年先生生於太平府城東南隅昭文坊之西,祝篁溪先生《祠堂記》云:'郡城東南隅昭文坊之西,實公生長之地。'"

延祐四年(1317),喪父。

《(乾隆)太平府志》卷二十四、《(民國)當涂縣志》之《人物志》皆云:"六歲失怙。"《年譜》亦云:"是年生父文興公卒。"

少從何益甫、潘勿齋、李習兄弟等人讀書。性穎敏,貌癯而内蕴機略,博涉經史,有大志。

見《年譜》。

《陶學士先生文集》卷三有《挽發蒙師何益甫先生》詩,卷十三《送教諭潘君序》:"僕幼時師鄉先生勿齋潘公。"

徐乾學《明史列傳》卷十一:"少穎悟,有大志,博涉經史,從耆儒李習游。"

《(乾隆)太平府志》稱其"師事李習兄弟,博涉經史,尤長於《易》"。按,何、潘兩人已難考知,李習兄弟,即李習、李翼兩人。《(乾隆)太平府志》卷二十六《人物志·文學》:"李翼,字仲羽,清爽英發,幼與兄習師事舅氏姚和中。延祐七年,中浙江鄉試,與浦江吴萊、餘姚方九思、臨川傅師正吊古酣歌,自謂有司馬子長遺風。以議論不合於禮部,退歸田里,益肆力經史子集,靡不淹貫。至元元年,試浙江行省,考官得其《龍馬負圖賦》,有一唱三嘆之音,取爲賦魁。明年,罷科舉,以例兩舉者得諸路教授卒。""李習,字伯羽,幼莊重,治《尚書》,旁通諸經,負經濟才,而不事炫鬻。延祐初,游燕京,館元尚書明善家。四年,領軍師鄉薦,試《渾天儀賦》。習能記其詳,悉鋪叙爛然。明年下第,授書院山長。乙未,高帝渡江,至采石,習奉迎駐蹕,擢知本府,廉能恭謹,精於治體。年八十餘,卒於官。鄉人因以祀名宦,及門受業百餘,陶安其著也。習與弟翼齊名江左,稱爲'二李'。"

泰定四年(1327),見太平監郡馬昂夫,承命面賦《喜秋雨詩》,立就,奇之。

《陶學士先生文集》卷五《喜秋雨》:"甘雨知時不待求,使君心事與天游。一時潤澤知無價,千里歌謡慶有秋。山色洗青當郡舍,稻花垂白亞田疇。作亭曾見東坡記,名筆如今出品流。"詩題下自注:"十六歲時,見太平監郡馬公昂夫,承命面賦《喜秋雨》詩,用七言律秋字韵。"

楊廉《新刊皇明名臣言行録》卷一:"年十六,令賦《喜秋雨詩》,且拘之以韵,安立成,不加點綴。"

《殿閣詞林記》卷四《翰林院學士封姑孰郡公陶安》:"幼穎敏,有大志,通判馬昂夫令賦喜雨詩,立就,奇之。"按,馬昂夫,即薛昂夫,生平行迹見孫楷第《元曲家考略》,寧希元《薛昂夫行年考略》(《西北第二民族學院學報》1990年第3期)、《薛昂夫行年考略補正》(《衢州社科學刊》1992年第4期)、楊鐮《薛昂夫新證》(《文學遺產》1991年第3期)等。另據陳定謇《薛昂夫雜考——兼評〈元曲家薛昂夫〉中的幾個問題》(張月中主編《元曲通融》,山西古籍出版社1999年版)考證,薛昂夫任職太平路當爲泰定元年之後,所任應爲達魯花赤,並非總管一職。

元統二年(1334),館於溧水藍溪嚴氏家中,逾二年歸里。

《年譜》有考證。

《陶學士先生文集》卷十九《惜逝文》序:"溧城南餘十里有藍溪,當溪流縈折西趨,而崇構連矗者,儒家嚴氏之居也。曩以禮致余處賓師之位,識其先輩兄弟五人,爲忘年交,皆淳龐雅肅,有古君子風。"

至正元年(1341)初,訓導姑孰郡庠。同年秋,應浙江行省鄉試,落第不售。

《年譜》稱“是年先生訓導姑孰郡庠”。

《陶學士先生文集》卷一《挽方君政》詩序:“至正初,余訓導姑孰郡庠。”卷二《題張源相辛巳試院唱和詩卷》:“我賦浙江徒手還,丹桂可望不可攀。”

至正四年(1344)秋,以《易》領浙江鄉薦。次年,會試不中,留京師,識費詵、楊彦常等人。

《殿閣詞林記》卷四《翰林院學士封姑孰郡公陶安》:“至正甲申,舉浙江鄉薦。”《皇明開國功臣録》卷三、《國朝列卿紀》卷十九、《明名臣言行録》卷三、《罪惟録》等皆有記載。

《年譜》載其是年會試落榜。

《陶學士先生文集》卷十九《故文林郎江北淮東道廉訪司知事費君行狀》云:“君姓費氏,諱詵,字太初。……曩乙酉春,僕客京師,識君於邸舍。言論風節,肅人聽觀。近而親焉,則温乎其煦物也。及見臺諫諸賢評論時才,謂其操守清嚴,儒雅適用。”按,“乙酉”即至正五年。

卷二十《答楊彦常書》云:“曩在京師,接談笑於觴豆間,酒酣倜儻,意氣飛動,信其爲詞場之人傑也。”

八年(1348),會試落第南歸,夏抵當涂,秋設教郡庠。冬奉檄赴金陵爲明道書院山長。

《皇明開國功臣録》卷三:“元至正甲申舉浙江鄉試,戊子禮部試下第。”

《陶學士先生文集》卷十四《送梁教授序》:“至正戊子春,會試南宫。朝紳居江浙者近百人,相與裒金,大宴江浙貢士,及監生登第者五十餘人。余忝在坐……”

《陶學士先生文集》卷二有《至正戊子,下第南歸,與同貢黄章仲珍、雷燧景陽同舟,仲珍賦詩,因走筆次韵》《途中懷古述事再用前韵》《五月旦日,與黄仲珍、雷景陽酌於維揚,抵暮出城,曉至瓜洲。有懷同貢金景蘭、姚仲誠、周于一、林元凱相約不至,更次韵爲别,以寄拳拳之餘意》等詩。

《陶學士先生文集》卷一《述寓》:“夙志慕前矩,琴趣愧難續。棄米曾賦歸,云何效奔逐。慈親日向老,無以報鞠育。明經不取士,奉養心未足。携家客秦淮,蒼苔蔽荒屋。年豐公廩虚,半載不沾禄。妻子樂從儉,朝夕共饘粥。母心愛兩孫,每食分鼎肉。自憐頭上巾,興到無酒漉。怡然坐窗下,一笑對秋菊。”詩題下自注:“長明道書院作。”掌教書院期間,還作有《集慶路達花魯赤善政記》《送李儀伯赴西臺序》等詩文。

十三年(1353)秋,奉檄赴姚江爲會稽高節書院山長,與郭彦達、李元中、李彦質、趙養直等人相交。與養直尤相近,見輒談古今文章。編《姚江類鈔略》。逾年冬,去職,返當涂。

《陶學士先生文集》卷二十《高節書院紀略》云:“高節書院奉子陵嚴先生之祀,在餘姚州東南十五里。……余以職在長教奉祠,欲即書院齋居訓徒。……時老儒趙君璋與圓智寺長老乘鐵舟善,勸掃一室,留余居焉。法性寺住持悦白雲穎慧能文,每訪余,聽談《易》,達旦忘寐,留戀不能去。間有習陸學者,出辭邪怪,妄議先儒,余必據理辨折,或正色斥去,旋有自悔其非者。未幾,浙東西學子接踵至門,願執經受業。僧室隘不能容,遷姚江北官舍,幽敞可棲,徒黨日集。每旦望向晨,肩輿赴書院,率士子拜謁,具膳而退。春秋上丁,前期詣祠下,及行事薦牲勺醴,獻奠清肅,頒胙有儀。享士醉飽,衆謂豐腆于昔。……余始視事當癸巳九月二日,所與交者前守郭彦達，省掾李元中，判官程邦民，學正劉中可及土人儒仕者劉彦質、鄭學可、李文衍、楊季常暨其弟元度、趙維翰、宋無逸。維翰君，璋子也。又有文士鄭元秉、趙養直、帥史王國臣、漕史高仲賓，方外則四明山宫主茅石田，餘所識不悉載。甲午仲冬，以公委去職，書籍行李寄州吏吴仲祥家，臘月望後至當涂。”

卷二十《與蔣伯威書》云：“賤迹九月初來高節書院，空山老屋，蕪穢凄凉。新穀既没，客計茫然。姑寄僧舍，聊取吾《易》，明消息，窮神變，自有吾樂耳。”

卷二十《書彭伯誠所著字説後》：“余來姚江，與趙養直居相近，見輒談古今文章。”

卷十五《姚江類鈔略引》：“《姚江類鈔略》者，姑孰陶安氏之文也。安字主敬，早治科舉業，以爲不足爲，遂攻古文。既讀韓、柳、歐、曾等集，又自《史》《漢》《左傳》溯而求之四代之書，粗能成章。然根據於性命道德，非魯、鄒、濂、洛、考亭遺旨不道也。不知者輒以文士見稱，而有識者則以理學歸之。但平昔之作，不得已而應酬，爲性疏慵，多不留稿。近歲諸生追求散漫之文，得序、記、銘、詩、雜著，彙次成卷，題曰《辭達類鈔》，謂能達意而已。每出外方，不欲携以自隨，以其文有未善，不敢以示人也。至正癸巳秋來姚江，儒者趙養直求視所爲文，茫然無以應命，從子昱發行李出其私藏，纔三十篇，散亂不屬。因令叙次謄寫，就正於有道，作《姚江類鈔略》。”

十五年(1355)夏六月朔，朱元璋自和州渡江至采石磯，安與耆儒李習率父老出迎。被召與語時事，獻言王道，敷陳撥亂救民大略。留參幕府，授太平興國翼元帥府令史。

過庭訓《本朝分省人物考》卷四十：“乙未夏六月朔，高皇帝渡江，至太平，安偕耆儒李習率父老迎謁，驚相謂曰：‘龍姿鳳質，非常人也,我輩今有主矣。'上召見與語,安因説曰:'四海鼎沸,豪傑並争,悉多攻城屠邑,志在子女玉帛,爾非有撥亂救民安天下之心。明公率衆渡江,神武不殺,人心悦服。應天順人以行吊伐,天下不足平也。'上曰:'爾言甚善。吾欲取金陵,何如?'安曰:'金陵古帝王都,龍蟠虎踞,長江天塹,取而有之,撫形勝以臨四方,所向無敵,何憂不克?此天所以資明公也。'上甚悦。從克建康,授興國翼元帥府令史。"

《今獻備遺》《殿閣詞林記》《國朝列卿紀》《明名臣言行録》《罪惟録》《國朝獻徵録》《明史》等皆有記載。

據《年譜》考證,朱元璋攻克太平後,改路曰府,置太平興國翼元帥府,自領元帥事,召陶安,參幕府事。考令史,即幕府僚屬。

十八年(1358),從克金陵,授行省都事,尋遷左司員外郎,進郎中。

廖道南《殿閣詞林記》卷四:"丙申,克金陵,乃陟本司郎中。"

《皇明開國功臣録》卷三:"丙申春三月,從克金陵,秋七月,置江南行中書省,拜左司員外郎,升郎中。"

據《年譜》考證,《明史》本傳以至正十五年授左司員外郎,非也。

二十三年(1363)十一月,赴武昌,有《江行雜咏》諸詩。

《陶學士先生文集》卷一《書事》云:"離家仲冬望,溯江至鄂渚。凄風裂重裘,大雪慘行旅。蹉跎歲華晏,洲邊感鸚鵡。"

在武昌作《武昌城西觀戰》《寄示晟昱》《二月十六日喜晟至武昌》等詩。

二十四年(1364)春二月,授黄州知州,寬賦省徭,民以樂業,有《黄岡寓稿》。秋,坐事謫桐城,有《鶴沙小紀》諸詩。

集中卷一《書事》:“今年春二月,璽書命守土。兩日抵黄州,又值連月雨。披榛古瓦場,誅茅創廨宇。四招復業民,瘡殘必摩撫。事簡雖得暇,懷國鬱心腑。夢登閣道上,隔水不得語。覺後山月西,孤影在荒堵。新晴雲霧捲,南方早炎暑。夏衣家未寄,晝汗生腹股。對客捫蝨談,癢多翻成苦。土無絺綌賣,亦有乏資與。空存麻城名,不見製白紵。赤日爍閭閻,卉服多困窶。一物差可意,美竹産村塢。削皮爲枕簟,纖巧類織組。凉光泛琉璃,病後難寢處。此身不足惜,所願六事舉。閔兹鋒燹餘,民命滿荆楚。可怪近日來,舡兵忽暴禦。快槳躐洪濤,劫貨殺物主。登岸拆郵亭,伏莽襲商賈。巴河遇三人,投之急流去。一人浮水還,赤體無寸縷。疆域幸開闢,道路乃齟齬。偶逢使者歸,封書聞政府。敢陳骨鯁言,天高聽常俯。踪迹懸幽遠,庶效涓埃補。”

朱國楨《皇明開國功臣録》卷三:“辛丑秋九月,克黄州。思得重臣以鎮之,曰無逾安者,遂命知黄州。至則艾荆棘,開府治,寬賦税,省徭役,安輯民,庶政務一新,民悦服之。”《明史》本傳亦云:“黄州初下,思得重臣鎮之,無逾安者,遂命知黄州。寬租省徭,民以樂業。坐事謫知桐城。”

《陶學士先生文集》卷一《偶述》:粤兹古黄國,麟史昔見書。開郡領三邑,環境千里餘。淮漢錯犬牙,大江倚郭郛。亦有邾子城,近在東北隅。岡巒起千叠,蒼峭夾井廬。頗訝前朝意,乃視遐壤如。元之既謫守,子瞻亦謫居。竹樓冬聽雪,赤壁夜憑虚。適爲此地幸,因之作名區。至今江山間,光采被禽魚。我才愧慵陋,來寓情思舒。兵後撫瘡痍,野外懇荒蕪。努力礪名節,庶不負所需。

卷四《甲辰守黄州初至作》《黄岡寓所》《三月五日晟别東歸》《立夏日紀事旅寄》等詩,皆收入《黄岡寓稿》。

《鶴沙小紀》内有詩《桐城雜咏》四首及《十月七日舟發樅陽》

《登陸往桐城縣》《至桐城縣》《桐城即事》《甲辰仲冬望日》《冬至》《聞除代者及召還之命》《臘八日發桐城》《歸塗紀事》等詩。

十二月,召還,授饒州府知府。守城有功,朱元璋賜詩以示褒美。次年(1365)入朝,復守饒州,政績卓著,州民建生祠事之。

《皇明開國功臣録》卷三:"甲辰,移知饒州,上賜以詩曰:'匡廬岩穴甚濟濟,水怪無端盈彭蠡。鱷魚因韓去遠洋,陶安鄱陽即一理。'時方征伐,急軍需,安勸諭誘率其民,民皆樂輸而用不乏。招徠有方,流亡四集。乙巳冬十月癸丑,信州盜蕭明率兵攻城,安召父老告之曰:'國家承天運,除禍亂,兵甲之盛,所向無敵。今逆賊扇餘黨、驅烏合而來,徒貽民害,不足畏也。我糧實城堅,素有其備,但結衆固守,不過數日,援兵至,破賊必矣。'衆皆諾。安與千户宋炳率吏民分城拒守,選勇卒爲游兵,晝夜巡捍,而請救於江西行省。安登城,諭賊曰:'爾衆吾民也,反爲賊用,得無失計乎?'衆曰:'使皆如太守總制,豈有今日?若破城,必不相害。'安命射之,矢下如雨,賊不敢逼。越三日,江西行省遣千户陳明來援,遂大敗之。蕭明遁去,擒僞招討都海萬户常勝斬之,饒遂安。諸將以鄉民多從賊,欲屠之,安曰:'民爲所脅耳,從賊非本心,奈何殺之?'由是民皆得全。上聞,遣使往勞之。明年入朝,民爲之歌曰:'千里榛蕪,侯來之初。萬姓耕闢,侯去之日。'既而,命復守饒州,民懷其德,復歌之曰:'湖水悠悠,侯澤之流。湖水有塞,我思侯德。'相率建生祠事之。"

《(乾隆)太平府志》卷二十四《宦績志》:"黄州平,命知黄州,至則寬賦省徭,民以樂業。謫坐事,知桐城,移知饒州。……明年,入朝,命復守饒州,申請免其軍需,逃民咸歸,建大有倉、三皇孔子廟,士民於學舍講堂東建生祠立石。"

二十七年(吴元年,1367)夏五月,初置翰林院,首召爲學士。時征諸儒議禮,任命爲總裁官,裁定諸禮。冬十月,爲議律官,與李善長、劉基等人删定律令。

據《年譜》。

《明史》本傳云:"吴元年,初置翰林院,首召安爲學士,時徵諸儒議禮,命安爲總裁官。尋與李善長、劉基、周禎、滕毅、錢用壬等删訂律令。"

《皇明開國功臣録》卷三云:"吴元年夏五月,初置翰林院,首召安爲學士,賜誥曰:'蓋聞國家之立,必有一心之臣尊戴匡輔,用能張其綱紀,植其表儀,正其位名,善其辭命,基圖以大,國家以安,自古皆然。朕之初渡江也,江南之士杖策謁於軍門者,陶安實先,即以帝王事功期於始見之際,贊襄兵務,多歷年所,宣號令則軍民信,議禮刑則體要成,建陳之論以忠,出納之命惟允,雖艱難繁劇,一不以動其中,真爲一心者焉。至於牧民而民安,治吏而吏服,捍城禦侮,寇憝成擒,列郡宴寧,其勞則著肆。朕君臨大寶,念此翊運。舊臣老當優之,不欲久煩以政。乃者開翰院以崇文治,立學士以冠儒英,重道尊賢,莫先於爾。是用擢居宥密,俾職論思,兹特授以寵章,用昭國典,尚其勤於獻納,贊我皇猷,綜理人文以臻至治。可翰林學士、嘉議大夫知制誥,兼修國史。'時方召四方宿儒集闕下,議禮制命,安總之。冬十月,詔修律令,安爲議律官。"

《陶學士先生文集》卷六有《重至金陵喜熙朝建都》《寄劉伯温宋景濂二公》《喜伯温景濂輩至新京》等詩。

洪武元年(1368)四月,命知制誥,兼修國史。帝嘗御東閣,安奏言前代興亡本末、學術等話題。帝親製春帖褒之,曰:"國朝謀略無雙士,翰苑文章第一家。"時人榮之。

《明史》本傳:“洪武元年,命知制誥兼修國史,帝嘗御東閣,與安及章溢等論前代興亡本末,安言喪亂之源,由於驕侈,帝曰:‘居高位者易驕,處佚樂者易侈。驕則善言不入,而過不聞;侈則善道不立,而行不顧。如此者,未有不亡。卿言甚當。’又論學術,安曰:‘道不明,邪説害之也。’帝曰:‘邪説害道,猶美味之悦口,美色之眩目。邪説不去,則正道不興,天下何從治?’安頓首曰:‘陛下所言,可謂深探其本矣。’安事帝十餘歲,視諸儒最舊。及官侍從,寵愈渥。御製門帖子賜之曰:‘國朝謀略無雙士,翰苑文章第一家。’時人榮之。御史或言安隱過,帝詰曰:‘安寧有此,且若何從知?’曰:‘聞之道路。’帝大怒,立黜之。”

《皇明開國功臣録》卷三云:“戊辰,復奏議天子冕服之制,安自入翰林,國家制度禮文多所定擬,撰文武誥命千餘,上賜對曰:‘國朝謀略無雙士,翰院文章第一家。’”

旋授江西等處行中書省參知政事,政績卓著,吏民畏服。

據《年譜》。

《明史》本傳:“洪武元年四月,江西行省參政闕,帝以命安,諭之曰:‘朕渡江,卿首謁軍門,敷陳王道。及參幕府,裨益良多,繼入翰林,益聞讜論。江西上游地,撫綏莫如卿。’安辭,帝不許。至任,政績益著。”

洪武元年(1368)九月,卒於官。疾劇,上時務十二事。帝親爲文以祭,追封姑孰郡公。

見《明史》本傳。

沈士謙《明良録略》亦云:“戊辰九月卒,年五十七。”《皇明名臣琬琰録》云:“九月卒於官……時年五十九。”尹守衡《明史竊》列傳卷十一云:“洪武四年卒。”《皇明應謚名臣備考録》卷一:“以安爲江西行中書省參政……居四年,疾卒。”皆誤。

上時務策亦有“二十事”“十事”之説,如《皇明開國功臣録》云:“疾劇,猶草時務二十事上之。”《皇明應謚名臣備考録》《明良録略》等亦持此説。而《皇明名臣琬琰録》《國朝列卿紀》等皆云:“其年安有疾,既劇,猶草時務十事上之。”按,《年譜》載“上時務十二事”,從此説。

弘光中,追謚文獻。

謚號一作“文憲”。《(民國)當涂縣志》人物志云:“今按夏炘撰主敬年譜,以‘文憲’之謚,出自福王南渡後。夏燮以計南賓《南略》及顧亭林《聖安記》,書詔國初文臣陶安賜謚‘文獻’,不作‘憲’,詳繹‘文憲’,乃宋景濂之謚,似以作‘獻’爲是。”從此説。

配喻氏,有子二,長晟,次昱;繼室陳氏。

宋濂《宋濂全集·宋學士先生文集輯補》有《陶先生妻喻氏墓銘》,言其生二子,晟、昱。

《明史》本傳:“子晟,洪武中爲浙江按察使,以貪賄誅。其兄昱亦坐死。發家屬四十餘人爲軍,後死亡且盡。所司復至晟家勾補。安繼妻陳詣闕訴,帝念安功,除其籍。”《明史》誤昱爲兄,《年譜》對此亦有考辨。

弱冠時,閉門研討經籍,得四明程氏《讀書日程》,仿朱熹六條法及吕坤學規,肆力於經史,鋭意濂洛關閩之學,沉潛道藝。

《陶學士先生文集》卷十二《送王生序》:“余因自念弱冠時閉門獨坐,研討經籍,頗涉諸家。慕古人修詞章,病未達其要,乃從朋游。間得四明畏齋程氏《讀書日程》,仿考亭六條法,及吕舍人規節目次,第筋聯脉貫,使攻儒術者有楷式。遂遵效其略,持循累歲,真若承嚴師而親畏友也。”

著有《辭達集》《知新近稿》《黄岡寓稿》《鶴沙小記》《江行雜咏》等,後合爲《陶學士集》二十卷。文章皆平正典實,有先正遺風,與開國氣象相侔。

費宏《陶學士先生文集序》:“所爲詩文甚富,其存者在元有《辭達類鈔》,在中書有《知新近稿》,赴武昌有《江行雜詠》,守黄州有《黄岡寓稿》,在桐城有《鶴沙小紀》,總若干卷。”

黄虞稷《千頃堂書目》卷十七:“陶安,《辭達類鈔》十九卷,又《姚江類鈔》一卷,又《知新稿》五卷,又《江行雜咏》一卷,又《黄岡寓稿》一卷,又《鶴沙小紀》一卷,又《别類》一卷,又《鄱陽新録》一卷,又《玉堂稿》八卷,又《陶學士先生文集》二十卷合并諸集成編,前附陶學士事迹一卷。”

據劉毓慶、賈培俊《歷代詩經著述考(明代)》(中華書局2008年版)云,考朱彝尊《經義考》,得陶安撰《詩小序論》一卷。但“備録其平生著作,亦未及《詩小序論》,不知朱氏何據”。

《四庫全書總目》卷一百六十九《陶學士集》提要:“其詩一曰《辭達集》,一曰《知新近稿》,一曰《黄崗寓稿》,一曰《鶴沙小記》,一曰《江行雜咏》,本各自爲集。此本分體編次,與所作詞賦共爲十卷。其文亦十卷,而送人之序引居其半。或以安文章宿望,人得其贈言以爲榮,故求之者多耶?又安以儒臣司著作,於郊社、宗廟典禮,皆有奏議。若明初分祭南北郊,及四代各一廟之制,皆定於安。又刑律亦安所裁。而集中均不載其文,殆以朝廷公牘,同署者不一人,故不復列入私集也。世言祝壽之序,自歸有光始入集。考此集已有二篇,則不自有光始矣。安聲價亞於宋濂,然學術深醇,其詞皆平正典實,有先正遺風。一代開國之初,應運而生者,其氣象固終不侔也。”

《新刊皇明名臣言行録》卷二:“文章論理叙事純正疏暢,而步驟不凡。”

趙尊嶽《明詞彙刊》之《陶學士詞一卷》提要云:“其〔金縷曲〕换頭云:‘江湖聚散如萍梗。笑談間、雲霄滿足,一鞭馳騁。萬壑水晶天不夜,人在玉晨仙境。’〔太常引〕下半闋云:‘斷霞飛練,遠烟凝紫,山勢活如龍。浴罷依長松。愛歸鳥、孤飛半空。’清曠之氣,撲人眉宇。初不爲經師理學所範圍。其他酬贈之作,要亦不失規矩。上者南宋,下者亦可登鳳林選本者也。”

趙尊嶽《明詞彙刊》附録一《惜陰堂彙刻明詞記略》:“明代開國時,詞人特盛,且詞亦多有佳作,如劉基、高啓、陶安、林鴻諸作,均多可取。”

《續修四庫全書總目提要》(稿本):“《陶學士詞》一卷,《惜陰堂叢書》本。……是編二十四闋。詞於疏曠之中,往往有凌厲之致。〔水調歌頭〕云:‘秋高興何遠,爽氣掬星河。雨晴山勢飛動,樓外燕來多。’〔金縷曲〕云:‘最惜稽山無賀老,短燭照人孤影。’又云:‘江湖聚散如萍梗,笑談間、雲霄滿足,一鞭馳騁。萬壑水晶天不夜,人在玉晨仙境。’〔太常引〕云:‘江城六月雨聲寒,河漢倒雲端。’又云:‘斷霞飛練,遠烟凝紫,山勢活如龍。浴罷倚長松,愛歸鳥、孤飛半空。’又云:‘長江雨歇,高天露下,星繞紫薇垣。’皆境開氣爽,興會淋漓。惟苦不經意,故完璧甚少,爲可惜耳。”

參考文獻:

1. 陶安《陶學士先生文集》,明弘治十三年項經刻遞修本。
2. 張廷玉等撰《明史》,中華書局 1974 年版。
3. 夏炘《明翰林學士當涂陶主敬先生年譜》,清同治六年刻本。

4. 黄金《皇明開國功臣録》,明正德刻本。

5. 廖道南《殿閣詞林記》,明嘉靖刻本。

6. 過庭訓《本朝分省人物考》,明天啓刻本。

7. 朱肇基《(乾隆)太平府志》,清乾隆二十三年刻本。

8. 魯式穀等撰《(民國)當涂縣志》,民國石印本。

9. 黄虞稷撰,瞿鳳起、潘景鄭整理《千頃堂書目》,上海古籍出版社 1990 年版。

10. 中國科學院圖書館《續修四庫全書總目提要》(稿本),齊魯書社 1996 年版。

11. 楊廉《新刊皇明功臣言行録》,《四庫禁毁書叢刊》影印明嘉靖二十年刻本,北京出版社 1997—1999 年版。

12. 趙尊嶽輯《明詞彙刊》,上海古籍出版社 2012 年版。

(汪孔豐)

宋訥傳

宋訥,字仲敏,號西隱,大名滑縣(今屬河南)人。生於元至大辛亥(1311)十二月。

《明史》卷一百七十三有傳。袁袠《皇明獻實》卷五、何喬遠《名山藏》卷六十一、過庭訓《本朝分省人物考》卷十、黄佐《南雍志》卷十九、焦竑《國朝獻徵録》卷七十三、雷禮《國朝列卿紀》卷十九、廖道南《殿閣詞林記》卷三《文淵閣大學士宋訥》、楊廉《新刊皇明名臣言行録》卷二、劉孟雷《聖朝名世考》卷八、徐開任《明名臣言行録》卷四、凌迪知《萬姓統譜》卷九十二、徐紘《皇明名臣琬琰録》卷九、項篤壽《今獻備遺》卷五、尹守衡《明史竊》卷六十一、傅維鱗《明書》卷一百四十三、孫承澤《畿輔人物志》卷一、陳田《明詩紀事》甲籤卷三、朱彝尊《静志居詩話》卷二等亦皆有傳。另黄佐撰有《國子監祭酒宋公訥傳》,劉三吾撰有《文淵閣大學士朝列大夫國子祭酒宋先生墓誌銘》(以下稱《墓誌銘》)。

其生卒年,宋訥《西隱文稿》附録劉三吾《墓誌銘》:"生以元至大辛亥十二月四日,卒以今洪武二十三年春,壽八十。"按公曆計,訥生於公元1312年1月12日,卒於1390年。

其字號、籍貫,《明史》卷一百七十三本傳:"字仲敏,滑人。"

廖道南《殿閣詞林記》卷三《文淵閣大學士宋訥》:"宋訥,字仲敏,大名滑縣人。"

劉三吾《墓誌銘》:"既號西隱,復別號所居別業曰'白雲茅屋'。"

雷禮《國朝列卿紀》卷七:"直隸大名府滑縣人。"

朱彝尊《静志居詩話》卷二:"字仲敏,滑縣人。"

按,訥之號來歷,《明書》卷一百四十三本傳云:"訥家西南三里,即瓠子堤,父崇禄構亭曰西隱,訥更築白雲茅屋。"

大名府滑縣,今屬河南滑縣。據《(咸豐)大名府志》卷一"沿革"載,元爲大名路,設總管府,領録事司,轄開州、滑州、浚州,以及元城、大名、南樂、魏、清河五縣。明初,改大名路爲府,屬北平布政司。永樂初建都幽燕,改北平爲京師,大名列於畿輔,屬北直隸,領開州,轄滑縣、元城、内黄、浚縣、魏縣等十縣。雍正三年,將滑縣、浚縣、内黄三縣劃歸河南,餘者未變。

父諱崇禄,元仕至侍御史。

見《明史》本傳。

訥之家世,《墓誌銘》云:"世本衛之山陽人,後徙滑,家焉。兩世由貤恩,贈嘉議大夫、禮部尚書、上輕車都尉,追封京兆郡侯,諱德仁,其曾祖;贈中奉大夫、河北江南等處行中書省參知政事、護軍,追封京兆郡公,諱宣,其祖官中奉大夫、陜西諸道行御史臺侍御史,贈推誠秉義守正功臣、通奉大夫、江浙等處行中書省參知政事、護軍,追封魏郡公,謚忠肅,諱崇禄,其父。忠肅在元時,敭歷中外四十餘年,五持憲節,逮事七朝,豐功盛德所以燾後衍慶,神道碑紀之悉矣。"

《許有壬集》卷六十三《侍御史宋公墓誌銘》:"公諱崇禄,字壽卿。其先由衛山陽徙滑白馬縣永寧鄉中東保林子里。先塋在宋胡寨,世不可考,改卜里西原,爲永寧阡。曾大父諱殷,妣張氏,而上皆葬舊塋。大父諱德仁,累贈嘉議大夫、禮部尚書。妣孫氏,追封京兆郡夫人。始葬新阡。父諱宣,累贈中奉大夫、河南行省參知政事、護軍、京兆郡公。妣孟氏，封京兆郡夫人。公甫冠入京，爲故相康軍國、左丞何聰山器重，掾中書，除同知欒平州事。他境事難决者，行省悉屬公。……入爲户部主事，升員外郎……中臺奏爲都事，屬省部事……遷潭州路總管……改都漕運使，潭民之闕請留者三十餘人。拜江南行臺治書侍御史，改山南道廉訪使。威令行，以親老歸。除户部尚書，不起。……喪服除，除廉使四川，復改江西，皆以疾辭。畎畝中言時政七事。關陜旱荒起，爲西臺治書侍御史，賜金緞以寵其行，言荒政七事，進中奉大夫、侍御史……未幾，力請休致。……纂《東郡志》十六卷，《紀史奇迹》十五卷，《出師表附録》二卷。"

至正八年(1348)，會試終場，臨州儒學正。

許有壬《侍御史宋公墓誌銘》："繼張氏，封京兆郡夫人。生訥，國子生，戊子會試終場，臨州儒學正。"

十年(1350)，父卒，以狀請許有壬撰墓誌銘。

許有壬《侍御史宋公墓誌銘》："至正庚寅九月十七日己巳，御史宋公薨於滑之里第。子訥走伻致辭曰：'先公將屬纊，遺筆曰："吾身後當求銘於安陽許公，公實知我，慎無以他人。"爲封有日，訥不敢違次，敢以狀請。'"

二十三年(1363)舉進士，任鹽山令。

《明史》本傳："至正中，舉進士，任鹽山尹。"

廖道南《殿閣詞林記》卷三《文淵閣大學士宋訥》："登元至正癸卯進士，任鹽山縣令。"

黄佐《國子監祭酒宋公訥傳》："登元至正癸卯進士第，筮仕鹽山縣尹。"

按,《今獻備遺》卷五載"授鉛山縣知縣",誤。

遭世亂歸隱,自築陋室,題曰"白雲茅屋",懷寶自晦。

劉三吾《墓誌銘》:"中經繹騷,乃被褐懷實,以自韜晦。"

黄佐《國子監祭酒宋公訥傳》:"遭世亂,隱居求志。"

按,白雲茅屋,劉三吾《坦齋劉先生文集》卷五《白雲茅屋賦引》云:"大名滑邑,周承韋故墟,漢之東郡,唐之義成軍邑,西南二里即瓠子堤。北去大伾、宣防半舍餘,又西北距善化三山五十里,山即黎陽。又西距大行四十里許,至淇、泉二十五里而近,泉名三水,合流曰淇門,有三會臺。今成均祭酒宋公仲敏先尊大参忠肅公在日,嘗構西亭瓠堤上,顔以'西隱'。仲敏由齒貴胄館擢進士第,爲郎官。官滿,更築草堂其間,號'白雲茅屋'。富貯經史子集、法書名畫。晨啓窗户,雲氣時來,與博山爐烟氤氲交錯,因復扁其所曰'自怡所'。國朝徵詣公車,歷官瓊署,掌教上庠六館諸生,多所造就。朝研暮覃,罔敢墮窳敗業。今春南宫得士四百七十餘,監生居三之一。皇上緣是益深倚注,不容以懸車之年辭焉。僕備官春坊,謬蒙推重,謂某楚産頗能楚聲也,屬賦其所謂'白雲茅屋'。辭不獲已,而爲之賦。"

張瀚《奚囊蠹餘》卷十三《重修白雲茅屋記》:"滑臺宋先生,當元季衰亂,挂冠歸隱,築室瓠子堤上,修明性命之學,根極天人之奥。彼其瞻睇行雲,綢繆檐宇,胸襟灑灑,真若與造物者動游而静俱,故自題其軒曰'白雲茅屋'。"

《(民國)重修滑縣志・滑縣藝文録》卷一《滑縣舊志十二景圖説》:"乾隆丁丑《滑縣志》有十二景圖。……十一曰茅屋白雲,其説云:'宋西隱先生白雲茅屋,在城南堤上龍王祠之旁。先生當元末避亂於此,構屋數椽,往往有白雲覆其上,因以名屋。'"另,此志還收録有洪武時蜀郡人楊淞學《白雲茅屋賦》、任環《重建白雲茅屋記》及包仕登《題白雲茅屋圖》、石光霽《題白雲茅屋圖》、朱印哲《題白雲茅屋》、張璨《題白雲茅屋》、趙貫臺《題白雲茅屋》、部煥元《瓠子堤》、朱驊《瓠子堤懷古》等詩作。

洪武二年(1369),應徵纂修禮、樂諸書。次年春正月,南行事竣,不仕而歸。

見《明史》本傳。

黄佐《國子監祭酒宋公訥傳》:"入國朝,文名益昌。洪武二年春正月,中書省徵儒士十八人纂修《禮》《樂》,訥與焉,事竣,不仕而歸。"

《明通鑑》卷二"太祖高皇帝":"(洪武二年八月)庚寅,詔儒臣纂修禮書……一時徵召之士,首山陰楊維楨……其他徵入禮局者,有新喻梁寅、滑縣宋訥、天台徐一夔、山陰唐肅、永豐劉干,及周子諒、胡行簡、劉宗弼、董彝、蔡深、滕公琰等,凡十八人。"

宋訥《西隱文稿》卷六《送陽城縣簿方彦清秩滿序》亦云:"洪武己酉冬,宰相奉上旨纂修一代禮樂書,選取天下儒士十八人,訥備員在列焉……庚戌春正月,訥南行,因識侯。"

按,黄佐《傳》記載詔修時間有誤。又據《明通鑑》卷三云:"(洪武三年)九月,儒臣纂修禮書成,上之,賜名曰《大明集禮》。"則事竣而歸應在洪武三年。

五年(1372)秋,較文於北平秋闈,與吴文明、葉叔則唱和。

《西隱文稿》卷六《送方明府之任序》:"洪武壬子,北平行中書省請予較文於秋闈。"壬子,乃洪武五年。

按,集中卷二有《秋闈即事次北平憲副吴文明考官韻》:"皇明重科選,奎宿方昭然。材薄愧秋闈,座重廣文氊。才華萃棘屋,冠佩皆時賢。主文憲節持,風彩照鵷聯。清識潤藻鑒,何有劉蕡捐。宛追校書向,午夜青藜燃。得士貢周庭,詩繼《卷阿》篇。"卷三又有

《壬子歲考試秋闈次受卷官北平行省照磨葉叔則中秋詩韻》《秋闈再和葉叔則照磨中秋詩韻》等詩。

過元故宫,傷之,作詩以寓《黍離》之感。

黄佐《國子監祭酒宋公訥傳》:"五年秋,過元故宫,蠹焉傷之,作詩以寓《黍離》之感。誦訥詩者,知其明於《春秋》'華夷之辨'也。"

集中卷三有《壬子秋過故宫》十九首,其八云:"黄葉西風海子橋,橋頭行客吊前朝。鳳凰城改佳游歇,龍虎臺荒王氣消。"

十三年(1380),用四輔官杜斆薦,除國子助教。

《墓誌銘》:"皇明受祚,徵詣公車,於召見次有言動聽,洪武之十三年也。是冬,除國子助教,横經發難,擊蔀廓塞,學者如客得歸。"

《西隱文稿》卷十《初召敕符》:"朕君天下十有三年矣,意野無遺賢,雖夙夜孜孜以求賢,賢何弗至?今四輔官杜斆抱忠爲國,舉所知宋訥才堪任用,符到之日,有司禮送赴京,以稱朕意焉。"按,杜斆,字致道,壺關人。元末舉河東鄉試第一,除高平教諭,遷台州學正。洪武中徵爲四輔官。

《明通鑑》卷七"太祖高皇帝":"(洪武十三年九月)丙午,始置四輔官,告於太廟。仿古四時命官之制,以本及杜佑、龔斆爲春官,杜斆、趙民望、吴源爲夏官。秋、冬闕,命本等攝之,俱兼太子賓客,位列都督之次,隆以坐論禮,命協贊政事,均調四時。"

陳田《明詩紀事》甲籤卷二十:"明初山右之以詩鳴者,致道其開先矣。致道嘗薦宋西隱爲祭酒,稱爲得人。"

十五年(1382),應制撰敕文,操筆立就,雅稱上意。超授翰林學士、奉議大夫,尋改文淵閣大學士。

《墓誌銘》:"嘗同諸儒應制撰敕文,畀僧道録司領教事者十有六通,操筆立成,雅稱上意。超授翰林學士、奉議大夫,俄升文淵閣大學士。日見親信,有所補拾。”

黄佐《國子監祭酒宋公訥傳》:“十五年五月,同諸儒應制撰諸敕文,操筆立成,雅稱上意。超拜翰林院學士、奉議大夫。尋命撰國子監碑文,又復稱旨,賞賚衣帽文綺及鈔。已而召其子安,賜鈔十錠。……十一月,改文淵閣大學士,時年逾七十。”

《明書》卷一百四十三宋傳:“十五年應制,同諸儒撰敕文十六通,援筆立就,上大稱嘆,拜學士。時建太學,上幸學,令爲太學碑文,賞賚。上每觀書,或論用人,必與擬議,皆稱旨,改文淵閣大學士,時年逾七十矣。上親製誥詞,引尚父興周八百爲比,蓋自宋濂、詹同而後,惟訥時被召對,既感知遇,日有補拾,甚見親信。”

《西隱文稿》卷十《授文淵閣大學士制諭》:“朕觀古今賢能者,遇君有遲速,名彰有先後,奈何時運之不齊,壯衰之相臨。何謂?蓋壯志貞而名未出,君將知而暮年垂,雖有賢能,爲斯所艱。然昔望於磻溪亦老而已,猶有作飛之兆,而乃興周八百,爾宋訥年雖高邁,特授文淵閣大學士、奉議大夫。宜往。欽哉。洪武十五年十一月十五日。”

按,訥撰敕文十六通,即《西隱文稿》中卷八《應制撰僧官敕文》,含《左善世》《右善世》《左闡教》《右闡教》《左講經》《右講經》《左覺義》《右覺義》;《應制譔道官敕文》,含《左正一》《右正一》《左至靈》《左演法》《右演法》《左玄義》《右玄義》。所撰太學碑文,即卷八《大明敕建太學碑》,文曰:“洪武十四年夏,上詔群臣曰:‘王者受命,武功文德,相繼成治,定天下以武,治不以武也,其崇文乎?顧兹成均,地隘而陋,何以振文教?朕相基於雞鳴山下,高爽平遠,豈天協朕心,若藏此地,俟興一代學乎?’群臣稽首曰:‘皇上聖神,斯文福也。’乃以天子學制授諸冬官,冬官臣恭奉明詔,夙夜匪懈。……明年五月,冬官奏廟學成。十有一日,天子遣使祀先師以太牢,禮畢,胄子及民之俊秀登堂受業,學之禮制備矣。十又七日,上躬臨廟,禮行酌獻,再拜而退,乃達學,學官率諸生進拜堂下,博士臣龔斆執經,祭酒臣吴顒講經。既畢,萬乘是還,此千載曠儀,講而行之,斯文增重矣。六月一日,上又賜敕文,重諭胄子,禁制防遏之法,訓迪誘掖之意無不至焉。越一日,帝御奉天門,詔臣訥文之於石,臣拜手稽首,不敢以不文辭,承命遂述興造始末。”

十八年(1385),遷朝列大夫、國子監祭酒。嚴立學規,釐正前弊。

《明史》本傳:“未幾,遷祭酒。時功臣子弟皆就學,及歲貢士嘗數千人。訥爲嚴立學規,終日端坐講解無虚晷,夜恒止學舍。十八年復開進士科,取士四百七十有奇,由太學者三之二。再策士,亦如之。帝大悦,製詞褒美。助教金文徵等疾訥,構之吏部尚書余熂,牒令致仕。訥陛辭,帝驚問,大怒,誅熂、文徵等,留訥如故。”

劉三吾《墓誌銘》:“會建太學成,中外歲貢,學徒日夥,而職大司成者往往選愞,師生相奸,教尼不行。宸衷簡注,擢爲祭酒,升朝列大夫,以釐正前弊。上自製誥詞,至‘以尚父興周八百’擬之,感惟眷遇,所以提挈鏟磢不遺餘力。師道既立,皇心載寧。乙丑、戊辰兩科,得士大率三天下之二,而龍頭魁選更在太學,大被賞遇。”

《西隱文稿》卷十《授國子監祭酒制諭》:“爾宋訥,今特授爾爲朝列大夫國子監祭酒,爾尚竭乃恭而臨祭,静乃神以對神,則冥冥鑒知,庶不負委令之意。欽哉。洪武十八年九月二十七日。”

獻《安邊策》,言邊軍屯田之計,帝嘉納之。

見《明書》卷一百四十三傳。

《明太祖實録》卷一百七十一:“(洪武十八年二月)甲辰,上以當春久雨,陰晦不解,間雪雹而雷,雖時氣不和,亦人事有以致之,乃諭中外百司:‘凡軍民利病,政事得失,條陳以進,下至編民卒伍,苟有所見,皆得盡言無諱。’國子監祭酒宋訥獻《守邊策》,曰:‘今海内既安,蠻夷奉貢,惟沙漠胡虜未遵聲教,若置之不治,則恐歲久,醜類爲患邊圉,若欲窮追遠擊,又恐六師往返萬里,饋運艱難,士馬疲痨。陛下欲爲聖子神孫萬世之計,要不過謹備邊之策耳,備邊固在乎屯兵,實兵又在乎屯田,屯田之制必當法。漢本始中,匈奴帥十餘萬騎而南欲爲寇,漢將趙充國乃將四萬騎分屯緣邊九郡,單于聞之引去。夫以四萬騎分屯九郡,而充國統制其間,則當時之籌畫區分,概可想見。我朝諸將中,勇智謀略豈無如充國者哉?陛下宜選其有智謀勇略者數人,每將以東西五百里爲制,隨其高下,立法分屯,所領衛兵以充國兵數斟酌損益,率五百里屯一將,布列緣邊之地,遠近相望,首尾相應,耕作以時,訓練有法,遇敵則戰,寇去則耕,此長久安邊之策也。又何必勞師萬里求僥倖之功,以取無用之地哉?’……上皆嘉納之。”

按,此策未見於《西隱文稿》中。

二十一年(1388)春,撰《進士題名記》。逾年,又撰帝王廟、廣惠祠等碑文。

見《明書》卷一百四十三傳。

《西隱文稿》卷五《賜進士題名記》云:“洪武戊辰春三月一日,皇上親策多士,臨軒命題,問以祀禮,綸言炳煥,雲漢昭回,濟濟在列者悉精白一心,對揚聖制。翌日,户部右侍郎臣沈士榮、翰林學士臣劉三吾等奉卷進讀,上陳睿覽,斷自宸衷,以定其選,賜進士及第任亨泰等九十七人,既錫恩榮宴以寵异之。又諭禮部尚書臣李原名令冬官礱石題名,祭酒宋訥撰記。臣祗承明命,不敢以疏譾辭。”

按,集中卷五《建祠山廣惠祠記》《敕建北極玄天真武祠記》《敕建元衛國忠肅公祠記》《敕建五顯靈順祠記》、卷九《敕建歷代帝王廟碑》,皆於洪武二十二年應制而作。

二十三年(1390)春,病逝。上自製文,遣官以祭。正德中,謚文恪。

見《明史》本傳。

《明書》卷一百四十三傳云:"二十二年,命撰帝王廟及廣惠祠碑文。明年正月有疾,尚醫來治。二月朔,疾甚,其子及屬官懇請歸家,厲聲曰:'是何風雲氣少,男女情多?况在丁社兩祭齋戒中耶?'三日丁酉祭畢,舁歸,抵暮卒,不一及家事。年八十。上悼惜,自製文,遣官致祭,又遣行人祭於家,爲治墳塋。故事,文臣四品無給喪費者,給自訥始。又官其次子鄉邑訓導復祖爲司業。……正德中,謚文恪。"

《(民國)重修滑縣志·滑縣藝文録》卷十朱元璋《御製祭國子監祭酒宋訥文》:"維洪武二十三年歲次庚午二月乙未朔初十日甲辰,皇帝遣禮部員外郎高昌安以牲醴之奠諭,祭於文淵閣大學士國子監祭酒宋訥之靈,爾其俯伏諦聽。帝有諭焉,曰:'古之治天下者必育才於學。學必有師,師得其人,則學者良矣。師之所繫,詎不重乎?朕自開國以來,首建大學,育天下之生徒,期在造就人才,以備任用。何師道之不立,士乖模範。朕以爾學行老成,命掌其事。爾能恪體朕意,施教有方,數年之間,得才爲用。玆者忽疾,遽然長逝。嗚呼!由儒業享厚禄,爲國育才,爾其榮矣。然又躋高年,獲善終於家,尤人所難。天道之福善人,昭昭可驗。爾雖逝矣,復何憾焉。爾其有知,服玆諭祭。'又奉聖諭:休燒了,留與他子孫看,永爲家寶。仍令百官送喪江上,行人一員護喪至家,敕沿途有司皆致祭。"

配康氏，先卒。有子三：衍祖、復祖、安祖，女一。

劉三吾《墓誌銘》："配康氏先卒。子三人：長衍祖即麟，擢進士第，拜監察御史，出主望江簿；次復祖，鄉邑訓導；次安祖。女一人，在室。孫男三：恕、慧、懋；女孫四，所適其人：長郭謹，次陳惟新，次李均，一在室。曾孫男女各二，皆幼。"

訥性持重，不苟言笑，讀書强記，學問該博。

廖道南《殿閣詞林記》卷三《文淵閣大學士宋訥》："訥博學强記，動遵矩矱，性遲重，不妄言笑。"

黄佐《國子監祭酒宋公訥傳》："訥爲名家子，雅性持重，不妄言笑，讀書記問該博。"

論詩雖吟咏性情，却不易觀之；學詩宗杜甫，重乎貴有布置。

《西隱文稿》卷六《唐音緝釋序》："詩人立言，雖吟咏性情，其述事多索古喻今，或感今思古。其寫景，則所歷山川原隰、風土人物之异，所見則昆蟲草木、風雲月露之殊，各萃於詩。至於詩人居臺閣、列朝廷者，所歷所見，莫非城觀宫闕之雄，典章文物之美，器械車馬之壯，華夷會同之盛，殆非山林所歷所見可概論也。然詩之體有賦、有比、有興，觀體可得而見；詩之音清濁高下、疾徐疏數之節，與夫世之治亂、國之存亡，審音可得而考。若夫事之所述，景之所寫，非博極群書、窮搜百家，未易析其事、辨其景也。詩豈易觀哉！"

《西隱文稿》卷六《紀行程詩序》："昔人論杜少陵以詩爲文、韓昌黎以文爲詩者，蓋詩貴有布置也，有布置則有得其正、造其妙矣。故學詩當學杜，則所學法度森嚴、規矩端正，得其師焉。"

著述不豐，編《紀德録》，撰《西隱集》，詩文渾厚醇雅。

劉三吾《墓誌銘》："取其平生所裒集先世碑銘傳曰《紀德録》一

集,所自著述曰《西隱文集》又十七卷。”

《國子監祭酒宋公訥傳》:“所著詩文二十卷,號《西隱集》,今行於世。”

《明書》卷一百四十三傳:“所著詩文二十卷,號《西隱集》。”

《四庫全書總目》卷一百六十九《西穩集》提要:“劉三吾撰訥墓誌,稱所著《西隱集》十七卷。而《明史・藝文志》、黄虞稷《千頃堂書目》俱作十卷。此本有東萊劉師魯《序》,稱其集初爲上海張趨所手録。滑人王崇之令上海,從其後求得而刻之。歲久漫漶,師魯因鳩工重刻,蓋即十卷之本。豈張趨繕録之時,又有所删并,故與墓誌不合歟?集前四卷爲賦、詩,後六卷爲雜文,附以明太祖手敕四道,及《白雲茅屋賦》二篇、《記》一篇。白雲茅屋者,訥所築别墅之名也。訥領成均胄子之任,師道嚴正,爲一時典型。文章亦渾厚醇雅,其奉敕製太學碑,極爲太祖所賞,今具載集中。又有壬子歲考試《秋闈次北平詩》及《秋闈即事》諸詩。壬子乃洪武六年,蓋訥未仕之前,已應聘爲北平考官,而本傳、墓誌均未之載。其《過元故宫詩》十九首,尤纏綿悱惻,有風人忠厚之遺。”

陳田《明詩紀事》甲籤卷二十云:“明初,大河南北稱詩者,宋西隱而外,當推光古(逯昶)。”

參考文獻:

1. 宋訥《西隱文稿》,明萬曆六年劉師魯刻本。
2. 張廷玉等撰《明史》,中華書局 1974 年版。
3. 廖道南《殿閣詞林記》,明嘉靖刻本。
4. 雷禮《國朝列卿紀》,明萬曆徐鑒刻本。
5. 項篤壽《今獻備遺》,明萬曆十一年項氏萬卷堂刻本。

6. 傅維鱗《明書》,清康熙三十四年刻本。

7. 王維坦等纂《(民國)重修滑縣志》,民國二十一年鉛印本。

8. 解縉等《明太祖實録》,"中央研究院"歷史語言研究所1962年校印版。

9. 劉三吾《坦齋劉先生文集》,明萬曆賈緣刻本。

10. 夏燮撰,沈仲九標點《明通鑑》,中華書局2014年版。

11. 焦竑《國朝獻徵録》,上海書店出版社2022年版。

12. 朱彝尊著,黄君坦校點《静志居詩話》,人民文學出版社1990年版。

13. 陳田輯撰《明詩紀事》,上海古籍出版社1993年版。

14. 許有壬著,傅瑛、雷近芳校點《許有壬集》,中州古籍出版社1998年版。

(汪孔豐)

宋玄僖傳

宋玄僖，又名僖，嘗署元僖，字無逸，號庸庵。浙江餘姚人，生於元皇慶元年(1312)。

丁丙《善本書室藏書志》(清光緒刻本)卷三十四:“僖，原名玄僖，字無逸，號庸庵，餘姚人。”

萬斯同《明史》卷三百八十六《宋僖傳》(清鈔本):“宋僖字無逸，餘姚人。”

按，餘姚市歷史文化名城研究會編《姚江名人(古代編)》之《宋僖》稱宋玄僖生於1312年。

又，宋玄僖《庸庵集》卷六有《十二月二十九日承乏櫻寧先生韋惟善輿鄉中諸親友以余初度之辰致禮見過因賦詩一首奉謝》詩云:“老去歡娛復幾人，歲寒山郭對黄塵。艱難人事都非舊，貧賤交情倍覺真。除夜敢因初度飲，同心故向暮年親。城南行共千花笑，已有江梅着早春。”則知其生日在小年夜。櫻寧先生，即餘姚名醫滑壽。

少穎悟好學，父欲使從市井習胥吏，哭辭。母資遣游學，從師於楊維楨。

宋玄僖《庸庵集》卷十四《巽庵先生哀辭》(壬辰):“玄僖始以里中童子拜先生於床下，出入其門而受其教誨、飲食之賜者二十餘年。”

丁丙《善本書室藏書志》卷三十四:“幼穎悟,父欲使從市井習胥吏,輒哭辭。母資遣游學,通經史百家之旨。”

元至正十年(1350),舉鄉試,補繁昌教諭。在任纔十九日,即棄歸。

丁丙《善本書室藏書志》卷三十四:“至正庚寅,舉浙江鄉試,補繁昌教諭,尋棄歸。”

徐象梅《兩浙名賢録》卷十二《宋僖傳》:“元至正間中乙榜,授繁昌諭纔十九日,即棄歸。”

朱彝尊《曝書亭集》卷六十二《貝瓊傳》:“元至正十年鄉貢,除繁昌教諭,之官一十九日,即棄歸。遭亂,授徒自給。”

洪武二年(1369),朱元璋徵修《元史》,分撰《外國傳》。八月十三日,史事畢,與史局儒士醵飲;歸鄉,還至龍河,會元夕,夜飲王漢章宅。

《明太祖實録》卷三十九:“(洪武二年二月丙朔)上謂廷臣曰:‘近克元都,得元十三朝實録,元雖亡國,事當記載,况史紀成敗、示勸懲,不可廢也。乃詔中書左丞相宣國公李善長爲監修,前起居注宋濂、漳州府通判王禕爲總裁,徵山林遺逸之士,汪克寬、胡翰、宋僖、陶凱、陳基、趙壎、曾魯、高啓、趙汸、張文海、徐尊生、黄篪、傅恕、王錡、傅著、謝徽十六人同爲纂修。開局於天界寺,取《元經世大典》諸書,以資參考。’”

宋濂《宋學士文集》卷一《元史目録後記》:“洪武元年秋八月,上既平定朔方,九州攸同,而金匱之書悉輸於秘府。冬十有二月,乃詔儒臣,發其所藏,纂修《元史》,以成一代之典,而臣濂、臣禕實爲之總裁。”

朱彝尊《曝書亭集》卷六十二《貝瓊傳》:“洪武二年徵修《元

史》,分《外國傳》,事畢還。"

《四庫全書總目》卷一百六十八《庸菴集》提要:"洪武初召修《元史》,所撰《外國傳》,自高麗以下,悉出其手。書成不受職,乞還山。又與桂彦良同徵主試福建,均迫於朝命,非其志也。"

宋玄僖《庸菴集》卷一《八月十三夜史局儒士醵飲天界寺西庭叙别分韵得天字》:"秋寺積黄葉,行見江月圓。衆客感時邁,史籍已成編。迢遞四方至,同舍非偶然。久集有分期,念之還足憐。醵飲際良夕,露坐望青天。明發各有適,羽鱗异天淵。少壯宜努力,衰病得生旋。酣咏在兹席,静言乃離筵。耿耿亦何爲,且就殘夜眠。"

《庸菴集》卷二《己酉冬還自龍河浦王漢章宅元夕宴集鐵字韵詩》:"新年會飲元夕節,秩秩賓筵日中設。滿座烏巾异昔時,在眼華燈待明月。江梅尚覺花惱人,野老誰言心似鐵。當杯酣咏不成章,歲晚孤吟客歸越。"

按,王漢章,徐象梅《兩浙名賢録》卷二十八《英山知縣王漢章旭》:"王旭,字漢章,餘姚人,强學力行,隱居教授,學者多從之游。洪武中,以茂才召拜英山知縣,縣舊多虎患,旭至禱於神,虎輒避去。在官興學勸農,民親愛之如父母。"

洪武三年(1370)七月,與四明桂彦良諸名士同徵主福建鄉試。赴任途中,道經錢塘,過常山,夜宿崇安縣驛,廿七日至水口驛,一路有詩。

《庸菴集》卷五《留贈郭思賢》序云:"去年己酉夏,余有龍河之行,以衰疾留滯錢唐十餘日,寓所與郭子思賢氏相近,間與語,若舊相識。然其家世業婦人醫,由汴徙錢唐已及三百年,而其名不替,以趙郭氏稱於遠近者是。今年七月,予以考藝適閩,道經錢唐,復與思賢會,乃爲賦詩一首,蓋塞其去年之請也。"詩云:"種樹曾聞郭橐駝,錢唐趙郭業如何。名家汴水逾三世,治疾邯鄲擅一科。舊歲客居頻晤語，新秋藥室再經過。暮年遠向三山去，歸對黄花爲醉歌。”

《庸庵集》卷九《爲傅伯原題白雲親舍圖》：“暨陽傅伯原，吾師鐵厓先生楊公之婿，其舅氏錢舜在又與予同受經於先生之門，故伯原視予猶骨肉親也。乙未歲，予與伯原會錢唐而别，今十有六年矣。予以事適閩道，過常山，伯原爲驛官於兹，而復與予會，執手問故舊，輒爲之流涕。獨喜其母夫人固無恙，得侍養官舍。伯原出向者所藏《白雲親舍圖》示予，予遂爲題絶句一首，以寓感慨之意云：幾年天際望雲飛，日日思親淚滿衣。今日常山官舍裏，白雲朝暮在庭闈。”

《庸庵集》卷六《過崇安縣留贈税使夏文敬》序：“今年秋七月，予有閩中之行，廿三日入分水關，其暮抵崇安縣驛而宿，明旦遇税使夏文敬於縣郭中。文敬，益都人，年未三十，既問予姓，而笑曰：‘疇昔之夜，夢造藍明之先生之廬，先生不見，見一人狀貌若吾子者在其門外官道上。吾問曰子何姓，曰姓宋，其夢若是。吾與子雖並生於世，而南北之居相去數千里而遠，且生平素不相聞，何夜之所夢，旦之所見其容、其姓、其邂逅之地，無一之不有徵耶？是可异也！’予聞其語，亦有樂於中，乃賦七字八句詩一首以贈之。”

同卷《七月廿七日以考藝至福建水口驛驛官姚惠卿乃吾鄉人有沐浴飲食之留而四明桂同德又先至半日以俟皆出望外喜而賦詩》：“老去畏行役，病餘慮炎蒸。陟降雲霧嶺，奔趨風水程。去越影生桂，入閩葉凋蓂。浴垢水口驛，溯風山上亭。顧慰值鄉彦，遲需謝文明。衰朽樂疏散，餘事非吾能。”

《庸庵集》卷一《在閩省試院次韵主文盱江吴尚志述懷之作》：“妙化魚躍淵，流光蛇赴壑。出書洛川龜，閲世遼海鶴。文運復有興，儒行固無薄。持衡宗楚材，盍簪集閩郭。謇予素愚蒙，老至焉有覺。伴食愧膻腥,還山憶藜藿。”

王禮《麟原文集》後集卷二《瀛洲圖詩序》:“三年秋,某忝校藝閩省,同郡蕭自省、劉允泰,盱江吴尚志,會稽宋無逸,四明桂同德,上饒余從善,延平孫永齡諸名士咸與。”

《(光緒)吉水縣志》卷四十一:“蕭受益,字自省,登至正十一年進士,授將仕郎,新建縣丞,能舉其官。致仕歸,自號瀧濱釣叟。”

《(嘉靖)江西通志》卷十七:“吴毅,字尚志,南城人。性敏學贍,學者稱爲學海先生。洪武初徵拜博士,與修《大明律令》,尋致仕歸,授教鄉里。爲文古雅,不事雕琢,有《學海集》。”

在閩中,會友鄭桓,贈詩《庚戌秋在閩中爲新安鄭居貞題練溪漁隱圖》。

《庸庵集》卷二《庚戌秋在閩中爲新安鄭居貞題練溪漁隱圖》:“澄江如練人如玉,何年磯頭結茅屋。垂竿已喜唤漁郎,脱屣豈須稱宦族。秋風蕭條來遠天,沙際蘆花吹白綿。釣月不愁中夜冷,繫舟可傍西岩眠。遠憶當年子真叟,手把一犁耕谷口。只今孫子謝簪纓,千載相知寸心否。會稽野老游南州,子亦去家成久留。畫圖在眼爲歌咏,思鄉共立三山頭。”

按,凌迪知《萬姓統譜》卷一百七《鄭桓傳》:“鄭桓,潛子,字居貞。從父官閩中,從貢師泰游。初以耆儒與唐仲實等召對稱旨。洪武中,舉明經,授鞏昌府判,升禮部郎中,終河南布政司左參政。方孝孺爲漢中教授,居貞嘗以詩送之。永樂時坐方黨死,有詩文曰《閩南集》《關隴行稿》《歸來稿》《隨稿》《檜庭稿》。”

主持福建鄉試事畢,與友人游鼓山,有詩留别。還鄉,至建寧,會友胡彦功,作贈别詩。

《庸庵集》卷六《閩省宣使張文中伴諸公游鼓山索詩爲贈》:“江

海諸公早晚回，勝游都向鼓山來。同行喜有乘槎使，相贈慚無作賦才。先到後還空卧病，東瞻西眺更徘徊。閩中驛路通吴越，歲晚相思爲折梅。”

同卷《八月廿三日至鼓山夙病復作述懷》：“山僧錯唤病維摩，傴僂提携入薜蘿。鄉里自憐扶杖久，道途誰笑折腰多。度關峻嶺應如昨，送客安車又若何。回首會稽雲霧外，二千餘里費奔波。”

同卷《留題鼓山丈室序》云：“鼓山，閩之勝地也，予故人用明師主其寺焉。去歲用明自浙左赴鼓山，予嘗爲文以送之。今年秋，不意叨與考藝，亦有三山之行。既事，主文江右吴、蕭二先生而下，凡七人約游鼓山。予與四明桂徵士同德先至山下以俟。及暮，諸公不至，乃登山入其寺宿焉，與用明語至夜半，有足感者。其夜風雨俄至，煩熱頓解，遂賦律詩一首。明旦，録上鼓山丈室，就以爲别。八月廿四日也。”

《庸庵集》卷一《八月廿六日雨止游鼓山靈源洞至天風海濤亭賦詩一首》：“雲卧已三夕，山行歡百靈。西林日華赤，南澗秋草青。仙佛宛如在，笙磬誰與聽。陟降循水曲，窈窕度岩扃。風濤忽在目，颯爽敞孤亭。茗飲助幽賞，世外便獨醒。尚瞻紫陽翰，不隨霜露零。聞見慨今昨，思惟著儀刑。遠來慰衰朽，奇覽遺昏冥。但愧無聞者，凡迹同浮萍。”

《庸庵集》卷二《自閩省還至建寧作短歌行贈别胡彦功》：“三山半月鎖秋院，與子相聞始相見。綉衣使者重斯文，白面書生作良掾。深堂四更官燭紅，簾前白露零青空。何人三夜見題目，繩纆先歸青眼中。知子胸中富經史，安定先生好孫子。十載浮沉江海間，憲府揚才遇知己。野客辭閩歸會稽，重陽已過風凄凄。建寧城下復爲别，落日吟詩溪水西。”

是年重九日,與蕭子省、吴尚志諸公游烏石山;九月十五日,至懷安驛,會劉允恭;廿三日,夜宿武夷宫;廿四日,魏松岡以小舟偕僖等游九曲;廿八日,夜宿石溪徐氏店。十月一日,早發廣信;十一日,過蘭溪道中;十三日,與浙江驛使毛和仲游表忠觀。各有詩。

《庸庵集》卷一《吴尚志蕭自省而下七人九日自三山驛飲罷登烏石山分韵序别以五字十句爲率得盡字》:"文飲從醉吟,旅游資汲引。升高力已疲,覽勝歡未盡。烏石會何如,龍山迹難泯。視昔均有懷,此别良不忍。采菊惜兹辰,行當還舊隱。"

《庸庵集》卷六《九月十五日自三山驛還至懷安驛廬陵劉允恭以詩贈别次韵酬之》:"官船送客勝漁舠,千里凉風入布袍。秋院校文同點檢,晴溪歸路重游遨。月圓楚澤鄉情遠,水落閩關石勢高。奇會翻成離别恨,暮年更怕往來勞。"

同卷《九月廿三夜留題武夷宫殿壁》:"大王峰下武夷宫,九曲溪邊一徑通。身到名山頭已白,眼明秋日葉初紅。神仙定在虚無裏,兵甲曾栖澒洞中。秉燭題詩留過客,浮生踪迹似冥鴻。"

同卷《九月廿三夜宿武夷宫燭下爲魏松岡提點題閩中士大夫送歸武夷詩卷》:"入閩遠作三山客,回棹重經九曲溪。洞口仙人如有約,燈前詩卷爲留題。苦吟豈似彌明句,昏照還資太乙藜。當暑送歸吾不及,秋宵下榻聽金雞。"

《庸庵集》卷三《贈魏松岡俞復嬰二道士十韵》:"予以庚戌秋九月廿四日自閩省還,至崇安武夷宫,魏煉師松岡率紫清庵俞逸人復嬰,以小舟偕予與四明桂徵士同德等數客游九曲,以水淺中道而還。是日,予與同德出溪口上驛舟,向浙水東而歸。舟中賦十韵以别魏俞二師云:'武夷山水窟,自古集群仙。半世看圖畫,三秋入洞天。情親雙羽士,勝引一漁船。飯罷携茶具,經存及草玄。雲岩風颯颯,石瀨水濺濺。九曲何如好,中途不得前。紫陽餘舊迹,清氣望先賢。世變仍奇觀,吾衰已暮年。分袂閩嶺下,歸棹浙江邊。何日重相見,神交諒有緣。'"

《庸庵集》卷九《十月一日早發廣信玉溪驛舍次桂同德韵》:"趣罷行裝未出城,玉溪驛舍燭花明。五更歸夢千餘里,吹醒悲笳第一聲。"

同卷《十月十一日蘭溪道中感懷二首》:"清溪紅樹夕陽邊,緩步平灘帶畫船。曾聽醉眠居士説,只今詩興似當年。""醉眠居士已仙游,歸自閩中我白頭。經過江山得詩句,晤言更有此翁不。"

同卷《十月十三日至浙江驛候潮而渡有半日之留表》:"表忠觀,去驛一里許,土人無有識之者。驛使毛和仲,金華儒家子也,獨能以表忠爲言,遂導吾入游焉,感而爲賦絶句二首:'浙江驛使毛和仲,云是金華詩禮家。誰識龍山表忠觀,獨能引客入烟霞。''蘇公文翰表忠碑,山下居人識者希。舊觀有基黄葉滿,可憐斷石帶清暉。'"

按,劉於,字允恭,永豐人。元至正七年(1347)用《春秋》取鄉試第三名文解,會試南宫不利,十年復薦於鄉,名在第二,北上復不利,無幾微不足之色。未幾,以下第恩例署泰和州學正。明洪武五年(1372)卒。參見宋濂《故泰和州學正劉府君墓誌銘有序》。

洪武四年(1371),作《寄宋景濂先生三十韵》。

《庸庵集》卷一《寄宋景濂先生三十韵》:"相處纔數月,相違已三年。人來即問訊,矯首玉堂仙。尺書固邈邈,寸心每懸懸。孰謂金蘭契,而如萍梗然。憶昨被殊渥,草茅倏牽連。平生坐環堵,豈意乘官船。修史與末役,乏才愧群賢。强述《外國傳》,荒疏僅成篇。賴有班馬手,筆削容鉅編。素餐竊恐懼,衰疾頻纏綿。小几聚藥裹,空床重艾烟。旅邸命如綫,仁人俱見憐。同舍既足借,同姓尤惓惓。早晚辱安慰,殘喘聊自延。凉風送越舵,而得歸園田。當時十八士,去留各有緣。中秋佛寺裏,明月照離筵。後夜復敘别,慘慽燈影前。贈言諾教誨,有暇寄江邊。縹帙已拜惠,所獲尚未全。去年攖寧叟,往還情爲傳。我亦薦行邁,南閩涉山川。考藝非所任,冒往誰舍旃。知已諒興閔,疲駑詎勝鞭。鬢髮日已短,貧病無由痊。策杖山野間,静曠庶相便。擊壤或歌咏,忘憂臨澗泉。緬懷青雲彦,文會濫隨肩。作詩謝疇昔,一一莫能專。諸公倘垂愛,契闊寧我愆。"

錢大昕《諸史拾遺》卷五《外國傳》(清嘉慶十二年李賡芸稻香吟館刻本):"高麗自此以下三卷,乃宋僖撰,最爲淺率。朱錫鬯《静志居詩話》載:'其寄宋學士詩云:"修史與末役,乏才愧群賢。强述《外國傳》,荒疏僅成篇。"'觀此詩,則荒疏之病,無逸固未嘗自諱也。"

是年七月十二日,龍泉住持天台白雲翁偕僖登其弟子秋江所居之閣,取危素三絶句以觀,僖作《奉和危先生送浩秋江還龍泉寺》次韵唱和之。

詩載《庸庵集》卷十。詩序云:"前二年九月,予嘗以史局事畢還自龍河。去年秋,吾鄉前龍泉住持天台白雲翁亦以高僧徵至龍河而還,其大弟子從其往還者,秋江上人也。秋江還龍泉,臨川危先生在龍河,用其先世章簡公龍泉晚意韵賦絶句一首送之,兼簡白雲翁。翁蓋與臨川有三十年之雅,既和其詩,同郡朱雲巢徵士時續筆史局,相繼東還,過龍泉,亦於臨川之詩和之。今年辛亥七月十二日,白雲翁偕予登秋江所居之閣,乃取三絶句以觀,俾予次韵於後,且言秋江將以唱和諸章並其所和者刻石留山中,何其好事。若是也,予既重違翁意,復私念數人者皆嘗有龍河之行,而於龍泉又豈無緣契也耶!遂爲之追和。然予詩鄙陋不足傳,或者得附諸公杰作托名刻石,使後人觀之,寧無可愧者乎!"詩云:"長江秋晚照清暉，猶憶江花送白衣。千里舟歸先後客，今朝山閣看鷗飛。”

是年八月，與王時敏游上虞賀溪，後乃過小山陳氏書社，甫及其門，時敏有儒士之徵。次日，時敏爲陳子範作墨梅且爲賦詩，僖作《題王時敏畫》。

詩載《庸菴集》卷十。詩云：“今年辛亥八月下旬，予與王時敏游上虞賀溪，半月乃過小山陳氏書舍，甫及其門，而時敏有儒士之徵，使者繼至。明旦還吾邑，猶爲陳子範等作墨梅數紙且爲賦詩，可見其迂之甚矣，故予題其畫以記一時之事：誰憐迂甚王徵士，不管江頭驛使催。秋晚小山叢桂下，爲人猶寫數枝梅。”

洪武五年(1372)七月十二日，謁豐城揭先生於慈溪朱叔經家，登怡雲樓。九月，與崑山顧園登四明羅壁山。

《庸菴集》卷七《題朱叔經怡雲樓》云：“秋來江上望甘雨，念此山中多白雲。樂土稻粱何早熟，靈湫膏澤許誰分。怡情豈羡陶弘景，足飯能留鄭廣文。爲倚高樓愁野客，關心豐歉對斜曛。壬子歲七月十二日，謁豐城揭先生於慈磎朱叔經家，登其怡雲樓。時先生之子平仲以教授館於家，他壤有不雨之閔，而山中田穀已有熟者，其鄉多龍湫，故詩及之。”

《庸菴集》卷一《題雲屋所贈高峰遠澗圖》：“今年壬子秋九月，余與玉山逸人顧雲屋連夜宿吾邑羅壁山中，時近九日。羅壁之顛，有所謂龍門，足以適登高眺遠之興。雲屋以余未游爲歉，明日將偕往先，爲作《高峰遠澗圖》以贈。及還，予乃賦詩書其上云：高泉落雲中，大澤露群石。霜降草木黄，青松有顔色。緬思玉山期，邂逅滄洲客。登高贈畫圖，賦詩宿羅壁。”

《庸菴集》卷七《與顧山人宿羅壁方氏停雲樓贈詩一首》：“雲屋山人雲與游，十年爲客海東頭。蛟龍過處石窗冷，鴻雁來時水國秋。燈影獨留羅壁夜，雨聲長送玉山愁。桃花流水春陰裏，白髪關情共倚樓。顧氏,吴中所居,號玉山草堂者。”

黄宗羲《四明山志》卷一《羅璧山》:“洪武五年九月,邑人宋無逸、崑山顧雲屋登高賦詩於此,有三國虞仲翔墓。仲翔嘗建亭於山之西麓,在竪玉山有來鳳之祥,因名鳳亭。今亭山遺址尚存。”

按,顧園,字仲園,别號雲屋,崑山人。生而聰達勇鋭,有遠志不羈。讀書一過即不忘,然好武,不顓於學,年十六北游燕都。後襲父爵,所歷有績。未幾,遭時弗寧,南北隔阻。園以善畫名於世,不喜作詩,與僖交往甚繁。參見趙撝謙《雲屋先生顧公墓誌銘》。

洪武六年(1373)二月,過陳克和家,作《題李唐牧牛圖》。

詩載《庸庵集》卷二,其云:“金華柳待制、天台柯博士爲吾餘姚前貳守鐵侯題李唐《郊原曉牧圖》已三十餘年矣,此圖今爲吾邑陳生克和所得。癸丑歲二月望後,大雪始霽,予過克和家見此圖,適有所感,因題七言古詩一首:‘冥蒙烟雨郊原曉,草色入天青未了。柳林獨倚蓑笠翁,眼底三牛無大小。三牛那得如五馬,馬在亨衢牛在野。故鄉長見牧牛人,遠道空懷乘馬者。江城二月雪滿空,縣令騎驢纔勸農。我過城南見牛畫,李唐筆迹稱柯公。柯公奎章監書日,朝野歡娱耽紙筆。當時名重柳先生,典雅文章非勝質。二老南還鬢已華,題詩看畫鐵侯家。應憐牛放桃林野,尚憶鶯啼紫禁花。古畫今人兩難遇,今人已與古人去。三公翰墨共流傳,富貴真如草頭露。可喜陳生得此圖,重是三絶今已無。耕田讀書有餘樂,更爲子孫多買書。’”

洪武八年(1375)重陽,與友滑壽登會稽龍山。

黄宗羲《南雷文定後集》卷一《永樂寺碑記》:“洪武乙卯,滑伯仁、宋無逸登其山巔,滑詩有‘登臨重九日,感慨百年心’之句。”

按,滑壽,字伯仁,晚號櫻寧生,餘姚人。與名士宋濂、宋僖、朱右、丁鶴年、戴良等交往甚密。好醫學，有《傷寒例鈔》《讀素問抄》等。洪武十九年卒。《明史》卷二百九十九有傳。

僖詩清和婉轉，以自然爲宗，文詳贍明達，而不詭於理。有《庸庵集》傳於世。

丁丙《善本書室藏書志》卷三十："僖詩學出楊廉夫，獨能清和婉轉，得於自然；文亦詳贍明達，不似鐵體之兀奡險怪。"

朱彝尊《明詩綜》卷六《宋僖傳》："無逸有盛名，詩見於選本絶少。予購得其集……對法流轉，頗饒自然之趣。"

陶元藻《全浙詩話》卷二十七《宋僖傳》："僖詩質而不枯，熟而不庸，入香山之室。余從其族孫賓王得《庸庵詩集》十卷，再令其訪尋文集，則不可得矣。一時交游之盛，風俗之厚，山水之華，酒痕墨迹，猶可因詩以推尋其一二也。"

《四庫全書總目》卷一百六十八《庸庵集》提要："僖學問源出楊維楨，維楨才力横軼，所作詩歌以奇譎兀奡淩轢一世，效之者號爲鐵體。而僖詩乃清和婉轉，獨以自然爲宗，頗出入香山、劍南之間，文亦詳贍明達，而不詭於理，可謂善學柳下惠，莫如魯男子矣。"

參考文獻：

1. 宋玄僖《庸庵集》，《文淵閣四庫全書》本，上海古籍出版社 1987 年版。

2. 張廷玉等《明史》，中華書局 1974 年版。

3. 徐象梅《兩浙名賢録》，明天啓刻本。

4. 黄宗羲《南雷文定後集》，清康熙刊本。

5. 黄宗羲《四明山志》，清康熙刻本。

6. 解縉等《明太祖實録》，臺灣"中央研究院"歷史語言研究所1962年校印本。

7. 陶元藻《全浙詩話》,清嘉慶元年怡雲閣刻本。

8. 丁丙《善本書室藏書志》,清光緒刻本。

9. 朱彝尊《曝書亭集》,《四部叢刊初編》景清康熙本,上海書店1989年版。

10. 王禮《麟原文集》,《文淵閣四庫全書》本,上海古籍出版社1987年版。

11. 朱彝尊《明詩綜》,《文淵閣四庫全書》本,上海古籍出版社1987年版。

12. 餘姚市歷史文化研究會編《姚江名人(古代編)》,浙江古籍出版社2008年版。

(徐子敔)

鮑恂傳

鮑恂，字仲孚，嘉興崇德（今浙江桐鄉）人，號西溪。約生於元仁宗皇慶元年（1312）前。

趙文華《（嘉靖）嘉興府圖記》卷十六："本朝鮑恂，字仲孚，本崇德人，後徙嘉興西溪。"

雷禮《國朝列卿紀》卷七："鮑恂，字仲孚，其先嘉興人。元至治間始遷崇德。"

過庭訓《本朝分省人物考》卷四十四："鮑恂，字仲孚，本崇德人，後徙嘉興西溪。"

盛楓《嘉禾徵獻録》卷二十二："鮑恂，字仲孚，本崇德人。徙嘉興之西溪，因以爲號，又自號環中老人。"

按，鮑恂生年雖不詳，然據下列文獻載録，大約可知明洪武十五年（1382），鮑恂七十有餘，則其當生於元仁宗皇慶元年（1312）前。

陳建《皇明通紀法傳全録》卷七："（洪武十五年）十月，徵耆儒崇德鮑恂、上海全思誠、安吉余詮、高郵張長年入見，恂等年皆七十餘。"

張廷玉等《明史》卷一百三十七本傳："（洪武）十五年與吉安余詮、高郵張長年、登州張紳，皆以明經老成爲禮部主事劉庸所薦，召至京。恂年八十餘，長年、詮亦皆逾七十矣，賜坐顧問。"

錢謙益《列朝詩集》甲集卷十七《鮑徵士恂》："洪武中，年八十餘,與安吉余詮、高郵張長年,並以明經老儒可備顧問,遣使驛召命爲文華殿大學士。”

沈季友《檇李詩繫》卷五《西溪先生鲍恂》:“迨明洪武初,禮部主事劉庸舉吉安余銓、高郵張長年及恂,皆明經老儒,達於治體,可備顧問。遣使召至京,時年八十餘。”

按,儘管上述張、錢、沈等人的記載云“恂年八十餘”,但是從史源角度,筆者以爲當以《皇明通紀法傳全録》所載“七十餘”爲宜。

父德,元歸安縣丞。

《嘉禾徵獻録》卷二十二:“鮑恂……父德,元歸安縣丞。”

恂少受《易》於臨川吴澄,深有所得。

李賢《明一統志》卷三十九:“本朝鮑恂,崇德人,嘗受《易》於臨川吴澄。”

按,吴澄(1249—1333),字幼清,晚字伯清,撫州崇仁(今江西崇仁縣)人。宋亡隱居於鄉,人稱“草廬先生”。爲元代理學家,與許衡齊名,時稱“北許南吴”。著有《吴文正公全集》。

雷禮《國朝列卿紀》卷七:“恂沉悟淵穎,受《易》於臨川吴幼清,深有所得。”

《古今圖書集成・理學彙編・經籍典》卷七十三:“《大易傳義》,鮑恂著。崇德人,一作德州。嘗受《易》於臨川吴澄,學者稱西溪先生。”

嚴辰纂《(光緒)桐鄉縣志》卷十五《人物下・經學》:“鮑恂,字仲孚。父德,歸安縣丞。公嘗居邑之千金、梧桐二鄉,少受《易》於臨川吴澄,得其所傳。”

元泰定、元統,省試第一人。元順帝至元元年(1335)進士,授平江府教授。

雷禮《國朝列卿紀》卷七："(鮑恂)泰定、元統,省試第一人。"

汪珂玉《珊瑚網》卷三十五"名畫題跋十一":"鮑恂,字仲孚,嘉禾人。元氏乙亥科《易經》進士。"

按,乙亥科,即元順帝至元元年(1335),鮑恂此時約二十四歲。

沈季友《檇李詩繫》卷五《西溪先生鮑恂》:"元統間三領浙元,歷平江教授。"

元順帝至正間,授温州路學正,改婺州學士。元末徵爲翰林,辭不就。

《明史》卷一百三十七本傳:"元至正中,以薦授温州路學正。尋召入翰林,不就。"

萬斯同《明史》卷一百七十二本傳:"元至正中,由鄉薦仕爲温州學正。學士張翥、御史劉彦博薦入翰林,不就。"

《檇李詩繫》卷五《西溪先生鮑恂》:"至正甲申、至元癸巳皆入闈校士。"

盛楓《嘉禾徵獻録》卷二十二:"至正間授温州路學正,改婺州。學士張翥、御史劉彦博薦其學有原本,徵爲翰林,不就。"

陳田《明詩紀事》甲籤卷三"朱彝尊《至正庚辛倡和集補傳》":"中孚,元統間三領浙,元至正甲申、至元癸巳皆入闈校士。"

《(光緒)桐鄉縣志》卷十五《人物下·經學》載:"元元統間,浙江鄉試,三領《易經》解元。薦爲平江教授,温、婺州學正,皆不就。至元乙亥成進士,至正甲申、癸巳入闈校士,學士張翥、御史劉彦博薦爲翰林,不就。張士誠在吴中,亦闢爲教授,堅辭不出。"

卜居嘉興西溪,耕桑自樂,自號環中老人。元末,歸隱不仕。

徐一夔《始豐類稿》卷二《西溪隱居記》載:"初,先生世居崇德州之北,其門人有爲之卜築者,徙此二十年矣。丙申、丁酉之歲,荒墟下聚,未有不被兵燹者,西溪雖近城府而安全無恙,郡人至比之武陵桃源,先生安焉,嘆而言曰:'以天之福幸存此廬,吾將老於此矣。'因號曰'西溪隱居'。或曰:'鮑先生非隱者也。'方科舉盛行,時嘗三薦於鄉,蓋有志於世用者,鮑先生非隱者也。余解之曰:'先生之薦於鄉也,間會輟科而止,一再試於春官,又以額溢而歸,逢時多故,遂淡於進取,雖外省用例,屢授文學之職,卒不以一資半級而果於行。今太尉開府吴中,辟爲教授,亦辭不就,謂先生爲隱可也。雖然,今國家輯寧四方,將搜羅老成之士,興治立教,以建不拔之基,吾知不遺先生,謂之不終隱亦可也。唐賀季真雖仕而未嘗忘隱,宋种明逸雖隱而未嘗忘仕,君子不以迹論也。'既而余造先生夷猶西溪之滸,遥見髯叟圓收方屨曳杖行水竹間,逍遥如世外人,心甚羨之。趨前,乃先生也。揖而問之,曰:'先生果於隱耶?'先生啞然笑曰:'我之出處,君所知也。'時溪上秋意蒼然,先生携余至其家,治酒饌相款洽。既别,屬余記之。余退而列其隱居面勢與其出處之迹,爲《西溪隱居記》。先生名恂,字仲孚,世爲崇德人,於經邃於《易》,所著有《易學舉隅》《卦爻要義》行於世云。

《檇李詩繫》卷五《西溪先生鮑恂》:"嘗居千金、梧桐二鄉,後復卜居郡之西溪,耕桑自樂,自號環中老人。"

按,西溪位於嘉興城西。《(雍正)浙江通志》卷四十一載:"鮑恂宅。《秀水縣志》:鮑恂隱居在西溪。徐一夔《西溪鮑恂隱居記》:'西溪在嘉禾郡城之西三里,溪流回回,匯而爲涇,貫而爲港。微波細綺,皆潔妍可愛。'"

《(乾隆)濮鎮紀聞》:"《桐邑志》云:元鮑恂常居千金、梧桐二鄉,與貝清江、程柳莊結社於濮鎮秀治之西溪。"

陳田《明詩紀事》甲籤卷三載録"朱彝尊《至正庚辛倡和集補傳》"云,鮑恂"卜居郡之西溪,耕桑自樂,自號環中老人"。

當元之季,參與聚桂文會,時楊維楨爲主裁官,所取者三十人,鮑恂列其一。

朱彝尊《曝書亭集》卷六十四《徐一夔傳》:"當元之季,一夔自天台徙嘉興。於時嘉興人鮑恂居郡城之西溪,貝瓊居千金圩,郁遵居商陳村,朱克恭居澄林,王鏞及弟鈞居梅溪,濮仲温父子居濮市,豐於資,集一時名士爲聚桂文會,以文卷赴者五百餘人,請楊維楨評其優劣。四方避地者,桐廬姚桐壽居海鹽之峨溪,崑山顧德輝居合溪,温州陳秀民居竹鄰巷,閩卓成大居甓川,江陰孫作居南湖,而東平牛諒,河南高遜志,江都丘民,錢塘陳世昌,會稽唐肅、江漢皆來僑居,一夔卜宅於春波門外白苧里,四明周棐以陸宣公書院山長留梨林,鹽城秦約,教授崇德,日以文酒相酬和。桐壽稱曰'樂郊'云。"

按,對此聚會,楊維楨《東維子文集》卷六《聚桂文會序》有載,曰:"嘉禾濮君樂閑爲聚桂文會於家塾,東南之士以文卷赴其會者凡五百餘人,所取三十人,自魁名吴毅而下,其文皆足以壽諸梓而傳於世也。予與豫章李君一初實主評裁,而葛君藏之、鮑君仲孚又相討議於其後,故登諸選列者,物論公之,士譽榮之。即其今日之所選者,莫盛於江浙,而江浙之盛,饒信爲稱首者,鄉評里校之會,歲不乏絶也。今饒信之盛移於嘉禾,嘉禾之賢守長實爲集賢凌公,顓務古文而崇化,文士有名世者作,不惟斯文增重,而嘉禾之文風義俗從而振焉。則文會之作,固有補於司政者不少也。斯文鋟梓,濮君又來一言以敘首,於是乎書。"

至正二十一年(1361),與時賢共十四人有景德寺文會。

柳琰纂修《(弘治)嘉興府志》卷十三《游景德寺分韵詩》題下注云:"至正辛丑秋七月十有三,永嘉曹睿以休暇出西郭,憩景德寺,諸公携酒相慰藉,環坐而飲,因以唐人'因過竹院逢僧話,又得浮生半日閑'之句,分韵賦詩,雲海師褒集成什,以志一時之清會云。"

按,該詩題下分别輯録各人所分之韵及詩作,其中鮑恂得"過"字,其詩云:"凌晨訪古刹,幽氣集林阿。雕甍旭日炫,紺宇晴雲摩。疏松奏笙竽,修竹鳴珮珂。禪翁素所適,名流喜來過。俯澗救寒溜,陟磴捫翠蘿。瀹茗佐芳醑,談玄間商歌。遂令塵土壤,如濯清泠波。玆景誠奇遇,追游亦豈多。流光逐奔瀾,飛翼拔高柯。賦詩留苔屏,千載期不磨。"

又按,至正辛丑,即元惠宗至正二十一年。是年秋鮑恂與里中時賢有景德寺文會,會者凡十四人。盛楓撰《嘉禾徵獻録》卷三十九《邱民傳》載:"至正辛丑,郡遭張氏之亂,兵火稍息,時永嘉曹睿字斯民爲府教授,以暇出西郭,憩景德寺,同游者凡十四人。用唐人'因過竹院逢僧話,偷得浮生半日閑'之句,爲韵賦詩,民亦與焉。十四人者:吕安坦、鮑恂、牛諒字士良,東平人,禮部尚書、釋智寬字裕之,吴江人、常真、張翼、王綸、來志道、聞人麟、徐一夔、尤存、周棐四明人、民及睿也。"

明洪武四年(1371),以布衣身份,充任會試同考官。試畢,辭歸。

雷禮《國朝列卿紀》卷三十一:"是歲肇舉進士,命禮部尚書陶凱與前侍講學士潘廷堅爲會試主司,侍講學士詹同、國子司業宋濂、吏部員外郎原本、前貢士鮑恂爲同考。"

沈德符《萬曆野獲編》卷十五:"鄉會試並舉,洪武三年,庚戌開科鄉試。次年辛亥會試狀元,吴伯宗在紀載中久矣,乃四年京畿鄉試,以前元貢士鮑恂與學士宋濂爲考試官。"

張廷玉等《明史》卷一百三十七本傳:"洪武四年,初科舉取士,召爲同考官。試已,辭去。"

朱彝尊《静志居詩話》卷二《鮑恂傳》:"鮑恂……洪武四年,會試充考試官。十五年,詔徵耆儒入見,命爲文華殿大學士,固辭,放歸。有《西溪漫稿》。”

按,鮑恂爲元末明初江南名士,王世貞《弇州四部稿》卷一百三十七《黄鶴山樵雲林小隱圖》載:“黄鶴山樵王叔明爲錢塘崔彦暉作《雲林小隱圖》……凡廿七人,多佳士,而余所知,僅山陰王裕、金華蘇伯衡、始豐徐一夔、嘉興鮑恂、桐廬俞和、臨安錢宰、會稽唐愚士而已。”其《弇山堂别集》卷八《布衣考試》條又載:“洪武四年,京畿試前,元貢士鮑恂與學士宋濂等同爲考試官。”

又按,關於洪武四年同考官者,清初朱彝尊《静志居詩話》卷二《鮑恂傳》云:“洪武四年會試,仲孚以前貢士與翰林院侍讀學士詹同同文、國子監司業宋濂景濂、吏部員外郎原本景道,同充考試官。是年,主文官則禮部尚書陶凱中立,前翰林院侍讀學士潘庭堅升聞也。王元美《别集》所述未合。”此處所言“未合”,乃指王世貞《别集》所載無詹同、原本二人。

洪武五年(1372)鄉試,爲福建主考。

《(光緒)桐鄉縣志》卷十一:“是科崇德鮑恂爲會試主考,四年八月復行鄉試。是科崇德鮑恂爲福建主考,五年壬子科鄉試。”

洪武十三年(1380),爲趙撝謙《六書本義》作序。

倪濤《六藝之一録》卷二百六十九《鮑恂六書本義序》:“《六書本義》者,今成均典簿趙君撝謙之所編也。……洪武十有三年歲次庚申孟夏朔日,環中老人檇李鮑恂謹書。”

洪武十五年(1382),以耆儒被徵授文華殿大學士,以老疾固辭,旋放歸。

陳建《皇明通紀法傳全録》卷七:“(洪武十五年)十月,徵耆儒崇德鮑恂、上海全思誠、安吉余詮、高郵張長年入見。恂等年皆七十餘。上喜,賜坐,顧問者久之,並命爲文華殿大學士,輔導皇太子及皇太孫。恂等固辭。上曰:'朕以卿等年高,故授此職,以輔導太子耳。免卿早朝,日晏而入。不久,當從其志,庶不負卿等平生所學,而鄉里亦有光矣。卿何辭焉?'恂等復固辭,翼日敕賜放還。"

過庭訓《本朝分省人物考》卷四十四:"鮑恂,字仲孚,本崇德人,後徙嘉興西溪。父德,歸安丞。恂領元浙省鄉試,學士張翥、御史劉彦博薦爲翰林,不就。洪武初,禮部舉吉安余詮、高郵張長年及恂輩明經老儒,達於治體,可備顧問,遣使召至京師。恂年八十餘,長年七十餘。上見之甚喜,賜坐顧問。一日,上召恂等命爲文華殿大學士,輔導東宮。恂等固辭。上諭之曰:'以卿等年高故授此職。煩輔導東宮耳,免卿早朝,日晏而入,從容侍對,不久隨卿致仕歸鄉,以終餘年,庶不負平生所學,於鄉里亦有光榮。'恂等復固辭,翼日放歸。"

陸應陽《廣輿記》卷十:"鮑恂,字仲孚,崇德人。慎重不可狎,而學行名天下。洪武中,年八十餘,以明經老儒驛召命爲文華殿大學士,以老疾辭,放還。"

張廷玉等《明史》卷一百三十七本傳:"十五年,與吉安余詮、高郵張長年、登州張紳,皆以明經老成爲禮部主事劉庸所薦,召至京。恂年八十餘,長年、詮亦皆逾七十矣,賜坐顧問。翌日並命爲文華殿大學士。皆以老疾固辭,遂放還。"

按,朱彝尊《鮑恂傳》云:"湖州、嘉興二志並云,仲孚與安吉余詮、上海全思誠、高郵張長年四人就徵。考《實録》,入見只三人,其同徵一人未至,乃登州張紳,非思誠也。"

陶元藻《全浙詩話》卷二十七:"恂,字仲孚,崇德人。元末貢士,洪武四年充會試考官,十五年以耆儒被徵授文華殿大學士,固辭放歸。"

按,至於鮑恂明初未出仕之因,清人趙翼《廿二史札記》卷三十二《明初文人多不仕》載:"明初文人多有不欲仕者。丁野鶴、戴良之不仕,以不忘故國也。他如楊維禎以纂禮樂書徵至京師,留百餘日,乞骸骨去,宋濂送之詩,所謂'白衣宣至白衣還'也。胡翰應修《元史》之聘,書成,受賚歸。趙壎、陳基亦修《元史》,不受官,賜金歸。張昱徵至,以老不仕。陶宗儀被薦不赴。王逢以文學徵,其子掖爲通事司叩頭,以父年高乞免,乃命吏部符止之。蓋是時明祖懲元季縱弛,一切用重典,故人多不樂仕進。"大明初興,定都金陵,漢地文士莫不振奮,歸之者如水赴壑。太祖初亦能廣納賢良,惟元亡在前,汲取教訓,去中樞而集權於上;皇儲尚幼,除强臣而去憂於下。遂致羅網峻密,殺戮頻仍,鮑恂等"固辭",恐爲免於禍患。

晚年里居,與貝瓊等結詩社。死後葬於千金鄉。

雷禮《國朝列卿記》卷七:"歸隱,與貝瓊結詩社。"

沈季友《檇李詩繫》卷五《西溪先生鮑恂》:"賜敕放還,與貝清江、程柳莊結社講道,學者稱西溪先生。"按,貝瓊(1315—1379),字廷琚,一字廷珍,别號清江。詳見其傳文。程德剛,字克柔,浙江崇德(今浙江桐鄉)人。通書史法律,負才氣,不仕。結廬於梧桐鄉之張蕩,人境荒寂,旁植高柳,環映室廬,因號柳莊居士。

陳田《明詩紀事》甲籤卷三:"仲孚……明洪武中,賜敕放還,與貝清江、程柳莊結社講道,學者稱西溪先生。"

過庭訓《本朝分省人物考》卷四十四:"學者尊之曰西溪先生,葬千金鄉。"

有二子,皆充軍。有弟子聞人樞。

《(嘉慶)石門縣志》卷二十五:"自嘉興有鮑恂仲孚者,精於《易》。國初徵至京師,太祖欲官之。仲孚以元舉子不肯仕,但曰:

'臣老不能效忠,有二子願皆充軍以報陛下。'上然之,令人押仲孚徒跣回取二子,仍令仲孚徒跣送子上京。後仲孚卒,老死牖下。順中《易》學,仲孚之再傳也。"

《(光緒)嘉興縣志》卷二十一:"聞人樞,字德機,嘗從鮑恂受業。"

爲人慎重不可狎。

陶元藻《全浙詩話》卷二十七:"《珊瑚網》載《聽雨樓諸賢記》:鮑恂,字仲孚,嘉禾人。元氏乙亥科《易經》進士,爲本朝文淵閣學士,爲人慎重不可狎,而學行名天下,有《學易舉隅》行於世。後以事累,卒於外。"

工於詩,詩爲楊維楨賞識,然鮮有流傳者。今存《亂後南湖詩會得南字》《景德寺詩會得過字》《次韵贈李焕章》《題趙彦徵畫》《寓感》《題吴仲圭平遠圖》《盛叔章畫》《慧雲寺龍眼池》等。

《(萬曆)嘉興府志》卷三十一:"鮑恂《慧雲寺龍眼池》。"

朱彝尊《明詩綜》卷四:"鮑恂三首:《寓感》《題吴仲圭平遠圖》《盛叔章畫》。"

沈季友《檇李詩繫》卷三十四:"(楊鐵崖)至嘉禾,貝廷臣以書幣乞《吴越兩山亭志》並選諸詞人題咏,楊即爲命筆。稿將就,夜已過半,俄門外有剥啄聲,啓視,則皆嘉禾能詩者也,率人人持金繒乞留選其詩。楊笑曰:'生平三尺法,亦有時以情少借若詩文,則心欲借眼,眼不從心,未嘗敢欺當世。'遂運筆批選,止取鮑恂、張翼、顧文暐、金炯四首,謂諸人曰:'四詩猶爲彼善於此,諸什尚須脱胎耳。'然被選者無一人在,諸人相目驚駭,固乞寬假得與姓名,至有涕泣長跪者,俱揮出門外,閉關藏燭,曰風雅掃地矣。"

按,《明詩紀事》甲籤卷三載鮑恂詩五首。如:《亂後南湖詩會得南字》:“舊業帶郊牧,受時勤耕蠶。傾筐董機女,負耒責諸男。得酒共慰勞,中堂相與酣。醉從草窗裏,遠看函山嵐。交游恨闊絶,引領望東南。瞥見穿雲燧,惶駭憂何堪。孤帆川上來,問之且再三。爲言脱巾呼,大亂由凶貪。燒城但餘堞,流血瀦爲潭。懷我同心彦,驚泪□不含。何圖共明魄,相對重高談。”

《景德寺詩會得過字》:“凌晨訪古刹,幽氣集林阿。雕甍旭日昡,紺宇晴雲摩。疏松奏竽笙,修竹鳴珮珂。禪友素所識,名流喜來過。俯澗漱寒溜,陟磴捫翠蘿。瀹茗佐芳醑,玄談間商歌。遂令塵土懷,如濯清泠波。斯景豈常遇,追游亦無多。流光逐奔瀾,飛翼援高柯。賦詩留苔壁,千載期不磨。”

《次韵贈李焕章》:“輟棹鴛湖曲,題詩竹寺幽。濟時心事在,爲客歲時流。逸氣横空阜,閑情泛渚鷗。聊歌白石爛,或可慰淹留。”

《題趙彦徵畫》:“昔在苕花溪上住,繞溪山色滿高樓。別來十載看圖畫,山自青青我白頭。吴興孫子多才俊,曾把文章動九關。歸到江南塵滿眼,忍將情事寫青山。”

好古力行,精於《易經》,曾撰《大易傳義》《學易舉隅》。

《明史》卷一百三十七本傳:“受《易》於臨川吴澄,好古力行,著《大易傳義》,學者稱之。”

焦竑《國史經籍志》卷二經類:“《大易鈎玄》三卷,鮑恂。”

祁承爜《淡生堂藏書目》:“《大易鈎玄》二卷,一册,鮑恂。”

萬斯同《明史》卷九十六:“鮑恂《大易舉隅》三卷,又名《大易鈎玄》。”

永瑢等《四庫全書總目》卷七《學易舉隅》提要:“《學易舉隅》三卷,浙江吴玉墀家藏本,元鮑恂撰。恂,字仲孚,崇德人,登至元乙亥進士。薦爲翰林,不就。……是書本名《學易舉隅》,權爲刊板,始更名《大易鈎玄》,然朱彝尊《經義考》載之,仍曰《舉隅》。考所言僅粗陳崖略,不足當'鈎玄'之名,題曰《舉隅》,於義爲近,故今亦仍恂原目著録焉。"

著有《西溪漫稿》《柳莊記》《江蘇吴縣嘉興路太守興舉學校碑》等。

《(嘉靖)嘉興府圖記》卷十六:"恂受《易》臨川吴澄,得其旨,著《易傳大義》及《西溪漫稿》行世。"

雷禮《國朝列卿紀》卷七:"鮑恂,字仲孚,其先嘉興人。元至治間始遷崇德之千金鄉。恂沉悟淵穎,受《易》於臨川吴幼清,深有所得,著《大易傳義》。泰定元統省試第一人,至正中由鄉薦,授温州路學正,改教婺州。州御史劉彦博薦其學有原本,爲世儒宗。洪武初以明經徵爲文華殿大學士,輔導皇太子暨皇太孫,固辭。歸隱,與貝瓊結詩社,所著有《西溪稿》云。"

李樂《見聞雜紀》卷十:"鮑恂,《西溪漫稿》四卷。恂,嘉興人。"

《古今圖書集成・經濟彙編・考工典》卷一百三十一:"《柳莊記》,鮑恂。"

孫星衍《寰宇訪碑録》卷十二:"《江蘇吴縣嘉興路太守興舉學校碑》,鮑恂撰。"

參考文獻:

1. 張廷玉等《明史》,中華書局 1974 年版。

2. 趙文華纂修《(嘉靖)嘉興府圖記》,明嘉靖刻本。

3. 雷禮《國朝列卿紀》,明萬曆徐鑒刻本。

4. 過庭訓《本朝分省人物考》,明天啓刻本。

5. 陸應陽《廣輿記》,清康熙刻本。

6. 陶元藻《全浙詞話》,清嘉慶元年怡雲閣刻本。

7. 朱彝尊《静志居詩話》,清嘉慶扶荔山房刻本。

8. 陳田輯撰《明詩紀事》,清陳氏聽詩齋刻本。

9. 盛楓《嘉禾徵獻録》,清抄本。

10. 沈季友《檇李詩繫》,《文淵閣四庫全書》本,上海古籍出版社 1987 年版。

（王文榮　程水龍）

陳基傳

陳基，字敬初，自號夷白道人、韋羌山人，台州臨海（今屬浙江）人。元仁宗延祐元年（1314）生。

按，陳基初名無逸，至元五年（1339），請陳旅改名基，字敬初。錢穀《吴都文粹續集》卷四十五收録陳旅《贈敬初並改字》詩前小序中記載："敬初幼名無逸，朋友字之曰敬初。比與予同舟北游，謂予言曰：'吾名與字，皆有所未安，蓋無逸者，吴興陳先生之字也。而敬初云者，揆之《尚書》，則近於僭矣。久欲易之，以吾父早世，無所請命。子宗盟之耆長也，幸爲我易之。'予遂易其名爲基，而易其字爲敬初云。"

朱彝尊《曝書亭集》卷六十二《陳基傳》："陳基，字敬初，臨海人。"陳基祖上自永嘉遷至臨海，臨海，今屬浙江台州。陳基《夷白齋稿補遺》中《小丹丘記》："予五世祖，由永嘉徙台之臨海，距城百里而遠。臨海之山，大率自天台支分，綿綿延延，若萬馬東奔而飲於海，予家實在焉。予蚤孤，不逮事先君子。甫兒時，即有四方之役，道過天台，不復能記憶。……予少以貧賤役四方，久居於吴，婚娶於吴，育子女於吴，衣帛食稻於吴，母歿，葬於吴之壤。僕妾廝養皆吴人，盡室皆吴語，而予獨操越音於其間。予所處，亦豈得已乎哉？羈旅四方，食飲服御，與吴人异者或鮮矣。四方之人，遂皆以吴人目之，而予老且仕不出吴境，吾自視亦吴人而已乎。今年春，予於所居西偏治廢圃，可半畝，即其中陋屋三數椽，稍治葺之，因扁曰‘小丹丘’。昔晉孫興公賦天台，有曰‘仍羽人於丹丘’，後之人遂以丹丘爲天台之别稱。予今扁之，蓋猶有昔人不忘其土之意乎！”

又按，陳基《夷白齋稿》附録收録尤義《陳基傳》云：“洪武三年十月壬午，以疾卒於常熟縣河陽里之寓舍，得年五十有七。”陳基卒於明洪武三年（1370），據卒時年齡五十七歲，推生年應爲元延祐元年（1314）。

敬初九歲失怙，越五年，母夫人姜氏即命與兄聚於杭從師。又四年，從金華黄文獻公溍受業，習《春秋》。

尤義《陳基傳》：“父祥，多聞好學，而尤善老子清净之説，平居常黄冠鹿裘，與方士游，没時，基年甫九歲。越五年，母夫人姜氏即命與兄聚從師於杭。又四年，從金華黄文獻公溍受業。”

陳基《夷白齋稿外集》中《雙溪詩序》云：“予鄉去城百五十里而遠，大率深山長谷，土田之利薄。歲所入自供公上之外，僅足以給衣食，以故民無羸餘，而得盡力於畎畝。暇日，鄉之老者率其子弟相與誦《詩》讀《書》，而其人皆知講説周公、孔子以相尚。予生九年而孤，又九年出游四方，不得安於田里，以朝夕承教。”

《夷白齋稿外集》中《與沈存齋書》：“某自總角，從父師誦《詩》《書》。習聞前言往行，粗知貴義賤利之説。”

陳基《夷白齋稿》卷二十一《送覺上人序》：“始侍故侍講金華先生黄公於錢唐。”

顧瑛《草堂雅集》卷二《陳基傳》云：“明敏好學，受知於晉卿黄先生，明《春秋》。”

《夷白齋稿》卷首張習《刊夷白集録》云：“天台陳敬初先生，生元季，爲金華黄文獻公門人。”

黄溍有長詩叙述陳基從游其門的經歷，可見師徒情誼。《金華黄先生文集》卷四《送陳生歸天台》:"英英陳氏子,年未登弱冠。受業春秋家,不敢閣三傳。森然出凡例,論議仍貫穿。耻隨輕薄兒,增年竊鄉薦。小試儒黌中,往往魁衆彦。稍休輒臨池,游戲弄毫翰。寫成道德經,有鵝不肯换。昔予始西來,故國多文獻。斑斑南山豹,窺管時一見。蹉跎垂四紀,回首皆夢幻。朋儕諸俊賢,存歿亦相半。歿者歸山丘,存者風雨散。惟餘貞居翁,共吃殘年飯。識子座席間,短小甚精悍。結爲文字交,忘年破崖岸。……勖哉崇明德,勿使歲年晏。贈言非所能,聊以示繾綣。"

陳基曾三入京師,欲得微禄奉親。至元元年(1335),隨黄溍進京,與諸賓客交。

《夷白齋稿》卷二十九《三笑軒記》:"承平盛年,余嘗三至京師,覬得微禄以爲親養,間用薦者入朝,同進見忌,尋引避還江南。"

《夷白齋稿》卷二十二《程禮部集序》:"至元重紀元之初,余至京師。虞公已退居田里久矣。幸辱拜揭公,而與其賓客者游。"此際與程文交游。

尤義《陳基傳》載:"至元仍紀元之元年,從文獻游京師。"

至元四年(1338),又與陳旅同游京師。其後旅卒,悒悒南歸。

顧瑛《草堂雅集》卷後一陳旅小傳:"後至元己卯歲,與陳君敬初北上,予往餞於閶闔門,因得一見。"

陳旅《贈敬初並改字》:"敬初幼名無逸,朋友字之曰敬初。比與予同舟北游。"

顧瑛《草堂雅集》卷八有陸德源長詩《送陳敬初秀才北上》作别:"江南八月鴻雁飛,故人挾策游京師。爲郎作傳雖可期,老懷與爾寧分違。憶昨同舟風雨夕,胥江委蛇巖灘白。紫陽之山千里隔,何曾笑我微官縛。歸來吴城已半年,攬裙結佩仍周旋。陳膠雷漆非偶然，拍肩笑語忘其顛。秋風蕭蕭吹去舟，征衣蓐食還依劉。芙蓉照波生遠愁，欲别未别難爲留。玉堂金闕有耆舊，草詔紬書當在手。乘時薦剡如轉丸，兀兀兔園非所守，子之行兮良不苟。”

至正三年(1343)陳旅過世，陳基失其依靠，鬱鬱不樂，不久即南歸。顧瑛《草堂雅集》卷二陳基《寄葛子熙楊季民》詩云："今日江南春雨歇，亂啼黄鳥正愁予。”詩序云："去年客京師，與江西葛子熙、楊季民飲於濟南張署令家……予還江南一載，而二子尚留京師，張君亦未離太常。感時撫事，悵然興懷。”

至正七年(1341)，第三次北游，得官，薦授經筵檢討。後遭排擠，引避南歸。

《夷白齋稿》卷二十二《飛雲樓詩並序》云："溯河洛，上嵩峰，過秦、漢之故都，覽聖賢之遺迹。復自鄭虢，浮孟津，道河内，逾汲郡，達燕趙，與季野會。炊不暇熟，又與度居庸，出雲中，涉灤水，抵上京。”

顧瑛《玉山名勝集》卷三《玉山草堂分韵賦詩序》又云："予也以汗漫之役溯河洛，上嵩華，歷關陜，北游而客京師，度居庸，計其所跋涉，不啻萬餘里。”

朱彝尊《曝書亭集》卷六十二《陳基傳》云："從學黄溍游京師，授經筵檢討。”

尤義《陳基傳》載："從文獻游京師，授經筵檢討。其徒有爲御史者，以言責咨於基，基謂並后爲致亂之本，因草諫章，力陳其失，冀君覺悟以正始也。而上方溺愛，詰知其由，欲置基於罪，怒且不可測，遂引避南歸於鄉。”

《明史》卷二百八十五《陳基傳》："嘗爲人草諫章，力陳順帝並后之失，順帝欲罪之，引避歸里。”

至正九年(1349)奉母來吴,備養惟謹。後坐館教學,與江浙士人多有往來,成玉山雅集、雅會堂雅集常客。

朱彝尊《陳基傳》云:“既而歸里,奉其母入吴,教授諸生。”

尤義《陳基傳》:“奉母夫人西至吴,教授諸生,備養惟謹。”

《夷白齋稿》卷二十二《飛雲樓詩並序》云:“余家天台,少以賤貧走四方,每東望白雲,則興狄公太行之思,嘗竊嘆曰:‘狄公,社稷臣也。吾何爲者,乃妄自擬狄公!’尋復自念,古今賢不肖窮達雖殊,然人子之於親,寧有二耶?乃奉母來吴,名其室曰白雲山房。”

陳基有《玉山佳處後記》《游上方紀游詩並序》《和新安梅韵寫玉山後三首》《奉邀玉山主人到城兼柬雲龍門二首》《戲柬草堂主人》《寄於匡山索荔枝漿就柬玉山》《玉山草堂紀會得新字》等多首與顧瑛文人圈、草堂雅集相關詩作,顧瑛《草堂雅集》卷二所録陳基詩作計有 174 首。

《夷白齋稿》卷二十五《雅會堂東軒記》載:“雅會堂者,徐孟達甫宴好賓客之所,而其東軒,則余之所寓也。余辱與孟達游,而其子緬以余有一日之長,執弟子禮,從余正句讀訓故,以求夫《詩》《書》《禮》《樂》之説。夫居高則體夷,[體夷]則神暢,神暢則所業也勤。故即雅會而弦且歌者,孟達將以責勤其子也。由是撤匏竹,薦几格,經史百氏,旁午聯絡,朝夕相與紬繹磨礱於其中,然有不督而自勤者,豈居之移氣,遽如是哉?蓋柳子厚所謂交相贊者,固不得專美戴氏。……且人莫不知教其子也,而其教皆始於句讀訓詁。然止於句讀訓詁而已者,非余之所樂聞也。今余之所以語緬者,豈徒私於緬哉?亦因以自勖云爾。遂書於壁,以爲《雅會堂東軒記》。至正十二年八月甲子記。”

《夷白齋稿》卷十三《玉山名勝集序》:“中吴多宴游之勝,而顧君仲瑛之玉山佳處,其一也。顧氏自辟疆以來,好治園池,而仲瑛又以能詩好禮樂與四方賢士大夫游。其凉臺燠館,華軒美榭,卉木秀而雲日幽,皆足以發人之才趣。故其大篇小章,曰文曰詩,間見曾出,而凡氣序之推遷,品彙之回薄,晴雨晦明之變幻叵測,悉牢籠摹狀於更倡迭和之頃。雖復體製不同,風格异致,然皆如文繒貝錦,各出機杼,無不純麗瑩縟,酷令人愛。仲瑛既會粹成卷,名之曰《玉山名勝集》,復徵余文以爲序。"

南州用兵,朝廷開行樞密府,起爲都事。轉爲江浙行省員外郎,以本職参張士信軍事。後自杭來吴,入張士誠府。

《夷白齋稿》卷二十一《吊徐節孝先生序》載:"至正二十二年歲壬寅,臨海陳基辱與桐川錢用壬,俱以左右司員外郎待罪江浙行中書。秋九月,同参平章吴陵公軍事於淮陰。"

尤義《陳基傳》:"已而超授内史,遷學士院學士,階通奉大夫,覃恩二代,凡飛書走檄、碑銘傳記,多出於其手。基每以爲憂,而未敢以爲榮也。"

按,尤義《陳基傳》云:"屬南州用兵,朝廷開行樞密府鎮撫南服,起基爲都事。"然而實際上陳基起身投靠張氏在開府前。《陳基傳》記載"轉江浙行中書省員外郎,俄升郎中。時平章張士信統兵鎮杭,基以本職参佐,道之以正"也是不確的。張士信鎮杭在前,陳基升職在後,且陳基任員外郎六七年,從征淮安過程中方升爲郎中。《陳基傳》又云:"未幾由杭來吴,参太尉軍府事,及太尉自王於吴,群下同聲賀之,而基獨諫止。太尉欲殺之,不果。已而超授内史,遷學士院學士,階通奉大夫,覃恩二代。"除了《陳基傳》外,陳基阻止張士誠稱王事没有其他直接材料,此事頗爲可疑,已有學者提出質疑。關於陳基仕張士誠的事迹,谷春俠《陳基生平事迹考》(《首都師範大學學報》2011 年第 3 期)論述詳盡,可資參考。

爲官期間,參與修復西湖書院經史書籍版片,此事大有功於當時名教。

《夷白齋稿》卷二十一《西湖書院書目序》:“杭西湖書院,宋季太學故址也。宋渡江時,典章文物悉襲汴京之舊,既已裒輯經史百氏爲庫聚之於學,又設官掌之,今書庫板帙是也。德祐内附,學廢,今爲肅政廉訪司治所。至元二十八年,故翰林學士承旨東平徐公持浙西行部使者節,即治所西偏爲書院,祀先聖先師及唐白居易、宋蘇軾、林逋爲三賢。後爲講堂,旁設東西序,爲齋以處師弟子員。又後爲尊經閣,閣之北爲書庫,實始收拾宋學舊板,設司書掌之。宋御書石經、孔門七十二子畫像石刻咸在焉。書院有田,歲收其入以供二丁廩膳及書庫之用,事達中書,畀以今額,且署山長、司存,與他學官埒。於是西湖之有書院,書院之有書庫,實昉自徐公,此其大較也。由至元迄今,嗣持部使者節於此者,春秋朔望,踵徐公故事行之,未之或改也。獨書庫歲久屋弊板闕,或有所未暇。杭民好事者間以私力補治之,而事尋中止。至正十七年九月,尊經閣壞壞,書庫亦傾圮。今江浙行中書平章政事兼同知行樞密院事吴陵張公嘗力而新之,顧書板散失埋没,所得瓦礫中者,往往刓毁蠹剥。至正二十一年,公命鳌補之,俾左右司員外郎陳基、錢用壬率其事。庀工於是年十月一日。所重刊經史子集欠闕,以板計者,七千八百九十有三,以字計者,三百四十三萬六千三百五十有二。所繕補各書損裂漫滅,以板計者,一千六百七十有一,以字計者,二十萬一千一百六十有二。用粟以石計者,一千三百有奇,木以株計者,九百三十,書手刊工以人計者,九十有二。對讀校正,則餘姚州判官宇文桂,山長沈裕,廣德路學正馬盛,紹興路蘭亭書院山長淩雲翰,布衣張庸,齋長宋良、陳景賢也。明年七月二十三日,訖工。飭司書秋德桂、杭府史周羽以次編類藏之,經閣、書庫秩如也。先是,庫屋洎書架皆朽敗，至有取而爲薪者，今悉告完。既竣事，公俾爲《書目》，且序其首，並刻入庫中。……杭以崎嶇百戰之餘，而宋學舊板卒賴公不亡，基等不佞，亦辱與執事者手訂而目讎之惟謹，可謂幸矣！嗟乎，徐公收拾於北南寧一之時，今公繕完於兵戈搶攘之際，天之未喪斯文也，或尚在兹乎！序而傳之，以告來者，不敢讓也。至正二十二年八月丙子序。”

尤義《陳基傳》云：“夫以天理民彝泯亂之秋，干戈相尋，日不暇給。基乃以贊佐餘力，爲其所得爲，使聖經賢傳復明於當時，崇德報功，無愧於往昔。雖武夫悍卒，聞下風而望餘光，亦知有所興起。擴而充之，是大有功於名教也。”

後張士信重修岳飛祠廟，又代請於元廷，請列岳飛入祀典。至正二十三年(1363)，張士信令朱元佑重刻《金佗粹編》，邀陳基作序。

《夷白齋稿》卷二十二《金佗粹編序》：“今舉垂成之業而棄之，使馮异君臣專美於千載，岳飛父子銜冤於地下，此孝子忠臣所以讀《金佗粹編》者，未嘗不爲高宗惜也。飛父子没餘二十年，孝宗受禪，其孫珂實始以《籲天辨誣録》詣闕訴上，由是詔賜墳廟，復爵位，頒封謚，禄遺孤。時高宗爲太上皇，猶及見之。吾意其北望舊京，必恨不誅秦檜以謝天下。嗚呼！已無及矣。編總若干卷，今江浙行中書平章政事兼同知行樞密院事吴陵張公，命斷事官經歷吴郡朱元佑重刻，且曰：‘西湖書院，岳氏故第也。宜序而藏諸。’至正二十三年三月甲子，左右司郎中臨海陳基序。”

至正二十七年(1367)九月，蘇州城破，張士誠部將皆被遣送建康，獨陳基以廉謹見容免於刑戮。入明後召修《元史》。

尤義《陳基傳》：“今國家命將平吴，臣多見誅戮，而晏然無恐。朝論多基之能，尋召入，預修《元史》，書成，賜金而還。”

黄佐《翰林記》卷十三:"洪武二年二月丙寅朔,詔修《元史》。以中書左丞相宣國公李善長爲監修,前起居注宋濂、漳州府通判王禕爲總裁。徵山林遺逸之士汪克寬、胡翰、宋禧、陶凱、陳基、趙壎、曾魯、高啓、趙汸、張文海、徐尊生、黄篪、傅恕、王錡、傅著、謝徽十六人同爲纂修,開局於天界寺,取元《經世大典》諸書以資參考。"

《四庫全書總目》卷一百六十八《夷白齋稿》提要:"張士誠據吴,引爲學士,書檄多出其手。明興,太祖召修《元史》,賜金而還。"

《夷白齋集》附録張習《刊夷白集録》:"雖仕僞幫,歷官至學士,然入我熙朝,與宋承旨(宋濂)、王待制(王禕)有同門好,用薦徵修《元史》,畢,仍還吴,以令終。"

洪武三年(1370)卒,年五十七。

尤義《陳基傳》:"洪武三年十月壬午,以疾卒於常熟縣河陽里之寓舍,得年五十有七。"

陳基生性慎重寡默,喜與客議論古今。

尤義《陳基傳》:"基平居慎重寡默,與物無競,家人僕隸,未嘗見其疾言遽色。宗族故舊自浙東來依,率養育獎勸,俾各有成。士有才可用,必引而進之,有喪不能舉者,爲買棺斂,恩意過於平生。方太尉僚屬强佔民廬,基獨以己俸買宅天心里,即舊屋數楹,稍加涂塈,環藝花卉之屬,號'小丹丘'。休沐之暇,輒與客徜徉其中,啜茗清吟,議論古今,出入經史百氏,危坐終日。歲時有事於祖禰,始殺牲以展其孝敬,初非薄於友也。"

與貢師泰、沙剌班、危素、陳旅、迺賢、張翥、戴良、鄭元祐等時賢交。

與貢師泰交。陳基《夷白齋稿》卷十三《游虎丘圖詩序》云:"至正十年秋,翰林待制宣城貢公泰甫使江南。明年春,使還過吴,而聞國子司業之命,遂避傳舍,寓白鶴之真館。不終日,而吴之大夫君子修容於下執事者,冠蓋相屬。於春之暮,風日柔暢,相與登海涌峰,頫劍池,坐生公之臺,據小吴之軒,覽長洲之故苑,撫姑蘇之臺榭,而瑶林緑甸、川魚雲鳥之出没飛動者,皆在欄楯之下。於是却匏竹、進翰墨,酣歌淋漓,竟夕忘返。公既屬睢陽朱澤民氏筆之爲圖,復用澤民壁間舊題五言四韵爲詩以倡之。而苕溪剡九成、沈自誠,新安胡茂深,赤城鄭蒙泉,公之婿張士恭、甥阮文鋭,余伯氏敬德,咸屬和焉,總凡若干首。尋以首簡授余,曰:'子宜爲序。'……至正十一年夏四月朔旦序。"

與沙剌班交。顧瑛《草堂雅集》卷二陳基《寄沙剌班伯温秘卿》:"君侯高義重南金,欲奉馳驅愧不任。劉向傳經心獨苦,馬遷載筆意何深。朱幡未許分符出,華髮懸知兩鬢侵。日日燕山有飛雁,帛書都不寄江潯。"

與危素交。顧瑛《草堂雅集》卷二陳基《送危太樸四首兼簡金華黄先生蘭溪吴博士》:"海内聞名二十年,班荆長記客幽燕。天官載筆推良史,延閣談經列衆賢。三月風光愁送别,五湖春色好流連。只緣鞍馬勞王事,未許扁舟聽雨眠。""故人迢遞日邊來,駐馬江亭訪草萊。談笑豈惟能愈疾,歡娱兼肯共持杯。李膺舟裏神仙侣,郭隗堂中國士才。芳草斜陽天欲暮,送君南浦思徘徊。""英才犖犖負經綸,匹馬翩翩走驛塵。南國梅黄逢細雨,上林鶯老憶餘春。名山盡擬搜玄秘,滄海寧忘問隱淪。若著清朝耆舊傳,金華遺老不成人。""泰伯城中五日游,懶騎官馬厭登舟。步尋鄭老通宵語,坐愛黄山竟日留。只把簡書詢故舊,不將名姓荅諸侯。石榴花發緣江去,應訪蘭溪一散愁。"

與陳旅交。陳旅《安雅堂集》卷二《與陳敬初同舟北游題餞行卷後》:“我愛天台陳敬初,少日辭家即遠圖。上書擬獻賈生策,入關便棄終軍繻。八月官河秋水大,三江親舍暮雲孤。名成歸去歲未晚,卜鄰有約依東吴。”

與迺賢交。迺賢《河朔訪古記》卷下云:“基字敬初,能詩文,游京師,名稱籍甚,則余之故人也。”

與張翥交。張翥《蜕庵集》卷五《寄陳敬初郯九成》:“憶昨閶門綰柳條,遠煩相送過楓橋。夕陽陌上東西路,春水江頭早晚潮。老境此心惟白社,英年何處不青霄。詩林别後應俱進,時遣郵筒慰寂寥。”

與戴良交。《夷白齋稿》補遺陳基《與戴叔能游寶積山寺宿西方丈》:“上冢桃塢原,尋僧寶華麓。舟泛石湖清,茗煮谽泉緑。山空木已落,天高氣彌肅。松月有餘輝,共向西岩宿。”

與鄭元祐交。鄭元祐《僑吴集》卷一《仲春六日辱陳敬初諸君枉顧小飲弊樓分得静字》:“葱肆不嗅葷,蓽門惟習静。何此枉飛佩,諸君森相映。方慚乏詞鋒,安知墮語阱。酒杯淺於臍,樓居小如磬。敢云諧謔歡,遂忘跪跽敬。飛花落硯席,輕雲拂麈柄。舍坐或屢舞,分題各成咏。莫非江海士,行應丘園聘。顧我拓飛蓬,更春不復盛。假如湛誠痴,何嫌憲非病。相會苟不樂,明朝雪盈鏡。”

作文循儒家倫理,襲館閣風氣,以復古爲尚。

《夷白齋稿》卷二十二《安素堂詩》序云:“日月五星,以素而麗乎天;河岳丘陵,以素而麗乎地;君臣、父子、夫婦、兄弟、朋友,以素而麗乎人。日月五星,以明爲素;河岳丘陵,以静爲素;君臣以義、父子以恩、夫婦以别、兄弟以序、朋友以信爲素。日月五星安其素,則天道清;河岳丘陵安其素,則地道寧;君臣、父子、夫婦、兄弟、朋友安其素,則人道順。”

《夷白齋稿》卷十八《友迂軒文集序》云:“國家承平百年,公卿大夫以文章政事起成均者,蓋彬彬焉。今都水庸田使宣城貢公之爲博士弟子員也，學古工文詞，同舍諸生皆自以爲不及。方是時，先集賢文靖公與中朝學士先生，並以老成魁宿待詔詞垣，言道術則本周公、孔子、孟軻，言文學則由賈誼、董仲舒、劉向、司馬遷、班固、韓愈、歐陽修之倫。一時作者，祖述《詩》《書》，憲章禮樂，爲聲歌則薦之郊廟，爲典策則施之朝廷，皆博綜古今，成一家言。蓋三光五岳混一之氣，至是而極盛矣……今公以文章政事駸駸嚮用，致位通顯。其言婉者宜頌，穆如清風之中人也；直者宜諍，凛乎箴砭之切體也。叙理亂則明白而朗暢，陳道義則委折而冲融。大者可以著詞令，述褒貶；小者可以廣導揚，形諷諭。"

《夷白齋稿》卷二十二《程禮部集序》："文豈易言也哉！國家混一百年，能言之士莫不各以其所長馳騁上下，以鳴太平之盛。求其雄深奥衍，跌宕離倫，施之訓謨，薦之聲詩，自出機杼，與漢西京、唐元和、宋慶曆以來諸作者争衡千數百載，而天下聲文爲之丕變，則蜀郡虞公，豈非偉然命世君子哉！當是時，豫章揭公亦以其峻潔之詞，更相振耀，海内争師宗之，並稱曰虞、揭，而文章之盛極矣。至元重紀元之初，余至京師，虞公已退居田里久矣。"

同卷《孟待制文集序》："國朝之文凡三變。中統、至元以來，風氣開闢，車書混同，縉紳作者，與時更始，其文如雲行雨施，雱霈萬物，充然其有餘也。延祐初，繼體之君虚己右文，學士大夫涵煦乎承平，歌舞乎雍熙，晢以所長與世馳騁，黼黻帝載，鋪張人文，號極古今之盛。然厲金石以激和平之音，肆雕鎸以篆忠厚之璞，而峭刻森嚴，殆未易以淺近窺也。天曆之際，作者中興，上探《詩》《書》《禮》《樂》之源，下泳秦、漢、唐、宋之瀾，擺落凡近，憲章往哲，緝熙皇墳，光並日月，登歌清廟，氣凌騷雅。由是和平之音大振，忠厚之璞復還。其用力也，如藺相如抗身秦廷，全璧歸趙。嗚呼，其難矣哉！"

爲詞章必務上法三代,下軼漢唐,東南聲聞爲之丕變。

《夷白齋稿》卷十三《送劉志伊序》:“文章在天地間,尤難精而不易得者也。三代而降,文章與時高下,而秦、漢、魏、晉、唐、宋之文,見於《文選》《文粹》《文鑒》者,後人即其成書,上下千數百年,以觀其制作之變,而不知當時采摭之精,有不易以歲月計也。然則搜羅纂述,以爲一代人文之乘,而欲與前代之成書并存不廢,而不之乎文章之崑崙,作者之南海,求之而能盡大觀而無憾也,難矣!國家以三光五岳混一之氣涵煦六合,而百年文物之盛,著於《文類》者亦可以概見。然夜光之璧,照乘之珠,縱不横委於道,亦豈無待賈而未售者?此宜春劉君志伊所以北走京師,南浮江淮,上而朝廷之著作,下而山林之論述,兼儲並録,日益月增,如猗頓之於貨,不埒富於王公不已也。”

顧瑛《草堂雅集》卷二《陳基傳》:“以舉子無業益於學,克志爲古文詩章,同輩雖極力追之不能及,名重於時。”

張習《刊夷白集録》:“來寓吴,以文學致聲重當時。”

著《夷白齋稿》三十五卷,戴良以爲接踵虞、揭、黄、柳,與陳旅、程文、危素並爲元末文四家。

戴良《九靈山房集》卷十二《夷白齋稿序》云:“然自天曆以來,擅名於海内,惟蜀郡虞公、豫章揭公及金華柳公、黄公而已。方是時,祖宗以深仁厚澤涵養天下,垂五六十年。而戴白之老、童兒幼稚相與鼓舞於里巷之間,晏然無以异於漢、唐、宋之盛時。故一時作者,率皆涵淳茹和,以鳴太平之鴻休。其摛辭則擬諸漢、唐,説理則本諸宋儒,而學問則優柔於周之未衰,學者咸宗尚之,並稱之曰虞、揭、柳、黄。而本朝之盛極矣。……先生黄公之高第弟子,嘗負其所有,泝長江、游吴中。久之,又自吴逾淮,泝河而北,達於燕、趙,留輦轂之下久之。於時雖未有所遇,然自京師及四方之士,不問識與不識,見其文者,莫不稱美之不置,則其得之黄公者深矣。豈惟黄公,蓋自虞、揭而下數公,亦皆得而師友之。故其爲文,雍容紆餘,如冠冕珮玉之周旋堂陛之上;馳騁操縱,如風雲蛇鳥之按行兵陣之間;而音節曲折,則與前之數公如出一律也。"

《四庫全書》卷一百六十八《夷白齋稿》提要:"受業黄溍之門,所作詩文皆操縱馳騁,而自有雍容揖讓之度,能不失其師傳。至正中,以薦授經筵檢討。嘗爲人草諫章,幾獲罪,引避歸。張士誠據吴,引爲學士,書檄多出其手。明興,太祖召修《元史》,賜金而還。《明史·文苑傳》附見《趙壎傳》中。基寓舍有夷白齋,故以名其稿。凡内集詩十一卷,文二十四卷;外集詩文合一卷,大抵皆元世所作也。朱存理《樓居雜著》有《跋夷白齋稿》一篇,稱得鈔本於王東郭家,臨寫一部,計二百九十六番,裝爲五册,而不言其卷數。又有《跋夷白齋拾遺》一篇,稱尚寶李公前修郡乘時,先得海虞人家本一册,復有遺文三十五篇,予悉録之。今得王氏本相校异同,於海虞本録出爲拾遺一卷。吴中尤氏有遺墨數紙,内有陳基傳、謝徽詩并存拾遺後云云,據其所言,頗與今本相近。然存理但云拾遺爲遺文,而此本外集有詩,或後人又有所更定歟?"

參考文獻:

1. 陳基《夷白齋集》,明弘治八年張習刊本。

2. 陳基《夷白齋稿》,《四部叢刊三編》景明鈔本,上海書店1985年版。

3. 黄佐《翰林記》,清《嶺南遺書》本。

4. 朱彝尊《曝書亭集》,清康熙五十三年朱稻孫刻本。

5. 陳旅《安雅堂集》,清文淵閣《四庫全書》補配清文津閣《四庫全書》本。

6. 錢穀《吴都文粹續集》,清文淵閣《四庫全書》補配清文津閣《四庫全書》本。

7. 戴良《九靈山房集》,《四部叢刊初編》景明正統本,上海書店 1989 年版。

8. 顧瑛《草堂雅集》,中華書局 2008 年版。

(邱江寧　宋子喬)

朱右傳

朱右，字伯賢，又字伯言，自號鄒陽子、鄒陽生，台州臨海（今屬浙江）人，生於元延祐元年（1314）。

生平事迹見載於朱存理《珊瑚木難》卷五陶凱《故晉相府長史朱公行狀》、宋濂《故晉相府長史朱府君墓銘》，《曝書亭集》卷六十二朱彝尊《朱右傳》。

陶凱《故晉相府長史朱公行狀》："生於延祐甲寅九月十有七日。……公諱右，字伯賢，姓朱氏，其先河南偃師人……從南遷至台之臨海遂家焉……生公與其弟四人。"

宋濂《故晉相府長史朱府君墓銘》："建炎初，始自偃師徙居臨海。……君六世皆居台，至君避亂來越，葬父母於上虞，遂爲上虞人。然書其鄉里，必曰天台，識所自也。"

家貧，聰敏好學，繼而博通群書，名聲蔚起。

陶凱《故晉相府長史朱公行狀》："公幼聰敏，學知向方，父母所鍾愛。家雖貧，鬻産以教之。既長，博通群書。""公學益力，造詣益深，名聲日蔚然以起。"

宋濂《故晉相府長史朱府君墓銘》："君軀幹端雅，美鬚髯，少爲學甚力，讀書無所不究，爲文章淵淪深博，不可窺涯涘。"

朱右《白雲稿》卷一《九規》："生居貧，學道篤，志力行。……嘗擬《離騷》九篇以規己誨友教,蓋未敢與知道者言,抑只以規警云爾。"

張元忭《(萬曆)紹興府志》卷三十九《寓賢》:"通詩書,博學好古,後進多從之游。"

師從李孝光、陳德永、林仲節,交游縉紳賢達。

按,李孝光,字季和,號五峰,永嘉人。陳德永,字叔夏,號兩峰,黄岩人。林仲節,字景和,福寧人。

朱右《白雲稿》卷首張天英《白雲稿序》:"是後伯賢復如建業,從李季和游,留歲餘,周覽故都名山大江之勝。其所與接盡薦紳先生。"

《白雲稿》卷首李孝光《白雲稿序》:"臨海朱伯賢,好學而敏,嘗從吾甥叔夏游,又從於林景龢氏三年,二氏之徒皆稱之。"

黄宗羲《宋元學案》卷八十二《宋元學案・北山四先生學案》:"學於陳兩峰,又嘗受文法於李五峰。"

嵇曾筠《(雍正)浙江通志》卷一百六十七引《儒林録》:"嘗游李五峰、陳兩峰之門。"

至元元年(1335),逢罷舉令下,屢舉不就。嘗游金陵,後授慈溪縣儒學教諭。

按,朱右《白雲稿》卷五《謣軒詩集序》:"元統乙亥同貢有司,而罷舉之令適下,予行四方,求天下士而師友之。"

陶凱《故晉相府長史朱公行狀》:"後以《書》經應進士舉不得志,遂刻意爲歌詩文詞,動以古人爲法。間嘗游金陵南臺,監察御史趙承禧舉才堪校官,浙東帥閫檄授慶元路慈溪縣儒學教諭,能善於其職,人至今猶稱之。"

至元四年(1338),陋室遭兵燹,自此依其舅氏居約二十年。

陶凱《故晉相府長史朱公行狀》:"與仲弟旿勤苦自立,所居環堵蕭然。歲戊寅,遭兵燹,奉父遺殯,權厝臨海縣楊梅山,因徙居城府,依其舅氏居二十年。"

至正十七年(1357),母逝,將之與父合葬。

陶凱《故晉相府長史朱公行狀》:"舅氏亦卒,奉母入越,授徒爲養,俾弟旿居守墳墓。……歲丁酉,遭母喪,遷父遺函與母合葬餘姚蘭風鄉金雞墩。"

元末兩爲學官,三以七品官授。

按,學官與七品官非應進士舉而得,乃爲官員所薦。

陶凱《故晉相府長史朱公行狀》:"時往來吴越間,又徙居上虞之五大夫里,調紹興蕭山縣儒學教諭。江浙行省丞相察里公承制,擢公爲其縣主簿。……庚子,除江浙行省照磨左右司都事,轉員外郎。"

宋濂《故晉相府長史朱府君墓銘》:"元末名公卿多推舉其文行,兩爲學官,三以七品官授,不赴。"

萬斯同《明史》卷三百八十六《文苑傳》:"朱右……元末屢舉不就。"

洪武三年(1370),宋濂薦修《元史》,史成,辭歸。

按,洪武元年八月攻克元都,得《元朝十三録》。洪武二年,朱元璋以"有一代之興,必有一代之史以載之","國事當紀載,况史紀成收示勸戒,不可廢",命修《元史》。

陶凱《故晉相府長史朱公行狀》:"洪武三年春,用薦召至京師,預修《元史》。既竣事,以疾辭還,蒙賜金帛有差。"

宋濂《故晉相府長史朱府君墓銘》:"洪武三年詔修《元史》,予時爲總裁官,薦君名,自布衣召入史館。《史》成,賜金帛,遣歸。"

方中履《古今釋疑》卷三《二十一史》:"《元史》凡二百一十卷,本紀四十七,志五十三,表六,列傳九十七。洪武中取姚燧、雍德純、蘇天爵等《十三朝實録》,詔宋濂、王禕爲總裁,徵汪克寬、胡翰、趙汸、陶凱、高啓、宋禧、陳基、趙壎、曾張、魯文海、徐尊生、黄箎、傅恕、王錡、傅著、謝徽十六人同修。自元統至正間事莫可據,遣歐陽佑等詣北平采訪。明年仍濂、禕總裁,而以趙壎、朱右、貝瓊、張孟兼、朱世廉、王廉、王彝、高遜志、李懋、張宣、李汶、張簡、杜寅、俞寅、殷弼十五人同修,克寬等不與焉。"

黄佐《翰林記》卷十三《修史》:"九月,《元史》成。紀三十八卷,志五十三卷,表六卷,傳六十二卷。濂等表上之。惟元統以後尚缺三年。二月乙丑,詔續修《元史》。時儒士歐陽佑等采摭元統以後實事還朝,仍命濂與待制王禕總裁,儒士趙壎、朱右、貝瓊、朱世廉、王彝、張孟兼、高遜志、李懋、張宣、李汶、張簡、杜寅、殷弼、俞寅十四人同纂修。七月丁亥朔,《續修元史》成。計五十三册,紀十志五,表二,列傳三十六,凡前書未備者悉補完之,通二百十二卷。濂等率諸儒以進。詔刊行之人,賜白金二十兩,文綺帛各二。授儒士張宣等官各有差,惟趙壎、朱右、朱世廉乞還田里,從之。"

洪武六年(1373),宋濂薦修《大明日曆》,除翰林國史院編修官。

按,翰林學士承旨兼吏部尚書詹同等奏請將明太祖起兵討伐、平定天下的事迹記録下來,以備後世瞻仰,許之,遂修《大明日曆》。

陶凱《故晉相府長史朱公行狀》:"六年,翰林侍講學士宋公濂舉公及金華朱廉、臨川趙壎有良史才,上可其奏,命奉御李彬傳旨中書,遣人取公。公八月至京師。九月四日,上命公等入史館纂修

《日曆》。十八日，賜宴。……十二月二十一日，《日曆》稿成。庚申，上御黄閣。承旨學士詹公同、侍講學士樂公韶鳳、宋公濂奏《日曆》稿成，總一百卷，約十萬餘言。特旨授公與趙壎、朱廉三人翰林國史院編修官。"

宋濂《故晉相府長史朱府君墓銘》："後三年，詔纂修《日曆》，上求有史才者，予復以君名應。詔書既進，除翰林國史編修官。"

焦竑《國朝獻徵録》卷二十四王景彰《吏部尚書詹公同傳》："洪武六年四月丙辰……九月壬寅，翰林學士承旨兼吏部尚書詹同等言：'自上起兵渡江以來，征討平定之迹，禮樂治道之詳，雖有紀載。而木成書，乞編《日曆》，藏之金匱，傳於後世。'上從其請命。同與侍講學士宋濂爲總裁官，侍講學士樂韶鳳爲催纂官，禮部員外郎吴伯宗，儒士朱右、趙壎、徐一夔、孫作、徐尊生同纂修，鄉貢士黄昶，國子生陳益暘等謄寫。洪武七年五月丙寅朔，修《大明日曆》成。自上起兵臨濠至即位六年癸丑冬十二月，凡征伐次第、禮樂沿革、刑政設施、群臣功過、四夷朝貢之類，莫不具載，合一百卷。承旨詹同、侍講學士宋濂率諸儒上進。"

洪武六年至七年(1373—1374)，修《皇明寶訓》。

按，《大明日曆》成書後，爲便於百姓傳閲、瞻仰皇威，詹同、樂韶鳳、宋濂效法《貞觀政要》分輯之，傳於世。

焦竑《國朝獻徵録》卷二十四王景彰《吏部尚書詹公同傳》載："濂等又言於上：'《日曆》藏之天府，人欲見之，有不可得。臣請如唐太宗《貞觀政要》分類更輯聖政爲書，以傳於天下後世。'從之。於是分爲四十類，自《敬天》至《制蠻夷》釐爲五卷，總四萬五千五百餘言，名曰《皇明寶訓》。"

陶凱《故晉相府長史朱公行狀》："七年，學士宋公與公等又奏上《皇明寶訓》五卷。"

何喬遠《名山藏》卷六十一《臣林記》:"濂復與同、詔鳳言,《日曆》藏天府,人不易見。更仿唐太宗《貞觀政要》輯成四十類爲《皇明寶訓》上之。與其事者吴伯宗、朱右。"

洪武七年(1374),進《日曆》净本、《洪武正韻》,入晉府講書。

陶凱《故晉相府長史朱公行狀》:"七年……正月十六日,駕幸翰林院,公應制賦《檐鵲春聲》詩。二月,賜春衣羅一縑,絹一匹,高麗布一匹。五月十八日,《日曆》净本成,計一百册。上御奉天殿,丞相胡公、學士宋公、承旨詹公特進。上曰:'此千萬世事迹,皆汝等力也。'命藏殿前金匱内。六月十一日,學士宋公傳旨,俾公入晉府講書。十三日早朝,復見上東黄閣。上諭之曰:'朱老爾去教晉王,講經史,令其通曉大義,知詩文法度。'十五日,奉旨賜茶。十一月,上御城南齋宫,敕諸儒與公同考正《韻書》。十二月,令考古喪禮。"

宋濂《故晉相府長史朱府君墓銘》:"明年承詔授經於晉王。"

黄佐《翰林記》卷七《考訂聲音文字》:"聖祖嘗召侍講學士樂詔鳳、宋濂,待制王僎,修撰李叔允,編修朱右、趙壎、朱廉,典簿瞿莊、鄒孟達,典籍孫蕡、答禄與權諭之曰:'韻學起於江左,殊失正音。有獨用當並爲通用者,如東冬、清青之屬;亦有一韵當析爲二韵者,如虞模、麻遮之屬。若斯之類不可枚舉。卿等當廣詢通音韵者,重刊定之。'詔鳳等奉詔撰成七十六韵共十六卷,書奏,賜名曰《洪武正韻》。"

洪武八年(1375),考歷代后妃、儀衛、車從等禮,授晉府長史,尋升承德郎。

陶凱《故晉相府長史朱公行狀》:"八年正月十一日,奉旨與公考歷代后妃、儀衛、車從等禮。十月二十七日,召入武樓下賜膳,語及中峰月舟字説,命賦一篇以進。八年秋,授晉府長史。"

宋濂《故晉相府長史朱府君墓銘》:“八年,擢晉相府長史,升承德郎。”

黄佐《翰林記》卷五《改調外擢》“八年,編修朱右以稽古不能詳,上譴之出爲晉府長史。”

陳田《明詩紀事》甲籤卷十四《瞿莊》:“田按:洪武八年二月,《正韻》成,凡十六卷。纂修者侍講學士樂韶鳳、宋濂,待制王僎,修撰李叔允,編修朱右、趙壎、朱廉,典簿鄒孟達,典籍孫蕡、答禄與權、敬孚與焉。”

洪武九年(1376),以疾終。

陶凱《故晉相府長史朱公行狀》:“不幸以疾卒,洪武九年春正月十四日也。”

宋濂《故晉相府長史朱府君墓銘》:“九年二月十四日,以疾終。”

按,陶凱《故晉相府長史朱公行狀》撰寫於“洪武九年丙辰夏四月甲辰”,即朱右去世的當年,時間頗確鑿。而宋濂的墓誌銘撰寫於朱右去世後四年,“天台朱君伯賢既卒後四年,其子孝達持故晉相陶公凱之狀蹐門”。儘管宋濂在撰寫墓誌銘之際參考了陶凱所撰行狀,但陶凱與朱右同任職於晉府,據其全文時間描述的確鑿情形而言,應該陶凱的“正月十四日”更準確。

又按,朱存理《珊瑚木難》卷五收入朱右去世之際諸多挽詩,摘録如下:

朱廉《故晉相府長史朱公挽辭》:“昭代聲名被八埏,吾宗文采更輝然。曾持史館春秋筆,復入王門醴酒筵。他日凌烟期畫像,一朝馭氣逐飛仙。絶奇喜有徐卿子,翠石鑱銘照九原。”

鄭濤《挽詩》:“結巢方共白雲依,夜壑舟藏忽爾移。一代才華嘆已遠,百年耆舊正堪悲。蘭風忍見新封土,薤露興歌謾有辭。須信承祧賢似績，烝嘗克謹歲時思。予既爲長史君篆墓銘額，而其子維周孝廉復求作挽詩。予於長史，益友也，因賦近體四韵，麟溪鄭濤書。”

林静《挽詩》：“赤城山水未能歸，幾度宫花照錦衣。巢裏白雲無定迹，又隨明月上天飛。”

劉剛《挽詩》：“學士鑾坡視草時，金蓮夜賜子同歸。如今尚憶清光近，地下修文孰是非。”“誰言晉國河山險，德重王門共授經。欲爲斯文作梁棟，不知天上玉樓成。”

方孝孺《挽詩》：“東浙騰聲久，詞林受薦遲。才高當世用，心付後人知。遇主寧非命，傳經幸有兒。蕭條大夫里，聞道更從誰。”“才難今始覺，文在世應傳。幸不求封禪，從人嘆草玄。神交秦漢上，氣貫斗牛躔。一飯懷遺德，臨餐每慨然。”

王立中《挽詩》：“鑒湖春水曾通好，濠上秋風復共遷。正謂玉堂宜視草，忽聞蓬島竟登仙。聲名可是爲身累，文字還留與世傳。憶贈《白雲》遺稿在，臨風重覽倍潸然。”

一生廣結文人名士，以至“考德而廣業，夙夜力行以求古道”。

朱右一生好出游，喜結交文人名士，以交游唱和、切磋爲文技藝。與之關係密切者，有宋濂、劉基、王褘、危素、劉仁本、徐一夔等。

與宋濂。宋濂對朱右有知遇之恩。二人當時皆以文章負名，常論文論作，交情深厚。與宋濂在文學上的探討、切磋，對朱右創作風格、文學思想有重要影響。宋濂《故晉相府長史朱府君墓銘》有云：“予嘗與君論文，知之甚悉。”朱右對宋濂亦極爲推崇，《白雲稿》卷五《潜溪大全集序》云：“金華宋先生景濂，素負材氣，積學纘言，以文章名世。往予承乏蕭山縣庠，辱寄示所著《潜溪集》若干卷，抽思騁辭，循蹈規矩，法度森嚴，而光焰自著。後數年，抵武林，獲睹其《後集》《續集》，若《諸子辯》三十八篇，《燕書》四十篇，《演連珠》五十首,《問對》四十二條,《雜傳》數十,至紀功表墓,談玄贊空,題咏贈送,隨物賦形,入無出有,浩乎江海之淵深,巍乎山岳之峻拔,固有非管窺蠡測者可得而仿佛也。”入明後,宋濂奉旨主修《元史》《大明日曆》,以朱右有史才,薦之。在史館,宋濂與朱右“日讀制作,時接緒論”,後二人屢爲對方作品作序跋,交往甚篤。宋濂曾爲《白雲稿》作序,朱右卒,宋濂爲其撰《故晉相府長史朱府君墓銘》,以“文顯於時,身不必華也,名昭於後,壽不必多也。天不全於人,竟如何也?君得者至寶,千載當不磨也,玉光劍氣,蒸爲雲霞也”評之,亦爲定評。而朱右對於入明後宋濂的文壇領袖地位,也極爲認同,並大加推崇:“知其蘊乎中者富,發乎外者高厚而該博,其筆削之嚴,是非之公,褒貶勸懲,凡前代興衰之故,善惡之實,甲兵、錢穀、軍馬之數,天文地紀、灾祥豐凶之變,瞭然簡册,以垂傳將來。則又若山川之出雲雨,澤被萬物,有非向者所見高廣靡測而已。是宜爲當代所宗也。”

與王褘。朱右與王褘曾同游西湖、南屏山等地,王褘《王忠文公集》卷一有《陳元禮太常以使事至錢唐,三月十七日,堵無傲、陳君從、朱伯言、陶中立、韓與玉諸公西湖同泛,分韵得氣字》《十二月二十一日,同堵無傲、朱伯言、郭公葵過西湖至南屏山,明日,予將渡江東歸,賦此留别》等紀之。

與劉基。劉基《誠意伯文集》卷八《游雲門記》載:“曩余行江浙間,聞會稽有雲門若耶之勝,思一游不可得。甲午(1354)之歲,始至越,以事弗克游。明年春,天台朱伯言自浙西來,乃與東平李子庚、會稽富好禮、開元寺僧玄中偕往游。則知所謂雲門若耶,果不謬於所聞。……若其昔游之地,則伯言已記之,不重述也。”卷四有《次韵和朱伯言自雲門之天衣途中作》《自天衣還城贈伯言》等言及雙方交游。

與危素。二人結識於金陵,以文字爲友。朱右《危學士哀辭》《白雲稿》卷十云,"往予在元至元己卯,識臨川危公貞伯於金陵,始結文字交","既而公赴京師,起宣文院檢討,建言修三史,持節購書江南。時予辱典校慈溪,獲載晤語","予亦以洪武庚戌之歲……與公遇,握手道舊","後予既竣事,爲公留者四浹旬,遂歸上虞","又明年壬子……乃知是年十二月卒於含山"。朱右《白雲稿》卷首有危素《白雲稿序》云:"今年來獲與予友朱君伯賢共言之,及得其所爲文若干卷,讀盡數日。……至正甲申臨川危素序。"

與陳高。陳高《不繫舟漁集》卷六《同諸友游宴豐山》序云:"至正戊子(1348)春正月七日甲辰,永嘉陳高與黄岩商尚敬、施謙訪朱君伯賢於臨海之鳳嶼。越翌日乙巳,伯賢與其季伯良,持酒俎邀予登豐山。時黄君順德、章君子皓、陳君大章,欣然從游。已而,陳師聖、張子材偕弟子温亦至,遂相與上絶頂望巨海,還飲浮圖寺。席既撤,復舉盞松樹間。酒酣,因賦二十八韻。"

與劉仁本。陶宗儀《游志續編》卷下收録劉仁本《續蘭亭會》云:"適以至正庚子春……於是相龍泉之左麓、州署之後山,得神禹秘圖之處……因作'雩咏亭'以表之……若樞密都事謝理、元帥方永、鄮陽朱右、天台僧白雲以下四十二人,同修禊事焉。……仍按圖取晉人所咏詩,率兩篇,若闕一而不足者,若二篇皆不就者,第各占其次補之。總若干首,目曰'續蘭亭會'。"朱右《白雲稿》卷五《上巳燕集補蘭亭詩序》云:"至正二十年春,江浙行省郎中劉君德玄督戍餘姚,暇日常以文事從容尊俎。慨流光之易邁,思往古之不可復,乃三月初吉,會文武士四十二人於秘圖湖上,衣冠畢集,羽觴流波,殽羞惟旅,談笑有容,追王謝之風流,想浴沂之咏嘆,充然若有得也。"

與徐一夔。徐一夔《始豐稿》卷三有《題永思亭卷後》:"玆游嘉禾，郡齋達奭氏止善示以《永思亭記》並詩一卷。發而視之，乃同郡朱右伯言、陶凱中立、郭公葵秉心、陳秉彝性初、南陽堵簡無傲、金華王褘子充會於錢塘宗陽宫。時止善請論著其永思之亭，而伯言實爲之記。中立、秉心、性初、無傲、子充暨一夔六人者，爲之賦詩。"卷九有《祭朱長史文》："當六年之秋，詔修國史。起君於家，俾預斯事。取道而西，過我論堂。死生契闊，話言不忘。余雖不才，尋亦被召。君前我後，相顧一笑。沉沉華館，在殿之西。執筆相從，揚榷事辭。朝言譆譆，夕言詒詒。偕入而出，涉歷三時。"

與迺賢。朱右《白雲稿》卷五有《送葛邏禄易之赴國史編修官序》："予交易之也久，知易之也深。"

纂輯《新編六先生文集》。

按，朱右《白雲稿》卷五《新編六先生文集序》云："鄒陽子右編《六先生文集》總一十六卷，唐韓昌黎文三卷，六十一篇；柳河東文二卷，四十三篇；宋歐陽子文二卷，五十五篇，見《五代史》者不與；曾南豐文三卷，六十四篇；王荆公文三卷，四十篇；三蘇文三卷，五十七篇。""載道之文莫大於《六經》。孔孟既没，遭秦虐焰，斯文或幾乎墜矣。漢興，賈誼、董仲舒，劉向窺見涯涘，不用於世，徒載空言。若司馬遷、相如、荀、揚、班固之文，雖傑然爲後學之宗，猶未免於戾道之議。自是而降。三國、晉、宋、齊、梁、陳、隋以逮於唐，未聞有能振起斯道而奮乎百世之下者，獨韓文公上接孟氏之緒，而又翼之以柳子厚。至宋慶曆且二百五十年，歐陽子出，始表章韓氏而繼響之，若曾子固、王介甫及蘇氏父子，皆一時師友淵源。切偲資益，其所成就，實有出於千百之上。故唐稱韓、柳，宋稱歐、曾、王、蘇六先生之文，斷斷乎足爲世準繩而不可尚已。予幼讀之未知也，壯而知之未好也，年將五十始知好之，未能樂而不厭也。邇以課子之餘，取六先生所著全集，遍閱而編輯之，妄意去取，僭逾莫逃。竊惟君子立言之際,接事措辭,操觚命牘,隨物賦形。初不計大小精粗淺深也。世人景慕日至,片言隻字,罔敢逸遺,積集以傳,靡暇致擇,況乎篇帙浩繁,未能遍讀,遺珠棄玉,或所不免,則鹵莽之病生,而妄作之患成矣。此予所以惓惓於編次而不釋,將以俟後之君子。"

宋濂《故晉相府長史朱府君墓銘》:"君善著書……《唐宋文》一十七卷。"

貝瓊《清江貝先生文集》卷二十八《唐宋六家文衡序》:"《唐宋文衡》總三百三十篇,天台朱伯賢氏之所選也……伯賢工文三十餘年,實倍於予。其定《六家文衡》,因損益東萊吕氏之選,將刻諸梓,使子弟讀之。而曾曲阜所作四篇,則采前人所遺,以附南豐之後,其用心可謂勤矣。間嘗挾之過予成均,與之商確累日,且俾序其首。……洪武九年,歲在丙辰春,正月七日,將仕佐郎國子助教檇李貝瓊序。"

朱彝尊《静志居詩話》卷十二《茅坤》:"世傳唐宋八大家之目係鹿門茅氏所定,非也。臨海朱伯賢定之於前矣。彼云六家者合,三蘇爲一爾。今文抄本大約出於王道思、唐應德所甄録。"

編輯《三史鈎玄》。

《白雲稿》卷三《史概》:"予嘗纂輯馬、班、歐陽論贊,爲《三史鈎玄》若干卷。"

《白雲稿》卷五《三史鈎玄序》:"唐司馬貞又爲《史記索隱述贊》,顏師古爲《漢書集注敘例》,而折衷諸家學者,於馬、班二書,固瞭然於心目矣。而簡策浩繁,紀事詳備,蓋有不能周覽而習識也。予看讀之餘,愛其辭簡而意至,因取敘贊論説,緝而成帙,復以歐陽修《五代史》附焉,總若干卷,題曰《三史鈎玄》,俾子弟日習而記憶之,庶爲文學之助。客或難之曰:'諸史凡十八代,何獨取於三史耶?'予曰:'馬、班誠不可尚也。至范曄、陳壽以來,考索不足,文氣愈下,君子既嘗病之。歐陽公當一代文章宗匠,而尤着意於筆削,庶幾乎馬、班之亞歟?'傳曰'文勝質則史',是編也,殆爲作文者設爾。若夫紀述始末,治道鑒戒,則固學者所當備覽而不遺也。'"

編輯《元朝文穎》。

《白雲稿》卷五《元朝文穎序》:"鄒陽子右既輯《春秋傳類編》《三史鈎玄》及《唐宋六先生文集》,復摭本朝名人文章穎拔者録之,積若干卷,題曰《元朝文穎》。……此編自江漢而下,成一家言者,得六十餘人,傳誦之盛,有足以裨三代而軼漢、唐,詎不盛歟!……右生也晚,既不及際國初之淳厖,又不得睹休運之盛大,區區佔畢餘暇,乃得歷考諸作,遍察情文,而僭輯次於其間,其亦不思之已甚。是編也,各取人人之長,而拔其尤萃者,非相與較是非、論短長也。有志君子,嘗用心於修辭立言,將不以予爲謬妄也。"

重文氣,主張爲文自然。

《白雲稿》卷五《元朝文穎序》:"有元啓運,肇造朔漠,著作之家,名世之士,所以裨治化、代王言、垂世範者,固已産於金、宋未亡之前。風雲類從,萬物咸覩,混一雄厚之氣,見諸言辭,豈偶然哉!……天開濂、洛,聖道重明,詞章體裁,尚梏習氣,固未暇論也。方南北未通,江漢趙氏,默記朱子《四書集注》及各經傳,身載以北。許文正公私淑有聞,以身任道,大闡其秘,上啓君心,下厭人望,天下後世,知所嚮方,無或有間,興文開化之功,豈小補哉!……試嘗讀而評之。文者,英華之外見者也。文采外見,莫花木若也。國初之文,猶花木之蓓蕾,蕤鄂未分,藹然碩楙之氣,殆窺見其精華。至大、延祐間,則葩敷葰包,芬芳殊妍,風日滋榮,猶未露其夭巧。天曆以來,春氣畢達,百卉競冶,奇態媚姿,光焰發越,則極其著見矣。夫物生而滋,滋而盛,盛而極,固亦氣化之使然,尤於是可以觀世變也。”

《白雲稿》卷四《春秋傳類編序》:“譬之良工之繪水與木也,藝有專精,則所就有深淺。然自心巧發之,則各得其一端之妙。左氏之文焕然有章,小大成文,猶水之波瀾也。蘖蒟敷腴,英華暢發,猶木之滋榮也。公穀之文源委有自,派别分明,猶水淵之泉也。根據得實,柯條森挺,猶木之支幹也。要之,繪者雖意匠,所得不同,然其心術之微、神巧之妙、變化無窮,皆工之良而無迹之可指也。若《國語》則未免有迹矣。”

《白雲稿》卷五《西閣集序》:“惟天地間光岳之氣,融而爲清淑,鍾而爲仁賢。至發乎聲聞,著之事業,皆其秀也。爲釋爲道,往往又得其秀而最清者,胸次悠然,飄飄物外,不爲世尚俗累牽引。風朝月夕,吟嘯嘲咏,出人意表,有非經生學子所能及者。如晉唐以來諸名僧,稱譽當時,傳誦來世。雖所得各有造詣,然其要適乎情性,寓意幽遠,則同歸也。自予所見,冲淡如支遁,麗藻如湯休,深粹如靈徹,清婉如皎然,高遠如貫休,沉識如齊已,超絶如無本,思致如希晝,滋腴如道潛,概不可企矣。”

雖主張“文以載道”,但堅持文辭與義理不可偏廢。

按,《白雲稿》卷五《新編六先生文集序》:“文所以載道也,立言不本於道,其所謂文者妄焉耳。夫日星昭布,雲霞絢麗,天文也;川岳流峙,草木華實,地文也;名物典章,禮樂教化,人文也。三才之道備,文莫大焉。惟六先生之文,備三才之道,適萬彙之宜,彝倫之懿,鬼神之情,性命之奥,上下數千百年國家之興壞,人物之臧否,彰善刺惡,褒是去非,探賾索隱,鈎玄提要。或婉而章,或顯而微,或閎而肆,或峻極而瑰奇,要約而嚴簡,高廣深遠,豐贍博洽,動静隱見,變化出没,炳炳焉,焕焕焉,千態萬狀,蓋有不可殫論者矣。”

同卷《南堂録序》:“文所以載道也。文爲藝而道爲實,篤其實,藝者書之。美則愛,愛則傳焉。故曰:'言之無文,行而不遠。'予觀僧家者流,能傳其道以淑夫人者,亦未嘗不資藉文章以發之也。師業勤而行修,道全而德劭,有德者之言也,其有不行遠也哉?後之人即其言以入道,得其道以傳心,是又斯録之不可無也。"

同卷《潜溪大全集序》:"濂洛以來,聖學大明,文愈難治。工辭章者或味於理,務直述者或少文致,二者胥失之也。要之,辭嚴而理闡,氣壯而文腴,什無二三。嗟乎!文章可謂難矣。"

推崇"通古達今",認爲才氣與學養須得兼備。

《白雲稿》卷首張天英《白雲稿卷首序》:"乃今得知君之學有所師,皆合乎古之道。凡古之道不得以行於今者,亦足以傳於後。今信然數稱譽於人,曰'吾欲以博學識字求若伯賢者'蓋鮮,况其德操風裁,又孰與伯賢齒?竊爲有司惜之。"

《白雲稿》卷首危素《白雲稿序》:"且曰:'吾志是久矣,通於古而達於今也。'"

《白雲稿》卷首宋濂《白雲稿序》:"吾友朱先生伯賢,以純篤之資而留意於辭章。先秦兩漢以至近代,諸文無不周覽,用功之久,灼見其是非之真。復取近正無疵者聚而爲書,蠅頭細字,動至數十大册,時出而諷咏之。已而嘆曰:'學文不本諸經,其猶玩培塿之卑而忽嵩華之高乎!'乃復致力於經,功益倍於前時。"

《白雲稿》卷四《羽庭稿序》:"古《詩》三百篇,以風、雅、頌爲三經,賦、比、興爲三緯,其音節體制概可考也。後之作者固蔑以復加,而後之作者舍是亦無以爲法。自夫王澤下衰,雅頌不繼,王官失職,巡狩不陳,而詩樂之教不行於天下尚矣。東周以還,郢騷之怨慕,楊馬之浸衍,晉宋之蕩靡,古意彌失,而音節體制亦與時下。烏在其能復古乎!唐興,以詩文鳴者千餘家,其間足以名後世而表見者,惟李白、杜甫、韓愈而已。詩其可易言哉!何則?李近於風,杜近於雅,韓雖以文顯,而其詩正大從容,亦仿佛古頌之遺意。以故傳誦後世而人宗師之。予爲是説久矣,顧材氣不足充其見聞,學問不足闡其微藴,不敢以聞諸世人。”

《白雲稿》卷五《秦漢文衡序》:“予嘗竊觀古人制作,一發乎情,情見乎辭,氣與理會,文從字順,各職其職,秦漢以上皆若此。後之作者,不浮則俚,不膚則嗇,甚至事與理悖,辭與意違,競相師師,悉趨世尚,求其可爲文章家準衡,百無二三。吁!文章可謂難矣!學者誠能於是編熟讀玩思,流動充足,心融理契。正如持衡以較物,低昂不爽,輕重適當。其或操觚命牘,考文選言,悉皆有以應之。不惑於世好,不墮於氣習,文衡之枋,又在我矣。語云:‘取法於上,僅得其中。’學者取法有道,知所嚮方,則庶幾乎可與論文矣。”

爲文正大嚴密,精確深淳,簡而有度。

宋濂《白雲稿序》:“越數歲,胸中浩然若有所得,操觚書之。凡陰陽盈虚之運,民物倫品之理,萬彙屈伸之變,皆隨事而著,源源乎罔知其所窮。且其爲體多而不冗,簡而有度,神氣流動而精魄蒼勁,誠可謂粲然藻火之章矣。”

危素《白雲稿序》:“今年來獲與予友朱君伯賢共言之。及得其所爲文若干卷,讀盡數日。其志、傳、序、記等書,詞義優洽,叙事多理趣,有兩漢風。其五經義皆正大嚴密,不剿取前人之成説,不爲時格律拘。”

宋濂《故晉相府長史朱府君墓銘》:“爲文章淵源深博,不可窺涯涘。”

徐一夔《始豐稿》卷九《祭朱長史文》:“惟君之文,精確深淳,遠窺姚姒,近追漢秦。”

永瑢等《四庫全書總目》卷一百六十九《白雲稿》提要:“右爲文不矯語秦漢,惟以唐宋爲宗。嘗選韓、柳、歐陽、曾、王、三蘇爲《八先生文集》,'八家'之目,實權輿於此。其格律淵源悉出於是。故所作類多修潔自好,不爲支蔓之詞,亦不爲艱深之語。雖謹守規程,罕能變化,未免意言並盡,而較諸野調蕪詞,馳騁自喜、終不知先民矩矱爲何物者,有上下床之别矣。"

參考文獻:

1. 朱右《白雲稿》,明初刻本。

2. 何喬遠《名山藏》,明崇禎刻本。

3. 方中履《古今釋疑》,清康熙十八年楊霖刻本。

4. 黄佐《翰林記》,清道光十一年至同治二年南海伍氏粤雅堂文字歡娛室刻《嶺南遺書》本。

5. 徐一夔《始豐稿》,清光緒錢塘丁氏嘉惠堂刻本。

6. 朱存理《珊瑚木難》,民國《適園叢書》本。

7. 貝瓊《清江貝先生文集》,《四部叢刊初編》景明洪武刻本,上海書店 1989 年版。

(邱江寧)

烏斯道傳

烏斯道，字繼善，慈溪（今屬浙江）人，元延祐元年（1314）生。

《（正德）慈溪縣志·文苑傳》、鄭梁《烏春草先生傳》、《明史》卷二百八十五《文苑一》、《（雍正）寧波府志·文苑傳》、《（光緒）慈溪縣志·人物傳》、錢謙益《列朝詩集小傳》甲集、朱彝尊《明詩綜》卷十三、朱彝尊《静志居詩話》卷四、《大明一統志》卷五十六、《（乾隆）大清一統志》卷二百二十五、《（雍正）浙江通志》卷一百八十、《續書史會要》、《佩文齋書畫譜》卷四十、《萬姓統譜》卷十三等，俱載其事迹。

按，烏斯道《春草齋集》卷十《先兄春風先生行狀》："世居明之昌國。迨父試吏同郡慈溪，樂其山水之勝，又多君子，因占籍焉。"

鄭梁《寒村詩文選》卷二《烏春草先生傳》載："先生名斯道，字繼善，慈溪人也。其先居昌國，父文亮，試吏慈溪，因占籍焉。"

少年失怙，仰給兄本良，從趙寶峰、王相山、時子中游，究心慈湖之學。

烏斯道《先兄春風先生行狀》："父没，家無甔石儲，日汲汲營奉母資。弟斯道年十八。……雖執事官府中，暇則師事秋雲徐先生，學《春秋》經，從衆仲陳先生游，問古人要旨。不久歸井里，即脱略吏事，明《書》經，授徒大姓家。……邑之相山王先生、寶峰趙先生、子中時先生得慈湖楊文元公遺書，究明本心，先生從而講貫。久之,忽見天地萬物有無一體,風雲雨露無非我也,樂不可言,因盡棄舉子業而學焉。文元公有《詩》《春秋》《易》解、《先聖大訓》及所爲詩文,日以諷誦,如在春風中,就以春風名齋。弟斯道相與探賾,若朋友然。”

《春草齋集》卷十一《書自作詩文後與楊伯純》:“余少失怙,貧甚,夜就母績之燈讀古書,母憐良苦,令止,余不爲苦,而諷誦不已。晝則詰難辯疑於儒宿,惟求進夫聖人之道焉。”

至正十一年(1351)辛卯,爲陳麟賓客,後又漸疏於軍事。

鄭梁《烏春草先生傳》:“至正辛卯,四方兵起,斯道方讀書東皋,縣令陳文昭麟就謀團練,斯道出坐賓館畫策,一時文士雲合,武夫景從,黎庶欣欣,境無盜賊。已,念布衣不宜久參軍事,上書求退。及聞所任非人,復遺書直言利害無隱。久之,天台方國珍開府慶元,行丞相事,得專用舍,士利榮禄者多趨之。時斯道主倪參政晉齋,又所與游如徐梅澗諸人,皆國珍親信,苟倚之取名爵,如拾芥。而斯道徜徉北郊,琴詩自娱,偕朋吟弄江月而已。”

六卷本《春草齋集》卷一有《徐梅澗先生授余琴予寫曲調之意賦詩九章》,題曰《修禊》《忘機》《碧桃》《玉樹臨風》《澤畔》《皎月》《白雪》《春江》《瀟湘水雲》。

《春草齋集》卷十《處士倪君仲權墓表》:“天台方公擁兵入城,奮威武,累官至丞相,凡出其麾下者,皆得奏請於朝,致顯官。君伯仲亦因而受元爵貴顯。君澹焉自樂,若弗知之者。”

明洪武四年(1371),始應徵辟,次年,授化州石龍縣令。

鄭梁《烏春草先生傳》:“洪武四年辛亥秋,應徵辟之詔貢於朝。明年夏五月,知化之石龍,修學覈田,百務具舉。”

《(光緒)慈溪縣志》卷二十六:“洪武五年五月,斯道既至石龍,釋菜孔子廟,見學久毀於寇,謀營繕之,至七年告成。”

陳田《明詩紀事》卷十九:“洪武初,以薦起知石龍縣。”

洪武八年(1375),任永新令,以文章飭吏治。

鄭梁《烏春草先生傳》:“乙卯夏,考滿入覲。冬,調吉之永新。”

六卷本《春草齋集》卷五《永新學正蕭君墓誌銘》:“洪武八年,余宰吉之永新。”

《春草齋集》卷首蕭基《烏先生春草齋集序》:“先生以文章飭吏治,多所惠政。而先之揚扢風教,若《譚節婦祠記》;洎予先運使、贈少師養心公,以叔侄争死,義至烈,先生手《駢義傳》歌詠之。”

洪武十年(1377),因旁邑事累,遭謫役。後返歸,悠游鄉里,往來會稽、四明山水間。

按,《(嘉靖)寧波府志》《兩浙名賢録》皆云斯道任永新令,以疾去官,誤。《(光緒)慈溪縣志》卷二十六載:“(洪武九年,烏斯道知永新,多惠政,)旋因旁邑事累,當置對,御史廉知無罪,而未如之何。坐輸作,鳳陽之池河。斯道躬事隴畝,飢窘勞苦,不爲戚戚,暇則抱琴自適,著古詩文樂府以見意。逾二年,詔旨許還故里。”

鄭梁《烏春草先生傳》:“庚申(1380)五月二日放歸,自是浮湛里社,或往來會稽、四明山水間,叢林别墅,多其記述。”

晚年目眚,私淑楊簡之學。洪武二十三年(1390)後卒。

鄭梁《烏春草先生傳》:“晚年目眚,默默自悦,草外之悟,風月無際,蓋幾闖慈湖之室矣。……斯道生於元某年甲寅,訖洪武二十三年庚午冬尚有文字,其卒之時無所考。”

學有淵源,爲詩文俱有指授。

宋濂《文憲集》卷十二《題永新縣令烏繼善文集後》:“吾鄉修道

先生胡公,以光明正大之學,發爲精深嚴簡之文,訓迪學子,篇章句字皆有法,往往從之者多得文之旨趣。其所造固有淺深高下之殊,而體裁終不失於古。四明夢堂噩師,雖居浮屠中,能久與先生游,先生爲文之法,實與聞之。烏君繼善,自幼學文於夢堂,凡先生所指授者,悉以語烏君。故烏君之爲文,俊潔如明月珠,起伏如春江濤。”

鄭梁《烏春草先生傳》:“昔金華宋景濂序斯道之文,言四明夢堂噩師聞爲文之法於胡修道,而繼善自幼學文於夢堂,源流如此。吾邑劉行素憲寵非之,謂繼善私淑慈湖,學向本來,悟從先覺,故其文溫而理,廉而不劌,達而不流。余謂二先生之言皆是也。末俗澆漓,士惡聞道,學無師授,而居然自命作者,故或里言梵語,穢鄙無文,或模仿段落,步趨句調,縱使極工,亦止得其笑貌聲音。繼善惟學有師傳,道由心悟,故文章典雅,法度森然,非復野僧村究,滿心肆口者之所可及,而要以自抒其中之所得,達意而止。”

《(雍正)寧波府志》卷二十六《文苑傳》:“斯道學宗慈湖,而文則自幼學於夢堂噩師。噩師者,邑王氏子,從學金華胡翰,得文章真訣,以授斯道。”

《春草齋集》卷首王家振《擬重刊春草齋集序》:“春草以春風爲之兄,夢堂爲之師,戴雲林、桂清節、胡舜咨之徒以爲之友。湛園交游尤廣,其一時尊師取友,與夫稽古力學之勤,舉非尋常所可及。又皆遭遇叔末世故物態,目涉耳聞,足以激壯其識慮。而先生詩文舂容衍迤,言質而備,理坦而明,無拔張骫骳不平之氣,此其所以可貴也。即以師法論元之四傑,虞、揭、柳、黄,各有授受,再傳而爲安雅,爲九靈,爲潛溪,爲華川,爲仲子,或青勝於藍,或具體而微。要之,皆有源派可尋。四明自樓宣獻以來,多相祖述,如清容出於剡源,剡源出於王舒,亦未有無師法者,而先生獨宗胡修道。故潛溪謂其體裁近古,非師授不致是。今後生膚學,粗有見於韓、歐、曾、蘇家言,輒欲抗衡作者,而偭背師門,不合體裁者多矣。最下挾其行卷以趨時利,矜奇務博,蛟螭蛙蟥,囂然雜出,幾不復知文章之有根據。先生則私淑慈湖,親聆相山、寶峰、子中三君子之緒論,以德性禔其躬,以經訓鑱其行,發爲文字,雖少絶特之觀,以視侈爲説辭者,相去遠矣,况於後生膚學者耶?况於挾行卷以趨時利者耶?"

主張詩文由讀書、踐歷而來,須意速而詞暢,趣深而景融。

《春草齋集》卷八《劉職方詩集序》:"天下藝之工者,雖出於性聰,亦歷歲滋久然也,何獨藝哉?至於詩亦然。詩之工非直體裁聲律、開闔起伏無可疵焉而已。年益高,功益深,則蒼蒼如喬松勁柏,老雕健鶻,使萎恭披靡之氣,屏絶於萬里之外,讀之,神自張而氣自王也,豈惟然哉?意遠而詞暢,趣深而景融,神變化而莫之測識,向之工人見其工,至是而工之迹泯焉。如扁氏之斫輪,郢人之斷堊,服煉之仙骨,蜕而形化,然後爲詩之工也。詩之工固矣,然非味道腴而薄世紛,亦未足以言詩,必理不使情勝,道不爲物溺,天地萬象,皆吾之妙焉者也。故吐精萃華,自無不美矣。如《三百篇》,皆思無邪,豈流於情欲之私,翦翦焉狀物寫情者所可比哉?……先生之詩,不刻削而工,不峭峻而蒼,不隱晦而深,不險怪而神,不平澹而化,不乖俗而道。"

六卷本《春草齋集》卷三《乾坤清氣詩序》:"夫詩有典有則,有興有比,得《三百篇》之旨也。混淪冲融,慷慨頓挫者,得《十九首》之風也。窮渣滓,神變化,鏗然金宣而玉奏者,得盛唐之體也。加之理膩而思深,脉貫而辭暢,若明珠美玉,無毫髮瑕累者,始可中選擇也。故選詩者必知是,己所作又造乎是,然後用心選擇,如衡平鑒明,而弗之失也。苟或不爾,寧有不貽笑於賞識之士哉?"

與揭汯、迺賢、劉仁本、丁鶴年、桂彦良、戴良、倪可與、邊魯、胡舜咨、周堅、冷謙、陸徽、蒲庵等一時名士交好。

鄭梁《烏春草先生傳》:“其所交好者,揭伯防、戴雲林、胡舜咨、周皜齋、桂彦良、冷起敬、王彦貞、鄭千之、陸季嘉、倪仲權、胡文剛、蒲庵師,皆一時知名士也。”

與揭汯。六卷本《春草齋集》卷一《與揭伯防先生桂彦良重游東山分韵得鳥字》:“荏苒歲云暮,霜露摧百草。東山松柏姿,青青故相好。我有違曠思,戾兹涉遠道。斗酒斟酌之,良似慰孤抱。所悲無定居,依依若飛鳥。願借山中雲,優游以終老。”

與邊魯。六卷本《春草齋集》卷四《題花香竹影圖》:“倪仲權氏扁齋居之室曰‘花香竹影’,日與余燕坐其間。馬君易之、邊君魯生枉駕來訪,笑語者終日。仲權聞魯生儒者,而畫名雅重江湖間,欲請作《花香竹影圖》,未敢出諸口。易之度仲權意,以請,遂援筆作是圖。”

與迺賢。六卷本《春草齋集》卷三《送馬易之編脩北上序》:“合邏禄氏易之父,以編脩官徵赴京師。余餞之曰:‘易之居城郭中,蕭然一室,不色憂。在位貴人恒造其門,與談笑,則言不諂,而禮不倨。人有賂之以干貴人者,輒謝去。或貴人與之錢,則受不辭,曰:“賂不可黷,周之可受也。”接朋友賓客,惟論古今典故,未嘗道及官府事,此皆易之通事理,適時宜,而得以從容於斯世也。’”《春草齋集》卷四有詩《答馬易之編脩次來韵》:“史臣出入承明廬,珠玉娟娟落海隅。天上故交多國士,月中閑坐憶樵夫。董狐無愧春秋筆,賀監寧忘日月湖。深喜欲歸先有信,軺車秋盡出京都。”

與劉仁本。《春草齋集》卷四《劉羽庭太守携酒訪余北郊贈詩答之》:“蕭蕭五馬出林郊,窄窄幽棲在草茅。康樂有詩曾夢草,少陵無酒繼行庖。倚欄天接清江表,俯几雲飛緑樹梢。豈料高情千載上,竟忘身與布衣交。"《劉羽庭太守携酒宴倪氏池亭》:"太守携壺看藕花,倪家池館似仙家。佳人行酒杯頻覆,童子催詩鼓數撾。鳥傍竹陰啼側島,魚翻日影近晴沙。佩環未入天台去,几席叨陪豈有涯。"《倪氏池亭陪羽庭太守燕集分韻得東字》:高軒新構燕諸公,捲起珠簾罨畫中。八月紅蓮猶待客,半天青柳自生風。冰弦促柱催歡伯,玉版題詩睹醉翁。且索虎頭圖此景,明朝蹤迹任西東。

與丁鶴年。《春草齋集》卷二有《賦得吴王避暑宫陶侃讀書堂二詩送丁鶴年歸武昌》二首。

與桂彦良。《春草齋集》卷三《寄桂長史》二首:"喜氣騰秋日,清飆灑夕霏。醉眠門得掩,散步袖堪揮。奇遇千年盛,生還此日稀。慶雲遥入望,五色繞金扉。""青年期豹變,白首聽龍吟。迥隔低昂位,終同報答心。晉陽雲路遠,淮甸雨泥深。共得歸鄉土,天光幸照臨。"

與桂彦良。烏斯道《春草齋集》卷七《晉王傅清節桂先生傳》:"先生諱德稱,字彦良,以字行,號清節,姓桂氏,明之慈溪宋直寶章閣學士諱萬榮之後也。……所著詩文若干卷,其在鄉里曰《清節集》,在京師曰《清溪集》《春和詠言》,爲王傅時曰《山西集》,爲長史時曰《拄笏集》,還鄉後曰《老拙集》。又有《和陶詩》《中都紀行》,皆不在集中。其字句雖刻削點綴,自令人稱道不已。……余與先生自童丱至吊哭,知先生爲詳,請傳其事,遂述其梗概如右。"

與戴良。《春草齋集》卷一《中秋遲雲林先生不至越五日見訪有感》其一:"美人涉江水,愛此鷗鷺閑。參差各悵望,江水渺波瀾。蕭蕭風日中,藹藹松竹間。天乎貸予時,再晤良不難。"其二:"美人涉江水,將以采芳草。空筐非所思,踟躕向周道。豈無江上花,容華戾中抱。白露秋已零,其能棄衰槁?"

《春草齋集》卷六《九靈山房記》:"金華雲林先生以《九靈山房

圖》示斯道，斯道問其故。先生曰：‘金華多高山，西去餘百里有屬邑曰浦江，其山爲最高。又西去餘百里爲九靈，於諸山爲最高，蜿蜒扶輿，曲折起伏，靈氣不泄，萃爲九峰，因以名焉。……吾有先人敝廬，實處其中，置琴一張，書萬卷，松篁梅桂之屬，鬱乎蒼蒼，先人之丘隴，諸父兄弟咸在，而吾乃宦游淮泗，宿留齊魯之邦。值兵亂，蹈巨海而東至於四明。……吾雖神游故山，未嘗不西向興慨。今覽是圖於寓室，庶九靈之山在衽席之上，而吾亦不知其身之客也。吾將記是，恐靐於心，子爲我記之。’斯道以金華山水之秀，文物之懿冠江左，人且願游於其間，惡有生長懸弧之門而忘情者哉？昔王摩詰治別業輞川，必手圖之以不忘其勝；陳季卿留長安，睹青雲寺之《寰瀛圖》，則思歸江南。先生出處，固不類乎二子，而覽圖以致其思也，則或幾乎似矣。然先生抱道而夷曠者也，又豈不知天地萬物皆吾有也？九靈之山隨所寓而在，何必凝滯一隅，而漆漆然哉？特以禮不忘乎本焉耳。吁！禮不忘本，仁也，非先生其誰歟？先生姓戴氏，字叔能，雲林其別號。”

與倪可與。《春草齋集》卷十《處士倪君仲權墓表》："余友倪君仲權，明之風節士也。……君諱可與，仲權其字也。……從鄉先生游，如程公畏齋，方外碩宿如噩夢堂，名宦如太常柳公傅、户部尚書貢公太甫、應奉邢公吉甫、狀元陳公子山，益得以砥礪學業，獎掖風節，有聲譽。"

與胡舜咨。《春草齋集》卷一《答胡徵君舜咨還山》二首："高蹤寄空谷，幽居托田間。江水非吾限，可以相往還。游魚當在淵，飛鳥當在山。謝此城郭游，逸駕不可攀。還山濯清泚，何如冰雪顔。""君子保厥軀，於以待昌時。白日懼顛蹶，夜行不傾危。歸心若金石，固留終我違。譬彼出峽舟，欲挽不可追。山神亦已怨，來歸一何遲。"另有《寄友胡舜咨》九首。

與周堅。《春草齋集》卷十《周皜齋墓誌銘》:"時相山王先生、寶峰趙先生閲慈湖楊文元公遺書,有覺一時出其門者甚衆,而浮議者亦衆。處士奮不顧浮議,一從二先生游。……斯道與處士同在先生門,冀吾道之亨以少補斯世,不幸師友及吾之伯氏俱淪喪,而處士亦歿,僅存者亦皆老矣。大明啓運,斯道被薦忝宰石龍,再調吉之永新,不得拔茅連茹以發揚楊夫子之學,恒蠹於心。"

與冷謙。《春草齋集》卷二有《大雅歌爲冷起敬先生先生名謙。元至正十五年作》。

與陸徽。《春草齋集》卷十有《陸君季嘉墓誌銘》:"余友季嘉卒,余往哭之……季嘉,諱徽,字季嘉,姓陸氏,鄞人也。……自幼奮勵就學,凡經史諸子及孫吴岐黄書,皆博洽得其要旨。……其在相府也,工部尚書劉公傑、中臺侍御史孫公翥、兵部尚書陳公酭、中書平章白公鎖、太常少卿揭公汯、翰林學士張公翥,咸與揖讓,异於賓僚。及其閑居也,則閉户讀書,絶口不談世事,恒悒悒不樂,人莫之測也。歲壬戌九月一日以疾卒,得年四十有一。……有《壯游集》《言事集》藏於家。"

與蒲庵。《春草齋集》卷四有《次蒲庵長老韵》二首:"一别老禪三載餘,每懷溪上笑談初。春山細雨霑烏帽,晴日閑華墮碧疏。九日登高曾有約,二王小楷未能書。至今不到天香室,深愧埃塵少滌除。""矯首令人感慨深,浮雲蔽日閣層陰。六時花散金銀刹,千里塵飛劍戟林。經罷看山長獨坐,定回倚石自微吟。絶憐松下清泠水,好與人間洗渴心。"

著有《春草齋集》《秋吟稿》,與兄長被譽爲"江浙文章數二烏"。

鄭梁《烏春草先生傳》:"烏春草先生善奕,工畫,精琴。楷書、行草尤妙。爲文章質實有體裁,而詩則興寄高遠,清新瀟灑,一洗元人雕鏤填砌之習。"

蕭基《烏先生春草齋集序》:“先生與伯兄春風先生,並稱二難,高皇帝有‘江浙文章數二烏’之褒,誠鴻初淳熙,蒸爲人傑,後生仰魯靈光久矣。其文悃質不浮,儼然犧樽。”

熊伯龍《春草先生集選序》:“春草先生與其兄春風先生,操行卓犖,藝苑並馳,明太祖有‘江浙文章數二烏’之褒。……文以氣格勝,神似大家,詩則雋爽明快,摩詰、日休、龜蒙一流。洋洋巨觀,前所見直一斑耳。蓋運當肇啓,鴻蒙未琢,稍有點染,巧倩天然,無中、晚雕鏤溪刻之病。是以宋學士序之於前,解學士序之於後,誠愛之重之也。”

黄敬修《春草先生集選序》:“余故知慈之先輩有春風、春草兩先生者,初爲岩穴領袖,既爲民社羽儀,生平行誼無不卓卓可傳。其古文辭、詩歌皆膾炙人口,往往於詩文選内見姓名。”

張壽鏞《春草齋集序》:“嘗怪古文辭之學,元明之際多失其真,豈流風餘韵澌焉已盡與?然如烏春草、歸熙甫二先生,何由而興起哉?有清古文辭學稱極盛,方、姚宗派之説緣是啓。然异時固有薄方、姚,詬病宗派者矣。方、姚以來,群尊熙甫以祧八家,熙甫文遂大顯於世。春草文守矩矱,在元明際洵可謂雅潔不靡,有先民之遺風也。雖未逮熙甫之舂容,要可謂一世之好,顧其傳之顯晦,迥不侔焉。考二先生出處行誼,仿佛相類。……春草宰石龍、永新,皆有惠政,尤以興起儒學爲務。……春草以經學飾吏治,熙甫亦然。至於工詩、古文辭,二先生則又同焉。顧其没世之傳,顯晦乃若此殊,豈非有幸不幸哉!宋潛溪既美其文,謂‘峻潔如明月珠,泅涌如春江濤’,又曰‘文有師承,實接胡氏修道之傳’。楊子器稱其詩‘疏秀若雨後春山,綺麗若雲中翠巘’。然先生學本慈湖,故立言有物,非第摇曳爲聲勢者比也。蓋文不衷理道,則徒華而少質;不本諸經,則游辭無實,虚調焉而已。天下之爲文,言之無物者十恒六七。

今觀《春草集》,則益知言必有物,其文乃真。嗚乎!有如《春草》者,豈可不極稱以顯其傳哉?余既彙刻詩、古文辭曰《春草齋集》十二卷,因憶慈溪王君艘蓮嘗有重刊之志,見之序言……斯書之編校,則尤忻君紹如之功也,因並著焉。"

陳之美《春草齋叙》:"明州烏繼善先生,乘國初龐鴻之運,底厲文史,鼓吹休明,伯仲並鳴,聯步詞苑。既膺徵辟,與宋龍門、高季迪、楊士廉之流開篋唱和,酣詠太平。其爲詩若文,壹禀古則,獨暢性靈,謝勝國之頹唐,而亦未染李、何之結習。讀之真至風疏,清明流動,嵇中散朝霞軒舉,謝康樂初日芙蕖,未足擬其生色也。至其襟際孤敻,亭亭獨上,遭遇首出,特受异褒,顧乃孤立行意,回翔一令,逍遥琴酒,歸討白雲,真所稱人如其文,文如其人已。……總之,先生有真品格,即有真詩文,有真詩文,爰足紹徽嗣芳,砰響來葉,起義動概,流稱時人。"

凌迪知《萬姓統譜》卷十三:"文尚體要,尤長於詩,興寄高遠,而清灑出塵,一掃元人過巧之弊。宋景濂題曰'斯道之作,俊潔如明月珠,汹涌如春江濤',其爲名流推重如此。尤精書法,小楷、行草各臻其妙,遠近求之,屨滿户外。後國初用薦起爲永新令,有惠政,以疾去官,民遮留不可得,立生祠祀之。所著有《秋吟稿》《春草齋集》。子熙,字緝之,亦以詩文擅名。"

《四庫全書》卷一百六十九《春草齋集》提要:"斯道詩寄托深遠,吐屬清華,能刻滌元人繁縟之弊;文亦雅令,不爲劍拔弩張之狀,夷猶淡宕,頗近自然。宋濂爲作集序,所謂'俊潔如明月珠'者,蓋狀其圓潤;所謂'汹涌如春江濤'者,則與其文之紆餘爲妍,頗不相肖。推濂之意,特狀其詞源之不竭,非謂其騁才恃氣,以驚風駭浪爲奇特也。史稱斯道工古文,兼精書法,不及其詩,殆在當時,文尤見重於世歟?"

参考文獻:

1. 烏斯道《春草齋集》六卷本,明萬曆刻本。

2. 烏斯道《春草齋集》十二卷本,民國《四明叢書》本。

3. 徐永明點校《烏斯道集》,浙江古籍出版社 2012 年版。

4. 鄭梁《寒村詩文選》,清康熙刻本。

5. 宋濂《文憲集》,《摛藻堂四庫全書薈要》本。

6. 陳田輯撰《明詩紀事》,清陳氏聽詩齋刻本。

7. 凌迪知《萬姓統譜》,《文淵閣四庫全書》本,上海古籍出版社 1987 年版。

(邱江寧)

牛諒傳

牛諒,字士良,山東東平人,寓居浙江吴興(今屬浙江省湖州市),生卒年不詳。

過庭訓《本朝分省人物考》卷九十五:"牛諒,字士良,東平人。"

凌迪知《萬姓統譜》卷六十二:"明牛諒,字士良,樂平人,徙居烏程。"

張廷玉等撰《明史》卷一百三十六本傳:"牛諒,字士良,東平人。洪武元年舉秀才,爲典簿。"

朱彝尊《静志居詩話》卷二《牛諒傳》:"牛諒,字士良,東平人,流寓吴興。"

章履仁《姓史人物考》卷七:"牛諒,樂平人,徙居烏程。"

按,牛諒籍里,朱彝尊《明詩綜》等記載爲山東東平,即今泰安市東平縣,而《萬姓統譜》《姓史人物考》等則云樂平,即今山東省聊城市茌平區樂平鎮,恐誤。

元至正十四年(1354),中狀元。

《静志居詩話》卷二《牛諒傳》:"同張以寧志道使安南,志道賦長句以贈,有云'更喜清詩慰遲暮',蓋當日風雅之林,每屈一指,不徒以功名顯也。又在元時中甲午大魁,亦見志道詩句。"

按,"大魁",指中狀元。甲午年,爲元至正十四年。

陳田《明詩紀事》卷七張羽《懷友詩》附録："田按：來儀（即張羽）《懷友詩》不及季迪、孟載、幼文、止仲、唐卿，蓋作詩時同在吴城圍中，來儀本集有《續懷友詩序》可考也。《懷友詩》自牛文學諒以下廿三人。懷牛文學云：'名高登第後，俸歇喪親時。'諒於元蓋曾登第者，此可與張志道詩稱諒爲元末甲午大魁相印證矣。"

按，張以寧《翠屏集》卷一《牛士良惠詩既倚歌以和仍賦長句一篇以答之》有"甲午科中看大魁，奇章公後聞芳譽"等字句，亦指牛諒中狀元事。"名高登第後，俸歇喪親時"，是指牛諒中狀元後，因守喪丁憂而去官。

元末，與吴興文士過從甚厚，唱和賦詩，曾雅集於景德寺。

釋正勉《古今禪藻集》卷十三："至正辛丑秋七月十有三日，永嘉曹睿以休假，同高巽志、徐一夔、鮑恂、牛諒諸公出西郭，憩景德寺。携樽相慰借環坐，乃以唐人'因過竹院逢僧話，又得浮生半日閑'之句，分韵賦詩，予得院字。"按，"至正辛丑"，即元至正二十一年（1361）。

《（崇禎）嘉興縣志》卷之七："至正戊戌，復厄於紅巾。己亥，僧守良僅建佛殿寮而已。甲辰重九，守良與河東牛諒等六人同游登塔，分韵賦詩。"顧嗣立《元詩選》三集卷十四："至正甲辰九日，同牛諒、伊甫、陳世昌彦博、徐一夔大章、高巽志士敏、釋良琦、元璞、守良、□□登東塔，以杜少陵'玉山高並兩峰寒'之句，分韵賦詩得並字。"按，"至正甲辰"，即至正二十四年（1364）。

唐肅《丹崖集》卷三："丁未九月二十有二日，肅始生之辰，時寓南京，會飲林公慶孟善所，在會者，陳世昌彦博、徐一夔大章、張翼翔南、牛諒士良。後至者朱升允升，相與聯句，得三十韵。"按，丁未年，爲元至正二十七年（1367）。

朱彝尊《静志居詩話》卷二《牛諒傳》："其在南京，則與唐肅處敬、林公慶孟善、陳世昌彦博、徐一夔大章、張還翔南、朱升允升,會飲聯句。"

沈季友《檇李詩繫》卷六《牛尚書諒》:"諒,字士良,山東東平州人。元末寓居嘉興,與鮑恂、張翼諸名士友善,學者多從之游。自顔其堂曰'尚友',徐一夔爲記。……嘗與唐肅有《丁未九月聯句》詩。"

按,牛諒在元末與文士相唱和,自名其書齋曰"尚友"。徐一夔《始豐稿》卷一《尚友説》云:"嗚呼,學而至於尚友,未易言也。昔者孔子之生後乎周公五百餘歲,志之所形,夢見周公,尚友周公也。孟子之生後乎孔子百有餘歲,志之所至,願學孔子,尚友孔子也。程子之生後乎孔子、孟子又千有餘歲,以不世有之識得孔子、孟子之奥,使其道益尊以明,尚友孔子、孟子也。泰矣哉,尚友之云也!吾友牛君士良,字其藏修之所曰'尚友',或曰:'此聖賢事也。今人生而同世,學而同道,以某問某,猶有不知者,而况立乎千百世之下而取千百世之上之人友之,不已夸乎?'"

按,牛諒與吴興文人在景德寺雅集唱和,文獻多有記載,如:

《静志居詩話》卷二《牛諒傳》:"尚書流寓吴興,時過檇李,與鮑恂仲孚、邱民克莊、張還翔南、王綸昌言、聞人麟彦昭、曹睿新民、徐一夔大章、尤存以仁及吕安坦、來志道、周棐、常真、釋智寬等,集郭西景德寺,携酒賦詩。"

按,景德寺,在嘉興縣治南。《(雍正)浙江通志》卷二百二十八載:"景德禪寺。《名勝志》:在縣西南四里,舊焚化院,宋名景德寺。寺下有白龍潭,天日晴霽,忽睹白光三道起自潭中,僧行雲者積土填潭於光起處,各造一塔,因名三塔灣,亦名三塔寺。"

《(雍正)浙江通志》卷二百二十八載牛諒《西郭憩景德寺分韵》詩云:"靈湫閟白龍,古殿敞金粟。僧歸林下定,雲傍檐端宿。伊余陪雅集，於此避炎酷。息陰晤道性，習静外榮辱。坐石飛清觴，堪嘆白日速。别去將何如，留詩滿青竹。”

朱彝尊《曝書亭集》卷六十四《徐一夔傳》：“當元之季，一夔自天台徙嘉興。於時，嘉興人鮑恂居郡城之西溪，貝瓊居千金圩，郁遵居商陳村，朱克恭居澄林，王鏞及弟鈞居梅溪，濮仲温父子居濮市，豐於資，集一時名士爲聚桂文會，以文卷赴者五百餘人，請楊維楨評其優劣。四方避地者，桐廬姚桐壽居海鹽之峨溪，崑山顧德輝居合溪，温州陳秀民居竹鄰巷，閩卓成大居甓川，江陰孫作居南湖，而東平牛諒，河南高遜志，江都丘民，錢塘陳世昌，會稽唐肅、江漢，皆來僑居。一夔卜宅於春波門外白苧里，四明周棐以陸宣公書院山長留梨林，鹽城秦約教授崇德，日以文酒相酬和，桐壽稱曰樂郊雲。”

《静志居詩話》卷二：“而河南高遜志士敏、東平牛諒士良、江都邱民克莊、錢唐陳世昌彦博、建德張翥翔南，皆來僑居四明。周棐以陸宣公書院山長留居梨林，日以文酒唱酬，詩成輒鏤板鑱壁。聞者傳爲勝事。今也流風遺俗未有存者，録處敬詩因附及之，欲尋舊迹，不勝海桑岸谷之感也。”

全祖望《鮚埼亭集外編》卷四十七雜問《目白苧里社一人》：“殘元之際，天台徐一夔僑居嘉興春波門外白苧里，桐廬姚桐壽，崑山顧德輝，温州陳秀民，閩卓成大，江陰孫作，東平牛諒，河南高遜志，江都邱民，錢唐陳世昌，會稽唐肅、江漢，皆避地在禾中，而吾鄉周棐以宣公書院山長留梨林，唱酬最多。詳見朱竹垞《禾録》。”

盛楓《嘉禾徵獻録》卷三十九：“至正辛丑，郡遭張氏之亂。兵火稍息時，永嘉曹睿字斯民爲府教授，以暇出西郭憩景德寺，同游者凡十四人，用唐人‘因過竹院逢僧話，偷得浮生半日閑’之句，爲韵賦詩，民亦與焉。十四人者，吕安坦、鮑恂、牛諒字士良，東平人，禮部尚書、釋智寬字裕之，吴江人、常真、張翼、王綸、朱志道、聞人麟、徐一夔、尤存、周棐四明人、民及睿也。”

按,元末,牛諒與劉基交游,並梓刻鄭士亨集。劉基《誠意伯劉文成公文集》卷五《鄭士亨東游集序》:“予始與豫章鄭士亨遇於杭,察其人,玩其文,遂與爲忘年交。日相過談文章,劇晝夜如不及,有所得,則各相自慶慰,呼酒共飲至醉。近世之爲文,非達官貴人及善諛不諧於時。士亨不能諛,又不仕,故不敢以文示於人,而自以爲賢於博奕,書而藏之,或獲傳於後世,則亦可以懲創感發,不爲無益,而不悖乎古聖賢之意,雖不望其必傳,而亦未嘗不欲其傳也。其年冬十月,有牛諒者,見鄭子之文,大喜,率其友聞正集而刻之於梓,求予爲序。”按,是文當作於元末。劉基《送熊文彦歸江西序》云:“予居杭三年,而得江西鄭士亨,無何,又因鄭子而得熊文彦焉。”

又按,楊基有二詩贈牛諒。《爲牛諒侍御題畫》:“步履近星辰,霜凝翠柏新。自憐烏府月,應照白頭人。綉斧監祠夜,封章待漏晨。清朝崇孝治,一飯不忘親。”《和牛侍御懷弟之作》:“春草綠芊芊,看雲憶惠連。午陰花萼上,秋色雁行邊。此日臨池坐,當時聽雨眠。應將舒捲意,戲綵北堂前。”

明洪武元年(1368),舉秀才,爲翰林院典簿。

雷禮《國朝列卿記》卷三十九《牛諒傳》:“牛諒,字士良,山東兖州府東平州人。洪武元年,以秀才舉,擢典簿。”

過庭訓《本朝分省人物考》卷九十五《牛諒傳》:“牛諒,字士良,東平人。洪武初,以秀才薦舉,除翰林典簿。”

洪武二年(1369),以翰林典簿身份與侍讀學士張以寧、翰林編修王廉出使安南,明年還都。亦參與修禮書。

廖道南《殿閣詞林記》卷四《翰林院侍讀學士張以寧》:“洪武己酉,(張以寧)與典簿牛諒奉使安南,上親製詩送之,時安南王陳日煃偶卒。"卷八:"二年正月,安南國王陳日煃令陪臣同時敏上表稱臣,上嘉其意,遣侍講學士張以寧、典簿牛諒往諭。仍錫以璽書、金印,未及境而日煃卒。以寧乃留詔,即次於洱江。先遣牛諒之其國,嗣君曰:'日熞復令陪臣杜舜卿來告哀。'"

按,張以寧(1301—1370),字志道,古田(今屬福建)人。因家居翠屏峰下,自號翠屏山人。有俊才,博學强記,擅名於時。泰定中,舉進士。官至翰林侍讀學士。入明,復授侍講學士。奉使安南,洪武三年還,卒於道。工詩,著有《翠屏集》《春王正月考》等。其論詩主張復古,開高棅復古詩論之先河。

雷禮《國朝列卿紀》卷三十九《牛諒傳》:"二年,同學士張以寧出使安南。至界,日煃已卒,其侄日熞立。以寧護敕印留洱江,使諒入其國諭以來意。諒宣德威,黎人效順。三年,回京以使稱旨,升工部員外郎。"

按,張以寧在出使安南途中卒,牛諒有詩相哭。陳田《明詩紀事》云:"士良與張志道奉使安南,志道卒,士良枕上成句云:'出使艱虞萬里同,歸期日日待秋風。寧知永訣蠻江上,纔得相逢客夢中。岸幘尚看頭似雪,掀髯猶覺氣如虹。起來抆淚憑欄久,落月啼螿繞殯宫。'詩頗沉痛,足增友誼之厚。"該詩即《五月十三夜夢侍讀先生枕上成詩》,亦載於張以寧《翠屏集》卷二。

王圻《續文獻通考》卷二百三十九:"二年,始遣其少中大夫同時敏正、大夫段悌、黎安世等來朝貢請封。遣侍讀學士張以寧、典簿牛諒,封日煃爲安南國王。"

《禮部志稿》卷五十一"尚書牛諒":"二年,同學士張以寧出使安南。至界,日煃以卒,其侄日熞立,以寧獲敕印留洱江,使諒入其國諭以來意,諒宣德威,黎人效順。三年,回京以使稱旨,升工部員外郎。"

談遷《國榷》卷二"乙酉洪武二年六月":"壬午,安南國王陳日煃入貢。命翰林侍讀學士張以寧、典簿牛諒往封日煃安南國王。十一月及境,日煃先五月卒。從子日熞,嗣求誥印,不予。乃遣杜舜欽等請命,以寧留俟安南。"

《(雍正)浙江通志》卷一百九十四:"明初應詔除翰林院典簿,同學士張以寧使安南,御製歌詩賜之。歷升禮部尚書,著述甚多。"

按,洪武改元,安南國王陳日煃俯首稱臣,朱元璋令張以寧、牛諒使安南。然二使臣未至安南,國王陳日煃已前卒,其嗣子陳日熞繼位。爲防生變,以寧留,牛諒獨自出使安南。安南派使臣杜少卿隨牛諒至大明請命。宋濂《文憲集》卷八《送安南使臣杜舜卿序》中亦提及牛諒出使之事,其文云:"於時安南國王陳日煃鼓舞皇化,遣使稱臣。帝嘉其向慕之誠,詔翰林侍讀學士臣張以寧、典簿臣牛諒,賜以印綬,仍其舊封,爲王使者,賫詔而行。未及國,而王薨,其世子日熞繼志,述事守禮,惟謹遣陪臣少中大夫杜舜卿告哀。"

朱彝尊《曝書亭集》卷六十二《王廉傳》:"王廉,字希陽,青田人,僑居上虞。洪武二年,用學士危素薦,授翰林編修。明年,與修《元史》。又明年,偕典簿牛諒使安南。還,改工部員外郎。"按,出使安南者當有王廉。

張廷玉等撰《明史》卷四十七《禮志一》:"(洪武)二年,詔諸儒臣修禮書,明年告成,賜名《大明集禮》。其書準五禮,而益以冠服、車輅、儀仗、鹵簿、字學、音樂。凡升降儀節,制度名數,纖悉畢具。又屢敕議禮臣李善長、傅瓛、宋濂、詹同、陶安、劉基、魏觀、崔亮、牛諒、陶凱、朱升、樂韶鳳、李原名等,編輯成集。"

洪武三年(1370),升工部員外郎。

萬斯同《明史》卷一百七十五:"使還稱旨,擢工部員外郎,進本部侍郎。"

洪武四年(1371),廷試進士,爲掌卷官。

張弘道《明三元考》卷一“洪武四年辛亥科大魁·廷試官”條:“掌卷官工部員外牛諒。”

李調元《制義科瑣記》卷一《制義開科之始》:“(洪武四年京畿鄉試)此外又有監門、搜檢、巡綽、鎮撫、供給主事,及掌行科舉文字、省掾令史、奏差等官。廷試總調則汪廣洋、胡惟庸。讀卷,祭酒魏觀博、博士孫吾與、給事中李顧、修撰王僎。監試,御史馬貫、徐汝舟。掌卷,工部員外郎牛諒。受卷,工部主事周寅。彌封,秘書監丞陶誼。對讀,尚寶丞魏潜、編修蔡元,提調前陶凱、楊訓文。”按,牛諒爲掌卷官,而非《禮部志稿》所云“讀卷官”。

《禮部志稿》卷五十一《牛尚書諒》載:“牛諒,山東東平人。洪武元年,以秀才舉擢典簿。二年,同學士張以寧出使安南。……三年,回京,以使稱旨,升工部員外郎。四年,廷試進士,充讀卷官。”

洪武五年(1372),與諸文士唱和賦詩。

《明詩紀事》甲籤卷十一《陪陶尚書宋太史夜宿齋宫分韵得萬字》:“宋景濂《郊禋慶成詩序》云:洪武壬子,冬十一月辛酉,上出宿齋宫。有司戒見,及期行事,百辟卿事,後先駿奔。既竣事,禮部尚書陶凱、工部尚書黄肅、工部侍郎牛諒、晉府參軍熊鼎、磨勘司令吴雲、兵部郎中劉崧、工部主事周子諒、秘書監丞陶誼、晉府録事張孟兼、吴府録事吴從善咸謂:升中於天,國之大典,幸際熙明,與於執豆籩之列,不可無篇什以紀慶成,昭示萬世。遂以‘星臨萬户動,月傍九霄多’爲韵,各賦詩一章。”

《國朝列卿紀》卷三十九“洪武五年冬十一月”:“戊午,出宿齋居。時工部尚書黄肅、工部員外郎牛諒、晉府參軍熊鼎、磨勘司令吴雲、兵部郎中劉崧、工部主事周子諒、秘書監丞陶、誼府録事張孟堅、吴府録事吴從善侍,凱請曰:皇帝升中於天,國之大典,幸際熙明,與於執事之列,不可無篇什以紀慶成,昭示萬世。遂以唐詩'星臨萬户動,月傍九霄多'爲韻。”

洪武六年(1373)二月,升禮部尚書,修《日曆》。

《明太祖實録》“六年二月”:“以牛諒爲禮部尚書。”

凌迪知《萬姓統譜》卷六十二:“牛諒……洪武中,歷官禮部尚書,典禮多所裁定。”

張衮纂《(嘉靖)江陰縣志》卷十七:“洪武癸丑(六年),朝廷議采天下方聞之士纂修《日曆》。當時學士宋公濂與總裁,間求士於禮部尚書牛諒,諒首以公對,因薦入詔。”

徐學聚《國朝典彙》卷一百三“禮部”:“六年二月,以牛諒爲禮部尚書,東平人,秀才。七年二月降主事,八月復任,十二月免。”

沈季友《槜李詩繫》卷六:“明洪武六年,用禮部尚書牛諒薦召修《日曆》書。”

《明史》卷一百三十六本傳:“與張以寧使安南,還稱旨,三遷至禮部尚書。更定釋奠及大祀分獻禮。”

錢謙益《列朝詩集》甲集第十四《牛尚書諒》:“諒,字士良,東平人,寓吴興。以秀才舉。洪武六年二月,任禮部尚書。”

按,洪武六年二月,牛諒升禮部尚書,因宋濂推薦入詔修《日曆》。然關於牛諒任禮部尚書年份,文獻記録亦有誤者,如,《禮部志稿》卷五十一《牛尚書諒》:“牛諒,山東東平人。……五年,升禮部尚書。……七年,以事降本部主事,尋復前職,未幾致仕。”《國朝列卿記》卷三十九《牛諒傳》:“五年,升禮部尚書。”王世貞《弇山堂别集》卷四十九《禮部尚書表》:“牛諒,山東東平人。洪武初年,以秀才舉。五年任。”清查繼佐《罪惟録·列傳》卷八下:“五年,升禮部尚書,定《大祀分獻禮》。”

又按，牛諒在禮部尚書任，曾薦舉江陰孫作修《大明日曆》。《曝書亭集》卷六十三《孫作傳》："洪武六年，用禮部尚書牛諒薦，召修《日曆》。"

定釋奠禮及大祀分獻禮。

雷禮《國朝列卿記》卷三十九《牛諒傳》："六年，命承旨詹同等制釋奠先師孔子樂章，諒以所定禮儀進，自遣官傳制以至行事，皆典儀唱禮，迎神三獻，撤饌，皆奏樂，用同等所定樂章。制曰：'可。'又奉命定大祀分獻禮。上初獻禮畢，分獻官即行初獻、亞獻、終獻，亦如之。"

按，據雷禮《牛諒傳》，牛諒所定禮制還有祭祀歷代帝王制、文武官誥命制、喪服制等，故雷禮云"諒爲人樸實，議禮精密"。

《續文獻通考》卷七十六郊社考："（洪武）六年正月，遣徐達等鎮北邊祭告神祇，時禮部尚書牛諒定議，有事祭告，設神位。"

《禮部志稿》卷一《儀禮之訓》："洪武六年三月，禮官上所定禮儀。上謂尚書牛諒曰：'禮者，國之防範，人道之紀綱，朝廷所當先務，不可一日無也。'……九月，禮部奏定百官常朝班次及奏事等禮儀。"

萬斯同《明史》卷四十二："（洪武）六年，謂禮部尚書牛諒曰：'元氏棄禮，因循百年中國典制變易幾盡。朕夙夜不忘振舉污俗，其更加參訂，務合人情，永爲定式。'又屢降敕命議禮諸臣李善長、傅瓛、宋濂、詹同、陶安、劉基、魏觀、崔亮、牛諒、陶凱、朱升、樂韶鳳、李原吉等編輯成集。且詔郡縣舉高潔博雅之士徐一夔、梁寅、周子諒、胡行簡、劉宗弼、董彝、蔡深、滕公琰至京同修禮書。"卷一百七十五："六年，拜禮部尚書，定釋奠禮及大祀分獻禮。"

《（雍正）山東通志》卷一百五十九："牛諒……六年，拜禮部尚書，定釋奠禮及大祀分獻禮。又考定歷代帝王廟祀儀制，上從而斟酌命定焉。"

龍文彬《明會要》卷六《禮一》:“洪武六年三月甲辰,禮官上所定禮儀。帝謂尚書牛諒曰:‘元世廢棄禮教,因循百年中國之禮變易幾盡。朕即位以來,夙夜不忘,思有以振舉之,以洗污染之習常。命爾禮部定著禮儀。今雖已成,宜更與諸儒,參詳考議,斟酌先王之典,務合人情,永爲定式。’”

洪武七年(1374),五月請大祀宰犢,七月降爲主事,八月復爲禮部尚書,十一月定服制,十二月定官民喪服之制,免官。

《明太祖實録》“七年七月”:“丁亥,降禮部尚書牛諒爲主事,言者以其總職也。”

黄光昇《昭代典則》卷七:“(甲寅七年)甲午,禮部尚書牛諒上考定進膳禮。”“(甲寅七年)冬十一月壬戌,《孝慈録》成命頒行之。先是貴妃孫氏薨,禮部定喪服之制。禮部尚書牛諒等奏曰:《周禮》《儀禮》,父在,爲母服期年。若庶母,則無服。”“(甲寅七年)庚申,罷禮部尚書牛諒。諒初爲尚書,以怠職降本部主事。復爲尚書,仍不任職,罷。”

王世貞《弇山堂别集》卷四十九《禮部尚書表》:“七年降本部主事。尋復前職,本年免。”

俞汝楫《禮部志稿》卷一《進膳之訓》:“洪武七年五月,禮部尚書牛諒上所考定進膳禮。奏言:古禮,凡大祀齋之日,宰犢牛以爲膳,以助精神。”

按,五月,請大祀宰犢。《國榷》“洪武七年五月”載:“甲午,五色雲見。禮部尚書牛諒考進膳禮,請大祀宰犢。上曰:‘儉可制欲,淡可頤性,傷物何益?’諒曰:‘出《周禮》。’上曰:‘周官不行多矣,獨自奉法之哉?’”

《禮部志稿》卷五十一:“七年十一月,敕禮部官定喪服之制。諒奏:周禮儀,父在,爲母服期年,若庶母,則無服。上謂其不近人情,命翰林學士宋濂等考定喪禮。於是濂等考得古人論母喪者,凡四十二人,願服三年者二十八人,服期年者十四人,奏之。諒爲人樸實,議禮精密。本年,以事降本部主事,尋復前職,未幾致仕。"

《國榷》"洪武七年八月":"禮部主事牛諒復爲尚書。""洪武七年十二月":"罷禮部尚書牛諒。"

《明史》卷一百三十六本傳:"七年正月,諒奏三皇立廟京師,春秋致祭,漢唐以下,就陵立廟。帝爲更定行之,亦詳《禮志》。是年,怠職降主事,未幾復官。後仍以不任職,罷。"

徐乾學《讀禮通考》卷六:"《明太祖實録》洪武七年十一月壬戌朔,《孝慈録》成。先是,貴妃孫氏薨,敕禮官定喪服之制。禮部尚書牛諒等進曰:'《周禮》《儀禮》,父在,爲母服期年,若庶母則無服。'"

按,關於牛諒降主事之事,《列朝詩集》云:"洪武六年二月,任禮部尚書。七月,降主事。八月,復任。十二月,免。"該記録有誤,"洪武六年"當爲"洪武七年"。

洪武八年(1375),言四夷山川祭法。

《禮部志稿》卷八十四《四夷山川祭法》:"洪武八年癸巳,以外夷山川附祭於各省。山川之次,先是禮部尚書牛諒言:'京都既罷祭天下山川,其四夷山川亦非天子所當躬祀。'"

《續通志》卷一百十二《禮略》:"八年,禮部尚書牛諒言外國山川非天子所宜親祀,請附祭各省。從之。"

周煌《琉球國志略》卷三《封貢》:"(洪武)八年,太祖命附祭琉球山川於福建。先是天下山川,太祖皆躬祀。太常以琉球入朝亦請祀已兩年矣,至是禮部尚書牛諒言躬祀非禮,始改命。"

優於文學,著述甚多,有《尚友齋集》《釋奠禮》等,爲世傳誦。

過庭訓《本朝分省人物考》卷九十五《牛諒傳》:"諒優於文學,著述甚多,爲世傳誦,蓋國初才士也。"

黄虞稷《千頃堂書目》卷十七:"牛諒《尚友齋集》。字士良,東平人,歷禮部尚書。"

《(民國)山東通志》卷一百四十二:"《尚友齋集》,牛諒撰。諒有《釋奠禮》,見史部政書類州志載。是集雲夢張以寧云:'出使艱虞萬里同,歸期日日待春風。寧知永訣蠻江上,纔得相逢客夢中。'諒與以寧奉使安南,而以寧道死。此詩沉痛欲絶,令人增友誼之重。全集格意清新,與張以寧《翠屏集》足稱同調。"

按,除《尚友齋集》存牛諒詩文外,他人詩集中亦偶見牛諒詩作。如:《四朝詩》明詩卷十八"五言古詩三"《西郭憩景德寺分韵》,卷六十九"七言律詩二"《破窗風雨圖》《紅梅》,卷一百二"七言絶句二"《畫梅》,《槜李詩繫》卷六《得竹字》,《題畫詩》卷四十八閑適類《破窗風雨圖》,《明詩紀事》甲籤卷四《秋林高士圖》,《珊瑚木難》卷二《風雨東南接漏天客》,《翠屏詩集》卷二《五月十三夜夢侍讀先生枕上成詩》,《趙氏鐵網珊瑚》卷十四《朱孟辨惠麓秋晴圖》、卷十五《破窗風雨記》,《雅頌正音》卷四、弘治《潞州志》卷第五《贈李庭芳還潞州》,《佩文齋咏物詩選》卷二百九十七梅花類《畫梅》。

又按,李時人《中國文學家大辭典·明代卷》載,牛諒"工書,善畫梅,亦能詩。……劉仔肩《雅頌正音》録其詩四首。《皇明詩統》卷二録其詩五首。《列朝詩集》甲集録其詩四首。清沈季友《槜李詩繫》卷六録其詩十首。《明詩綜》卷四録其詩三首。……清宋弼《山左明詩鈔》卷一録其詩七首。清陸心源《吴興詩存》四集卷三録其詩五首"。

參考文獻:

1. 張廷玉等《明史》,中華書局 1974 年版。

2. 雷禮《國朝列卿記》,明萬曆徐鑒刻本。

3. 過庭訓《本朝分省人物考》,明天啓年刻本。

4. 萬斯同《明史》,《續修四庫全書》本,上海古籍出版社 2002 年版。

5. 嵇曾筠《浙江通志》,《文淵閣四庫全書》本,上海古籍出版社 1987 年版。

6. 黄光昇《昭代典則》,上海古籍出版社 2008 年版。

7. 俞汝楫《禮部志稿》,《文淵閣四庫全書》本,上海古籍出版社 1987 年版。

8. 朱彝尊《明詩綜》,《文淵閣四庫全書》本,上海古籍出版社 1987 年版。

9. 李時人編著《中國文學家大辭典・明代卷》,中華書局 2018 年版。

(王文榮　程水龍)

藍仁傳（附藍智傳）

藍仁，原名誠，字静之，號山，自稱藍山拙者，崇安人。元延祐二年（1315）生。

《明史》卷二百八十五《藍仁傳》："藍仁，字静之……崇安人。"

郭柏蒼《全閩明詩傳》卷二："藍仁，字静之，智兄見下，崇安人。洪武初内附，隨例徙濠，放歸。以老壽終。有《南山集》。"

《新崇安縣志》卷二十六載："藍仁，弟智，仁譜，名誠，字静之。"按，崇安即今福建省武夷山市。

《三徵堂汝南郡藍氏宗譜·重修族譜舊序》："生我，誠、復、禮、智、瑶五人。近自澗公兄弟五人。長諱誠，號山。德修立性，高隱不仕，受皇明三徵不起，有宋之少微風焉……我澗公諱智者，積學待價。兄弟共切磋，時稱二陸。"

按，《三徵堂汝南郡藍氏宗譜》只見"藍誠"，不見"藍仁"。又閩人林昌彝《海天琴思録》載"崇安藍静之先生諱誠"，"崇安藍山静之名誠"。而《明史》本傳記載藍仁明初"内附後，例徙濠梁"，又《四庫全書總目》卷一百六十九《藍山集》提要載藍仁曾"隨例徙臨濠，則必嘗仕張士誠"，疑因避張士誠諱而改"誠"爲"仁"，後人因避禍亦不記此事。

藍仁《藍山集》卷一《重題虚白道院》詩序云"時戊午三月藍山拙者書"，本卷又有《拙者自號》云"吾生何爲者，老以拙自號"，知

“拙者”爲其自號也。

《藍山集》卷四《戌午自壽》詩云“卦滿周天蓍再揲”,則藍仁是年六十四歲,戌午爲洪武十一年(1378),據推斷其生年爲元延祐二年(1315)。

元季從杜清江學《詩》,授以四明任士林詩法。

《明史》本傳:“元時,清江杜本隱武夷,崇尚古學,仁兄弟俱往師之,授以四明任士林詩法,遂謝科舉,一意爲詩。後辟武夷書院山長,遷邵武尉,不赴。”

按,杜清江即杜本,字伯原、原父,或作原文,號清碧,清江(今屬江西省樟樹市)人,元代文學家、理學家,世稱清碧先生。元末因得罪權貴而遁居武夷山,讀書著述,終其一生。

又按,四明,山名,在浙江省寧波市西南,自天台山發脉,綿亘於奉化。任士林,字叔實,號松鄉,浙江四明人。嘗講道會稽授徒錢塘,元至大元年(1308),薦授安定書院山長,有《松鄉文築》十卷。

清江逝後,又從蔣易學,後爲武夷山長,遷邵武尉,不赴,與弟智隱居武夷山。

張榘《藍澗詩集序》:“時清碧杜先生隱居平川……先生已矣,師文蔣先生居鶴田,復往執弟子禮,自爾明之之學日益進,詩日益工。”按,蔣易,字斯文。篤信好學,工詩善屬文,有《鶴田集》及所編《國朝風雅》行世。張榘,字孟方,自號雪松樵者,崇安人,嘗與二藍師杜本,常與二藍唱和。

何喬遠《閩書》卷九十八:“藍山,字静之,世居武夷山南,恬退不仕。與弟智學詩於清江杜本……後辟爲武夷山長。遷邵武尉,不赴。”

《新崇安縣志》卷二十六:“仁嘗慕林適爲人,杖履遍武夷諸峰,後辟武夷書院山長,遷邵武尉,不赴。"

至正十二年(1352),父埣、母李氏棄世。

《三徵堂汝南郡藍氏宗譜》:"燧公之子埣公,元耆老,字汝行,行六。生於宋德祐元年,卒明洪武年間。居新陽,手創糧丁八十餘石。終年七十八。妣李氏,卒年七十七,夫婦同日棄世。"

譜中言藍父埣"卒明洪武年間",誤。又藍智《藍澗集》卷二《西山夢二親時壬辰歲作》:"二親已没逾二月。"壬辰爲元至正十二年,知藍父埣生於宋德祐元年(1275),藍母李氏生於宋德祐二年,均卒於元至正十二年。

至正十四年(1354),彭庭堅卒,作《哭彭副使啓殯歸瑞安》。

《元史》卷一百九十五《彭庭堅傳》載:"(至正)十四年,盗侵政和、松溪……檄庭堅至。時鎮撫萬户岳焕隸麾下,焕素悍,縱卒爲暴,庭堅欲繩以法,焕懼,使部卒乘其不備,詐爲賊兵,突入交鋒,衆皆潰,庭堅獨留不去,遂遇害,死年四十三。"按,彭庭堅,字允誠,温州瑞安人。

至正二十年(1360),作詩懷清碧杜先生。

《藍山集》卷一《題清江碧嶂集追懷清碧杜先生》詩云:"十年死别如朝暮,一望孤墳淚如雨",又,杜本卒於元至正十年(1350)。

明初内附,隨例徙濠,居琅琊數月,後放歸,隱於閭里林泉之間,自此行踪難定。

《明史》本傳稱藍仁"内附後,隨例徒臨濠"。

又張榘《藍山先生詩集序》云:"静之有遠行之役,隨群逐隊出閩關,歷吴楚,入淮泗,止於琅琊者數月,始得放還,往返數千里間。"

藍仁《藍山集》卷三《甲寅仲冬攝官詩》詩前小序稱"甲寅仲冬予攝官星渚,本邑判簿李公以催租入山,忽游武夷,予命小舟追之不及……"甲寅爲洪武七年(1374),星渚是江西布政司南康府别名,疑放歸後嘗仕宦,特其始末不可考耳。

洪武十一年(1378),作《重題虚白道院並序》《立春偶書》《戊午自壽》。

《藍山集》卷三《重題虚白道院》詩前有序云:"時戊午三月藍山拙者書。"《立春偶書》云:"八八衰年只緼袍,閉門春日自歌騷。""八八"即六十四歲,據其生年可推斷之。按,虚白,藍復之號,復字誼之,行二,仁之弟,自幼慕道,結廬於巢雲岩,後坐化。

洪武十九年(1386)後,卒,享年七十一以上。

《藍山集》卷四有《丙寅歲春送崇邑判簿劉宗文朝京》,丙寅爲洪武十九年,則仁之卒年必不早於此年,又《藍山集》卷五《用韵自述》詩云:"生年七十又周餘。"知其年歲不少於七十一,故其卒年應在洪武十九年以後。

妣彭氏,繼妣蒙古氏,有一子一女。

《三徵堂汝南郡藍氏宗譜》:"藍智生子一澤,與堂兄濩皆能以詩文繼志焉。"張榘《藍山先生詩集序》:"其子仲穆好學不倦,能世其業。"又《藍山集》卷四《示兒三首》有云:"天怒寧論罪有無,荷戈萬里戍成都。"卷五有詩《哭兒骨殖還故鄉》,知仁子名濩,字仲穆,善詩文,死於征戍。

《藍山集》卷二有《哭婿游彦輝二首》,其一云:"獨老今誰托,愁心重爾傷。空期半子力,翻哭少年亡。兒女存孤幼,鄉閭失善良。秋風歌楚些,衣上淚千行。"

有《藍山集》六卷。

焦竑《國史經籍志》謂"《藍静之集》六卷"。黄虞稷《千頃堂書目》卷十七别集類載:"藍仁《藍山集》六卷。"晁瑮《徐氏紅雨樓書目》謂:"崇安藍仁静之《藍山集》。"

《四庫全書總目》卷一百六十九:"《明史·藝文志》載仁集六卷,朱彝尊作《詩綜》時猶及見之。今外間絶少傳本,杭世駿言吴焯家有之。然吴氏藏書今進入書局者,未見此本。其存佚不可知,恐遂湮没。謹從《永樂大典》中采掇裒輯,得詩五百餘篇,仍釐爲六卷,以符原目,著之於録焉。"

附:藍智

藍智,仁弟,字明之,一作性之,號澗,崇安人。元至治元年(1321)前後生。

《明史》卷二百八十五《藍仁傳》:"藍仁,字静之。弟智,字明之,崇安人。"

郭柏蒼《全閩明詩傳》卷二:"藍智,字明之,《永樂大典》作性之。仁弟,見前。崇安人。"又藍智《藍澗集》卷一《書懷十首寄示小兒澤》後有二藍摯友張榘所書之跋:"右友人藍性之所作《書懷》十詩也,性之天賦淳美,學行超詣,尤長於詩。"均稱藍智爲"性之",可知"性之"爲智另一字。

《三徵堂汝南郡藍氏宗譜》:"四子智公,字明之,行四,號澗。"

據今人陳廣宏《元明之際宗唐詩風傳播的一個側面——以"二藍"師法淵源爲中心》(《中華文史論叢》2006 年第 2 期)據藍智《藍澗集》卷一《書懷十首寄示小兒澤》之"我生本貧儒,家無擔石儲。寂寞三十年,徒有數卷書",推知其生年約在元至治元年前後。

幼而聰慧,博學才豐。元季嘗習舉子業,後棄之,與兄仁從杜本游,後又從蔣易學,與兄仁隱武夷。

蔣易《藍澗集序》:"武夷藍性之,幼而聰慧,博學才豐。"

《明史》卷二百八十五《藍仁傳》:"元時,清江杜本隱武夷,崇尚古學,仁兄弟俱往師之,授以四明任士林詩法。"

黄仲昭《八閩通志》卷六十五:"藍智字明之,崇安人。元季從三山林泉生學《春秋》,又從杜清碧學《詩》。"

按,林泉生,字清源,號謙牧齋,晚號覺軒,生卒年均不詳,福建福州人。元天曆三年(1330)進士,官至翰林直學士、知制誥,同修國史。以文學名,尤精於《春秋》,著有《春秋論斷》《覺是集》。

至正十二年(1352),父埣、母李氏棄世,悲不自勝。

詳證見前"藍仁"條。

藍智《藍澗集》卷二《西山夢二親時壬辰歲作》:"二親已没逾兩月,中夜西窗夢顔色。夢中相見不須臾,覺來血淚空沾臆。秋宵一何長,我夢一何短。黄泉茫茫親不返,白日飄飄歲雲晚。我哭親不聞,親來我不見。難招死後魂,尚想生前面。攬衣起坐寂無語,窗外瀟瀟落寒雨。"

至正二十三年(1363),有詩寄吕海月、董天麒。

《藍澗集》卷四《乙巳春日寄吕海月宣慰董天麒二帥》:"五夜春回北斗邊,東風江上雨連天。干戈未息龍蛇歲,日月空催犬馬年。

藥石豈能裨世用,山林何待起遺賢。諸公戮力扶王室,獨向茅檐理斷編。"按,乙巳即至正二十三年。

元至正二十七年(1367)四月,作詩《題羅浮日觀圖》。

《藍澗集》卷二《題羅浮日觀圖》前有序云:"上清方方壺爲廬陵牛牧子畫,筆力雄偉,與山海稱。牧子授其徒,存一以爲壯觀;南金來武夷,存一請詩爲歌長句;存一吴姓金華人。時至正丁未四月也。"按,羅浮,即羅浮山,嶺南道教名山,臨南海大亞灣,毗惠州西湖。再按,至正丁未,即元至正二十七年。

洪武二年(1369),王禕入京,智有詩贈之。

《藍澗集》卷四《寄謝王子充翰林》:"漳南佐郡半年餘,萬里歸乘駟馬車。典誥文章黄閣老,淵源道學白雲書。干戈未息呻吟際,禮樂尤觀制作初。遠愧衡門勞枉駕,自甘放浪狎樵漁。"

又《明史》卷二百八十九《王禕傳》:"王禕,字子充,義烏人……明年(洪武二年)修《元史》,命禕與濂爲總裁。禕史事擅長,裁煩剔穢,力任筆削。書成,擢翰林待制,同知制誥兼國史院編修官。"

洪武三年(1370)八月十三日,以才賢薦,授廣西僉憲,任上著有廉聲。

《明史》卷二百八十五《藍仁傳》:"智,洪武十年被薦,起家廣西僉事,著廉聲。"

何喬遠《閩書》卷九十八記載:"藍智,字明之……洪武十年,以明經薦授廣西按察僉事。廉介著一時,有《藍澗集》。"

黄仲昭《八閩通志》卷六十五記載:"藍智……洪武十一年,以明經薦,拜廣西按察司僉事,廉惠之聲著於一道。"

按,以上三種文獻載其洪武十年(1377)、洪武十一年(1378)起家廣西僉事,誤。智以才賢薦,授廣西僉憲,當在洪武三年(1370)秋。藍智《藍澗集》卷四詩《書懷十首寄示小兒澤》後有張榘壬子(1372)季冬跋云:"(藍智)庚戌秋以才薦授廣西僉憲。"又《三徵堂汝南郡藍氏宗譜》:"四子智公……洪武庚戌年詔徵廣西僉憲。"洪武庚戌年爲洪武三年。

《藍澗集》卷五《八月十三日早上御奉天門選注儒士是日膺廣西之命》:"金門詔下選英髦,側席深知聖主勞。奎壁圖書雲漢近,蓬萊宫殿日華高。黄麻曉露濡宸翰,玉節秋風照海濤。自顧草茅承聖澤,愧無賦頌擬王褒。"據此推知,授智廣西僉憲當在洪武三年八月十三日。

同卷《待詔奉天門下》:"鳳凰臺枕御河流,閶闔風生禁樹秋。日轉東華臨萬國,星環北極會中洲。鵠袍並列趨金殿,雉扇齊開過玉樓。忝後儒臣陪顧問,願陳讜議贊皇猷。"應作於洪武三年八月十三日前後。

洪武四年(1371)冬,作《桂林見梅》。

《藍澗集》卷六《桂林見梅》:"嶺南兩度見梅開,遠客空驚白髮催。忽憶繁花藍澗曲,好山無數夢中來。"智於洪武三年秋授廣西僉憲,知"兩度見梅開"當在洪武四年冬。

洪武六年(1373),春,作《癸丑元夕柳州見梅憶澤兒》。

《藍澗集》卷六《癸丑元夕柳州見梅憶澤兒》:"忽見繁花亂客愁,東風寂寞古龍州。故園稚子無消息,坐對寒江月滿樓。"按,洪武癸丑爲洪武六年。

卒於他鄉,享年六十以上。

郭柏蒼《全閩明詩傳》卷二謂藍智"洪武初,應薦,授廣西按察僉事,卒於官”。

又,陳廣宏《山林别響 閩派先聲——元明之際藍仁、藍智詩歌創作論》(《閩江學院學報》2007 年第 6 期)據張榘《藍山先生詩集序》“(藍智)客殞他鄉,不永天年”、倪伯文《藍山先生詩集序》“(藍智)富儒聲而仕終於廣西僉憲”,推斷其卒於是任。

《四庫全書總目》卷一百六十九《藍澗集》提要:“《劉彦昺集》有《挽藍氏昆季》詩云:‘桂林持節還,高風振林谷。’則晚年又嘗謝事歸里矣。”

又,藍仁《次彦昺追懷藍澗韵》有“五嶺三年肅憲綱,平生自倚鐵心腸”,知其在任三年,故藍智卒年當爲洪武六年,卒於廣西任上或歸途。

妣凌氏,有一兒二孫。

《三徵堂汝南郡藍氏宗譜》:“(藍智)洪武庚戌年詔徵廣西僉憲,爲名宦第一,勒建牌坊於山前,與兄誠合祠於崇安,葬上南庵祖墳右邊。妣凌氏,生子一:澤……智公之子澤公,字仲南,號黄石山人,善於詩賦。公有稿行世,正德年間被火焚之,因無傳焉。妣徐氏,同葬南庵。生子二:材、梁。”

有《藍澗集》六卷。

至《四庫全書》編撰時,智集原本面目已不可考。黄虞稷《千頃堂書目》卷十七别集類載:“藍智《藍澗集》六卷。”焦竑《經籍志》唯載有《藍静之集》,而無《藍澗集》。《明史》卷九十九《藝文志四》載有“《藍智詩集》六卷”。杭世駿《榕城詩話》稱:“二藍集,閩人無知者。”

何喬遠《閩書》卷九十八:“藍仁有《藍山集》,藍智有《藍澗集》。竹垞嘗輯入《詩綜》中,以爲十子之先,詩派實其昆友倡之。集本合刻。吴明經焯嘗於吴門買得《藍山集》,是洪武時刊,有蔣易、張榘二《序》,與竹垞言吻合。而《藍澗集》究不可購。徐惟和輯《晉安風雅》時,二藍闕焉。則此集之亡久矣。"

《四庫全書》本《藍澗集》乃從《永樂大典》搜輯而出,共得古今體三百餘首,以類編次,分爲六卷。

二藍詩歌宗法唐人,流入中晚,才力各不相下。仁古體優於近體,智近體勝於古體,各有所長。

《四庫全書總目》卷一百六十九《藍山集》提要稱:"仁詩規摹唐調,而時時流入中晚。蔣易作是集《序》,稱其'和平雅澹,詞意融洽,語不雕鎪,氣無脂粉,出乎性情之正,而有太平之風……要其所作,皆治世之音也'。雖推之稍過,實亦近之。"

又,林昌彝《海天琴思録》卷八以爲仁詩"姿察超絶,古體似魏晉,近體似盛唐,立言温雅,用筆豪健,兼備衆體"。

《四庫全書總目》卷一百六十九《藍澗集》提要云:"智詩清新婉約,足以肩隨其兄,五言結體高雅,翛然塵外。雖雄快不足,而雋逸有餘。七言頓挫瀏亮,亦無失唐人矩矱。"

鄭方坤《全閩詩話》卷六:"武夷藍明之……詩詞俊逸,雅有唐風。嘗見其書《銅雀臺瓦》詩於建陽友人處,可泣鬼神。詩云:'曹瞞騁志吞劉社,銅雀臺高瞰中夏。徒知扼腕有卧龍,豈料垂涎已司馬。''萬里河山尚出師,九原魂魄歸何時。清秋風雨滿陵樹,落曰笙歌空繐帷。''翠蛾紅袖思情絶,廢冢荒臺狐兔穴。空餘片瓦落人間,千載奸雛磨未滅。'"

清鄭方坤《全閩詩話》卷六記載:"網巾之制,相傳明孝陵微行,見之於神樂觀,遂取其式,頒行天下。冠禮加此,以爲成人,三百年未之改。然題咏者寡,獨藍静之有三詩。其一詩《賦網巾》:'白頭難掩雪霜蹤,纖手穿成絡索同。映帶暮年徵矍鑠,遮藏秋色久鬔鬆。牽絲衹訝蛛臨户,覽鏡翻愁鶴在籠。便與黄花相見好,不愁破帽落西風。’其二詩《謝劉蘭室見惠而作》,一云:‘故人於我最相親,分惠青絲作網巾。鏡裏形容加束縛,眼中網目細條陳。少遮白髮安垂老,轉襯烏紗障俗塵。更與籜冠藜杖稱,世間還有葛天民。’一云:‘故人念我鬢毛疏,結網裁巾寄敝廬。白雪盈簪收已盡,烏紗著紙畫難如。門臨寒水頻看鏡,籬掩秋蓬不用梳。昨日客來應怪問,衰容欲變少年餘。’”

藍氏昆季志在山林,詩風冲逸怡平,頗爲相近,致二詩集互有誤收。

蔣易《藍山集序》:“静之昆仲切磨,塤篪迭奏,和平雅澹,辭意融怡,語不雕鎪,氣無脂粉,出乎性情之正,而有太平之風。惜其不列承明,著作浮湛閭里,傲睨林泉,有達士之襟懷,無騷人之哀怨。即屢更患難,而心恒裕如,要其所作,皆治世之音也。”

清末汪端《明三十家詩選》二集卷三云:“静之昆季詩和粹冲逸,既正體裁,復滅蹊徑。”

林昌彝《海天琴思録》卷八云:“藍明之澗,詩與其兄静之同出一派。”

按,二藍同受業於杜本,學四明任士林詩法,二人詩均集中師法唐人者,故易互相誤收。

静之昆仲之師法淵源頗深,作詩力追盛唐,以杜甫爲宗。

張榘《藍山先生集序》:“崇安自元初以來,宿儒遺老頗從事於詩學,其體制音節猶不能脱晚宋之習,至清碧杜先生隱居平川,敦尚古學,登其門而一變者,邑人藍静之先得之……及見先生,授以四明任松鄉詩法及德機、仲弘諸大家機軸,歸而焚棄舊稿,勵志盛唐,以歸於老杜。”

蔣易《藍澗集序》:“武夷藍性之,幼而聰慧,博學才豐。自其爲舉子時,其兄静之已馳詩譽。伯仲之間,塤篪迭奏。其後性之棄去舉子業,從清碧先生游,得先有聞於句章任士林者,於是一洗舊習,以少陵爲宗。”

藍氏昆仲對於杜本多有懷念之作,如藍仁《經杜清碧先生墓》、藍智《經杜徵君故居》等,皆深懷追念仰止之情。藍仁《題清江碧嶂集追懷清碧杜先生》尤甚:“憶昨先生林下居,黄花翠竹臨階除。平生不受天子禄,老向名山空著書。十年死别如朝暮,一望孤墳淚如雨。往事悠悠嘆逝川,遺編零落俱塵土。江湖耆舊晚更稀,此卷乃出幽人爲。細書深刻不易得,短咏長歌勞我思。虞楊范揭名當代,猶敬先生師法在。祇今餘子徒紛紛,敢以涓流敵滄海。清廟之瑟朱絲弦,九臯鶴唳聲清圓。波濤萬頃注三峽,魑魅九鼎傳千年。吁嗟古人多泯没,一字流傳風漸歇。高情古調人莫知,夜久長松轉霜月。”

據陳廣宏《元明之際宗唐詩風傳播的一個側面——以“二藍”師法淵源爲中心》,二藍學詩師承譜系爲:任士林—楊載—杜本—藍氏兄弟,皆以宗唐爲其詩學旨歸,楊載特尤。載列元詩四大家之首,《元史》卷一百七十二楊載本傳稱其“詩當取材於漢、魏,而音節則以唐爲宗”。此既爲元詩壇之主流詩學取向,亦爲後閩中詩派之論詩宗旨,二藍師法可見一斑。

按,楊載,字仲弘,福建浦城縣人,元代著名詩人,有《楊仲弘詩》八卷。

二藍所倡宗唐之風,開閩之一代詩風,實在閩十子前。

《四庫全書總目》卷一百六十九《藍山集》提要稱:“閩中詩派,明一代皆祖十子。而不知仁兄弟爲之開先,遂没其創始之功,非公論也。”

朱彝尊《静志居詩話》卷四:“二藍學文於武夷杜清碧(本),學詩於四明任松卿,其體格專法唐人,間入中晚。蓋十子之先,閩中詩派,實其昆友倡之。”

參考文獻:

1. 藍仁《藍山先生集》,《明别集叢刊》本,黄山書社 2013 年版。

2. 藍智《藍澗詩集》,《明别集叢刊》本,黄山書社 2013 年版。

3. 宋濂等《元史》,中華書局 1976 年版。

4. 焦竑《國史經籍志》,中華書局 1985 年版。

5. 何喬遠《閩書》,福建人民出版社 1994 年版。

6. 黄仲昭《八閩通志》,福建人民出版社 2006 年版。

7. 汪端《明三十家詩選》,清同治癸酉年蘊蘭吟館刻本。

8. 劉炳《劉彦昺集》,《文淵閣四庫全書》影印本第 1230 册,上海古籍出版社 1987 年版。

9. 林昌彝《海天琴思録》《海天琴思録續録》,上海古籍出版社 1988 年版。

10. 郭柏蒼,楊浚録《全閩明詩傳》,遼寧大學出版社 1990 年版。

11. 陸心源等《儀顧堂題跋續跋善本書室藏書志》,中華書局 1990 年版。

12. 黄虞稷《千頃堂書目》,上海古籍出版社 2001 年版。

13. 鄭方坤《全閩詩話》,福建人民出版社 2006 年版。

(寧永穎　王美雲)

貝瓊傳

貝瓊,字廷琚,一字廷臣,一字廷珍,一名闕,號清江,嘉興崇德(今浙江桐鄉)人。生於元仁宗延祐二年(1315)。

張廷玉等撰《明史》卷一百三十七本傳:"貝瓊,字廷臣,崇德人。"

按,張廷玉《明史》、萬斯同《明史》、黄佐《國子助教貝瓊傳》、朱彝尊《静志居詩話》等多不載貝瓊之號。其"號清江"載於方志,如《(嘉慶)硤川續志》卷七《貝瓊傳》載:"貝瓊,字廷琚,一字廷臣,號清江。崇德人。"《(光緒)桐鄉縣志》卷十五:"貝公瓊,字廷琚,一字廷珍,别號清江。初名闕,字廷臣。居邑之千金鄉殳山南。"

又按,貝瓊生年,未見文獻載録。據貝瓊《清江詩集》卷七《甲辰元旦》云:"五十今朝過,談經滯海濱。"甲辰年爲元順帝至正二十四年(1364),因古人多以虚歲計齡,故貝瓊生於元延祐二年(1315),即乙卯年。

篤志好學,博通經史。早歲師事同邑黄次山,學《周易》。

焦竑《國朝獻徵録》卷七十三黄佐《國子監助教貝瓊傳》:"篤志好學,博通經史百家之言。"

《(光緒)桐鄉縣志》卷十五《貝瓊傳》載:"篤志好學,博通經史百家之言。善爲文。師事崇德黄次山,傳《周易》大旨;聞楊鐵崖倡古文於會稽,往從焉,學益進。”

按,黄次山爲檇李名儒,精通《周易》。據《清江貝先生文集》卷二十一《送黄孟輔序》云:“方元之盛時,先師次山黄公與其兄午山先生講《易》於鄉,會程、朱而一之,而中玉父者,又次山之弟,能日記數千言,檇李號《易》之淵海,獨推黄氏一門爲盛。”

元至元四年(1338),年二十四,始館於松江夏景淵家,寓居達十年之久。至正七年(1347),辭館,赴杭州。

貝瓊《清江詩集》卷十《懷舊賦並序》:“余春秋二十有四,館於雲間夏景淵氏,凡十閱霜暑,尤隆主賓之禮。後去而覓舉武林,遂留西湖中。”按,貝瓊曾爲夏氏作《夏氏清潤堂記》。武林,杭州舊稱。“凡十閱霜暑”爲概數,貝瓊離别松江時約三十四歲,即至正七年。

《(乾隆)杭州府志》卷一百五“貝瓊”:“元季不就有司試。往來華亭、海昌間,生徒雲集。”按,華亭,今上海松江的古稱。海昌,今屬浙江嘉興。

《(嘉慶)松江府志》卷六十二《貝瓊傳》:“貝瓊,字廷琚,號清江,崇德人。元季,教授雲間。已,復客游。寓居甚久。著有《清江稿》,《雲間集》居其半。”按,雲間,舊時松江府(今屬上海)之别稱。

按,元季,貝瓊主要輾轉於松江、嘉興、杭州,授徒爲業。

至正元年(1341),從楊維楨學詩。

《清江貝先生文集》卷七《雲間集》之首篇《鐵崖先生大全集序》:“瓊早登先生之門,今二十五年矣。”據其文末題署“至正二十有五年春二月既望門生貝瓊序”,則貝瓊應於至正元年師事楊維楨,其時貝瓊二十七歲,楊維楨四十一歲。

按,據《明史》卷二百八十五《楊維楨傳》,維楨(1296—1370)字廉夫,號鐵崖、梅花道人、鐵笛道人、東維子等,山陰(今浙江紹興)人。元泰定四年(1327)進士,授承事郎、天台縣尹,其後幾起幾落,雖屢有升遷,但終究因狷直忤物,難居其官,主要輾轉松江、嘉興、杭州一帶,以授徒爲業。至正十九年(1359),楊維楨携全家寓居松江,自名其居曰"小蓬臺",於門上自署榜文以見志:"客至不下樓,恕老懶;見客不答禮,恕老病;客問事不對,恕老默;發言無所避,恕老迂;飲酒不輟樂,恕老狂。"拒不仕明。

又按,貝瓊詩集中《桃核杯歌》《元夕次韵鐵崖楊先生》《奉和鐵崖先生水仙八韵》《小蓬壺歌》《次韵鐵崖先生醉歌》《擬香奩八咏》《清明日陪楊鐵崖飲城東門,是日風雨》等詩,皆爲與楊維楨賡和之作。

館松江期間,常與里中及流寓文士聚會唱和。

按,《清江貝先生詩集》卷八有詩追憶昔時之樂,詩題云:"壬子夏,端居二湖,與二三子讀書,而苦熱如焚,一坐四遷。杜少陵發狂大叫,非過言也。回思雲間時,往來吕、邵二族,其地有林藪之美、池臺之勝,可以避暑,而游士寓公咸會於此,相與窮日夜爲樂。及兵變之後,所至成墟,海内忘形,半爲异物,感衰榮之無定,悼生死之相違,遂成三十四韵,粗述其事云。"據其詩中自注,所提及詩人有楊維楨、夏士文、夏景淵、鄭本初、魯道原、吕德厚、馬文璧、邵質谷、倪菊存、倪耕閑等。

元末,張士誠據蘇州,屢徵不就。居嘉興硤川紫微山,授徒爲業。

黄佐《國子監助教貝瓊傳》:"張士誠據姑蘇,累徵不就。"按,據史料載,張士誠據吴爲至正十六年(1356)。

萬斯同《明史》卷三百八十六《貝瓊傳》:"張士誠據平江,屢徵不就。"按,平江,今屬蘇州。

《(嘉慶)硤川續志》卷七《貝瓊傳》:"貝瓊……初領鄉薦。張士誠據吴,避地黄灣,復隱硤石紫微山,教授生徒。"

至正二十二年(1362),年四十八,始領鄉薦。

黄佐《國子監助教貝瓊傳》:"年四十八,始領鄉薦。"

至正二十七年(1367),避亂亭林,館於邵篔谷家。

《清江詩集》卷一《雲間集》收録一詩,題爲《丙午冬十一月,辟亂亭林,明年春,館於楊溪邵篔谷氏。四月一日,鄉兵復大起,合境之人鳥驚麏竄,不知所届,余亦去而從之。既定而返,因寫懷云》。按,丙午,即至正二十六年,明年則爲至正二十七年。亭林,即今上海市金山區亭林鎮。

元末明初,曾爲嘉興巨族、名醫朱顯道家塾師。

《清江貝先生文集》卷二十六《環碧堂記》:"檇李南五十里爲幽湖,鉅族朱顯道氏世家於此,築堂若干楹,而水周其下,題之曰'環碧',前御史中丞番易周公伯温以大篆體爲書三大字,復馳書鳳陽,屬記於余。初,余主顯道,嘗愛幽湖之奇勝,蓋脉絡自南湖來,洄而爲洑,旋而爲渦,至是左右回抱,青停黛蓄,尤形勝之所萃焉。……時方縻於王事,遂捨之而去。客京師者二年。分教中都者三年。汨没埃溘之中,未能有其一曲以從耕釣,而徒懷想於二千里外,今爲顯道之所專也。……异日解組南歸,艤舟幽湖,重登環碧之堂,又當述而賦之云。……秋八月初吉記。"

按,該《記》乃貝瓊爲朱顯道而作。據後文,貝瓊於洪武三年至京師修《元史》,在朱顯道家的時間約於元末至洪武初年。《環碧堂記》置於《中都稿》名下,其時貝瓊客居中都鳳陽。

《(光緒)桐鄉縣志》卷十五《貝瓊傳》:"元季隱居教授,往來華亭、海昌間,生徒雲集。又嘗主幽湖朱顯道家。"

按,朱顯道爲嘉興名醫,享譽一方。貝瓊《清江詩集》卷六有《送朱顯道赴濠上》詩,云:"朱氏世爲檇李人。其始祖某,宋文林郎侍料院官。其子思明,仕元爲進義縣縣尉,轉嘉興縣録事,司判官。思明之子青陽,教諭仁甫,先後相繼,逮顯道已四世矣。……顯道業攻醫,得九針補寫法於金華王瑞庵,實出竇文貞公之傳,故非一時庸工所及。性尤急於治人,而人賴以全者甚衆,則天之報施,又可必者。矧諸子若孫讀書好古,余知後益隆不替,非止於是而已。"

洪武三年(1370),赴金陵,補修《元史》。既成,歸里。

《清江貝先生文集》卷一《貞素堂記》:"昔予在京師,預編《元史》,采婦人女子之卓行,較然可傳於後世。"卷十四《游冶亭記》:"洪武三年春,余客金陵,思一至其所,以求吴孫權之故迹。時預編纂《元史》,蚤夜不得休。及史成,謁歸,雖可游而不暇矣。"

黄佐《國子監助教貝瓊傳》:"洪武三年,被薦修《元史》。既成編,受賞而歸。"

按,明初第一次纂修《元史》爲洪武二年二月初一至八月初一,李善長爲監修,宋濂、王褘爲總裁官。因元順帝一朝資料空缺,《元史》留下遺憾,故洪武三年又徵詔天下文士補修《元史》,即是年二月初六到七月初一。貝瓊歸里當在洪武三年,此後二年居鄉里,於文士寄情山林、唱和賦詩,現存若干詩文可證。

錢謙益《列朝詩集小傳》甲集卷十五《貝助教瓊》:"洪武三年,徵修《元史》。"

按,《清江詩集》卷十《辛亥重午》詩云:"去年重午憶嘉興,風雨龍河一病僧。今日山中又重午,故人持酒説金陵。"辛亥爲洪武四年,該詩將洪武三年、四年之事予以串連。且卷七有《辛亥春二月十日,偕桑子材、丁一鶴游殳山》,卷八有《辛亥歲燒燈日,張彦皋携酒相過,與楊鳴鶴、丁一鶴、陳仲謀及諸門生十有二人共飲,因以

"笙歌歸院落,燈火下樓臺"分韵賦詩,余得"歸"字》。

洪武五年(1372),於里中結殳山詩社。

《清江詩集》卷五有《壬子春二月既望,桑君子材招余重游殳山,遂燕陸景遠氏來青堂,與者丁一鶴、董祖南景遠父子,及余季子翱,一觴一咏,不啻蘭亭之會也。酒半,移尊公主墓側,而董海翁亦至,子材遂大醉,卧石上不能起,命兩童掖之登舟。余與衆客至東山,興盡而返。因賦一首,以紀其事云》。卷八有《壬子春二月丙戌,天雨新霽,卉木向榮,遥睇紫微,復動游山之興,因述一首奉寄一鶴、子材、復東、良佐諸友,洎古道、明遠、大用、默庵方外交,以訂其約云》。按,此類詩作,皆爲參加詩社時所作。

又按,殳山,《(光緒)桐鄉縣志》卷二載:"殳山,在縣治東南三十五里千金鄉,高二十餘丈,逶迤七百步,周三四里。……相傳昔有仙人殳基修煉於此,尸解而去,故山上有銅棺冢、洗藥井、藏兵塢、潮音院等遺迹。山下有明貝清江故宅及陸景遠來青堂遺址,貝有游記。"

按,清江曾與朱以貞、陸景遠、丁一鶴、董祖南輩結殳山詩社。此殳山詩社又謂前殳山詩社。明萬曆年間郭子直(字舜舉)等人續結詩社於殳山,亦曰殳山詩社,其意概慕前賢。故足見貝瓊等人殳山詩社影響深遠。

《清江貝先生文集》卷一《游山記》:"禦兒地四平無山,其東北六十里有小山曰殳山,山由殳道人得名。殳山之東曰史山。庚戌春清明,陳君仲謀約予游殳山,適予被召赴京師,而仲謀亦以雨止。今年春三月丁酉,天氣澄穆,予與仲謀幸無一事擾,乃相謂曰不可以不償所願。促治酒肉飲食……吾可不望於惠安之子弟哉!"按,庚戌年,即洪武三年(1370)。是年貝瓊被徵召修《元史》,游殳山當是在此後。

又按，陸容，字景遠。《（光緒）桐鄉縣志》卷十五載其生平云："居㕟山之北，構來青堂於兩峰間，吟諷自樂，遂自號'㕟山隱人'。貝清江《來青堂記》謂其'放浪田里三十餘年，以沮溺之志自適，得喪不怵於内，榮辱不加於外'。"

洪武六年(1373)，以儒士薦舉至京，除國子助教。

《清江貝先生文集》卷十九《送蕭子所序》："洪武六年春，余被召至京師，始爲國子助教，分教諸生。"

萬斯同《明史》卷三百八十六《貝瓊傳》："六年以儒士舉至京師，除國子助教。"

按，《明史》卷七十三《職官志二》載："明初，即置國子學。乙巳九月置國子學，以故集慶路學爲之。洪武十四年，改建國子學於雞鳴山下。……助教，從八品。……洪武八年，又置中都國子學，秩正四品，命國子學分官領之。"乙巳，爲元至正二十五年(1365)，而朱元璋已於至正十八年攻占南京。

洪武八年(1375)，遷中都國子助教，教勛臣子弟。

《清江貝先生文集》卷二十五《風木亭記》："洪武八年春，余分教中都。"卷二十八《扣角集記》："八年春，予分教中都生。"

按，《清江詩集》卷四有《洪武八年三月奉旨分教中都生，自龍江至臨淮，凡十日，爲賦長謠一首，以紀山川風景云》詩，自述其事。

錢謙益《列朝詩集》甲集卷十五《貝助教瓊》："八年遷中都國子學助教，教功臣子弟。"

按，尚有文獻載録貝瓊遷中都之時有誤，如黄佐《國子監助教貝瓊傳》："九年遷中都國子助教，教勛臣子弟。瓊爲人文行超越，素有名譽，雖將校武夫皆知禮重。"張廷玉等撰《明史》卷一百三十七本傳載："九年改官中都國子監，教勛臣子弟。瓊學行素優，將校武臣皆知禮重。”萬斯同《明史》卷三百八十六《貝瓊傳》載:“九年以本官改中都國子監,教勛臣子弟。瓊學行素優,雖將校武夫皆知禮重。”朱彝尊《曝書亭集》卷六十二《貝瓊傳》:“九年,改中都國子監助教,勛臣子弟交憚之。”

洪武十一年(1378),致仕。十二年卒於家。

《清江貝先生文集》卷三十《贈龜師朱子中序》自云:“爲國子助教一年,分教中都生三年。……洪武十一年春,果以病免。獲托田里,與農夫野老逍遥東阡西陌之上。”按,貝瓊在中都任上歷時三年,至洪武十一年致仕止。

黄佐《國子監助教貝瓊傳》:“十一年九月致仕,明年卒於家。”

按,《明史》卷一百三十七本傳:“十一年致仕,卒。”所載貝瓊卒年,恐誤。錢謙益《貝助教瓊》所載:“十年致仕,明年卒於家。”或亦不當。

有五子:貝翿、貝翱、貝翔、貝翼、貝翰。

錢謙益《列朝詩集小傳》甲集《貝紀善翱》:“翱,字季翔,崇德人。廷琚之子,官楚府紀善。”

《(光緒)桐鄉縣志》卷十五:“貝公翱,字季翔,父瓊,見《經學傳》。公兄弟五人,三人出仕。公爲仲子……按《舊志》稱:貝翿,字原憲,官都府經歷;弟翱,字原翬,官楚府紀善;弟翔,字原舉,官國子監學録;從弟翼、翰,洪武辛亥同科中式,翼官都府經歷,翰官武安知縣。”

嘗慨古樂不作,作《大韶賦》以述其志。

《明史》卷一百三十七本傳:“瓊嘗慨古樂不作,爲《大韶賦》以見志。”

宋濂爲國子監司業，並祀舜、禹、湯、文爲先聖。瓊時爲助教，作《釋奠解》駁之。

黄佐《國子監助教貝瓊傳》："宋濂之爲司業也，建議於朝，謂當立五學，並祀舜、禹、湯、文爲先聖。高皇帝不用其説，且黜辱之，然士大夫猶有韙濂者。瓊乃作《釋奠解》。"

《明史》卷一百三十七本傳："宋濂之爲司業也，建議立四學，並祀舜、禹、湯、文爲先聖。太祖既絀其説，瓊復爲《釋奠解》駁之，識者多是瓊議。"

朱彝尊《曝書亭集》卷六十二《貝瓊傳》："宋濂爲司業，主建安熊氏之説，謂伏羲爲道統之宗，神農、黄帝、堯、舜、禹、湯、文、武咸宜秩祀於天子之學。議雖不行，士大夫多有疑其説者，瓊乃作《釋奠解》。"

瓊學詩於楊維楨，擅名一時，有《清江詩集》十卷，然其詩論稍异於楊。

《曝書亭集》卷六十二《貝瓊傳》："瓊與餘姚宋禧皆從學楊維楨之門，瓊之論曰：'立言不在嶄絶刻峭，而平衍爲可觀；不在荒唐險怪，而豐腴爲可樂。'蓋學於維楨而不污所好者也。"

按，朱彝尊《静志居詩話》評其詩較詳："廷琚從學於楊廉夫……蓋學於楊而不阿所好者也。其詩爽豁類汪朝宗，整麗似劉伯温，圓秀勝林子羽，清空近袁景文，風華亞高季迪，朗净過張來儀，繁縟愈孫仲衍，足以領袖一時。此非鄉曲之私，天下之公言也。"

貝瓊《清江詩集》十卷爲《四庫全書》收録，四庫館臣雖肯定其詩，然於朱彝尊之贊語略有异議，《四庫全書總目》卷一百六十九《清江詩集》《文集》提要云："瓊學詩於楊維楨，然其論文，稱'立言不在嶄絶刻峭，而平衍爲可觀；不在荒唐險怪，而豐腴爲可樂'。蓋雖出於維楨之門,而學其所長,不學其所短,宗旨頗不相襲。朱彝尊《静志居詩話》謂:其詩爽豁類汪廣洋,整麗如劉基,圓秀勝林鴻,清空近袁凱,風華亞高啓,朗净過張羽,繁縟愈孫蕡,足以領袖一時。鄉曲之言,未免過實。然其詩温厚之中自然高秀,雖不能兼有諸人之勝,而馳驟於諸人之間,實固無所多讓。其文亦冲融和雅,有一唱三嘆之音。史稱宋濂爲司業,建議立四學,並祀舜、禹、湯、文爲先聖。瓊作《釋奠解》駁之,識者多是瓊議。則其考證古禮,尤有依據,不但詞采之工矣。”

著有《清江文集》三十卷。

萬斯同《明史》卷一百三十六傳:“貝瓊《清江貝先生文集》三十卷:《海昌集》一卷,《雲間集》七卷,《兩峰集》三卷,《金陵集》十卷,《中都集》九卷,《歸田稿》一卷。附又《詩集》十卷。”

《清江貝先生文集》卷首徐一夔《貝助教文集序》曰:“余評其文,馳驟奇崛,如長風駕濤,銀山鐵壁,澎湃叠至,黿鼉蛟龍,百怪出没,而金支翠旂,焜耀前後,何其才之贍而氣之雄也!惜其盛年遭時不偶,浮湛田里之間,山林之下,念有所屬,亦時吐出胸中之奇以泄其無聊不平之思。”

參考文獻:

1. 貝瓊《清江貝先生文集》,《四部叢刊初編》景明初刊本,上海書店 1989 年版。

2. 貝瓊《清江詩集》,《文淵閣四庫全書》本,上海古籍出版社 1987 年版。

3. 貝瓊撰、楊葉點校《貝瓊集》,浙江古籍出版社 2019 年版。

4. 張廷玉等《明史》,中華書局 1974 年版。

5. 萬斯同《明史》,清鈔本。

6. 焦竑《國朝獻徵録》,明萬曆四十四年徐象橒曼山館刻本。

7. 嚴辰纂《(光緒)桐鄉縣志》,清光緒十三年刊本。

8. 朱彝尊《静志居詩話》,清嘉慶扶荔山房刻本。

9. 朱彝尊《曝書亭集》,《四部叢刊初編》景清康熙本,上海書店 1989 年版。

10. 錢謙益《列朝詩集小傳》,上海古籍出版社 1983 年版。

(王文榮　程水龍)

戴良傳

戴良，字叔能，浦江(今屬浙江)人，號九靈山人，元延祐四年(1317)生。

《明史》卷二百八十五《文苑傳》有傳。另趙友同《故九靈先生戴公墓誌銘》，錢謙益《列朝詩集小傳・九靈山人戴良》，朱彝尊《明史擬傳》，顧嗣立《元詩選二集・九靈山人戴良》，潘錫恩《戴九靈傳》，戴殿江、戴殿泗《戴九靈公年譜》(初印本、修訂本)俱載其事迹。

戴良《九靈山房集》卷七《元故戴府君墳記》："我先君諱暄，字景和，姓戴氏，婺之浦江人。"按，浦江，今爲浙江省金華市浦江縣。

《九靈山房集》卷三十趙友同《故九靈先生戴公墓誌銘》："先生諱良，字叔能，姓戴氏。其先杜陵人。十八世祖昭，唐咸通間任浙之東道五部兵馬大元帥、平南節度使、銀青光禄大夫、檢校太子尚書令。仲子堂，始遷婺之浦江，好馳馬試劍，故名所居里曰'馬劍'。厥後子孫日益繁夥，樂善業儒，爲縣之望族。曾大父諱錫，大父諱濤，父諱暄，皆隱德弗耀。"

潘錫恩《乾坤正氣集》之《戴九靈傳》云："因世居九靈山下，故自號九靈山人。"

《九靈山房集》卷首戴殿泗《戴九靈公年譜》云："元仁宗延祐四年丁巳，五月十三日丑時，先生生。"

按，戴良又號雲林、嚚嚚生。烏斯道《春草齋集》卷六《九靈山房記》："先生姓戴氏，字叔能，雲林其别號也。"

戴殿泗《戴九靈公年譜》："先生諱良，字叔能，號九靈山人，居鄞時，别號嚚嚚生。"

全祖望《鮚埼亭集外集》卷十八《九靈先生山房記》："至九靈之别字爲雲林，則見於《烏春草集》，然未嘗變姓也。"

少嗜讀書，通經史百家暨醫卜釋老之説，學文於柳貫、黄溍、吴萊，學詩於余闕。

顧嗣立《元詩選二集》卷二十《九靈山人戴良》："少學文於柳待制貫、黄侍講溍，學詩於余忠宣闕，皆得其師承。"

《明史》本傳："通經史百家暨醫卜釋老之説，學古文於黄溍、柳貫、吴萊。"

朱彝尊《曝書亭集》卷六十三《明史擬傳》："父暄，與柳貫交，命良受業於貫，並從黄溍、吴萊游，又學詩於余闕，旁及天文、地理、醫卜、佛老之書。"

《九靈山房集》卷二十二《倪仲權索予書所作詩文題其後》記載："年逾弱冠，從鄉先生柳翰林游，前後幾十寒暑。"

趙友同《故九靈先生戴公墓誌銘》："生平嗜讀書，雖初寒盛暑，恒至夜分乃寐。故天文、地理、醫卜、佛老之書，靡不精究其旨。初治經，習舉子業，尋棄去，專力爲古文。時柳文肅公貫、黄文獻公溍、吴貞文公萊皆以文章鳴浙水東，先生往來受業門下，盡得其閫奥。與文肅公尤親密，公之死，爲經紀其家，持心喪三年始歸。余忠宣公闕持憲節過婺州，聞先生善歌詩，數相過從，論古今作者詞旨優劣。公欣然曰：'士不知詩久矣，非子，吾不敢相語。'乃盡授以平日得於師友者，而先生詩名遂雄視乎東南矣。"

《元詩選》卷首陶瀚、陶玉禾《元詩總論》："詩有傳授，所謂師友淵源,波瀾莫二。郝伯常,元遺山弟子也;袁伯長,戴帥初弟子也。戴叔能得法於余廷心,泰兼善得法於李季和,張仲舉得法於仇仁近,而成原常又得之於仲舉。”

至元元年(1335),戴良師從吴萊習文。《九靈山房集》卷十四《方大年墓誌銘》:“大年之宗素盛且好禮。自其曾從祖嘗大開義塾,聘明師儒以淑其家之子弟及四方之學徒,於是吾邑淵穎先生吴公實爲義塾師。大年時未弱冠,已能執經考義,嶄然出諸生右。……余與大年俱淵穎門人,有同門之好,辱交既密且久有同志之樂,術業同而出處同,至於生之年又同。”戴良與方大年皆生於延祐四年,因此戴良受業於淵穎先生殆在此時。

至元三年(1337),任月泉書院山長。

戴殿慶《浦陽建溪戴氏宗譜》卷十六戴思樂《信三府君元配先妣趙宜人壙誌》:“先君戴良元之丁丑,任本縣月泉書院山長。”

趙友同《故九靈先生戴公墓誌銘》:“居無何,起爲月泉書院山長。後生士子接其風猷,無不已踐履實學相勸勉。”

至正十七年(1357),避兵居山中。

《九靈山房集》卷七《蔣季高誄辭並序》:“亡友蔣允升字季高,婺之東陽人也。……丁酉歲家居構疾,竟不幸夭死。予方避兵萬山中,距其家遠甚。”

至正十八年(1358),朱元璋召戴良與胡翰等十三人會食省中。至正十九年,戴良出任婺州學正,後棄官逸去。

至正十八年十二月,明兵攻婺州,大破之,改州爲寧越府。朱元璋召戴良與胡翰等十三人會食省中。《明通鑑》前編卷一載:“丙戌置中書分省於婺州,召郡儒士許元、葉瓚玉、胡翰、汪仲山、李公常、金信、徐孳、童冀、戴良、吴履、孫履、張起敬及蘭溪吴沈,凡十三人,皆會食省中。"

《明史》戴良本傳:"太祖初定金華,命與胡翰等十二人會食省中,日二人更番講經、史,陳治道。明年,用良爲學正,與宋濂、葉儀輩訓諸生。太祖既旋師,良忽棄官逸去。"

戴殿江、戴殿泗《戴九靈公年譜》(修訂本):"太祖取婺州,以王宗顯知府事,改寧越府。宗顯,故儒者,博涉經史,開郡學,聘葉儀、宋濂爲五經師,戴良爲學正,吴沉、徐原等爲訓導。自兵興,學校久廢,至是始聞弦歌之聲。未幾,王守卒官。按,宋有《辭郡守聘五經師書》。葉儀始辭明祖諮議之辟,繼應王守五經之聘,不久亦辭去。公就王守聘。王守存,已有去志,王守没,即去。居郡東門外。《投王守詩》所云'争如歸去好,家在白雲邊',《朱茂清哀辭》所謂'初余客居郡城,寄郡城東門外家焉'是也。公居郡城,自己亥至壬寅,凡四載。始居郡庠,繼居郡東門外,非明祖旋師即逸去也。"

至正二十一年(1361),以薦擢授中順大夫、淮南江北等處行中書省儒學提舉。

趙友同《故九靈先生戴公墓誌銘》:"至正辛丑,以薦者擢授中順大夫、淮南江北等處行中書省儒學提舉。"

《明史》戴良本傳:"辛丑,元順帝用薦者言,授良江北行省儒學提舉。"

按,此後戴良任職吴中,而張士誠於四年前降元,故戴良雖任職於吴中張士誠,實受命於元廷。

至正二十六年(1366),去吴中,北上求援,事不諧,南歸四明。

趙友同《故九靈先生戴公墓誌銘》:"然時事已不靖,無可行其志,乃携從子温浮海至中州,欲與豪傑交,而卒無所遇,遂南還四明。"

《九靈山房集》卷二十《百猿圖記》:"至正季歲,予附海舟南還,至四明,館人夏叔宜兄弟出此圖以示予,於是重有所感矣。嗟乎!猿之與猴,其形相近也,其舉動相若也。然猿之性類乎仁,遇稼穡不踐踏,見小草木必環之以行,木實未熟則守之。猴之爲性恒反是,反是則幾於暴矣。猿多産之於西川,而猴莫盛於東海。予居東海萬山中,厭猴之暴而慕夫猿之仁也。嘗抗巨海,抵淄水,登泰山,以望巫峽,遡川陝,將求猿之所在而寓目焉。然道路阻絶,不果也。及還四明,乃得是圖而觀之,能不有感乎?"

按,黄宗羲《明文授讀》卷四十一《百猿圖序跋》:"此以猿比元,以猴比明。此時元尚有四川,而明之發迹在東海,故云。"

又按,戴殿江、戴殿泗《戴九靈公年譜》(修訂本)記戴良北上在至正二十五年(1365),而黄宗羲認爲戴良北上目的乃爲張士誠乞師,時間當在至正二十六年,戴良及其後裔隱諱確切時間之意,皆爲撇清與張士誠政權關係。之所以撇清,戴良的深衷是以面對入明之現實,不得不刻意隱藏行踪以免過分開罪於明政權,戴殿江兄弟的目的在於"截斷始終與元廷保持微妙關係的張吴政權給戴良元遺民身份帶來污點的任何可能性"(李軍、施賢明校點《戴良集》前言)。

戴殿慶《浦陽建溪戴氏宗譜》卷十七戴思樂《信三府君元配先妣趙宜人壙誌》載:"因時多故,乃携次侄思温至中州,方與豪傑者交,而元鼎已遷矣。於是南還四明,遇山水之勝,以客於彼者十有八年。與揭君伯防、桂君彦良、謝君元功輩及方外交,遨游倡和。……四方謁講學士接迹而至。"

洪武六年(1373),泛海歸山東益都。

戴殿江、戴殿泗《戴九靈公年譜》(修訂本):"集中'十年東海上''乍離東海郡',皆指鄞而言,自鄞回浦,故曰'回自東海';'我游何處所，北海乃其地'，乃指山東益都而言耳。《鄞游稿》中，六年以前在鄞所作詩文，歷歷可考，謂六年山東南還者非。"

按，戴良《趙君夫人墓誌銘》："洪武三年，趙君夫人卒。後二年，葬。又一年，仲弟良始克回自東海，望墓門而哭。"《明史》本傳"洪武六年始南還，變姓名，隱四明山"及《列朝詩集小傳》《曝書亭集》皆本此，以爲洪武六年泛海南還，戴氏年譜修訂稿以爲非是。

洪武十五年(1382)，爲朱元璋物色，有司敦迫上路，次年卒於金陵寓舍。

戴思樂《信三府君元配先妣趙宜人壙誌》載："而至洪武壬戌秋九月，國朝遣使召自四明客邸。是年十一月二十四日至京。即日入見，送文淵閣，次日蒙恩賜膳，留會同館。詔在朝禮部尚書等官，咸以師禮待之。及選除，先君以年老辭，不就仕。"

關於戴良的具體死因，文獻記載頗有争議。主要有以下兩種觀點：

一、病死説。趙友同《故九靈先生戴公墓誌銘》云："國朝洪武壬戌，以禮幣徵先生。至京師，即日召見，試文辭若干篇，命大官予膳，留會同館，名公巨卿，見無虚日，甚或以師禮事之。既而，上欲用先生，先生以老病固辭，頗忤旨，待罪久之。一日感微疾，即爲書謝諸親舊，猶拳拳以忠孝大節爲語。迨疾亟召樂，謂曰：'吾罪戾本深，賴聖恩寬貸，獲保首領以死，念無報效。汝等幸自勉，以蓋前人之誓，乃爲賢子孫耳。'語畢，遂端坐卒於寓舍。"

《(嘉靖)浦江縣志》卷八十二沿用這種觀點，認爲戴良"癸亥夏四月提舉戴良卒於京師"，記叙當時情狀，"語畢，遂端坐卒於寓舍"。

戴思樂《信三府君元配先妣趙宜人壙誌》："先君以年老辭，不就仕。次年癸亥四月十七日巳時，以疾卒於寓舍，樂奉柩火化，函殖東歸。"

二、自裁説。《明史》本傳:"太祖物色得之。十五年召至京師,試以文,命居會同館,日給大官膳,欲官之,以老疾固辭,忤旨。明年四月暴卒,蓋自裁也。元亡後,惟良與王逢不忘故主,每形於歌詩,故卒不獲其死云。"

戴殿江、戴殿泗《戴九靈公年譜》(修訂本):"(至正十五年)冬,自鄞徵入金陵,有《趙太素墓誌銘》。是時,公被物色,有司敦迫上道,已辦一死以去。而所作《墓誌銘》,周詳恬静,不异平時,則其所養可知已。……(至正十六年)四月,公卒於金陵寓舍。初,公至金陵,明祖召見,留會同館,光禄寺給膳,欲官之,以老病固辭,忤旨下獄。以今年四月十七日卒,蓋以病出獄而自裁也。"

《宋元學案》卷八十二載:"明年,欲授以官,不可而自裁,年六十七。"錢謙益《列朝詩集小傳》甲集前編:"(戴良)忤旨待罪,次年四月,卒於寓所,蓋自裁也。"《大清一統志》卷二百三十二記載:"戴良以老疾固辭,忤旨。逾年暴卒,蓋自裁也。"

按,關於戴良死因,曾安世在整理《九靈山房遺稿》時,雖承認戴良"以卒自裁",但也表示了自己的懷疑:"所可疑者,明太祖能嘉王保保之爲漢子,而卒不能容先生之潔身。豈當天下大定,猶慮先生才有可爲,而不以容鐵崖者容先生耶?抑本無死先生之心,特不欲有一人梗悉臣之化。"

全祖望《鮚埼亭集外集》卷十八《九靈先生山房記》頗有辯明,認爲:"使九靈曾見太祖於金華初定之日,又曾奏對稱旨,則其時太祖方旁求,不應復聽九靈之還。即令太祖不甚物色,而潜溪諸公已侍太祖幕中,不應復聽九靈之還。况九靈之惓惓於麥秀黍離、殘山剩水者,其必不肯輕出明矣。九靈不肯屈身异代,雖大用之,亦必不受。使其肯出,則工部之命亦未必逃。斯乃世俗流傳誣善之詞,小視九靈,而不足以盡當時之情事,不必深辨而自明者也。九靈不肯屈身而被繫，顧其死不甚明。使其出於自裁，固爲元畢命；即令以瘐死，亦爲元也。九靈之大節，不必果出於自裁，而要可信其爲元也。”

戴良顛沛於亂世，每爲雅集中常客。

按，元末雖戰亂頻起，文人流離顛沛之際，匆匆邂逅即雅集會飲賦詩，戴良《九靈山房集》中頗有敘寫此類場景，諸如以下所述：

《九靈山房集》卷六《黄氏南薰樓會飲詩並序》：“庚申之秋，余訪蘇太史先生於黄氏義門，將自是入越。黄氏之老資深公堅留不聽去。既而，劉君養浩、趙生彦方，亦相繼至，而吴侯子宇，則固客授其家，資深悉宴之宅左之南薰樓，歡洽殊甚。養浩以此會雖出邂逅，然蘇先生來自城府，彦方至自邑，己與子宇館寓雖近，而亦一居嚴陵，一家烏傷萬山中，不鄙謂余又方回自千里外，一日畢集於此，豈偶也哉？睹江山之如昨，念人事之難常，誠不宜以無紀。資深之子仲昭，英俊子弟也，聞之喜躍，即請以‘今夕復何夕，共此燈燭光’分韻，而余得‘此’字。先生且命書歲月，遂序之云，而繫之以詩曰：‘昔出念途阻，今歸嘆年駛。泰階謂久平，吾道有如此。主人識余意，開筵集文史。庶令歡宴餘，悶懷爲之洗。談諧皆素心，倡和盡知己。此會諒難數，不樂將何俟。’”

卷二十一《東山賞梅詩序》：“戊申之冬，豫章龍君子高，偕慈谿桂君彦良、王君彦貞訪沈師程氏於東山，已而錢塘劉君庸道及一二士友亦來會。時東山梅花盛開，粲粲夾徑路。師程置酒花下，邀諸君子賞焉。酒且半，龍君請即席賦詩，以‘東閣觀梅動詩興’爲韻，各賦古律一首，輯爲一編，而虚其首簡，徵予序。”

交結雖不及卿相，却往還於名士大夫。

戴良所交之元末名士大夫有柳貫、黄溍、吴萊、周伯琦、余闕、汪汝懋、陳基、宋濂、張憲、丁鶴年、王禕、胡翰、吴沉、桂彦良、謝肅、烏斯道等,其《九靈山房集》頗多相關詩文,以下詩文出處只列明卷次。

戴良與柳貫師生情誼尤重。《九靈山房集》卷五《柳待制墓表碑陰記》:“良猶記寒夕宿先生齋閣中,先生擁衾語良曰:‘余之交友滿天下,然知我者莫若黄公,我死必求表其墓。’”集中還有《書柳待制詩後》(卷七)、《三先生手帖後題》(卷七)、《浦陽五賢贊並序》(卷四)、《祭先師柳待制文》(卷七)、《大人祭柳待制文》(卷七)。

戴良與丁鶴年情誼最深。爲鶴年作傳,名爲《高士傳》(卷十九),爲鶴年所編《皇元風雅》作序(卷二十九),爲所著詩文集《鶴年吟稿》作序(卷二十一)。此外,往來詩文頗多,如戴良《送丁郎中赴京師詩序》(卷十二)、《近觀以大鶴年和韻諸詩因借韵呈二君子並述已志云爾三首》(卷十五)、《憶鶴年有賦》(卷十七)、《題馬元德伯仲詩後》(卷二十二)、《寄鶴年》(卷二十五)。

與宋濂唱酬頗密。王褘《跋宋戴二君詩》:“古詩二十首,前十首,戴君叔能以寄宋君景濂,後十首則景濂以答叔能者也。”戴良另有《寄宋景濂》(卷一)、《别宋景濂》(卷二)、《修禊集後記》(卷五)、《送宋景濂入仙華山爲道士序》(卷六)、《浦陽人物記序》(卷六)、《三先生手帖後題》(卷七)。

與余闕交誼頗厚。余闕曾爲戴良書扁曰“天機流動軒”,支持戴良編纂柳貫全集。《九靈山房集》中與余闕有關作品有《書天機流動軒卷後》(《九霊山房集補編》)、《余豳公手帖後題》(卷二十二)、《題余廉訪五大篆後》(卷七)

爲陳基編訂書稿。陳基《夷白齋稿》乃戴良訪陳基後編次所得。戴良《夷白齋稿序》:“《夷白齋稿》合若干篇,臨海陳敬初先生所著。余既訪之先生,盡得其稿而編次之,以爲三十五卷而復序其篇目。”戴良甚重陳基之作,在序中云:“余於先生之文,讀之累月,曾莫有所去取於其間。雖片言半簡，咸附而録之者，所以明乎一字畫之微，皆可爲斯世之貴重也。"（卷十二）另有《陪陳夷白左司省先隴遂游西山諸寺》（卷八）、《題陳敬初小丹丘》（卷八）、《小丹丘記》（卷十一）、《淮南紀行詩後序》（卷十二）、《哭陳夷白二首》（卷二十五）等。

與周伯琦。戴良有《周侍御家賞梅》："托根向南苑，發萼當北枝。逢君後園宴，折以慰佳期。遠近非一香，參差多异姿。餘榮未渠已，晚實方見奇。要知調鼎日，復此奉金卮。"（卷八）周伯琦於戴良有《九靈先生畫像贊》："懿兹臞仙，金華之英；造道自得，修辭立誠。持樂之和，秉衡之平；出處翛然，風月同清。"（卷三十）

與王褘，有《同子充濬仲游北山夜宿覺慈院》（卷三）、《寄王子充》（卷三）。

與胡翰，有《對菊聯句》（卷十七）、《出游聯句》（卷十七）、《送别胡仲子二首》（卷二）、《送胡仲子之三衢》（卷二）。

與謝肅，有《喜謝密庵至二首》（卷二十五）、《密庵文集序》（卷二十九）、《密庵先生稿序》（《九靈山房集補遺》）。

與烏斯道，有《訪烏繼善不值明日以詩見寄遂次韻答之三首》（卷十六）。

與桂彦良，有《東山賞梅詩序》（卷二十一）、《書畫舫宴集詩序》（卷二十一）。

與鄭覺民，有《求我齋文集序》（卷二十一）。

與阿年八哈，有《甘棠集序》（卷五）。

與陳桱，有《通鑒前編舉要新書序》（卷十二）、《剡源記》（卷十一）。

與張憲，有《玉笥集序》（卷十二）。

詩文主張復古，追求風格之雄渾。

《九靈山房集》卷二十九《皇元風雅序》："然而氣運有升降，人物有盛衰,是詩之變化,亦每與之相爲於無窮。漢興,李陵、蘇武五言之作,與凡樂府詩詞之見於漢武之采録者,一皆去古未遠,《風》《雅》遺音,猶有所徵也。魏晉而降,三光五岳之氣分,而浮靡卑弱之辭,遂不能以復古。唐一函夏,文運重興,而李、杜出焉。議者謂李之詩似《風》,杜之詩似《雅》。聚奎啓宋,歐、蘇、王、黄之徒,亦皆視唐爲無愧。然唐詩主性情,故於《風》《雅》爲猶近,宋詩主議論,則其去《風》《雅》遠矣。然能得夫《風》《雅》之正聲,以一掃宋人之積弊,其惟我朝乎!我朝輿地之廣,曠古所未有,學士大夫乘其雄渾之氣以爲詩者,固未易一二數。然自姚、盧、劉、趙諸先達以來,若范公德機、虞公伯生、揭公曼碩、楊公仲宏,以及馬公伯庸、薩公天錫、余公廷心皆其卓卓然者也。至於岩穴之隱人,江湖之羈客,殆又不可以數計。"

《九靈山房集》卷二十一《鶴年吟稿序》:"我元受命,亦由西北而興。而西北諸國若克烈、乃蠻、也里可温、回回、西蕃、天竺之屬,往往率先臣順,奉職稱蕃。積之既久,文軌日同,而子若孫,遂皆捨弓馬而事詩書。至其以詩名世,則馬公伯庸、薩公天錫、余公廷心其人也。論者以馬公之詩似商隱,薩公之詩似長吉,而余公之詩則與陰鏗、何遜齊驅而並駕。此三公者,皆居西北之遠國,其去豳秦,蓋不知其幾萬里,而其爲詩,乃有中國古作者之遺風,亦足以見我朝王化之大行,民俗之丕變,雖成周之盛莫及也。"

《九靈山房集》卷二十九《密庵文集序》:"文主於氣,而氣之所充,非本於學不可也。六經而下,以文雄世者,稱孟軻氏、韓愈氏。孟軻氏曰:'我善養吾浩然之氣。'韓愈氏曰:'氣盛則言之短長,聲之高下皆宜。'然孟軻氏之養氣,則既始之以知言,而韓愈氏之氣盛,亦惟三代兩漢之書,是觀聖人之志是存耳。文以氣爲主,氣由學以充,見之二氏可考而知也。後之學者,乃或不是之求。方貴華尚采,粉澤以爲工,遒密以爲能,吁,亦末矣!是故有見於此而思務去之者,豈不謂之有志之士乎?”

遭逢時亂,仍頗有用世之心;常和陶淵明詩爲慰藉。

《九靈山房集》卷六中記載與陳桱合著《治平類要》十篇:“相爲摘取二帝三王致治之由,與漢、唐、宋爲君之所以然,及先民之格言、史臣之論贊,會粹成書,名之曰《治平類要》,而定其標目凡十篇。君臨四方,蓋本諸道,述君道篇第一。人君之職,惟在用相,述任相篇第二。將用禦暴,必善馭之,述馭將篇第三。設官用人,國之重事,述用人篇第四。民爲邦本,愛以固之,述愛民篇第五。國之所賴,莫重於食,述足食篇第六。去亂圖治,非兵不可,述制兵篇第七。刑以輔禮,明慎爲要,述慎刑篇第八。佞口覆邦,貴在能遠,述遠佞篇第九。君能納諫,斯無過舉,述納諫篇第十終焉。”

謝肅《密庵稿·文稿》辛卷《和陶集序》:“先生生金華,學於待制柳公、文獻黄公、忠宣余公,德行文學,咸有師授,蔚乎士林之望也。嘗一出仕,遭時多故,即浮大海,至乎中州,方與豪杰者交,而鼎已遷矣。遂南還四明,栖遲於荒閑寂寞之地,不知寒暑之幾易也。其流離顛頓,寒飢苦困,憂悲感憤,不獲其意者,莫不發之於詩。詩之體裁音節渾然天出者,又絶似淵明,非徒踵其韵焉而已,因名之曰《和陶集》。以予相交之善而深知其音也,俾論次以爲之序。予得而誦之,則其豪放之氣、猛烈之志,寓於高雅閑淡之辭,足以使人嗟嘆咏歌之者,不但與靖節异世同符,而《離騷》之怨慕、《出師表》之涕泣,亦莫不具在其間也。”

按,戴良有《和陶淵明歸去來兮辭》、《和陶淵明雜詩》十一首、《和陶淵明擬古》九首、《和陶淵明飲酒》二十首、《和陶淵明移居》二首、《和陶淵明歲暮答張常侍》一首、《和陶淵明連雨獨飲》一首、《和陶淵明咏貧士》七首、《丁酉除夕效陶體》。

詩文總集合爲《九靈山房集》。

趙友同《故九靈先生戴公墓誌銘》:"所著述有《和陶詩》一卷,《九靈山房集》三十卷,《春秋經傳考》三十二卷,藏於家。"至於詩文,戴良生前已有編輯,"皆即所游之地而名焉",將居住家鄉所作詩文,名爲《山居稿》;至正二十二年(1362)至至正二十六年吴中任儒學所作詩文,名爲《吴游稿》;滯居浙東之作,名爲《鄞游稿》《越游稿》。洪武之際,謝肅爲其《吴游稿》作序。而揭汯至正二十五年序言即已稱《九靈山房集》,則"九靈山房集",戴良亦早以名集。

《九靈山房集》卷首揭汯《九靈山房集序》:"《九靈山房集》者,浦江戴九靈先生所作之詩文也。先生以聰敏之資,篤誠之志,而學文於柳待制先生、黄文獻公,又學詩於余忠宣公闕。故其文叙事有法,議論有原,不爲刻深之辭,而亦無淺露之態;不爲纖穠之體,而亦無矯亢之氣。蓋其典實嚴整,則得之於柳先生者也;縝密明潔,則得之於黄文獻公者也;而又加之以春容豐潤,故意無不達,味無不足。其詩則詞深興遠,而有鏘然之音、悠然之趣。清逸則類靈運、明遠;沉蔚則類嗣宗、太冲,雖忠宣公發之,而自得者尤多。"

《九靈山房集》卷首宋濂《九靈先生集序》:"若余友揭君伯防之於戴先生叔能,論其文,言其承傳所自,皆精當可徵。予嘗友於叔能,不能易其言也。君以文學名當世,故能知之也真。然非真知斯文者,亦孰知余言爲信哉?"

《九靈山房集》卷首王禕《九靈山房集序》:"九靈之詩,質而敷,簡而密,優游而不迫,冲淡而不携,庶幾上追漢魏之遺音,其復自成一家者歟! 蓋柳公學於方公,而九靈師事柳公爲最久,淵源之懿,信不可誣。"

《九靈山房集》卷首桂彦良《九靈山房集序》:"先生异時在承平之世,從鄉郡大儒待制柳公貫、侍講黄公溍游,俊偉秀發,軒然時輩中,已有文名。然志在用世,未暇切切於此也。及事與志乖,所如多不合,知其無所就功名,遂抑情遁迹,盤桓乎山巔海澨,訪羽人釋子而與之居。益肆力於文,凡觸心抵目,天地日月寒暑山川草木奇异之觀,羈人狷士之遺迹隱行,皆紀而載之,因以寓其無聊不暢之思,發其瑰杰磊落之氣,清深雅潔,往往無愧於古之能言者。"

詩文風骨勁朗,多磊落抑塞之音,踵武元詩四家之後,頗示元遺民風範。

錢謙益《列朝詩集小傳》甲集前編:"良自元亡後,不忍忘故君舊國,酒酣賦詩,擊節歌咏,聞者壯而悲之。其《自贊》曰:'處榮辱而不二,齊出處於一致;歌黍離麥秀之詩,咏剩水殘山之句。則於二子,庶幾無愧。'蘇伯衡贊其畫像曰:'其跋涉道途也,類子房之報韓;其彷徨山澤也,猶正則之自放。'於乎!三百年而下,猶可以想見其人也。"

《元詩選》卷首陶瀚、陶玉禾《元詩總論》:"虞、楊、范、揭諸家之後,古奥有李季和,清警有傅若金,雄健有陳剛中(按,陳剛中乃元初陳孚,在虞、楊、范、揭之前,似與此處表意不符,疑指元末與戴良同時的陳基),寄托深遠有劉季翁,意韵冲淡有戴叔能。胚胎前賢,典型未墜。"

《四庫全書總目》卷一百六十八《九靈山房集》提要:"良詩風骨高秀,迥出一時,睠懷宗國,慷慨激烈,發爲吟咏,多磊落抑塞之音,故其自贊謂'歌黍離麥秀之詩,咏剩水殘山之句'。蘇伯衡贊其畫像,亦謂'其跋涉道途,如子房之報韓;其彷徨山澤,如正則之自放'云。"

《九靈山房集》卷首潘錫恩《戴九靈傳》:"公生當元季,得柳文肅、黄文獻、吴貞文三先生之傳,推求性命之旨,而清明剛大之氣發爲文章,縱崎嶇厄塞,卒不稍挫其忠。成仁取義,公之謂也。"

《九靈山房集》卷首鮑廷博《重刻九靈山房集序》:"《九靈山房集》三十卷,浦陽戴叔能先生所著,初得舊抄於吴中。庚寅秋,晤其裔孫瀛三、東瞻昆季於吴山,方購求是集付梓,余亟授而開雕焉。余惟宋元以來,戴氏之以詩文名浙東者,天台戴式之,四明戴帥初,浦陽則先生也。顧石屏僅以詩名江湖間,似未足以方先生。惟剡源受業於王伯厚之門,學有本原,差相後先。吾謂先生之品,尤爲卓絶。其詩文孤峭廉潔,一洗當時萎薾之習。生當元季末造,明祖龍興,旁求遺彦,此正文章華國、千載一時之遇。使其稍自貶損,入仕帷幄,吾知朝廷詔誥銘頌大手筆,必有資其撰述者,宋文憲不得專美一時矣。"

參考文獻:

1. 鮑廷博《重刻九靈山房集》,清乾隆三十七年刻本。

2. 戴良《九靈山房集》,《四部叢刊》景明正統本,上海書店1989年版。

3. 李軍、施賢明校點《戴良集》,吉林文史出版社2009年版。

4. 朱祖日箋注《九靈山房集箋注》,上海古籍出版社2023年版。

5. 張廷玉等《明史》,中華書局1976年版。

6. 錢謙益《列朝詩集小傳》,清順治九年毛氏汲古閣刻本。

7. 顧嗣立《元詩選》二集,清康熙三十三年至五十九年刻本。

8. 陳基《夷白齋稿》,《四部叢刊三編》景明鈔本,上海書店1985年版。

9. 朱彝尊《曝書亭集》,《四部叢刊初編》景清康熙本,上海書店1989年版。

(邱江寧　宋子喬)

徐一夔傳

徐一夔,字大章,天台(今屬浙江)人。生於元仁宗延祐六年(1319)。

張廷玉等撰《明史》卷二百八十五本傳:"徐一夔,字大章,天台人。"

朱彝尊《静志居詩話》卷三《徐一夔傳》:"徐一夔,字大章,天台人,徙嘉興。元末建寧教授。"

按,據徐永恩《始豐稿校注》,一夔父徐博仁,育有三子,一夔有五子一女。徐一夔曾就學於胡德完,得胡德完尊人胡叔輝之勉勵。叔輝苛厲爲學,見輒以學事相勉,麗澤之益多矣。稍長,則隨父讀書授業,刻苦勤讀,遐時游歷天台山名勝。曾屢試有司,惜未中功名。度不足以科舉自立,轉而探求古人之道,出游四方。曾師事林古泉、貢師泰、劉基等。

又按,據胡正武《徐一夔名號與被斬偏解辨正》云:"徐一夔,字惟精,又字大章。"(《東南文化》2009 年第 6 期)

關於徐一夔的生年,李時人《中國文學家大辭典·明代卷》載爲 1319 年,即元仁宗延祐六年,姑依之。

元末,任建寧路教授。避亂於嘉興,作《獨柞軒記》。

《(崇禎)閩書》卷五十五:"徐一夔,字大章,天台人。博學善屬文。學士危素薦爲建寧路教授。元末遜地嘉興。洪武初，徵修《元史》。終杭州教授。”

沈季友《檇李詩繫》卷六《徐一夔教授傳》:“一夔，字大章，天台人。博學善屬文。危太樸在元時，嘗言於朝，授建寧路教授。元末避兵於郡之白苧里，有屋三四楹，牖外有一大柞，因作《獨柞軒記》以見志。錢塘潘時雍題一詩曰:‘瀟灑幽軒水面開，軒前老樹倚雲栽。閑來倚杖過三匝，醉後支頤看百回。風雨欲隨龍化去，雲霄常聽鶴飛來。結鄰擬共榮枯事，遮莫人知是散材。’”

朱彝尊《曝書亭集》卷六十四《徐一夔傳》:“徐一夔，字大章，天台人。以文見知危素，授以建寧教授牒。”

按，徐一夔《獨柞軒記》載:“余所僦屋在嘉興春波門外，蔀屋三四楹，不喧不寂，於居窮甚宜。屋東向啓牖，牖外大樹一，挺然當牖中，大五十圍，高四五十尋，梢稍擢，根入地，不知幾百尺。其才堅實可用，蓋柞屬也。日夕視之，若貞人介士，高冠長劍，端儼自持，而庸夫孺子凛然莫敢犯。時方暑，恒踞坐樹下，陰下覆，清以潤，風行葉間，聲琤然，若秋至。私竊自慶，有此獲也，署之曰‘獨柞軒’。”據徐永恩《徐一夔集》“整理前言”，徐一夔於元順帝至正八年(1348)，爲避戰亂寓居於杭州仁和之相安里，至正十年，曾被聘爲錢塘侯泮助教。至正十六年至十八年，應朋友馬公著之請，一夔避居浙江海昌縣(今海寧市)黄灣，並執教馬家。教學之餘，與貢師泰等以文相聚。至正十九年至二十三年，避亂於嘉興春波門外白苧里(今嘉興市南堰區白苧村)，爲嘉興郡助教，作《獨柞軒記》以明志，尋教職以求生計，且與四方避居者相酬唱，與高巽志、鮑恂、牛諒、周斐、張翼等十四人在嘉興南湖聚會賦詩，稱南湖詩會。四方避地者皆來僑居，日以文酒相酬和，集一時名士，爲聚桂文會。

在嘉興，與諸名士爲聚桂文會。

楊維楨《東維子文集》卷六《聚桂文會序》："嘉禾濮君樂閑爲聚桂文會於家塾，東南之士以文卷赴其會者凡五百餘人，所取三十人，自魁名吴毅而下，其文皆足以壽諸梓而傳於世也。"

按，濮君樂閑，即濮允中，桐鄉人。《（光緒）桐鄉縣志》載："濮公彦仁，字仲温，父允中，徵爲兩淮鹽場轉運司令，謝歸，築知止堂以自樂，因號樂閑子。公仕爲吴興典市官，棄職歸。父子偕隱，築桐香室，延楊鐵崖、江朝宗館其家……集一時名士爲聚桂文會，以卷赴者五百餘人，所取三十人，自吴毅而下，文皆傳世，鐵崖爲之題序。"

朱彝尊《曝書亭集》卷六十四《徐一夔傳》："當元之季，一夔自天台徙嘉興。於時，嘉興人鮑恂居郡城之西溪，貝瓊居千金圩，郁遵居商陳村，朱克恭居澄林，王鏞及弟鈞居梅溪，濮仲温父子居濮市，豐於資，集一時名士爲聚桂文會，以文卷赴者五百餘人，請楊維楨評其優劣。四方避地者，桐廬姚桐壽居海鹽之峨溪，崑山顧德輝居合溪，温州陳秀民居竹鄰巷，閩卓成大居甓川，江陰孫作居南湖，而東平牛諒，河南高遜志，江都丘民，錢塘陳世昌，會稽唐肅、江漢皆來僑居。一夔卜宅於春波門外白苧里，四明周棐以陸宣公書院山長留梨林，鹽城秦約教授崇德，日以文酒相酬和，桐壽稱曰樂郊云。"按，聚桂文會主倡者爲嘉興名士，主評者爲楊維楨。

沈季友《檇李詩繫》卷六《牛尚書諒》："諒，字士良，山東東平州人。元末寓居嘉興，與鮑恂、張翼諸名士友善，學者多從之游。自顔其堂曰'尚友'，徐一夔爲記。"按，文即徐一夔《始豐稿》卷一《尚友説》。

正勉《古今禪藻集》卷十三："至正辛丑秋七月十有三日，永嘉曹睿以休假，同高巽志、徐一夔、鮑恂、牛諒諸公出西郭，憩景德寺。

攜樽相慰藉,環坐,乃以唐人'因過竹院逢僧話,又得浮生半日閑'之句,分韵賦詩。"按,景德寺,在嘉興縣治南。"至正辛丑",即元至正二十一年(1361)。

明洪武二年(1369)八月,徵召至京,纂修《大明集禮》。

《明太祖實録》卷四十四"洪武二年八月"載:"是月,詔儒臣修纂禮書。時上以國家創業之初,禮制未備,敕中書省令天下郡縣舉素志高潔、博通古今、練達時宜之士,年四十以上者,禮送至京,參考古今制度,以定一代之典。其年過五十、未及四十、未深知經術者,勿譴。於是儒士徐一夔、梁寅、劉於、周子諒、胡行簡、劉宗弼、董彝、蔡深、滕公琰至京。時曾魯以《元史》方成,共奏留之,因命與諸儒同纂修。"

《明史》徐一夔本傳:"洪武二年八月詔纂修禮書,一夔及儒士梁寅、劉於、曾魯、周子諒、胡行簡、劉宗弼、董彝、蔡深、滕公琰並與焉。明年書成。"

洪武三年(1370)九月,《大明集禮》書成,授以官,以疾辭。

《明太祖實録》卷五十六"洪武三年九月":"修禮書成,賜名曰《大明集禮》。……授曾魯、徐一夔、周子諒、董彝以官,惟梁寅等六人以疾賜還鄉里,俱賞賜有差。"

《明詩紀事》甲籤卷十三:"三年九月《集禮》成,特以大章等十人竣事耳。大章爲王子充所薦,續修《元史》,力辭。"按,王禕(1322—1373),字子充,元末明初浙江義烏人。明洪武初,與修《元史》,與宋濂同爲總裁,書成,擢翰林待制。著有《大事記續編》《王忠文公集》等。

續修《元史》,辭不就。

《明史》徐一夔本傳:"工文,與義烏王禕善。洪武二年八月詔纂修禮書,明年書成。將續修《元史》,禕方爲總裁官,以一夔薦。"

《曝書亭集》卷六十四《徐一夔傳》:"會《元史》成,而元統後無事迹可徵,將有事續修,王禕以一夔薦。"一夔辭之。

《四庫全書總目》卷一百三十四《藝圃蒐奇》提要:"洪武初徵修禮書,王禕又薦修《元史》,辭不至。"

按,據徐永恩《徐一夔集》"整理前言",洪武三年(1370)九月《大明集禮》書成,授以官,一夔因"連歲奔播之餘,生事寥落,且有寒濕脚疾之苦,遠適海隅,覓一館穀之地,聊用養疴",堅辭返杭,棲身於瀕臨浙河的吴山之陽,安心養病。

洪武五年(1372),任杭州府儒學教授。

《明史》徐一夔本傳:"未幾,用薦署杭州教授。"

《曝書亭集》卷六十四《徐一夔傳》:"五年,試職杭州府儒學教授。"

洪武六年(1373),召修《大明日曆》,復至京師。

《明史》徐一夔本傳:"召修《大明日曆》,書成,將授翰林院官,以足疾辭,賜文綺遣還。"

《曝書亭集》卷六十四《徐一夔傳》:"六年,復就職,命編纂《日曆》。成,得實授官並賜文綺繒各三裝、錢六緡。"

按,宋濂對徐一夔非常推崇,曾撰《送徐教授纂修日曆還任序》,欲薦之於朝。文見《宋學士文集》卷三十四。

《台州府志》卷一百十七:"六年,召修《大明日曆》,越四月,書成。"

洪武七年(1374),授杭州府儒學教授。

按,據徐永恩《徐一夔集》"整理前言",洪武七年(1374)春正月,一夔自南京返杭州,被正式授予杭州教授。

洪武十六年(1383),於杭州撰靈谷寺碑文以進。

《曝書亭集》卷六十四《徐一夔傳》:"十六年,帝以靈谷寺初建,敕一夔自杭州撰碑文以進。稱旨,賜蟒衣、綵幣。"

終杭州府學教授,或卒於明建文二年(1400)。

《(嘉慶)嘉興縣志》《(嘉慶)嘉興府圖記》皆云"終杭州府學教授"。

徐一夔《故文林郎湖廣房縣知縣齊公墓誌銘》:"齊公莊卿……其卒也,明洪武戊寅,以明年二月祔葬考幕左,是曰蔣山也。"按,齊公卒於洪武戊寅即洪武三十一年(1398),祔葬於建文元年二月。此墓誌一夔作於"明年",即建文元年(1399),既然徐氏此時爲齊公作墓誌銘,則洪武年間未被斬,故恐於建文年間卒。考《(嘉慶)嘉興縣志》《(嘉慶)嘉興府圖記》皆有"終杭州府學教授"之記載,即卒於任上。徐永恩《始豐稿校注》以爲其卒年當在蔣良福上任之前,即1399年2月至1400年之間。

田汝成《西湖游覽志餘》卷七:"徐一夔,字大章,天台人。洪武六年以儒士薦授杭州府學教授,博雅通經,教法嚴整,爲文有法度,士林服之。召入纂修《元史》,賜蟒衣。復任,尋爲省臣,撰《上賀表》,其詞有云:'光天之下。'又云:'天生聖人,爲世作則。'太祖覽之大怒,曰:'腐儒乃如是侮我耶?'蓋以生者僧也,光則祝髮之謂,則字近賊,罪坐不敬。禮臣大懼,因請曰:'愚蒙不知忌諱,乞降表式。'太祖因自爲文,傳布天下。一夔在任凡九年。所著有《始豐稿》。湖上勒石之文多其手筆。"

沈季友《檇李詩繫》卷二《徐一夔教授傳》:"嘗作賀表,有云:'光天之下。'又云:'天生聖人,爲世作則。'太祖覽之大怒,曰:'竪儒乃如是侮我耶?'以生字、光字、作則字,聲律犯忌,欲坐以不敬。禮臣請曰:'草茅不知忌諱,乞宥之。'並請欽定表式,頒示天下。"

陳田《明詩紀事》甲籤卷十四《徐一夔傳》:"一夔,字大章,天台人。徙嘉興。元末建寧教授。洪武二年徵修禮書,三年書成,授杭州教授。六年,與修《日曆》,書成,將授翰林院官,以疾辭,賜文綺,遣歸。有《始豐類稿》。"

按,據明嘉靖年間田汝成,清代沈季友、陳田等人之記載,未有徐一夔在洪武年間被斬一事,或因禮臣求情而得免。徐一夔卒年無考,或與文字獄有關。明徐禎卿《剪勝野聞》較早記載此事曰:"太祖多疑,每慮人侮己。杭州儒學教授徐一夔曾作賀表上,其詞有云:'光天之下。'又云:'天生聖人,爲世作則。'帝覽之大怒,曰:'腐儒乃如是侮我耶!光者,僧也,以我嘗從釋也。光,則摩髮之謂矣。則字近賊。'罪從不敬,命收斬之。禮臣大懼,因請曰:'愚蒙不知諱,乞降表式。'帝因自爲文式,傳佈天下。"

又按,《四庫全書總目》卷一百三十四《藝圃蒐奇》提要云:"《剪勝野聞》稱其官杭州教授時,以表文忤旨,收捕斬之,殊爲妄誕。"

趙翼《廿二史札記》卷三十二《明初文字之禍》載:"杭州教授徐一夔賀表有'光天之下''天生聖人,爲世作則'等語,帝覽之大怒,曰:'生者,僧也,以我嘗爲僧也;光則薙髮也,則字音近賊也。'遂斬之。禮臣大懼,因請降表式。帝乃自爲文播天下。……由此覽天下章奏,動生疑忌,而文字之禍起。"

夔有五子,紀、綱、統、珪、璧。

按,據徐永恩《始豐稿校注》,一夔有五子,分别爲:徐紀、徐綱、徐統、徐珪、徐璧;此外尚有一女,姓名不可考。

工詩文,著有《始豐稿》十五卷、《藝圃搜奇》十八卷。

《曝書亭集》卷六十四《徐一夔傳》:"一夔工於文,深而不刻,質而不俚。其言曰:'理足而言暢,斯天下至文也。臨文而後索理,理惡乎粹?惟夫求諸經而有得於堯、舜、禹、湯、文、武、周公、孔子立言之旨,融而攝之方寸之間,而吐之觚翰,則其爲言自不患其不醇矣。彼以才驅氣,駕爲高者,坐於造理不深故爾。'君子以爲篤論。"

按,《四庫全書》收録《始豐稿》十四卷。四庫館臣對其文頗有贊譽之詞。《四庫全書總目》卷一百六十九《始豐稿提要》云:"明徐一夔撰。……朱彝尊《静志居詩話》曰:'大章遺稿罕傳,余於京師見之新城王貽上所,凡四册,比余家藏者倍之,然驗其目無詩,猶未是足本。'案今行世凡二本,其一本六卷,當即朱彝尊家所藏。此本自一卷至三卷爲前稿,自四卷至十四卷爲後稿,皆雜文無詩,當即王士禎家所藏矣。據《千頃堂書目》載,'一夔《始豐類稿》十五卷',此本所佚不過詩一卷耳。其文皆謹嚴有法度,無元季冗沓之習。"

嵇曾筠等修《(雍正)浙江通志》卷二百四十九:"《始豐類稿》十五卷。《嘉興府圖記》,徐一夔著。字大章,天台人。"

胡宗憲、薛應旂撰《(嘉靖)浙江通志》卷七十二:"洪武初,徐一夔所著《杭州府志》頗稱簡明,今不傳矣。"

按,魏嵲、裘璉撰《(康熙)錢塘縣志》卷三十六載:"洪武初,徐一夔所著《杭州府志》頗稱簡明,今不傳矣。"

《四庫全書總目》卷一百三十四《藝圃蒐奇》提要:"《藝圃蒐奇》十八卷,《補闕》二卷。編修汪如藻家藏本。舊本題明徐一夔編。……是書前有至正戊申自序,稱'錢塘陳子彦高避兵檇李,惠子之五車、茂先之三十乘携以俱來,適余亦棲止是邦,嘗得借觀。兹編皆古今名人雜著之小者,從無刊版。彦高檢有副本,悉以贈余,裝成若干册,名之曰《藝圃搜奇》'云云。"

又按，對徐一夔詩文，宋濂《送徐教授纂修日曆還任序》評價云："大章博覽載籍，發之於詞章，霞燦波縈，峻潔鮮朗，威儀儼雅，又足爲後進師表，聲名籍籍起儒林間。"

參考文獻：

1. 徐一夔著、徐永恩校注《始豐稿校注》，浙江古籍出版社 2008 年版。

2. 徐一夔著、徐永恩校《徐一夔集》，浙江古籍出版社 2017 年版。

3.《明太祖實録》，臺灣"中央研究院"歷史語言研究所 1962 年校印本。

4. 張廷玉等《明史》，中華書局 1974 年版。

5. 宋濂《宋學士文集》，明正德年間刻本。

6. 何喬遠纂《(崇禎)閩書》，明崇禎刻本。

7. 朱彝尊《曝書亭集》，《四部叢刊初編》景清康熙本，上海書店 1989 年版。

8. 李時人編著《中國文學家大辭典・明代卷》，中華書局 2018 年版。

(王文榮　程水龍)

孫作傳

孫作,約生於元延祐七年(1320),字大雅,以字行,一字次知,江陰人。

焦竑《國朝獻徵録》卷七十三《國子監司業孫作傳》:“孫作,字大雅,一字次知,江陰人。自曾祖澄川先生傳至作,而學益大,門人弟子以‘清尚先生’稱之而不名。”

按,錢謙益《列朝詩集》甲集第十五《孫司業作》、朱彝尊《静志居詩話》卷三、沈季友《檇李詩繫》卷六《孫司業作》等亦有相關生平載録。

張廷玉等撰《明史》卷二百八十五孫作本傳:“孫作,字大雅,江陰人。”

朱彝尊《曝書亭集》卷六十三《孫作傳》:“孫作,字大雅,後以字行,更字曰次知,江陰人。至正末挈家避兵於吴。”

按,孫作生年雖無確切記載,但孫作《滄螺集》卷二《卓錫泉詩序》云:“余年十九,從先君游定山普照塔院,會虎跑泉出,遠近趨慶,觀者如堵,時長老音公無聞爲住持。先君顧謂作曰:‘小子識之,不十年,復當有泉則出其傍。’……至正己丑,適十年,而音公建方丈落成。”可知此序文“至正己丑”,爲元至正九年(1349),“適十年”,往前推十年,即元至元五年(1339),此時孫作十九歲,則其生年爲元延祐七年(1320)。

家本儒素，世代傳授。承其家學，終生向學。門人弟子稱之“清尚先生”。

孫作《滄螺集》卷五《答性難》曰：“作始受之先子静安君，先子受之大父明父君，大父受之先公澄川先生。”

卷四《謝蔡推官書》云：“僕也生於閭巷，長於一州，幸賴先世餘業，讀書爲事，粗不墜其家聲。”

同卷《上盧御史書》又云：“家本儒素，好論著文章，不能與時浮沉，蚤夜孜孜。”

《滄螺集》卷首宋濂序云：“自曾大父澄川先生四傳至公，而學益大，門人弟子以‘清尚先生’稱之而不名。”

按，孫作之父、祖、曾祖皆爲儒生，家學淵源深厚。

《（正德）松江府志》卷三十一：“自曾祖澄川先生至作，而學益大，門人弟子以‘清尚先生’稱之而不名。”

廖道南《殿閣詞林記》卷八：“自曾祖澄川四傳至作，家學克彰。”

過庭訓《本朝分省人物考》卷二十五：“自曾祖澄川傳至作，而學益大，門弟子以‘尚清先生’稱之而不名。”

朱彝尊《曝書亭集》卷六十三《孫作傳》：“作爲文，醇正謹嚴，動有據依，弗苟异同。或數年不獲一字，及遇得意，窮日夜筆硯不輟。家人讓之，則曰：‘吾生丁亂離，復憂飢寒，既無益於時，又無聞於後，是豈天所以生我意哉？’著《東家子》十二篇，宋濂比之《法言》《通書》。其座右銘曰：‘多言，欺之蔽也；多思，欲之累也。潛静以養其心，强毅以篤其志，去惡於人所不知之時，誠善於己所獨知之地。’”

元至正末年，挈家避兵於松江，盡棄他物，惟載書兩簏。

孫作《錢譜序》曰：“後先君没三年，壬辰盗警，作以所藏竊負而逃,獲免於難。”又云:“(先君)嘗戒曰:‘設有水火,他物棄之可也,惟書畫、古錢決不可遺。’”

按,“壬辰”,即至正十二年(1352)。孫作避兵亂始於此。至正十五年,孫作避亂於松江。其《謝氏北墅八咏序》云:“予以至正乙未避地吴松。”其《北郭集後序》云:“乙未兵,余去土井,竄山谷,族泊三吴間,奔走飢寒,不以時合,合亦不久棄。”

據《明史》載,至正十六年,朱元璋派大軍攻張士誠,從春二月至九月,先後攻陷常州、松江、湖州,百姓逃難,史稱“丙申之亂”。孫作曾撰文述及逃難情形。《太古軒記》載:“吾鄉自丙申兵,田廬不守,曠十餘年,民始歸焉。”

《國朝獻徵録》卷七十三:“至正兵起,挈家二吴,盡棄他物,惟載先世藏書兩敝簏。太尉張士誠聞而廪禄之,卒以母病謝去。用是益貧,然熙怡自若,略不爲動。久之,衆爲買田築室,家於松焉。”

《明史》卷二百八十五孫作本傳:“元季,挈家避兵於吴,盡棄他物,獨載書兩簏。士誠廪禄之,旋以母病謝去,客松江,衆爲買田築室居焉。”

錢謙益《列朝詩集》甲集第十五《孫司業作》:“至正兵亂,挈家三吴間,惟載先世藏書兩簏。張太尉廪禄之,以母病謝去。衆爲買田築室於淞。”

沈季友《檇李詩繫》卷六《孫司業作》:“至正末,挈家避兵於吴,盡棄他物,惟載敝書兩簏而已。張士誠聞而廪禄之,以母病謝去。衆爲買田築室於淞。”

寓居松江,與諸文士結社聯吟,唱和賦詩,躬耕讀書自樂。

《滄螺集》卷三《杞菊軒記》:“余居秀之南湖,日與二三子誦《杞鞠賦》,以忘肉味久矣。”按,同卷《墨竹記》也述其“留秀州三年”。此“南湖”乃指秀州,包括舊嘉興府(今除海寧外的嘉興地區)與舊松江府(今上海市的吴淞江以南部分)。《静志居詩話》卷三所云孫作"居南湖",亦如是。

按,孫作寓居松江,與其世代業儒相關,樂於交接"人士",其《上松江崔則明太守書》云:"方今南方事致,兵革未戢,浙之西、江之東人士之流離播徙,不出於蘇,則出於松而已。……僕涉郡縣四五,越水陸數百里,捐墳墓,挈妻子以來。"《明文海》卷二百四十二文徵明《壽梅集序》即描述過元末士人避亂松江的境況:"松江在元末時,鴻儒碩彦,多避地於此。自鐵崖楊公維楨而下,若錢惟善思復,若孫作大雅,若陶宗儀九成,邵亨貞復儒,皆杰然天下士。而土著之士,則有陸宅之、董良史、衛山齋諸人者。皆才雋喜文,雅游相翼,雖更俶擾,無忘問學,唱酬吟諷,不以時廢,風流文雅,照映一時。"

孫作以陶淵明爲效仿對象,安貧守志。其《陶淵明贊》云:"久居於兹,何物小兒,應束帶見。彼五斗粟,謂我眷戀。秋風吹衣,秋霜沾裾。卿用卿法,吾愛吾廬。"《夏日與諸友文燕》詩云:"我行適四方,日與樵牧伍。"

朱彝尊《静志居詩話》卷三"唐肅"條:"當元之季,浙西歲有詩社,而濮市濮仲温豐於貲,集一時名士,爲聚桂文會,以卷赴者五百人,請楊廉夫評其優劣。於是紀風土者目爲樂郊。及楊完者亂,州無完郛,然繆同知思恭德謙猶招群彦集南湖,與會分韵者一十有四人。越二年,曹教授睿新民復集諸公於景德寺,亦一十有四人。是時,閩人麟彦昭、葉廣居居仲、金絅子尚、潘著澤民、劉堪子輿咸有詩名。吴鎮仲圭居魏塘,貝瓊廷琚居千金圩,鮑恂仲孚居郡城之西溪,郁遵子路居商陳村。四方避地者,温州陳秀民庶子居竹鄰巷,閩人卓成大器之居甓川,江陰孫作大雅居南湖,崑山顧德輝仲瑛居合溪,天台徐一夔大章居白苧里,會稽江漢朝宗居濮院,桐廬姚桐壽樂年居海鹽之峨溪。而河南高遜志士敏、東平牛諒士良、江都邱民克莊、錢唐陳世昌彦博、建德張翯翔南,皆來僑居。四明周棐以陸宣公書院山長留居梨林。日以文酒唱酬,詩成輒鏤板鑱壁,聞者傳爲勝事。"

明初,任嘉興府學教授。

《(嘉靖)嘉興府圖記》卷十一:"孫作,字大雅,江陰人。任太平府學教授,上以其博學能文章,詔特改嘉興教授。"

《檇李詩繫》卷六《孫司業作》:"後爲嘉興府學教授,遂寓居南湖。"

按,據《(萬曆)嘉興府志》卷九"府儒學"條載,孫作曾爲嘉興府學教授,具體時間不詳。從孫作洪武六年赴京修《日曆》,推知其任府學教授當在明初。

明洪武六年(1373),禮部尚書牛諒薦召修《大明日曆》。七年書成,授翰林編修。

宋濂《滄螺集序》:"洪武癸丑,朝廷議采天下士纂修《日曆》,以濂與總裁。間求士於禮部尚書牛諒,諒首以公對。"按,癸丑年即洪武六年。

程敏政《新安文獻志》卷七十六《行實》:洪武六年"九月壬寅,翰林學士承旨兼吏部尚書詹同等言:'自上起兵渡江以來,征討平定之迹,禮樂治道之詳,雖有紀載,而未成書,乞編《日曆》,藏之金匱,傳於後世。'上從其請,命同與侍講學士宋濂爲總裁官,侍講學士樂韶鳳爲催纂官,禮部員外郎吴伯宗,儒士朱右、趙壎、徐一夔、孫作、徐尊生,同纂修鄉貢士黄昶,國子生陳益[孟]暘等謄寫。洪武七年五月丙寅朔,修《大明日曆》成"。

《(正德)松江府志》卷三十一:"洪武癸丑起,纂修《日曆》,授翰林編修官。"

廖道南《殿閣詞林記》卷八："洪武六年，丞相李善長等奏修《日曆》，乃徵作與儒士徐一夔、黄昶、陳孟暘俱充纂修。書成，擢作編修。"

《(嘉靖)江陰縣志》卷十七："洪武癸丑，朝廷議采天下方聞之士纂修《日曆》，當時學士宋公濂與總裁，間求士於禮部尚書牛諒，諒首以公對，因薦入詔與編修。書成，例除翰林編修官。"

吴亮輯《毗陵人品記》卷六："洪武初，以明經薦與修《日曆》，與宋濂同事，意氣相得。"

《明史》卷二百八十五本傳："洪武六年聘修《大明日曆》，授翰林編修，乞改太平府教授。"

《静志居詩話》卷三："洪武癸丑，召修《日曆》。書成，除翰林編修，以老病乞外，授太平府儒學教授。"

陳田《明詩紀事》甲籤卷十四："洪武六年召修《日曆》，宋濂、詹同爲總裁官，樂韶鳳爲催纂官，其與纂修者吴伯宗、朱右、趙壎、朱廉、徐一夔、徐尊生、孫作，逾年書成，凡一百卷。"

按，《大明日曆》修纂自洪武六年九月至次年五月，歷時九個月始成。《明太祖實録》"洪武六年九月"條、黄佐《翰林記》卷十三《修日曆實訓》亦載此事。

洪武七年(1374)，以老病乞外，授太平府學教授。

孫作《白太素〈天籟集〉序》："余以洪武甲寅春，掾姑孰郡文學。"按，姑孰即太平府(今安徽省當涂縣)府治所在。孫作於此重建廟學，有《太平府當涂縣重建廟學記》記其事。

《明太祖實録》"洪武六年十二月"條："以儒士朱右、趙壎、朱廉爲翰林編修，孫作爲太平府儒學教授，以修《日曆》故也。"

《(正德)松江府志》卷三十一："乞外授太平府教授。"

黄佐《翰林記》卷五"乞外"："洪武六年編修孫作辭，不拜，乃乞外得太平府學教授。”

廖道南《殿閣詞林記》卷八:“作自陳外,補授太平府教授。”

焦竑《國朝獻徵録》卷七十三《國子監司業孫作傳》:“洪武癸丑起,纂修《日曆》,授翰林編修官。乞外授太平府教授。”

洪武八年(1375),除國子監助教。九年,分教中都(今安徽鳳陽)。十年,回京,仍執教於國子監。十一年,升國子監司業。

《(正德)松江府志》卷三十一:“三年,選學官内任,除國子助教。明年,分教中都。又明年,還成均。又明年,升國子司業。”按,此處“三年”指孫氏於太平府學教授任三年,即洪武六年、七年、八年。

廖道南《殿閣詞林記》卷八:“復召爲助教,明年,分教中都。又明年,還成均。又明年,陟司業。”

焦竑《國朝獻徵録》卷七十三:“三年,選學官任,除國子助教。明年,分教中都。又明年,還成均。又明年,升國子司業。”

盧上銘《辟雍紀事》卷一:“升助教孫作爲司業。”

錢謙益《列朝詩集》甲集第十五《孫司業作》:“以老病乞外,授太平府儒學教授。三年,除國子助教。明年,分教中都。又明年,召還成均。又明年,升國子司業。”

《檇李詩繫》卷六《孫司業作》:“八年,選天下學官内任,作與焉,廷對第一,授國子助教。明年,分教中都。又明年,召還。又明年,升司業。”

洪武十三年(1380),坐罪爲民。十七年,復起翰林待詔。

黄佐《翰林記》卷十七“待詔”:“孫作,大雅,直隸江陰人。儒士,洪武中任。”

黄佐《南雍志》卷五“職官年表上”:“孫作,大雅,江陰人,十二年由助教升任，十三年坐罪爲民。十七年以字行，起爲翰林院待詔。終福州府長樂縣學教諭。”

雷禮《國朝列卿紀》卷一百六十一《國初國子監司業年表》：“孫作，直隸江陰人。洪武初薦舉，十二年任，十三年坐罪爲民。後以字行，起翰林院待詔。終福州府長樂學教諭。”

朱彝尊《曝書亭集》卷六十三：“八年春，選天下學官内任，作與焉，廷對第一，授國子監助教。尋命分教中都，召還，擢國子監司業。十三年，坐罪廢爲民。十七年，起翰林待詔。”

於福建長樂縣教諭任致仕。永樂年間仍在世，終於漢成里。

朱彝尊《曝書亭集》卷六十三：“終長樂縣儒學教諭。”

焦竑《國朝獻徵録》卷七十三“國子監”：“後終於漢成里。”

過庭訓《本朝分省人物考》卷二十五：“後終於漢成里。”

按，孫作卒年亦無確載。《江南通志》卷一百六十三載其“終長樂縣教諭”，朱彝尊《曝書亭集》卷六十三記其“終長樂縣儒學教諭”。《(萬曆)福州府志》卷四十三《官政志六》載：“孫大雅，江陰人。永樂間，教長樂，學以實踐爲先，不屑章句，所造就甚多。”《(民國)長樂縣志》卷二十一載：“孫大雅，直隸江陰人。永樂間任教諭。敦厚博雅，簡默凝重，表裏如一。爲學必以躬行實踐爲先，不屑屑於章句。誘引後學，不厭不倦，被其教者，多克有成。祀名宦祠。”由上述記載可知，永樂年間孫作仍在世。

以詩文鳴，著有《滄螺集》。

《(弘治)上海志》卷八“人品志”：“僑居漢成里，以詩文鳴，著作甚富。”

《(嘉慶)大清一統志》卷八十五：“洪武初授編修，累官國子司業。著有《滄螺集》。”

范邦甸《天一閣書目》卷四:"《滄螺集》六卷,刊本。明江陰孫作著。宏治丙辰,薛章憲記云:鄉先生孫公大雅在洪武初以文名一世,求之廿年乃得,公所爲文曰《滄螺集》。"

黄虞稷《千頃堂書目》卷十七:"孫作《滄螺集》六卷。"

《四庫全書總目》卷一百六十九《滄螺集》提要云:"其詩力追黄庭堅,在元季自爲别調……然才力不及庭堅之富,鎔鑄陶冶亦不及庭堅之深,雖頗拔俗而未能造古。……至於文則磊落奇偉,而隱有程度,卓然足以自傳。《東家子傳》謂:'他人之文束於理則詞不暢,肆於詞則理不直。惟作洞矚千古之上,析之則理勝,闢之則詞嚴,動有據依,皆非臆説。'《明史·文苑傳》亦稱其文'醇正典雅'。"

處世不阿,性無雜好,唯著書自怡,文辭宏肆。著書十二篇,號《東家子》。

《(正德)松江府志》卷三十一:"著書十二篇,號《東家子》,詞旨閎博,雜之子書中,蓋不能辨也。"

《(嘉靖)江陰縣志》卷十七:"公器宇端凝,通亮有俊才,處世不阿。世或以是非煽公,公自切責,不以怨人,性無雜好,唯著書自怡。"

廖道南《殿閣詞林記》卷八:"著書號《東家子》,宋濂爲作《東家子傳》。"

按,宋濂《東家子傳》云:"公器宇凝静,似不能言,而通亮過之。與人交,初若秋霜之不可狎,久則如冬曦之不忍去。……他人之文束於理則辭不暢,肆於辭則理不直,唯公折旋蟻封,不失毫髮,下上峻坂,如履康莊。"可見,宋濂對孫作爲人、詩文贊譽有嘉。

過庭訓《本朝分省人物考》卷二十五:"自曾祖澄川傳至作,而學益大,門弟子以'尚清先生'稱之而不名。著書十二篇,號《東家子》。詞旨閎博,雜之子書中,蓋不能辨也。"

吴亮輯《毗陵人品記》卷六："性方介，博極群書，尤邃於性理，文辭宏肆。"

《明史》卷二百八十五本傳："爲文醇正典雅，動有據依。"

張鳳翼《處實堂集》卷七《題孫司業滄螺集後》："《滄螺集》者，予友孫孝純始祖司業公大雅所遺詩文也。公生元季，備嘗兵燹播遷之苦，而能辭張太尉禄，則既若有待矣。逮遇高皇，乃以布衣膺薦，歷官至司業。司業在今日爲清華之選，苟非一第則不可得。……公文詞皆典雅精確，且多獨得之見，誠不苟下一字者，特所著《東家子》十二篇，當時已爲饒介之賞識，而今固不傳，豈世無與介之同好者耶？孝純其試求之，庶幾有珍論衡於帳中者。"

盧文弨《常郡八邑藝文志》卷六曹禾《重訂孫大雅集序》："余嘗論次古今詩文，而徵江陰之文獻，蓋莫盛於勝國之初。其一爲席帽山人王逢。逢，字元吉，長於詩。其一爲孫司業作。作，字大雅，工文章。自後作者繼起，無如兩公者。元吉詩歌雄拔，聲施至今。大雅之文已無人知之，且有不能舉其姓名者，余求得於邑掌故黄子聲家，讀而异之，因訂次其謬誤而爲序曰：'嗟乎！文章之興，豈不以時歟？當勝國初，天地剥復，閉而欲開，渾融磅礴之氣，先見於文章，一時名公卿，何慮數十百家。窮鄉下邑，亦多磊落奇偉不群之才，起而與運會相際。當時以爲偶然，由今觀之，蓋盛之極也。方其時，宋文憲以一代大儒，典修《元史》，大雅得入翰林，爲纂修應奉官，與文人墨士及雲龍崛起之彦接迹前後，唱酬贈答，鼓吹盛事，其於《元史》雖未究其業，然亦嘗得操紙筆，論列前代是非得失。其出爲文學博士也，文憲序其文推許之，又爲詩歌以送之。大雅生長戎馬間，可爲不幸，即一老博士不爲榮，而其文章得登於廟堂，與一時豪杰上下其議論，又爲賢者所推許，亦不可爲不遇也。余考有明一代之文，無如國初者，即江陰一邑，元吉之後爲詩歌不少，而文章未有過於大雅者。大雅與元吉同爲元遺民,元吉不受徵,其爲詩多憤肆不平語;大雅雖應辟召,而浮沉仕宦,不干世故,觀其閱歷江山,留連景物,悲歌慷慨,茫然以思,慘然興懷,往往寓其微意於今古廢興聚散之間,亦可以知其爲人矣。子聲名大洪,與予世戚,當世所推爲黄介子先生者,是其父也。先生赴難死,子聲與其兄大湛濱於死,家破,藏書散失,獨此集僅存,因並識之於此。'"

《(同治)蘇州府志》卷一百十二:"詩以蘇、黄爲師,爲文醇正典雅,動有據依。嘗著書十二篇,號《東家子》。"

著述甚豐,惜多散佚。

《明詩紀事》甲籤卷十四:"澄江詩選孫次知,五言古實近東坡,七言律絶氣味淳厚。""明人詩派,欲祧宋元而宗唐人,次知取徑蘇、黄,録詩至《滄螺》,亦空谷之足音也。"選録其《謝馬善卿送菜》《酬蔣逸人連日觀花之會》等。

《御選宋金元明四朝詩·明詩》選録其《大堤曲》二首、《憶昔》、《客中秋夜》、《送人往宣城》、《石菖蒲》、《送徐總管入杭》、《送杜孝廉往句容》、《酬蔣逸人連日觀花之會》、《大年雨中見寄二絶因次韵》、《元夕寄梁先輩》、《約潘元飛游惠山》等多首。

《佩文齋咏物詩選》卷二百五十五"糖霜類"選録其《菽乳》。

參考文獻:

1. 孫作《滄螺集》,《文淵閣四庫全書》本,上海古籍出版社1987年版。

2. 張廷玉等撰《明史》,中華書局1974年版。

3. 焦竑《國朝獻徵録》,明萬曆四十四年徐象橒曼山館刻本。

4. 過庭訓《本朝分省人物考》,明天啓年刻本。

5. 盧文弨《常郡八邑藝文志》,清光緒十六年刻本。

6. 廖道南《殿閣詞林記》,《文淵閣四庫全書》本,上海古籍出版社 1987 年版。

7. 朱彝尊《曝書亭集》,《四部叢刊初編》景清康熙本,上海書店 1989 年版。

8. 沈季友《檇李詩繫》,《文淵閣四庫全書》本,上海古籍出版社 1987 年版。

（王文榮　程水龍）

陶宗儀傳

陶宗儀，字九成，號南村。生於元延祐七年（1320）前後。其先從閩之長溪遷浙江永嘉陶山，再徙黄岩青陽。

孫作《滄螺集》卷四《陶先生小傳》云："先生諱宗儀，字九成，姓陶氏。其先由閩之長溪徙永嘉陶山，再徙台之黄岩。黄岩之族二，曰赤山，曰陶夏。陶夏諱泰和者，宋皇佑裏溪都巡檢。復徙湫水，是謂先生之始祖。"

宋濂《宋學士文集》卷六《陶氏家乘序贊》："台之黄岩有大姓曰陶氏。其先自閩中徙永嘉，復自永嘉來徙，遂占籍爲黄岩人。其後族系日滋，分爲二房，曰赤山，曰陶夏。陶夏之房，有諱泰和者，遷於湫水，即今所謂陶陽也。"

徐一夔《始豐稿》卷五《陶陽圖譜序》："陶陽在台之黄岩，陶氏世居焉。始，陶氏自閩之長溪徙東甌，又徙台之黄岩。至今吏部員外郎漢生氏之十一世祖諱某者，當宋皇祐間仕爲都巡檢，實遷陶陽，故漢生爲陶陽陶氏。"

按，據管彦達《陶宗儀籍貫解釋及辨誤》，清陽、湫水、陶陽均指位於黄岩東南四十多里湫水旁邊的清陽陶，即今台州市路橋區峰江街道清陶的上陶和下陶村。而陶陽在路橋建區前屬黄岩（應再泉、徐永明、鄧小陽編《陶宗儀研究論文集》，浙江人民出版社 2006 年版，第 44—47 頁）。

關於生年，今人昌彼得《陶宗儀生年考》（載臺北《大陸雜志》1963年6月第26卷第11期）以爲是元仁宗延祐三年（1316），管彦達《陶宗儀生卒年考》（《陶宗儀研究論文集》第16—23頁），則認爲是英宗至治二年（1322），陳文林《陶宗儀生年和早年求學新考》（《安慶師範學院學報（社會科學版）》2010年第4期）則以爲是英宗延祐七年（1320）。可參讀。

父煜，字明元，自號逍奥山人，又號白雲漫士，吏仕數州縣，浮沉六寮。母趙氏，爲宋室宗親，世居湖州。

楊維楨《東維子文集》文集卷二十四《白雲漫士陶君墓碣銘》："君姓陶氏，諱煜，字明遠，自號逍奥山人，又更號曰雲漫士。從鄉先生周公榮學，學成游京邑。王公貴人奇其狀貌言議，傾下之。已而翩然來歸，曰：'燕趙多奇士，今所見仍爾。'家貧，親且老，遂屈身就禄試，吏蘭溪州，升補江陰州。……果遷湖州歸安……調紹興上虞縣。嘆曰：'吾懷抱利器，不後於今之人，而浮沉六寮，不得與今之攬權力者比。年已莫，死將至矣，尚何言哉！'遂卒於郡都昌坊之寓舍，享年七十有三，戊戌九月二十七日也。……配趙氏，故宗室諱孟本女也。子三人，長宗儀，次宗傳，次宗孺，女三人。"

元王逢《梧溪集》卷二《題天台陶宗儀母趙縣主德真墓誌銘後》："陶母趙宗室，貞静白雲姿。明當秋冰佩，幼小比光輝。自通良人姓，三星天一涯。孔雀金綉屏，十年夢参差。手製丹霞帔，及嫁不稱時。造次井臼間，跬步必中規。良人既禄仕，婉娩黄髮期。落月鑒綺疏，春霜薄羅帷。生而賢且淑，焉用壽考爲。銘旌書縣號，琬琰瘞華辭。念昔岐山鸞，其德未云衰。王風遽淪變，撫卷慨今斯。烏鵲橋銀河，青鳥使瑶池。何如五采羽，來儀竹梧枝。梧竹日夜長，雨露深孝思。孝思人子慕，爲述二南詩。"題下小字注："趙系出汴宋，至今人猶以縣主稱云。"

陶宗儀《輟耕録》卷九《陶母碑》:“宗儀因讀唐皇甫持正先生湜文集,見《陶母碑》,不覺泣數行下。追惟先妣拳拳於教子,真有陶母之志。是故今翰林承旨蜕庵張先生翥所撰墓銘有曰:‘夫家貧,劬力紡績以給諸子,無廢學之辭。’自顧不肖,不克勉於學,已成令名,罪莫大焉。謹録於此,庶亦可以自懼也。”

早年侍父宦游西州。二十有志於科名,執筆論當世事,主者忌之,即拂衣去。將返天台,適寇呰於鄉,遂宿留雲間,爲松江費氏婿,因籍焉。樹藝往來,不離九峰之南,人皆以“南村先生”稱之。

李詡《戒庵老人漫筆》卷三載邵亨貞《南村草堂記》云:“予與陶君九成游,幾四十年矣,視其行,無所矯揉,終身弗渝。九成生長浙水東,承平時侍父宦游西州。”

按,所謂“西州”,趙春寧、師雅惠《明史文苑傳箋證》(鳳凰出版社《歷代文苑傳箋證》第5册,第319頁)以爲即“蘭溪州”。

《明史》卷二百八十五《陶宗儀傳》:“少試有司,一不中,即棄去。”

清卞永譽《式古堂書畫彙考》卷五十一有張樞《南村賦並序》云:“先生世家天台,幼岐嶷。十歲,父兄口授以伏生書,即成誦。二十有志於科名,執筆論當世事,主者忌之,即拂衣去。將返乎天台,守先壟。適寇呰於鄉,歸弗克,遂宿留乎雲間,因籍焉。樹藝往來,不離乎九峰之南,人皆以南村先生稱之。年已七十餘矣,著書累十萬言,不自知其勤也。立身之潔,終始弗渝,真天下節義之士哉!陳留張樞,同乎先生之出處,合乎先生之心志,年相若也,又相知爲最深,故特爲之賦,以道先生之高情云。”賦内小字自注:“南村,九成陶先生别稱也。”

鄭元祐《僑吴集》卷十二《白雲漫士陶君墓碣》:“(陶煜)子男三人,□□儀,娶都漕運萬户松江費雄女元珍。”

按，吴榮光《辛丑銷夏記》卷四有錢璧與陶書信云："六月十日辱手畢，審近履清安，《四書類編》已收，换後册寄去，幸視其至。聞今秋再就鄉試，此志甚可佳。既從事官府而不廢學者，十不能一二，吾友妙年多才，足以積學有待，宜勇往焠礪。古人所謂取青紫如拾芥者，非虚語也。"又孫作《南村輟耕録疏》："九成，名宗儀。少工舉子業，晚乃棄去。闔户著書，此其一云。"既云"聞今秋再就鄉試"，則前人所言"少試有司，一不中，即棄去"未必爲實。

今人陳文林《陶宗儀生年和早年求學新考》(《安慶師範學院學報(社會科學版)》2010 年第 4 期)：云"宗儀早年曾隨其父宦游浙東西，且其季父陶復初曾爲台州儒學教授，宗儀可能憑着這些關係，參加了府史選拔考試，在工舉業的同時也曾經做過松江府胥吏，因爲在元朝，官吏大多數是吏職出身，十三四歲就'試吏'。"

至正六年(1346)，母歿，張翥銘之。十八年，父卒於官，制闋尤衷哀，以孝稱。楊維楨爲其墓作碣銘。

鄭元祐《僑吴集》卷十二《白雲漫士陶君墓碣》："配趙氏，□□真，故宋宗室孟本女也，有淑德，先君十二年卒，葬黄岩州□□鄉逍奥之原。"

楊維楨《白雲漫士陶君墓碣銘》："天台陶孝子宗儀，死其親已三年，制闋猶衷哀。"

孫作《陶先生小傳》："宗儀崎嶇亂離幾二十年，喪葬祭禮備盡，其力人以孝稱。"

按，楊維楨碣銘云："享年七十有三，戊戌九月二十七日也。"戊戌爲元至正十八年(1358)，年七十三，則宗儀父陶煜生於元世祖至元二十三年(1286)，鄭元祐《白雲漫士陶君墓碣》又云陶母"先君十二年卒"，可知其母卒年爲至正六年(1346)。

家甚貧,抵松江,教授子弟。博物洽聞,明於處世。遇人無夷險佞直,一接以誠。平居寡言,至論古今人物,上下數千年,竟日不倦。出處有陶淵明遺風。

孫作《陶先生小傳》:"家甚貧,抵松,教授弟子。遇人無夷險佞直,一接以誠。平居寡言笑,至論古今人物上下數千年,竟日不倦。"

陸應陽《廣輿記》卷三、凌迪知《萬姓統譜》卷三十三:"陶宗儀,字九成,天台人。博物洽聞,明於處世。至元間,避地松江之亭林,力耕以給食。"

張丑《清河書畫舫》卷十一上有江陰王掖《贈南村先生序》云:"由避亂,家淞城之北,泗水之南,有田數畝,屋數楹。種藝暇,講授生徒,其志愉愉也。秋稼既登,天曠日晶,或跨青犍,步穩於馬,縱其所之。川原上下,潯雨新霽,汀樹叢翠。或跣白足,濯於清波,仰視飛鷗,載笑載歌,好事者每見之,輒圖狀相傳,莫不慕其高致。先生自是益韜真養素,閉户著述,淹歷歲久。其成書曰《四書備遺》,曰《説郛》,曰《輟耕録》,曰《書史會要》,共若干卷。"

李詡《戒庵老人漫筆》卷三《南村草堂記》:"今觀九成出處,殆可遠企靖節遺風,爲可慶也。九成築草堂於泗溪之南村,暇日余往過焉,見其左右列琴瑟書册,前後多桑麻竹樹,四顧皆平疇遠水,出户則可覽觀江山之勝,四時有耕釣蠶牧之營,晨夕有讀書談道之樂。繞屋種菊十百本,幅巾短褐,逍遥其間。與黄花同傲霜露,地偏而心遠,胸中所存,不言而可概見,人亦以爲今代之靖節與!"

按,趙春寧、師雅惠《明史文苑傳箋證》以爲陶宗儀徙淞當在元至正十一年(1351)左右。

未幾,浙帥泰不華、南臺御史丑閭辟舉行人、校官,皆不就。張士誠據吴,議署軍諮,不往。明洪武四年(1371),詔取天下士,六

年，命守令舉人才，又以病免。將東歸，宋濂、貝瓊作文以送之。

孫作《陶先生小傳》云："至正間，浙帥泰不華、南臺御史丑閭辟舉行人、校官，皆不就。未幾，太尉淮東張士誠開閫姑蘇，數郡之士畢至，其部帥議以軍諮屈先生，亦謝不往入職。方洪武辛亥，詔取天下士。癸丑，命守令舉人才，又以病免。或誚讓之曰：'黄金白璧，重利也；駟馬高蓋，榮勢也。天下之士，孰不靡然向風，而子矯矯若是。'先生嘆曰：'捧檄而喜，所以爲親，禄不逮養，適增悲耳。况今賢良輩出，草莽之臣老死太平，幸莫大矣。逾分之榮，其敢覬乎？'藝圃一區，果、蔬、薯、蕷，度給賓祭已，餘悉種菊。栽接溉壅，身自爲之。間遇勝日，引觴獨酌，歌所自爲詩，撫掌大噱，人莫測也。"

宋濂《宋學士文集》卷十八《送陶九成辭官歸華亭序》："天台陶宗儀九成，有學之士也。僑居華亭之泗涇，飲水著書，多至一百餘卷。會朝廷設六科以求賢，郡守遂以九成爲薦，將授之以官。九成慨然曰：'不仕，古云無義。當草昧之初，兵戈未息，法制未定，民氣未蘇，吾不可以不仕。不仕，何以解生民倒懸哉？今天清地寧，六合一家，論道經邦，皆夔、龍、稷、契之彦，趨事赴功，多龔、黄、姚、宋之儔。四方人士，樂觀治化之成，贏糧而馳騖者，動千餘人，無事於吾也。吾可以不仕矣，去而爲巢父，爲許由，爲嚴子陵，擊壤而歌，以爲太平之幸民，不亦可乎？'白之銓曹，銓曹允之；列之丞相府，相君嘉之。於是九成翩然東歸。……"

貝瓊《清江貝先生文集》卷二十《題〈秋江送別圖〉送陶九成歸雲間》："右《秋江送別圖》，處士陶九成東歸，左司郎中堵文明作而贈之也。處士始居赤城，值天下兵變，遂蹈海入吴，隱雲間之鳳凰山，後又徙山陽之南村。皇明洪武六年，或以處士之名薦者，松江守廉公即隱所，起之至京師。（闕）以疾辭，許之。或疑其上下相比之時，獨隱而不仕，何也？蓋高者恒不屑於事，雖萬鍾千駟有弗顧者,非薄萬鍾千駟也,違己而徇物,非其志也,此處士終於隱亦遂其志而不屈焉。京師之士喜其歸而惜其别,追而祖之龍江之上,而文明工繪事,因寫而爲圖。觀其艤舟於岸者,行人欲發而未發也;引騎或前或却者,賓客之咸集也。波濤汹涌,雲山慘淡,相與置酒勞勞亭上,俯仰金陵之景無窮,而古今之離思亦無窮也。凡能詩者,咸繫於後,而國子助教檇李貝瓊既賦十四韵,復序以冠其首云。"

邵亨貞《南村草堂記》:"既壯,屢經世變,弓旌纁帛之招,接踵境上,悉毅然不答。"

《明史》卷二百八十五本傳:"洪武四年,詔徵天下儒士,六年,命有司舉人才,皆及宗儀,引疾不赴。"

家松江華亭城北、泗水之南,諸生買地結廬,遂居以老。

孫作《陶先生小傳》:"避兵家城北泗水之南,諸生買地結廬,遂居以老。"

明顧清纂修《(正德)松江府志》卷二:"泗涇自祥澤塘折北而東,納通波涇、外波涇、洞涇、張涇四水,故名。東合蟠龍塘,北行絶横塘折而東,爲蒲匯塘。"小字注云:"元初水盛於横塘,至正間潮徙而南涇面廣三十丈,深二十丈,爲水道之要,今自此至蒲匯塘,皆淤淺稍旱,可揭而涉,天台陶宗儀南村草堂在焉。"

顧炎武《肇域志》卷九:"次吕巷市,在四保。泗涇布在三十七保,因泗涇塘故名,陶宗儀南村草堂在焉。"

朱彝尊《静志居詩話》卷四"附録"高二鮑載:"九成畫《天台山圖》,自題云:'予挈家避地雲間,杜樹之北,背負九峰,皆平衍無奇。每憶故山,爲作此圖。'所謂'杜樹之北',在松江府治東北十餘里,即今泗涇,南村草堂之址在焉。又名小栗里,倪元鎮、王叔明俱爲之寫圖,予皆見之。"

按,明胡應麟《詩藪》外編六云:"陶宗儀九成,越天台人。晚居會稽，生平著述甚富，今《説郛》《書史會要》《輟耕録》等俱行世。”“晚居會稽”説僅見於此，他處無聞。

多聞故實，雅好著述。每以筆墨自隨，作勞之暇，時時休於樹陰，有聞見輒摘葉書之。貯一破盎，去則埋於樹根，累盎至十數。一日盡發其藏，得若干卷，題曰《南村輟耕録》。元至正二十六年(1366)，付梓傳世。

孫作《南村輟耕録叙》：“余友天台陶君九成，避兵三吴間，有田一廛，家於松南。作勞之暇，每以筆墨自隨，時時輟耕，休於樹陰。抱膝膝而嘆，鼓腹而歌，遇事肯綮，摘葉書之，貯一破盎，去則埋於樹根，人莫測焉。如是者十載，遂累盎至十數。一日，盡發其藏，俾門人小子萃而録之，得凡若干條，合三十卷，題曰《南村輟耕録》。”

蔣一葵《堯山堂外紀》卷七十五：“力耕以給食。然雅好著述，雖在畎畝，恒以筆硯自隨。”

按，今人王嬌《陶宗儀〈南村輟耕録〉之成書考》：“綜上所述，《南村輟耕録》當最遲在至正四年(1344)開始陸續撰寫，在至正二十六年(1366)完稿刊刻，歷時凡二十一年，而不僅僅是孫作序中所説的十年。”(《文學研究》2011年第4期)

嘗覽雜傳記一千餘家，多士林所未見者，因仿曾慥《類説》，作《説郛》若干卷。

楊維楨《説郛序》云：“天台陶君九成取經史傳記，下逭百氏雜説之書千餘家，纂成一百卷，凡數萬條，剪揚子語，名之《説郛》，徵予序引。閲之經月，能補予考索之遺。學者得是書，開所聞、擴所見者多矣。要其博古物，可爲張華、路、段；其核古文奇字，可爲子雲、許慎；其索异事，可爲贊皇公；其知天窮數，可爲淳風、一行；其搜神怪，可爲鬼董狐；其識蟲魚草木，可爲《爾雅》；其紀山川風土，可爲《九丘》;其訂古語,可爲鈐契;其究諺談,可爲稗官;其資謔浪調笑,可爲軒渠子。昔應仲遠作《風俗通》,蔡伯喈作《勸學篇》,史游作《急就章》,猶皆傳世,况是集之用工深而資識者大乎!其可傳於世無疑也。雖然,揚子謂:'天地,萬物郭也;五經,衆説郛也。'是五經郛衆説也。説不要諸聖經,徒旁搜泛采,朝記千事,暮博千物,其於仲尼之道何如也?孟子曰:'博學而詳説之,將以反説約也。'約則要諸道已。九成尚以斯言勉之。"

宋濂《書史會要序》云:"九成嘗覽雜傳記一千餘家,多士林所未見者,因仿曾慥《類説》作《説郛》若干卷,曾所編者則略去之,君子謂其尤精博云。"

廣交游,表弟王蒙及黄公望、倪瓚輩相與爲作《南村圖》,錢惟善、王冕、袁凱、張樞、張洙諸人有詩文紀之。

顧清纂修《(正德)松江府志》卷十六云:"南村草堂在泗涇北,陶宗儀耕讀之所。杜羅門本書扁,李著作孝光、張翰林□皆有記。"

郁逢慶《書畫題跋記》卷九:"王叔明《南村草堂圖》。南村草堂,叔明自題'黄鶴山樵王蒙爲九成高士畫'。'王叔明'朱文印,'黄鶴隱居'朱文。南村,陶九成所著《輟耕録》處也。陶詩昔欲居南村非爲卜其宅,元末隱君子皆集焉,此圖所以志也。"

錢謙益《列朝詩集》甲集前編卷八上"黄鶴山樵王蒙":"蒙字叔明,吴興人,趙文敏公之甥,畫山水師巨然,得外氏法,然不求妍於時。爲文章不尚矩度,頃刻數千言可就。隱於黄鶴山,自號黄鶴山樵人,以此稱之。"

《式古堂書畫彙考》卷五十一録《贈南村先生序》云:"右元高士王叔明《南村真逸圖》一卷,萬曆戊午春日,觀於長洲吴氏,原博太史故物也。卷中原博太史三印具存,後有孫、王、胡、金四公記序跋,並出名手,乃是投贈天台陶九成者。九成,名宗儀,勝國老宿,博雅有文，嘗著《輟耕録》卅卷、《説郛》百卷行世。而南村則其晚年栖息之地，因以自號云。維時叔明與九成爲中表兄弟，素善畫，得外家趙文敏公遺法而縱逸過之，然不求妍於時，惟筆意以寓其天機之趣，故倪瓚元鎮有詩題其畫云：‘筆精墨妙王右軍，澄懷卧游宗少文。叔明絶力能扛鼎，五百年來無此君。’持論如此，斯其畫品從可知矣。叔明每過九成隱居，動輒流連日月，遇興酣落筆以寫。所爲南村者，濃鬱深至，又能一掃丹青故習，有非松峰、聽雨樓、琴鶴軒諸卷，所可彷彿焉，真絶詣也。憶在髫稚，此卷屢經賞閲，尚有‘南村真逸’篆，署引於卷端，亦爲叔明手書，不知何時失去。”

汪珂玉《珊瑚網》卷三十五載有邵亨貞《南村草堂記》、顧禄《南村草堂記》，全節《南村記》等文，《珊瑚網》卷三十五全節《南村記》後另有詩一首，詩末題“陳留張璧識”。《明詩紀事》甲籤卷二十二“張璧”條云：“璧字景辰，陳留人，徙松江華亭。洪武三年鄉舉，除潞城知縣，終蜀府典寶。《松江府志》：‘景辰與同郡俞嘉言、陶南村、李處仁爲文學友。’嘗校文福建，歸林崇高畫《閩溪放棹圖》送之，陶南村題句云……景辰好題咏，凡交游卷軸，每題必署尾曰‘陳留張璧’。”

李日華《六研齋筆記》卷四：“天台陶九成，避亂泖南，王叔明爲作《南村圖》……此幀吾郡項氏所蓄，余數得展閲，上止一款云‘《南村圖》爲陶先生，王蒙’數字而已，無題句也。”

李日華《六研齋二筆》卷三：“陶九成《南村圖》，余見叔明、雲西輩數本矣。今又見杜東原《南村十景圖》，磅礴蒼秀，極得北苑遺法。……杜自題云：‘余少游南村先生之門，清風高致，領略最深。與其子紀南最相友善，不意先生去世，忽焉數載。偶從笥中得《南村別墅十咏》。吟誦之餘，不勝慨慕。聊圖小景，以志不忘。圖成即置之故瓿中。一日紀南過訪，檢出相示，欣然謂：‘先君可從此不朽,傳之後世,猶令人知胸中邱壑。'强欲持去,遂命録先生詩於後,並題數語而歸之。正統己亥春三月既望,京兆杜瓊識。'"

錢謙益《列朝詩集》甲集卷十六"邵貞溪亨貞":"亨貞字復孺,嚴陵人,徙居華亭,卜築溪上,以貞溪自號。博通經史,贍於文詞,工篆、隸。與王原吉、申屠仲權、郕仲義交,嘗爲陶九成作《南村草堂記》。"

《列朝詩集》甲集前編卷十一"張洙"條云:"洙字宗魯,錢塘人,王梧溪之友。"并録其《南村圖爲陶九成作》詩:"南村老人清且癯,閉户十年工著書。諸生解問揚雄字,使者空求顔闔廬。推窗山在夕陽野,掃徑柳垂春水渠。卜鄰若得從吾願,日日抱琴無日虚。"

明袁凱《海叟集》卷二有《題陶九成南村草堂》,卷三有詩《望南村二首》《懷陶南村先生》。《列朝詩集》甲集卷二有其《南村》詩。

卞永譽《式古堂書畫彙考》卷五十引《南村草堂記》云:"堂以草名志,儉也。其曰南村者何?居村之南也。村之南多田夫野叟之舍,而獨名其堂者何?曰道不同也。……曰居其鄉而子弟化之也。子弟化之,孰與行義?達道者曰,固不得以彼而少此也。不得以彼而少此,抑將樂夫天命者歟?曰然。然則有慕於歸田之叟歟?曰未嘗出無事於歸也。未嘗出無事於歸,或者南村之處士歟?曰庶幾焉爾。處士誰歟?陶姓九成字,天台人也。洪武癸酉春三月丙午,豫章胡儼述。"

晚歲有司聘爲教官,非其志也。洪武二十九年(1396),率諸生赴禮部試讀大誥,賜鈔歸。久之,卒。享年八十以上。有《書史會要》《四書備遺》等著並傳於世。

《明史》卷二百八十五本傳:"二十九年,率諸生赴禮部試,讀大誥,賜鈔歸。久之,卒。所著有《輟耕録》三十卷,又葺《説郛》《書史會要》《四書備遺》,並傳於世。"

《列朝詩集》甲集卷十六:"九成詩自叙洪武二十九年丙子,率諸生赴禮部考試,讀大誥,賜鈔遣歸。而孫作《小傳》不載,豈其晚年亦曾列官教授耶? 建文初尚在,亦其詩云。"

王驥德《古本西厢記》卷六:"按:陶九成,字宗儀,號南村,天台人,寓居雲間,多聞故實,著《輟耕録》三十卷。《金元院本名目》及《雜劇曲名唱曲病》等,皆見録中。"

黄虞稷《千頃堂書目》卷十七:"陶宗儀《南村詩集》四卷,字九成,黄岩人,居松江。至正間,累辭辟舉。洪武六年,舉人才至京,以疾辭,建文中卒。"

冲襟粹質,灑然不凡,務古學,無所不窺,尤刻志字學,習舅氏趙集賢雍篆法。師事張翥、李孝光、杜本、張璧,問文章爲事,故其繩檢家法,過人遠甚。

錢謙益《列朝詩集》甲集卷十六有傳并録其詩十二首。

《明史》卷二百八十五本傳:"出游浙東、西,師事張翥、李孝光、杜本。爲詩文,咸有程度,尤刻志字學,習舅氏趙雍篆法。"

孫作《陶先生小傳》:"先生冲襟粹質,灑然不凡。少舉進士第一,不中,即棄去。務古學,無所不窺。出游浙東、西,師潞國張公翥、永嘉李孝光、京兆杜本,問文章爲事,故其繩檢家法,過人遠甚。尤刻志字學,工舅氏趙集賢雍篆筆。"

宋濂《宋學士文集》卷三十八《書史會要序》:"天台陶九成新著《書史會要》成,翰墨之家競欲觀之。以謄鈔之不易也,共鍥諸梓,而以首簡授予序。……九成本衣冠子,自青年即精究六書之法,備知字文相生之意,乃辨析古文篆籀,分隸行草諸家异同,並載其人而附見焉。……必也如吾九成精究六書,直探皇頡、史籀之本源,歷代字體變化如浮雲者,皆可考見。"

《南村輟耕録》卷八:"先師錢先生璧,字伯全,壬申科進士。端重清慎,語不傷氣。"

顧清纂修《(正德)松江府志》卷三十:"錢璧,字伯全,郡人。端重清慎,語不傷氣,其學邃於《書》。中至治壬申鄉榜……陶宗儀蚤歲嘗從受業云。"

練習掌故,勝國博雅士也。與人言若訥,遇事輒極論,不少借。其詩頗有氣骨,不類元末諸人靡靡之音,其在明初,固屹然一作手。然間傷傖鄙,入明詩不免被輕易之譏。

胡應麟《詩藪》外編六:"勝國博雅士也。其詩余所見《滄浪棹歌》僅數十首,頗有氣骨,不類元諸人間傷傖鄙耳。然世殊無稱。又吾鄉黄文憲爲楊仲弘作墓誌,而絶不道其詩,未易解也。"

李賢《大明一統志》卷九:"陶宗儀天台人,元末隱居華亭,負經世之學,與人言若訥,遇事輒極論不少借。"

朱彝尊《静志居詩話》卷四:"南村練習掌故,元朝野舊事,藉《輟耕録》以存。其餘若《草莽私乘》《游志續編》《書史會要》,皆有裨史學。入明,自稱其居爲小栗里,雖好爵未縻,然其集中詩如《乙卯人日》云……《紀行詩》云……《入都門詩》云……《早朝詩》云……《開皇太孫即位詩》云……竊謂此等詩可以不作。可以不作而作之,宜録入明詩矣。"

陳田《明詩紀事》甲籤卷二十三:"宗儀字九成,黄岩人。洪武六年舉人才至京,以病辭放歸。有《滄浪櫂歌》《南村集》。《四庫總目》:陶宗儀《南村詩集》四卷,是集不知何人所編,考其題中年月及詩中詞意,入明所作十之九,惟《鐃歌鼓吹曲》諸篇似爲元時作耳。其編次年月頗爲無緒,殆雜收遺稿而録之,未遑詮次。又顧阿瑛《玉山草堂雅集》所載《澂懷樓》七律一首,《送株上人》七律一首,皆不見收,知非宗儀自編也。毛晉品其詩,如疏林早秋,殊不甚似。然格力遒健,實虞、楊、范、揭之後勁,非元末靡靡之音,其在明初,固屹然一巨手矣。”又云:“田按:汲古閣刻元十家集有《南村詩》四卷,每疑南村在明初亦一作家,而明人選本多不之及,大抵皆以爲元人,則不自毛晉始矣。至牧齋引《丙子率諸生赴禮部考試》,疑其曾列官教授。竹垞又援其《乙卯人日》等詩,謂此等詩可以不作而作之,宜録入明詩。《四庫》收入明人集,類論乃定矣。易代之際,非特出處不可苟,即著作亦不宜輕易下筆,義嚴矣哉!”

參考文獻:

1. 陶宗儀著,徐永明、楊光輝整理《陶宗儀集》,浙江古籍出版社 2014 年版。

2. 陶宗儀纂《説郛》,中國書店 1986 年版。

3. 張廷玉等撰《明史》,中華書局 1974 年版。

4. 陳威、顧清纂修《(正德)松江府志》,明正德七年刊本。

5. 孫作《滄螺集》,江陰金氏粟香室清光緒十五年刊本。

6. 楊維楨《東維子文集》,商務印書館民國九年版。

7. 李日華《六研齋筆記》,上海有正書局民國刊本。

8. 汪珂玉撰《珊瑚網》,商務印書館民國二十五年萬有文庫本。

9. 李詡撰、魏連科點校《戒庵老人漫筆》,中華書局 1982 年版。

10. 王逢《梧溪集》,中華書局 1985 年版。

11. 朱彝尊《静志居詩話》,人民文學出版社 1990 年版。

12. 錢謙益撰集《列朝詩集》,中華書局 2007 年版。

13. 張丑《清河書畫舫》,上海古籍出版社 2011 年版。

14. 卞永譽纂輯《式古堂書畫彙考》,浙江人民美術出版社

2012 年版。

15. 宋濂撰、徐儒宗等點校《宋濂全集》第 3 册《宋學士文集》,浙江古籍出版社 2014 年版。

(趙友永)

劉崧傳

劉崧，字子高，太和(今江西省泰和縣)人。舊名楚，入明之初，改今名崧。元至治元年(1321)生。

焦竑《國朝獻徵録》卷三十五《侍郎劉公崧傳》、徐紘《明名臣琬琰録》卷十二尹直《司業劉公言行録》、鄭曉《吾學篇・名臣記》卷四《祭酒劉公》、焦竑《國朝獻徵録》卷七十三《國子監司業前禮部侍郎劉崧傳》、徐開任《明名臣言行録》卷四《司業劉恭介公崧》、黄佐《南雍志》卷二十一、查繼佐《罪惟録・列傳》卷十五、《明史》卷一百三十七等，均載其事迹。

劉崧家世，其《槎翁文集》卷九《先塋記自序》云："自五代唐天成間由金陵來，迄今餘四百年。由始祖五府君諱況而下迨楚，歷十有七世。"

李祁《雲陽集》卷八《劉快軒先生墓誌銘》："快軒先生劉君，諱鍔，字宗榮。其先當後唐天成間有諱況者，自金陵徙西昌之珠林，自況至君爲世十有六，爲年四百有奇，由詩書科第入仕者，三十有七人。"

羅欽順《整庵存稿》卷十一《書珠林劉氏遡源録後》："珠林劉氏爲吾邑右族，其先在後唐時來自金陵，逮宋而人才輩出，衣冠宦業，他族莫或先焉。入國朝則有槎翁、東原兩先生，俱負重名。"

徐紘《明名臣琬琰録》卷十二尹直《司業劉公言行録》："劉崧，

字子高,江西泰和人。舊名楚,元季鄉舉,國初改今名。"

過庭訓《本朝分省人物考》卷六十三:"劉崧,字子高,吉安府泰和縣人。舊名楚,入國初,改今名崧。"

按,太和即泰和,古稱西昌,今屬江西吉安市。據李祁《劉快軒先生墓誌銘》及劉崧《先府君遷厝壙記》,劉崧父劉鍔,劉崧最初名聖生,槎翁乃劉崧之號。裘君弘《西江詩話》卷七:"劉崧,字子高,泰和人,先名楚,號槎翁。"又據鄭曉《吾學篇·名臣記》卷四《祭酒劉公》,劉崧卒於"明洪武十四年(1381),年六十一",據此逆推,當生於元至治元年(1321)。

賦性仁孝純厚,穎悟絶人,九歲能賦詩,十六歲能挾策爲童子師。游南昌,爲"十才子"之一。

劉崧《槎翁文集》卷四《與周伯寧書》:"方五歲,從祖父授書,已知大義。九歲能下筆爲詩文。十六歲能挾策爲童子師,即以忠信孝弟之道淑諸人。十九歲,往豫章,從大人先生游。"

《槎翁文集》卷十一《自序詩集》:"自余入小學,從祖父授詩,即應口成誦,若無留難者。久之,天機振觸,吐辭出語,宛合音韵。年十歲,先君命賦《雞鳴》《渡江》等詩,識者類以遠志許之。年十六,游興國,爲童子師,然猶日誦書千數言,至夜仍賦詩若文,以自程勵。"

《國朝獻徵録》卷三十五《侍郎劉公崧傳》:"公賦性仁孝純厚,穎悟絶人。年五歲,誦書日記數千言。七歲能賦詩,嘗侍世父,夜寢聞雞聲,因命爲題,公應口成一絶,末句:'唤醒人間蝴蝶夢,起看天上火龍飛。'世父驚嘆:'是子他日必大用。'家貧無火,執筆作文,手爲皸裂,而力學不廢。年十六授徒他邑。十九游南昌,時善賦者稱十才子,見公制作,推讓爲先列。"

《槎翁文集》卷首羅欽忠《新刻槎翁文集目録序》:"先生天分絶

出,七歲能詩,而程勵不倦,日記數千言以爲常,六經子史百家之説,靡不究覽,加以師友之資,江山之助,其文辭日新月富,嘗以詩領元。”

按,《侍郎劉公崧傳》《新刻槎翁文集目録序》稱劉崧“七歲能賦詩”,與其《自序詩集》所謂“九歲能下筆爲詩文”不符,當沿其弟劉埜所作《行述》之誤。對此,清光緒二十五年刻《劉槎翁詩集》附録《泰和劉恭介公年譜》已有考證。

又按,“十才子”的成員,若《秘閣元龜政要》《國朝獻徵録》《列朝詩集小傳》《明史》《江西通志》《江西詩徵》等均無確指,名目亦存出入。如雷禮《國朝列卿紀》卷五十五:“周湞,字伯寧,江西饒州府鄱陽縣人。善詩,與辛敬、萬石爲江西十才子。”

佚名《秘閣元龜政要》卷六“周湞”條則謂:“湞字伯寧,鄱陽人。善作詩,與辛敬、萬石、楊伯謙、李克正、查和等爲江西十才子。”

查繼佐《罪惟録·列傳》卷十五“劉崧”條:“(崧)十九游南昌,與李叔正、查和卿等稱十才子。”

曾燠《江西詩徵》卷四十二“周湞”條謂:“湞字伯寧,鄱陽人,與李宗頤、劉原善、辛敬、萬石、楊伯謙輩稱江西十才子。”

據學者考證:“所謂江西十才子,應是個動態組合。以核心九成員(李正叔、辛敬、萬石、周湞、曠達、楊士弘、彭鏞、劉楚、王佑)爲基數,從劉崧的交友圈計算,加鄭大同即爲十才子;從楊彭的交友圈計算,加劉永之即爲十才子;從王佑,加兄王沂即爲 十才子。而且,這種組合是處於某種默契,當時並没有誰來明確界定。”(參見江立員、饒龍隼《元末明初江西十才子》,《江西師範大學學報(哲學社會科學版)》2012 年第 1 期)

薦授龍溪山長,不就。至正鄉舉,會兵亂,不果上,隱居逃難,崎嶇山谷間者久之。

《槎翁文集》卷四《與周伯寧書》:"廿一歲以來,凡三以《詩經》就試場屋,年三十有六,始預鄉貢,獲厠名於二十二人之列。惴惴焉,誠不敢一日以忘其先訓而獲戾於古人者,亦將冀一日之用以自見,庶不至泯然而遂止也。奈何世變以來,郡邑蕩析,原野焦赭,林無定栖,使老父傾殞於驚危,慈親苟延於衰暮。門庭單落,晚得嗣息,資業凉薄,衣食艱難。伏居先廬,迄今三載,志氣荒惰,自分無庸,書翰不通於名卿,足迹不至於城府,庶幾息影幽寂,作苦食力以任愚情。今奈何强之以任,委之以職,而加之以未嘗有也哉!且僕之於仕,有不可者三,有不能者四。父喪在淺土,未得歸殯,此不可一也;母老無以養,不得遠離,此不可二也;名職國之大器,無其功與實而冒爲之,此不可者三也。性疏簡,嗜酒,不善與人俯仰,此不能一也;久處草野,短衣芒屩,舉止粗俗,章甫縫掖不安於身體,此不能二也;就學荒蕪,誦習亡失,設有問辨,何由資復,此不能三也;錢糧出入,昧於經紀,此不能四也。"

《槎翁文集》卷十七《亡妻陳君墓誌銘》:"明年乙未,江西行省以薦者擢余爲龍溪山長,未赴。又明年丙申爲至正十六年,余以明經與貢有司,而北上道梗,兵興日蹙,君怡然菲薄,不以生事貽余憂也。戊戌夏,沔兵陷江西,南土騷然者數歲,自是携持轉徙,罔有定居。……(壬寅秋)余携家屬十九人入南門山之長坑,進寓里良者三十餘日。……癸卯春,吴兵始窺贛,君有弟曰某,嘗約君俱入馮嶺山中。……明年甲辰夏,攻贛之兵復至,大掠南境,乃復趨東鄉,夜走里良,入太莊。……久之聞兵退,乃出山,寓羅坑之平原。……明年乙巳正月,雨雪,兵之圍贛者抄略四出,由東沔奄入南富。君負其乳子,冒涉凍潦,走王山,入富田,圍迫逐益近,乃渡佛源,渡江争橋,橋絶幾陷。明日歸,民男女溺死、凍餒道死者不可勝數。二月贛降,聞舟師已東下,乃歸。"

過庭訓《本朝分省人物考》卷六十三："行省嘗以薦授龍溪山長，崧曰：'吾無勞於國，而有恩命，吾不爲也。'至正丙辰應鄉試，報捷者至，崧適自田中摘粟歸，悵然泣下，曰：'始二親篤於訓子，奈何今日不及見。'時天下大亂，州城陷，家覆蕩，避地累歲，無以爲生。"

明洪武三年(1370)，以材學舉職方郎中，升北平按察副使。坐事，輸作京師歸鄉。

《槎翁文集》卷十一《送蘇平仲先生還金華序》："洪武三年，余備員爲職方郎中，始識先生於監中。"

陳謨《海桑集》卷九《題劉崧官誥後》："子高以人材起洪武三年八月，授兵部職方郎中。六年九月，授北平按察副使，官滿給由。既而，奸臣弄法，坐以違制，得釋放還家。"

鄭曉《吾學編》名臣記卷四《祭酒劉公》："洪武三年，以材學舉職方郎中，升北平按察副使，坐事，輸作京師歸鄉。"

查繼佐《罪惟録·列傳》卷十五："屬官以廉慎爲先，讞獄必以情，興學教士甚有政績。坐事，爲胡惟庸所中輸作京師，尋放歸。"

《明史》卷一百三十七劉崧本傳："爲胡惟庸所惡，坐事謫輸作，尋放歸。"

按，胡惟庸，南直定遠（今安徽定遠）人，官至左丞相，權勢顯赫，遇事專斷。洪武十三年(1380)，朱元璋以"謀不軌"罪誅胡惟庸九族，同時殺御史大夫陳寧、御史中丞涂節等人，史稱"胡惟庸案"。傳見《國朝獻徵録》卷十一、《罪惟録·列傳》卷三十、《皇明世説新語》卷四及《明史》卷三百八等。

十三年(1380)，胡惟庸誅，上手敕，召爲禮部侍郎。未幾，署吏部尚書，請老與敕，致仕。

《槎翁文集》卷十一《沙溪劉氏静安亭序》："洪武十三年夏，余自南宫致仕來歸。"同卷《蕭九川詩稿序》:"余洪武庚戌去鄉里,竊禄於朝者幾十年,今年夏始遂歸田之願,而不自知其將老矣。"

陳謨《海桑集》卷九《題劉崧官誥後》:"及權奸伏誅,奉敕符取到。十三年正月,除禮部侍郎。五月以人神有變,特命致仕。"

查繼佐《罪惟録・列傳》卷十五:"惟庸誅,上手敕,召(崧)拜禮部侍郎攝堂事,尋灾异,致仕。"

《明史》卷一百三十七劉崧本傳:"十三年,惟庸誅,徵拜禮部侍郎。未幾,擢吏部尚書。雷震謹身殿,帝廷諭群臣陳得失。崧頓首,以修德行仁對。尋致仕。"

十四年(1381),三月,徵拜國子司業,四月得疾卒。而遽死乎,無一語及家事,年六十一。上爲文祭之。

陳謨《海桑集》卷九《題劉崧官誥後》:"十四年二月,復起取授國子司業,四月卒。"

徐紘《明名臣琬琰録》卷十二《司業劉公言行録》:"十四年三月,徵拜國子司業,賜鞍馬,令朝夕進見,見則必燕語移時。夏四月,得疾,遽卒。上悲悼,因言:'劉崧前日徵來,朕怪其倏老,朕命教國子,將以作成我公侯子弟以待用,豈意其至此哉!'即命有司治殯斂,諸費皆官給。遣御史唐壽諭祭,其文首曰:卿有學有行。嗚呼!公所居室弊,半覆以茅,嘗欲更之,未能。則曰:'令後世師吾儉。'"

徐學聚《國朝典彙》卷六十四:"十四年召致仕刑部尚書李敬一名鴻漸,爲祭酒,吏部尚書劉崧爲司業。崧至未旬日卒。崧泰和人,七歲能賦詩。洪武三年,以才學舉職方郎中,歷吏部尚書,致仕。未幾,召至,上喜,賜鞍馬。遽得疾,猶强坐訓諸生。疾革,敬問所欲言,曰:'天子遣崧教國子,將責以成功。'而遽死乎,無一語及家事,年六十一,上爲文祭之。"

按，劉崧逝世後，朱元璋感其才學，特爲《祭國子司業劉崧文》："惟爾有學有行，發譽儒林，朕嘉爾能，屢常擢用。邇者遣使召爾司業成均，簡在朕心，期於成效。夫何不數日間，遽然而逝，朕甚悼焉。已令有司備禮殯殮，靈車歸葬，特以牲醴致祭。"（《禮部志稿》卷五十五）

公博學有志行，家素貧，及貴，未嘗增産業。

劉永之《劉仲修先生詩文集》卷七《劉子高詩集序》："余友西昌劉子高，善歌詩，其爲人學博才贍，志趣高遠，窮居數十年莫有知者。家故業儒而甚貧，兄弟三人有宅一區，田一頃，恒空匱不給，豁如也。"

徐紘《明名臣琬琰録》卷十二《司業劉公言行録》："家有田五十畝，皆館授時所置，後居官未嘗有所增益。在北平身所覆被，亦館授時物也，嘗爲鼠所傷，始命更置。其故鼠傷者，仍命補葺，以衣其子。"

張廷玉《明史》卷一百三十七本傳："崧幼博學，天性廉慎。兄弟三人共居一茅屋，有田五十畝，及貴，無所增益。十年一布被，鼠傷始易之，仍葺以衣其子。"

居官十歲，不以妻子相隨，清苦如布衣。時其爲北平按察副使，携一童往，至則遣還。每夜孤燈一榻，讀書不輟，五更衣冠，起坐待旦。

劉永之《劉仲修先生詩文集》卷七《劉子高詩集序》："既已貴顯，而泊然如布衣。北平元之故都，去家五千餘里，唯一童侍側，已復遣還。晡時吏退，獨處一室，據几吟咏，或夜分不休，其思愈壯，其詩愈工然。所謂不以窮達累其心，而後其辭有大過人者，豈不信歟！"

徐紘《明名臣琬琰録》卷十二《司業劉公言行録》:"歷官十一年,未嘗以家累自隨,嘗携一童子,到官亦遣還。當赴北平時,始盡支職方俸廩,易得白金九十兩,封托鄉人收貯。及歸,往取,則其人已用之,止餘封紙而已。"

招徠逋逃,慰安反側,惟務寬厚,存大體,尤慎威刑。小人險狡,輒先事防制,温顔巽詞,而見者凛然。致仕歸,益謙下,學問之功,老而彌篤,與人言,未嘗及官政。

黄佐《南雍志》卷二十一《劉崧》:"值北平兵革之後,招徠逋逃,慰安反側,惟務寬厚,以存大體,尤慎威刑之用。遇小人險狡,輒先事防制,温顔巽詞,而見者凛然。及致仕歸,益自謙下。學問之功,老而彌篤,與人言,未嘗及官政。歲歉,其姻族之人不能以自養者,輒周給之。"

文雅粹,詩有唐人風韻,豫章人宗之爲"西江派"。

《槎翁文集》卷十三劉崧《自序詩集》:"會有傳臨川虞翰林、清江范太史詩者,誦之五晝夜不廢,因慨然曰:'邈矣!余之於詩也,其猶有未至已乎!'乃斂蓄性真,湔滌故習,盡出初稿而焚之,益求漢魏而下、盛唐詩以來號爲大家者,得數百家,徧覽而熟復之,因以究其意之所在,然後知體製之工與夫求聲之妙,莫不隱然天成,悠然川注,初不在屑乎一句一字之間而已也,故嘗爲之説曰:'詩本諸人情,咏於物理,凡歡欣哀怨之節之發乎其中也,形氣盛衰之變之接乎其外也。吾於是而得詩之本焉,知邪誕之不如雅正也,艱僻之不如和平也,委靡礫裂不如雄渾而深厚也。'"

宋濂《宋學士文集》卷十三《劉兵部詩集序》:"詩,緣情而托物者也,其亦易易乎?然非易也。非天賦超逸之才,不能有以稱其器;才稱矣,非加稽古之功審諸家之音節體製,不能有以究其施;功加矣，非良師友示之以軌度，約之以範圍，不能有以擇其精；師友良矣，非雕肝琢腎，宵咏朝吟，不能有以驗其至之淺深；吟咏侈矣，非得夫江山之助，則塵土之思，膠擾蔽固，不能有以發揮其性靈。五美云備，然後可以言詩矣。蓋不得助於清暉者，其情沉而鬱；業之不專者，其辭蕪以庬；無所授受者，其制澀而乖；師心自高者，其識卑以陋；受質蹇鈍者，其發滯而拘。古之人所以擅一世之名，雖其格律有不同，聲調有弗齊，未嘗有出於五者之外也。濂於職方郎中劉君之詩，其殆無所愧矣。夫劉君，名崧，字子高，故爲西昌大族。前代以科第發身者三十七人，劉君亦以明經舉進士，而其志之所嗜，尤在於詩。況劉君天分甚高，自爲童子時，輒有驚人之句，比長，益淬礪弗懈。上自《詩》《騷》，下從魏晉以來迄於唐宋，凡數十百家皆鑽研考覈，窮其所以言。用功既深，精神參會，絶無古今之間。"

劉永之《劉仲修先生詩文集》卷七《劉子高詩集序》："後四年，其門人蕭冲，取其平生之稿，編次之得若干首，將刻而傳焉，自西昌走新淦，訪余山中，請叙其首，曰：子高之志也，嗚呼！信可傳矣，而必有待於余。余之言果足爲子高輕重耶？雖然子高之屬余者厚矣，乃序而評之曰：古體如三代彝器，雖簡質而極温潤；律絶如春雲映日，流麗可愛；樂府歌行，如寒泉出谷，其音鏘然，聽之不窮。此可與知者道也。"

胡應麟《詩藪》續編一："國初，吴詩派昉高季迪，越詩派昉劉伯温，閩詩派昉林子羽，嶺南詩派昉於孫蕡仲衍，江右詩派昉於劉崧子高。五家才力，咸足雄據一方，先驅當代，第格不甚高，體不甚大耳。"

張廷玉《明史》卷一百三十七本傳："（崧）善爲詩，豫章人宗之爲'西江派'云。"

按,《列朝詩集》《明史》《四庫全書總目》等所謂“西江派”實乃胡應麟“江右詩派”説的衍化。若錢謙益《列朝詩集》甲集卷十四稱:“國初詩派,西江則劉泰和,閩中則張古田。泰和以雅正標宗,古田以雄麗樹幟。江西之派,中降而歸東里,步趨臺閣,其流也卑冗而不振。”

永瑢等《四庫全書總目》卷一百六十九《槎翁詩集》提要則謂:“胡應麟《詩藪》稱當明之初,吴中詩派昉於高啓,越中詩派昉於劉基,閩中詩派昉於林鴻,嶺南詩派昉於孫蕡,而江右詩派則昉於崧。史亦稱崧善爲詩,豫章人宗之爲西江派,大抵以清和婉約之音提導後進。”

所著有《北平八府志》及詩文十八卷,藏於家,有《職方集》行於世。

黄佐《南雍志》卷二十一:“(崧)所著有《北平八府志》《東游録》《嶺南録》及詩文十八卷,藏於家,有《職方集》行於世。”

徐開任《明名臣言行録》卷四:“問公手筆,醫卜地理等書六十帙,《北平八府志書》三十帙,《北平事迹》一帙,詩文三十餘帙,及《職方詩集》行於世。”

謝旻《(雍正)江西通志》卷七十七:“子高所著有《職方集》《槎翁集》行於世,尚有《北平集》及家藏詩文十八卷,傳皆不載。”

按,劉崧著述,黄虞稷《千頃堂書目》(卷六、卷七、卷八、卷十七)著録《北平八府志》三十卷、《北平事迹》一帙、《北平八府圖總目》一卷、《北平志》四卷、《北平府圖志》一册、《嶺南録》、《東游録》、《槎翁集》十八卷、《槎翁詩集》八卷、《職方集》九卷,《明史》(卷九十七、卷一百三十四)著録《北平八府志》三十帙、《北平事迹》一帙、《北平八府圖總目》一卷、《北平八府志》三十卷、《北平事迹》一卷,陳田《明詩紀事》著録《槎翁詩選》十二卷、《補遺》四卷、《文集》十八

卷。考今存劉崧著述,主要如下:

《劉職方詩》八卷,明刻本,門人蕭翀編次。

《劉槎翁先生詩選》十二卷,明萬曆二十五年張應泰刻本及清補修本,收入《北京圖書館古籍珍本叢刊》。

《槎翁詩集》八卷,明萬曆三十八年真如齋刻本。

《槎翁詩集》八卷,《欽定四庫全書》本。

《劉槎翁先生詩選》十二卷,清鈔本。

《槎翁先生詩集》十二卷,清光緒二十五年上田蕭氏刻本。

《槎翁文集》十八卷,明嘉靖元年徐冠刻本,收入《四庫全書存目叢書》。

《槎翁文集》十八卷,明嘉靖間刻本。

《槎翁先生文集》《詩選》《補遺》,乾隆二十七年至四十五年忠孝堂與序和堂刻本。

《槎翁先生文集》十八卷,清光緒二十五年上田蕭氏刻本。

《劉槎翁詩集》二十四卷,清光緒二十五年刻本。

參考文獻:

1. 劉崧《槎翁文集》,明嘉靖元年徐冠刻本。

2. 劉崧《槎翁詩集》八卷,明萬曆三十八年真如齋刻本。

3. 劉崧《劉槎翁先生詩選》十二卷,《北京圖書館古籍珍本叢刊》本,書目文獻出版社 1998 年版。

4. 張廷玉等《明史》,中華書局 1974 年版。

5. 徐紘《明名臣琬琰録》,明鈔本。

6. 徐學聚《國朝典彙》,明天啓四年徐與參刻本。

7. 劉永之《劉仲修先生詩文集》,清鈔本。

8. 陳謨《海桑集》,《明别集叢刊》第一輯,黄山書社2013年版。

9. 黄虞稷《千頃堂書目》,上海古籍出版社2001年版。

(温世亮)

桂德稱傳

桂德稱,字彦良,以字行,號清節。浙江慈溪人,元至治元年(1321)生。

烏斯道《春草齋集》卷七《晉王傅清節桂先生傳》、程敏政《皇明文衡》卷八十五王景《皇明故通奉大夫晉相府右傅桂公墓誌銘》、焦竑《國朝獻徵録》卷一百五鄭曉《晉王府左長史桂彦良傳》、史鑒《西村集》卷六《桂彦良傳》、徐象梅《兩浙名賢録》卷十二、過庭訓《本朝分省人物考》卷四十七、黄佐《翰林記》、何喬遠《名山藏》卷六十一、王兆雲《皇明詞林人物考》卷一、李默《孤樹裒談》卷二、萬斯同《明史》卷一百七十八、張廷玉等《明史》卷一百三十七等,俱載其事迹。

烏斯道《春草齋集》卷七《晉王傅清節桂先生傳》(以下稱《桂先生傳》):"先生諱德稱,字彦良,以字行,號清節,姓桂氏,明之慈溪宋直寶章閣學士諱萬榮之後也。通直節臨安府富陽縣知縣康先生俊卿,俊卿生與紹,與紹無子,以先生爲嗣。先生本富陽葉氏,賀州知州諱同之子,中書右丞文簡公諱季之孫。知州公嗣子衆多,先生則判慶元路所生,故與紹得以求也。"

程敏政《明文衡》卷八十五王景《皇明故通奉大夫晉相府右傅桂公墓誌銘》(以下稱《桂公墓誌銘》):"洪武二十年十二月某甲子,晉相府右傅桂公卒,享年六十又七。明年正月某甲子,葬於董粤之原,循先志也。又明年,其子慎奉其友韓宜可狀來請銘,不獲辭。

公諱德稱,字彦良,以字行。”

徐象梅《兩浙名賢録》卷十二《長史桂彦良德稱》:“桂彦良,名德稱,以字行,慈溪人。”

按,“德稱”其名,查繼佐《罪惟録·列傳》卷十八作“德偁”。

骨氣不凡,早歲即嗜學,善記憶。聞長老道經訓,則嗜若醇酎,既冠,通經史百家言。

烏斯道《桂先生傳》:“先生骨氣不凡,蚤歲即嗜學,善記憶,明《詩》《書》二經。”

王景《桂公墓誌銘》“從幼不群,聞長老道經訓,則嗜若醇酎,既冠,通經史百家言。”

以《詩經》中浙江鄉舉,不得志於南宫,放情山水,肆爲古文及詩。

烏斯道《桂先生傳》:“以《詩經》中浙江鄉舉。後游燕都,睹世不可爲者,遂東歸,放情山水間,肆爲古文若詩,從游者日益衆。”

王景《桂公墓誌銘》:“鏖秋闈,中之,不得志於南宫,歸長包山,再長高節,皆有文名。除平江路文學掾,不就。威孤不弦,蛙俚荒蠹。公以六籍横鶩,大肆伸儒遏暴。方氏連甌越,來辟,立謝之。聚徒山中,嚅嚌道真,雋永聖涯,曰:‘吾以待天下之定也。’”

焦竑《國朝獻徵録》卷一百五鄭曉《晉王府左長史桂彦良傳》:“元鄉貢進士,爲衢之包山書院山長,轉平江路儒學教授,罷歸。時張士誠據浙西,方國珍分省浙東,數致禮聘,俱不就。”

王兆雲《皇明詞林人物考》卷一《桂彦良》:“中鄉貢,不得志於南宫。歸長包山,再長高節,皆有文名。除平江路文學掾,不就。方氏連甌越,來辟,立謝之。聚徒山中。”

洪武初，觀風者以名上省憲，交辟不起。

烏斯道《桂先生傳》："天朝初，大闡文教，首開科舉，浙江分省連請先生爲考官。"

王景《桂公墓誌銘》："皇明天造反刓剗僞，一歸於正。洪武紀元，觀風者以名上省憲，交辟不起。"

洪武六年(1373)，浙江參政徐本首以桂彦良薦朝廷，以奏對稱旨，爲太子正字。後授師職於文華堂。

烏斯道《桂先生傳》："洪武六年，有司舉秀才赴京師數千人，天官精拔七人，以先生爲首。入見上，奏對稱旨。命爲《香几贊》，運筆立就，有'明德維馨，天清地寧，四方底平'之語。上嘉之，即賜宴與公侯列坐。連日奏對，剖決如流。内出御製集，因敕校詞語之未純者，具奏對，上大悦，特除太子正字，日侍講讀，及飲食起居，不去左右。上屢命詞臣賦詩，先生應制，輒先進，含諷諫其中。一日與論詩之工巧，因從容奏曰：'帝王之學，具載於經。若《書》之典謨訓誥，皆治世安人之道。詩詞非所急也。'上然之，諭曰：'中原兵革之餘，民散師廢。曩歲有司所貢，皆新進後生，朕雖授官，不使任事，俾居文華堂教育培養，久未有成。昔許魯齋、吴草廬當元初，作興後進，爲國家大用。爾與翰林修撰孔學行老成，亦當爲朕訓誨諸生，以副朕志。'且命東宫往文華堂，俾諸生行弟子禮，仍各賜白金二斤。先生日加啓迪，懇懇以忠君愛民之事與語。"

王景《桂公墓誌銘》："六年，大徵天下士。行省復以名聞持詔公車，厠於數千之列，唯公得以白衣錫宴。除皇太子正字，授承事郎侍講。六年顯仁闡義，出周入孔，興衰治忽，敷啓剴切，東宫深器之。會文華堂給事不飭，敕公啓迪曰：'昔許魯齋諸生多爲宰輔，卿其勉之。'"

鄧元錫《皇明書》卷一《太祖高皇帝紀》:"洪武六年,癸丑二月,開文華堂於禁中,選鄉貢舉人年少質美者入肄業。詔儒臣宋濂、桂彦良分教之。"

何喬遠《名山藏》卷六十一《桂彦良》:"洪武六年,大徵天下儒士,首應薦。時待詔公車不下數千,彦良以白衣奏對稱旨,除皇太子正字,授承事郎侍講。上出御製詩文示近侍之臣,彦良誦聲琅然,左右皆愕,眙顧,上獨喜,以爲誠。上選給事中蔣學等十七人講學文華堂,十七人者,皆年少也,上寵之,欲擇人以爲師,以命彦良及修撰孔克表。"

徐象梅《兩浙名賢録》卷十二《長史桂彦良德稱》:"高皇帝召見,特授太子正字,賜宴與公侯列坐,日侍講讀。上詔詞人賦詩賡歌,彦良每先衆而就,嘗進奏曰:'治道具在六經,典謨訓誥,願留聖意,詩非所急也。'上深然之。自是恩遇隆洽,稱曰'老桂'而不名。"

萬斯同《明史》卷一百七十八:"洪武六年,徵詣公車,以白衣賜宴,授太子正字。帝嘗出御製詩文示彦良,彦良就帝前,誦之聲徹殿外,左右驚愕,同官私戒之止之。帝聞,謂曰:'儒者事君,但率自然,無庸矯也。'帝選國子生蔣學等爲給事中、舉人張唯等爲編修,肄業文華堂,命彦良及宋濂、孔克表爲之師。"

洪武七年至八年(1374—1375),仍職文華堂,所教育者頗見成效。未半載,擢行省參政者七人,按察僉事者八人,知府者十四人,餘皆授御史。

烏斯道《桂先生傳》:"不二歲,上各授以御史,即巡行天下。既歸,仍命入文華堂講習。未半載,擢行省参政者七人,按察僉事者八人,知府者十四人,餘皆授御史。後殷招由重慶府知府,有聲,入拜中書右丞。復召先生,諭曰:'曩在文華堂,教有成效。今省府臺有疑獄,累歲不決,汝讀書明理,可與東宮定議。'仍命諸生各斷以己意參酌之,於是悉皆判決,奏上。越數月,有旨,事皆決於東宫,特召先生侍左右,未審者議之,多所平允。”

洪武八年(1375),見明太祖,太祖諭曰:帝者師也,不可不自重。

烏斯道《桂先生傳》:“八年,先生與秦府紀善林温見上,問:‘汝居何官?’對曰:‘太子正字。’上曰:‘非也,帝者師也。’又謂温曰:‘汝,王者師也。二人不可不自重。’”

徐象梅《兩浙名賢録》卷十二《長史桂彦良德稱》:“上嘗御大本堂,彦良與秦府紀善林温入見,上問之,各以官對。上謂彦良曰:‘卿,帝者師。’謂温曰:‘卿,王者師,其各自重。’”

洪武十一年(1378),特授通奉大夫、晉相府右傅,上親製手詔,以孔孟諭之。

烏斯道《桂先生傳》:“十一年二月,上謂先生曰:‘聞汝二子聰明好學,宜令見朕。’翌日,遂引見,上喜甚,蒙顧問,特除長子慎爲中書舍人,次子全許侍養。慎每應制作詩文,屢蒙褒賞,或加點竄。謂曰:‘東宫乃汝啓迪,汝子朕亦教之。’東宫往中都,上留先生侍左右,朝夕談論,益知其賢,謂曰:‘朕欲任之以方面,恐黠吏累汝。’三月,特除通奉大夫、晉王右傅。東宫聞之,意忽忽不樂,欲留爲太子賓客,復以王就國乏人,不果。陛辭之際,丁寧告戒曰:‘朕付托汝者,以江南大儒,惟卿一人耳。’特賜手詔,褒榮甚隆,大略謂:‘孔子大聖也,孟子大賢也,而不得王佐之位。今以王佐之位寄汝,汝往欽哉。’及至山西,晉王始開國,得先生爲傅,多所裨益,王甚喜,深加禮遇,賜鞍馬、衣服。王偶得善畫者,適曹國公永平侯及先生咸在,俱得賜畫像,以示恩渥。”

按,宋濂《宋學士文集》卷三十九《恭題御製命桂彦良職王傅敕文後》:“皇上以上智之聖,延攬英杰,置之庶位,知人善任,誠近世所未有。洪武十一年,詔以太子正字桂彦良爲晉王右傅,且親御翰墨,爲文敕之。”

王景《桂公墓誌銘》:“十一年,除晉相府右傅,授通奉大夫,内出敕文,以孔孟期之。在官責重望尊,治出聲生,府告無事,王益重之,政多决焉。公謂:王者一正心而國定,因進《心圖》以明之。”

何喬遠《名山藏》卷六十一《桂彦良》:“十一年,除晉府右傅,授通奉大夫,上親爲敕,美其淳而不詐,執而不變。彦良至晉,製《正心圖》獻王。”

徐象梅《兩浙名賢録》卷十二《長史桂彦良德稱》:“洪武八年,特授通奉大夫、晉相府右傅,上親製手詔,以孔孟諭之。陛辭,上曰:‘江南大儒,惟卿一人。’彦良謝曰:‘臣不如宋濂、劉基。’上曰:‘濂,文人耳;基,峻隘不足取。’既侍王就國,日以正大之學輔之,王以綺衣、鞍馬、畫彦良像以賜。”按,徐象梅所記“洪武八年”,實誤。

張廷玉《明史》卷一百三十七本傳:“遷晉王府右傅,帝親爲文賜之。彦良入謝,帝曰:‘江南大儒,惟卿一人。’對曰:‘臣不如宋濂、劉基。’帝曰:‘濂,文人耳;基,峻隘,不如卿也。’彦良至晉,製《格心圖》獻王。”

洪武十二年(1379),以例赴朝,見明太祖於奉天殿。及出,東宫即遣中使,命釋朝服來見。

烏斯道《桂先生傳》:“明年以例來朝,見上奉天殿。及出,東宫即遣中使命先生釋朝服來見,與語連日,早暮侍膳。上亦喜其來,謂曰:‘東宫近喪妃,汝宜慰解。’又問曰:‘汝妻老夫人至山西安否?’時翰林承旨宋濂亦來朝,與先生俱得賜宴。先生奏曰:‘宋濂長於臣,且在朝日久,臣雖爵居上,請坐其下。’上從之。翌日,上爲文論謙讓之美,以示先生。及歸,東宫命李駙馬作詩文送之。”

洪武十三年(1380),罷王府傅相,改長史司左長史,得推恩三代,授奉政大夫,以疾謝,詔許之。十五年,朝京師。以疾致仕。

烏斯道《桂先生傳》:"十三年,復侍王來朝。上見其蒼老,詔慎侍王回國,以便侍養。吏部以先生例,得推恩三代……上允其奏,誥未下,會革相府,改長史。王特造安車賜之。十五年,王至京師,奏先生筋力衰耗,詔特賜致仕。就居山西,王月給内廩米及酒肉鹽茶等物,且以椰殼酒器賜先生,爲歲游息之具。先生作《存養省察》之圖以進,王受而置諸座右,朝夕觀省。八月有旨,召先生全家還京師。進《治要十二條》,其一曰法天道,二曰廣地利,三曰順人心,四曰養聖德,五曰培國脉,六曰開經筵,七曰精選舉,八曰審刑罰,九曰敦教化,十曰馭遠國,十一曰搜才俊,十二曰廣咨訪,目曰《萬世太平治要》,上嘉納之。"

焦竑《國朝獻徵録》卷一百五鄭曉《晉王府左長史桂彦良傳》:"十三年,罷王府傅相,改長史司左長史。"

涂山《明政統宗》卷四:"洪武十三年三月,命燕王之國北平,以桂彦良、葛誠爲燕府長史。"

王景《桂公墓誌銘》:"十三年,革相府,改長史,授奉政大夫,以疾謝,詔許之。十五年,朝京師。上《太平十二策》奏報。"

徐象梅《兩浙名賢録》卷十二《長史桂彦良德稱》:"時彦良已老,王爲造安車,奏令致仕,彦良退作《存養省察圖》以進,王揭諸座右,以時觀省。居無何,詔彦良舉家還京師。彦良條陳治道所急者曰'法天道、廣地利、順人心、養聖德、培國脉、開經筵、精選舉、審刑罰、敦教化、馭戎狄、搜賢俊、廣咨訪',凡十二事,總名曰《萬世太平治要策》,上嘉納之。"

萬斯同《明史》卷一百七十八:"十五年,朝京師,上《太平十二策》,其目曰'法天道、廣地利、通民情、培國脉、養君德、輔聖學、精選舉、審刑獄、敦教化、嚴邊防、搜才俊、廣言路’。言皆剴切。帝曰:‘彦良所陳,通達事體,有裨治道。世謂儒者泥古不通今,若彦良,可謂通儒矣。”

洪武十八年(1385),患風疾,敕歸鄉里。

烏斯道《桂先生傳》:“因子慎奏對忤旨,謫雲南。先生遂得賜歸鄉里。已而復留京師。明年五月,患風疾。上即命之歸。”

鄭曉《晉王府左長史桂彦良傳》:“以疾賜歸鄉里。”

洪武二十年(1387),歸鄉仍起復爲鄉試官,扶病而往,歸以疾終,壽六十七。

烏斯道《桂先生傳》:“二十年,浙江鄉試,復起先生爲主文官,先生扶病而往。歸,以疾終,壽六十有六。臨終神思不亂。前一日夜,猶與子侄論《詩經》如故。……及其病革之際,適福建請先生司文衡,遂爲力辭不就。”

鄭曉《晉王府左長史桂彦良傳》:“十八年以疾賜歸鄉里。洪武二十年十一月卒。”

按,王景《桂公墓誌銘》稱:“洪武二十年十二月某甲子,晉相府右傅桂公卒,享年六十又七。”今依此定其年壽。

感荷知遇,知無不言,每侍講必以二帝、三王爲本,而折衷於孔孟,要以明聖學、格君心爲務。至於歷代治忽,啓迪不倦,誠意懇至,凡所陳説,無一不當帝心。

烏斯道《桂先生傳》:“上嘗命詞臣撰《大祀樂章》,用‘予’‘我’字,上疑其不敬,將坐以罪。召先生問,對曰:‘昔成湯祀天之文,有曰:“予小子履,敢用玄牡,敢昭告於皇皇后帝。”武王祀文王,配天之詩曰:“我將我享,唯羊唯牛,唯天其右之。”言“予”“我”,親之也。'上意遂釋。翰林修撰朱善稍失禮,因舉大杖將擊之,先生輒諫曰:'陛下姑取其長,捨其所短。'上怒亦解。一日謂先生曰:'朕在軍中,時士卒有違號令者,輒忿怒,心胸閉懣,久而成疾。今少不如意,即爲所苦。'因力勸上:'懲忿之功,《易》曰:"山下有澤,損;君子以懲忿窒欲。"先儒言懲忿如摧山,言用功之難也。'一日,上與先生論爲學之道,人之過當如何。對曰:'人安能無過,過而能改,斯爲善矣。孟子嘗云:"子路聞過則喜,禹聞善言則拜。尚亦未若大舜,能取天下之善爲一己之善也。"上稱善。一日又問:'仁者,惡人乎?'對曰:'惟仁者能好人、能惡人。仁者之心,無私好惡,故好惡得其當。'上大喜,且爲注釋,以賜東宫、諸王國,命大書揭諸座右。復謂諸大臣曰:'此彦良與朕論至於此,汝等當親炙儒者。'"

徐象梅《兩浙名賢録》卷十二《長史桂彦良德稱》:"彦良感荷知遇,知無不言,每侍講必以二帝、三王爲本,而折衷於孔孟,要以明聖學、格君心爲務。至於歷代治忽,啓迪不倦,誠意懇至,凡所陳説,無一不當帝心。上方以法繩下,訪曰:'法數行而數犯,奈何?'對曰:'用德則佚,用法則勞,法以靖民,則民勞而弗靖,德以靖民,民亦靖於德矣。'上深然之。"

崇禎十七年(1644),追謚敬裕。

談遷《國榷》卷一百二:"崇禎十七年,補謚。……太子正字桂彦良,曰'敬裕'。"

萬斯同《明史》卷一百七十八:"福王時,追謚敬裕。"

教子弟必先以孝弟忠信,與人交久而益敬,人以其篤實如盤古時人,目爲老盤。後尊之者稱爲清節先生。

烏斯道《桂先生傳》:"先生天性孝友,事父母務悦其心。每具酒饌,延名士大夫,相與娱樂,未嘗使有戚戚之色。及父殁,族人欲求爲後,母弗許,先生悉以貲産分與之,待之如親弟。……本生兄真陽尉芾,卒於餘姚,先生爲之殯葬,撫其遺孤宗文,教養如己子,後以明經中選爲魚臺令,有善政。先生爲晉傅,嘆曰:‘禄雖厚,養則不逮。’因命畫士繪二親像,歲時祭祀罔怠。先生在鄉里,與王子復先生談理學,益以存心養性爲本。教子弟必先以孝弟忠信,與人交久而益敬,人以其篤實如盤古時人,目爲老盤。後尊之者稱爲清節先生。”

微時則放情山水間,肆爲古文、若詩,見道處官若家,尤不以貧富動心;與人交往春風和氣,從游者甚衆。

烏斯道《桂先生傳》云,桂德稱微時則“放情山水間,肆爲古文若詩”。

王景《桂公墓誌銘》:“公平生純一,見道處官若家,尤不以貧富動心。仕止進退,不亟不紓,坦坦施施。及與人交,命觴咏詩,踔厲風出,窮日夕不厭,人以春風和氣目之。”從游者甚衆。

其師長若孫庚。徐象梅《兩浙名賢録》卷二:“孫庚,字居純,慈溪人,生而穎悟,志操端謹,孝友稱於鄉里。嘗從師力學,同舍生以其貧,斥遠之,庚不動容色,益刻苦磨濿,夜讀申旦,由是問學淹貫,論議宏博,及門之士,若桂彦良、王桓、陳恭,皆以學行著聲。”

與烏斯道。烏斯道《春草齋集》卷一《與揭伯防先生桂彦良重游東山分韻得鳥字》:“荏苒歲雲暮,霜露摧百草。東山松柏姿,青青故相好。我有違曠思,戾兹涉遠道。斗酒斟酌之,良似慰孤抱。所悲無定居,依依若飛鳥。願藉山中雲,優游以終老。”

與范文煥。王直《抑庵文集》後集卷二十九《范仲彰墓誌銘》“仲彰姓范氏,諱文煥,上虞人也。……好學能文,博覽强記。少從四明桂彦良先生受《詩經》。”

與楊範。程敏政《篁墩文集》卷四十九《栖芸先生傳》:“栖芸先生姓楊氏，隱居鄞之鏡川里……晉王傅桂彦良，慎許可，與之語，奇之曰：'差役中乃有斯人邪！"

至德稱爲官京師、王府，所交游者多爲仕宦、同道。

與宋濂。宋濂《宋學士文集》卷三十九《恭題御製命桂彦良職王傅敕文後》："臣與彦良同朝，且同官東宫甚久。彦良之爲人淳篤和易，有長者風，當今廷臣鮮見。"卷五十四《游涂荆二山記》："同游者，蓋太子正字桂彦良、晉府長史朱伯言、楚府長史朱伯清、吴府伴讀王致遠及景彰云。後一月某日記。"

與張庸等。朱彝尊《明詩綜》卷十一"張庸"條按語云："馮損之云：'先生與寓公都事龍子高、編修馬易之、少監揭汯、正字桂彦良爲倡和交。'"

與凌雲翰。凌雲翰《柘軒集》卷二《秋闈對月次桂彦良韵》："露下松陰鶴夢醒，古香吹桂滿空庭。雲端半壁懸孤月，天上連珠燦五星。詩酒每因秋興發，江聲渾作夜潮聽。求賢正爲明時用，薦士須當效古靈。"

著作宏富，不主張以文名世，爲明初耆儒。

烏斯道《桂先生傳》："所著詩文若干卷：其在鄉里，曰《清節集》；在京師，曰《清溪集》《春和》《咏言》；爲王傅時，曰《山西集》；爲長史時，曰《拄笏集》；還鄉後，曰《老拙集》。又有《和陶詩》《中都紀行》，皆不在集中，其字句雖刻削點綴，自令人稱道不已。在朝時，每賦詩，輒獲御覽，就屬和以賜之。"

徐象梅《兩浙名賢録》卷十二《長史桂彦良德稱》："所著有《清節集》《清溪集》《拄笏集》《老拙集》《和陶詩》《春秋咏》傳於世。"

陳田《明詩紀事》甲籤卷十五："有《清節》《清溪》《春和》《咏言》《山西》《拄笏》《老拙》《和陶》《中都紀行》等集。"

按,桂彦良仕進之前,雖曾肆意詩文,但入仕途後,則於詩文頗不以爲然。據烏斯道《桂先生傳》載:“上屢命詞臣賦詩,先生應制,輒先進,含諷諫其中。一日與論詩之工巧,因從容奏曰:‘帝王之學,具載於經。若《書》之典謨訓誥,皆治世安人之道。詩詞非所急也。’”

又按,《九靈山房集》卷首桂德稱《九靈山房集序》:“士未嘗欲以文名世也。以文名世者,士之不幸也。有可用之材,當可爲之時,大之推德澤於天下,小之亦足以惠一邑、施一州,盡其心力於職業之中,固不暇爲文,然其名亦不待文而後傳也。至於畸窮不偶,略無所見於世,頗自意世之人既不我知,則奮其志慮於文字之間,上以私托於古之賢人,下以待來世之君子。嗚呼,是豈其得已哉!此余於浦陽戴先生而有感者也。”

鄧元錫《皇明書》卷三十五《理學》:“方元季兵亂,天下學士多失業奔走,惟婺、台二州,宋徽國朱文公之承傳具存。上克婺州,置分中書省,召儒士許元、胡翰等日會食省中,令二人日講經史、陳治道。已,又以幣聘宋、劉、章、葉四先生至建康,敦禮儒學爲治本。晚得耆儒桂彦良,禮敬之至,目爲帝者師,故儒學萌起。”

何喬遠《名山藏》卷六十一《桂彦良》:“郎曰:劉崧廉潔勤介,有古君子之風。桂彦良超豁洞達,見嚴主而心盡,汪仲魯長於講經,朱善切於論事,皆儒者也。”

張廷玉《明史》卷一百三十七本傳:“明初,特重師傅。既命宋濂教太子,而諸王傅亦慎其選。彦良與陳南賓等皆宿儒老生。”

以德望重,韻語非其所長,然詩亦清雅而有風致。

朱彝尊《明詩綜》卷四:“長史以德望重,韻語非其所長。然如‘巴園五月收丹橘,丙穴三春饌白魚’,亦小有風致。吴江史明古爲作傳,稱孝陵嘗咏科斗云:‘池上看科斗,分明古篆文。’命長史續之，應聲曰：‘惟因藏水底，秦火不能焚。’可稱敏絶。”

陶元藻《全浙詩話》卷三十七：“國初有桂彦良清雅，後張培高古。”

按，桂彦良集今不見，其作品略存幾首，見於張豫章《四朝詩》、曹學佺《石倉歷代詩選》等集中。如張豫章《四朝詩》明詩卷十八《和陶》詩：“我生雖厄窮，墻屋亦苟完。集芳被荷衣，隱居思鷸冠。素無怨懟心，安有憂戚顔。明月照溪堂，清風隱柴關。螺杯偶獨酌，焦尾時一彈。悠悠五噫歌，遠懷梁伯鸞。庭前種梧竹，清秋共高寒。”

曹學佺《石倉歷代詩選》卷三百三十三《雙峰》：“平車晨過杜湖嶺，喜見屹立之雙峰。千里松風奏韶濩，一泓秋色潛蛟龍。仙禽古樹集梵刹，細草幽花迎竹筇。齋餘晏坐山閣静，夜深隔屋聞疏鐘。”

陳田《明詩紀事》甲籤卷十五《送顧謹中少尹赴荆州》：“曾讀皇明混一篇，焕如霞錦濯晴川。長才合置鸞坡上，秀句新傳鳳榻前。斗邑爲丞資薄禄，扁舟奉母念高年。艱難自少今成立，未必哦松讓昔賢。”

參考文獻：

1. 焦竑《國朝獻徵録》，明萬曆四十四年徐象橒曼山館刻本。

2. 徐象梅《兩浙名賢録》，明天啓刻本。

3. 萬斯同《明史》，清鈔本。

4. 朱彝尊《明詩綜》，清康熙四十四年刻本。

5. 史鑒《西村集》，清文淵閣《四庫全書》本補配清文津閣

《四庫全書》本。

6. 烏斯道《春草齋集》,民國《四明叢書》本。

7. 程敏政《皇明文衡》,《四部叢刊》景明本,上海商務印書館1919—1922年版。

8. 宋濂《宋學士文集》,《四部叢刊初編》景明正德本,上海書店1989年版。

9. 黄佐《翰林記》,《文淵閣四庫全書》本,上海古籍出版社1987年版。

(邱江寧)

王禕傳

王禕，字子充，號華川，浙江義烏人，元至治二年(1322)生。

賀復徵《文章辨體彙選》卷五百五十三鄭濟《翰林待制華川王公行狀》、徐紘《明名臣琬琰録》卷十鄒緝《翰林待制王公墓表禕》、鄭曉《吾學編・名臣記》卷二《學士王忠文公》、廖道南《殿閣詞林記》、徐象梅《兩浙名賢録》、焦竑《國朝獻徵録》、萬斯同《明史》、張廷玉《明史》卷二百八十九、項篤壽《今獻備遺》、過庭訓《本朝分省人物考》等，俱載其事迹。

按，賀復徵《文章辨體彙選》卷五百五十三鄭濟《翰林待制華川王公行狀》(以下稱《王公行狀》)："公諱禕，字子充，姓王氏，其先太原郡人。五代時節度使彦超，自會稽徙居金華之義烏，遂爲義烏人。……父良玉，常山、東陽兩縣儒學教諭，益以文學著稱。母陳氏，讀書知義理。公之生也，爲元至正壬戌十一月十七日，與山長公實同初度。前夕，山長公夢五色芝産門楣，翌日公生，識者以爲文章之兆。"按，考元季壬戌年，有至治壬戌，並無至正壬戌，故文中云"元至正壬戌"當爲"元至治壬戌"，爲1322年。

徐紘《明名臣琬琰録》卷十鄒緝《翰林待制王公墓表禕》(以下稱《王公墓表》)："禕字子克，金華義烏人。祖炎澤，考良玉，皆仕元爲學官。"按，子克當作子充。

陳霖《(正德)南康府志》卷六："王禕字子充，浙江義烏人。"

項篤壽《今獻備遺》卷四:"王禕,字子充,金華義烏人,大父炎澤夢五色芝産於門而生。"

何喬遠《名山藏》卷六十《臣林記》:"王禕,字子充,義烏人。五代本節度彦超後。祖炎澤,元石峽書院山長,有學術。父良玉爲常山教諭,讀書善辨,深《春秋》。母陳名貞,通醫藥、星筮、浮屠、老子書。禕始生時,炎澤夢五色芝産其家楣。"

幼敏慧,及長,師事黄溍,以文章名世。

鄭濟《王公行狀》:"公幼秀爽敏惠,稍長,習古學,師事侍講黄文獻公溍。是時文獻爲文章宗工,天下所師仰,然性介特,慎許可,見公所業,獨深器之,即屬以斯文之任。"

鄒緝《王公墓表》:"公少從學於侍講學士黄公溍。其爲人長身山立,屹然有偉度。"

廖道南《殿閣詞林記》卷六:"幼師同郡黄溍,與宋濂、胡翰爲友,博通群書,究極奥窔,慕司馬遷之文,探禹門,泛錢塘,涉江濤,溯震澤,久而有得。"

徐象梅《兩浙名賢録》卷十二:"幼秀爽奇敏。及長,長身玉立,屹有偉度。習古學,師事黄文獻溍。時文獻爲文章宗工,天下所師仰,然性介特,慎許可,見禕所業,獨深器之,即屬以斯文之任。"

鄧元錫《皇明書》卷三十一:"幼秀爽,長身山立,有偉度。……元末,友宋學士,師黄文獻公溍爲古學。"

何喬遠《臣林記》:"與宋濂並受學於元學士黄溍,爲高第,與濂齊名。"

萬斯同《明史》卷三百七十六《忠義傳》:"嗜學,長師黄溍爲古文,遂以文章名世。"

張廷玉《明史》卷二百八十九本傳:"及長,身長岳立,屹有偉度。師柳貫、黄溍,遂以文章名世。"

元末政亂，至正八年(1348)戊子，上書言天下時勢，不報，遂歸隱青岩。

鄭濟《王公行狀》："至正戊子，元政衰敝，公愀然閔之，乃攬天下事勢爲書七八千言上之。時宰嫌其切直，格不以聞。新安程氏以文知公爲文獻門人，讀其文，嘆曰：'青青於藍，冰寒於水，其子充之謂歟?'臨川危公素、太原郝公遠者圖、大梁段公天祐一十有二人列薦於朝，不報。濟南張文穆公起岩率翰林僚屬又薦之，亦不報。有齊琦者，得傳邵子先天數，推言天人興衰甚驗，見公嘆曰：'子充，异代人物也。'公亦知世道終不可爲，乃歸隱青岩山中，著書立言，然深自韜晦，若將有所待者。"

徐象梅《兩浙名賢録》卷十二《翰林待制王子充禕》："時元末政亂，禕乃攬天下事勢爲書七八千言上之。時宰嫌其切直，格不以聞。危素、張起岩並薦，不報。時有齊琦者，明數學，推言天人興衰甚驗。見禕，嘆曰：'子充，异代人物也。'禕亦知世道終不可爲，乃歸隱青岩山中著書，深自韜晦，若將有所待者。"

何喬遠《臣林記》："順帝末，上書數千言，時宰嫌其切直，格之。歸隱青岩山，占者齊琦見之，驚曰：'公，异代人物也，幸自愛。'"

過庭訓《本朝分省人物考》卷五十二："戊子，元政亂，禕爲書數千言，上時宰，危素、張起岩並薦，不報，隱青岩山著書。"

項篤壽《今獻備遺》卷四："弱冠，游元都，上萬言書不報，臨川危素、太原郝遠者圖等交薦之。有齊琦者，善康節數，推言天人興衰，甚有驗。見禕，嘆曰：'公，异代人物也。'禕知元室將亂，走歸，隱青岩。"

按，王禕《王忠文公文集》卷八《青岩山居記》備載青岩位置及其隱居之態度。據其文，乃在至正乙未(1355)始歸隱青岩山讀書著言："至正乙未之春，予始至焉。愛其雙澗内屬，兩山外拱，清淑之氣,若有所鍾。乃即傅氏居旁度平壤之中,買隙地數畝,結屋居之。爲屋僅三數楹間,屋外植以竹木,右偏别爲小軒,庋書其内。"

至正十八年(1358)戊戌,吴王朱元璋徵之,爲中書省掾。

鄭濟《王公行狀》:"歲戊戌,大明太祖皇帝親取婺。或以名聞,遣使徵之。公幡然喜曰:'吾聞大亂極而聖人出,齊琦之言,良足徵乎!'即日詣行在,上見大喜,署中書省掾。每商略機務,悉契上衷,益加禮敬,語必稱'子充'而不名。間與論文章,稱善。因命采故實,韵爲四言詩,以授皇太子。"

徐象梅《翰林待制王子充禕》:"戊戌,高皇帝親取婺,或以名聞。遣使徵之,禕幡然喜曰:'吾聞大亂極而聖人出,齊琦之言,良足徵乎!'即日詣行在,上見大喜,署中書省掾商略機務。上每稱'子充'而不名,間與論文章,稱善,因命采故實爲四言詩授太子。"

鄧元錫《皇明書》卷三十一:"戊戌,上定婺,遣使禮徵之,召見,大喜,署中書省掾,商機務,常字稱而不名。"

焦竑《皇明人物要考》卷二:"戊戌歲,徵署中書省掾,商略機務,上每稱子充而不名。"

過庭訓《本朝分省人物考》卷五十二:"戊戌,徵署中書省掾,商略幾務,上每稱'子充'不名,間與論文章稱善,因命采故實爲四言詩,授太子。"

陳建《皇明通紀法傳全録》卷二:"上征浙東,因胡大海薦青田劉基、浦江宋濂、龍泉章溢、麗水葉琛四賢,故遣使以書幣徵之。李文忠守金華,亦薦王禕、許元、黄天錫,上皆徵用之。"

至正二十一年(1361)辛丑,進《平江西頌》。

鄭濟《王公行狀》:"辛丑冬,上親征江西,公進《平江西頌》,上覽而喜曰:'吾固知浙東有二儒者,卿與宋濂耳。學問之博,卿不如濂;才思之雄,濂不如卿。'"

黄佐《翰林記》卷十一《進呈書詩文序》:"若進呈歌頌詩賦,則多有之。太祖平陳友諒,待制王禕進《平江西頌》,上覽之而喜曰:'吾固知浙東有二儒者,卿與宋濂耳。學問之博,卿不如濂;才思之雄,濂不如卿。'"

焦竑《玉堂叢話》卷一:"初,太祖征江西,公進《平江西頌》,上覽而喜曰:'吾固知江東有二儒,卿與宋濂耳。學問之博,卿不如濂;才思之雄,濂不如卿。"

至正二十三年(1363)癸卯,授江南儒學提舉司校理。

鄭濟《王公行狀》:"癸卯春,授江南儒學提舉司校理,未幾丁外艱。"

鄭曉《吾學編·名臣記》卷二《學士王忠文公》:"癸卯,授江南儒學提舉司校理,外艱。"

徐象梅《翰林待制王子充禕》:"癸卯,授江南儒學提舉司校理,外艱。"

過庭訓《本朝分省人物考》卷五十二《王禕》:"癸卯,授江西[南]儒學提舉司校理,外艱。"

方孝孺《遜志齋集》卷十九《待制華川王先生像序贊》:"王先生子充,在數君子中博辨通達,以文章名,上之爲吴王,授江南儒學提舉司校理。"

至正二十五年(1365)乙巳,除侍禮郎兼引進使,定議禮制,遷起居注。

鄭濟《王公行狀》:"乙巳五月,服闋,除侍禮郎兼引進使。時當創國之初,禮制多公所定。是年冬,除起居注,嘉言讜論,啓沃良多。"

焦竑《玉堂叢語》卷一:“除禮部侍郎,禮制多從公所定,除起居注,啓沃良多。”

徐象梅《翰林待制王子充禕》:“服闋,除侍禮郎兼引進使。時當創國之初,禮制多所裁定。遷起居注。”

明洪武元年(1368),出同知南康府事,改爲漳州府通判,上奏《祈天永命疏》。

鄭濟《王公行狀》:“明年戊申,爲洪武元年,南閩初入職方,以公出判漳州,公宣布德澤,復以治南康者治之。”

宋端儀《立齋閑録》卷一:“出同知南康府事。洪武元年,召入議踐祚禮,改漳州通判。”

廖道南《殿閣詞林記》卷六《贈學士謚文節王禕》:“未幾,同知南昌府事竣,召還,議郎位禮,奏對忤旨,復出判漳州府。元年五月,禕上疏,略曰:‘古帝王定天下、成大業,祈天永命爲萬世無疆計者,亦惟在乎修德而已矣。君德既修,天眷彌固,書皇天無私,惟德是輔,此之謂也。’修德之要有二:曰忠厚以存心,曰寬大以爲政。故成周以忠厚開國,故能垂八百年之基;漢以寬大爲政,故能成四百載之業。陛下資不世出,志大有爲,艱難十載,大業已成,周文武、漢高光,蓋無讓焉,今日所當急務者,惟於忠厚寬大加之意而已。”

項篤壽《今獻備遺》卷四《王禕》:“升同知南康府事,洪武元年,召還。議禮不合,出判漳州。上疏言:‘祈天永命在修德。修德之要在法天道、順人心,願寬刑威、減賦税以固國本。’上嘉納之。”

徐象梅《翰林待制王子充禕》:“丙午,出知南昌府。禕披榛莽,建府署,撫瘡殘,集徙散,收廩賢士,搜除奸蠡,經理廢壞,郡得安輯,賜黄金帶以寵勞之。丁未,召議即位禮,忤旨。洪武元年,降漳州府通判,尋上疏言:‘上天以生物爲心,雷霆霜雪有時而摶擊,有時而肅殺,然皆暫而不常,向使雷霆霜雪無時不有,則上天生物之心息矣。'"

鄂爾泰《詞林典故》卷二:"洪武時,王禕出爲南康府同知,賜金帶,出自親擢,事體不同,其降謫者不在此格也。"

洪武二年(1369),任《元史》總裁官。

鄭濟《王公行狀》:"二年,詔修《元史》。召宋公濂與公同爲總裁官。二月,入史局。公於史事雅擅其長,力任筆削之勞,一無所諉。書成,六月,拜翰林待制、承直郎,同知制誥,兼國史院編修官。公掌制代言,凡大詔令多屬焉。"

鄒緝《王公墓表》:"二年己酉,詔修《元史》,復召公還,與翰林學士宋濂同爲總裁官,遂拜翰林待制、承直郎,同知制誥,兼國史院編修官。"

鄧元錫《皇明書》卷三十一《忠節》:"洪武二年,修《元史》爲總裁官,拜翰林待制、國史院編修官。"

廖道南《殿閣詞林記》卷六:"二年六月,召修《元史》,以禕與宋濂爲總裁官,同知制誥兼國史編修。"

過庭訓《本朝分省人物考》卷五十二《王禕》:"洪武二年,召修《元史》爲總裁官。徵逸士汪克寬、胡翰、宋僖、陶凱等十六人爲纂修官,開局天界寺。徵史事擅長,裁煩剔穢,力任筆削。書成,拜翰林待制、同知制誥兼國史院編修官。"

徐象梅《兩浙名賢録》卷二十五《山東副使屠宗直叔方》:"高皇帝既定胡服,遂命宋濂、王禕等纂修《元史》。"

按,徐樹丕《識小録》卷一《言官》:"王禕斷《元史》曰:'自古國家其滅亡之道不一也,曰女寵,曰宦臣,曰權臣,曰强藩,此四者皆足以亡國而順帝兼之。四者之外尚有二,曰强宗,曰外戚。當神廟時,有識者嘗曰:"我祖宗於六者防之極密,而忽生言路一道,古之所無而今竟以敗,乃公事熹廟,時宦官之禍烈矣,然亦假手言官以成。"熊芝岡之去,亦言官馮三元、姚宗文掣其肘也。今上即位,芟除宦官如掃落葉,而言路之弊,終不可除,衰亂之流,恐畢竟在此,有識者當深長思之矣。'"

洪武三年(1370)預教大本堂,續修《元史》,十一月降爲編修。

鄭濟《王公行狀》:"三年二月,奉詔預教大本堂。公經明理達,開導訓諭,道光師儒。每召對殿廷,必賜坐,久則賜飲饍。一日在史局,渴甚,謂宋公曰:'得昨日上所賜梨漿飲之,吾渴濟矣。'中貴人竊聞之,言於上,即命賫賜之。"

過庭訓《本朝分省人物考》卷五十二《王禕》:"三年,預教大本堂,經明理達,善開導,召對殿廷,必賜坐,從容宴語。"

黄佐《翰林記》卷十六《賜飲饌》:"洪武三年二月,學士宋濂、待制兼編修王禕等奉詔,預教大本堂。每召對殿廷,必賜坐,久則賜飲膳。禕一日在史局,渴甚,謂濂曰:'得昨上所賜梨漿飲之,吾渴濟矣。'中貴人竊聞之,言於上,即命賫賜之。"

薛應旂《憲章録》卷二:"秋七月,宋濂、王禕等進續修《元史》,以卷計者,紀十,表二,傳三十有六,凡前書未備者補之……翰林學士宋濂、待制王禕失朝,降爲編修。"

黄佐《翰林記》卷五《降謫》:"三年十一月,學士宋濂、待制王禕坐失朝,降爲編修。"

廖道南《殿閣詞林記》卷六:"三年,以失朝故,與濂俱降編修。"

洪武三年(1370)出使雲南。六年十二月二十四日遇害,享年五十二。

鄭濟《王公行狀》:"在翰林未久,出使吐蕃,未達境,召還。五年正月,又使雲南,六月抵其境,見梁王君臣而諭之曰……時梁王君臣相顧駭服,已有降意。會元之遺孽,有自立於朔漠者,遣使脱脱徵粮餉,且欲連兵以拒我,覘知梁王有貳心,因以危言,必欲迫梁王殺我使,以固其意。時梁王持兩可不決,因匿公於民間,脱脱聞之愈責誚。梁王不得已,以公出見之。脱脱欲以威屈,公慷慨罵曰:'天訖汝元命,我朝實代之,汝如爝火餘燼,尚欲與日月争光耶?我將命遠來,豈爲汝屈?今惟有死而已,寧以迫脅爲懼耶?'顧謂梁王曰:'汝朝殺我,大兵夕至矣。'遂被害,時六年癸丑臘月二十四日也,享年五十有二。"

廖道南《殿閣詞林記》卷六《贈學士謚文節王褘》:"使招土番,未至,復召還。五年正月,遣褘偕蘇成奉詔雲南。……時有元遺孽自立於沙漠者,遣使托克托徵糧雲南,且欲連師以拒我,知褘説梁王,欲屈以威,褘罵曰:'天訖汝元命,我明代之,汝知爝火未盡,敢與日月争光乎?'顧謂梁王曰:'汝朝殺我,大兵夕至矣。'遂被害,時六年十二月二十四也,卒年五十二。"

按,王褘《王忠文公文集》卷二《庚戌七月十五日離南京作》:"秉筆侍鑾坡,兩載嘗禁臠。既紬金櫃藏,亦掌絲綸演。涣汗慚敷揚,直書愧褒貶。才疏職匪任,性僻迹如懶。方期竭鄙能,忽爾蒙嚴遣。左遷責已輕,西邁程頗遠。得灾或无妄,止謗在不辨。洪造本至仁,薄命信多蹇。渡江心摇摇,戀闕情宛宛。行矣復何言,賜環諒非晚。"

何喬遠《名山藏》卷二:"元王子把剌瓦爾據雲南,未服,遣翰林待制王褘招諭之,元王子欲屈褘,褘不屈,死之。"

洪武二十三年(1389)謚文節。

鄭濟《王公行狀》:"洪武二十三年,贈翰林學士奉議大夫,謚文節。正統間改謚忠文,成化間賜祭立祠於雲南府城東,有司秩祭。"

鄂爾泰《(雍正)雲南通志》卷十八:"二十二年,贈翰林學士奉議大夫,謚文節。正統間改忠文,成化間賜祭立祠,命有司春秋致祭。"

按,陳建《皇明通紀法傳全録》卷十:"至建文而侍制王禕得謚文節矣,文臣之有謚自禕始也,其謚小臣者亦自禕始。"

鄧元錫《皇明書》卷三十一:"五年,以翰林待制奉詔往招諭雲南……遂遇害,瘞於地藏寺。比子紳字仲縉,博學有行,建文時爲國子博士,請恤典,謚文節。正統中,加贈翰林學士,謚忠文。"

陳建《皇明從信録》卷十一:"開國以來,文臣無謚,自禕始,以其子紳爲之請也。"

鮑應鰲《皇明臣謚彙考》卷上:"王禕待制,贈學士,初謚文節,正統年改謚。臨患不忘國,勤學好問。浙江義烏縣人。"

王世貞《弇山堂别集》卷七十《謚法考序》:"洪武之尚爲吴也,諸功臣死事及有勞而夭者,皆榮公侯之爵而傳之謚,終高帝世,文臣弗得也,武臣即都督弗贈侯伯弗得也。至建文,而待制王禕得謚文節矣。文臣之有謚自禕始也,其謚小臣者亦自禕始。"

一生跨越元、明,交游縉紳才俊。

按,王禕爲人積極用世,無論奔波於元季縉紳名流之間,還是爲吴王朱元璋所用,再入明爲翰林,所交游師友同僚,多爲其時才俊,尤其與婺州文人諸如宋濂、胡翰、戴良輩,同門同鄉之誼,尤多文述。

與貢師泰。王禕至正九年有《上京大宴詩序》:"禕微賤,不獲奔奏廁諸公之列,竊推本作者之意以爲詩序。詩自宣文閣授經郎貢公爲倡,賡者若干人,總凡若干首。"(《王忠文公文集》卷六)至正間《宣城貢公文集序》:"公之文章實追韓、歐之法,其於政事不猶陸、范之志哉!抑非韓、歐不施於政事,而陸、范不著於文章也。就其所長合而求之,斯爲善論公者矣。夫讀其文,必也論其人;求其人,必也論其世。故禕序公之集,因得以具述焉。"(《王忠文公文集》卷六)至正二十三年《送貢公守平江序》:"禕,草澤之人而有當

世之志，於公之行，因區區一言之。公平日知褘爲最厚，將以其言爲不佞矣夫。”（《王忠文公文集》卷七）

與陳基。《王忠文公文集》卷一《思親賦》：“天台陳君敬初，幼孤，事母盡孝，壯歲遠游，所寓之室，因名曰白雲，著思親也。吾内翰黄先生既爲作白雲之辭，同門友王褘復造斯賦焉。”

與顧瑛。《王忠文公文集》卷十七有《采芳辭題顧仲英緑波亭》。

與劉基。《王忠文公文集》卷七《郁離子序》：“先生是書，雖寓言居多，然其於天地、陰陽、性命、道德、世運、政治、禮樂、法度之際詳矣。揆之聖人之道，蓋所謂不悖焉者，固不特言語之工而已，此其有不傳者歟！”

與宋濂。《王忠文公文集》卷五《宋景濂文集序》：“吾友宋君景濂，早受業立夫氏，而私淑於吴氏、張氏，且久游柳、黄二公之門，間又因許氏門人，以究夫道學之旨。其學淵源深而培植厚，故其爲文富而不侈，核而不鑿，衡從上下，靡不如意。其所推述，無非以明夫理，而未嘗爲無補之空言。苟即其文以觀其學術，則知其足以繼鄉邦之諸賢，而自立於不朽者遠矣。景濂既不求用於世，而世亦未有以用之，其於文章，尤自愛重，不輕以示人。以褘辱有同門之雅，間出其所著，俾有以序之。褘聞朱子序廣漢張子之文，謂其不知年數之不足，是以學日新而無窮，其見於言語文字之間，始皆極於高遠，而卒反就於平實。嗚呼，不自滿足而勉焉不息者，聖賢之爲學也！自高遠而底於平實，則其學之所至，豈不較然矣乎！褘輒誦是以序景濂之文，以致吾區區之意，且因以自厲焉。”

與胡翰。《王忠文公文集》卷七《送胡先生序》：“先生資器卓絶，自許公、柳公而下，皆及師友之。博考精思，封殖深固。其言明潔雋健，善自馳騁，用以雄文奥學，著聞東南。然素無仕進意，今宰臣雅重其名，遣使聘之而重煩以政，乃授三衢郡文學。褘竊告之曰:'師道之不立久矣,况比年以來,海寓多故,惟干戈是尋。而禮樂俎豆之事,廢不復講。然碩果不食,君子無終窮之道。主教一郡,雖其職非顯榮,而斯道之作興係焉。'"

與戴良。《王忠文公文集》卷七《浦陽戴先生詩序》:"叔能之詩,質而敷,簡而密,優柔而不迫,冲淡而不携,庶幾上追漢魏之遺音,其復自成一家者歟!蓋柳公學於方公,而叔能師事柳公爲最久,淵源之懿,信不可誣。禕嘗讀其詩而爲之言曰:'《三百篇》而下,莫古於漢魏,莫盛於盛唐,齊梁、晚唐有弗論矣。今而浦陽之詩實有之,叔能之詩其傳也必矣。'嗚呼,世有知言者,其以吾言爲足徵也哉!"同卷《天機流動軒記》:"浦陽戴叔能氏所居之軒曰'天機流動'者,東陽陳先生樵、金華胡先生翰既皆爲之記。叔能且謂其友烏傷王禕曰:'子能復爲我一言乎?'……禕也於學,蓋有志焉,而鹵莽滅裂,不能從叔能游於高明之域,輒誦所知如此,以復叔能。叔能之所與游而密者,宋先生濂,亦禕之所師友焉者也,儻過叔能,幸爲相與訂定之。"

與練伯上。《王忠文公文集》卷五《練伯上詩序》:"伯上與予同官,爲左右史,相知也厚。"卷九《緯蕭軒記》:"丹邱子走見金華生曰:'臨江君之名吾軒也'……丹邱子者,王復本;臨江君者,練伯上;金華生,王禕子充也。"

纂輯《大事記續編》七十七卷。

王禕《王忠文公文集》卷八《大事記後記》:"東萊先生吕成公躬任斯道之重,諸經既皆有所論著,而於史學尤長。其用古策書遺法作《大事記》,誠史家之大法也。當時朱文公蓋深服之,謂自有史策以來,無如此書之奇者。初,公爲是書務存古意,故其與解題各自爲書。今用《春秋》經傳相附之例,以解題附見於各條之下,雖知非公之本意,而庶幾習其讀者獲便於觀覽,間竊以臆見,復加搜輯,而補其一二，不韙之罪，則固所不敢逃也。”

何喬新《椒邱文集》卷十八《跋大事記續編》：“《大事記續編》凡七十七卷，翰林待制金華王公子充所著。……其著此書，蓋以續東萊吕公所未就者也。”

祁承㸁《澹生堂藏書目》卷四：“《大事記續編》二十四册，七十七卷，王忠文公褘。”

丁丙《善本書室藏書志》卷七：“《大事記續編》七十七卷，明成化刊本，金華王褘子充著。”

著作宏富，至今傳之。

鄭濟《王公行狀》：“所著有《華川前後集》二十五卷，《玉堂雜著》二卷，《詩》五卷，《續東萊大事記》七十九卷，並藏於家。”

按，《四庫全書》之《王忠文集》卷首提要：“《王忠文集》二十四卷，明王褘撰。褘字子充，義烏人，官至翰林待制，使雲南梁王，殉節死，事迹具《明史》本傳。是集前十二卷，舊題鄱陽劉傑編輯，廬陵劉同校正；十三卷以下，則編輯者改題同，校正者改題傑，意二人各刊其半歟？傑即正統六年爲義烏丞，時表褘之忠於朝，得贈官賜謚者也。褘有《華川前集》十卷，《後集》十卷，此本卷端胡翰、胡行簡二序皆爲前集作，宋濂、蘇伯衡二序皆爲後集作，其楊士奇一序則爲此本作也。”

徐開任《明名臣言行録》卷四：“著有《華川前後集》《玉堂雜著》《續東萊大事》。”

孫能傳《内閣藏書目録》卷三：“《王忠文公文集》十二册全，正統間學士王褘著。”

萬斯同《明史》卷一百三十四：“王褘《造邦勛賢略》一卷。”

祁承㸁《澹生堂藏書目》：“《造邦勛賢略》一卷，王褘著。《王氏叢録》一卷，王褘著。”

嵇璜《續通志》卷一百六十:“《青岩叢録》一卷,明王褘撰;《華川卮辭》一卷,明王褘撰。”

作文主張以經爲本,文史合一。

王褘《王忠文公文集》卷五《贈陳伯柔序》:“有元以來,大江之西有二大儒焉,曰吴文正公、虞文靖公。文正之學,主於爲經,其於群經悉釐正其錯簡,折衷其疑義,以發前儒所未發而集其成,討論該洽,封殖深固,視漢儒之顓門名家者有間矣。文靖之學主於修辭,其於文辭,養氣以培其本,知言以極其用,凡以載斯道而傳之世,故其羽翼聖教,黼黻人文,卓然爲一代之所宗,而自成一家之言者也。二公之學,雖其徑庭有若异向,然要皆聖賢之爲道,其趨一而已矣。後學之士,烏可妄議乎哉!方二公之講學也,天下學者翕然師之,從而游者衆矣。而以里中子受業其門者,有陳君伯柔焉。伯柔之學,爲經則推本於文正,修辭則取法於文靖,淵源之所自,誠有不可誣者。以余所交二公之門人如伯柔者,何其不多見也。於是二公不可作矣。故余獲交於伯柔,不异聆緒論、挹聲光於二公之門,不知生世之晚也。”

同卷《與朱元會文集序》:“苟爲文者不明諸理,而徒欲驅駕以氣,馳騁以辭,氣有不餒而辭有不蹙者,未之有也!故曰:文以理爲主,理明矣,氣不求充而自充,辭不求達而自達,而始足以言文矣。”

《王忠文公文集》卷二十《文原》:“道與文不相離,妙而不可見之謂道,形而可見者之謂文。道非文,道無自而明,文非道,文不足以行也。是故文與道非二物也,道與天地並文,其有不同於天地者乎!載籍以來,六經之文至矣,凡其爲文,皆所以載夫道也。”

《王忠文公文集》卷十九《文訓》:“吾聞天地之間有至文焉,子豈嘗知之乎?夫雲漢昭回,日星宣朗,烟霞捲舒,風霆鼓蕩者,天文之所以暢;山岳錯峙,江河流行,鳥獸蕃衍,草木茂榮者,地文之所以成。天地之文不能以自私,誕賦於人,人則受之。故聖賢者出,以及瓌人畯士相繼代作,莫不大肆於厥辭。蓋自孔氏以來,兹道大闡,家修人勵,致力於斯。其間鞠明究曛,疲弊歲月,刓精竭思,耗費簡札者,紛趨而競馳,孰不欲争裂綺綉,斥攀日月,高視萬物之表,雄峙百代之下,卓然而有爲?然而躑躅而不進,骪骳而不振,思窮力蹷,吞志而没者,往往而是。而能登名文章之籙者,其實無幾。則所謂至文者,固夫人所罕知。是故文有大體,文有要理。執其理則可以折衷乎群言,據其體則可以剸裁乎衆制。然必用之以才,主之以氣,才以爲之先驅,氣以爲之内衛。推而致之,一本於道,無雜而無蔽。惟能有是,則統宗會元,出神入天,惟其意之所欲言而言之,靡不如其意,斯其爲文之至乎?"

《王忠文公文集》卷二十三《祭黄侍講先生文》:"公學博而操則約,力弘而造則微,統一聖真,融貫理奥,不大聲色,任斯道而委蛇。故其形於文章,譬如周廷重器,圭璧鼎敦,分置離列,蓄光采而嚴等威;又如漢廷老吏,持法精謹,引經傅古,以斷獄而决疑。性靈以之而發舒,造化以之而補裨,聖賢經傳以之而羽翼,古今事理以之而綱維。公之名世者,人皆知其出此。"

作詩主張復古,尚平實流麗之風。

《王忠文公文集》卷五《練伯上詩序》:"元初承金氏之風,作者尚質樸而鮮辭致,至延祐、天曆,豐亨豫大之時,而范、虞、揭以及楊仲弘、元復初、柳道傳、王繼學、馬伯庸、黄晉卿諸君子出,然後詩道之盛,幾跨唐而軼漢,此又其一變也。然至於今未久也,而氣運乖裂,士習遽卑,争務粉繪鏤刻以相高,效齊梁而不能及。伯上於斯時,獨不移於流俗,益肆其學而昌於詩,藹然和平之音,有融暢之工,無藻飾之態,凡出處離合、歡欣憂感、跌宕抑鬱之思,無不托於是焉,此所以自成其家而無愧也。余嘗聞之楊公之言曰:'詩當取材於漢魏,而音節以唐爲宗也。'黄公之言曰:'詩貴乎平實而流麗也。'嗟乎,言詩之要,無易於此矣!讀伯上之詩者合二公之言而求之,則其爲詩可得而識也。"

文章宏麗沉雄,自成一家。

《王忠文公文集》卷首宋濂《華川後集序》:"其幼時所爲文,幅程廣而運化弘,光焰燁燁起諸公間,譬之構厦屋者,揣材甚夥而基緒亦以廣矣。及齒逾弱齡,輒出游浙東西,復渡江涉淮,歷齊魯之墟,至燕代而休焉。所見喬岳長河,摩日月而蕩雲烟,精神翕然與之冥會。故其爲文波浪涌而魚龍張,風霆流而雨雹集,五采競明而十日並照。譬之臺閣已建,楹礎駢列,觚棱高騫,而氣象益以沉雄。薦紳之徒咸以爲不可企仰,而子充自視則猶欿然也。於是退藏重山密林中,愈沉酣於古,而密體於方。今凡天人之理,性命之奥,皆肆其玄覽而養厥靈,淳其學,遂底於成,而年亦已逾四十矣。故其爲文渾然天成而條理弗爽,使人挹之而逾深,味之而弗竭。其平日華綺豪放之習,至是刊落殆盡。譬之堂戺嚴邃,左俎豆而右瑟琴,鴻生巨夫,冠冕珮玉,雍容揖遜於其間,而閭巷布韋之士欲望其餘光,有不可得。非其一而弗二,密而不繁,而造夫精醇之域者,其孰能與於此哉!"

鄭濟《王公行狀》:"於經史百氏無不究其極,其爲文宏麗沉雄,機軸貫綜,自成一家言,天下大夫士争傳誦之。"

鄒緝《王公墓表》:"公學問深粹,博覽經籍兼綜百家,與胡翰、宋濂俱以文章名江南,三人之交相上下,而公之才氣尤雄遠。其文章簡而嚴,深而肆,跌宕閎偉,卓然鮮儷,蓋自宋元諸君子之後,所以振起斯文者,公與胡宋二人實爲之首也。"

焦竑《玉堂叢語》卷一:"學士王忠文公禕,字子充,義烏人。文章宏麗沉雄,自成一家。"

胡鳳丹《退補齋詩文存》卷三《王忠文公集序》:"儒讀聖賢書,欲以輔翼世教,模範人倫,則文章、節義,二者均不朽。而兼此者,或代不數人,或數代不得一人,蓋其難也。吾於忠文見之矣。公學有淵源,師黄友宋,其爲文醇樸宏肆,下筆千言,如雷驚電激,濤涌波回,讀者舌撟而不敢下,莫不嘆爲極文章之鉅觀。不知公之文章、公之節義爲之也。惟其浩然之氣,以直養而無害,故其發於文者,磊磊落落,適肖乎其衷之所藏而不能掩。觀公之銜命滇南,義不屈辱,卒以身報高廟,特達之知,至今凛然有生氣。然則公即不以文章著,而其争光日星者,固自若也,又况其文之足以信今傳後耶! 如公者,古何人哉,古何人哉!"

《四庫全書總目》卷一百六十九《王忠文公集》提要:"禕師黄溍,友宋濂,學有淵源,故其文醇樸閎肆,有宋人軌範。濂序稱其文凡三變:初年所作,幅程廣而運化宏;壯年出游之後,氣象益以沉雄;暨四十以後,乃渾然天成,條理不爽。可謂知禕之深矣……集中多代擬古人之作,蓋學文之時,設身處地以殫揣摩之功。宋代諸集,往往有此,亦未以游戲譏焉。"

參考文獻:

1. 王禕《王忠文公文集》,明嘉靖刻本。
2. 張廷玉等《明史》,中華書局 1974 年版。
3. 焦竑《國朝獻徵録》,明萬曆刻本。
4. 廖道南《殿閣詞林記》,明嘉靖刻本。
5. 徐象梅《兩浙名賢録》,明天啓刻本。
6. 過庭訓《本朝分省人物考》,明天啓刻本。
7. 徐紘《明名臣琬琰録》,明鈔本。

8. 何喬遠《名山藏》,明崇禎刻本。

9. 胡鳳丹《退補齋詩文存》,清同治十二年退補齋鄂州刻本。

10. 徐樹丕《識小録》,涵芳樓秘笈景稿本。

11. 程敏政《皇明文衡》,《四部叢刊初編》景明嘉靖刊本,上海書店1989年版。

12. 賀復徵《文章辨體彙選》,《文淵閣四庫全書》本,上海古籍出版社1987年版。

(邱江寧)

吴沉傳

吴沉，字濬仲，元禮部郎中吴師道子，浙江金華蘭溪人，生年不詳。

黄佐《東閣大學士吴公沉傳》（黄佐《南雍志》卷二十三、焦竑《國朝獻徵録》卷十二《内閣一》）、過庭訓《本朝分省人物考》、鄭曉《吾學編》"名臣記"、徐象梅《兩浙名賢録》、雷禮《國朝列卿紀》、李贄《續藏書》"開國名臣"、張萱《西園聞見録》、錢謙益《列朝詩集》、張廷玉等《明史》、王崇炳《金華徵獻略》等，俱載其事迹。

按，吴師道《禮部集》卷二十《吴氏家述》："吴氏散居江浙間者，乃太伯公族之裔也，世遠譜亡，不可稽考。吾家高祖府君諱杞，自衢徙來蘭溪。"

黄佐《南雍志》卷二十三《東閣大學士吴公沉傳》："吴沉字濬仲，金華蘭溪人。父師道，元禮部郎中，博涉群書。其爲文多尊信朱、吕、何、王、金、許之學，沉嗜學有文，克世其家。"

又按，"吴沉"，"沉"與"沈"通，《明史》有兩處作"吴沈"者：其一，《明史》卷五十三《禮志七》："明洪武十四年，給事中鄭相同請如古制，詔下群臣議。編修吴沈等議曰：'東宫國之大本，所以繼聖體而承天位也。臣子尊敬之禮，不得有二。請凡啓事東宫者，稱臣如故。'從之。"其二，《明史》卷九十七《藝文志二》著録有"吴沈，《千家姓》一卷"。然《明史》其他處作"吴沉"，本傳亦作"吴沉"。考吴師道諸子之名,吴師道有男二人,長子吴深,次子即吴沉,究其取名之意亦應作“沉”。

又按,據戴良《九靈山房集》卷七《山居稿》爲吴沉之兄吴深作《吴原伯哀辭有序》,其兄吴深元至治元年(1321)生,吴沉生年當在至治二年(1322)後。

徐象梅《兩浙名賢録》卷十四《輔弼》、雷禮《國朝列卿紀》卷七、王崇炳《金華徵獻略》卷十二《文學傳》亦有關於吴沉事迹的相似記載。

元季,累徵縣學訓導,辭不就。

黄佐《東閣大學士吴公沉傳》:“累辟爲縣學訓導,不就。”

雷禮《國朝列卿紀》卷七:“累徵爲縣庠訓導,辭不就。”

李贄《續藏書》卷二《開國名臣》:“國初,舉爲縣學訓導,疾辭。”

至正十八年(1358),爲寧越府郡學訓導。

陳建《皇明通紀集要》卷二:“十二月師至蘭溪……改婺州路爲寧越府……以王宗顯知寧越府事。命宗顯開郡學,延儒士葉儀、宋濂爲五經師,戴良爲學正,吴沉、徐原爲訓導。時喪亂之餘,學校久廢,至是始聞弦誦之聲。”

《明史》卷一百三十七本傳:“太祖下婺州,召沉及同郡許元、葉瓚玉、胡翰、汪仲山、李公常、金信、徐孳、童冀、戴良、吴履、孫履、張起敬會食省中,日令二人進講經史。已,命沉爲郡學訓導。”

洪武十二年(1379),郡以博學儒士進,除翰林國史院待制,與太祖多有治國之議論。十二月降爲編修。

黄佐《東閣大學士吴公沉傳》:“洪武十二年十月,郡以博學儒士舉至京師,誤上其名曰信仲。既除翰林國史院待制,謂修撰王釐曰:‘名既誤矣,冒昧而不更,是欺罔也。’釐以國法方嚴,恐觸犯天威，固止沉。沉不從，毅然往吏部告請改正，部以上聞，高皇帝喜曰：‘是誠恪人也。’遂眷遇之。十一月甲午朔，上觀《漢紀》，顧謂沉曰：‘人君理財之道，視國如家可也。一家之内，父子不异貲，其父經營儲蓄未有不爲子計者；父子而异貲，家必隳矣。君民猶父子也，若損民以益君，民衣食不給而君獨富，豈有是理哉？’丁酉，上論持身保業之道，又謂沉曰：‘人當無所不謹事，雖微而必慮行，雖小而必防。不慮於微，終貽大患；不防於小，終虧大德。謹小行而無已者，則可以成大善；忽細事而不戒者，則必至於成大惡。常人且然，况人君乎？’沉對曰：‘聖慮及此，誠社稷永安之道。’上曰：‘安生於危，危生於安，安不克慮，則能致危，危而克慮，則能致安，在於能謹與否爾。’上御奉天門，視朝畢，又謂沉曰：‘人君治天下，進賢、納諫二者，真切事也。’沉曰：‘求之於古克行者鮮矣，是故亂日常多，治日常少。’上曰：‘使其真知賢者能興其國，何有不好？真知諫者在於忠己，何有不納？惟其知之不真，是以於己難入，若誠能好賢，則不待招來，而賢者自至；誠能納諫，則不待旌賞，而諫者畢來。’沉曰：‘陛下之言及此，國家興治之要也。’未幾，奏對錯誤，降爲編修。”

黄佐《翰林記》卷三載：“十年，上聞金華儒士吴沉名，侍臣復薦之。十月召見，稱旨，以爲待制。”

按，黄佐既有《東閣大學士吴公沉傳》，又有《翰林記》叙録吴沉事迹。考兩處叙述内容，當是洪武十年，朱元璋聽聞吴沉之名，於是金華郡府官員將其名報上，其間將吴沉之字“濬仲”誤作“信仲”。而吴沉於洪武十二年十月進京後，任翰林待制，改正其名，得到朱元璋認可，并多有問對。

徐象梅《兩浙名賢録》卷十四《輔弼》、雷禮《國朝列卿紀》卷七、《明史》卷一百三十七有類似記載。

《御選明詩》卷一朱元璋《鍾山賡吴沉韵》：“嵯峨倚空碧，環山皆拱伏。遥岑如劍戟,邇洞非茅屋。青松秀紫崖,白石生玄谷。岩畔毓靈芝,峰頂森神木。時時風雨生,日日山林沐。和鳴盡啼鶯,善舉皆飛鵠。山中道者禪,隴頭童子牧。試問幾經年,答云常辟穀。”

洪武十三年(1380),復爲翰林國史院待制,又降爲編修。

黄佐《東閣大學士吴公沉傳》:“未幾,奏對錯誤,降爲編修。十三年六月乙亥,復以爲待制。甲申復降編修。”

雷禮《國朝列卿紀》卷七:“十三年六月丁卯,復以爲待制。沉薦教授童冀、儒士吴慎,遣使徵之。”

洪武十四年(1381),奏東宫亦當以爲尊。

黄佐《東閣大學士吴公沉傳》:“十四年冬十月辛酉,給事中鄭相同奏言:‘尊無二上,稱臣於東宫,是並所尊矣。’沉駁之曰:‘東宫,國之大本,所以繼聖體承天位者也,臣子尊敬之禮,安得有异?’請凡啓事東宫如舊制,上從之。”

雷禮《國朝列卿紀》卷七:“十四年冬十月辛酉,給事中鄭相奏言:‘尊無二上,稱臣於東宫,是並所尊矣。’沉駁之曰:‘東宫,國之大本,所以繼聖體承天位者也。臣子尊敬之禮,胡得而异焉?’請凡啓事東宫如舊制。上從之。”按,據黄佐、徐象梅等記,給事中乃指鄭相同,此作“鄭相”,誤。

《明史》卷一百三十七本傳:“給事中鄭相同言:‘故事,啓事東宫,惟東宫官屬稱臣,朝臣則否。今一體稱臣,於禮未安。’沉駁之曰:‘東宫,國之大本。尊東宫,所以尊主上也。相同言非是。’帝從之。”

徐象梅《兩浙名賢録》卷十四“輔弼”亦有類似記載。

洪武十五年(1382),奏對失旨,留爲翰林典籍,再爲東閣大學士。

黄佐《東閣大學士吴公沉傳》:“十五年三月,復坐奏對失旨,降渭源縣學教諭,未行,留爲翰林典籍。十一月戊午,以爲東閣大學士。”

徐象梅《兩浙名賢録》卷十四:“俄以進講後期,考功監劾其怠於職事,降侍書,尋改國子博士。”

雷禮《國朝列卿紀》卷七:“十五年十一月戊午,乃以爲東閣大學士。”

鄧元錫《皇明書》卷一:“詔復開科取士,設殿閣大學士。以劉仲賢、吴伯宗、宋訥、吴沉爲華蓋、武英、文華殿大學士,徵耆儒鮑恂、余銓、張長年、全思誠爲文華殿大學士,恂等辭不拜。”

沈德符《萬曆野獲編》補遺卷二《閣臣事寄》:“高皇帝自丞相胡惟庸謀逆,革中書省,置四輔官,秩從一品,以代丞相。至洪武十五年,以王大中敗事,革四輔,置殿閣大學士,以備顧問。劉仲質爲華蓋殿,吴伯宗爲武英殿,宋訥爲文淵閣,吴沉爲東閣,俱稱大學士。十八年朱善又爲文淵閣,蓋太祖朝所拜大學士止此矣。”

陳建《皇明通紀集要》卷七:“上嘉東閣大學士吴沉德業文學之美,命畫工繪其象賜之,以示褒寵。”

洪武十六年(1383),進《精誠録》,以進講後期降爲國子博士,著兵書《六經師律》。嘗論孔子封王爲非禮。

黄佐《東閣大學士吴公沉傳》:“十六年二月己丑,沉進《精誠録》。先是上將享太廟,致齋於武英殿。召沉等謂之曰:‘朕閲古昔聖賢書,其垂訓立教,大要有三:曰敬天,曰忠君,曰孝親。君能敬天,臣能忠君,子能孝親,則人道立矣。然其言散在經傳,未易會其要領,爾等宜類編三事爲書。’至是書成,上覽而善之,命沉撰序。六月,上御謹身殿,沉進講《周書》‘至國則罔有立政用憸人’。……八月丙戌,以進講後期,考功監劾其怠於職事,降侍書,尋改爲國子博士。是時,文治大興,沉獨謂兵不可廢,因言《武經七書》多依托之言,惟《司馬法》與《孫吴》爲可信。……閒嘗以《易》《詩》《書》《禮》《論》《孟》諸經詞義有涉於師征者,輯而類之,定爲五篇:一曰《兵象》,二曰《兵用》,三曰《兵禮》,四曰《兵詩》,五曰《兵訓》,總而題之曰《六經師律》。其論兵禮,尤爲確言。……初,沉家食時,已草創是編,及官成均,乃與諸生訂正以傳焉。"

陳全之《蓬窗日録》卷四《兵禮》載:"東閣學士吴沉曰:'愚讀《周官》之書,未嘗不嘆夫聖人之於兵政何其詳也,蓋兵之設久矣。唐虞之前不見於經,而唐虞之際,則士師之官,實掌之士刑官也。兵者,刑之大者也,古人所謂'大刑用甲兵'是也。蠻夷猾夏,寇賊奸宄,此豈象刑之所能盡服哉?兵藏於田賦,徒衆主於司徒,軍師之禮領於秩,宗虞則馬政之司,而共工則軍械之所出也。故兵雖無專官,而事初未嘗廢焉。'"

雷禮《國朝列卿紀》卷七:"十六年二月,上將享太廟,沉進《精誠録》。先是上謂沉曰:'朕閲古昔聖賢,其垂訓立教,大要有三:曰敬天,曰忠君,曰孝親。君能敬天,臣能忠君,子能孝親,則人道立矣。然其言散在經傳,未易會其要領,爾等其以三事以類編輯。'至是書成,上覽而善之,命沉撰序。三月,沉因講《周書》至'國則罔有立政用憸人'。……八月丙戌,以進講後期,降侍書,尋改博士。"

徐象梅《兩浙名賢録》卷十四:"是時,文治大興,沉獨謂兵不可廢,因言《武經七書》多依托之言,惟《司馬法》與《孫吴》爲可信。昔者齊威王與其大夫追論古司馬兵法,附以用穰苴之説,今所傳者,非齊之全書,宜《孫吴》之盛行也。聖人之兵,昭文德而威不軌者也,所以生人也,非殺人也;禦亂也,非爲亂也;尚義也,非尚詐也。孫子曰:'兵,詭道也。'吾恐非聖人意也。閒嘗以《易》《詩》《書》《禮》《論》《孟》諸經詞義有涉於戎事者,輯而類之,定爲五篇,一曰《兵象》,二曰《兵用》,三曰《兵禮》,四曰《兵詩》,五曰《兵訓》,總而題之曰《六經師律》。又嘗著論以孔子封王爲非禮。其後布政使夏寅、祭酒丘濬皆以封孔子王及謚爲非禮，卒去號稱師，正數千年之謬誤者，沉倡議之力也。”

李贄《續藏書》卷二《開國名臣》：“嘗著辯，言孔子封王爲非禮，自是布政使夏寅、祭酒丘濬皆以封孔子王及謚爲非禮矣。”

《明史》卷一百三十七本傳：“沉嘗著辯，言‘孔子封王爲非禮’。後布政使夏寅、祭酒丘濬皆沿其説。至嘉靖九年，更定祀典，改稱‘至聖先師’，實自沉發之也。”

洪武十九年(1386)七月，以老乞致仕，卒。

黄佐《東閣大學士吴公沉傳》：“十九年七月丁丑，以老疾乞致仕，許之，遂卒。沉富蓄遠覽，志負經濟，三進三黜而無喜愠，人以此多之。”

過庭訓《本朝分省人物考》卷五十二：“十九年七月丁丑卒。沉富蓄遠覽。嘗因奏對誤遷渭源教諭，未行，改典籍，陟大學士。考功監劾其怠事，降侍讀，終博士。三仕三已，無喜愠，人以此多之。”

雷禮《國朝列卿紀》卷七：“沉富蓄遠覽，嘗因奏對誤，遷渭源教諭，未行，改典籍，陟大學士。考功監劾其怠事，降侍讀，終博士。三仕三已，無喜愠，人以此多之。”

李贄《續藏書》卷二《開國名臣》：“十九年秋致仕。”

按，明末關於吴沉之死，逐漸有其他説法。

錢謙益《列朝詩集》甲集卷十四：“後以懿文太子故，被讒死於獄，朝野憐之”。

徐開任《明名臣言行録》卷四：“後以懿文太子故，被讒死於獄。”

嵇曾筠《(雍正)浙江通志》卷一百八十一：“以文學被寵眷，官至東閣大學士，禮遇亞於宋濂，後以讒死”。

又按,王崇炳《金華徵獻略》卷十二《文學傳》:"沉以文學膺寵眷,官至東閣大學士,禮遇亞於宋濂。以懿文太子故,宫人讒之,下獄,竟死。時沉已歸隱蘭之尹源,械繫至京,太子營救不能免,朝野傷之。論曰:明初金華有魁儒者五人,曰宋景濂、王子充、胡仲申、蘇平仲、吴濬仲。惟仲申以不仕獲全。子充殺身成仁,可謂克終,餘則皆死於罪。拔茅彙征,駢首受戮,群儒之劫。適丁泰運,千古而下,爲之吁嘆。"

與詹同、宋濂、劉基等並有時名。

何喬遠《名山藏》卷十一《臣林記》:"蓋一時翰林學士,同與宋濂、吴沉、樂韶鳳並有時名,號詹、吴、樂、宋。"

姚希孟《沆瀣集》卷四《治統》:"高皇帝辨色視朝,日高始退,至亭午而黼座載臨,應手剸决,即以其餘晷,與侍臣披衷娓娓。無論當時艱難,帷幄如善長、如基、如濂輩,昕夕造膝,不异家人父子。即大寶既定,簾陛森隔,而侍從若詹同、吴沉之屬,時奉傳宣,講求理道,琅琅謨訓,史不勝書。"

嘗薦方孝孺。

焦竑《熙朝名臣實録》卷五鄭曉《文學博士方公孝孺》:"洪武十五年,以吴沉、揭樞薦,召見。"

編撰《精誠録》《千家姓》等。

程敏政《明文衡》卷五吴沉《進千家姓表》云:"臣等謹稽諸史牒質之圖籍,旁搜博訪,類萃成編,約爲韵語。凡爲姓一千九百六十有八名,曰《千家姓》。繕寫呈上,極慚膚淺,未能悉備。萬幾之暇,得賜覽觀,刊布四方,以便初學習讀。天下之人有以知聖朝土地廣大,人民衆盛,恩德深厚,而思各保其族於悠久,以同躋仁壽之鄉也。洪武十四年五月朔日。”

按，項篤壽《今獻備遺》卷五：“十六年進《精誠録》三卷，上命沉爲叙。時撰《千家姓》，沉爲表進。”

孫能傳《内閣藏書目録》卷一：“《精誠録》一册，全。洪武十五年大學士吴沉奉撰進。一敬天，二忠君，三孝親，皆取諸經格言編集，成書賜名《精誠録》。”

廖道南《殿閣詞林記》卷三《東閣大學士吴沉》：“予觀沉所進《精誠録》，其學粹乎正矣。至論小人不可用，斷斷乎其爲確論也。金華之學，沉亦可取矣。贊曰：‘於乎君子，浙水之英。奇氣涣發，正學端純。精誠有録，格於皇天。天心克享，秉志彌堅。三仕三黜，喜愠不形。於乎君子，浙水之英。’”

嵇曾筠《(雍正)浙江通志》卷一百八十一：“嘗撰《千家姓》進御，及所著有《應酬稿》《瀫川集》等書。”

祁承㸁《澹生堂藏書目》：“《千家姓》一卷，一册，吴沉編。”

吴沉詩風琅琅軒軒，自有氣質。

錢謙益《列朝詩集》甲集卷十三：“東閣詩有‘風清霧捲明東壁，野迥天垂出太行。星環太乙尊黄道，日麗層霄映翠華。九成殿上飛金雀，萬歲山中舞碧鸞’之句，皆應制中琅琅者也。”

《(嘉慶)蘭溪縣志》卷十八《次韵題元常觀壁》：“杖履尋幽盡興回，天風吹我上瑶臺。四檐修竹鳴蒼玉，一逕閑花明緑苔。燒燭焚香清酌動，煮茶聯句好懷開。道人愛客能如此，他日邀朋約再來。”

《九靈山房集》卷三十吴沉《九靈先生畫像贊》：“皡皡温温，如三春曦，是公德容之腴；炳炳彪彪，如泰山芝，是公文藻之輝。此固足見其著外之美，而不知其中自得之妙，殆將追孔孟而爲師。是以操七寸之觚，以開蒙蔀於學苑；破萬卷之書，而獵精華於道機。蓋不屑於詞人藝士之爲，而直欲由伊洛而遡泗沂也。”

吴沉其他詩文作品如《蝸殼軒記》:"天全先生曳杖而行,頃也入於殼中。先生嘆曰:'彼蝸之微,知休於其廬,豈我爲人而反不能如遂。'趨而歸,召匠氏葺治其東偏之室,顔之曰'蝸殼軒'。晝而處也,宵而寢也。飲食於斯,咏歌於斯,未嘗一日改也。客有造者曰:'吾聞居天下之廣居,宅天下之安宅。得時則與鳳凰同其儀,失時則與龍蛇同其蟄,以蝸自比,何説之卑乎!'先生曰:'不然,子亦觀於天下之物乎?天下之物小大雖殊,至於各止其止,其止則一而已。鳳之栖於巢,龍之藏於窟,何异蝸之休於殼?非特物也,具形色而中天地者,亦若是矣。率性而動,自然而然。適性而樂,均足其足。譬如雲鵬之扶摇,斥鷃之騰躍。何羡於彼,何薄於此乎!吾幼也嘗讀聖人之書,長也切有志於天下之事,今則老將至而髮種種矣。一椽之寄,足以安吾之身,一簞之食,足以滿吾之腹。方將以無所可用之才,屏黜世俗之務,歸休是軒以終吾年,不亦可乎!古人有云:蝸之左角有國,曰觸氏;蝸之右角有國,曰蠻氏。一蝸之身,兩國載焉,蝸亦不可謂細矣!子尚訾我取譬之卑耶?'客退而語人曰:'吾久不見若人,聽其言,殆將齊物我而游逍遥矣。是豈可以利害榮辱、是非得失之説動之哉!古有達道之人,其先生也耶!'先生姓趙氏,名良恭,字敬德,'天全'其自號云。"(《古今圖書集成》卷一〇〇九《方輿彙編·職方典·金華府部·彙考七》)

參考文獻:

1. 張廷玉等《明史》,中華書局本 1976 年版。
2. 黄佐《南雍志》,民國景明嘉靖二十三年刻萬曆增修本。
3. 鄧元錫《皇明書》,明萬曆刻本。
4. 徐象梅《兩浙名賢録》,明天啓三年光碧堂刻本。

5. 過庭訓《本朝分省人物考》，明天啓刻本。

6. 何喬遠《名山藏》，明崇禎刻本。

7. 徐開任《明名臣言行録》，清康熙刻本。

8. 王崇炳《金華徵獻略》，清雍正十一年藕塘賢祠刻本。

9. 廖道南《殿閣詞林記》，民國十二年沔陽盧氏慎始基齋影印《湖北先正遺書》本。

10. 姚希孟《沆瀣集》，明《清閟閣全集》本。

11. 陳全之《蓬窗日録》，嘉靖四十四年刻本。

12. 李贄《續藏書》，明萬曆三十九年王惟儼刻本。

13. 孫能傳《内閣藏書目録》，清遲雲樓鈔本。

14. 沈德符《萬曆野獲編》，清道光七年姚氏刻同治八年補修本。

15. 戴良《九靈山房集》，《四部叢刊初編》景明正統本，上海書店 1989 年版。

（邱江寧）

童冀傳

童冀，字中州（亦作“中洲”），金華人。元末文學家葉顒（字景南者，非南宋之葉顒）之甥，生於元泰定元年（1324）。

鄭柏《金華賢達傳》卷十一：“童冀，字中州，金華人。”

《四庫全書總目》卷一百六十九《尚絅齋集》提要：“冀字中州，金華人。”胡翰《胡仲子集》卷八《童中洲和陶詩後跋》作“中洲”，程敏政《皇明文衡》卷四十五沿之。

童冀生卒年，各家均無明確記載。據葉顒《樵雲獨唱》卷四《誕日》小序云：“前元己丑仲春，余知命之年，賢甥童中州賦詩壽予，揆今二十五年矣。甥亦五旬，余曾賦五言唐律一首，今書於此云。”“前元己丑”爲惠宗至正九年（1349），童冀二十五年後爲五旬，賦壽詩時當爲二十五歲，則生於泰定元年（1324）。徐永明據《尚絅齋集》卷二《鄭仲涵哀辭》“浦陽鄭仲涵與予交三十年……予生先仲涵二年”，及宋濂《鄭仲涵墓誌銘》“生於元泰定丙寅九月十三日，卒於洪武癸丑正月十一日”，亦考定童冀生於泰定元年（見徐永明《明前期詩作者及其别集考録》，復旦大學中文系博士後出站報告，2003年）。

少時耕讀於家，與蘭溪吴沉（吴師道之子）齊名當時，世亂不仕。

鄭柏《金華賢達傳》卷十一：“文辭與沉齊名。”

錢謙益《列朝詩集》甲集卷十七：“冀字中州，金華人。文學與蘭溪吴沉齊名。”

童冀《尚絅齋集》卷一《即事次李本存少府韵》:“論交久嘆白頭新,况復關河有戰塵。”

童冀《後和陶詩·與殷晉安别》:“嗟我初束髮,即與耒耜親。三十遘亂離,蕩析空四鄰。”

《尚絅齋集》卷一《送王宰游上清宫》:“宇宙干戈滿,風塵歲月更。……世路猶多梗,關河未息兵。匡時徒有志,學道竟無成。青鏡慚勛業,黄塵謝利名。桃源如可問,歲晚定深盟。”《述志賦》:“將希用於當世兮,又悲鉛刀之爲銛。”

《尚絅齋集》卷二《閔己賦》:“閔予生之蹇厄兮,胡歲序之弗淹。獨乾乾其夕惕兮,玩六籍以沉潛……固陋巷而簞瓢兮,寧羡乎服車而駕驂。”

喜山水,雙溪、北山,隨所游遨。

程敏政《皇明文衡》卷四十童冀《金華城川十咏詩序》:“金華,漢長山邑也。連山環抱,郡城其西,中斷如玦,浙水出焉。浙源發東白山,由烏傷西下,經郡城,南合華溪水,爲雙溪。又北折,東騖而入於江。其山則北走嚴陵,南極閩嶠,東逾天台,委迤以達海上之諸峰焉,故自六朝以來,號爲山水名郡。余生長是邦,足迹所逮者,北之群山若金盆、紫岩者以十數。金盆蓋晉黄初平牧羊地也,紫岩則齊劉峻讀書石室存焉。又其西爲金華洞天,南上名山,所歷亦以十數。”

《尚絅齋集》卷三《題梅溪卷》:“我昔雙溪溪上住,手種梅花千萬樹。門前流水横小橋,屋後青山更無數。”

《尚絅齋集》卷一《次蘇平仲編修北山記游韵二十四首》其二十:“金華山下舊松扃,曾讀黄庭内景經。”《次胡仲申先生齋居述懷韵十首兼簡宋景濂先生》其十:“金華山下路,吾亦愛吾廬。終歲無車轍,階前草不鋤。"《即事次李本存少府韵》:"十年厭聽雙溪雨,一策相依萬里身。"

元至正十八年(1358)十二月,朱元璋克婺州,置寧越行中書省,召婺州儒士童冀等,皆會食省中,日令二人進講經史。

《明太祖實録》卷六:"(至正戊戌十二月)召儒士許元、葉瓚玉、吴沉、汪仲山、李公常、金信、徐孳、童冀、戴良、吴履、張起敬、孫履,皆會食省中。日令二人進講經史,敷陳治道。"

郭正域《皇明典禮志》卷十三、雷禮《皇明大政紀》卷一、商輅《通鑑綱目續編》卷二十七、王宗沐《宋元資治通鑑》卷六十三、薛應旂《憲章録》卷一、俞汝楫《禮部志稿》卷六十七、朱睦㮮《聖典》卷四、查繼佐《罪惟録·列傳》卷十七、談遷《國榷》卷等均有類似記載,具體時間或小誤,如俞汝楫誤記爲"戊戌之春",以《明太祖實録》爲準。

至正二十一年(1361),時年三十八,有年長志荒之懼,遂仿韓愈作《五箴》。

《尚絅齋集》卷二《五箴》序云:"予生三十有八年,齒日益長而業不加進,身日以困而志亦荒落。偶讀韓子《五箴》而有感焉,然予之所愧者非特五事而已,姑先其近者云。"

洪武初,朱元璋復以寧越府爲金華府,童冀任爲金華府學訓導。

鄭柏《金華賢達傳》:"洪武初,用薦者司訓金華。"

《(萬曆)金華府志》卷十二《官師》:"訓導:童冀。金華人。"

洪武九年(1376)冬,徵至京師,入書館。欲辭不可,出爲全州教官。後遷湖州教授,十年不調。

陳田《明詩紀事》甲籤卷十三:"洪武丙辰徵入書館,出爲全州教官，遷湖州教授。”

程敏政《皇明文衡》卷四十童冀《金華城川十咏詩序》：“洪武丙辰冬忝徵至京，明年而職教全湘。”

《四庫全書總目》卷一百六十九《尚絅集》提要：“洪武丙辰被徵入書館，後爲湖州府教授。”

栗祁《(萬曆)湖州府志》卷十二：“童冀，金華人，洪武初任，博學能文，士林推重……(洪武)十二年知府談士奇辟射圃於明倫堂右，扁曰繹志，童冀記。”

張羽《静居集》卷二《和答童中州掌教》：“辭歸更楚服，持版赴霅城”。

童冀《尚絅齋集》卷三《丙辰立春日留錢塘》：“鶴書歲晚下岩扃，千里迢迢去上京。”《江上雨晴曉望》：“白頭竟爲徵書起，深愧當年魯兩生。”《贈丹崖隱者》：“徵書昨夜趣歸興，葉舟徑下湘江灘。弘文館深難置足，神武門高宜挂冠。”

《尚絅齋集》卷四《丁巳晦日立春》：“前年孤櫂泊錢塘，去歲三湘送雁行。”

《尚絅齋集》卷五《次衍公約看杏花》：“東還苕霅又十年，日夜思歸嘆蕭索。”

洪武十三年(1380)七月，由吴沉薦，御史大夫陳寧、中丞涂節遣使賫符詔之。

過庭訓《本朝分省人物考》卷五十二“吴沉”：“(洪武)十三年六月丁卯，復以爲待制。沉薦教授童冀、儒士吴慎，遣使徵之。”

焦竑《國朝獻徵録》卷十二：“(洪武)十三年六月乙亥，復以爲待制。甲申復降編修。沉薦教授童冀、儒士吴慎，遣使徵之。”

黄光昇《昭代典則》卷九：“庚申十三年春正月戊戌，誅左丞相胡惟庸。御史大夫陳寧、中丞涂節……遣使賫符，召興化府學教授吴源、湖州府學教授童冀赴京賜署。”

沈夢麟《花溪集》卷三《衡山雨意分題送童中州》:“此去朝天當考績,定應用汝作商霖。”

《尚絅齋集》卷三《承召入京朝退偶成》:“陋儒華髮入金門,也向彤廷預討論。朝退每陪賢俊後,詩成曾感帝王尊。九重親爲書宸翰,多士人均仰聖恩。共羨太平千載遇,自嗟無力報乾坤。”

時胡惟庸案發,株連者甚衆,朝廷缺官,屢諭有司薦舉天下儒士。然此行並無拔擢,復還任湖州教授。

陳建《皇明通紀法傳全録》卷七:“(庚申洪武十三年)正月丞相胡惟庸等謀逆,内史雲奇發其事,皆伏誅。”

張羽《静居集》卷三《韓價玉畫爲童中州掌教題》:“吴興博士今鄭虔,故山未歸雪滿巔。今年召對席履前,蒙恩親賜水衡錢。歸來見畫心茫然,拄杖欲問金華船。”

約洪武二十二年(1389),遷北平教授。與道衍(姚廣孝)交游甚密,唱和頗繁,道衍並爲之書《後和陶詩》九十九首。

鄭柏《金華賢達傳》卷十一:“遷北平教授。”

《尚絅齋集》卷五《發龍江》:“帝城惜别重依依,櫂發龍江已夕暉。十月尋常寒食短,孤帆摇颺暮雲飛。天空萬里海青遠,水落三冬淮白肥。却憶故鄉鱸正美,季鷹何事不思歸。”詩題下小注“己巳十月”,可知童冀於洪武二十二年(1389)十月自龍江出發赴任。陳田《明詩紀事》:“集中《擬古詩》云:‘我生七九年,始識廣莫風。’則遷北平教授時年已六十三矣。”然據上詩“己巳”而論,則童冀赴北平任時間當爲六十六歲,非六十三歲,“七九”或當另釋,存疑。

《尚絅齋集》卷五《黄河舟中述懷二首》其一:“昔年承召沐恩波,投老飄零感慨多。”其二:“解纜龍江暮雨寒,朔風回薄楚雲間。”《過徐州》:“十月朔風辭上京,孤舟一月到彭城。……老來不負壯游志,又指燕山問去程。”

童冀《後和陶詩·雜詩十一首》:“十月渡黄河,北風凄已涼。……寧知衰暮年,轉覺歸路長。”

《尚絅齋集》卷五《過盧溝橋》:“居人久已寐,行子尚宵征。……我行豈不勞,簡書嚴有程。”《庚午立春日偶成》:“一别鄉關十五年,寸心日夜望歸田。”庚午即洪武二十三年(1390),自洪武九年被徵,恰爲十五年。

《尚絅齋集》卷五《和衍公約看杏花》:“去冬十月上燕薊,朔風入懷衣縫拆。”《再次衍公約看杏花》:“去年二月到燕城,官河水動冰初坼。”

莫友芝《郘亭書畫經眼録》附録卷上《明姚恭靖小楷童中州後和陶詩長卷》:“中州先生以陶靖節詩多寓己意而和其韵,其辭如繭抽泉决,略不見其艱窘,矧有牽强者耶?讀之使人歆艷無已。愚嘗謂靖節人品卓絶,志趣閑遠,况其於詩得《三百篇》之遺意,所以不假刻琢,自然成章。後世雖有擬效之者,皆仿佛想像,豈能企及者哉?今先生寓以己意,而特和其韵,不亦難矣乎?蓋先生才力老成,問學淹貫,二十年來,奔走北南,雖涉歷世故,樂天知命,有合於靖節之志趣,故其所和之詩,與前人之擬效者,大有徑庭也。然其所和者,因歲月久遠,不一而成,故有前後之説耳。前和者金華蘇先生平仲書,後和者先生與余同客於燕,而欲余書。余於先生之作而甚愛之,不容不書也。遂拭老眼,勉録於簡。覽者當求先生是詩之妙,慎勿以余之字畫工拙爲較也,故識於卷末。洪武二十五年倉龍冬十月廿又七日獨庵道衍。”

洪武二十九年(1396)後,坐罪卒,時人惜之。

鄭柏《金華賢達傳》卷十一:“遷北平府教授,俄坐罪而卒。贊曰:……童冀德豐學富,僅得教授州郡,未及有爲而陷身於法,何斯文之不幸也夫!"

童冀卒年無明確記載。《後和陶詩·責子》:"甲子已一周,流年又加七。"時年當已六十七歲。《後和陶詩·與殷晉安别》:"五十去鄉里,迨兹二十年。"則時年當七十。據道衍語,書《後和陶詩》之洪武二十五年童冀尚無恙。據《四庫全書總目》卷一百六十九《尚絅集》提要謂童冀"《書金節婦傳後》一篇","有録無書,蓋蠹蝕殘缺"。《金節婦傳》見程敏政《新安文獻志》卷九十九,末署"洪武丙子春三月朔日吴興郡花溪九十翁沈夢麟識",沈夢麟與童冀爲友,童冀書後自當作於沈文之後,洪武丙子即二十九年(1396),則童冀卒年當在此之後(參見鄧富華《明初詩人童冀及其"和陶詩"考論》,《中國韵文學刊》2014年第3期)。

長於詩文,時與宋濂、張羽、姚廣孝相唱和,詞意清剛,不染元季綺習。

《四庫全書總目》卷一百六十九《尚絅集》提要:"冀在明初與宋濂、張羽、姚廣孝相唱和,詞意清剛,不染元季綺靡之習。雖名不甚著,而在一時作者之中,固亦足相羽翼也。"

陳田《明詩紀事》甲籤卷十三:"金華,明初作家林立,往往以古文擅長。若中州之詩,與數子角立於壇坫之間,當亦不多讓也。"

《尚絅齋集》卷一《寄宋景濂太史》:"太史東歸未賜還,菟裘營就白雲間。九重一夜思前席,丹陛經年輟近班。視草玉堂登要地,紬書金匱記名山。頗聞向抱烟霞疾,天上蓬萊足燕閑。"除唱和外,童冀另有爲宋濂作《宋太史新集後序》,爲宋濂之父作《蓉峰先生誄辭序》,爲宋濂二子作《宋氏二子字辭》等。

《尚絅齋集》卷四《次張來儀題金華山居圖韵》:"我昔采元芝,東上金盆山。仙人五雲車,可望不可攀。授我日月鼎,粲然鉛汞斑。持歸石室中,神光燭茅菅。自從落城府,歲運亦已還。頗聞青田鶴,近自遼海還。口銜五色圖,飛下青冥間。山中舊茅屋,言歸老雲關。丹液庶有成,白首回童顔。”

張羽《静居集》卷一有《和答童中州掌教》。另,張羽卒後,童冀爲撰《太常司丞張來儀墓銘》,見《静居集》附録。

《尚絅齋集》卷五《衍師見和因再次韵》:“少年一鼓氣方作,出語驚人走冰雹。詞林無日不吟哦,騷壇有敵皆奔却。鉥心劌腎良亦苦,抵掌掀髯方自樂。中年始悟學術偏,閉門默坐聽息肩。徒知出處亦漫爾,未信行藏非偶然。耕田而食鑿井飲,豈有攘奪並矯虔。暮年忽作弦上箭,楚山吴水得相見。孤帆一日下香溪,十年不睹廬山面。今年又復上燕山,回首家山路逾遠。東林邂逅逢遠公,常時慰我憂心忡。衹園共踏寒月白,禪林許看春花紅。客鄉慎勿生嘆慨,老境情懷須自戒。萬里休嗟路遠遥,百年但願身長在。秋風旅雁將南飛,尺書先報雲山知。明年春雨黄獨肥,釀泉待我山中歸。”

姚廣孝《逃虚子集》卷四有《再次韵答童中州兼簡梅雪居士》。

終生服膺陶靖節,有前、後和陶詩多首,合爲《和陶集》,後世書目多著録。姚廣孝親書《後和陶詩》,至晚清時仍存世。

楊士奇《文淵閣書目》卷十:“童中州《和陶集》一部一册。”

黄虞稷《千頃堂書目》卷十七:“童冀《和陶集》。字中州,金華人,洪武丙辰被徵修書,後爲湖州府學教授,調北平,坐罪卒。”

朱彝尊《明詩綜》卷七:“冀字中州,金華人,洪武丙辰被徵修書,後爲湖州府學教授,調北平,坐罪卒。有《和陶集》。”

胡翰《胡仲子集》卷八《童中洲和陶詩後跋》:“陶徵士之高節,非晉宋人比也,讀其詩者,未嘗不悠然想見其蕭散冲澹之趣,故世慕之,如韋應物之擬作、蘇子瞻之和篇,往往不絶。余意欲與之角,顧縻於世之塵鞅,敝於末習之襞積,未能脱去。今中洲是集,何其駸駸逼人若是哉!蓋兼取二家而寤寐乎柴桑栗里之間者,可謂好之篤而思之精矣。其有不合於古者乎?抑古之比興非以能言爲妙,以不能不言者之爲妙也。此所謂發乎情也。大音在天地,流被萬物,前者唱於,後者唱喁,果孰使之?中洲之發乎情者,亦將若是乎?雖尚友千載可也。葛天氏之民歟?無懷氏之民歟?其尚爲我補諸牛尾之歌,吾固將擊壤而和之矣,獨不知聽之者其誰哉?"

林弼《登州集》卷二十三《跋童中州和陶詩後》:"金華童君中州善爲詩,而獨於陶愛其蕭散冲澹,有類於古人所謂温柔敦厚之教者,又因蘇詩篇數之舊而重和焉。蓋其尚友古人,百世上下猶神交焉,非特於陶、於蘇爲然也。嗟夫,陶蘇二公之詩,曠情達視,而能委順以樂其天者也。黄魯直謂其出處不同,氣味相似,君子以爲知言。中州蕴深發茂,方將爲世笙鏞,以鳴治世之盛,顧乃以山林枯槁自居。夫苟得二公之所以樂,則無人不自得,於出處奚擇焉?《衡門》《考槃》之咏,尚毋爲太早計也。"

錢謙益《列朝詩集》甲集卷十七:"中州《前和陶詩》,蘇平仲書其後,《後詩》則洪武二十五年壬申與獨庵少師同客於燕,少師用蠅頭小楷繼寫成卷而題其後云。"

陳田《明詩紀事》甲籤卷十三:"中州《前和陶詩》,胡仲子書其後,錢牧齋云蘇平仲書其後,余檢《平仲集》,無此跋,疑牧齋記誤也。"實則錢謙益所謂"蘇平仲書其後"乃上引姚廣孝語中"前和者金華蘇先生平仲書",乃"書寫"之書,非"書後"之書也,故集中無有此文。

徐世昌《晚晴簃詩匯》卷一百六十七《觀姚少師録童中州後和陶詩書後中州名冀,金華人,見《列朝詩集》,其手迹今爲獨山莫氏藏》:"道衍未入燕,能詩乃名詩。偶寫友朋作,命意殊冲夷。中州舊相識,寄遠界烏絲。一卷後和陶,書以徇心知。孫靖不再睹,自洗軟媚姿。足知才力强,所施無弗宜。和尚故不錯,責之何苛爲。吁嗟太孫帝,柔弱祚漸衰。文皇一振厲,遂廓二百基。此見和尚功,長育亦不貲。世俗恢奇策,傳聞多可嗤。要之游佛門,固是英雄師。往昔見摹本,手迹今兹披。他年請刊石,用補集所遺。”

莫友芝《郘亭書畫經眼録》附録卷上《明姚恭靖小楷童中州後和陶詩長卷》:“同治二年癸亥春,黔中莫君祥芝從祁門至安慶,賚所購《中州先生和陶詩卷》,蓋姚恭靖廣孝所手書也……詩凡九十九首,言近而意遠,語淡而趣深。誠如恭靖所云:‘其辭如繭抽泉決,略不見其艱窘。’……余與郘亭、眉生深賞此卷詩與字之妙,顧不知中州先生爲何許人,意恒悢悢。一夕,就枕不寐,披衣剪燭,檢閲《列朝詩集》,則中州先生姓名赫然在焉……時癸亥季春十有八日,新化鄧瑶伯昭甫跋並書。”

兼善書,題品頗多。書牘有峭媚之致,論書亦時有新意。

程敏政《新安文獻志》卷五十二方誠甫《黄山采藥圖爲汪山人賦》題下注云:“童中州序,朱大同畫。”

童冀《尚絅齋集》卷二《黄山采藥圖序》:“新安汪山人賣藥金華市中,人往往稱道之。間踵門告予曰:某自幼抱奇疢,嘗游黄山,遇异人授以服餌之術,而疾良已,由是往來山中。山素多靈藥,聞昔黄帝與容成、浮丘合丹於此,竊有志焉。每風晨月夕,荷鍤携筐,窮歷幽險,遇有所得則擷之捋之,間以藥人,薦獲奇效。兹來金華,好事者繪而爲圖,不鄙見貽,先生幸賜一言爲之針砭焉。”

《尚絅齋集》卷四《題筆工温國寶詩卷》:“吴興作者首馮陸,温氏父子踵其躅。翰林雄文聯巨軸,重之不啻連城玉。”

張羽《静居集》卷三《韓介玉畫爲童中州掌教題》:“吴興博士今鄭虔,故山未歸雪滿顛。今年召對席屢前,蒙恩親賜水衡錢。歸來見畫心茫然,拄杖欲問金華船。金華之洞小有天,下與五岳相鈎連。初平煉丹去成仙,弟兄聯袂風翩翩。洞前白石如羊眠,我欲訪之何由緣,安得與子相周旋。飢餐紫霞拾瑶草,石上一嘆三千年。”

卞永譽《式古堂書畫彙考》卷二十三:“童中州書《古用軒記》八分書,烏絲闌紙本。《古用軒記》:‘吴興王生古用寄迹廛市中,以善製筆爲四方士君子所稱道。同郡韓介玉爲篆古用二字以顔其軒,間來請予爲文以記之。’”

吴升《大觀録》卷十:“(童冀)書牘貴重不凡,具一種峭媚之致,深得元人風格,聲價亦昂。”

《尚絅齋集》卷一《方壺隸書張仲舉承旨海上所寄長律見貽因次其韵》:“自然書法良亦顯,何物世俗拘未通。紛紛墨池疲歲月,往往白髪猶兒童。長安高僧筆成家,北邙大官碑作叢。斯冰以來少正體,曹鄐而下多變風。嘔心苦購墓中物,刮目未睹吴下蒙。鈎摹點勒事剽竊,毫分縷析論拙工。仲尼陽虎貌則似,叔敖優孟品不同。岐山周鼓昧真贋,泗水夏鼎迷始終。”

有《尚絅齋集》五卷。今存《續金華叢書》本、《文淵閣四庫全書》本。

《四庫全書總目》卷一百六十九《尚絅齋集》提要:“《尚絅齋集》五卷,編修朱筠家藏本……此集不知何人所編,分詩文爲二集,體例雜糅,殆不可讀。就其編目考之,原目當爲《金華集》《南行集》《雪川集》《北游集》四種,前三集兼載詩文,惟《北游集》有詩無文。後人不知古法,以詩歸詩,以文歸文,分爲二集。而詩文之中又不各歸其類,前後複叠,職此之由,幸其雖經割裂,尚未竄亂,其次第猶有端緒可尋。今詳考標題,仍分爲四集,中間時有闕文。又《雪川集》末《跋唐五王醉歸圖》一篇、《書柳子厚伊尹五就桀贊後》一篇、《書王簡死事傳後》一篇、《書金節婦傳後》一篇、《書集芳詩文卷後》一篇、《卜釋》一篇，悉有録無書，蓋蠹蝕殘缺，今亦仍其舊。”

按，童冀所作，除《尚絅齋集》及姚廣孝手書《和陶詩》外，尚有遺佚之作多篇，如見於《吴興藝文補》之《繹志亭記》，見於《皇明文衡》之《金華城川十咏詩序》，見於《式古堂書畫彙考》之《古用軒記》，見於《静居集》之《太常司張來儀墓銘》，見於《明一統志》之“荒池落日瞑雲陰”詩，見於《永樂大典》之和陶詩，蘇伯衡《蘇平仲文集》卷五《王子成傳後序》提及之《王子成傳》等。

參考文獻：

1. 童冀《尚絅齋集》，民國《續金華叢書》本。

2. 童冀《尚絅齋集》，《文淵閣四庫全書》本，上海古籍出版社 1987 年版。

3. 程敏政《皇明文衡》，《四部叢刊初編》本，上海書店 1989 年版。

4. 姚廣孝《逃虚子集》，《文淵閣四庫全書》本，上海古籍出版社 1987 年版。

5. 陳田輯撰《明詩紀事》，上海古籍出版社 1993 年版。

6. 鄭柏《金華賢達傳》，《四庫存目叢書》本，齊魯書社 1996 年版。

7. 錢謙益撰集、許逸民、林淑敏點校《列朝詩集》，中華書局 2007 年版。

8. 徐永明《明前期詩作者及其别集考録》，復旦大學博士後出站報告，2004 年。

（崔小敬）

林弼傳

林弼,字元凱,初名弼,更名唐臣,明初禁國號名字,仍舊名,號梅雪道人。元泰定二年(1325)生。福建漳州府龍溪縣(今福建省漳州市龍海區)人。

林氏之先林大章在南宋嘉定年間官龍溪知縣,遂徙居龍溪縣之惠文山,是爲弼之六世祖,至其父林廣發,字明卿,號三溪,仕元官至汀漳屯田萬户府經歷。

林弼《林登州遺集》附録張燮《林登州傳》(以下簡稱張燮《林登州傳》):"林公唐臣,初名弼,字元凱。系出晉黄門侍郎穎,穎生晉安太守禄,卒官,因家焉。十餘世至評事大章,徙居吾龍之文山,遂爲文山人。評事者,公之六世祖也。公父廣發爲世大儒,任帥府參軍,有聲。公母陳夢北斗傍一星入懷中,光耀襲人,娠而生公。"

《林登州遺集》附録王廉《中順大夫知登州府事梅雪林公墓誌銘》(以下簡稱王廉《林公墓誌銘》):"公妣陳夢北斗旁星墮懷中,娠而生公,因名弼,又名唐臣,字元凱。時禁國號名字,仍舊名。……俄以疾不起,實辛酉冬十月戊寅也,享年五十有七。……公系出長林,因以爲氏。逮晉黄門侍郎穎徙下邳,從中宗南遷入閩,生晉安太守禄,卒於官,下子孫因家焉。又十八世至評事府君倚,遷漳之龍溪惠文山。高祖桂,曾大父熙,大父舉,皆潛德弗耀。父廣發,仕汀漳屯田萬户府經歷。"

按,辛酉冬十月戊寅乃明洪武十四年(1381)十月二十七日。卒時年五十七,推其生年爲元泰定二年(1325)。

羅青霄總輯、謝彬編纂《(萬曆)漳州府志》卷十六《人物志中》之《林廣發傳》(以下簡稱《(萬曆)漳州府志》卷十六《林廣發傳》):“林廣發,字明卿,文山人。爲人有大志,嘗謂:陳安卿號北溪,高彦先號東溪,蔡汝作號南溪,因自號曰三溪。蓋欲兼三公之所學而有之。廣發幼敏慧,及長,通貫六籍,融會百氏,善古文,工唐詩。……至正七年,長子弼領鄉薦,入試禮部,廣發與俱行。……後以部使者薦,授泉州安溪學職,邑僚師事之。會寇作,奉府檄招降,以勞版授其縣主簿,仍謀軍府事。每俘至,委訊,輒曰:此平民也。府帥問:何以辯?曰:獲於巢穴者爲賊,捕於井里者爲民。此俘皆自井里得之,何謂賊?自是俘至,多免死。福建分省,請置汀漳屯田萬户府,中書奏以廣發爲其府經歷。……未久而卒。廣發生平孝友,言規行矩,爲後學矜式,所著有《三溪集》傳於世。”

羅青霄總輯、謝彬編纂《(萬曆)漳州府志》卷十六《人物志中》之《林弼傳》(以下簡稱《(萬曆)漳州府志》卷十六《林弼傳》):“林弼,廣發之長子也。初名唐臣,字元凱,後改名弼。”

曹學佺《石倉歷代詩選》卷三百二十三“林弼詩”附俞憲《跋》:“右林登州,初名唐臣,後更名弼,自號梅雪道人。”

永瑢等《四庫全書總目》卷一百六十九《登州集》提要:“弼又名唐臣,以時禁國號名氏,遂仍舊名。是弼其初名,唐臣乃其改名。朱彝尊《明詩綜》則云‘弼初名唐臣’,當由宋濂《序》謂‘唐臣更名爲弼’致誤,然宋《序》未嘗言‘初名唐臣’也。至弼改名既久,而此本之首尚署‘林唐臣撰’,殊乖其實,今仍署弼名,著之録焉。”

弼幼有异禀,五歲能默《千字文》,從貢元周祐學,治《毛詩》,至正七年丁亥(1347),以《詩經》中鄉試第八名,次年入京參加會試,下第

而歸。至正二十年(1360)庚子,攝漳州教官,二十五年爲閩省幕官,二十六年丙午,綜理龍溪縣事。至正二十七年丁未,丁外艱歸。

王廉《林公墓誌銘》:“五歲能默書《千字文》,長而岐嶷英發,從鄉貢進士周祐游,專門《毛詩》。丁亥,領江浙鄉薦,戊子,登進士第。庚寅,丁母憂,服除,仕爲郡幕官。丁未,值外艱。”

張燮《林登州傳》:“公少秉异姿,治毛萇氏《詩》,弱冠舉進士高第,釋褐爲郡幕,然非其好也。”

《(萬曆)漳州府志》卷十六《林弼傳》:“至正丁亥,以《詩經》中鄉試第八,時年二十三。舉進士,戊子,下第南歸,庚子,攝漳州教官,乙巳,爲閩省幕官,丙午,綜理龍溪邑事。”

錢謙益《列朝詩集》甲集卷十八:“弼,字元凱。龍溪人。初名唐臣,以國禁改名。元末領江浙鄉薦,授建寧考亭書院山長,擢漳州路知事。”

林弼《林登州遺集》卷十四《題胡敏中哀唁詩序》:“至正十年庚寅,唐臣將試藝有司,行至莆楓亭驛,聞先母陳疾且殆,倉皇狼狽,兼程走歸。二日,母竟見背。”

《林登州遺集》卷二十一《祭周先生文》:“維年月日,門人貢生林某謹用清酌庶羞之奠致告於故貢元宗濂先生周公之靈。”

按,林弼《林登州遺集》卷十九有《貢元周先生墓誌銘》。云其卒於至正甲午十二月乙卯,得年四十有三。

林弼《林登州遺集》卷八《送實達道之官興化序》:“至正戊子春,予試藝京師,寔與西原馬君原德同上春官,原德嘗與予言實君達道之賢。是年原德成進士,予下第南歸。適達道來監漳參司,相見即定文字交,知其僑京口,與原德居同里而學同門也。”

按,周祐,字于一,漳州龍溪人,原籍延平。至正七年丁亥和至正十年庚寅皆領鄉薦,兩次會試皆不遇。至正十四年甲午(1354)

十二月卒。而林弼《祭周先生文》自稱“門人貢生林某”，此文爲祭奠其師周祐的文字，作年不早於至正十四年十二月。則至正十四年十二月時，林弼仍不是進士，只是貢士。其《送實達道之官興化序》一文説自己至正戊子（至正八年）在京參加會試下第，則是年林氏未考中進士。王廉《林公墓誌銘》和張燮《林登州傳》所載不確。蕭啓慶《元至正中後期進士輯録》（《燕京學報》新十五期，北京大學出版社 2003 年版）考察元至正十四年之後的進士人員，未見林弼。綜上可以推知，林弼在至正十四年前未考中進士，其後亦未見明確記載其登進士第的資料，林氏在元代或未考中進士。

洪武二年(1369)秋八月，明太祖遣使三徵之，至南京，修禮樂書，預史局，修《元史》。三年四月，奉使前往安南，封陳日熞爲安南國王，此行與翰林院編修王廉、典簿牛諒同行。四年二月，還京復命。

王廉《林公墓誌銘》：“余爲翰林編修時，與公同使安南，以洪武三年夏四月發京師，明年春二月還復命。……戊申内附，爲洪武元年。己酉秋八月，以儒士登春官，修禮樂書。爲時推引，拜吏部考功主事，稱能官。奉使安南，封其世子日熞爲王，仍王其地。”

張燮《林登州傳》：“庚戌，安南使者杜舜卿以其王日煃卒來告，上遣編修王廉祭之。仍遣唐臣持詔封日熞爲國王，既陛辭，上以馬援‘昔討交阯，鎮撫蠻夷，厥績良偉’，命二使臣就彼祀之。……居無何，奉詔賑饑越中，所全活至巨萬計，出注豐城令。”

王世貞《弇州史料》前集卷十七：“三年四月，安南使杜舜卿等以王日煃卒來告哀請命，上素服御西華閣見，遣翰林院編修王廉往祭，尋遣吏部主事林唐臣持詔封日熞爲安南國王。四年二月侍讀學士以寧、編修廉、吏部主事唐仁還自安南，王日熞遣阮汝亮表謝恩，獻方物。以寧卒於道。”

《明實録》之《明太祖實録》卷六十一：“（洪武四年二月）翰林侍

讀學士張以寧、吏部主事林唐臣、翰林編修王廉自安南使還,其王陳日煃遣其臣阮汝亮偕來,上表謝恩,貢方物。"

林弼《林登州遺集》卷五有《洪武三年四月望日同牛典簿王編修奉使安南陛辭》。

《(萬曆)漳州府志》卷十六《林弼傳》:"洪武己酉,徵入史局,與修《元史》,改考功主事。"

吴宜燮重修《(乾隆)龍溪縣志》卷十六《林弼傳》:"洪武二年,太祖遣使三徵之,與宋濂、王禕、曾魯等同修《元史》。"

在安南時,不受饋贈,太祖器重之。旋遷豐城令,吏誣其受傭者金,被逮至京師詔獄,弼以安南却金事自白,太祖釋其罪。七月,官吏部考功郎中。

王廉《林公墓誌銘》:"使還,王命中使密以五百金夜投公榻去,翌日,安南從官復進金五百,他物稱是。公曰:'我等爲中國使,顧受外夷贐,去國萬里,即不受,何以自白?'乃俾其進賀使武漢碑裝以白於朝。至日,入奏,上曰:'外夷敬中國使,禮宜贐;中國使去萬里外,不撓國法,兩盡其道。'亟返其國。上器重之。時會試天下士,命公爲受卷官。遷豐城令,鋤强梗,革積弊。吏閿漁獵,乃誣公受賣菜傭黄金一鎰,緩傭死。下逮刑官,論報,直其冤。……先是,公使安南,吏部以皂隸吴從,吴抵安南,暍死。公出己幣斂焚其骨附行李,走萬里,歸其所親。人多義之。豐城視篆甫浹旬朔,例以欽録赴京,舟次湖口,旦寐,夢一木人口眼皆動,寤,語人曰:吾不禄矣。及繫詔獄,公具以却安南贐金事告,刑官入奏,上援筆草書'休問'二字於名下。'休'字,木人也,草書'問'字上下口眼皆動象也。非公見知於上,其吉徵能預兆於精神恍惚之時耶?"

《明太祖實録》卷六十七:"洪武四年秋七月辛亥朔……以豐城縣知縣林唐臣爲吏部考功郎中。唐臣,名弼,閩之漳州人。登元至正甲午進士第。……使安南將還……既還……尋命知豐城，至是以事逮至京，於獄中上書陳情，詔釋之，命爲考功郎中。”

洪武七年(1374)，任江西饒州通判，有惠政，士民稱之。尋改山西垣曲令，因故貶謫濠州。洪武十年正月，安南與占城發生戰争，安南戰敗，國王陳煒戰死。朝廷起用林弼，與吴伯宗、韓子煜同出使安南，其年冬，完成使命而歸，擢禮部主事。

王廉《林公墓誌銘》：“仍授江西饒州府通判，佐政多所裨益，士民稱之不置。事覺，改山西垣曲令，尋徙謫濠。安南亂，朝廷難其使，會薦公專對能，起使安南，靖其國，還，擢禮部主事。”

張燮《林登州傳》：“補饒州别駕，佐刺愈見稱術，尋改垣曲令。丙辰，安南告變，上遣使往視而難其人，廷議交章薦公，公復銜命之國，鎮撫其社稷以歸，擢禮部主事。”

錫德修、石景芬纂《(同治)饒州府志》卷九“通判”載林弼，有注云：“漳州人，洪武七年任。”

林弼《林登州遺集》卷十《送韓君子煜之官海門序》：“洪武丁巳春，弼再奉旨，與禮部員外郎吴伯宗、順慶府照磨韓君子煜同使安南，越四月至其國，其王煒郊迎璽書至宫，北面拜跪受上賜如禮，遣貢方物，奉表陳謝。濱行，煒遣陪臣持黄金若干兩爲贈，弼與二君峻辭却之。子煜曰：‘嫌疑必慎，亟取紙筆，俾臣具狀領回，復語其執政以却之之故。要在上不失聖朝之體，下不失遠人之心。萬里瘴鄉，山川險惡，而吾三人同心一力，以事王事。’”

《明太祖實録》卷一百十一：“洪武十年春正月……丁未……安南陳煓與占城構兵相攻，大敗於占城境上，煓戰死。”

洪武十二年(1379)，除山東登州知府。十四年十月，卒於官。享年五十七。

王廉《林公墓誌銘》:"己未,拜登州知府,階中順大夫。百廢具興,六事咸備,而於祭祀、學校尤致意焉,登民方服公化。俄以疾不起,實辛酉冬十月戊寅也,享年五十有七。……仲氏匍匐力不任,逾年奉柩返故岑。"

張燮《林登州傳》:"己未,拜登州守,訟理政平而祀典、學政尤多所振飭焉。俄以疾卒於官,所部惜之。"

方汝翼等修《(光緒)增修登州府志》卷二十五《林弼傳》:"福建龍溪人。十三年任。慈惠愛民,政平訟簡,訓迪士子,尤以文學著名。祀名宦祠。"

按,王廉《林公墓誌銘》和張燮《林登州傳》皆云洪武十二年官登州知府,此志載爲洪武十三年任,蓋洪武十二年,朝廷任命下達,而到任則爲洪武十三年。

弼妻張氏,有三子:文璵、文璧、文璞。弼與弟原功合稱"雙璧"。原功,又名虞臣,號竹雪居士。初仕漳州訓導,升中都國子助教。卒於洪武二十三年(1390)。弼孫僑,官東莞訓導。

《(萬曆)漳州府志》卷十六《林廣發傳》:"廣發有二子,長弼,次原功。弼有傳,原功,元末不仕,明初以明經薦授本府訓導,升中都國子助教,丁父憂,遂不復出。自號竹雪居士云。"

張燮《林登州傳》:"弟虞臣,國子助教,世稱雙璧云。"

王廉《林公墓誌銘》:"公娶張氏,生子文璵。"

張婧雅《龍溪林弼年譜》(《閩南師範大學學報(哲學社會科學版)》2017年第2期):"林弼元配張氏,生三子文璵、文璧、文璞。"又云:"其弟林原功卒於洪武庚午年四月二十八日巳時,合葬於郡城西門。"

朱國楨《皇明開國臣傳》卷七《郎中知州林公》:"孫僑,東莞訓導,長於教誨,東莞科目由此盛。"

弼博覽群書，用心正學，所爲詩文雄偉跌宕，語或清峻，敻出塵表，被推爲明初閩省文苑之冠。工書法。著有《梅雪齋集》《使安南集》《登州林先生續集》等。

張燮《林登州傳》："公所著《梅雪齋稿》及《使安南集》，宋學士濂序之，王待詔褘《清漳》詩有云：'風流今孰繼，林子亦其徒。'蓋指公也。……張燮曰：'元凱當胡元末造，枳棘栖鵷、陸沉咏嘆者哉！迨夫遭逢龍起，委質清朝，出壯皇華，入稱循吏，雖宏謩未展，蓋亦光闡國章焉。旁參文苑，成其俊流，而大要歸於質行。草昧多賢，勝奉春、稷嗣遠矣。'"

王廉《林公墓誌銘》："公善草楷法，嘗與予言：'用筆須偏正法兼備，乃妙。'近世趙孟頫書非不精，但側峰太多，不能逃書家清議。林泉生嘗言：'林公用筆皆正峰有力，非若他人止寫畫也。'公所爲詩文皆雄偉跌宕，語或清峻，敻出塵表。有《梅雪文稿》若干卷、《使南集》若干卷。"

錢謙益《列朝詩集》甲集卷十八："王褘《臨漳雜詩》云：'科名唐進士，道學宋先儒。風流今孰繼，林子亦其徒。'注云：'林子，元凱也'。"

傅維鱗《明書》卷一百四十五《林弼傳》："弼博洽群書，究心正學。著作跌宕雄偉，根極理道。雅精臨池，嘗與王褘談書法，謂用筆須偏正兼備乃臻妙境。近世趙孟頫側峰太多，不能逃筆床月旦。褘時時語人曰：'林元凱在閩，毛中之麟、介中之龜也。'褘來判漳，咏清漳十詩，有'風流今孰繼，林子亦其徒'，蓋指弼也。"

林弼《林登州遺集》卷末載林興《跋》："先登州公以經術鳴盛於洪武間，其詩歌、古文辭實爲明初閩南文苑之冠。"末署"康熙丙戌仲冬裔孫興恭跋"。

林弼《林登州遺集》卷首張紹科《林登州遺集原引》："入明而益彬彬矣。自王忠文開漳來，而有登州同時同調，矜契之雅不減唐宋諸公。忠文《清漳》詩云‘風流今孰繼,林子亦其徒’,而《登州集》中亦有‘喜子充赴召’之什,唱余和汝,洵一時勝事也。”

《林登州遺集》卷首李斯義《林登州集序》:“一日,右麾林參戎興手呈一編,即而視之,蓋其先祖登州守元凱先生遺集也。……有明一代文章之盛實自先生手開之。……然就其詩與文論之,有韵之言,温柔敦厚,原本忠孝,又其爲音冲和渾穆,淵淵乎清廟明堂之奏,固將與青丘分路揚鑣,雖子羽猶將遜之,其他如鄭孟宣、高廷禮輩,又不堪方駕矣。古文辭風格在《史》《漢》、八家之間,而自出機杼,絶不傍人門户,足以行世傳後無疑。先生舊有《梅雪齋集》《使南集》《續集》等書,其概曰《登州集》者,從後所居秩以名之也。”

李維鈺原本、沈定均續修、吴聯薰增纂《(光緒)漳州府志》卷四十八:“漳郡風雅始於周幾本,繼之者未能專家,至元凱而盛矣。其詩冲穆淵雅,當與青邱、幼文争鳴夏聲於正始,雖子羽猶將遜之。”

又云:“吾鄉文苑,有明一代必推梅雪爲冠。蓋公負异才,與同時青田、金華、烏傷、括蒼上下其議論,故所爲詩文雄偉軼宕,清峻之氣復出塵表二句本括蒼評語。漳浦王中丞序公集曰:‘凡詩若文清則易弱,非有一種邁往之氣行乎其間,安在能雄偉軼宕?蓋公之峻生於清,其雄偉軼宕生於峻,清之一字乃千古詞人之脉之骨,非獨襄陽、蘇州一派,至於《十九首》,亦云“澄至清、發至要”焉耳。雖二陸三謝以逮齊梁,絢爛之極,要必有輕盈澄秀之致蕩漾而出,乃知非不用故實、不用典,要語之爲清也。’中丞此論可謂直抉詩文之秘,而公之所以擅名者,其骨脉貴也。”

按,幼文,即明初徐賁,烏傷,即王禕。所引王中丞序,即《林登州遺集》卷首載王志道《林登州遺集原序》。

弼詩文今存《林登州遺集》二十三卷,附録一卷,有明崇禎十四年(1641)刻本和清康熙四十五年(1706)林興刻本,後者收入《四庫

全書》時題名《林登州集》。《登州林先生續集》五卷,明林子潤編,明初刻本。明代後期俞憲輯《盛明百家詩》,於隆慶年間刻《林登州集》一卷。

林弼《林登州遺集》卷首載王志道《林登州遺集原序》:"昔友張紹科力搜先生詩,偶遺所輯本,意甚恨之。今其弟煜叔乃得之散帙中,相與纂定。予從姑子林涣卿見之曰:'我家藏本,諸集外尚有續集,是登州以後作,無有失墜。'遂相與再纂而付殺青。……崇禎辛巳一之日郡人王志道序。"

《林登州遺集》卷首張紹科《林登州遺集原引》:"往家聘君選漳詩,凡前縑片楮,無不探而索之。《林登州集》,則余小子索之其裔者也。……先是黄幼玄太史謀表章之,而聘君覓其原本已亡去,每每恨焉,引爲風流罪過。聘君既没,余檢所藏書,忽於亂籍中獲此,喜不自禁。適王而弘中丞來,具以告之,中丞欣然以剞劂爲任而命余爲役。……崇禎庚辰蜡月張紹科煜叔書於覓蠹軒。"

《林登州遺集》卷首李斯義《林登州集序》:"先是,閩先正王而弘中丞曾校刊先生全集,歲久漸失其板,今參戎所藏一帙,蓋僅而獲存,亦可謂幸矣。……康熙丙戌皋月,賜同進士出身、通議大夫、巡撫福建等處地方提督軍務、都察院右副都御史長山李斯義拜撰。"

按,據《林登州遺集》卷首序和卷末跋可知,林弼文集明初即有刻本若干,明崇禎年間經過張燮、張紹科、王志道等人搜集整理,成《林登州遺集》二十三卷、附録一卷,流傳至今。

參考文獻:

1. 林弼《林登州遺集》,《北京圖書館古籍珍本叢刊》本,書目文獻出版社 1998 年版。

2.《明實録》,臺灣"中央研究院"歷史語言研究所 1962 年校印本。

3. 吴宜燮重修《(乾隆)龍溪縣志》,清乾隆二十七年(1762)刻本。

4. 羅青霄總輯、謝彬編纂《(萬曆)漳州府志》,《中國史學叢書》本《明代方志選》(三),臺灣學生書局 1965 年版。

5. 錫德修、石景芬纂《(同治)饒州府志》,《中國方志叢書》本,成文出版社有限公司 1975 年版。

6. 傅維鱗《明書》,《四庫全書存目叢書》本,齊魯書社 1996 年版。

7. 王世貞《弇州史料》,《四庫禁毀書叢刊》本,北京出版社 1997 年版。

8. 李維鈺原本、沈定均續修、吴聯薫增纂《(光緒)漳州府志》,《中國地方志集成》之《福建府縣志輯》,上海書店出版社 2000 年版。

9. 方汝翼等修《(光緒)增修登州府志》,《中國地方志集成》之《山東府縣志輯》,鳳凰出版社 2004 年版。

10. 曹學佺《石倉歷代詩選》,《景印文淵閣四庫全書》本,臺灣商務印書館 1986 年版。

11. 錢謙益撰集,許逸民、林淑敏點校《列朝詩集》,中華書局 2007 年版。

12. 蕭啓慶《元至正中後期進士輯録》,《燕京學報》新十五期,北京大學出版社 2003 年版。

(張明强)

楊基傳

楊基,字孟載,號眉庵,其先蜀人,元泰定三年(1326)生於蘇州吴縣。

《明史》卷二百八十五本傳:"基字孟載,其先蜀嘉州人,祖宦吴中,生基,遂家焉。"

錢謙益《列朝詩集》:"基字孟載,先世蜀之嘉州人。大父仕江左,生於吴中,家天平山南赤城之下。"

王行《半軒集》卷一《眉喻》:"今楊君號眉庵,是以無用自處也。"

高啓《跋眉庵記後》:"右嘉陵楊君《眉庵記》,謂眉無用於人之身,故取以自號。"

楊基《眉庵集》卷三《長江萬里圖》:"我家岷山更西住,正見岷山發源處。"《登峨眉亭》:"我亦峨眉山下客,偶因西眺憶鄉關。"

按,楊基生年多有争議,楊雋《楊基生卒年考辨》(《四川師範學院學報》1990年第2期)一文中考證其生年爲元至順元年(1330),楊世明、楊雋校點《眉庵集》前言據楊基《梁園飲酒歌》"我生之辰木入斗,烏啼東井命壁守。壁爲文府斗爲歲,許我文章播人口",考證爲元泰定三年,今從其説。

幼穎悟,九歲誦六經。及長,著《論鑒》十餘萬言。

楊基《眉庵集》卷四《梁園飲酒歌》:"三齡能言學誦詩,四齡指字識某某。五齡琢句對虚實,聯青儷黄配奇耦。客來當座賦短章,四韵不待八叉手。九齡六經已畢讀,掩卷背誦無掣肘。"

《明史》卷二百八十五本傳:"九歲背誦六經,及長,著書十萬餘言,名曰《論鑒》。"

按,《論鑒》今已不存,王行序尚存。《半軒集》卷五《論鑒序》:"《論鑒者》,嘉陵楊君孟載之所著也。楊君博學深文辭,磊落多弘遠志,喜觀古人之事,爲求其成壞理亂、是非得失之故而論著之,多者近千言,少者數百言,積之稍久,裒次爲卷,題曰《論鑒》。屬余曰:'爲我序之。'余觀其文,高下馳騁,辨擊縱肆,峭直而精峻,明暢而英發,自非其學之所至、識之所及、才氣之足以發之,弗能爲是文也。……此楊君之論所以作也。君之論,既作於人所不尚之時,而其所好乃甚於時所尚者,得非於以攄其所識所藴,以自見其志乎?則君蓋可謂不徇於時,而立志自信者矣。論凡幾十有幾篇,自秦而下歷世而論者,幾十有幾篇,光武而下雜論君臣之迹者,幾十有幾篇云。"

試儀曹不利。遭亂,隱居吴之赤山。

《眉庵詩集》卷末附録《史稿本傳》:"試禮部不利,遭亂,隱吴之赤山。"

《眉庵集》卷五《梅邊讀易》:"……赤山山下養親處,五母雞豚三畝菽。不愁女子識韓休,但恐相知非鮑叔。……"下有小注曰:"赤山在吴縣天平山南五里許,又曰仰天,蓋范文穆慕文正公而名也。先生之家在焉。"

卷十一《天平山中》下自注曰:"予家赤山,相去不五里許。"

卷十《赤山閑居二首》:"荷鍤繞籬栽菊,解衣石上觀松。甘分簞食瓢飲,底須千駟萬鍾。""抱膝長吟梁父,折腰寧愧鄉兒。酒呼白墮朝飲,米雜雕胡晚炊。"

《眉庵集》卷七《懷吴中赤山舊業》、卷八《赤山書事寄龜巢謝隱君,君南蘭陵人,今避兵居吴長洲之獨樹湖》、卷十一《赤山漫興》等,均可窺其隱居生活,從略。

效鐵崖體作《鐵笛歌》,楊維楨大爲贊嘆,時有"老楊""小楊"之稱。

陳田《明詩紀事》甲籤卷七:"孟載少負詩名,楊鐵崖來吴下,於坐上屬賦《鐵笛歌》,即效鐵體。歌云:'鐵崖道人吹鐵笛,宫徵嚼含太古音。一聲吹破混沌竅,一聲吹破天地心。一聲吹開虎豹闉,彤庭跪獻丹扆箴。問君何以得此曲,妙諧律吕可以召陽而呼陰。都將春秋一百四十二年筆削手譜成,透天之竅價重雙南金。掉頭玉署不肯入,直上弁峰絶頂俯瞰東溟深。王綱正統著高論,唾破傳癖兼書淫。時人不識我不厭,會有使者徵球琳。具區下浸三萬六千頃之白銀浪,洞庭上立七十二朵之青瑶岑。莫邪老鐵作龍吼,丹山鳳舞江蛟吟。勖哉宗吾彦所欽,赤泉之盟猶可尋。更吹一聲振我青白祖,大鳴盛世載賡阜財解愠南風琴。'鐵崖得此詩大喜,挾與俱東,謂從游者曰:'吾在吴又得一鐵,優於老鐵矣!'"

郎瑛《七修類稿》卷三十七《楊眉庵》:"……楊名基,字孟載,眉庵號也。家吴縣天平山南。幼穎悟絶人,弱冠工文詞,名動公卿。會稽楊廉夫相見,戲以所號鐵笛爲題,使其賦歌。對曰:'不惟能歌,尤且切效老鐵體。'翌日誠似。廉夫不覺自失曰:'吾意詩徑荒矣,今老鐵當讓子一頭地。'故當時有'老楊''小楊'之稱。"

按,賈繼用《高啓年譜》考證,此詩約作於至正六年(1345)冬至至正八年(1347)十月之間。

張士誠據吴,聘爲記室。不久謝去,入饒介門下,與高啓等吴中文人多有詩文酬唱。

《明史》卷二百八十五《張簡傳》:"臨川饒介爲元淮南行省參

政,豪於詩,自號醉樵。嘗大集諸名士賦《醉樵歌》,簡詩第一,贈黄金一餅;高啓次之,得白金三斤;楊基又次之,猶贈一鎰。”

按,楊基《眉庵集》不載《醉樵歌》,張羽《静居集》卷二有《醉樵歌》:“華蓋山高亘南楚,剩産奇材少榛莽。山人嗜酒而業樵,背負清樽手持斧。丁丁伐木雲之深,束薪欲擔力不任。且傾醽醁藉盤石,痛飲莫知西日沉。白眼望天歌鼓腹,槲衣半染苔花緑。頽然俯枕樹根瞑,鼻息如雷撼岩谷。起來却笑朱買臣,底用金紫纏其身。堪羨劉伶行荷鍤,生死無累全天真。楩楠豫章等枯梗,惟取酕醄真樂境。泛觀世士多沉酣,誤入牢籠猶未醒。”後附録云:“元季,淮南行省參知政事臨川饒介之分守吴中,自號醉樵,求諸作。已設宴酬款,以詩工拙是坐。仲簡之歌最協意,居首席,酬黄金十兩。次高青丘,白金三斤。次先生,止一鎰。蓋詩有諷,略不滿快也。後饒果不得其終,人皆與其獨知言云。故老言如此,並録記之。”則張羽《醉樵歌》第三,而非楊基。或是《静居集》誤收,俟考。

至正十七年(1357),高啓、饒介、楊基等十二人游靈岩。

高啓《鳧藻集》卷一《游靈岩記》:“吴城東無山,唯西爲有山,其峰聯嶺屬,紛紛靡靡,或起或伏,而靈岩居其間,拔奇挺秀……今年春,從淮南行省參知政事臨川饒公,與其客十又復來游……十人者,淮海秦約、諸暨姜漸、河南陸仁、會稽張憲、天台詹參、豫章陳增、吴郡金起、金華王順、嘉陵楊基、吴陵劉勝也。”楊基《眉庵集》卷一《登靈岩和韵周左丞伯温饒大參介之》亦或是此時所作。

至正二十三年(1363)春,高啓病目,楊基、徐賁等作詩慰之。

《眉庵集》卷一《季迪病目醫令止酒因作此勸之》:“病目須飲酒,飲酒調微疴。氣血鬱不舒,賴此酒力和。所以雷公方,製藥用酒多。活血必酒洗,散鬱須酒磨。製藥既用酒,飲酒良匪他。酒可引經絡,酒能驅病魔。病目不飲酒,此蓋醫者訛。李白好痛飲,不聞目有痤。子夏與丘明,不爲飲酒過。飲酒既無害,不飲如俗何。清晨呼東家,買置數斗醝。爛醉瞑目坐,滿目春風酡。陶然物我忘,夢見孔與軻。此藥豈不佳,而乃止酒那。我今勸君飲,君意無媕婀。庸醫或見責,請示眉庵歌。”卷六《季迪病目戲作》、徐賁《北郭集》卷五《聞高季迪病眼因寄》亦記此事。

至正二十六年(1366)春,跋《雷雨護嬰圖》,與諸友題朱德潤《秀野軒圖》,聞朱暹戰歿,有詩悼之。

卞永譽《式古堂書畫匯考》卷五十三:“京口劉侯孝章所藏《雷雨護嬰圖》,蓋得於同郡焦子明,而焦得之於京師者也。鄉先生題其卷者凡八人,而基之先大父處士府君、外祖中齋龔先生手澤在焉。其六人,則譽林陳先生者,先大父之忘年交,克明曹先生,天錫郭先生,君輔青陽先生,用中俞先生,子泰堯先生,皆大父之友,而堯又先人授業之師也。基生而外祖已歿,所及識者,先大父與堯、俞、青陽三先生而已。欲考題咏歲月,無所引據,撫卷燈下,徘徊久之。忽祖母驚視曰:‘此予在京口時,汝祖嘗持以示我,其時汝父猶在襁褓,去今六十年矣!’語竟,因追感泣下。基念京口陷没十有一年,諸老淪亡既盡,先人之墓木已拱,而祖母亦八十有七矣。悼歲月之易邁,嗟手澤之猶存,而幸其寶藏於孝章,無散落之憂也。三復感慨,以識其後云。至正二十六年歲在丙午春二月十六日,漢嘉楊基頓首再拜。”高啓《高太史大全集》卷十一《雷雨護嬰圖爲包山徐庭蘭賦》、徐賁《北郭集》卷一《雷雨護嬰詞》,或是同時所作。

朱元璋圍蘇州,城破,以饒介客遷臨濠,旋徙河南。

《明史》卷二百八十五本傳:“明師下平江,基以饒介客安置臨濠,旋徙河南。”

高啓《高太史大全集》卷九《答余新鄭》:"前年吴門初解兵,君别故國當西行。有司臨門暮驅發,道路風雨啼孩嬰。倉黄不敢送出郭,執手暫立懷憂驚。我時雖幸脱鋒鏑,亂後生事無堪營。……走投北郭問消息,一客爲我言分明。君初隨例詣闕下,有旨謫徙鍾離城。賫無囊金從無僕,棄家獨去何煢煢。……"

洪武二年(1369)擢滎陽知縣,次年侍親東歸,移家句容,閑居金陵。

《明史》卷二百八十五本傳:"洪武二年放歸。尋起爲滎陽知縣,謫居鍾離。"

高啓《高太史大全集》卷七《贈楊滎陽》:"嘉陵美山水,亦復富文彦。楊君産其邦,材拔性高狷。……歡游正相酣,世事忽驚變。朋儔半生死,一往如激電。我棹返江潯,君車赴淮甸。旋聞逐流人,居濠又移汴。一身去何賫,空槖唯破硯。……"

高啓《高太史大全集》卷十三《喜楊滎陽赴召至京過宿寓館》:"忽作天涯會,渾銷歲暮哀。高城三鼓動,虚館一尊開。鄰馬嘶空櫪,江鴻過廢臺。飲餘寒色退,談絶雨聲來。涉患功名倦,忘歸故舊猜。闕前新應詔,須讓子雲才。"

《眉庵集》卷一《白門答高二聘君》:"戊申秋,余謫大梁。季迪嘗夢余,與若平生。明日道路傳余已死,季迪有夢余詩。己酉春正月,余侍親東歸,迪亦應召來京師,相對驚喜,因出所賦夢余之作,余既感季迪之念,而復疑猶夢也。歌以答之。""結交貴知己,不在早與遲。嗟我識子晚,深淺惟子知。每於朋儕間,擊節賞我辭。前年吴城破,子居我西馳。交游非不多,獨念與子離。相去日已遠,數與禍患罹。道路傳我死,可信子尚疑。日暮過我廬,爲我涕交頤。今年我還京,適子應詔來。握手發長嘆,示我夢我詩。我昔患難中,精爽無不之。而子獨夢我,與子若有期。方子夢我初,正我念子時。春風鳥嚶嚶,花發滿故枝。爲買一斗酒,痛飲春江湄。生死固常理,勿爲達士嗤。”按,高啓有詩《夢楊二禮曹》,當即指此。

薦爲江西行省幕官,未幾坐罪落職,並入御史臺獄。出臺獄,復至洪都。

《明史》卷二百八十五本傳:“被薦爲江西行省幕官,以省臣得罪,落職。”

《眉庵集》卷二《北山梨花》序云:“余卜居金川是金陵城西北門也,去北山無十里。每清明時,梨花盛開,輒動洗妝之想。鄰友薛起宗邀余看者再,俱以猥俗所縶,不能如約。昨又期出郭,風雨泥濘,弗良於行。起宗爲折一枝相贈,喜而賦此。辛亥暮春五日。”

《眉庵集》卷七《省垣對雨》二首:“朱邸開東閣,青閨對晚林。雨苔行處濕,風葉坐來深。俯仰唯緘口,交游孰吐心。偶逢佳節醉,萬事總銷沉。”“舊雨深叢菊,新霜小樹楓。醉憐花冷淡,愁愛葉疏紅。沙遠無鳴柝,江寒有斷鴻。羈懷誰共語,默默坐書空。”下注“右二首江西作”。

《眉庵集》卷十二《句曲閑居春暮》〔賀新郎〕:“自離西江省幕,謫句曲,已徂春矣。”可知落職後曾謫句曲。

王士禎《帶經堂詩話》卷六:“楊孟庵手録《眉庵詩集》五大册……云:余自離吴門,未嘗作詩。間有所述,不復存稿。邇來西江,意或得追理舊業,雖罷竭駑鈍,猶不及十之二,矧從容筆硯間哉! 固知有愧於穆之也。冬十一月,宜春侯上猶臨江,余奉省檄,執雁謁軍門,修聘禮,自己未至丙寅,往返者八月,凡目所睹,身所歷,念慮所思,得短章五七言古律、絶句四十首,如春山早鶯,初出深谷,舌强語澀,殊不成音。欲棄置水中,復念余友方君以常每以不得見舊稿爲憾,姑存此以貽方君。君長於詩,尤工唐人五言,與余友張羽來儀爲倡和友云。吴人楊基識。”

是年跋《友聞録》,作《眠雲軒記》,均見卞永譽《式古堂書畫匯考》。《眉庵集》卷三《千葉桃花》《憶北山梨花》《壬子清明看花有感》等詩,又卷十一《沙河聽雨》《舟中聞絡緯》《舟泊南湖有懷》《途中爲人題畫》《江西送陳文獻薛存道二生還山西》《到江西對花》等詩,均爲江西時所作。

奉使湖南廣右,召還,授兵部員外郎。

《明史》卷二百八十五本傳:"六年起官,奉使湖廣,召還,授兵部員外郎。"

《眉庵集》卷三《雪中登黄鶴樓》:"洪武癸丑臘月十一日夜抵武昌,是夜風雪交作。向曉雪深二尺,因登樓賦此。""黄鶴樓前水平岸,春雪當空舞撩亂。東風知我欲登樓,助以瓊瑶作奇觀。昔人黄鶴去不回,我騎白鳳横江來。遥看歷歷漢陽樹,一色盡是梨花開。人間何處最佳絶,百尺闌干滿江雪。氣壓滕王閣下雲,興高庾亮樓中月。瀛洲咫尺非難到,鶴背琪花落烏帽。載酒誰能問謫仙,題詩未必無崔顥。江山得此清無敵,頃刻銀蟾蕩瑶碧。更着仙人紫綺裘,卧聽吕岩吹鐵笛。"

《眉庵集》卷一《零陵感春》《瀟湘八景》,卷三《湘中見春雁》《登岳陽樓望君山》《湘陰廟梨花》,卷五《癸丑元日》,卷七《宿巴陵》《入永州》《零陵》《湘中雜言》等詩,均作於是年。

洪武七年(1374),出爲山西按察副使,進按察使。尋被讒奪職,供役,卒於工所。

《明太祖實録》卷八十九:"(洪武七年五月)壬辰,以兵部員外郎楊基爲山西按察司副使。"

錢謙益《列朝詩集》甲集卷六《楊按察基》:"出爲山西按察副使,進按察使。後被讒奪職,供役,卒於工所。"

《眉庵集》卷一《登三夏故城》《過長平有感》《至太原》三首，卷七《初入山西境》《山西秋日》《和宋大参省垣對雪》等，均爲山西時作。

與高啓、徐賁、張羽並稱“吴中四杰”。

《明史》卷二百八十五《高啓傳》：“明初，吴下多詩人，啓與楊基、張羽、徐賁稱四杰，以配唐王、楊、盧、駱云。”

錢謙益《列朝詩集》甲集卷六：“與高啓、張羽、徐賁爲詩友，人稱國初吴中四杰。”

有《眉庵集》行世。其詩前期穠麗纖巧、才長逸蕩，後期則音調清婉、興多雋永。

錢謙益《列朝詩集》甲集卷六：“所著詩名《眉庵集》，殁後多放失，吴人張習企翱訪求編次，得十二卷。”

朱彝尊《明詩綜》卷九：“徐子元云：‘孟載天機雲錦，自然美麗，獨時出纖巧，不及高之冲雅。’王元美云：‘孟載如西湖柳枝，綽約近人，情至之語，風雅掃地。’江東之云：‘眉庵詩穠麗纖蔚，大有唐人風味。’顧玄言云：‘廉訪才長逸蕩，興多雋永，方之錢、劉，雖未迨元、白，斯有餘。’……陳卧子云：‘孟載如吴中少年，輕俊可愛，所乏莊雅。’李舒章云：‘孟載如玉袖臨春，翩翩自喜。’王介人云：‘孟載詞勝於詩，其《咏春草》云：“六朝舊恨斜陽裏，南浦新愁細雨中。”亦不失爲佳句也。’”

《静志居詩話》：“吴中四杰，孟載猶未洗元人之習，故鐵厓亟稱之。王元美《卮言》謂孟載七律‘尚短柳如新折後，已殘梅似半開時’，類《浣溪沙》詞中語。予謂不特此也。如‘芳草漸於歌館密，落花偏向舞筵多’，‘細柳已黄千萬縷，小桃初白兩三花’，‘布穀雨晴宜種藥，葡萄水暖欲生芹’，‘雨頡風頑枝外蝶，柳遮花映樹頭鶯’，‘花有底忙銜蝶過，鳥能多慧學鶯啼’，‘且自細聽鶯宛宛，莫教深惜燕匆匆’,‘春色自來皆夢裏,人生何必在尊前’,‘燕子緑蕪三月雨,杏花春水一群鵝’,‘江柳净無餘葉在,渚蓮池有一花開’,‘花裏小樓雙燕入,柳邊深巷一鶯啼’,‘江浦荷花雙鷺雨,驛亭楊柳一蟬風’,‘山頂雪惟朝北在,水邊春已自東來’,‘一路詩從愁裏得,二分春向客中過’,‘春水染衣鸜鵒緑,江花落酒杜鵑紅’,‘高樹緑陰千嶂濕,野棠疏雨一籬香’,‘立近晚風迷蛺蝶,坐臨秋水映芙蓉’,‘羅幕有香鶯夢暖,綺窗月雁聲寒’,‘眉暈淺顰横曉緑,臉消殘纈膩春紅’,‘小雨送花青見萼,輕雷催笋碧抽尖’,‘蠶屋柘烟朝焙繭,鵲爐沉火晝熏茶’,試填入〔浣溪沙〕,皆絶妙好辭也。然其五言古詩,足與季迪方駕。”

參考文獻:

1. 楊基《重刻楊孟載眉庵集》,明萬曆三十七年汪汝淳刻本。

2. 楊基《眉庵詩集》,中國國家圖書館藏明鈔本。

3. 楊基《眉庵集》,《四部叢刊三編》景明成化刻本,上海書店 1986 年版。

4. 楊基《眉庵集》,楊世明、楊雋校點,巴蜀書社 2005 年版。

5. 高啓《高太史鳧藻集》,《四部叢刊初編》景明正統刊本,上海書店 1989 年版。

6. 高啓《高太史大全集》,《四部叢刊初編》景明景泰刊本,上海書店 1989 年版。

7. 徐賁《北郭集》,《四部叢刊三編》景明成化刻本,上海書店 1986 年版。

8. 張羽《静居集》,《四部叢刊三編》景明成化刻本,上海書店 1986 年版。

9. 肖婧《〈眉庵集〉古體詩校注》,湘潭大學 2011 年學位論文。

（湯志波）

鄭淵傳

鄭淵，字仲涵，婺州浦江（今屬浙江）人，元泰定三年（1326）生。

過庭訓《本朝分省人物考》卷五十二《鄭淵傳》："鄭淵，字仲涵，浦江人也。德璋曾孫，祖文轟，父鉅。"

徐象梅《兩浙名賢録》卷六《貞孝處士鄭仲涵淵》："鄭淵，字仲涵，德璋之曾孫也。"

穆彰阿、潘錫恩等《（嘉慶）大清一統志》卷三百《鄭淵傳》："鄭淵，字仲涵，綺七世孫，德璋曾孫也。"

蕭智漢《月日紀古》卷九："元人鄭仲涵，生於泰定丙寅九月十三日。"

家爲鄭氏義門大族。少師宋濂。初學舉業，屢試不第，後棄去，有志於古文，研治諸經。吴萊、柳貫、黄溍諸名公見其文，大期許之。

宋濂《宋學士文集》卷十九《鄭仲涵墓誌銘》："仲涵家義居十世，族屬頗衆。""初年學舉子業，把筆爲文，春葩滿林，色澤明鮮，而生意津津敷暢。予意仲涵必先登。再踐場屋，皆不合有司繩尺。仲涵嘆曰：'吾惡用是爲哉？'乃棄去。益潛心秦漢以來諸文章大家，無所不窺，亦無所不辨。畜之既深，發之亦盛，商敦周彝，藉以五采五就，陳列天禄石渠間，人見之者雙目輒運眩。仲涵復嘆曰：

‘吾惡用是爲哉？’又棄去。取群聖人之經而燖温之，窮其道德性命之秘，質於濂、洛、關、閩之説，久之，充然如有所得。仲涵復嘆曰：‘車成矣，輪轅美矣，不行，何以涉於遠道乎？’益思明體而適諸用。……初，予讀書浦陽山中，仲涵即從余游，先後十有餘年，予初無益於仲涵，而仲涵之相助余者恒多。時予執經山長吴公待制、柳公侍講、黄公之門，仲涵每侍予往拜，三公見其文，亦以遠大期之。”

過庭訓《鄭淵傳》：“從學宋濂，以古文知名於時。所著有《遂初稿》《續文類》。及卒，宋太史表其墓，曰‘貞孝處士’。”

陸應陽《廣輿記》卷十《鄭貞孝淵》：“師事宋景濂，爲古文辭。”

徐象梅《貞孝處士鄭仲涵淵傳》：“從學宋太史濂，以古文知名於時。”

查繼佐《罪惟録·列傳》卷二十二《鄭淵傳》：“師宋潛溪，潛溪稱淵頗聞道。”

《（嘉慶）大清一統志》卷三百《鄭淵傳》：“師宋濂，好洛閩之學，善古文。”

蕭智漢《月日紀古》卷九：“長學舉子業，不合，乃棄去，潛心秦漢諸文章。未幾，又棄去，取群聖之經而尋温之，窮道德性命之旨，質於濂、洛、關、閩之説。”

至正十五年（1355）九月九日，宋濂率鄭淵、鄭濟諸同志登浦江康侯山，淵作《康侯山九日紀游序》。

《（乾隆）浦江縣志》卷十四鄭淵《康侯山九日紀游序》：“至正乙未秋九月九日，潛溪先生率同志登康侯山。時西風作凉，晨霜凋木殆盡，諸峰皆嶙峋獻狀，或嚮而迎，或俯而踞，或奮而趨，使人應接不暇。山之南，則有江如長蛟，千丈盤曲而東下，景物極可玩。遂攀崖而上，勢峻峭，幾不可置足。坐石而休息者三，每一休則所眺益遠，而景象益可觀。及到山巔，則一平如砥。中有宋胡侍郎廟，廟旁有寒泉一勺,引手掬飲之,味甚清冽。斜行過山東,臨一石穴,高廣逾尋丈,皆蒼隼棲止其内,過人則驚起,格磔雲霽間。又斜行過山西,演迤平曠,可列坐,遂舉觴共飲,飲酣,復浩歌陶潛詩,興趣益豪,恍若乘雲馭風,逍遥出塵世外,而不知身居危峰之頂也。會日晚,四山丹彩散亂,度不可留,乃回憩浮屠舍,以杜牧之《登齊山詩》第四句分析爲韻,各賦一詩。詩成,僧普安奉菊酒進曰:'山川寥寂已久,今者得二三君子高吟朗詠於窮崖絶谷之中,誠不朽之美事也。願以此觴爲諸公壽。'衆乃欣然次第飲,泛舟乘月而歸。嗚呼!陶彭澤去今已千載,對菊酌酒而賦詩者,豈無其人,不知有登是山以散攄幽情、騁寄遐矚者耶!使彭澤有靈,亦必爲破顔一笑也。詩自潛溪公而下,凡七人。潛溪欲自爲序,久而未下,因屬筆於淵。淵雖弗敏,禮不敢辭。"

《宋學士文集》卷十六宋濂《官岩院碑》:"當天朗氣清時,嘗同二三子捫蘿攀葛而上,俯瞰縣北岩坑、仙華諸峰,如萬馬東行,或駐或躍,而浦陽江之水蜿蜿蜒蜒,又如白龍南飛,一瀉數十里,繞岩腹而去。周圍原野,星羅棋布,諸池沼厠其中,直小甌耳。方呼酒放歌,天風自東北起,四山鱗甲,一時皆動,同游或戰掉不能留,誠天地間勝絶之地也。"

至正二十一年(1361)秋,偕諸友登浦江登高山,作《登高山九日紀游序》。

《(乾隆)浦江縣志》卷十四鄭淵《登高山九日紀游序》:"浦江東行二十里,有山特起衆峰之間者,曰登高。昔時吕東萊太史九日嘗登此山,後之人尊之,故以是爲名。辛丑之秋,淵與弟濟,及嚴陵吴君、吴興蔣君,亦以九日同登是山。於時秋露方溥,林麓改色,杖履徐行,於山之半,若御五色之雲,游行太虚之中。下視原隰,班班棋布。至其巔,則一平如掌,四顧廓然,心目森爽。長江之水,縈紆於其南，又若白虹，蜿蜒自九天而下。乃命童子，取壺中酒温之，列坐而飲焉。酒酣氣豪，嘯動林谷，遐思超越，而不知九逵三陌之有游塵也。及暮下山，猶却立回顧，不忍去。夜宿山陰僧舍，明燭賦詩，以紀游觀之樂，乃命淵紀其事於首。嗟夫！自太史登兹山，迄今已二百餘年，山之名彌久而彌著，豈非太史流風遺韻之不泯乎？見其山則想其人，又豈非其道履文綦之迹尚存於崇山邃谷之間乎？太史之道，自南渡以來行於東南爲甚盛，東南之士，莫不仰之敬之，而其所尊者，又豈獨見於一山而已乎？噫！高山仰止，景行行止，然是游也，不徒舒懷抱於今日，尚思繼芳躅於前修，斯可也。若日流連於景物，荒亡於詩酒，獨非君子之所深譏而爲太史之羞也乎！二三君子，尚當有見於斯。"

元季曾被薦爲月泉書院山長，不就。

宋濂《鄭仲涵墓誌銘》："仲涵自試藝不中，遂不復有仕進意。有薦爲月泉書院山長者，仲涵辭不就。"

查繼佐《罪惟録·列傳》卷二十二《鄭淵傳》："元季薦爲書院山長，不就。"

按，李賢《明一統志》卷四十二載："月泉書院，在浦江縣西二里。宋咸淳間，知縣王霖龍搆精舍於泉上，元改爲書院。"

明初詔下，郡府絡繹致請，以耳聵辭。部使者趙壽奉旨搜討浙東人材，力迫就道。淵復力辭，趙壽察其誠，不敢强。

宋濂《鄭仲涵墓誌銘》："及入國朝，會求賢之詔下，郡府絡繹致請，仲涵輒以耳聵爲辭。已而部使者趙君壽奉旨搜材浙水東，以薦紳交譽，力迫仲涵就道。仲涵冠帶謁君，辭意悃款，君察其誠也，不敢强。"

查繼佐《鄭淵傳》："國初求賢，有司請，以聵辭。"

洪武六年(1373)卒。宋濂爲撰墓誌銘,私謚曰"貞孝處士"。

宋濂《宋學士文集》卷十九《鄭仲涵墓誌銘》:"仲涵姓鄭氏,淵,其名也。其先世遷徙之詳,見《譜圖記》。曾祖德璋,宋青田尉。祖文轟,父鉅,母周氏……。……卒於今洪武癸丑正月十一日,壽四十八。以其年二月十二日葬於左溪瑶塢之原。生於元泰定丙寅九月十三日。"

方孝孺《遜志齋集》卷二十二《鄭處士墓石表辭》:"浦陽之鄭氏有貞孝處士,諱淵,字仲涵,生未嘗仕乎時,足迹不出乎里門。以洪武六年六月十一日卒,二月十二日葬於左溪瑶塢。……不幸四十有八而亡。……處士之曾祖諱德璋,宋青田尉;祖諱文轟,父諱鉅,皆以好義同居聞。母周氏。配某氏,先處士卒,與處士同壙。男即楷,女二人,適某。孫男耀。楷有文行,太史公稱之。與予友,以墓表之辭爲屬。"按,此處"六月十一日"誤,應爲"正月十一日"。

宋濂《鄭仲涵墓誌銘》:"及予赴召總修《元史》,與仲涵約曰:'子非青年矣,予春秋亦漸高,行當俟汰而歸,與子婆娑一丘一壑間,聖賢心學之秘,尚相與窮之。'史事雖畢,復待罪禁林,留南京者四年。仲涵忽不遠千里來見,且申前言,予諾之而未及踐,豈意仲涵先予而逝乎?……昔者徐仲車以孝行著稱,惜以聾廢而仕不大顯,君子以節孝謚之。今仲涵之事無愧仲車者也,宜私謚以貞孝處士勒石墓門,而埋予文墓中,庶幾少慰仲涵於九泉之下乎?"

元季兵燹叠生,淵懷悲天憫人,樂善好施。

宋濂《鄭仲涵墓誌銘》:"癸卯之夏,諸暨戍將謝再興以城叛,浦陽與諸暨鄰壤,訛言寇且至,群從兄弟皆避地東陽,或移金華。是年冬,寇壓東陽,囊橐皆無遺。仲涵時在金華,聞之泣,盡持所服衣衾往分之,雖身罹寒冱不恤也。……蘄春王烈家毁於紅巾,帥其族五十乞食浙河之右，仲涵館之數月，而後去。同縣騷人貧不能養母，來愬於仲涵，仲涵曰：'吾何無母可養邪？'厚周之。仲涵負笈從師，道遇十餘人，襁負其子，且行且泣。試叩焉，則山水暴溢，室廬漂没，欲求給縣大夫，不食者日再周矣，仲涵亟傾篋中錢與之。村氓王氏患多男子，仲涵至其家，聞兒啼聲甚悲，蓋氓將溺之於水，仲涵爲陳父子至情，且惠以粟，氓大感悟，生之。並舍三里所，溪流湍悍，遇雨則人蹤絶，仲涵造舟渡之。金華洞溪，其悍爲尤甚，舊有石梁久壞而弗葺，仲涵捐白金八百一十八銖爲倡，衆翕然而和，未幾而梁成。當夏五六月，赤日流金，道多病暍者，仲涵設湯茗濟之。冬大雪，仲涵晨出，見寒士衣不掩脛，齒相擊下上，仲涵呼酒飲之，爇火温之，仍解自衣纊裘爲贈。又嘗禱於廟，寡嫗困卧廟門無衣，愈於寒士。仲涵與妻周嵩謀，製衣一襲與之。凡納交仲涵者，無不曰：'此古仁人也。'或又曰：'其内外行如一者哉！'"

方孝孺《鄭處士墓石表辭》："墓上之木已拱矣，問其鄉之細民，則蹙額曰：'仁人也。處士在時，吾民飢者告以食，寒者告以衣，病者我藥之，稱貸者未嘗辭，有恤我之心焉。今死矣，仁人不可得矣。'問其士大夫，則蹙蹙然曰：'忠信人也。其言也，恐傷其氣；其待人也，和恕之容溢於面；其見人有善也，揚之唯恐弗亟；見人有過也，陰告之而不聞於外。貧者賙之，急者紓之，而未嘗以是驕人，惜其死矣！'問其親戚，則泣之曰：'吾忍言其德乎？縱言之其有既乎？'"

王崇炳《金華徵獻略》卷一《鄭淵傳》："其於他姓，寒者衣之，飢者食之，貧不能舉其子，則與之粟。士有遭亂而來者，接而禮之；見通津絶港，則造舟爲梁以濟之；見道路有凍者，則解衣衣之。暍則設茗，寒則治湯以飲之。淵攻文不仕，著書明道，宋太史題其墓曰貞孝處士。"

鄭氏十世義居,大小事例,淵視之如一身。

宋濂《鄭仲涵墓誌銘》:“從弟澧與妻早夭,三女傫傫然無依,仲涵鞠育盡道,各選名胄而配,供張之豐逾於己女。仲涵家義居十世,族屬頗衆,或有疾,不擇疏戚,夜必四三起視。遇有死喪急難,不顧利害,身任之。至於周旋事爲之間,條理粲然,必期於集。且不與人較曲直,或以非理相讓,但俯首默受而已。其在内之行如此,達之於其外者尤夥也。”

方孝孺《鄭處士墓石表辭》:“事兄如事父。兄曰坐,則趨走就位;不命之坐,則拱而立,不敢平目視。撫子弟有恩而嚴,或有疾,夜四五起。及訓飭之際,正色厲辭,凛凛如神明。其視姻連,不以貧富爲冷熱;嫁其弟孤女,逾於己出者。其大者若此,其小者可知。吾言之安能既也?”

童冀《尚絅齋集》卷二《書鄭氏孝義卷後》:“浦陽鄭氏同居九世矣。其子孫往往行立而言揚,惟仲涵氏生而孝友。”

王崇炳《鄭淵傳》:“鄭氏義居十世,淵視之如一身,凡疾病、死喪、患難,以身任之。”

嘗請蘭溪吴沉爲其所居之軒作記,吴沉作《華萼軒記》。

程敏政《皇明文衡》卷三十二吴沉《華萼軒記》:“浦陽鄭氏,以孝義聞於天下久矣。蓋自冲素處士諱綺者,誓子孫以無分居,至貞和先生大和已六世矣。貞和而下,復三世焉。先生既高年碩德,子孫又多材俊,於是招延名師以訓導之。吾友宋景濂氏實往焉。景濂一日以書來,致其徒淵字仲涵者之辭曰:‘吾兄與弟皆受學於宋先生。先生嘗以‘華萼’名吾所居之軒,子其有以記之。’余識陋才譾,向曾獲觀《義門文録》,見當世之名公巨卿,皆有稱述。沉何人而敢厠姓名於其間邪?然以仲涵求之之切,雖辭之而不獲也。”

天性至孝。母病逾年，淵保抱扶持，終日不離側。泣禱於天，請以身代。以念母不置，氣鬱結，遂得聵疾。父歿，哀毁骨立。

宋濂《鄭仲涵墓誌銘》："母夫人病逾年，仲涵保抱扶持，終日不離側。夜則泣禱於天，請以身代。忽臀患惡疽，不能坐跪，煉藥劑以進，膝爲生胝。夫人病革，思食西域瓜，既食而卒。仲涵見瓜，終身弗忍食。因懸懸念母不置，氣鬱結弗舒，遂得聵疾。迨居父喪，拊膺悲號，絶而再蘇者數四。杖而後起。服雖闋，凡遇諱辰，却酒肉弗御者七日。至期，哭奠如初喪。"

方孝孺《鄭處士墓石表辭》："處士親在，事之盡孝；既没，而喪之過哀。親死時，思食瓜，終其身不食瓜，曰：'吾何能下咽也？'"

徐象梅《貞孝處士鄭仲涵淵》曰："天性至孝，母疾侍湯藥，年餘弗離。病革，思食西瓜，既食而卒，後見瓜輒泣，終身不忍食之。因念母得聵疾。繼喪父，哀毁骨立；服除猶哀痛，遇忌日哭奠如初喪，歿身不變。"

查繼佐《鄭淵傳》："侍母病疽，跪而進藥，膝爲生胝。母復病渴，以不得西瓜死，遂終身不食瓜。"

嵇曾筠等監修《（雍正）浙江通志》卷一百八十五《鄭淵傳》："母病逾年，日夜抱持之，積憂至疽發於背，猶跪進湯藥。母病革，思得瓜食，食已乃卒。每瓜時，淵輒涕泣，終身弗食瓜。居喪哀戚，兩耳皆聾；後居父喪，哀毁骨立。凡遇父母諱日，前期齋七日。至日，號慟行禮如初喪，没身不變。"

穆彰阿《鄭淵傳》："母病逾年，跪進湯藥，膝生胝。既卒，哀慟過節，耳爲之聵。"

有《遂初齋集》十卷，編《續文類》五十卷。

宋濂《鄭仲涵墓誌銘》："仲涵所著書有《遂初齋稿》十卷、《續文類》五十卷藏於家。”

嵇曾筠等監修《(雍正)浙江通志》卷二百五十二《義門鄭氏三先生文集》:“淵,字仲涵,有《遂初齋稿》十卷。”

方孝孺《遜志齋集》卷十二《鄭貞孝先生文集序》:“求之今世,若浦陽鄭貞孝先生,蓋有憲之風焉,而今亦亡矣。余游其鄉,交其士大夫,以問先生之爲人。舉其姓字,無智愚長少,無有不嘆息贊譽,以爲賢者。嗚呼!一人易欺也,一時易誣也。先生之殁十餘年矣,使有大功厚澤施於民,猶且忘之矣。而稱先生如存,慕其善者如新,斯豈智術所可爲哉?非德足以服乎人,其何能致是乎!先生之子叔度,授余以《遂初集》十卷。誦其言,皆本於仁義忠信,辭達而旨深,稱其所爲,因復於叔度曰:‘此有德者之言也。’昔修漢史者高憲之德,而以其言論風旨無傳爲憾。先生之言具存,於是乎過憲矣。後之人慕先生之德,知先生斯文之可貴者,其亦有德者之徒歟!先生諱淵,字仲涵,太史潛溪公之門人,其家以孝義聞於世。”

與鄭濤、鄭泳合爲《鄭氏三先生集》十卷。

嵇曾筠等監修《(雍正)浙江通志》卷二百五十二:“《義門鄭氏三先生文集》,《内閣書目》:元金華鄭濤、鄭泳、鄭淵著。《金華賢達傳》:‘濤,字仲舒,有《藥房集》;泳,字仲潛,有《半軒集》;淵,字仲涵,有《遂初齋稿》十卷。’”

長於古文辭,其文根本仁義,所作皆其日用之常,如菽粟布帛,异乎文綉之與膏粱。

童冀《尚絅齋集》卷二《書鄭仲涵文集後》:“木之本深者,其發必茂。水之源遠者,其流必長。人之積學,有禮義爲之本,則其放焉而爲文也,必肆而昌。……惟仲涵氏生而孝友,宜其學問,日就而月將,深藏厚積,不施諸用,其所表襮,僅見於詞章,連篇累牘,根仁本義，皆其日用之常，故其切於世用，如菽粟布帛，异乎文綉之與膏粱。嗟嗟若人，今也則亡。三復遺編，有涕浪浪。後之覽者，尚有以知其人而弗忘。”

方孝孺《遜志齋集》卷二十二《鄭處士墓石表辭》：“其爲文辭，冰潔而木茂，其於道有聞矣。不幸四十有八而亡，今則無矣。問於其子楷，欲發其辭而舌莫能舉。求其文，得《遂初齋稿》十卷，讀未終篇，爲之泣下沾襟。”

因文集散佚，今輯佚詩文於下，以管窺一斑。

《御選宋金元明四朝詩》元詩卷二十三鄭淵《次韵宋學士見寄》：“涉江采新緑，攬之不成歡。我心獨何苦，臨風屢彈冠。無心問明月，有懷如長川。且歌擬招辭，采芝向商顔。”其二：“商顔有神芝，豈徒樂苦飢。可以起沉疴，可以滋容輝。乞身在强健，行樂須及時。願言賦歸來，慰我朝夕思。”其三：“夕思苦長夜，欹枕聽征鴻。征鴻爲稻粱，南北何憧憧。相隨有流水，莫比情無窮。起來步檐下，倚遍青青松。”其四：“松月流光精，照我雙瞳青。千里共徘徊，兩情正交並。取琴彈别鶴，弦寒不成聲。誰知揚州地，亦隔牛女星。”

《御選宋金元明四朝詩》元詩卷三十四鄭淵《東明山》：“君不見深裹之山青入天，蕩摩日月呼雲烟；又不見仙華山高一千仞，排空直立如旗旜。二山雄削無與比，降勢演迤直與東明連。東明雖然一培塿，林回麓轉依平川。喬松百尺不僵亦不死，女蘿冉冉青絲懸。緑光照人濃若酒，角鬣儼似蛟龍然。吟壇西頭竹千挺，翠色倒浸梅花泉。泉傍一沼水如鑒，下有魚鱉潛深淵。百禽紛紜競栖托，欲借薈翳逃鷹鸇。東方海色欲生白，啁啁哳哳春聲傳。雖無律吕不可辨，絶勝翠管並繁弦。我先誅茅薙草結新屋，軒檻疏敞甍楹鮮。犀籤瑶軸插滿架，鄴侯三萬知誰賢？聯衿接席兄與弟，古今治亂時鑽研。客來引座松石底,一甌花乳浮輕圓。夜深白月徑窺户,且把緑綺攄幽玄。深林恐有山鬼聽,吹燈遽就青氈眠。世間逶絶有如此,便覺眼底無嵩瀍。我生如結泉石緣,我生愛使烟霞纏。白鹿耕雲不須牽,五芝種得山前田。金華先生今謫仙,買山便可分一廛。下箸不願食萬錢,但得清風明月供吟篇。"

《(光緒)浦江縣志》卷二鄭淵《南橋堤記》:"浦陽江出縣西六十里,深褭山之南,經於縣治之南門,東流入於海。宋工部尚書錢公遹嘗作橋於江以通行者,橋後害於水,江堤遂決。沿江之田皆漂毀不存,民往往病之。至正三年,江西那海公來爲縣長官,不數月有治聲,每過南門,輒念斯橋之壞,而民多病涉。明年冬,興役治橋。橋成,乃築土堤廣若干尺,高若干尺,而殺其上甃,以石役三時,乃成名曰浦陽堤。又墾田若干畝,有奇公之惠及吾民者,不其至哉?縣民感公之德不能忘,乃謀伐石請余記。余竊聞之,滕侯子京治岳陽時,因洞庭水之險,乃自岳陽門西距金雞之右築堤一千餘尺以利民,名之曰堰洪。歐陽子實序而記之,謂其以百步之堤禦天下至險不測之患,歐陽子豈過論者哉?今公之治浦江,政既無不修,又能以其餘力興數十年之廢,其於滕侯之治岳陽,予恐無以异也。世嘗謂古之人爲民興利,而今之人無以繼之者,觀公斯舉,其何愧乎!烏可以淺心而遽量兹世之人也?是堤之築,其惠及乎吾民者甚宏,不可無記以告來者,遂書刻於江濱。"

參考文獻:

1. 過庭訓《本朝分省人物考》,明天啓刻本。

2. 徐象梅《兩浙名賢録》,明天啓三年光碧堂刻本。

3. 王崇炳《金華徵獻略》,清雍正十一年藕塘賢祠刻本。

4. 嵇曾筠等監修《(雍正)浙江通志》,清光緒二十五年浙江書局重刻本。

5. 蕭智漢《月日紀古》,清乾隆五十九年蕭氏聽濤山房刻本。

6. 穆彰阿、潘錫恩等纂修《(嘉慶)大清一統志》,《四部叢刊續編》景舊鈔本,上海商務印書館1934年版。

7.《(光緒)浦江縣志》,民國五年黄志璠再增補鉛印本。

8. 張豫章編纂《御選宋金元明四朝詩》,清康熙四十八年内府刻後印本。

9. 宋濂《宋學士文集》,《四部叢刊初編》景明正德本,上海書店1989年版。

10. 方孝孺《遜志齋集》,《四部叢刊初編》景明本,上海書店1989年版。

11. 程敏政《皇明文衡》,《四部叢刊初編》景明本,上海書店1989年版。

(邱江寧　徐子敬)

宋克傳

宋克，字仲温，一字克温，號南宫生，長洲（今江蘇蘇州）人，祖籍河北廣平。元泰定四年（1327）生。

焦竑《國朝獻徵録》卷一百十五高啓《南宫生宋克傳》曰："南宫生，吴人……姓宋名克，家南宫里，故自號云。"

張昶《吴中人物志》卷十三《宋克》曰："宋克，字中温，家郡城南宫里，號南宫生。"

《（正德）松江府志》卷三十一《宋克》曰："宋克，字仲温，長洲南宫里人……游松江，寓城東俞氏。"

解縉《文毅集》卷十五《書學源流詳説》曰："宋克，字仲温，一字克温，吴郡人。"

又，廣平者當爲宋克之郡望。《石渠寳笈》卷二十八《趙孟頫遺墨一册》（上等黄三）後有宋克題識云："龍集乙巳七月既望，廣平宋克識。"香港近墨堂書法研究基金會收藏宋克《賢者游於庠序帖》墨迹一册，署名"廣平宋克序並書"。今存宋克所書《杜子美壯游詩卷》，其後題記："右杜子美壯游詩，東吴宋克仲温書於廣平之草堂。"綜合以上宋氏手迹可知，宋克雖爲長洲人，其郡望當是河北廣平郡。

張惟驤《疑年録彙編》卷六云："宋克，丁卯（1327）生。"又，宋克在洪武三年（1370）庚戌作《竹石小景圖》，其跋云："庚戌九月廿四日燈下，東吴宋克仲温記之。時年四十有四。”兩者相證，足證《疑年録彙編》所載宋氏生年當無誤也。

少任俠，好學劍走馬，家素饒，結客飲博。與高啓、余堯臣等結“北郭詩社”，人稱詩社諸子爲“北郭十友”。

高啓《南宫生宋克傳》曰：“少任俠，喜擊劍走馬，尤善彈，指飛鳥下之。家素厚藏，生用周養賓客，及與少年飲博遨戲，盡喪其貲。”

高啓《高太史大全集》卷三《春日懷十友詩・宋軍咨克》：“看花西澗寺，憶子昔同行。蘭入華觴氣，波泛緑琴聲。兹歡隨節逝，離恨坐相嬰。安得重聯騎，射雉出東城。”

《明史稿・高啓傳》曰：“高啓家北郭，與王行比鄰，其後徐賁、高遜志、唐肅、宋克、余堯臣、張羽、吕敏、陳則皆卜居與相近，號‘北郭十友’，又以能詩號‘十才子’。”

陳田《明詩紀事》“余堯臣”條曰：“唐卿與楊基、張羽、徐賁、王行、王彝、宋克、吕敏、陳則、釋道衍爲高季迪‘北郭十友’。”

金檀輯注《高青丘集》（徐澄宇、沈北宗校點上海古籍出版社1985年版）之《高青丘年譜》中於高啓十六歲時記曰：“家北郭，與王行比鄰，其後徐賁、高遜志、唐肅、宋克、余堯臣、張羽、吕敏、陳則，皆卜居相近，號‘北郭十友’，極一時詩酒之樂。十子之名，肇此數年。”

迨壯，謝酒徒，學兵法，周流無所遇，益以氣自豪。張士誠欲羅致之，許以軍咨，或曾就之。

高啓《南宫生宋克傳》曰：“逮壯，見天下亂，思自樹功業，乃謝酒徒去。學兵，得風后握奇陳法。將北走中原，從豪杰計事，會道梗，周流無所合。遂泝大江，游金陵，入金華、會稽諸山，搜覽瓌怪，渡浙江,泛具區而歸。家居以氣節聞,衣冠慕之,争往迎候,門止車日數十兩。生亦善交,無貴賤,皆傾身與相接。有二軍將恃武横甚,數毆辱士類,號虎冠。其一嘗召生飲,或曰:'彼酗,不可近也。'生笑曰:'使酒人惡能勇!吾將柔之矣。'即命駕往,坐上座,爲語古賢將事。其人竦聽,居樽下拜,起爲壽,至罷會,無失儀。其一嘗遇生客次,顧生不下已,目攝生而起。他日見生獨騎出,從健兒,帶刀策馬踵生後,若將肆暴者。生故緩轡,當中道進,不少避,知生非懦儒,遂引去,不敢突冒訶避。明旦介客詣生謝,請結歡。生能以氣服人,類如此。"

《(正德)松江府志》卷三十一《宋克》曰:"將北走中原,會道梗,弗果。"《本朝分省人物考》卷十八《宋克》曰:"將北走中原,從豪杰馳逐,會士誠據吴,度其無成,思欲保其鄉,悲嘆不能遠去。"

按,諸《傳》皆云宋克將北走中原,弗果。然嘉德拍賣公司 2009 秋季拍賣會古代書畫專場有宋克所書《杜子美壯游詩卷》,其後題記:"右杜子美《壯游詩》,東吴宋克仲温書於廣平之草堂。"據林霄考證,此當爲其早年書作,此處的"廣平"前已考證,當爲宋氏郡望之河北廣平,故宋克早年北走中原的壯游之行則是事實,諸《傳》所記皆是源自高啓的《南宫生宋克傳》,所以"北走弗果"一説頗有疑處。或以爲高氏作《南宫生宋克傳》時已在朱明之世,其隱去宋克北游故實,或爲回護宋克起見。

又,《南宫生宋克傳》曰:"時藩府數用師,生私策其雋蹶,多中。有言生於府,欲致生幕下,不能得,將中生法,生以智免。"按,藩府,當指張士誠府第。如高啓《南宫生宋克傳》所云,張士誠欲羅致之,而宋以智免招。高説存疑處有二。一者,高啓在《春日懷十友詩》中稱宋克爲"軍咨",考高詩紀年,其時尚在張士誠未敗時,"十友"中有官職稱謂的余司馬堯臣、張校理羽、楊署令基、宋軍咨克、徐記室賁等五人，而此五人，除宋克外，無一不食禄於張吴政權中，何獨此軍咨非張士誠所封哉？此是一疑。再者，宋克在張士誠政權覆滅前，曾爲張士誠女婿潘元紹書《七姬權厝志》，此志的撰者張羽與書蓋者盧熊，皆爲張士誠之近臣，何獨宋克能置身世外而得張吴政權之垂青耶？此是二疑。

或以天下事不可爲，復杜門染翰，日費千紙，遂以善書名天下。

高啓《南宫生宋克傳》曰："久之，稍厭事，闔門寡接迎。闢一室，庋歷代法書、周彝漢硯、唐雷氏琴，日游其間以自娱。素工草、隸，逼鍾、王。"

《（正德）松江府志》卷三十一《宋克》曰："一旦厭事，閉門謝客，操觚染翰，日費千紙，遂以書名。章草久不傳，至克始得其法，筆精墨妙，可與古人並驅。"

《蓬窗類紀》卷三《技藝紀》曰："晚刮靡豪習，閉門寡將迎，日閲法書名畫，工草、隸，逼鍾、王。片紙數字，人以重價購之。"

過庭訓《本朝分省人物考》卷十八《宋克》曰："已，乃謝客杜門，闢一室，置歷代法書、周彝漢硯、唐雷氏琴，日游其間以自娱。臨魏晉書，窮晝夜不廢，遂精其藝，真、行、章草皆妙盡古法。允明論克書，謂如初筵忽見三代卣彝，蓋亦天授，非人工能逮。"

商輅跋宋克草書《杜子美壯游詩卷》云："我朝英宗御極時，宸翰之暇，偶見其書，笑曰：'仲温何人？而書法若此，真當代王羲之也。'其見重若此。嗚呼，自開闢以來，書法之神妙，惟王羲之一人，羲之之後，能繼其高風者，余亦曰仲温一人而已。"

至正九年（1349），作草書《進學解卷》。

《中國古代書畫圖目·二十》宋克作草書《進學解卷》（故宫博物院藏），其款云："時至正己丑七月廿八日，東吴宋克書於南宫里。”己丑爲至正九年(1349),按《疑年録》中生年推算,宋克時年二十又三,是爲宋氏傳世書法紀年最早者。

至正二十年(1360)三月,宋克爲徐彦明書《草書唐人歌卷》。本年,與楊維楨游,楊維楨贈宋克長歌一首。二十一年,周砥作《放歌行》贈宋克。

《中國古代書畫圖目》(二)宋克《草書唐人歌卷》(上海博物館藏)款云:“至正二十年三月,余訪雲間友人徐彦明,盤桓甚久。彦明以卷索書,爲録唐人歌以復之,然燈下醉,余恣意涂抹,醜惡頓露,胡能逃識者之指目哉?東吴宋克識。”

汪砢玉《珊瑚網》卷十三楊維楨《贈宋仲温》詩跋云:“東吴宋仲温,工古歌詞,尤工諸家書法,余有所著,必命仲温書之。且扁舟訪余東海角,觴咏數日而别。爲賦長歌一解,酒餘使歌之。余和以鐵龍之嘯,不知人間世復有過余樂者不?余既醉書此歌,復令仲温書,遺玉笥、崆同兩生者和之。”

朱存理撰、趙琦美編《鐵網珊瑚》卷七周砥《放歌行贈宋君仲温》:“今日非昨日,今年非去年。天地不同老,日月豈停旋。寸心遥遥顔色改,只似秋蓬與夏蓮。柏梁賦詩不早上,長楸走馬未得前。閶闔九重虎豹守,我欲上訴無因緣。荆山泣玉徒自苦,夷門抱關誰復賢。寶劍夫容拂秋月,高歌對酒聲哽咽。當時輕意千古事,幽憤於今向誰雪。蘭臺公子天下奇,心膽豈足他人知。荆卿不答魯勾踐,項羽肯顧齊安期。東吴市上花漠漠,相逢意氣傾山岳。笑説秦關百二重,舒卷風雲不盈握。一生不識平陽奴,况是霍家馮子都。明珠白璧等糞壤,王環翠袖皆蟲蛆。甘心廓落事屠釣,矯如游龍不可拘。宋公子,爾彈琴,我放歌,白晝苦短夜何多。黄金高臺幾千尺,翳日浮雲奈若何。”

至正二十一年(1361)秋八月,宋克、張憲聚於松江延慶禪寺,寺方丈雲谷講師出《宋宫觀潮圖》徵詩,張憲詩成,遂請宋克書之。宋克與松江俞仲幾友善,往來松江多寓其家,有《致俞仲幾書》存世。

郎瑛《七修續稿》卷七張憲題《宋宫觀潮圖》:"至正二十一年秋八月既望,自姑蘇來雲間寓延慶,方丈雲谷講師出《宋宫觀潮圖》徵詩,嘗記父老言宋亡時,丞相伯顔駐師沙上,潮不至者三日。又記庚午歲正月十四曉,有雷自北高峰飛至故宫塔頂,火不滅者二日。撫卷憶舊,不覺慨然,爲賦七言長詩一解,適宋仲温至,遂命書之。"

宋克《致俞仲幾書》(清拓本):"克頓首再拜復仲幾英契徵君畏友:久缺致誠而雅眷不忘。惠然垂問,誨諭稠至,兼賜佳布,物意兩重,慚感何量。日來伏計采侍之暇,詩書致樂。如僕汩没塵坌者,思之不啻霄壤耳。敬羡書法之妙,比往者大進,展玩數四,不能釋手,僕不及也。使之進進不已,古人豈難至耶?足下妙年,處富貴之中,他皆不喜,乃能用力於清淡之事,良可敬也。不肖深欲詣使第,聆清話數日,跬步如棘,冬初必克所願耳,相見不遠,略略。"

至正二十四年(1364),獲《定武蘭亭肥本》於松江曹氏,後轉入饒介手。二十五年四月,與沈鉉同訪倪瓚。

上海有正書局民國影印本《宋仲温藏定武蘭亭肥本》上載有宋克跋語八則,其一云:"甲辰歲春,余往雲間,路次小貞,獲此卷於曹雲西之孫孺章氏,歸而藏之。介之饒公亦得趙子固五字損本,聞僕有此,力求一觀,殊勝其所有,久假不歸,乃以白金卅五星見酬余。雖篤好,逼於交情,遂割所愛,每一思之,形於夢想,而饒刪去山谷等跋,復求周太史題於後。"

倪瓚《清閟閣全集》卷六《贈别宋君仲温》序云:"至正己巳三月

廿四日,仲温高士與沈文舉共載訪余笠澤東渚之蝸牛廬中,相從過王明宅,煮茶留坐,遂以永日。吹笙鼓琴於水光林影間。但恨吾子儀遠在數十里外,不得同此集也。廿五日仲温别余他之,漫成長句以寫余懷。"其詩曰:"三月將闌春欲夏,循檐共看辛夷花。階前瀹茗香照色,坐上吹笙清不嘩。住杖偶過公子宅,班荆宛似山人家。宋玉才情何可得,肯抛塵土踏江沙。"(其一)"江上欣逢宋仲温,蕭條古道向君論。我居笠澤已十載,看竹唯君款我門。"(其二)"宋公天下士,畫竹就鼓琴。來我北渚下,相從論古心。"(其三)

至正二十六年(1366)六月,爲陸謙撰並書《賢者游於庠序帖》。

宋克《賢者游於庠序》云:"賢者游於庠序之間,必習乎俎豆弓矢之事。其材既成,則具文武之用矣。及出而施於邦家,論政而圖治,蓋無往不可焉。後世二道既分,武夫則攻騎射而遺詩書,儒者則談禮樂而忘軍旅。或見訾於巽儒,或取責於暴驕,相互詆誚而莫能一,然各視其時之所尚而輕重焉。故戴鶡弁者或負其勞,視縉紳之徒蔑如也。陸君則不然,少以材勇從征於江淮,累功受閫職,日從儒先君子以講。夫爲治之道,若君者庶乎所謂文武之用者歟?今年夏,遂授杭州路治中。夫杭,東南之都會,密邇强梗。往年守者弗戒,已有城下之戰矣。今君之杭,登乎山川,視其有可憑,則設爲備禦之規;行乎田野,見其有可復,則興爲墾闢之利。無事則教民忠義,有事則率民將之,使寇不能復來,而民晏然保其家室,以樂生送死於千里之内,則君之功效並著,豈不偉歟?僕與君有交游之好,拜於君之行,敢以是爲贈。至正廿六年丙午建未月朔,廣平宋克序並書。"

按,宋克手書《賢者游於庠序》墨迹現爲香港近墨堂書法研究基金會收藏,香港近墨堂書法研究基金會林霄先生有《宋克未解之謎——以新見〈賢者帖〉爲中心的考察》一文,對宋克的這件墨迹進行了詳細的考證(详見《書法》2016 年第 10 期)。

至正二十七年(1367)八月,宋克書《七姬權厝志》。饒介有《論書贈宋克》一首。明洪武二年(1369)春,《定武蘭亭肥本》失而復得,宋克喜不自禁,後先題跋八次以志此物緣。洪武三年九月,宋克再訪雲間,館於徐彦明家。

諸《傳》皆載宋克曾拒張士誠,不就僞職。而宋氏又有爲張婿潘氏之亡姬書志一事,兹事確有年紀可考,其時尚在張吴政權未覆滅之際。如依諸《傳》所言,以其高蹈自潔之志,又如何爲此諂佞自輕之舉?此節殊不可解。而文徵明《甫田集》卷二十一跋《七姬權厝志》亦云:"(此《志》)張羽文,宋克書,盧熊篆……方賓賢盛時,三公與楊廉夫、高季迪輩俱號高邁不爲所屈者,今不免亦爲之俛首執筆,其禮羅之勤有可知者。昔人謂時衰代替,武人所好涉於衣冠,觀此有深感焉。"文氏此跋所説"俱號高邁不爲所屈者"而"不免亦爲之俛首執筆"者,竊以爲,"俱號高邁不爲所屈者"如宋氏曾智拒張吴政權云云,不過是時變世遷之後文士的僞飾與自我保護,否則無法解釋"爲之俛首執筆"的事實。

朱彝尊《明詩綜》卷八十七饒介《丁未歲論書贈仲温》:"太白流西荒,音響一何切。蒼精散暘谷,光彩爛昭晰。靈氣垂八芒,雲漢自兹抉。人文既開張,象畫亦區别。冥機不自見,直待智者發。誰能懷遂初,心焉悟皇頡。閉門工造車,出門即合轍。古人有成言,得之盡毫髮。流形歸自然,萬古字不滅。將同造化功,豈獨在書訣。神哉岳瀆經,煉石補天裂。"

按,宋克與饒介友善,兩人皆嗜書法如命,染翰臨池,無日無之。據此也可推測,宋克入張吴任職,大半也是饒介之介。當然,此情况非宋克一人,如高啓在《春日懷十友詩》中稱宋克爲"軍咨",考高詩紀年,其時尚在張士誠未敗時,"十友"中有官職稱謂的余司馬堯臣、張校理羽、楊署令基、宋軍咨克、徐記室賁等五人,余堯臣、張羽、王行、徐賁等人亦多半因饒介關係而入張吴政權,但終究所任不過類似於宋克"軍咨"的校理、著作、記室這樣的閑職罷了。

宋克於洪武二年復得《肥本蘭亭》,洪武三年、四年先後八跋其上,而傳世定武蘭亭中又有所謂宋克《臨趙孟頫蘭亭十三跋》。中國美術學院田振宇博士專精碑帖之學,他以爲此宋克所得的《肥本蘭亭》即趙氏的獨孤長老定武蘭亭本,所謂宋克的《肥本蘭亭八跋》與《臨趙氏十三跋》原皆爲此獨孤長老本而作,後世商估爲逐利之私心,遂將此本之後的宋克題跋拆開另配兩本,而成今之所謂《肥本蘭亭八跋》及宋克《臨趙題蘭亭十三跋》這兩種新本。田博士之説頗有可信處,最終定論如何,當俟他撰文專題考證。此處只將原《肥本蘭亭》宋克之八跋迻録如下,如此既可保留宋氏之文字,更可以此爲考證其行年之一助也。

上海有正書局民國影印本《宋仲温藏定武蘭亭肥本》第一跋,除前文所引,餘云:"丁未歲,吴城變故,此帖不知存亡。己酉春,余復得之吴中,所謂珠還合浦、劍入延平,神物會合,詎不信然。帖之品第,前人評之詳矣。余不復贅,聊書所自以識。余喜或窗明几净,紙筆精佳,展玩一臨,實天下之至樂也。是歲五月朔東吴宋克書於南宫里寓舍。"

第二跋:"蘭亭真迹閉昭陵已久,後人獨寶定武,必與真相去不遠。今觀唐僧懷仁集右軍行書《聖教叙》,多用蘭亭中字,往往與定武本相類,以此知定武刻最不失真,名不虚得也。庚戌六月十日,試沈君玉筆,用端石執研適安堂墨,克復書。"

第三跋:"筆秃萬管,墨磨千錠,不作張芝,也作索靖。古人用功,墨池、筆冢、書被皆穿,漆盤盡遂,尚不能至美,况今人未能執筆恣情,點畫便欲咵。余儕輩雖能掩俗者之目,得不自愧於心耶!好觀此卷悉以自警。宋克温識。時暑氣可□,清風時來,頓消煩熱,把筆書之,六月廿四也。'特健藥'三字乃梵語,云合作耳,或云疲困,極得此藥,可以特健,亦猶陳琳之□可愈頭風,僕觀此帖亦然。"

第四跋:"唐文皇萬機之暇,留心翰墨,詔求漢魏以來法書幾千餘卷,晚得右軍稧帖,如獲至寶,秘而不傳。貞觀中詔令湯普徹拓賜貴近,普徹亦竊拓出外其書,遂傳。普徹能書,識右軍筆意,故其摹拓自到極處,非如歐褚臨撫則自出家法,不復隨其點畫、位置筆意,故世以普徹善本歸之。普徹蘭亭真迹世不復知,至普徹典刑,猶有存者,定武之刻蓋其一耳。自歷代至於今日,兵火之餘,佳本愈少,况五字未損,宣政以前之本耶?故余重爲寶惜也。八月十四日,因披閱之次,克復書。"

第五跋:"蘭亭一帖,歷代臨模者甚衆,惟唐褚河南創爲小字,形容規矩無二,刻之玉枕,後世謂之'玉枕蘭亭'。至趙魏公展而大字,方五六寸,筆法、位置全然相似,亦當世之名迹也,固宜度越前輩。自唐以降,莫可及已。其臨蘭亭,精熟逼真,人間僞作固多,僕輒能辨其真贋,近代能書人而已,兒童走卒皆知名。嗚呼,盛哉!克又書。"

第六跋:"古今言書者,以右軍爲至善,評右軍之書者,以稧帖爲至善。真迹既亡,其刻之石者,以定武爲至善,然而紙墨有精疏,拓手有工拙,於是優劣分焉,此本此墨精拓,手工在定武中豈非至寶也耶?克書。九月廿七日。"

第七跋:"六月晦,携此卷至楓橋西張浦沙先壟之次,與友人淡庵觀之。始僕甲辰歲得於雲間,回舟之日,淡庵適來訪,余相與披覽,嘆其妙絶。失去數年,今復見之,若故人邂逅於千里,撫卷有懷花增嘆息。"

第八跋:"此卷去歲復得,恍如隔世,僕有書癖,雖數展玩,未嘗厭倦,但以世事相迫,乏臨池之工耳。右軍筆意,心雖稍知,筆下未至,所謂騎驟勢力竭盡,終不能度驊騮之前,實由時世資質所限。右軍清貞之才,天縱之學,豈常人所可仙及耶?六月望日夜稍凉,燈下觀畢,克又書。”

又,洪武三年九月,宋克再訪徐彦明於雲間,並爲之作《竹石小景圖》,其跋云:“僕來雲間,館徐彦明寓所,日夕相與笑談,幾逾四旬。彦明酷愛鄙字,乃以四體書陶靖節詩一卷,餘紙尚多,遂戲寫竹石小景。僕素不精此,聊復弄筆,而塵俗之氣一洗盡去,雖不入時流之目,識者自能辨之。庚戌九月廿四日燈下,東吴宋克仲温記之。時年四十有四,庚戌歲也。”

洪武初,任鳳翔同知。洪武二十年(1387),卒於任,年六十有一。工草隸,時賦詩見志。

據宋克八跋中的第七、第八跋可知,宋克洪武三年八月尚在蘇州題寫此件拓本。又,洪武三年九月,宋克再訪徐彦明於雲間,並爲之作《竹石小景圖》并題跋。按,二者相證可知,宋克出任鳳翔同知的時間,當在洪武三年九月之後。

《國朝獻徵録》卷一百十五《宋仲温傳》曰:“洪武初,克任鳳翔同知,卒。”

《列朝詩集》甲集前編卷十一《宋侍書克》曰:“工草隸,時賦詩見志。國初,徵爲侍書,出爲鳳翔府同知。”

王行《半軒集》卷十《送侍書宋仲温出任鳳翔同知》:“善書聞宇内,盛事起江東。楷草嘉攸習,鍾王信許宗。千金堪立價,百日豈論功。勁捷横空鶴,盤旋戲海鴻。入神由獨悟,馳譽忽遐通。薦剡來原籍,觀光詣法宫。抽毫濡太液,揮翰代天工。御賞符前轍,輿評邁古風。杯沾銀鑿落,佩曳玉玲瓏。遠甸多民瘁,深憂切帝衷。一朝蒙峻擢,萬里赴提封。仁煦爲邦易,敷宣脱穎同。專城昭聖化,别駕佐時雍。邊境戈鋋息,郊原户口充。寶雞鳴角角,岐鳳叶雝雝。拭目文華展,流傳史册中。”

解縉《文毅集》卷十五《書學源流詳説》曰:“(克)官鳳翔府同知,卒於其地,時洪武初丁卯。”丁卯,其年爲洪武二十年。

按,宋克行迹最不可解者,爲其步入朱明政權後的突然變調,張揚跋扈的豪杰,摇身變爲俯首仕進之徒。是所謂朱明政權對江南士人高壓下的“世事相迫”,使得杰士才人不得不三緘其口,棄隱從宦?抑或是宋克或者其時傳記刻意在回避與隱藏着某些故實?此處尚有大可發覆處,存疑俟考。

參考文獻:

1. 宋克《致俞仲幾書》,清代拓本。

2. 宋克《宋仲温藏定武蘭亭肥本》,上海有正書局民國五年影印本。

3. 宋克《賢者游於庠序帖》,《近墨堂法書叢刊》第一輯,浙江大學出版社 2017 年版。

4. 陳威《松江府志》,明正德七年刻本。

5. 焦竑《國朝獻徵録》,明萬曆徐象橒曼山館刻本。

6. 錢謙益《列朝詩集》,清順治九年毛氏汲古閣刻本。

7. 高啓《高季迪大全集》,清康熙三十四年刻本。

8. 倪瓚《清悶閣全集》,清康熙五十二年刻本。

9. 解縉《解文毅公集》,清乾隆三十二年刻本。

10. 王行《半軒集》,上海圖書館藏清鈔本。

11. 張惟驤《疑年録彙編》,民國十四年刻本。

12. 徐邦達等編《中國古代書畫圖目・二》,文物出版社

2001年版。

13. 林霄《宋克未解之謎——以新見〈賢者帖〉爲中心的考察》,《書法》2016年第10期。

(丁小明)

汪廣洋傳

汪廣洋,字朝宗,高郵(今屬江蘇)人。生於元天曆二年(1329)。

程敏政《新安文獻志》卷五十一下“古詩五言”《陪師西征》小字注云:“汪廣洋,字朝宗,高郵人,少從余闕學,通《詩》《書》,游寓太平。……又按,廣洋,休寧旌城人,遷居高郵。洪武初嘗奉使婺源,有《祭始祖越國公廟文》。”

盛儀纂嘉靖《維揚志》卷十九:“國朝汪廣洋,字朝宗,高郵人,官中書左丞,有傳。”

豐坊《書訣》:“汪廣洋,字朝宗,婺源人。官至右丞相,書學晉唐。”

張廷玉等撰《明史》卷一百二十七本傳:“汪廣洋,字朝宗,高郵人,流寓太平。太祖渡江,召爲元帥府令史,江南行省提控。置正軍都諫司,擢諫官,遷行省都事,累進中書右司郎中。尋知驍騎衛事,參常遇春軍務。下贛州,遂居守,拜江西參政。”

按,李時人《中國文學家大辭典·明代卷》:“汪廣洋(1329—1380)字朝宗。”1329年,即元天曆二年。

少從余闕學,通《詩》《書》,善篆、隸,工詩歌。元至正十四年(1354)進士,游寓太平(今安徽當涂)。

王圻《續文獻通考》卷一百九十六“汪廣洋《鳳池吟稿》十卷”條

下題注:"廣洋,字朝宗,高郵人。元末舉進士。"

《(萬曆)揚州府志》卷十七《汪廣洋傳》:"汪廣洋,字朝宗,高郵人。通經能文,善篆隸、大書,尤工詩歌。嘗游太平。"

丁丙《善本書室藏書志》卷三十五:"《鳳池吟稿》十卷,精鈔本。明汪廣洋撰。廣洋,字朝宗,高郵人。少從余青陽闕學,善篆隸,工詩歌。元末舉進士,寓太平。"

按,李時人《中國文學家大辭典·明代卷》載:"元至正十四年(1354)進士。"

又按,余闕(1303—1358),字廷心,一字天心,廬州(今安徽合肥)人。元代元統元年進士,授同知泗州事。至正十二年,代理淮西宣慰副使、都元帥府僉事。率兵與紅巾軍激戰數歲,至正十八年自刎於安慶。謚忠宣。有《青陽集》。

元至正十五年(1355)六月,朱元璋召爲元帥府令史。

陳建《皇明通紀法傳全録》卷一:"乙未六月,改太平路爲太平府,以李習知府事,李善長爲帥府都事,汪廣洋爲帥府。"按,"乙未",即元至正十五年,宋主龍鳳元年。

焦竑《國朝獻徵録》卷十一《中書省右丞相忠勤伯汪公廣洋傳》:"乙未歲,上渡江,首召諸儒。廣洋入見,與語,大悦,留幕下,爲元帥府令史,行樞密院提控,江南行省提控。"

《(萬曆)揚州府志》卷十七《汪廣洋傳》:"高皇帝渡江,召廣洋入見,與語,大悦,留幕下,爲元帥府令史,除照磨。"

談遷《國榷》卷四"元至正十五年":"六月丁巳,改太平路曰太平府,李習知府事,置太平興國翼元帥府,公子爲大元帥,李善長爲帥府都事,潘庭堅帥府教授,汪廣洋帥府令史。"

按,李時人《中國文學家大辭典·明代卷》載,至正十五年,"朱元璋率軍渡江下采石磯,召廣洋,建言'高築墻、廣積糧',朱元璋悦之,令爲元帥府令史”。

至正十七年(1357),除照磨兼知諸州事。

程敏政《新安文獻志》卷五十一:“丁酉,除照磨兼知諸全州事。”

焦竑《國朝獻徵録》卷十一《中書省右丞相忠勤伯汪公廣洋傳》:“丁酉,除照磨兼知諸州事。”

至正十九年(1359),擢都諫官。

《國朝獻徵録》卷十一《中書省右丞相忠勤伯汪公廣洋傳》:“己亥,置正軍都諫司,擢都諫官。”

《(萬曆)揚州府志》卷十七《汪廣洋傳》:“己亥,立執法議理司,上以廣洋、李勝端爲執法官,朝政有失,執牌直諫,又名爲都諫官。”

至正二十一年(1361),遷江南行省都事,升郎中。

《國朝獻徵録》卷十一《中書省右丞相忠勤伯汪公廣洋傳》:“辛丑,遷山南行省都事,升郎中。”

按,“山南”當爲“江南”。《(萬曆)揚州府志》卷十七本傳云即:“辛丑,遷江南行省都事,升郎中。”

至正二十四年(1364),改右司郎中。歷官驍騎衛指揮、參軍、江西行省參政。

陳建《皇明通紀法傳全録》卷三:“甲辰正月……汪廣洋爲右司郎中。”按,“甲辰”即元至正二十四年,宋龍鳳十年。

《國朝獻徵録》卷十一《中書省右丞相忠勤伯汪公廣洋傳》:“甲辰,立中書省,改右司郎中,尋知驍騎衛指揮使司事。平章常遇春下贛州,命廣洋參軍事。贛州平,命遂守之。尋升江西參政。”

談遷《國榷》卷四“至正二十四年”:“正月丙寅朔,吴國公進稱吴王,建百司官屬,李善長爲中書右相國,徐達爲中書左相國,常遇春、俞通海爲平章政事,汪廣洋爲右司郎中。”按,是年正月汪氏改爲右司郎中。

《國榷》卷四“至正二十四年”:“八月壬辰,常遇春次贛州,命平章彭時中協擊,中書右司郎中汪廣洋參謀遇春軍事。諭廣洋曰:‘熊天瑞孤城易拔,恐破日多殺僇,可諭遇春等保全生民爲心,若得空城何益?’遇春乃徐困之。”按,是年八月汪廣洋爲參軍。

又按,李時人《中國文學家大辭典・明代卷》載:“二十六年,常遇春下贛州,廣洋爲留守,任江西行省參政。”

明洪武元年(1368),爲山東參政。冬十二月,召入,任中書省參政。

《明太祖實録》“洪武元年”:“十二月丁卯朔,以汪廣洋、劉惟敬爲中書省參政。楊憲爲御史中丞。”

陳建《皇明通紀法傳全録》卷四:“戊申大明洪武元年……四月立山東行中書省,調江西行省參政汪廣洋爲山東參政。”按,是年四月,汪廣洋由江西調任山東。

《國朝獻徵録》卷十一《中書省右丞相忠勤伯汪公廣洋傳》:“洪武元年,大將軍徐達平山東,開省治,欲得廉明持重者往安輯之,以廣洋可任,乃命陶安爲江西參政,調廣洋山東行省。至即撫納新附民庶安之。冬十二月,召入中書參政。”

《(萬曆)揚州府志》卷十七《汪廣洋傳》:“洪武元年,開省山東,以廣洋廉明持正,改山東,安輯有勞。是冬,召入中書,爲參政。”

《明史》卷一百二十七本傳:“洪武元年,山東平。以廣洋廉明持重,命理行省,撫納新附,民甚安之。是年召入爲中書省參政。明年出參政陝西。”

洪武二年(1369),出爲陝西行参政。

雷禮等撰《皇明大政紀》卷二:“戊辰置陝西、山西二行省,以中書参政汪廣洋爲陝西参政。”

《國朝獻徵録》卷十一《中書省右丞相忠勤伯汪公廣洋傳》:“明年,復出陝西参政。”

談遷《國榷》卷五“洪武二年”:“四月戊辰,置陝西、山西二行省,汪廣洋、楊憲爲陝西、山西参政,改河南分省爲行省。”

洪武三年(1370)六月,罷中書,退居高郵。八月,召爲右丞,遭左丞楊憲迫陷,終白於天下,復召汪廣洋爲右丞。冬十一月,封忠勤伯。

《明太祖實録》卷五十三“洪武三年”:“六月庚辰,罷中書右丞相汪廣洋,退居高郵。侍御史劉炳劾其事母不孝故也。”卷五十四“洪武三年”:“七月丙辰。既又敕求丞相汪廣洋陰事,令侍御史劉炳、鄌某等劾奏之,廣洋因免官還鄉里。(楊)憲猶不以爲慊,使炳奏徙之海南,上不從;又敦炳誣奏刑部侍郎左安善入人罪。上始覺其誣,下炳獄。炳不能隱,盡吐其實。太史令劉基并發其奸狀及諸陰事,上大怒,令群臣按問憲。辭伏,遂與炳等皆伏誅。”

《續文獻通考》卷二百九“封建考”:“忠勤伯汪廣洋,洪武三年十一月以開國文臣封,禄三百六十石。”

陳建《皇明通紀法傳全録》卷五:“庚戌洪武三年六月,罷中書汪廣洋,退居高郵。”“八月,左丞相李善長病,在告,上以中國無官,召汪廣洋爲右丞相。”“十一月,封汪廣洋爲忠勤伯,劉基爲誠意伯。”

雷禮《國朝列卿紀》卷一:“《中書省左右丞相年表》:汪廣洋,高郵人,元末舉儒士。洪武三年拜右丞相,封忠勤伯。”

《國朝獻徵録》卷十一《中書省右丞相忠勤伯汪公廣洋傳》:"三年,丞相李善長病,上以中書無官,召廣洋爲右丞。時楊憲以山西參政先被召入,爲左丞。廣洋至,憲惡其位軋己,每事多專决不讓,威福恣行。廣洋畏之,常容默依違,不與較。憲猶不以爲慊,欲逐去之,嗾侍御史劉炳等奏廣洋奉母不如禮,以爲不孝。上初未知之,因以敕切責,令還高郵。憲恐其復入,又教炳奏遷海南。上覺憲奸,乃復召廣洋還,憲坐是誅。是歲冬十一月,進封廣洋忠勤伯。"

《(萬曆)揚州府志》卷十七《汪廣洋傳》:"相善長病,召入爲左丞。時楊憲以山西參政先召入爲右丞,惡廣洋軋己,嗾侍御史劉炳劾之。上切責,斥還鄉。憲意未已,又嗾炳劾廣洋,謫海南。丞相奏憲誣大臣,肆爲奸。上誅憲,召廣洋還。是年冬,與劉基同日受封,封廣洋護軍忠勤伯,食禄三千六百石,誥詞比之子房、孔明。"按,"食禄三千六百石",恐誤,據《續文獻通考》,宜爲"食禄三百六十石"。

《明史》卷一百二十七本傳:"三年,李善長病,中書無官,召廣洋爲左丞。時右丞楊憲專决事,廣洋依違之,猶爲所忌,嗾御史劾廣洋奉母無狀。帝切責,放還鄉。憲再奏,徙海南。憲誅,召還。其冬,封忠勤伯,食禄三百六十石。"

按,"丞"與"丞相"有别,丞是正二品,丞相是正一品。據《明史·職官志》,楊憲洪武二年九月任右丞,洪武三年七月遷左丞,尋伏誅;汪廣洋是洪武三年始任中書左丞,次年任右丞相。《皇明通紀法傳全録》《明太祖實録》等記載有誤。

洪武四年(1371)正月,爲中書右丞相。

程敏政《明文衡》卷一:"汪廣洋除中書右丞誥:中書綜理百司、紀綱、庶務,設丞於左右所,以贊政本而弘化功,必得濟時之材,任重之器,乃稱兹選具官。汪廣洋道足以佐文治,學足以庇民生,敭歷中外，十有六年。比歲江右、山東，屢參省政，克膺方面之托，乃入爲中執法，振舉憲綱。屬陜右之地，初入職方，輟自臺端，出任省寄，僅逾半載，勞效已著，朕甚嘉之。爰念功成治定之時，正立經陳紀之日，匪資碩望，曷圖治功。是用命爾復居中書，輔我大政。右轄之位，往其居之。於戲！官必擇人，人惟求舊，公輔之任，朕期爾久矣。爾尚益宣材力，務展猷爲，設施酌乎古今，經綸審於事體，庶成勛績，以副朕懷。可。”

《國朝獻徵録》卷十一《中書省右丞相忠勤伯汪公廣洋傳》：“四年正月，丞相李善長以老辭位，乃拜廣洋爲右丞相，以參政胡惟庸爲左丞。廣洋位居惟庸上，無所建明。”

《(萬曆)揚州府志》卷十七《汪廣洋傳》：“四年，善長致仕，以廣洋爲右丞相，參知政事。”

徐學聚《國朝典彙》卷三十二：“洪武四年正月，左丞相李善長乞致仕，許之，以汪廣洋爲右丞相。”

談遷《國榷》卷六“洪武四年”：“正月丙戌，中書右丞忠勤伯汪廣洋爲右丞相。參政胡惟庸爲右丞。”

《明史》卷一百二十七本傳：“及善長以病去位，遂以廣洋爲右丞相，參政胡惟庸爲左丞。”

洪武六年(1373)正月，謫爲廣東行省參政。

《明太祖實録》“洪武六年”：“正月甲寅，黜中書右丞相汪廣洋爲廣東行省參政。”

陳建《皇明通紀法傳全録》卷六：“洪武六年正月，黜丞相汪廣洋爲廣東行省參政。”

雷禮等《皇明大政紀》卷二：“黜中書右丞相汪廣洋爲廣東行省參政，時廣洋以巽柔怠政黜之。”

洪武七年(1374),召還,任左御史大夫。

黄光昇《昭代典則》卷七:“召廣東行省參政汪廣洋入爲左御史大夫。”

王世貞《弇山堂别集》卷十:“廣東行省參政汪廣洋爲御史臺左御史大夫。”

焦竑《中書省右丞相忠勤伯汪公廣洋傳》:“六年正月,以怠職左遷廣東行省參政。逾年,召爲左御史大夫。”

談遷《國榷》“洪武七年”:“四月戊午,廣東行省參政汪廣洋爲左御史大夫。”

洪武九年,彈劾李善長,更定《大明律》部分條款。

陳建《皇明通紀法傳全録》卷六:“洪武九年十月,御史大夫汪廣洋、陳寧劾奏韓國公李善長有罪,善長父子免冠待罪。”

黄光昇《昭代典則》卷八:“命中書丞相胡惟庸、御史大夫汪廣洋更定《大明律》。”“八月丙申,御史大夫汪廣洋、陳寧劾奏韓國公李善長有罪,詔宥之。”

談遷《國榷》“洪武九年”:“九月辛酉,諭右丞相胡惟庸、御史大夫汪廣洋等,釐正《大明律》十三則。”

洪武十年,復拜右丞相。

雷禮《皇明大政紀》卷三:“辛丑命胡惟庸爲左丞相,汪廣洋爲右丞相。”

鄧元錫《皇明書》卷一:“洪武十年丁巳,十二月乙巳朔日食,是年召汪廣洋復爲右丞相。”

《國榷》“洪武十年”:“九月辛丑,右丞相胡惟庸爲左丞相,左御史大夫汪廣洋爲右丞相。”

洪武十二年(1379),謫海南,行至太平,自縊。

陳建《皇明通紀法傳全録》卷七:“己未洪武十二年八月,貶右丞相汪廣洋於海南,道卒。廣洋與胡惟庸同在相位,惟庸所爲不法,廣洋知而不言。上案其然,以洗心補過,廣洋内不自安久之。占城貢物使者既至,廣洋不爲引見,上下書切責之。廣洋懼甚,至是御史中丞涂節言誠意伯劉基爲胡惟庸毒死,廣洋宜知狀。上問廣洋,廣洋對‘無是事’。上頗聞其實,因責廣洋欺,紿居海南州。次太平,復遣使之,廣洋得賜書,懼甚,遂自縊。”

黄光昇《昭代典則》卷八:(十二月)“貶右丞相汪廣洋於海南,道卒。汪廣洋有疾常在告,賜勞問,然頗耽酒色,荒於政事,以故多稽違。又與胡惟庸同在相位,惟庸所爲不法,廣洋知而不言,但浮沉守位而已。上察其然,因以洗心補過,廣洋内不自安久之。占城貢物使者既至,而省部之臣不以時引見,上以其蔽遏遠人,下書切責執政者,廣洋惶懼益甚。至是御史中丞涂節言前誠意伯劉基遇毒死,廣洋宜知狀。上問廣洋,廣洋對以‘無是事’。上頗聞基方病時,丞相胡惟庸挾醫往候,因飲以毒藥,乃責廣洋欺罔,不能效忠爲國,坐視廢具,遂貶居海南。舟次太平,復遣使敕之曰:‘丞相廣洋從朕日久,前在軍中,屢問乃言否,則終日無所論。朕與相從之久,未忍督過,乃居臺省,又未嘗獻一謀畫以匡國家,民之疾病皆不能知。間命爾出,使有所相視,還而噤不一語,事神治民,屢有厭怠。況數十年間在朕左右,未嘗進一賢才,昔命爾佐文正治江西,文正爲惡,既不匡正,及朕諮詢,又曲爲之諱。前與楊憲同在中書,憲謀不軌,爾知之不言。今者益務沉湎,多不事事。爾通經能文,非愚昧者,觀爾之情,浮沉觀望,朕欲不言,恐不知者謂朕薄恩。特賜爾書,爾其省之。’廣洋得所賜書,益慚懼,遂自縊卒。”按,該文獻所載,《明太祖文集》卷七可證之。

文集中《廢丞相汪廣洋》曰:“敕諭怠政,坐視廢興。丞相汪朝宗雖相從之久,初務事軍中,凡有問則頗言是非,不問則是非默然不舉。既入臺省,迭至兩番公政,不謀民瘼,不問坐居,省臺終歲未聞。出視興造役民處所,工之巨微,茫然無知,有問無答。奉祀諸神所在,略不究心。自居大宰之位,並無點督之勤,公事浩繁,惟從他官,剖决不問是非,隨而舉行。數十年來,進退人才並無一名可紀,終歲安享大禄。昔命助文正於江西,雖不能匡正其惡,自當明其不善,何其幽深隱匿以致禍。生前與楊憲同署於中書,憲奸惡萬狀,爾匿而不言。觀爾之爲也,君之利乃視之,君之禍亦視之,其興利除害,莫知所爲。以此觀之,無忠於朕,無利於民。如肆侮法所難容,差人追斬其首,以示柔奸。爾本實非愚士,特賜敕以刑之,爾自舒心而量已,以歸冥冥。故兹敕諭。”

《(萬曆)揚州府志》卷十七《汪廣洋傳》:“御史中丞涂節言劉基死毒,廣洋宜知狀,上召問,廣洋對無之。上怒廣洋朋黨,又謫海南。舟至太平,再遣敕責廣洋,以沉湎不事事,廣洋益大懼,自縊死,洪武十二年也。”

《明史》卷一百二十七本傳:“十二年十二月,中丞涂節言劉基爲惟庸毒死,廣洋宜知狀。帝問之,對曰:‘無有。’帝怒,責廣洋朋欺,貶廣南。舟次太平,帝追怒其在江西曲庇文正,在中書不發楊憲奸,賜敕誅之。”

按,據《昭代典則》卷八“十二月”條下,云“是月貶右丞相汪廣洋於海南,道卒”,以及《明史》本傳記載“十二年十二月”之事,知汪廣洋於被貶途中自縊,史料雖未記載確切亡故之日,但大體可推測汪氏卒於洪武十二年十二月或十三年正月,故李時人《中國文學家大辭典·明代卷》確定汪氏卒年爲洪武十三年(1380),亦可從。

其妾，乃陳知縣之女。

劉辰《國初事迹》："汪廣洋罷相後，被貶。太祖遣近侍人就舟中賜死廣洋，妾從死。太祖訪得此婦係没官陳知縣之女。太祖曰：'凡没官婦人女子，止配功臣爲奴，不曾與文官。'因勒法司取勘胡惟庸等六部官擅自分給，皆處以重罪。"

工詩，著有《鳳池吟稿》。

焦竑《中書省右丞相忠勤伯汪公廣洋傳》："廣洋善篆隸大書，尤工爲歌詩。"

《(萬曆)揚州府志》卷十七《汪廣洋傳》："廣洋所著有《鳳池吟稿》八卷，爲國初詩宗。"按，李時人《中國文學家大辭典·明代卷》載："著述現存萬曆四十五年(1617)高郵王柏祥校刊本《鳳池吟稿》十卷，存宋濂序。另有明刊四卷本、八卷本《鳳池吟稿》。"

王兆雲《皇明詞林人物考》卷二《汪朝宗傳》："汪右丞詩，氣骨雄渾，語意爽，朗卓然可傳。名廣洋，字朝宗，高郵州人，名乃高皇所賜。平生善篆隸大書，尤工詩歌，故有集。宋學士序其首，稱爲臺閣之文，信矣。"

按，宋濂《鳳池吟稿序》云："公以絶人之資，博極群書，素善屬文，而尤喜攻詩。當皇上龍飛之時，仗劍相從，東征西伐，多以戎行，故其詩震蕩超越，如鐵騎馳突，而旗纛翩翩，與之後先。及其治定功成，海宇敉寧，公則出持節鉞，鎮安藩方，入坐朝堂，弼宣政化，故其詩典雅尊嚴，類喬岳雄峙，而群峰左右如揖如趨。此無他，氣與時值，化隨心移，亦其勢之所宜也。"又按，宋濂以汪詩風格前後不同，前期從軍階段詩風沉鬱蒼凉，後期安居太平莊重典雅，有臺閣之風。

錢謙益《列朝詩集》甲集第十一："宋景濂序其詩，以爲'絶人之資，博極群籍，從征伐則震蕩超越，在廊廟則莊雅尊嚴。'王元美詩評曰：'汪朝宗如胡琴羌管，雖非太常樂，琅琅有致。'"

朱彝尊《静志居詩話》卷二《汪廣洋詩話》："忠勤詩饒清剛之氣，一洗元人纖縟之態。五言如'平沙誰戲馬，落日自登臺'，'湖水當門落，松雲傍枕浮'，'懷人當永夜，看月上疏桐'，'對客開春酒，當門掃落花'，'天垂芳草地，漁唱夕陽村'，'倒藤懸宿鳥，絶壁挂晴霓'，'暮雲生楚樹，凉雨過邗溝'，'碧樹藏鑾邏，清歌發蜑舟'，'江雲垂暝遠，楚樹入秋多'，'濁酒傳杯重，烏絲界紙匀'，'岸沙留醉卧，山鳥答行歌'，'晴光生北固，暮雨隔西津'，'濕雲纏戍鼓，高柳聚城鴉'，'濁浪横衝海，斜陽半在船'，'雲木深藏廟，淮流直到門'，'沙明宜見雪，月上可行舟'，'凉風吹雨過，好鳥背人還'，'春杯黄秫酒，野飯碧芹羹'，'欲往尋芝草，因之采茯苓'，可入唐人《主客圖》。静居、北郭，猶當遜之，毋論孟載也。"

《四庫全書》收《鳳池吟稿》十卷，卷一百六十九提要云："雖當時爲宋濂諸人盛名所掩，世不甚稱，然觀其遺作，究不愧一代開國之音也。"

陳田《明詩紀事》卷三引顧起綸《國雅》云："汪朝宗詞新調閑，不失唐人大檢，至如'倒藤懸宿鳥，絶壁挂晴霓'，'嶺樹垂紅葉，汀沙聚白鷗'，'樹密巢歸鳥，溪回響暗泉'，並稱幽致。"並引胡應麟《詩藪》云："高季迪風華穎邁，特過諸人，若劉誠意之清新，汪忠勤之開爽，袁海叟之峭拔，皆自成一家，足相羽翼。"陳田自按："青田，明初大家，安可屈爲羽翼？其論忠勤、海叟，品次殊允。忠勤七律風格高騫，《詩綜》不録兹體，特登之以補其缺。"

又按，丁丙《善本書室藏書志》卷三十五《鳳池吟稿》十卷解題云："宋景濂序其詩，以爲'絶人之資，博極群籍，從征伐則震蕩超越，在廊廟則莊雅尊敬'。王元美評其詩'如胡琴羌管，雖非太常樂，琅琅有致’，朱錫鬯云‘忠勤詩饒清剛之氣，一洗元人纖縟之態’。五言詩，静居、北郭，猶當遜之，毋論孟載也。”

與孫蕡、黄哲、李德、王佐有《南粤五先生集》。

陳第《世善堂藏書目録》卷下：“《南粤五先生集》。孫蕡，字仲衍。黄哲，字庸之。李德，字仲修，俱南海人。王佐，字彦舉，原河東人，隨父官籍南海。汪廣洋，高郵人，亦官南海，故并集。”

黄虞稷《千頃堂書目》卷三十一：“《廣中五先生詩》四卷。孫蕡，王佐，黄哲，李德，汪廣洋。”按，李時人《中國文學家大辭典・明代卷》載云：“明談愷刊《廣中五先生集》中有五卷本《汪右丞詩集》。”

參考文獻：

1. 張廷玉等撰《明史》，中華書局 1974 年版。
2. 黄光昇《昭代典則》，明萬曆二十八年萬卷樓刻本。
3. 雷禮《國朝列卿紀》，明萬曆徐鑒刻本。
4. 陳建《皇明通紀法傳全録》，明崇禎九年刻本。
5. 焦竑《國朝獻徵録》，浙江古籍出版社 1988 年版。
6. 王圻《續文獻通考》，上海古籍出版社 1988 年版。
7. 李時人編著《中國文學家大辭典・明代卷》，中華書局 2018 年版。

（王文榮　程水龍）

徐賁傳

徐賁字幼文，生於元順帝至元元年(1330)。其先由毗陵(今江蘇常州)徙蘇州。

張廷玉等《明史》卷二百八十五本傳："徐賁字幼文，其先蜀人，徙常州，再徙平江。"張習《北郭集後録》："《北郭集》者，吾蘇徐幼文先生所作詩也。謂之北郭者，由祖自毗陵來居吴城北望齊門外，故以名。……先生生元乙亥……上代亦蜀之郯人，寓之有以哉！"黄暐《蓬窗類紀》卷三："徐賁字幼文，居望齊門外，少負才名。"

按，師偉《徐賁研究》將其遷平江之時間繫於至正十三年(1353)，是年徐賁十九歲。

與高啓等人結"北郭詩社"，有"十才子"之稱。

吕敏《題徐幼文惠山圖》："徐幼文居姑蘇北郭，時稱'十才子'，幼文其一也。"焦竑《玉堂叢語》卷一："羽與高季迪、楊孟載、徐幼文、王止仲、張子宜、方以常、梁用行、錢彦周、浦長源、杜彦正輩結詩社，號'十才子'。"包汝楫《南中紀聞》："洪武初，張羽、楊基、高啓、徐賁皆有盛名，世以擬唐初四子。又張羽詩社，自高季迪、楊孟載、徐幼文外，有張子宜、方以常、王子仲、浦長源、杜彦正、錢彦周、梁用行輩，號'十才子'。"

按，歐陽光、史洪權《北郭詩社考論》將其結社時間定爲至正二十年(1360),時周砥來吴,與高啓、徐賁唱和,北郭詩社初具規模。高啓《荆南倡和詩後序》:"《荆南倡和集》若干首,勾吴周履道、毗陵馬元素所著也。二君嘗客陽羨荆溪之南,故以名編。庚子春,余始識履道於吴門,相與論詩甚契……"徐賁《書荆南倡和詩集後》:"予往年在荆溪時,聞有周履道、馬孝常者,南山周氏館二人,情相得,習相同,才氣相下上,其閑情雅韵,固非流輩相及。有《荆南倡和詩》一卷,爲時所稱。後識履道於顯親寺之聽秋軒,彼時獨不得與孝常見。及予東還,與高季迪以詩倡和於吴,履道亦避地來居,故予三人交結又最密。每燕語間,未嘗不嘆荆溪之勝,誦孝常之詩之美。無何,季迪東游越,予卜居吴興之蜀山,履道亦從軍去,遂没於兵。嗚呼,今已十又五年矣。……"

張士誠辟爲屬,避去。在吴興建蜀山精舍,與高啓、張羽、唐肅、王行等人唱和。

王行《半軒集》卷五《送徐隱君序》:"吾郡徐君幼文避地居吴興之蜀山,以著述自樂,無與於世,亦非與世相絶,若城府之囂喧,山林之空寂,隨其迹之所……"

錢謙益《列朝詩集》甲集卷十《徐布政賁》:"淮張開閫,辟爲屬,與張羽俱避去。之吴興,張居菁山,徐居蜀山。甲辰九月,建蜀山精舍。"

徐賁《北郭集》卷三《蜀山在吴興弁山南十里》:"喧囂厭已久,閑居喜兹遂。岪崁起高明,澗道入深邃。鑿牖通震方,開扉面離位。藩編槿雜篁,壁補蘿牽荔。井榈旋解苞,田植齊吐穗。溪山固可娱,風雨亦足庇。到日始八九,良友得三二。客情卒難愜,人性頗煩記。時具茶果招,或携酒肴饋。感激壯歲心,慰借平生意。……"

錢謙益《列朝詩集》甲集卷十《徐布政賁》:"丙午,吴城解圍,後復隱於蜀山。"徐賁《北郭集》卷三《復寓蜀山》:"肅舲自東來,兹復寓衡宇。雖非吾所居,暫寓亦云主。豐蕣覆前田,嘉蔬盈後圃。力勤不自出,食焉愧無補。幸免异患干,詎敢謝貧窶。俛仰穹壤間,微躬獲多祜。”

《北郭集》卷五《送唐處敬赴嘉興》:“莫謾唱陽關,愁多湖上山。春風催去艇,酒色解離顔。路出三江外,程淹一日間。官亭車馬散,俱是送君還。”

高啓《高太史大全集》卷十二《送唐博士肅移家檇李》:“楊柳發初齊,春陰廢苑西。故人乘醉别,新鳥傍愁啼。舟重全家去,詩多一路題。杏花開北郭,誰復共招提。”

唐肅赴嘉興時間據王行《送唐君處敬序》可知。《北郭集》卷四《丙午中秋與余左司王山人高記室同過張文學宅看月》,張羽《静居集》卷六《約高王諸友賞月》,高啓《高太史大全集》卷八《中秋玩月張校理宅得南字》,王行《半軒集》卷十《中秋張來儀宅賞月》,或是同時所作。

城破,以饒介客謫臨濠,謫歸,復寓蜀山。

萬斯同《明史》卷三百八十六:“吴平,以張氏客謫徙臨濠。”

楊基《眉庵集》卷三《夢緑軒》詩序:“余與徐君幼文同謫鍾離,結屋四楹。幼文居東楹,余居西楹。又嘗賦詩曰:‘夢裹緑陰幽草,畫中春水人家。何處江南風景,鶯啼小雨飛花。’蓋深有意於故園也。因題其室曰‘夢緑’。”

高啓《高太史大全集》卷十四《喜幼文北歸》:“風塵萬里損光輝,舊面相逢却訝非。在路定留經處咏,還家猶着去時衣。久留遠土蟲蛇集,忽解高羅雁鵠飛。尚念梁園三二客,與君同去不同歸。”

明鈔本《北郭集》卷三:“余有書舍在吴興之蜀山,前年毁於兵。去年,嚴君仲份與余同處吴城圍中,因談蜀山之勝,遂爲余作《蜀山書舍圖》。今年余自鍾離謫還,吕君志學訪餘於北郭,見此圖欲持去,余因曰:‘書舍雖毁,夢寐未嘗不之游,此圖聊以寄余夢耳,子胡爲攘余夢耶?’吕君曰:‘子昔以畫寄夢,余當以畫夢可也!’遂看一笑持去。明日復持來索題,因賦此,並書其上云。戊戌歲十二月五日徐賁書。”卷六《蜀山書舍圖》:“山水幽深處,閑居此地曾。傍花春宴客,看竹午逢僧。雲樹尋新咏,岩巒憶舊登。兵塵今間阻,對畫思難勝。”

《北郭集》卷七《同高季迪過東丘蘭若訪吕志學》:“路入斜塘始泊舟,喜同故友訪東丘。知君暫寓當幽寺,念我纔歸自遠州。水外高帆沙浦月,烟中餘稻墓田秋。臨尊何用多悲感,今日相看尚黑頭。”又卷五《與高季迪寄丁志剛宅次韵》:“貶遠歸方喜,交深見愈親。戀詩留兩日,醉酒記三人。竹密梢禁雨,梅高蕊應春。論心元有素,不用再相陳。”

洪武九年(1376),奉使廉訪晉冀,入大梁,渡黄河,登太行,作《晉冀紀行》詩。

《北郭集》卷三《晉冀紀行》十四首,分别記荆山、壽州、河口山登高、陽臺、潁川、盤子城、天井關、羊腸坂、沁渡、沁水縣、太陰山、十八盤、女媧墓、霍山等十四處,後題曰:“右紀行十四首。賁於洪武九年往山西,與顧廑同受上命,問俗於晉民。自京師下長江,歷淮、蔡,入大梁,渡黄河,登太行,覽唐虞故都,周旋於吉、絳、汾、沁間,過雁門、代郡,回觀上黨、長平之舊迹,跋陟五千餘里,其間山河形式,佳景殊俗,未暇盡述。姑賦其萬一,聊以攄吾之見聞云爾。二月廿三日識。”録其《荆山》一首:“荆山揭高压,涂山聳横堮。長淮出兩間,中斷見斧鑿。洪流受束縛,浪起石門角。誰能爲此功,在昔大禹作。至今遺廟存,香火乃寂寞。我來問邑人,往事竟緬邈。於時春正深,草木尚荒落。登臨欲開豁,睹兹反不樂。更傷卞和泣,三獻空抱璞。”

授給事中,改監察御史。出按廣東改刑部主事,升廣西參政、河南左布政使。

張習《北郭集後録》:"廷遣之,詢俗晉、冀,歸檢其橐,惟紀行詩數首,餘一無有所得。下情以達,稱旨,特授給事中。"

《明太祖實録》卷一百八十:"八月,以前河南布政司左參政徐賁爲布政使監察御史。"

王行《半軒集》卷十《聞徐幼文轉河南布政因寄》:"憶昔交游重鄉邑,孔思周情總英特。喜君文采尤出奇,玉樹臨風擬標格。倏承剡薦登天衢,切任耳目官黄樞。澄清式攬范滂轡,獻替或引辛毗裾。出巡南州動山岳,金吾將軍膽欲落。澡明滯獄沛甘霖,掃却炎氛净邊廓。紫薇花開分省春,左轄步履凌星辰。尋升諸侯古方伯,一柱兀障中霄雲。綬綰銀章造民福,立勛定繼皋夔躅。蹇予林下渺相思,翹首長空翥黄鵠。"

洪武十年(1377),降爲懷慶知府。十一年,轉爲廣東布政使司,與劉嵩唱和。

《明太祖實録》卷一百十二:"洪武十年……五月乙酉,降河南布政使徐賁爲懷慶府知府。"

張羽《静居集》卷一《聞徐使君左降懷慶太守因寄》:"憶昔同草澤,君獨赴京師。遥思此時别,顔面久乖違。左遷仍剖竹,品秩未爲微。一勵故無愠,忠勤當庶幾。但念親愛情,音容邈難希。守郡有餘暇,草章當見遺。明時重英彦,行當覲丹闈。塵垢何足累,拂拭還光輝。"

《明太祖實録》卷一百十七:"洪武十一年……春正月乙未,以懷慶知府徐賁署廣東布政使司。"

劉嵩《槎翁詩集》卷八《廣州雜韵》録其二:"垂根榕樹三千尺,

結子芭蕉百萬頭。异味薦盤隨地有,繁陰壓屋半天浮。""趨蹌木屐兒童慣,織作蕉絲婦女能。老去只疑鹽是雪,寒來不信水成冰。"

《北郭集》卷十《廣州雜咏和劉主事子高》:"鯽魚潮退餘溪鹵,牡礪墻高結海沙。紅豆桂花供釀酒,檳榔蔞葉當呼茶。""椰杯深貯荔枝漿,桂酒新調蘇合香。啖客檳榔紅齒頰,喚入鸚鵡緑衣裳。"

按,劉崧,字子高,泰和人。明初以人材舉授兵部職方司郎中,遷北平按察司副使,坐事輸作京師,尋放遣,徵拜禮部侍郎,署吏部尚書。請老,許之。復召爲國子司業。有《槎翁集》傳世。

洪武十二年(1379),大軍征洮、岷,道其境,坐犒勞不時,下獄瘐死。

張習《北郭集後録》:"大將提六軍靖洮、岷,往返中原,以所司歉其犒勞,銜而誣訴之。上以賁迂疏儒者,其於軍士之恤固未諳也,下囹圄,全要領而歿,實癸酉七月也。"

按,張羽《張來儀先生文集》載《祭徐幼文》:"吾聞之以布衣召,而不能以布衣還。死生富貴,六年之間。一函白骨,來歸故山。則吾與汝以布衣之交,安得不揮涕而潺湲也!"據其在洪武七年入朝,可推其卒年在洪武十二年(己未),而非癸酉。可參見賈繼用《吴中四杰年譜》。

《列朝詩集》甲集卷十:"大將軍兵出洮、岷,往返中原,訴所司缺犒勞。上以賁迂疏儒者,不即誅,下獄死。"

徐賁善書畫。其詩體裁精密,情喻幽深,頗類皮、陸。有《北郭集》傳世。

姜紹書《無聲詩史》卷一:"徐賁字幼文,長洲人。累官廣東布政。所著《北郭集》,詞彩遒麗,風韵凄朗,人稱其詩品如楚客叢蘭,湘君芳杜,而畫亦追踪董、巨。余藏其小景,清灑蕭疏,倪雲林之流亞也。"

倪濤《六藝之一録》卷三百六十一録《六研齋筆記》:"徐幼文楷筆秀整端慎,不爲沓拖自恣。其草書雄緊跌宕,出入旭、素,無不淋漓快健。"

朱謀垔《畫史會要》卷四:"徐賁字幼文,自蜀徙蘇州,官至河南布政。山水林木,濯濯可愛。張静居有題所畫《春雲叠嶂》及《蕭山烟寺圖》。陳仲醇云:'幼文字學晉王廙,畫法董源,曾於項氏見之。'"

《佩文齋書畫譜》卷八十六載其《惠山圖》《師子林圖》《歸去來辭卷》等。

朱彝尊《明詩綜》卷十:"王元美云:'方伯體裁精密,情喻幽深,頗似錢、郎。'顧玄言云:'方伯詞采道麗,風韵凄朗,殆如楚客叢蘭,湘君芳杜,每多惆悵。'"

朱彝尊《静志居詩話》卷三:"吕志學題幼文所畫山水圖,謂肆筆遒麗,清潤而帶書法,於詩亦然。才氣方之高、楊、張三君,稍爲未逮,然詩法砉然,森有紀律,長篇險韵,極其熨帖,頗有類皮、陸者。"

張習《北郭集後録》:"《北郭集》者,吾蘇徐幼文先生所作詩也。謂之北郭者,由祖自毗陵來居吴城北望齊門外,故以名集。"現存成化二十三年張習刻本、萬曆三十七年汪汝淳刻本等。吕敏跋《徐幼文惠山圖》云"……幼文已矣,而畫獨存。道機徵題,感嘆賦此。幼文所製樂府詩文若干卷,籤題《悟澈集》……"或已亡佚。

參考文獻:

1. 徐賁《重刻徐幼文北郭集》,明萬曆三十七年汪汝淳刻本。

2. 徐賁《北郭集》,《四部叢刊三編》景明成化刻本,上海書店 1986 年版。

3. 高啓《高太史大全集》,《四部叢刊初編》景明景泰刊本,上海書店 1989 年版。

4. 高啓《鳧藻集》,《四部叢刊初編》景明正統刊本,上海書店 1989 年版。

5. 楊基《眉庵集》,《四部叢刊三編》景明成化刻本,上海書店 1986 年版。

6. 張羽《静居集》,《四部叢刊三編》景明成化刻本,上海書店 1986 年版。

7. 王行《半軒集》,《文淵閣四庫全書》本,上海古籍出版社 1987 年版。

8. 賈繼用《吴中四杰年譜》,齊魯書社 2014 年版。

9. 歐陽光、史洪權《北郭詩社考論》,《文學遺産》2004 年第 1 期。

10. 周明初《明初詩人徐賁籍貫辨證》,《古典文學知識》2017 年第 4 期。

11. 師偉《徐賁研究》,浙江師範大學 2013 年學位論文。

12. 王婷《徐賁詩歌研究及校注》,湘潭大學 2014 年學位論文。

（湯志波）

蘇伯衡傳

蘇伯衡，字平仲，金華人，系出宋文定公蘇轍。元至順元年(1330)生。

黄佐《國子監學正蘇伯衡傳》(黄佐《南雍志》卷二十二、焦竑《國朝獻徵録》卷七十三)、廖道南《編修蘇伯衡》(《殿閣詞林記》卷八)、徐象梅《國子監學正蘇平仲伯衡》(《兩浙名賢録》卷四十一)、張萱《西園聞見録》(卷二十二)、《明史》、王崇炳《金華徵獻略》等俱載其事迹。

黄佐《南雍志》卷二十二《國子監學正蘇伯衡傳》:“蘇伯衡字平仲，浙江金華人。其先本眉州，九世祖宋尚書僕射文定公轍。轍長子徽猷閣待制、工部侍郎遲守金華，因家焉。”

徐象梅《兩浙名賢録》卷四十一《國子監學正蘇平仲伯衡》:“蘇伯衡字平仲，金華人，文定公轍之後也。轍子提出工部侍郎守金華，因家焉。”

按，蘇轍長子蘇遲，字伯充，文中“轍子提”當“轍子遲”。廖道南《殿閣詞林記》卷八《編修蘇伯衡》:“蘇伯衡字平仲，其先蜀人，文定公裔子遲守婺，遂居金華。”

凌迪知《萬姓統譜》卷十二:“蘇伯衡字平仲，金華人，宋文定公轍九世孫。”

王崇炳《金華徵獻略》卷十二:“蘇伯衡，字平仲，金華人。徽猷閣待制遲八世孫也。遲,眉山蘇轍長子,來知婺州,遂家焉,代有聞人。”

宋濂《宋學士文集》卷六十六《蘇平仲文集序》:“濂重平仲最甚。序論其文,所以嘆蘇氏三公之不可及,而喜今世之復有斯人也。平仲名伯衡,其先居眉,自文定公長子徽猷閣待制遲來知婺州,遂家焉。”

《明史》卷二百八十五《蘇伯衡傳》:“蘇伯衡,字平仲,金華人,宋門下侍郎轍之裔也。父友龍,受業許謙之門,嘗爲吏於閩浙,歷蕭山令,行省都事。”

按,關於家族世系,蘇伯衡每自稱眉山,蘇伯衡《蘇平仲文集》卷一《師儉訓》尾署“眉山蘇伯衡書諸册具訓於子孫”。再如蘇伯衡《解組歸來田園栖遲歲序》尾署“洪武乙丑春三月二十有三日眉山蘇伯衡識”。

按,其生年無明確記載,然《王忠文集》卷首蘇伯衡《王忠文後集原序》云:“前集胡君翰既序以傳,先生復俾伯衡序之於後。伯衡少先生八歲……”王禕生於元至治三年(1322),則蘇伯衡當生於元至順元年(1330)。

又按,蘇伯衡家有兄弟六人,伯衡排行第三,四弟思誠早殀。思誠生於至順三年(1332),則伯衡當生於至順三年(1332)之前。又其《贈徐季子》詩中有“謇予閲世倏四十,守官太學垂五年”句,《明太祖實録》卷二十有“丙午……秋七月……甲申以蘇伯衡爲國子學録”記載,蘇伯衡《國子學同官記》中亦有“丙午……余以七月忝授學録”句,則蘇伯衡四十歲時爲任國子學録後四年,即至正丙午年(1366)後四年(1370)。以此推算,蘇伯衡生於1330年無疑。

少警敏絶倫,誦説不勞而習,中歲肆力文詞,有乃祖風致。

《明史》卷二百八十五本傳:“伯衡警敏絶倫,博洽群籍,爲古文有聲。”

黄宗羲《宋元學案》卷八十二:“父友龍受業許白雲之門,先生警敏絶倫,博洽群籍,爲古文有聲。”

王崇炳《金華徵獻略》卷十二:“伯衡少警敏書,過目輒成誦。”

黄佐《南雍志》卷二十二《國子監學正蘇伯衡傳》:“伯衡少警敏絶倫,誦説不勞而習。中歲大肆力於文詞,精博敷腴,人謂有祖風致。”

徐象梅《兩浙名賢録》卷四十一《國子監學正蘇平仲伯衡》:“伯衡少警敏絶倫,誦説不勞而習,中歲大肆力於文辭,精博敷腴,人謂有視風。”按,“視風”當作“祖風”。

元末舉鄉貢進士。

黄佐《南雍志》卷二十二《國子監學正蘇伯衡傳》:“元末舉鄉貢進士。”

黄宗羲《宋元學案》卷八十二:“元末貢於鄉。”

按,伯衡舉鄉貢進士應在至正二十年之後,具體時間未詳。

至正二十三年(1363),入禮賢館。

陸深《儼山外集》卷二十五:“太祖高皇帝以壬辰年六月舉義,乙未克太平,首用陶安。至己亥,召儒士胡翰、戴良等會省中,日令二人進講經史。庚子夏置儒學提舉司,以宋濂爲提舉,遣世子受經。癸卯五月置禮賢館,以處陶安、夏煜、劉基、章溢、宋濂、蘇伯衡等,意向文儒,駸駸乎一統氣象矣。”

黄宗羲《宋元學案》卷八十二:“太祖置禮賢館,伯衡與焉。”

《明史》卷二百八十五本傳:“太祖置禮賢館,伯衡與焉。”

雷禮《皇明大政紀》卷一:“癸酉置禮賢館。上聘諸名儒集建康,與論經史,及咨以時事,甚見尊寵。至是復命有司,即所居之西創禮賢館處之,陶安、夏煜、劉基、章溢、宋濂、蘇伯衡等皆在館中。”

至正二十七年(1367),選爲國子學録,升學正,再轉翰林編修。以病辭。

蘇伯衡《蘇平仲文集》卷七《國子學同官記》:“丁未秋,學升正四品,始設祭酒、司業、典簿員,即拜存仁祭酒,宗弼司業,錢塘陳君彦博由元翰林編修署典簿,浚儀陳君子方由元進士署博士,棣州高君仲暉由太子伴讀署助教,而余亦忝進學正。補余處,則吴興張君伯淵也。其後存仁謫韶州,宗弼拜浙江按察僉事,子方拜江西按察僉事,彦博遷太常博士,宗表以事罷去,叔循遷太常贊禮,仲暉升磨勘司令,伯淵升磨勘司丞,仲善升太常典簿,孟兼升祠部主事,余轉翰林國史院編修官,辭疾不上……余名伯衡,字平仲,眉山人。”

黄佐《南雍志》卷二十二《國子監學正蘇伯衡傳》:“入國朝,歲丙午,選爲國子學録,尋升學正,屹然以師道自任,凡公侯卿大夫之子弟,無不恭肅奉教,莫之敢後。嘗因公試發策試士,皆天下國家大務,品第精覈,多士翕服,由是駸駸向學,成均多博古通今之士矣。嘗著《辔説》四十首,學者皆傳誦之。其論教與學尤有卓見,教胄子者五年,近臣有薦其才於上者,即日召見,親擢爲翰林國史院編修。伯衡詣丞相府辭曰:‘禁林地望親切,日侍天子左右,備顧問,至華要也。伯衡不幸幼有聵疾,雖粗通文史,然大懼奏對失措,將速刑僇,誠不足以堪之,敢辭。’丞相以聞,上亦弗之强。已而吏部將别奏官之,伯衡念去親日久,願歸省覲。復走白,丞相許之。”

黄宗羲《宋元學案》卷八十二:“歲丙午,用爲國子學録,遷學正,被薦召見,擢翰林編修,力辭,乞省覲歸。”

王崇炳《金華徵獻略》卷十二:“洪武初,召爲國子學録,升學正,入史館,纂修《元史》,書成,升翰林院編修,再以聵辭,賜鈔幣,遣歸。”

明洪武二年(1370),與修《元史》。

蘇伯衡《蘇平仲文集》卷五《送胡先生還金華序》:"前年秋,伯衡以非材忝教成均,會許先生爲大司成,相與甚親且樂也。未數月,而張君孟兼亦來爲學録。吾三人者,婺人也,人已愛慕婺多士友矣。及詔書招延儒臣纂修《元史》,而宋先生以前起居注來,胡先生以前郡博士繼來。王先生以漳州通守又繼來,相見益親且樂。三人者亦婺人也。人皆謂婺信多士友,而伯衡與諸先生亦自慶夫會合之盛焉。"

洪武十年(1377),宋濂致仕,力薦伯衡以自代,固以疾辭。

《明史》卷二百八十五本傳:"洪武十年,學士宋濂致仕,太祖問誰可代者,濂對曰:'伯衡,臣鄉人,學博行,修文詞,蔚贍有法。'太祖即徵之,既見,復以舊疾辭,賜衣鈔而還。"

黄佐《南雍志》卷二十二《國子監學正蘇伯衡傳》:"洪武十年,宋濂以學士承旨請老歸。既入謝,上問曰:'今在外,文學復有如卿者乎?其舉以自代。'濂曰:'伯衡,臣鄉人也。博學飾行,爲文辭蔚贍有法要,不可以微疾廢。'上許而亟徵之。於是承召至京師。甫就舍館,自宰執以下咸躬禮往候,詢及,輒以疾對,其語如辭編修時。明日入見奉天門,上屬目久之,既退問群臣,皆述其所對以聞,上然之,賜官段表裏各一,寶鈔十錠,乃遣歸。"

王崇炳《金華徵獻略》卷十二:"既而宋濂以翰林承旨致政,天子命舉可以自代者,濂以伯衡,應詔至,復固辭。上憫其誠,特賜文綺遣之。"

洪武二十一年(1388),會試復徵聘爲考試官,及竣,復辭歸。後又起爲處州教授,坐表箋誤,下吏死。

按,蘇伯衡死因頗有异議。黄佐、徐象梅、張萱等皆云蘇伯衡壽終於家，而《明儒學案》《明史》《浙江通志》《金華徵獻略》等則云蘇伯衡以“下吏死”。

黄佐《南雍志》卷二十二《國子監學正蘇伯衡傳》：“二十一年會試，復徵聘伯衡爲考試官，事竣，復辭歸，竟以壽終。”

徐象梅《兩浙名賢録》卷四十一《國子監學正蘇平仲伯衡》：“二十一年會試，聘爲考試官，既竣事，復辭歸，竟以壽卒於家。”

張萱《西園聞見録》卷二十二：“二十一年會試，復徵聘伯衡爲考試官，及竣，復辭歸，竟以壽終。”

黄宗羲《宋元學案》卷八十二：“復辭還，尋爲處州教授，坐表箋誤，下吏死。”

《明史》卷二百八十五本傳：“坐表箋誤，下吏死，二子恬、怡救父，並被刑。”

嵇曾筠等監修《（雍正）浙江通志》卷一百八十一：“久之，復起爲處州教授，以表箋失誤，坐罪死，士論悲之。”

陳田《明詩紀事》甲籤卷十三：“伯衡，字平仲，金華人。明初爲國子學録，遷學正，被薦擢翰林編修，辭歸。洪武十年，學士宋濂薦以自代，復以疾辭。後爲處州教授，坐表箋誤，下吏死。”

王崇炳《金華徵獻略》卷十二：“復起爲處州教授，無何以進表箋觸諱，逮置獄，二子恬、怡叩登聞鼓院，請代，亦並被刑，天下傷之。”

趙翼《廿二史札記》卷三十二：“此可見當時用法之嚴也，武臣被戮者固不具論，即文人學士，一授官職，亦罕有善終者。宋濂以儒者侍帷闥十餘年，重以皇太子師傅，尚不免茂州之行，何况疏逖素無恩眷者。如蘇伯衡兩被徵，皆辭疾，尋爲處州教授，坐表箋誤死。”

蘇伯衡爲人恬静寡欲,貌不及中人,而學問兼天下。

黄佐《南雍志》卷二十二《國子監學正蘇伯衡傳》:"爲人恬静寡欲,年四十始娶。容貌不逾中人,而學問可以兼天下。平居正襟凝思,淵止山立,雖寒暑風雨,利欲紛華,亦皆不之知,故能覃精於義理,名物典故,事爲之要,發爲文詞,俄頃數千言。"

徐象梅《兩浙名賢録》卷四十一《國子監學正蘇平仲伯衡》:"伯衡爲人恬静寡欲,年四十始娶。容貌不逾中人,而學問可以兼天下。平居正襟凝思,淵止山立,雖寒暑風雨不之知,故能覃精於義理,名物典故,事爲之要,發爲文詞,俄頃數千言。"

與宋濂、劉基、胡翰、王禕、張孟兼等交游頗洽。

廖道南《殿閣詞林記》卷八《編修蘇伯衡》:"與劉基、宋濂、魏觀、胡翰相友善。"

《蘇平仲文集》卷五《送胡先生還金華序》:"前年秋,伯衡以非材忝教成均,會許先生爲大司成,相與甚親且樂也。未數月,而張君孟兼亦來爲學録。吾三人者,婺人也,人已愛慕婺多士友矣。及詔書招延儒臣纂修《元史》,而宋先生以前起居注來,胡先生以前郡博士繼來。王先生以漳州通守又繼來,相見益親且樂。三人者亦婺人也。人皆謂婺信多士友,而伯衡與諸先生亦自慶夫會合之盛焉。"

中年專肆力於古文,明理而昌氣,爲一時文人所贊許推重。

宋濂《蘇平仲文集序》:"中歲大肆於文辭,精博而不粗澀,敷腴而不苛縟,不求其似古人而未始不似也。"

劉基《蘇平仲文集序》:"元承宋統,子孫相傳,僅過百年,而劉、許、姚、閻、吴、虞、范、揭、歐、黄之儔,詩文皆可垂後,則由其土宇之最廣也。大明撫運土宇之大,上軼漢、唐,下與元同,而廣於宋,雖混一未久,而高文宏辭已有若翰林諸公。余故人子蘇平仲其一人也。平仲於文定公爲九世孫,文定公長子諱暹,以徽猷閣待制工部侍郎守婺,遂家於婺,故平仲今爲金華人。起前鄉貢進士,選爲國子學録,即升學正,上親擢翰林國史院編修官,一時號稱得人。見於著作者,語粹而辭達,識不凡而意不詭,亦由其明於理而昌於氣也。余與之同朝,每得而讀之未嘗不爲之擊節焉。"

徐象梅《兩浙名賢録》卷四十一:"中歲,大肆力於文辭,精博敷腴。"

王崇炳《金華徵獻略》卷十二:"中年專肆力古文,有名於時。""初伯衡在朝,作《登極表》有云:'雲從龍,風從虎,幸逢千載之昌期;河出圖,洛出書,願啓萬年之泰運。'一時共相傳誦。"

嵇曾筠等監修《(雍正)浙江通志》卷一百八十一:"蘇伯衡,中年專肆力於古文,遂以知名。"

戴良《九靈山房集》卷三十:"温乎其容維德之充,粹乎其文維學之純,斯世之人,斯世之珍,吾將與歸非公其誰。"

王崇炳《金華徵獻略》卷十二:"伯衡在明初爲文章甚有聲,所著有《空同子》,以自附於諸子之列。"

詩歌澤古既深,豐腴有味,在元末明初詩人中風格亦自騫舉。

曹安《讕言長語》卷上:"又如宋景濂、劉伯温、王子充、蘇伯衡詩,又非淺學可到。"

陶元藻《全浙詩話》卷三十六《附論明代兩浙詩人》:"青田劉伯温,鈞天廣樂,聲容不凡,開國宗工,不在兹乎?獨元季之作詞多感慨,姑蘇高啓,岱峰雄秀,瀚海渾涵,海内詩宗,豈惟吴下?楊基天機雲錦,自然美麗,獨時纖巧,不及高之冲雅。潯陽張羽、吴興徐賁亞矣。四傑叙稱以其才乎?金華胡翰雄壯,蘇伯衡豐腴,太牢之味與藜藿自别。宋景濂、王子充詩亦純美,雅以文名。山陰錢宰,霜曉鯨音,自然洪亮……"

陳田《明詩紀事》卷十三録其詩七首,論其詩云:“非所措意,而澤古既深,風格亦自騫舉。”

文運與世升沉,主張論文須知人論世。

《蘇平仲文集》卷五《張潞國詩集序》:“夫文辭之盛衰,固囿於世運,而世運之盛衰,亦於文辭焉見之。然則誦其詩而欲知其人,可不尚論其世乎? 昔元起朔方有天下,至元貞、大德而盛莫加焉……文章世運,固迭爲盛衰者與? 抑觀漢唐以來,凡以文鳴者,際乎天地之運之盛也,其制述乃有治古之風。逮夫光岳分裂,皆靡然若緒風之泛弱卉,不有作者,不能自振焉。”

重視文道合一,講究文法。

《蘇平仲文集》卷五《潔庵集序》:“余取而讀之,理到矣,氣昌矣,意精矣,辭達矣,典則而嚴謹,温純而整峻,該洽而非綴緝,明白而非淺近,不粉飾而華彩,不鍛煉而光輝,古之有德必有言者,蓋如此,尚論文章,何以加諸! 至於詩,則出於性情而不窘於畦町,有優游詠嘆之思,風雅騷些之遺,而先生自視焰然,何哉? 豈不以世之爲文者於學無所聞,於道無所得,險澀其語以爲奇,僻怪其字以爲古,隱晦其意以爲深,突兀其體以爲高,而流俗之所尚也。先生則不出乎是,自意不足以追世好而云然也歟?”

《蘇平仲文集》卷十六《論文》:“尉遲楚好爲文,謁空同子曰:‘敢問文有體乎?’曰:‘何體之有?《易》有似《詩》者,《詩》有似《書》者,《書》有似《禮》者,何體之有?’‘有法乎?’曰:‘初,何法? 典謨訓誥、國風雅頌,初何法?’‘難乎? 易乎?’曰:‘吾將言其難也,則古詩三百篇,多出於小夫婦人。吾將言其易也,則成一家言者一代不數人。’‘宜繁宜簡?’曰:‘不在繁,不在簡,狀情寫物在辭達。辭達則二三言而非不足;辭未達,則千百言而非有餘。’‘宜何如?’曰:‘如江湖。’‘何也?’曰:‘有本也,如鍵之於管,如樞之於户,如將之於三軍,如腰、領之於衣裳。’‘何也?’曰:‘有統攝也。如置陳,如構居第,如建國都。’‘何也?’曰:‘謹布置也。如草木焉,根而幹,幹而枝,枝而葉,而葩’。‘何也?’曰:‘條理精暢而皆有附麗也,如手足之十二脉焉。各有起有出,有循有注有會。’‘何也?’曰:‘支分派别而榮,衛流通也。如天地焉,包涵六合而不見端倪。’……故學於聖人之道,則聖人之言莫之致而致之矣;學於聖人之言,非惟不得其道並其所謂言亦且不能至矣。”

陳繹曾《方式》卷下《蘇伯衡述文法》:“凡遇題目,須先命意。大意既立,又須區處如何起,如何承接,如何收拾,此之謂布置。既定,抑揚以達其辭,反復以致其意,血脉之流通,首尾之照應,則善矣。”“欲作文字,且未可下筆,先取古人文章熟讀詳味,再三諷詠,使心有所感觸,思有所發動,方可運意。却又着題目與古人何篇相似,以爲體式依仿而作間架措辭,如此日久,自然馴熟,七擒七縱,皆可如意,不拘拘於準繩而亦不越於規矩矣。”“下筆之時且須專心,思一篇大概已具於胸中,方可措辭。又當一鼓鑄成方可觀也,若逐段逐句而爲之,則非所以爲文矣。”“意思欲深長,議論欲的當,理欲純粹,機軸欲停匀,條理欲明白,文采欲絢爛,節奏欲鏗鏘,轉折欲和動,字面欲典雅,始終欲關鎖。”“貴含蓄而忌淺露,貴平易而忌艱澀,貴妥帖而忌突兀,貴正大而忌小巧,貴豐贍而忌冗長,貴貫穿而忌斷續,貴委曲而忌直致。”“大抵須是有悟入處,胸中方有活法。天資識見,既高看古人的又多,自家作得又多,則無難矣。”

著有《蘇平仲文集》十六卷。

《蘇平仲文集》,其中文十四卷,詩一卷,别集《空同子瞽説》一卷,皆收於《四庫全書》行於世。

宋濂《蘇平仲文集原序》:“蓋晚而得平仲焉,平仲,文定公之裔孫,少警敏絶倫,誦説不勞而習。中歲大肆於文辭,精博而不粗澀,敷腴而不苛縟,不求其似古人而未始不似也。仕皇朝爲國子學正,近臣薦其才擢國史院編修官,以瞶辭歸。濂以翰林承旨致政,將還,天子命舉可以自代者,即以平仲應詔。既至,復固辭,上亦憫其誠,特賜文綺遣之。天下學士高平仲之文,而莫不惜其以疾困也。人有困於當時而貴於後世者,亦有貴於當世而後乃無聞者,其得失久近,果何如哉?孰知平仲之困,乃所以成其至貴者乎?濂重平仲最甚,序論其文,所以嘆蘇氏三公之不可及,而喜今世之復有斯人也。”

方孝孺《遜志齋集》卷十二《蘇太史文集序》:“某少好蘇子之文而恨不得其意,以爲苟得其意,則文可勉而學。年二十餘,游金華,見太史蘇公之文,知公爲蘇子諸孫,嘆曰:‘得蘇子之意者,其在是矣。’後三年,公盡以其文見示,益嘆以驚,然後知公果得蘇子之意也。頓挫闔闢而不至於肆,馳驟反復而不至於繁。崇之於天,深之於淵,無不探也;奥之於道德,著之於政教,無不究也。而未嘗用其智巧以爲之也。智巧之於文不能無也,而不可用也;雖未嘗用也,而亦未嘗無也。斯其爲神乎!今之爲文者,竭智巧以學之,而不得其意,故其文非拘則腐,非誕則野,非有餘則不足,求其工且不可致,況於神乎!公之文非今之文也,得蘇子之意者也。李白之詩,莊周之書,皆是理也,而不可以言傳也。孔子曰:知變化之道者,其知神之所爲也。知神之所爲,則道自我出矣,文奚可勝用耶?”

蔣光煦《東湖叢記》卷六:“明《蘇平仲文集》十六卷,前有劉誠意、宋景濂、方正學三序,正統壬戌刊本。黎諒跋云:‘太史蘇先生平生所著詩文若干篇,前蒙陰縣簿林與直編類,分爲一十六卷,鏤版郡庠,歷年既久,朽失過半,印行於世者,亦泯没無存,嗚呼,惜哉!正統庚申,予授官括郡,公暇,訪求先輩遺文,故老首以先生是集舉。嘗欲求一觀,竟不可得。後因公事抵温郡,謁少保黄先生,先生以《平仲文集》見示，予讀之竟日，手不忍釋。惜乎集中字義多昏翳訛謬，有不可讀處許，求假而歸。公暇，躬自謄録校正，繕寫成書，命工重壽諸梓，以永其傳，與同志者共覽焉。正統壬戌八月望日，處州府推官章貢、黎諒謹識。'余所藏本有宋蔚如賓王考藏印，並自記云：《蘇先生集》爲有明文集之最，板刊正統七年，迄今已二百七十六年矣，世鮮其全，間有藏者，亦多板印模棱。此從天藻堂錢柱西氏藏本錢方蔚兄手鈔，誠善本也，識者鑒之。乾隆二年閏九月宋賓王記。"

《四庫全書總目》卷一百六十九《蘇平仲集》提要："《蘇平仲集》十六卷，明蘇伯衡撰。伯衡有《空同子瞽説》，已著録。是集卷首有洪武四年劉基序，而集中《厚德庵記》云'庵成於洪武壬戌十二月'，則是記乃洪武十五年以後之作，基所序者，尚未定之初稿也。又集末有洪武八年胡翰跋，謂伯衡選爲太學官，居太學六年。考《明史》稱伯衡以丙午歲爲國子學録，伯衡所著《國子學同官記》稱以丁未升學正，其詩又有《庚戌七月十日奉命編摩國史口號》，則伯衡由學正擢編修，實在洪武三年，上距丙午僅五年。翰與伯衡同時，所叙不應有誤，或史誤移後一年歟？集爲正統壬戌處州推官黎諒所重刊。宋濂序稱其'不求似古人而未嘗不似'。又《明史・文苑傳》稱，濂以翰林學士承旨致仕，薦伯衡自代，稱其文詞'蔚贍有法'，殆非虚美。鄭瑗《井觀瑣言》病其用意太苦，遣詞太繁縟，不可爲法，則過高之論矣。"

參考文獻：

1. 蘇伯衡《蘇平仲文集》十六卷，《四部叢刊初編》景明正統本，上海書店 1989 年版。

2. 蘇伯衡《蘇平仲文集》十六卷,《文淵閣四庫全書》版,上海古籍出版社 1987 年版。

3. 張廷玉等《明史》,中華書局 1974 年版。

4. 黄佐《南雍志》,明嘉靖二十三年刻萬曆增修本。

5. 徐象梅《兩浙名賢録》,明天啓三年光碧堂刻本。

6. 王崇炳《金華徵獻略》,清雍正十一年藕塘賢祠刻本。

7. 黄宗羲《宋元學案》,清道光二十六年何紹基刻本。

8. 廖道南《殿閣詞林記》,民國十二年沔陽盧氏慎始基齋影印《湖北先正遺書》本。

9. 張萱《西園聞見録》,民國哈佛燕京學社印本。

(邱江寧　宋子喬)

唐肅傳

唐肅，字處敬，越州山陰(今浙江紹興)人，元至順二年(1331)生。

蘇伯衡《蘇平仲文集》卷十二《翰林應奉唐君墓誌銘》、過庭訓《本朝分省人物考》卷四十九《唐肅》、萬斯同《明史》、張廷玉等《明史》、徐象梅《兩浙名賢録》、張元忭《(萬曆)紹興府志》、張昶《吴中人物志》等載其事迹。

按，蘇伯衡《蘇平仲文集》卷十二《翰林應奉唐君墓誌銘》："年四十有四，以病卒於濠之瞿相山……卒於甲寅十二月六日。"洪武甲寅年十二月爲 1375 年 1 月，則唐肅生年應爲 1331 年。

蘇伯衡《翰林應奉唐君墓誌銘》："君諱肅，處敬其字也，自號丹崖居士，世爲杭之新城人。君之父始遷居越，故今爲越之山陰人。曾祖文源，祖榮貴，父應麟，母汪氏。"

張廷玉等《明史》卷二百八十五本傳："唐肅，字處敬，越州山陰人。"

過庭訓《本朝分省人物考》卷四十九也有類似記載。

生有异質，敏而克勤，通經史，旁及子、史，陰陽、醫卜、書數之學。

蘇伯衡《翰林應奉唐君墓誌銘》："君生有异質，敏而克勤。幼從鄉先生王萊山授《毛氏詩》。比長，兼通諸經，旁及子、史，陰陽、醫卜、書數之學，無不研究。"

《明史》卷二百八十五本傳:"通經史,兼習陰陽、醫卜、書數。"

過庭訓《本朝分省人物考》卷四十九有類似記載。

少與上虞謝肅齊名,稱"會稽二肅"。

李賢《明一統志》卷四十五:"謝肅,上虞人,學問該博。洪武中,以明經舉授福建按察司僉事。所著有《密庵稿》。與唐肅齊名,時號'會稽二肅'。"

朱彝尊《明詩綜》卷五:"詩與謝僉事原功齊名,稱'會稽二肅'。"

萬斯同《明史》卷三百八十六、張廷玉等《明史》卷二百八十五、陳田《明詩紀事》甲籤卷八有類似記載。

至正二十二年壬寅(1362),充賦江浙,授杭州路黄崗書院山長,轉嘉興路儒學正。

蘇伯衡《翰林應奉唐君墓誌銘》:"至正壬寅,君充賦江浙,中其選,以道梗,不得上春官。省臣便宜授杭州路黄崗書院山長,轉嘉興路儒學正。"

過庭訓《本朝分省人物考》卷四十九、萬斯同《明史》卷三百八十六有類似記載。

嵇曾筠等監修《(雍正)浙江通志》卷一百八十:"元至正十九年,中浙江鄉試,歷嘉興路儒學。"十九年誤,從蘇伯衡《墓誌銘》。

至正二十七年丁未(1367),起赴南京,以父憂東還。

蘇伯衡《翰林應奉唐君墓誌銘》:"皇朝取浙西,例起赴南京,君以父憂東還。"

過庭訓《本朝分省人物考》卷四十九:"國朝取浙西,例起赴南京,以憂還。"

史册《隆平紀事》:"張吴時爲杭州黄崗書院山長,遷嘉興路儒

學正。吴亡,例赴京。”(《昭代叢書》)

明洪武三年(1370),用薦至京師與修《禮樂書》,擢翰林應奉文字承事郎。

蘇伯衡《翰林應奉唐君墓誌銘》:“洪武三年春,用近臣薦,召至京師,纂修《禮樂書》。其夏,擢應奉翰林文字承事郎。其秋,科舉法行,預考南京貢士,有織文之賜。其冬,扈從東宫拜英陵,有襲衣之賜。”

黄佐《翰林記》卷四《庶寮召試》:“如傅藻、袁涣、睢稼、唐肅等擢應奉。”

廖道南《殿閣詞林記》卷十《召試》:“他如傅藻、袁涣、睢稼、唐肅等擢應奉。”

此外,過庭訓《本朝分省人物考》卷四十九、萬斯同《明史》卷三百八十六、張廷玉等《明史》卷二百八十五亦載唐肅於洪武三年用薦至京師與修《禮樂書》,並以此擢翰林應奉文字承事郎。

洪武四年(1371),以疾失朝,免官歸鄉。

蘇伯衡《翰林應奉唐君墓誌銘》:“夏,以疾失朝,參例,免官歸鄉。”

徐禎卿《翦勝野聞》:“翰林應奉唐肅,初以失朝坐免官,歸鄉里。”(《歷代小史》卷七十八)

過庭訓《本朝分省人物考》卷四十九:“次年夏,以疾失朝,參例,免官歸。”

王世貞《弇山堂别集》卷二十、萬斯同《明史》卷三百八十六有類似記載。

洪武六年(1373),謫戍濠,逾年冬卒。

蘇伯衡《翰林應奉唐君墓誌銘》:"後例謫佃於濠,則癸丑之秋。而君以是秋至瞿相山,卒於甲寅十二月六日,而歸祔以乙卯七月二十四日。"

過庭訓《本朝分省人物考》卷四十九:"後例,謫役濠陽。"

沈節甫《紀録彙編》卷一百二十:"以侍食不敬,謫役濠陽。"

史夢蘭《止園筆談》卷六:"太祖重其才,再召入。嘗命侍膳食,訖,拱箸致恭。帝問曰:'此何禮也?'肅對曰:'臣少習俗禮。'帝怒曰:'俗禮可施之天子乎?'罪坐不敬,謫戍濠州。"

馮夢龍《古今譚概》卷八不韵部也有同樣記載。

萬斯同《明史》卷三百八十六:"六年,復謫佃濠梁,逾年卒,年四十四。"

按,張廷玉等《明史》卷二百八十五載唐肅於"六年謫佃濠梁,卒",與蘇伯衡等人所載卒年爲"甲寅十二月"不同。考申屠衡《息耒稿序》:"洪武甲寅之冬,會稽唐丹崖卒於濠。明年春,其子之淳將裹骨歸附先人墓左,持所著文集,來請曰:'先君不幸歿於謫所,不肖孤遠違二千里外,不得跪床下受遺訓,獨手澤尚存,罔敢逸墜。先君留濠,凡十有六月,若詩若文,率爲好事者持,去其筆於稿者,十纔二三……'"(見唐肅《丹崖集》)申屠衡《息耒稿序》作於洪武八年,正是唐肅死後一年整理遺稿時作,時間頗確鑿,應以"甲寅十二月"即公元1375年1月爲準。張廷玉等《明史》記載有誤。

交游文雅之士。

按,洪武初與宋濂有交集。宋濂《文憲集》卷六《丹崖集序》:"予與唐君處敬,共居浙水東。雖未之識,有持其文一二篇來者,頗獲讀之,顧謂二三子曰:'屏斥蕪類,何其玉之潔而珠之明也!脉絡聯貫，委蛇不斷，又何韶鈞九奏，音律相宣而始終粲如也！其殆能言之士乎？'去年之春，予被詔總裁《元史》，而處敬亦以議禮被徵，會於南京，亟欲挽入史局，儀曹愛其才，弗允。及予入詞垣爲學士，處敬亦來爲應奉文字，朝夕同論文甚歡。”

與高啓相與甚歡，高啓《高太史大全集》卷十二有《送唐博士肅移家檇李》：“楊柳發初齊，春陰廢苑西。故人乘醉别，新鳥傍愁啼。舟重全家去，詩多一路題。杏花開北郭，誰復共招提。”

朱彝尊《静志居詩話》卷三“唐肅”條：“當元之季，浙西歲有詩社，而濮市濮仲温豐於貲，集一時名士，爲聚桂文會，以卷赴者五百人，請楊廉夫評其優劣。於是紀風土者目爲樂郊。及楊完者亂，州無完郛，然繆同知思恭德謙猶招群彦集南湖，與會分韻者一十有四人。越二年，曹教授睿新民復集諸公於景德寺，亦一十有四人。是時，聞人麟彦昭、葉廣居居仲、金絅子尚、潘著澤民、劉堪子輿咸有詩名。吴鎮仲圭居魏塘，貝瓊廷琚居千金圩，鮑恂仲孚居郡城之西溪，郁遵子路居商陳村。四方避地者，温州陳秀民庶子居竹鄰巷，閩人卓成大器之居甓川，江陰孫作大雅居南湖，崑山顧德輝仲瑛居合溪，天台徐一夔大章居白苧里，會稽江漢朝宗居濮院，桐廬姚桐壽樂年居海鹽之峨溪。而河南高遜志士敏、東平牛諒士良、江都邱民克莊、錢唐陳世昌彦博、建德張翨翔南，皆來僑居。四明周棐以陸宣公書院山長留居梨林。日以文酒唱酬，詩成輒鏤板鑱壁，聞者傳爲勝事。今也流風遺俗未有存者。録處敬詩，因附及之，欲尋舊迹，不勝海桑岸谷之感也。”

李詡《戒庵老人漫筆》卷二載，至正十八年(1358)，唐肅楷書兩幅贈人：“唐肅細字楷書二幅，一寫送《李愿歸盤谷序》，後云：'至正十又八年六月朔日，余集諸生，試所業文，從弟宗望得首選，書此以勞之。丹厓識。'一寫《觼槎亭記》，後云：'右尚書元公明善復初所撰，東安唐肅爲江陰張瑄謹書於會稽讀書屋,時至正十八年太歲戊戌是夏戊子日也。'俱用蠟箋,烏絲界畫,精妙之甚。此徐兼山充所藏。"

爲文簡潔而雅奥,詩步驟盛唐,尤工篆楷,深得筆意。

蘇伯衡《翰林應奉唐君墓誌銘》:"資爲古文,簡潔而雅奥。律詩步驟盛唐,樂府、古詩上薄漢魏。場屋之文,特其餘事。尤工篆楷,深得筆意。""君之文,可謂無愧於古矣,亦既遭逢盛際而用之朝廷矣。然未究其用,以一眚之故,至廢爲耕民,而困頓以死,其文章迄不得施諸典册,遂使一代之詔令不能追還三代之盛。是雖曰有命,抑豈獨君之不幸歟?"

過庭訓《本朝分省人物考》卷四十九:"爲文簡潔而雅奥,律詩步驟盛唐,樂府、古詩上薄漢魏,所著有《平居稿》《文斷》諸書,尤工篆楷,深得筆意。"

朱彝尊《静志居詩話》卷二:"處敬文極,爲危太樸、宋景濂、戴叔能、申屠子迪所許。詩與謝僉事原功齊名,稱'會稽二肅'。"

子之淳,善屬文。

蘇伯衡《翰林應奉唐君墓誌銘》:"男一,之淳也,强學能文,克世其家……所爲文十卷藏於家,庶其不朽者在是。"

徐象梅《兩浙名賢録》卷四十七《唐處敬肅子之淳蔡庸毛鉉附》:"子之淳,字愚士,潛心著述。同時蔡庸、毛鉉、鏐績俱有詩名,而之淳爲稱首。以方孝孺薦,官翰林侍講。嘗集古今治亂爲書,將獻之,不果而卒。所著有《瞉齋》《萍居》二集,及《文斷》十卷。"

過庭訓《本朝分省人物考》卷四十九:"子之淳,官侍講,詩亦清麗。"

萬斯同《明史》卷三百八十六:"子之淳,字愚士,幼侍父歷游賢士大夫間,爲宋濂輩所稱許。甫弱冠已有聲於時,爲文蔚贍有俊氣,尤工於詩,當道屢欲薦引,輒謝不就。曹國公李景隆聘爲子師,征行四方,悉與之俱,由是得歷覽諸邊形勝,詩益超絶。建文二年,詔詞臣集經史中事爲一書《考鏡治亂》,方孝孺以之淳薦。帝雅知其名,即召見,賜冠帶,擢翰林侍讀,與孝孺共領修書事。日以《前漢書》進讀。明年卒於官。所著有《萍居稿》《文斷》諸書。"

張廷玉等《明史》卷二百八十五本傳:"子之淳,字愚士,宋濂亟稱之。建文二年,用方孝孺薦,擢翰林侍讀,與孝孺共領修書事,卒於官。"

按,有傳之淳爲太祖注封王册文事,王世貞《弇山堂别集》卷二十《史乘考誤》駁云:"紀略言:太祖之封十王也,親草册文。適李韓公北征,唐之淳在軍,嘗爲草露布。上讀其文,嘉之,問草者爲誰。韓公以之淳對,帝令飛騎召之。……燈燭熒煌,帝坐閱書,之淳俯首庭下。帝問曰:'爾草露布耶?'對曰:'臣昧死草之。'乃以短几置之淳前,列燭,命膝坐,以封王册文一篇授之,曰:'少爲弘潤之。'之淳叩頭曰:'臣萬死不敢當。'帝曰:'即不敢,旁注之。'之淳承命注,上遥望燭影下。帝微微喜,至十篇,上大悦。時夜未央,命出候朝謁。歸至姑家,猶守門相與慶幸,具酒食慰勞。及朝,帝問曰:'爾世宦否?'對曰:'臣父翰林應奉。'即日命嗣父官。考之十王,册定於洪武三年四月,其六月唐肅始爲翰林應奉。明年夏,例失朝,免官。又二年,以例責佃臨濠,今以其時爲唐肅得罪後事,一大謬也。李韓公既無北征,亦何嘗有露布?二大謬也。之淳洪武末館曹公景隆家,至建文二年,始以方孝孺等薦拜翰林侍讀,明年卒,原無仕高廟及爲應奉,三大謬也。十王册文多宋濂草,是時,雖唐肅不得與,况之淳乎?事蓋無一實。"

著《丹崖集》八卷。

宋濂《文憲集》卷六《丹崖集序》:"索其全集觀之,復顧謂二三子曰:沉涵於經而爲之本原,饜飫於史而助其波瀾,出入諸子百家以博其支流,此作有之。又頗愧向之知處敬者未深也。嗚呼!近代之文,予見之夥矣,大風揚沙而五色爲之昏昧;繁音嘈雜而五聲爲之失倫,求其如處敬者,抑何其鮮哉!……予雖不敏,愛玩處敬之文,日不釋手,以爲可垂遠而傳後,因爲序諸卷首。嗚呼,處敬之文,荆山之玉也,渥洼之馬也,又豈患無卞和氏與九方歅者乎?予之所論隘矣。處敬名肅,會稽人,丹崖其自號也,故以名其集云。”

張廷玉等《明史》卷九十九《藝文志四》:“唐肅,《丹崖集》八卷。”

黄虞稷《千頃堂書目》卷十七:“唐肅《丹崖集》八卷,一作十卷。字處敬,會稽人。元末官嘉興學正。洪武初召修《禮樂書》,擢應奉翰林文字兼國史院編修。”

參考文獻:

1. 唐肅《丹崖集》,清鈔本。

2. 張廷玉等《明史》,中華書局1974年版。

3. 廖道南《殿閣詞林記》,明嘉靖刻本。

4. 王世貞《弇山堂别集》,明萬曆十八年刻本。

5. 過庭訓《本朝分省人物考》,明天啓刻本。

6. 徐象梅《兩浙名賢録》,明天啓刻本。

7. 李賢《明一統志》,萬壽堂明刻本。

8. 萬斯同《明史》,清鈔本。

9. 高啓《高太史大全集》,《四部叢刊初編》景明景泰刊本,上海書店1989年版。

10. 李詡《戒庵老人漫筆》,明萬曆刻本。

11. 朱彝尊《静志居詩話》,清嘉慶扶荔山房刻本。

12. 史夢蘭《止園筆談》,清光緒四年刻本。

13. 蘇伯衡《蘇平仲文集》,《四部叢刊初編》景明正統本,上海書店 1989 年版。

14. 宋濂《文憲集》,《文淵閣四庫全書》本,上海古籍出版社 1987 年版。

(邱江寧)

王行傳

王行字止仲，號半軒，晚更號楮園，又號淡如居士，江蘇吴縣（今屬蘇州）人，生於元至順二年（1331）。

過庭訓《本朝分省人物考》卷十八："王行字止仲，號半軒，吴縣人。"

莫震《石湖志》卷五："訓導行字止仲，號半軒，所居號楮園，在石湖横山下。"

王行《半軒集》卷十《題畫》署"時洪武丙午秋楮園識"。

顧復《平生壯觀》卷五："王行字止仲，號淡如。"

彭蘊璨《歷代畫史彙傳》卷二十八："王行字止仲，自稱淡如居士，又號半軒，又號楮園，吴人。"

《半軒集》杜瓊《王半軒傳》："公以他事獲罪，連坐以歿。實洪武二十八年三月十二日，年六十五云。"據此可推知王行生於元至順二年。

按，王行籍貫，一云吴縣，一云長洲，俟考。

幼時家微，依賣藥翁家讀書。未弱冠，即授徒於城北望齊門，名士咸與交。

王鏊《震澤紀聞》卷上："行字止仲，吴人。少有异質，家貧無書以學。閶門大姓徐生，藥者，家多書，乃傭於其家主。藥肆每出藥，裹書其上殆遍。主人問誰書者，曰：'藥肆中博士。'召問曰：'若欲讀書乎?'以數秩授之。數日問之,響應無窮者。主人嘆曰:'吾家有書無人讀,若能讀而無書乎?'乃留之,恣其披覽,三年不下樓,主人命家厚給之。一日辭去,曰:'書讀已遍矣。'自是以文學鳴於吴。"

錢謙益《列朝詩集》甲集卷十六《王教讀行》:"髫時,從其父爲閶門南市人市藥,籍記藥物,應對如流。迨晚,爲主嫗演説稗官詞話,背誦至數十本。主人翁异之,授《魯論》,翌日已成誦,乃令遍閲所庋書。"

杜瓊《王半軒傳》:"初,父某爲閶門南市人市藥,以交鬻紛拏,挈之爲己助。半軒尚髫年,藥逾千品,悉志其某某若多寡,酬應無或遺。主嫗老,好聽稗官家説,即默記數本,迨晚歌爲之娱。主异之,爲語:'若能讀書否耶?'授《魯論》一帙,翌日已成誦矣。"

焦竑《國朝獻徵録》卷八十三《王行傳》:"授徒城北,一時文名大噪。尤善談論,對客抽繹經史,援據古今,纚纚不窮。然家徒壁立,幾無留册。叩其所自,曰:向得之藥主人耳。"

《明史》卷二百八十五本傳:"未弱冠,謝去,授徒齊門,名士咸與交。富人沈萬三延之家塾,每文成,酬白金鎰計,行輒麾去曰:'使富而可守,則然臍之慘不及矣。'"

饒介守浙右,號"醉樵",行爲之作《醉樵説》。

杜瓊《王半軒傳》:"臨川饒參政介之分守浙右,以詞翰豪視東南,號醉樵。爲之詩歌者殆遍,惟難於一文耳。間延與語,曰:'是非莊騷家言,莫殫其形容。'即席爲説,不加點竄。饒仆地曰:'吾見中朝才俊亦夥,未有類子敏而奇者,真天才也。'"

《半軒集》卷七《醉樵説》:"華蓋山之樵,有好飲者,或目之曰醉。嘗道置其薪而寐,後之樵者盗其薪,同樵者見之呼醉樵,而語之曰:'而樵以飲爲事邪?以薪爲事邪?'醉樵謼謼,而復唯唯。同樵者又曰:‘而樵以飲爲事邪?以薪爲事邪?’醉樵曰:‘而以吾以飲爲事,則以飲爲事;而以吾以薪爲事,則以薪爲事。’……醉樵曰:‘噫嘻,而知有爲之爲,而不知無爲之爲;而知而之爲樵,而不知吾之爲樵。吾爲而言。吾之樵吾之樵也,以精神爲斧斤,而發之於純,一之硎,以段若木不足以當其銛,扶桑不足試其銼。而大造則吾薪之根也;元氣陰陽,吾薪之幹也;日月列星、風雨霜露,吾薪之柯條;而擾擾之生物,則吾薪之朽腐蠹蝎也。吾今剔其朽,抉其蠹,棄遺其柯幹,而得其根矣。而以吾爲醉而然邪?醒而然邪?是爲有爲邪?無爲邪?彼亦能盜吾之有而有之邪?將弗能盜之邪?’同樵者無以對,乃復頹然而就卧,撼之而不蘇,呼之而不寤,同樵者若忘若遺,若諭若悟,惝恍踟蹰,負薪而去。”

洪武初,群庠延爲經師。編《唐律詩選》,自序之。

過庭訓《本朝分省人物考》卷十八:“洪武初,辟本郡文學。諸生心易之,至以五經雜進問難,析極藴奥,洎删潤課業,刃迎縷解,至是乃吐舌曰:‘王先生之不可以蠡測管窺也。’”

杜瓊《王半軒傳》:“洪武初,郡庠延爲經師,時訓導無常禄,猶儒生衣巾,弟子員多出綺紈,皆易之,以五經雜進問難。半軒悉爲辨講,極底藴,洎删潤課業,刃迎縷解,節有詳明。至是乃吐舌曰:‘王先生未可以詞章儒目之。’故有‘行書厨’‘皮瀝簏’之號,以其該博而無滲漏也。”

《半軒集》卷六《唐律詩選序》:“選詩者,非知詩者也。孔子之删《詩》,取其既足以感發懲創,又足以被夫弦歌者,非以工拙計也。蓋工非詩之所必取,而拙非詩之所必棄。工而矜莊,是未免夫刻畫;拙而渾樸,是不失其自然也。苟棄其拙而取其工,則是遺自然而尚刻畫,豈足與言温柔敦厚之教也哉!故曰:選詩者非知詩者也。然則是編何以《選》名也?是編也,蓋有不得不然者也。何也?

《三百篇》之詩，非有一定之律也，漢魏以來，始漸爲之制度，其體已趨下矣。降及李唐，所謂律詩者出，詩之體遂大變。謂之律詩者，以一定之律律夫詩也，以一定之律律之，自然蓋幾希矣。自然鮮而律既嚴，則不能不計其工拙也。計其工拙，又烏能不爲之取捨哉？故曰不得不然也。……惟詩學也亦然。夫詩，其浩博淵深如烟海也，其變化運行如元氣也，未易摹擬窺測也。今之學者，能先於其有律者求之進，進不已，則所謂如淵海、如元氣者，可以漸而入至與之俱化，則自然之地，綽乎其有餘裕矣。温柔敦厚之教，豈外是哉！然則是編也，於初學之士，其亦有萬一之助也與！洪武庚戌陽月初吉序。"按，洪武庚戌爲洪武三年。

郡守魏觀、王觀薦於朝，不報。隱居吴山石湖，以詩書自娱。

杜瓊《王半軒傳》："郡守江夏魏、河内王俱名觀者，以國子祭酒、刑部侍郎前後遷於蘇，胥多之，思聞之朝而不果。"

《國朝獻徵録》卷八十三《王行傳》："郡守魏觀、王觀先後薦於朝，不報。"

杜瓊《王半軒傳》："年向老，解任避迹於吴山之石湖，以經訓爲常，凡碑銘序記等文，求著作者悉歸焉。間寫圖題其上自適，旁通緇黄家學，與論苦空玄寂，累日忘倦，率致其厭懌，合什稽首謂：澹如居士真再世人耶？"

晚年游京師，館於藍玉家。洪武二十六年(1393)藍玉謀叛，行以西塾，連坐以歿。

杜瓊《王半軒傳》："生二子，皆役於京，屢言疏省問，欲見親以慰。半軒欲往，或尼以法網固密，非儒者泮奂之日。乃微笑曰：'虎穴尚可嬉，吾韋布士何窒哉！'抵京主一祝家，因之見重於梁國藍公，延之西塾，誨其子若孫，並資問，益每悵相知之晚，數薦之。召對,反復注欲行王道、正禮樂、簡賢立相爲首務,忤旨。以其迂闊於事,弗聽。未久,公以他事獲罪,連坐以歿。實洪武二十八年三月十二日,年六十五云。"

李默《孤樹裒談》卷二:"……又問曰:'今將何之?'行曰:'往金陵耳。'時太祖造邦,法制嚴峻,友復堅沮之。行大聲曰:'虎穴中好歇息。'迤邐至京,久無知者。偶舍於藍都督府之傍,藍有家人子肄業於行,每歸,藍取其學以觀,重加稱賞。一日召行,見行以爲奇,遇所談皆韜略,無一語及文業。藍曰:'先生文武才,何見之晚也!'因徒置府中,以師事之。不久藍以謀反見執,或勸行曰:'可行矣。'行曰:'臨難毋苟免。'亦被執。刑官無以入其罪,命行傅收,行曰:'行本一介書生,蒙藍大將軍禮遇甚厚,今將舉事焉,敢不從。'遂同謀被誅。"

莫震《石湖志》卷五:"國初,藍梁公招之典塾事。藍坐事,半軒與其子瑧俱受大戮。"

性喜談兵,以此自負。尤深契道衍,謂必有知者。

過庭訓《本朝分省人物考》卷十八:"三吴鼎沸,時多壘炮石自固,行私語人曰:'兵法不云,柔可以制剛耶?'或詢何居,曰:'設植篤筱頎而偉者,繫布於其端如帡幪然,人出没其下,雖炮至,而布必隨之低昂,則人無害,而不可盡矣。'後大將軍常公提兵至,果用是計而城破,靡不服其談兵之有徵也。"

焦竑《國朝獻徵録》卷八十三《王行傳》:"行有文武才,尤喜論兵,負其所有,以訖於難。君子惜之。"

《半軒集》附録景泰元年鄒亮補《王半軒傳》云:"東原逸史作《王半軒先生傳》,固實而核矣。惟所載知道衍一事未悉。昔唐李白識郭汾陽於稠人中,後其再造唐室,皆汾陽之功,故史稱白非但爲詩人而已。方衍當髡首緇服,深自退處,若爲世之所棄,而半軒三復嘆仲尼不以人廢言，不可以法而遺其人，又曰：'安知終無與其同志？蓋有所待者。'斯時及此，惟先生一人。後衍果授知於文皇，參謀謨，贊密勿，以清内難，再造鴻業，厥功居第一，賜名復姓，官居極品，卒加謚贈，配享廟食，天下後世皆知，可與汾陽等。若是者，皆先生所灼見，豈臆度之而已！惜乎謝世，未及躬見。然先生可以文士目之乎？迨今未百年，已鮮言之，故予表而出之，使後知先生之知言云。"

喜潑墨成山水，時人謂之王潑墨。其文踔厲風發，極意馳騁，詩亦清剛肅爽。詞則清潤妍雅，別具一種筆墨。"北郭十才子"之一。

朱謀垔《畫史會要》卷四："王行字止仲，號半軒，蘇州人。喜潑墨成山水，時人謂之王潑墨。"

《四庫全書總目》卷一百六十九《半軒集》提要："其文往往踔厲風發，縱橫排奡，極其意所馳騁，而不能悉歸之醉正，頗肖其爲人。詩格亦清剛肅爽，在'北郭十子'之中。"

丁丙《善本書室藏書志》卷四十："《半軒詞》一卷……止仲文踔厲風發，縱横排奡，詩格亦清剛蕭爽，列名'北郭十子'之中。詞則清潤妍雅，吐屬韶秀，异乎平日桀驁之才。"

胡玉縉《四庫未收書目提要續編》："其詞清潤研雅，吐屬韶秀，與其文之縱横排奡、其詩之清剛肅爽，别具一種筆墨，固知才人無施不可也。"

趙尊岳《惜陰堂彙刻明詞提要》："《半軒詞》一卷……詞十四闋，載於集中。詞筆流暢……寫景紓情，融情入景，此爲詞流第一要義。半軒庶喻之，而能通翰墨於神情之表者矣。"

黄暐《蓬窗類記》卷三"張適"條："張適，字子宜。……洪武初，宋濂薦修《元史》，拜水部郎中，未幾辭歸，與高季迪、楊孟載、張來儀、徐幼文、王止仲、梁用行、方以常、錢彦周、杜彦正、浦長源輩結爲詩社,號'十才子'。"

有《半軒集》《楮園草》《墓銘舉例》等傳世。

焦竑《國朝獻徵録》卷八十三《王行傳》:"所著有《楮園集》《半軒集》《學言稿》《通意宜資》《墓銘舉例》《唐律詩選》共若干卷。"

杜瓊《王半軒傳》:"有《楮園集》十五卷、《半軒集》六卷、《學言稿》十二卷、《四六札子》二卷、《通意宜資》十卷、《宋系統圖》二卷,人咸膾傳。"

按,現存著作《半軒集》十二卷、《補遺》一卷、《楮園草》一卷,明弘治四年刻本。

《四庫全書總目》卷一百六十九《墓銘舉例》提要:"《墓銘舉例》四卷,明王行撰。……行以墓誌銘書法有例,其大要十有二事:曰諱,曰字,曰姓氏,曰鄉邑,曰族出,曰治行,曰履歷,曰卒日,曰壽年,曰妻,曰子,曰葬。其序次或有先後,要不越此十餘事而已。取唐韓愈、李翺、柳宗元,宋歐陽修、尹洙、曾鞏、王安石、蘇軾、朱子、陳師道、黄庭堅、陳瓘、晁補之、張耒、吕祖謙一十五家所作碑誌,録其目而舉其例,以補元潘昂霄《金石例》之遺。"

參考文獻:

1. 王行《半軒集》十二卷《補遺》一卷《楮園草》一卷,明弘治四年刻本。

2. 王行《半軒集》十二卷《補遺》一卷《方外補遺》一卷,《文淵閣四庫全書》本,上海古籍出版社 1987 年版。

3. 王行《墓銘舉例》四卷,《文淵閣四庫全書》本,上海古籍出版社 1987 年版。

4. 王行《半軒詞》一卷,《明詞彙刊》本,上海古籍出版社1992年版。

5. 高啓《高太史大全集》,《四部叢刊初編》景明景泰刊本,上海書店1989年版。

6. 楊基《眉庵集》,《四部叢刊三編》本,上海書店1986年版。

7. 徐賁《北郭集》,《四部叢刊三編》景明成化刻本,上海書店1986年版。

8. 張羽《静庵集》,《四部叢刊三編》景明成化刻本,上海書店1986年版。

9. 湯志波、張蓮粉《明初王行别集版本考辨》,《圖書情報研究》2019年第4期。

(湯志波)

張羽傳

張羽，字來儀，以字行，更字附鳳，潯陽人。生於元元統元年(1333)。

張羽《静居集》卷末附童冀撰《太常司丞張來儀墓銘》："喟來儀，羽其名，氏爲張。始祖戬，官刺史，家潯陽。……來儀生，歲癸酉，日在房，月初吉。"

錢謙益《列朝詩集》甲集卷八《張司丞羽》："羽字來儀，以字行，更字附鳳。潯陽人。"

幼穎悟，喜詞章。從父宦游江浙，兵阻不得歸。

童冀《太常司丞張來儀墓銘》："惟來儀，幼穎悟，耽辭章。甫弱冠，遘俶擾，違故鄉。"

黄暐《蓬窗類紀》卷三："張羽字來儀，初烏程人，元末避地居吴中。少穎敏，讀書一覽不忘，爲詩文俊逸典雅。"

錢謙益《列朝詩集》甲集卷八："既壯，從其父宦游，泝江逾浙，受《易》於山陰夏仲善，爲文學歐陽子，縝密宛轉，雖前輩自謂不及也。"

元末領鄉薦，授安定書院山長。張士誠據吴，爲潘元紹所羅致。

童冀《太常司丞張來儀墓銘》："克樹立，擢科第，聲遂揚。長一山，安定學，教有方。"

《明史》卷二百八十五張羽本傳："領鄉薦，爲安定書院山長。"

馬星翼《東泉詩話》卷二："張羽字來儀，一字輔鳳，元末避地吴中，當僞周據吴時，爲僞相潘元紹所羅致。潘有《七姬權厝志》，即張羽文也。"

按，至正二十七年(1367)七月，潘元紹之妾七人自縊，張羽爲作《七姬權厝志》。見錢穀《吴都文粹續集》卷三十九："七姬皆良家子，事江浙行省左丞滎陽潘公，皆爲側室。性皆柔慧，姿容皆端麗修潔。善女紅，剪製文綉，經手皆精巧絶倫。事其主及夫人，皆能以禮。其群居和而有序，皆不爲怙寵忮美之行。公每聞閭閻間婦人能以節概自立者，歸必爲語其事，皆應曰：'彼亦人爲耳。'公笑曰：'若果能邪?'及外難興，敵抵城，公日臨戰。一旦歸，召七姬謂曰：'我受國重寄，義不顧家，脱有不宿，誠若等當自引决，毋爲人耻也。'一姬跪而前曰：'主君遇妾厚，妾終無二心，請及君時死以報，毋令君疑也。'遂趨入室，以其帨自經，死於户。六人者，亦皆相繼經死。公聞之曰：'何若遽死耶!'實至正丁未七月五日也。以世難弗克葬，乃斂其屍焚之，復以其骸葬於後圃，合爲一冢。公還，啓其封，且泣曰：'是非若所安也。'行營高敞地而遷焉。時以日薄，故未暇爲志。及逾月，始狀其事屬羽，將勒石追瘞於冢側。……高啓《高太史大全集》卷十五亦有《吊七姬冢》。"

姑蘇城圍，念友人有詩。

豫章叢書本《静居集》補遺卷《懷友詩》序云："周道方殷，猶歌《伐木》，陶情無慕，尚賦《停雲》。况屬時艱，久乖朋好，欲攄契闊，實藉篇章。自牛文學而下，得二十三首，因懷成咏，不以爵壽爲序，約需續賦，用繼末篇。"

按，其所懷二十三位友人爲牛諒、馮允實、王欽、韓相、華野、陳恂、陳堯咨、莫士安、方彝、牟魯、葉廣居、唐肅、安處善、朱武、宇文材、董在、倪瓚、懷渭、沈夢麟、胡鉉、潘牧、李訥、周復等,其具體生平可參見賈繼用《張羽〈懷友詩〉考論》(《中國社會科學院研究生學報》2008 年第 6 期)。録其二首。《華野》:"破屋臨湖住,閑身似鶴長。逢人矜俠氣,遇難耻儒裝。有婦頻修藥,無兒解奉觴。從來多遠志,今日在何鄉。"《李訥》:"風骨多儒相,爲師不憚貧。買書高着價,避酒屢辭巡。經學傳門弟,緦衣葬里人。懷君桑梓舊,寧比异鄉親。"

張羽《静庵集》卷三《懷故妻及亡兒時在姑蘇圍城中》序云:"故妻及稚子墓俱在吴興,每歲常一展省。風塵阻絶,泫然興懷,因賦短詩,用寄哀悰。"其一:"何處葬深情?牽車出曉城。冢間無白日,鏡裏是前生。積壤銷釵鳳,荒苔掩佩瓊。空餘故衣在,手迹尚分明。"其二:"埋骨近蓮宫,松杉滿徑風。明珠辭掌上,白璧毁泉中。卷有涂鴉墨,花迷趁蝶叢。傷心羸博者,此恨詎能同。"

兵後移家武林。

《静庵集》卷一《續懷友詩並序》序云:"予在吴圍城中,作《懷友詩》二十三首,其後題識者四人,則嘉陵楊君孟載、介丘王君止仲、渤海高君季迪、郯郡徐君幼文也。時余與諸君及永嘉唐卿者游,皆落魄不任事,故得留連詩酒間,若不知有風塵之警者。及兵後移家武林,向所懷廿三人往往而見,而五君者,或謫或隱,各相睽异。嘆離合之無常,感游從之難得,作《續懷友》詩五首。"

按,《静庵集》卷三《寄王止仲、高季迪》:"只恨孤城未解圍,圍開翻遣别相知。夕陽江上匆匆酒,細雨燈前草草詩。有夢直從花落後,無書空過雁來時。郭西古寺題名處,今日重游却共誰。"應亦是此時所作。

洪武四年(1371),徵至京師,應對不稱旨,放還。

童冀《太常司丞張來儀墓銘》:"迨熙朝,興文運,舉賢良。首薦鶚，甘退鷁，返屠羊。病末學，鶩葩藻，淪荒唐。益刻厲，追遠古，還淳厖。時休暇，逐雲月，酣咏觴。分百年，老韋布，謝軒裳。”

《明太祖實録》卷六十：“洪武四年四月……庚子，召陝西儒士趙晉、浙江儒士張羽至京……羽字來儀，應對不稱旨，遣還。”

錢謙益《列朝詩集》甲集卷八《張司丞羽》：“國初，舉賢良，不出。”

歸吴興之菁山，扁所居曰“清晏堂”，與徐賁、高啓等詩文酬唱不絶。

錢謙益《列朝詩集》甲集卷八：“兵阻不得歸，因僑武林。來吴，喜吴興山水，與徐賁約，卜居家於戴山之東。”

徐象梅《兩浙名賢録》卷五十四：“張羽字來儀，潯陽人，元季授安定書院山長。因欲卜居吴興，以詩約其友人徐賁曰：‘吴興好山水，子我盍遷居。繞郭群峰列，回波一鏡如。蠶餘即宜稼，樵罷亦堪漁。結屋雲林下，殘年共讀書。’於是定居於戴山東。”

《静庵集》卷一《余扁所寓山堂爲“清晏”，蓋摘右軍帖中語也。蜀山隱君爲書三大字刻著楣間，林壑增勝，因而成咏》：“少年未識事，冠帶逐時流。一悟名爲妄，悠然返林丘。假此精舍居，蕭條岩徑幽。竹樹共清密，川澗屢環周。高峰延新旭，華棟鳴晨鳩。晞髮東軒下，群書散不收。嘉名余始製，妙翰若雲浮。况有同心友，觴咏接綢繆。始來適朱夏，今已逾素秋。謬處山水宅，慚非仁知儔。耽玩昧出處，栖泊愧淹留。誠知非吾廬，且得性所求。”

徐賁《北郭集》卷三《張静居寓菁山，以“清晏”名堂，要余題。先以詩見美，因賦此酬之，並似周伯陽》：“山阿久寂寞，堂虚歲亦陳。自君此安處，焕焉復崇新。令德賁泉石，流風播松筠。列岩易常態，諸澗浣來塵。猿鳥若釋愧，雲霞如返淳。乃知景與物，所據實在人。栖隱雅足稱，况彼有良鄰。念余本同趣，琴酌恒許親。盼兹信清晏,題名諒爲真。謬書忽見取,來章誠可珍。何以報淑貺,篤好行載申。”

高啓、楊基相繼卒,張羽有詩哀之。

《静庵集》卷四《悼高啓》:“燈前把酒泪雙垂,妻子驚看那得知。江上故人身已死,篋中尋着寄來詩。”“消息初傳信又疑,君亡誰復可言詩。中郎幼女今痴小,遺稿千篇付與誰。”“生平意氣竟何爲,無禄無田最可悲。賴有聲名消不得,漢家樂府盛唐詩。”

《静居集》卷一《於書簏中得高吹臺所寄詩遺稿》《觀高吹臺遺稿以詩哀之》亦是哀悼高啓之作。

《静居集》卷六《挽楊基》:“南北雲山賦遠游,白頭終老晉陽秋。千篇留得平生稿,半似蘇州半郢州。”“恨不尋君未死前,須臾離别便千年。慰人幸有童烏在,他日應能續《太玄》。”

洪武八年徐賁升主事,張羽《静居集》卷一《喜得徐主事書》:“職參秋官部,地近白雲天。英才展高步,恩寵冠群賢。兹辰辱芳札,啓玩一欣然。頗言官守重,公門甚熬煎。還憶苕城時,携手歷山川。高駕不可期,尊酒徒盈前。遠念千里隔,離思自綿延。欲往方自縶,將酬未能宣。何因解簪紱,歲晏歸田園。”

洪武十五年(1382)再徵,廷對稱旨,擢太常司丞兼翰林院,同掌文淵閣事。

童冀《太常司丞張來儀墓銘》:“公車徵,晨踵門,暮趣裝。比廷對,膺寵命,丞太常。”

《静庵集》卷三《十月一日從幸太平門閲武應制》:“四海清無戰,三農樂有秋。元戎陳虎旅,天子詔貔劉。肅殺遵時令,登臨展豫游。江山明組練,海國壯貔貅。旄鉞傳天語,韜鈴禀廟謀。射蛟應小漢,搏獸已卑周。佳氣枝丹轂,祥風轉采斿。武功今已備,文德願兼修。虚忝金鑾客,無才咏大蒐。”

同年臘月,奉旨往鳳陽祭掃皇陵。

《静庵集》卷一《紀行十首》序:“洪武十五年臘月,奉旨乘驛往鳳陽祭皇陵,舟中作。”分别記《龍江灣》、《觀音山》、《竹篠》(《静居集》作“竹篠潭”)、《金山門》(《静居集》作“竹川潭”)、《邗溝》、《高郵城》、《清口》、《龜山》、《三江口望京闕》等。録其《龍江灣》一首:“玄天無烈風,江水日夜清。馳波渺東注,回流抱神京。至哉鍾水德,乃以龍爲名。舟檣萬方合,雄麗殊百城。昔云天塹險,今爲衣帶縈。山川迹不改,人理有代更。下馬入官船,兹焉始孤征。祀事有常期,中心念王程。俯視萬仞淵,不啻溝澮平。涉川古所戒,事重軀命輕。”

按,《静居集》卷一作《紀行十首》序云“甲寅臘月,奉旨乘驛往鳳陽祭皇陵”。“甲寅”爲洪武七年,應爲誤記。

《静庵集》卷三《鳳陽使還口號》:“拜陵初罷雪雲晴,使者南還荷聖靈。馬上頓更新舊律,風前重數短長亭。逢人問俗猜傖語,到處尋源驗《水經》。却憶長千橋畔柳,歸時應待眼青青。”

《静庵集》卷四《元日曉祀》:“皇明嚴祀典,大孝極尊親。太室躬臨祼,先陵復遣臣。九重頒命曉,一節渡江春。豐沛真王地,枌榆舊社民。駿奔祗事早,齋宿省躬頻。殿闕風雲盛,楸梧雨露新。陳兵森虎豹,清道表麒麟。列岫天垂障,長淮地涌紳。潛光騰白璧,盛德琢蒼珉。閉匠嗟秦侈,除瘞識漢仁。玄堂存秘器,玉座仰清塵。億載靈如在,元正禮再申。加籩時物備,奉俎大牲陳。祝嘏傳多祚,餘膰及衆賓。獻酬神惠浹,醉飽聖恩均。風雪催歸蓋,江湖戀帝宸。大郊期不遠,言邁敢逡巡。”

太祖重其文,洪武十六年(1383),親稿滁陽王事實,命張羽撰廟碑。

張廷玉《明史》卷二百八十五本傳:"太祖重其文,十六年,自述滁陽王事,命羽撰廟碑。"

焦竑《國朝獻徵録》卷三載張羽《贈滁陽王定遠郭公廟碑》:"洪武十六年十一月七日,皇上親稿滁陽王事實,召太常寺丞臣張來儀諭之曰:'王之恩德,注在朕心。今滁有廟祀而碑刻未具,甚闕典也。汝其據此爲文於石。'臣來儀謹拜奉命。"

洪武十八年(1385),以事竄嶺表,未半道召還。抵京知不免,自投龍江死,年五十三。歸葬九里崗,童冀爲之作墓銘。

童冀《太常司丞張來儀墓銘》:"賦蹇剥,尋罹譴,投炎荒。天萬里,逾瘴海,一葦杭。未半道,亟賜環,澤汪洋。抵京國,僅信宿,遽云亡。身蚤閎,才弗究,惟永傷。來儀生,歲癸酉,日在房。月初吉,壽五秩,逾三霜。殁乙丑,實季夏,哉生明。"

錢謙益《列朝詩集》甲集卷八:"以事竄嶺表,未半道召還。抵京信宿,知不免,自投龍江以死,年五十三。十八年之六月也。歸葬九里岡,儒學教授金華童冀爲銘。"

錢保塘《歷代名人生卒録》卷七:"張羽字來儀,元統元年生,洪武十八年卒,年五十三。"

楷法右軍,遷婉有异趣。詩以歌行見長,文章精潔有法。與高啓、楊基、徐賁並稱"吴中四杰"。

朱謀垔《續書史會要》:"張羽字來儀,號静居,九江人,寓吴興。官至太常,喜臨《蘭亭帖》,能詩亦能畫。"

詹景鳳《詹氏小辨》:"張羽楷法右軍《曹娥碑》,雖未精極,却能離俗而入於雅。"

李日華《六研齋三筆》:"來儀書法纖婉有异趣,仿佛謝莊《月賦》。"

朱彝尊《明詩綜》:"王元美云:'張來儀、徐幼文如鄉士女,有質有情,而乏體度。'程孟陽曰:静居五言古詩學杜、學韋,各有神理,非苟然者。樂府歌行,材力馳騁,音節諧暢,不襲宋元格調。眉庵樂府尚多套數語,不若静居才力深渾,有自得處。七言律詩清圓渾脱,不事雕繢,全是唐音。頡頏高、楊,未知前後。或謂楊不如高,又謂張、徐不及高、楊,皆耳食之論也。《(静志居)詩話》:'來儀五古,微嫌鬱轖,近體亦非所長。至於歌行,雄放駸駸,欲度季迪前,固當含超幼文,跨躡孟載。'"

《四庫全書總目》卷一百六十九《静居集》提要:"今觀其集,律詩意取俊逸,誠多失之平熟;五言古體低昂婉轉,殊有瀏亮之作,亦不盡如彝尊所云。至於歌行,筆力雄放,音節諧暢,足爲一時之豪,以之接迹青邱,先驅北郭,盧前王後之間,亦未必遽作蜂腰矣。"

朱彝尊《明詩綜》:"張企翱云:'國初以高、楊、張、徐比唐之四傑,故老言不惟文才之似,而其攸終亦不相遠。眉庵、盈川令終如一;太史之斃同乎賓王;北郭雖不溺海,僅全首領,而非首丘;先生投龍江,又與照鄰無异。'噫,亦异矣。"

《(乾隆)江南通志》卷一百七十二:"張羽字來儀,潯陽人。元季寓吴中,與高啓、楊載、徐賁稱吴中四杰。洪武初,徵爲太常丞兼翰林院同掌文淵閣事,時大著作多以推羽。"

有《静居集》《静庵集》《張來儀先生文集》等别集行世。

現存張羽别集有《静居集》六卷,明弘治四年張習刻本;《静居集》四卷,明萬曆間陳邦瞻、汪汝淳校刻本;《静居集》四卷《附録》一卷《補遺》一卷,《豫章叢書》本。《静庵張先生詩集》一卷,上海圖書館藏清鈔本。《張來儀先生文集》不分卷,清鈔本有多種。

按,《静居集》弘治刻本、萬曆刻本及豫章叢書本較爲普及,但皆存在重大問題,即將元釋英《白雲集》中 144 首詩誤收其中,故引用時需謹慎。上海圖書館所藏清鈔本《静庵張先生詩集》一卷,爲四庫底本。四庫館臣纂修張羽詩集,先以浙江巡撫進呈明萬曆刻本《静居集》(四卷本)爲底本,將兩淮馬裕進呈清鈔本《静庵集》(一卷本)列入"存目"。但在纂修過程中發現萬曆刻本混入大量元人詩歌,故將清鈔本收入《四庫全書》,而不用萬曆刻本。然《四庫提要》所云仍是前者,造成了四庫本書名"静庵集"與"静居集"混用。《静庵集》與《静居集》存在大量异文,前者應爲張羽詩集初稿,後者爲修改稿。可參見湯志波《明初張羽詩集考辯》(載《中國詩歌研究》第 13 輯,社會科學文獻出版社 2016 年版)一文。

參考文獻:

1. 張羽《重刻張來儀静居集》,明萬曆三十七年汪汝淳刻本。

2. 張羽《静居集》,《四部叢刊三編》景明成化刻本,上海書店 1986 年版。

3. 張羽《静庵集》,《文淵閣四庫全書》本,上海古籍出版社 1987 年版。

4. 張羽撰,湯志波點校《張羽集》,浙江古籍出版社 2018 年版。

5. 高啓《高太史大全集》,《四部叢刊初編》景明景泰刊本,上海書店 1989 年版。

6. 高啓《凫藻集》,《四部叢刊初編》景明正統刊本,上海書店 1989 年版。

7. 楊基《眉庵集》,《四部叢刊三編》景明成化刻本,上海書店 1986 年版。

8. 徐賁《北郭集》,《四部叢刊三編》景明成化刻本,上海書店 1986 年版。

（湯志波）

謝肅傳

謝肅，字元功，入明後改作“原功”，别號密庵，上虞（今屬浙江紹興）人。生於元至順四年（1333）。

陶宗儀《書史會要》補遺：“謝肅，字元功，上虞人。”

貢師泰《玩齋集》卷六《送謝元功東歸序》：“問之，則上虞人，謝姓，肅名，而字元功也。”

萬斯同《明史》卷三百八十六《文苑傳》：“謝肅，字原功，上虞人。”

李詡《戒庵老人漫筆》卷一有“國初諱用元字”條，詳見張和平《明初諱元説析辨》（《明史研究》第1輯，黄山書社1991年版）。

謝肅生卒諸家無明載。據門人劉翼南所作《密庵詩稿後序》云：“洪武十有六年冬，而密庵領薦於朝，出僉閩憲，則余莫能從以行……其殁後之六年，余亦受察薦於天官，遂及拜命南宫，裒密庵所著詩文凡十卷，編類成秩，置諸座右。嘗與四方往來鴻生碩彦相加訂證，光閲八年，始克鋟梓……姑書鋟梓之歲月云。洪武戊寅春正月上丁沛郡劉翼南謹序。”可知劉翼南於謝肅逝後六年始輯密庵詩文，八年後克成其事，時爲洪武戊寅即洪武三十一年（1398），則謝肅之殁當在洪武十八年（1385）。另據謝肅《密庵稿》戊集《自訟》云“偶來塵世五旬三”，可知肅卒時年五十三，則當生於元惠宗至順四年（1333）。錢仲聯等《中國文學大辭典》謂生於1332年，則忽略了古人年齡一般按虚歲計算。

至正十一年(1351),就學郡庠。

貢師泰《玩齋集》卷首謝肅序:"至正五年春,宣城貢先生以翰林供奉出爲紹興推官……又六年,肅始就學郡庠。"

壯歲閉門讀書,後辭母西游,期以事功見。欲見宰相獻治平之策,不遇,試鄉闈亦不售,浮沉藩鎮者久之。

謝肅《密庵稿》卷首戴良《密庵先生稿序》:"始原功壯歲閉影讀書,期以事功見於世。當元之季,抱其所學,試藝江浙鄉闈,不即售,僅取一校官以去。後值兵亂,浮沉藩鎮者久之。"

貢師泰《玩齋集》卷六《送謝元功東歸序》:"少間,(謝肅)慨然曰:'肅始辭吾母而西游,自謂一見丞相白事,可以休兵息民,以安東諸侯,今不遇。猶望歲大比,一薦於有司,因之待詔金馬,條策大廷,揚英吐奇,爲國大利,又不遇。比雖幸察薦於御史,執政者皆非吾之志也。'"

錢謙益《列朝詩集》甲集卷十八:"張氏據平江,慨然欲見宰相,獻偃兵息民之策,又欲薦名有司,入對大廷,一吐胸中之奇,以圖國家大利。"

程敏政《明文衡》卷四十九陳敬宗《題貢師泰送謝原功序後》:"元至正十九年,張士誠僭據平江,原功博學負氣,慨然欲白丞相,以獻偃兵息民之謀,又欲薦名有司,入對大廷,一吐胸中之奇,以圖國家大利,而皆無所遇焉。"

萬斯同《明史》卷三百八十六《文苑傳》:"張士誠據平江,肅慨然欲見奇自效,師泰爲文深戒之,然卒無所遇。"

永瑢等《四庫全書總目》卷一百六十九《密庵集》提要:"元至正末,張士誠據吴,肅慨然欲見宰相,獻偃兵息民之策,卒無所遇,歸隱於越。"

至正十九年(1359)春,游學至杭,始從貢師泰游。貢師泰奉詔漕閩粟,邀之出海,因海上多警,止於海寧,執經問難,編貢師泰生平所作爲《玩齋集》並序。欲東歸,師泰作序送之,期以出必以時進必以道,不可降志辱身以就功名。

萬斯同《明史》卷三百八十六《文苑傳》:"宣城貢師泰以户部尚書轉粟閩海,肅日執經辨論,深爲師泰所器。"

謝肅《密庵稿》卷中《密庵文稿序》(即《九靈山房集》卷二十九《密庵文集序》):"嘗一試江浙鄉闈不利,輒謝絶場屋,抱其遺經,見尚書貢公於吴山,公一見即待以奇士。已而同泛大海,相與朝夕論辨,一意古學,刮摩焠礪,訖爲聞人。"

貢師泰《玩齋集》附録朱鐩《紀年録》:"(至正)十九年正月,朝廷除户部尚書,奉詔漕閩、廣粟。海上有警,留居海寧,與諸生謝肅、劉中、朱鐩等講明道義。露晨月夕,時援琴賦詩,以釋憂憤。"

貢師泰《玩齋集》卷首錢用壬序:"《玩齋詩集》者,中書户部尚書宣城貢先生之所作,而其門人謝肅、朱鐩所彙而萃之者也。……既歸,則其門人謝肅已序次之矣。惜乎用壬不能輯録於未散失之前,而肅也乃能掇拾於已遺落之後,非惟有愧於先生,而亦有愧於肅矣。然而肅是編之成,獨非用壬之志之所存乎?用敢序於篇端。至正十九年秋八月望日諸生桐川錢用壬謹書。"

貢師泰《玩齋集》卷首謝肅序:"至正五年春,宣城貢先生以翰林供奉出爲紹興推官,而文聲政譽,赫然傾動乎東南。……又六年,肅始就學郡庠,則先生已去郡值朝……又八年春,肅以游學來杭,適先生退自政府,始得謁拜於吴山舍館。先生受而不拒,列於弟子員後,使十餘年欣慕之心一旦傾寫,庸非幸歟?未幾,朝廷詔先生以户部尚書總漕閩廣,道出海昌。值海上有警,因留居於州之北門，凡七閱月。而先生起居食息之頃，肅未嘗不在侍也。説經之暇，閑授肅以作文賦詩之法。肅既籍記之，復退取先生詩文之稿而讀焉。……亟與新安胡彦舉、錢塘劉中、海昌朱鐩力加搜訪，或索之記意，或求之卷册，或録之金石，得古賦、歌詩、論辨、書啓、記序、表狀、碑誌、贊頌、雜著凡若干卷，而學者猶以未之快睹爲慊焉。於是先取詩歌大小三百餘篇繕寫成帙，題曰《玩齋詩集》。……十九年夏五月甲子朔門人上虞謝肅拜手謹序。"

貢師泰《玩齋集》卷六《送謝元功東歸序》："至正十九年春正月，予自政府退坐吴山之仰高亭。客有竹冠芒屩，衣不掩骭，直前長揖而問曰：'游先生之門者，亦嘗有瑰偉倜儻拔出之士乎？'予愕未答，而心因已奇之矣。既坐，意氣軒軒然，愈若自得。問之，則上虞人，謝姓，肅名，而字元功也。居亡何，予奉詔漕閩廣粟，當泛舟入瀛海。予笑語元功：'尚能從吾游乎？'曰：'大丈夫觸蛟龍，犯風濤，如行袵席上，况南颿踔順，一息萬里哉！'遂同載至海昌。屬海上多警，因留居州之北郊，且六閱月矣。……予固留之，不得，乃載肴崇酒而酌之曰：'士君子生於斯世也，讀萬卷書，駕萬里車，將以廣吾業，行吾志也。然其出也必以時，其進也必以道。……昔在虞夏之世，有君疇、務光者，不臣於天子，不友於諸侯，不出則已，出則必爲帝者師。在商周之世，有伊尹、太公望者，躬耕畎畝，漁釣水濱，非天子致敬盡禮，不輕於自用，用則澤及四海，功流萬世。此其人皆傲視宇宙，齊光日月，豈肯降志辱身，以就一切功名耶！及道與時行，則天下之重任自有不得而辭者。元功亦嘗抱膝以慨，想高風善政於百世之上乎？吾知元功翩然之起，浩然之歸，庶幾有見於此者。不然，出則爲操瑟齊門，處則爲終南捷徑，於道於時，果何如也？元功不以此而易彼，吾將見千駟之乘、萬鎰之金，交聘於越東之野矣。然則今日之遇，豈少於向之不遇哉！予雖老，尚有望焉。'

遂序以别。”

程敏政《明文衡》四十九陳敬宗《題貢師泰送謝原功序後》:“此文累千餘言,滔滔汩汩,如長江大河不可窺其涯涘。又必能以理爲之主,且欲原功察時變,慎出處,不可降志辱身以就富貴,至引伊尹、太公不輕自用,與夫操瑟齊門以爲之戒,又以見泰甫於原功去留之際,一本乎道義,而非苟焉者也,可謂忠厚之至矣。”

至正二十一年(1361),上虞劉履坦之輯《選詩補注》,以爲“辭簡而事明,論切而指達”,爲之序。又二年,《風雅翼》(以《選詩補注》爲其中部分)成,又往請戴良爲序。後劉履卒,肅爲哭吊,且應劉子謨之請爲撰行狀,贊之曰“善人君子”。

丁丙《善本書室藏書志》卷三十九:“《天一閣書目》載其書,有至正二十一年謝肅序例云:‘《詩》自孔子删後,殆未易言,然今人欲知漢魏以下諸作,頗賴昭明選詩之存。兹重加訂選,得二百十有二首。又常恨陶靖節詩在《文選》者甚少,今就其本集增取二十九首。又於《後漢書》得酈炎詩二首,於《文章正宗》得曹子建《怨歌行》一首,於阮嗣宗得《咏懷》二首,皆《文選》所遺者,總二百四十六首,釐爲八卷。’此本重刻,謝序已佚,惟存太原王稺登序。”

劉履《風雅翼》卷首謝肅《序》:“惟穆清生人,莫不有志。志之形於聲文,斯謂之詩。詩於周爲極盛,而傳者止三百五篇,下此爲楚人之辭,又下此爲漢魏以降之五言,而詩再變矣。然《三百篇》則聖人所删,善惡畢備,以示勸懲。《楚辭》則朱子所校録,亦其發於性情,關於風教者,不則雖好而弗載。五言則蕭昭明所選,編次無序而决擇不精,果能合乎聖人、朱子删校之法乎?不惟不能合乎删校之法,而諸家之注果能合夫朱子注《詩》《楚辭》之法乎?况朱子嘗欲鈔經史韵語、《文選》古詞以附於《詩》《楚辭》之後,惜其書不成,書成亦豈無注乎?此中山劉先生《選詩補注》所以作也。……

至正二十一年春二月既望平江路學道書院山長上虞謝肅序。"此序亦即謝肅《密庵稿》庚卷《選詩補注序》,然文末無題署,由此題署可知謝肅時任平江學道書院山長。

劉履《風雅翼》卷首戴良《風雅翼序》:"《風雅翼》者,中山劉坦之所輯録。既繕寫成書,其友謝君肅來告曰……至正二十三年冬十有一月日南至金華戴良序。"

謝肅《密庵稿》丙卷《庚戌秋七月,中山劉坦之先生〈選詩補注〉,辭簡而事明,論切而指達,正五臣之荒謬,黜蒼山之淺鄙,擷花采實,成一家之言,蓋可以行今而傳後者也,詩以美之》:"五言漫寫林間筆,初醖聊飛海上觥。不有簡編工著述,悠悠百世何竟名。"此詩當爲後來謝肅重讀《選詩補注》後感慨所作。

謝肅《密庵稿》壬卷《草澤先生行狀》(目録題爲《劉先生行述》):"(洪武)十四年秋甲子葬於象田山之原。將葬,謨踵門泣拜,請於余曰:'先人相知之深無如子,子幸述其行以著顯之。'余雖不文,然未嘗輕以爲人作行狀,必其行有可觀,乃爲作焉。若先生之行無愧乎貞恭,則吾何爲而不述哉?先生生於忠義之門而有以自守,出際聖明之世而無所於干,謹於行而力於學,可謂善人君子矣。"

至正二十二年(1362)十月,貢師泰卒,年六十五。爲經紀其喪,雖相處之日短,然終生惓惓不已,凡經故地,輒吟咏以紀。

錢謙益《列朝詩集》甲集卷十八:"師泰殁於海寧之寓舍,原功經紀其喪。"

永瑢《四庫全書總目》卷一百六十九《密庵集》提要:"肅之學問淵源,實出師泰。觀集中《題天風海濤亭詩序》云'用先師尚書貢公玩齋所咏詩一句爲起,以仰止於公',又師泰遺集亦肅所刊行,均惓惓不忘其本,故所作古文詞格律具有法程。"

謝肅《密庵稿》戊卷《萬安橋》序云:“先師宣城貢公,元至正初以翰林直學士代祀天妃於泉南,與郡守偰世南觀潮萬安,即洛陽橋也。公别之以詩,有‘且解金魚沽别酒,洛陽橋下正潮平’之句。後公作憲閩中,既又以户部尚書分部福建,每語肅以洛陽橋觀潮時事。國朝洪武甲子春三月,肅爲決獄來泉,過所謂洛陽橋者,因賦絶句一首云。”其詩云:“翰林代祀屬前朝,曾説泉南看海潮。二十四年如一夢,乘驄來過洛陽橋”。

謝肅《密庵稿》戊卷《題天風海濤亭三首》序云:“洪武十八年春二月廿九日,余與右參議楊從道自漳郡還,過福之鼓山,登天風海濤亭,因作三律。其一寫登臨之極目,以致望京之意;其一用先師尚書貢公玩齋所咏詩一句爲起,以仰止於公,且柬清源禪師;其一序崖壑勝處聞鐘鼓之音,知大士初度而群僧贊嘆也。”其二有句云:“天風亭榭玉芙蓉,臨眺令人憶玩翁。”

至正末游吴中,與戴良訂交,往來甚篤。肅爲吴中之游,又至金陵,渡江淮,過河北、山東而歸越。元亡,相與歌哭於四明山中。

朱彝尊《曝書亭集》卷六十三《戴良傳》:“元末以薦授淮南江北等處行中書省儒學提舉,時太祖兵已定浙東,良乃避地吴中。”所謂“太祖兵已定浙東”即朱元璋已攻克婺州,據《明太祖實録》卷六,時在至正十八年(1358)。

謝肅《密庵稿》丙卷《萬壽寺樓》詩原注:“至正二十三年秋七月來吴中。”是卷中其後《虎丘》《劍池》《蘇臺懷古》等俱吴中之作;《登山陽郡城有感》《韓信城》《洪澤》《霸王營》《龜山》《泗州》《盱眙》《臨濠》《壽春》等俱江淮之作;《泊福山》《狼山晚泊》《登益都府城寄呈東萊劉用章通守周仲瞻經歷》《臨淄感興》《青州即事》《歷下獨游》《濰陽道中》等俱河北、山東之作;《泛黄河》《泛江》《浙江亭漫興》《還至會稽寄鄉中諸公》等,則自水路歸越也。

黄宗羲《宋元學案》卷八十二:“洪武元年,山東降附,先生(戴良)附海舟還定海,與東南失職之徒謝肅、揭汯、丁鶴年歌哭於四明山中。”

謝肅《密庵稿》卷首戴良《密庵先生稿序》:“原功既不偶,漠然無所向,聞西北山水之雄壯,其山則有泰岱、恒岳、太行之崛崒,其水則有江淮、沔濟、汝潁之汹涌,伏羲、堯舜、禹湯、文武之故都,孔顔、鄒孟之故里,與夫戰國王侯將相之丘墓,咸在焉。於是,由金陵走濟南,走太原,盤桓吴楚、齊魯、燕趙、晉魏之郊,感今懷古,一發於聲詩。當其登高臨下,或藉草坐卧,或劇飲大醉,必放歌朗吟,以適一時之樂。何其壯也!”

明洪武初,肅集所作詩文爲《密庵稿》,戴良爲之序,肅亦爲良序《吴游稿》。六年(1373),良之《和陶詩》成,肅爲序。十五年,良被召,肅賦詩送行。

謝肅《密庵稿》卷中戴良《密庵文稿序》:“原功既東還故里,携其所著《密庵稿》若干卷授余曰:‘吾所與游而文者誰歟?惟是文稿宜有序,敢以請於子。’余不得辭,謹爲論次其學之有得於孟、韓者,書之於首簡,使世知原功之文,非徒粉澤遒密之是務,而其杰出一時者,蓋由有氣以充之,而又能本之以學也。”此即戴良《九靈山房集》卷二十九之《密庵文集序》,然《四部叢刊三編》本《密庵稿》(明洪武三十一年劉翼南刻本)序後署“洪武二年春正月望日金華戴良序”,而戴集《文淵閣四庫全書》本與《四部叢刊初編》本均無此署名與日期。《中國文學編年史·明前期卷》繫“謝肅《密庵集》初成”於洪武十二年(1379)下,未知何據。

謝肅《密庵稿》庚卷《吴游稿序》:“始余游於中吴也,於雲林方先生(戴良)爲文字交而相善,及兵變而相失。相失以來,河山阻修,而音問不相通,或傳其仙去,或擬其滅影海山,存乎否也,未可知也。而日懸懸於懷,蓋予自姑蘇抵南京,絶江渡淮,奔走乎河北山東,以南歸於越,未嘗不訪求先生於深山密林,乃得復會於舜江之野,則於時已十年矣。……授予文一編,曰:'吾所著述,殆不止此,皆即所游之地而名焉。惟是《吴游稿》,游吴時所作,子實見而知之者,宜爲我序之。'予不敢辭,則復於先生曰……"

謝肅《密庵稿》辛卷《和陶詩集序》:"有志之士,讀其詩,未嘗不想見其人,而神交於千載之上,若雲林方先生是已……詩之體裁音節,渾然天出者,又絶似淵明,非徒踵其韵焉而已,因名之曰《和陶集》。以予相交之善而深知其音也,俾論次以爲之序……先生名某字某,號雲林,又號九靈山人云。"

戴良《九靈山房集・年譜》:"(洪武十五年)冬,自四明山召至金陵。"

謝肅《密庵稿》丁卷《送戴先生應詔》:"束帛加金賁海鄉,特舟千里上龍江。天光照人尺五近,文氣凌雲萬丈長。善走宛駒歸漢苑,和鳴岐鳳識周岡。定知黼黻皇猷日,金水河春細柳黄。"

洪武初,被簡拔入禮局,然爲忌者不容,出贊齊郡。

謝肅《密庵稿》卷首戴良《密庵先生稿序》:"國朝嘗被簡拔入禮局,與太常諸儒同考禮,繼爲忌者所不容,遂出贊郡政。千里外又以胥鋪見黜,因而歸。"

謝肅《密庵稿》卷中戴良《密庵文稿序》:"迨疆土内附,例徙南京,達官貴人有强致原功於遠郡者,於是逾江渡河,北走齊魯,登泰山,臨淄水,而文氣益壯。奈何不二三年,復以疏隽不檢棄去。"

謝肅《密庵稿》丙卷《既至濰州寄同考禮者膠西張紳士行、上元楊翮文舉、吴郡錢逵伯行、鄭元長卿、嘉陵楊基孟載、吴興牟魯仲望、燕山翟汾文中、東嘉余堯唐臣、諸暨姜漸羽儀、余上虞謝肅凡十人,皆自浙西而至南京者也》:"百戰重城破,諸公此日危。忽收文苑士，同草聖朝儀。一苑非余僭，孤生念母慈。故鄉瞻望遠，愁絶鬢成絲。”另據丙卷《吊齊女墓》有“洪武元年三月十一日余將秖役於齊，道出墓下”，可知本年三月中已由金陵至常熟；乙卷《龍女歌》有“洪武元年三月三十日余至淮安城北滿浦侯舟”，可知三月末已抵淮安。丙卷《將往齊郡别相知者》《江陰江舟中次錢塘趙用行韵時往齊郡》等當均作於赴齊前。

洪武四年（1371），上虞縣海堤潰，郡守唐鐸檄上虞主簿史羅子真主持重修，爲作《上虞縣海堤記》及《行春圖序》。

查祥《兩浙海塘通志》卷三：“明洪武四年秋上虞縣土塘復潰，郡守唐鐸檄府史羅子真重築。謝肅《石堤記》……”《石堤記》即《密庵稿》之《上虞縣海堤記》，二者文字略有不同。《（雍正）浙江通志》引《（萬曆）上虞縣志》作“重築海堤碑記”。

嵇曾筠《（雍正）浙江通志》卷六十三：“明洪武四年秋，土塘復潰，郡守唐鐸與縣令趙允文策之易以石，委其事於府史羅子真。時趙以秩滿去，而子真殫心力以經畫，如元時王永所築。謝肅有記。”

謝肅《密庵稿》己卷《上虞縣海堤記》：“皇明洪武四年秋七月，越之上虞海堤潰，大傷田稼，民以訴縣，縣白於府，太守唐公以爲憂……公名鐸，字文振，泗州虹縣人，由殿中侍御史出爲今官，治郡多政績可紀，此則著其一云。”

謝肅《密庵稿》辛卷《行春圖序》：“上虞主簿史公周卿以府檄董築海堤，工既訖，且還官舍署文書矣。而海鄉民庶不忘公之惠愛也，請於同郡趙鳴玉氏繪公《行春圖》，屬序其事於予。”

洪武十年（1378），再爲西北之游，歷河北、山西、河南，得江山之助，詩文大進。

謝肅《密庵稿》丙卷《太行山五十韵》序云：“洪武十年，余自越中北走燕南,西度太行,寓并汾,南取道於覃懷,絶河汴江淮以還,蓋太行東西咸歷矣,乃作是詩。”

洪武十六年(1383)冬十二月,試才文淵閣,舉明經,授福建提刑按察司僉事,與提刑按察使陶垕仲、副使費復初、僉事何履道一同赴任,途中爲文以祭沿路山水諸神。

錢謙益《列朝詩集》甲集卷十八:“内附後歸隱於越,洪武十九年舉明經。”此“十九年”當爲“十六年”之誤。萬斯同《明史》卷三百八十六《文苑傳》亦沿此誤。謝肅《密庵稿》戊卷有《洪武十六年冬十有二月朔,以召入見,試於文淵閣,述事一首》及《二月五日蘭溪道中廉使陶公俾作一律,並呈副使費公、僉憲何公同一是正》二詩,前者云:“黄道六龍行化日,彤廷一鶚立清朝。……朝退試文東閣下,筆端五色欲飄飄。”後者云:“歲當甲子天時泰,春滿乾坤聖化行。喜得同寅俱俊杰,原持綱紀贊升平。”知爲洪武十六年末得明經與洪武十七年赴任福建按察僉事時所作,詩中明言“歲當甲子”,同卷《萬安橋》詩下小序亦云“國朝洪武甲子春三月肅爲决獄來泉”,故不可能遲至“洪武十九年”纔舉明經。

謝肅《密庵集》卷八《祭浙江潮神文》:“維洪武十七年歲次甲子,春二月己巳朔,越三日辛未,亞中大夫福建等處提刑按察使陶垕仲、朝列大夫福建等處提刑按察司副使費復初、奉訓大夫福建等處提刑按察司僉事謝肅、何履道謹以牲酒祭於浙江之神。”

同卷《閩憲祭所歷山川之神文》:“維洪武十七年歲次甲子,二月己巳朔,越二十五日癸巳,福建等處提刑按察使陶垕仲、副使費復初、僉事謝肅、何履道,謹以牲酒祭於大江、浙江、蘭溪、建寧、延平、福州山川溪灘諸神。”

出按漳泉，聞興化有虎患，移文諭之。

錢謙益《列朝詩集》甲集卷十八："出按漳泉，有虎患，移文告境内之神，即日遁去。"

陳田《明詩紀事》甲籤卷八："牧齋謂原功出按漳泉，有虎患，移文告境内之神，即日遁去。今觀集中有《諭虎行》自序云：'將之泉南，道出興化，人云有猛虎傷人者甚衆。余未信，薄暮而行，果遇虎，虎伏不敢動，良久將遁，辭以諭之，並示八閩官吏。詩云：當前立馬一叱虎，卒隸意氣方峥嶸。鐵籃焚香明奪晝，照耀崖谷無潜形。'夫以卒隸之衆，焚香奪晝之明，虎雖猛，即不逢按察，詎不遁且伏耶？原功之意蓋以虎喻苛吏，其曰：'我職分符省風俗，狐兔必掃豺虎逐。於菟跑躍最豪雄，啗人肥己當先戮。'其後劾布政使薛大昉不職，置法有如此虎矣。世遂附會其説，移文告神，虎遁出境，若宋均渡虎之事不絶於後世也，异哉！"陳説甚是。《諭虎行》見《密庵稿》乙卷。

洪武十七年（1384）六月，與按察使陶垕仲彈劾左布政使薛大昉貪墨，大昉亦反污垕仲，詔令俱提取進京，當二人被繫出城之時，福州城民莫不哭送。後事得直，大昉得罪，肅與垕仲俱各復職。肅復職日且得一子，甚喜。

萬斯同《明史》卷三百八十六："歷官福建按察僉事，與按察使陶垕仲共劾布政使薛大方，置之法。"

陳道《（弘治）八閩通志》卷三十六："（陶垕仲）嘗劾布政使薛大昉貪墨，大昉亦誣垕仲。始垕仲去，軍民號泣拜留，爲之謡曰：'陶使若歸天有眼，薛公不去地無皮。'比還，迎者數千人，歡呼遮道……（謝肅）與陶垕仲協持風紀，聞望烜赫，人皆稱仰之。"

魏驥《南齋先生魏文靖公摘稿》卷二《書玩齋尚書貢公送原功謝

先生文後》:"暮年復拜還僉福建按察司事,若與憲使四明陶公垕仲抨核布政使薛大昉所爲貪淫,卒致一方稱快,至今八閩故老猶能道之。"

謝肅《密庵稿》戊卷《六月二十五日按察使陶垕仲、僉事謝肅爲糾劾左布政薛大昉貪淫等事,既奏准令按察司就行取問,彼亦造謗還詞,有旨都提取赴京,於都察院聽對,肅與垕仲將出福州城,城中老稚莫不哭送,詩以紀之》:"幾行飛奏九重書,一使追回萬里塗。炎熱可能捐素扇,清冰元自貯寒壺。氣隨虹蜺横南極,夢挾風雲入上都。照見忠邪皇鑒在,爾民何用哭行車。"

同卷《十一月三日同廉使陶垕仲於奉天門辭,再蒙宣諭復職閩憲》:"奉天門下承天語,曠蕩天恩詎可酬。綉豸已吞雙猛虎,花驄仍接八諸侯。每思盡力蘇民瘼,終愧無才與國謀。海宇太平身健在,閩方雖遠足巡游。"

同卷《復職日聞得子寄鄉里諸公》:"海右信來徵吉夢,日邊朝退感恩榮。織成獬廌衣重着,抱送麒麟子已生。自顧遂良驚白鬢,何煩永叔聽秋聲。使軺若得家山過,亂插繁花醉一觥。"

同卷《洪武十八年二月二十日自漳州府回閩憲,因思去年七月五日出閩關,土人云憲司官初過此關值微雨,故有小不利,今出關而天日晶明,旌節當復還矣。及至京師,糾劾奸貪,事既得實,彼乃伏誅,我則還職。再入關天又晴,人復云必大亨也。前後所作二絶句,謾志於此》:"入關霧雨出關晴,往蹇來亨未可憑。但爲八閩除大慝,不妨縲紲到神京。""再入關來宿雨晴,南公遺讖以堪憑。還知生死從天定,只把丹心注玉京。"

洪武十八年(1385)五月,墜馬傷足,自清漳輿歸閩憲,有"驅馳未效先成跛"之哀。

謝肅《密庵稿》戊卷《五月三日憲廨言懷》:"池閣凉生荔子風,細傾尊酒與誰同。百年身事從天定,得失何須問塞翁。方墜馬傷足。"

同卷《五月六日先爲馬蹶而傷左足，自清漳千里輿歸閩憲，是日之夜，坐占長句》："何幸蒙恩不自酬，此心寧敢爲身謀。塞翁得馬未爲福，樂子下堂方有憂。難把股肱裨帝力，欲凴耳目贊皇猷。馳驅未效先成跛，絳燭華軒坐泪流。"

隨例進京，因事被逮，太祖親鞠於文華殿，抗言曰："文華非用刑之地，陛下非問刑之官，願下獄。"於是置獄。獄中作詩明志，徧别母弟妻妾，遂死於獄吏布囊之下，終五十三歲。

李紹文《皇明世説新語》卷一："上虞謝密庵得罪，太祖親鞫之，謝抗言：'文華殿非用刑之地，陛下非問刑之官，願下法司。'"

錢謙益《列朝詩集》甲集卷十八："坐事被逮，太祖御文華殿親鞫，肅大呼曰：'文華非拷掠之地，陛下非問刑之官，請下法司。'乃下獄，獄吏以布囊壓死。"

謝肅《密庵稿》戊集《初入獄》："兩度入閩持憲節，一朝隨例赴神京。楚囚冠束蕭騷髮，梁獄書陳懇惻情。柙虎有文終自耀，土龍不雨敢言靈。寸心俯仰真無愧，唯待寬恩出聖明。"

《獄中作》："閩海歸來闕下游，忽從圜土作拘囚。文章何用追韓馬，義烈徒勞著李劉。衰病母妻何所倚，嬌痴兒女未知愁。萇弘有血終成碧，歲歲春風草際浮。"

《别生母》："阿母衰年賴有兒，兒今不幸母何依。母恩難報兒心苦，萬歲千秋不盡悲。"

《别兄弟》："六人兄弟我先歸，棣萼進前少一巵。須信死生元有命，莫教諸侄廢書詩。"

《别集》："結髮相看兩不疑，紛紛會别幾何時。如今當抱終天痛，不到黄泉不盡期。"

《别新娘子》："與爾相從未幾時，可憐生女又生兒。他年若嫁吾寧見，守得宗風在爾爲。"

《自訟》:"眼前生死日紛紛,天地無心亦斷魂。此事難平誰料理,劫灰中有玉俱焚。""偶來塵世五旬三,多少悲歡好惡兼。本性不隨身共滅,皎如滄海出秋蟾。"

肅性豪俊,鄉人望見皆畏服,風裁凜然,聲望煊赫。詩文俱超出時輩,紀行詩可追踪少陵。文詞雄贍。正草皆宗二王,得古人書勢。

謝肅《密庵稿》卷首戴良《密庵先生稿序》:"原功之詩,五言古律則本之漢魏,歌行則遵李杜,近體則祖少陵,六朝晚唐無論焉。他若山川之離合,土地之沿革,人物之廢興,可以正史策之訛謬,補志之缺略者,則又等前數人而上之。紀行之詩而至原功,可謂盛矣。夫詩之有紀行,自少陵秦、蜀以後,作者豈無其人?然皆循守故轍,一唱百隨,求其自出新意以古爲則者,曾不多見。而原功獨卓卓如是,豈其學問之富使然歟?原功之學富矣,至其爲文,尤高出時輩,沛然有古作者之遺風。"

謝肅《密庵稿》卷首戴良《密庵文稿序》:"原功之文,肖其爲人,其立論閎以挺,其書事簡以悉,其序記銘贊雅健而奇警,其詩歌彬蔚而穠麗,庶幾傑出,一時流輩無敢與並者。"

陶宗儀《書史會要》補遺:"謝肅……正草皆宗晉。"

豐坊《書訣》:"昔人傳筆訣云:雙鈎懸腕,讓左側右。虚掌實指,意前筆後。論書勢云:如屋漏痕,如壁坼,如錐畫沙,如印印泥,如折釵股。自鍾王以來,知此秘者……本朝則……謝原功。……(謝肅)書宗二王。"

與唐肅並稱"會稽二肅",與臨海陶宗儒、陶肅等十九人以詩名於時,號"皇明雅頌"。博學負氣,其平生抱負百不一試,故發之於詩文,有《密庵稿》十卷(詩、文各五卷),爲時所重。身後未久,已被

録入《永樂大典》,知當時即重其文。

張廷玉《明史》卷二百八十五《唐肅傳》:“(唐肅)與上虞謝肅齊名,稱會稽二肅。”

嵇曾筠《(雍正)浙江通志》卷一百八十一引《臨安縣志》:“(陶宗儒)一名宗誼,字漢生,宗儀之弟。洪武時官禮部員外郎,與會稽陶肅、上虞謝肅等一十九人以詩名於時,號稱‘皇明雅頌’。”

永瑢《四庫全書總目》卷一百六十九《密庵集》提要:“《明史·藝文志》、焦竑《國史·經籍志》、黄虞稷《千頃堂書目》俱載肅《密庵集》十卷,而傳本久稀,藏書家罕著於録。惟《永樂大典》中所收肅詩文頗多。其時肅没未久,而姚廣孝等已録其遺集,與古人同列,知當日即重其文矣。……其在《濰州奇人》一詩載所與同徵修禮書者有張紳、楊翮等十人之名,爲《明史·禮志》所未及。又《送行人蔡天英頒琉球國王印寶》一詩,考之《明史·外國傳》,但有賜中山、山南、山北三王鍍金銀印一事,而不言曾遣行人。凡此之類,於考史尤有所裨益。謹采掇編次,釐爲八卷。又戴良原序二首,别見《九靈集》中,今並取弁簡端,以略還其舊焉。”

按,至清時,四庫館臣以爲十卷本已佚,乃自《永樂大典》輯得詩文八卷,命曰《密庵集》。實則洪武間門人劉翼南所刻《密庵稿》十卷本仍有存留,《四部叢刊三編》據之影印傳世。

謝肅《密庵稿》卷末傅增湘《書後》:“明謝肅《密庵集》,文淵閣著録爲八卷本。據《提要》言,自《永樂大典》中輯録而成,蓋原本之亡佚久矣。余於辛未殘臘於廠肆購此洪武刊本,驚爲罕秘,亟以善價收之。已而與夏閏枝前輩晤談,知其亦藏有十卷本,其付梓則已在天啓五年,余爲作緣,俾歸之北平館庫。夫以乾隆全盛之日徵書詔下,海内圖書鱗集,館閣《提要》即云傳本久稀,藏書家罕著於録,而余乃於無意中同時並獲兩帙,斯亦奇矣。……卷首有‘門人始寧任守禮校正、沛郡劉翼南編次’二行,以劉序考之,其鋟梓之日爲洪武三十一年戊寅,距密庵之歿已十餘年……至遺集流傳,先後凡有三刻,初刻於本邑,爲洪武戊寅,即此本也。再刻於錫山,爲隆慶己巳。三刻於粤中,爲天啓乙丑,北平館所收者是也。”

參考文獻:

1. 謝肅《密庵稿》,《四部叢刊三編》本,上海書店 1986 年版。

2. 謝肅《密庵集》,《文淵閣四庫全書》本,上海古籍出版社 1987 年版。

3. 謝肅《密庵先生稿》《密庵稿》,《明别集叢刊》第一輯,黄山書社 2013 年版。

4. 戴良《九靈山房集》,《四部叢刊初編》本,上海書店 1989 年版;《文淵閣四庫全書補遺》本,北京圖書館出版社 1997 年版。

5. 貢師泰《玩齋集》,文淵閣《四庫全書》本,上海古籍出版社 1987 年版。

6. 陳文新、何坤翁主編《中國文學編年史·明前期卷》,湖南人民出版社 2006 年版。

7. 和澤杰《〈密庵詩稿〉校注》,廣西大學學位論文,2012 年。

(崔小敬)